EL CONSTITUCIONALISMO HISPANO AMERICANO
PRE–GADITANO 1811–1812

Allan R. Brewer–Carías

Profesor de la Universidad Central de Venezuela
Individuo de Número de la
Academia de Ciencias Políticas y Sociales

EL CONSTITUCIONALISMO HISPANO AMERICANO PRE–GADITANO 1811–1812

Colección Cuadernos de la Cátedra Fundacional
Charles Brewer Maucó, Sobre Historia del Derecho.
Universidad Católica Andrés Bello
Nº 5

Editorial Jurídica Venezolana
Caracas, 2013

©   Allan R. Brewer-Carías
      http://www.allanbrewercarias.com
      Email: allan@brewercarias.com
      Depósito Legal: lf54020133402634
      ISBN: 978-980-365-200-5
      Editorial Jurídica Venezolana
      Avda. Francisco Solano López, Torre Oasis, P.B., Local 4, Sabana Grande,
      Apartado 17.598 – Caracas, 1015, Venezuela
      Teléfono 762.25.53, 762.38.42. Fax. 763.5239
      http://www.editorialjuridicavenezolana.com.ve
      Email fejv@cantv.net

Portada
Composición realizada con las imágenes de los cuadros de
Salvador Viniegra, *Cortes de Cádiz*, óleo sobre tela,
Museo Municipal de Cádiz, 1812; y de Martín Tovar y Tovar
Boceto para la *Firma del Acta de Independencia*. 1876-77.
Oleo sobre Tela 45,2 x 66,5 cm. Colección de la Galería de Arte Nacional.
Caracas

Diagramación, composición y montaje
por: Francis Gil, en letra
Time New Roman 10,5 Interlineado 10,5, Mancha 18 x 11.5

Contenido General

CAPÍTULO SÉPTIMO

EL DESARROLLO DEL CONSTITUCIONALISMO EN VENEZUELA DESPUÉS DE CARACAS (1811): ANGOSTURA (1819), CÚCUTA (1821) Y VALENCIA (1830)

CAPÍTULO OCTAVO

LAS CAUSAS DE LA INDEPENDENCIA DE VENEZUELA EXPLICA-DAS EN INGLATERRA, EN 1812, CUANDO LA CONSTITUCIÓN DE CÁDIZ COMENZABA A CONOCERSE Y LA REPUBLICA COMENZABA A DERRUMBARSE

CAPÍTULO NOVENO

LA INDEPENDENCIA DE VENEZUELA Y EL INICIO DEL CONSTITUCIONALISMO HISPANO AMERICANO EN 1810–1811, CO-MO OBRA DE CIVILES, Y EL DESARROLLO DEL MILITARISMO A PARTIR DE 1812, EN AUSENCIA DE RÉGIMEN CONSTITUCIONAL

Nota Introductiva

Los ensayos que conforman este libro fueron elaborados durante los últimos diez años con motivo de mi participación en diversos eventos académicos que se celebraron, particularmente en Cádiz, con ocasión de la conmemoración del bicentenario de la Constitución de la Monarquía española de 19 marzo de 1812, y especialmente, para analizar su importancia e influencia en el desarrollo del constitucionalismo Hispano Americano.

Esa Constitución, sancionada por las Cortes que habían sido convocadas a comienzos de 1810, fue la primera Constitución europea, después de la Constitución francesa de 1791, en haber adoptado los principios del constitucionalismo moderno que se habían delineado como consecuencia tanto de la Revolución norteamericana de 1776 como de la Revolución francesa de 1789. Por ello, sin duda, tuvo un enorme impacto en el desarrollo posterior del constitucionalismo español y del mundo hispanoamericano, particularmente después de su segundo término de vigencia a partir de 1820.

La Constitución de Cádiz, la cual fue sancionada al final de la guerra de España contra Francia cuando Fernando VII aún permanecía cautivo en manos de Napoleón, una vez que éste, mediante el Tratado de Valençay, reconoció a Fernando como rey y accedió a que regresara a España, tuvo en realidad una corta vigencia. Materialmente, lo primero que éste el rey Fernando al pisar suelo español fue denunciar que las Cortes le habían arrebatado su soberanía, que la habían trasladado a la Nación, que le habían usurpado sus poderes y que habían usurpado los privilegios de los estamentos del reino (nobleza y clero), por lo cual procedió, mediante decreto de 4 de mayo de 1814, a declarar nula la Constitución. En un buen ejemplo de lo que para cualquier profesor de derecho público sería la declaratoria de nulidad absoluta de un acto estatal, el rey Fernando VII, al abrogar el régimen constitucional gaditano y restablecer el régimen monárquico absoluto, declaró simplemente como "nulos y de ningún valor ni efecto, ahora, ni en tiempo alguno, como si no hubiesen pasado jamás…, y se quitasen de en medio del tiempo" la Constitución y los actos y leyes dictados durante el período de gobierno constitucional.

Por tanto, inicialmente, la Constitución de Cádiz sólo tuvo un muy corto período de vigencia de algo más de dos años, entre marzo de 1812 y mayo de mayo de 1814, período en el cual, además de la dificultosa aplicación que tuvo en España, aún convulsionada por la guerra, no tuvo casi aplicación en las Colonias Americanas, y particularmente, en aquellas en las cuales en paralelo al proceso constituyente de Cádiz y con motivo de la propia crisis de la Monarquía española, a partir de 1808 ya habían comenzado a germinar las mismas ideas del constitucionalismo moderno y que a partir de 1811 dieron origen a las primeras manifestaciones de independencia y de procesos constituyentes americanos, particularmente en las provincias septentrionales de Sur América, antes incluso de la propia sanción de la Constitución gaditana.

Fue sin embargo, después de 1820, con motivo de la jura forzosa de la Constitución de 1812 por el mismo Fernando VII, que su texto fue el vehículo para que todos los principios liberales adoptados en la misma influyeran en el constitucionalismo de muchos países hispanoamericanos, particularmente en aquellos en los cuales, para esa fecha aún no se había proclamado la independencia, y además, en muchos países europeos, como sucedió en los reinos de Nápoles y Cerdeña y en Portugal, contribuyendo a la quiebra del Antiguo Régimen en Europa.

Fue precisamente con motivo de estallido de una rebelión militar, el 1º de enero de 1820 en el pueblo de Cabezas de San Juan en el cuerpo militar de expedicionarios que se había conformado y que debía partir para América para sofocar las rebeliones que ya para esa fecha se habían generalizado en todo el Continente, que la voz de la revolución se expresó con el pronunciamiento de coronel Rafael del Riego, considerando que más importante era proclamar la Constitución de 1812 en España que conservar el imperio español en América. Esa sublevación, con la connivencia de sociedades secretas como la masonería, resultó en la imposición al rey de la Constitución de 1812, quien la juró el 2 de marzo de 1820.

En ese marco, en los ensayos que se recopilan y publican en este libro, destacamos, no sólo los principios del constitucionalismo moderno tal como fueron incorporados en la Constitución de Cádiz en 1812, sino particularmente, las manifestaciones de los mismos principios en el constitucionalismo en los países hispanoamericano antes incluso de que la Constitución de Cádiz siquiera hubiese sido sancionada, es decir, lo que puede calificarse como el constitucionalismo hispanoamericano pre–gaditano.

La conmemoración del bicentenario de la Constitución de Cádiz, por tanto, coincidió con la conmemoración de ese otro bicentenario que fue el del inicio de ese constitucionalismo hispanoamericano en el cual no influyó la primera, el cual se manifestó a partir de la constitución de un gobierno independiente de la Corona española en la Provincia de Caracas el 19 de abril de 1810; con la elección, a finales de ese mismo año de 1810, de un Congreso General de diputados de las Provincias de lo que había sido la antigua Capitanía General de Venezuela; con la sanción, por dicho Congreso, de la *Declaración de Derechos del Pueblo* de 1º de julio de 1811, que fue la primera declaración de derechos del hombre sancionada en el mundo moderno, luego de las Declaraciones americanas (1776) y francesa (1789); con la adopción de la declaración formal de Independencia de Venezuela de 5 de julio de 1811; con la sanción de la *Constitución Federal de los Estados Unidos de Venezuela* de 21 de diciembre de 1811, que fue la cuarta de las Constituciones del mundo moderno después de las Constituciones francesa (1791), norteamericana (1787) y haitiana (1804); con la sanción, entre 1811 y marzo de 1812, de muy importantes textos de Constituciones Provinciales en las mismas antiguas provincias de la Capitanía General de Venezuela, como fueron las *Constituciones de los Estados de Barinas* (1811), *Mérida* (1811), *Trujillo* (811), *Barcelona* (1812) y *Caracas* (1812); y con la firma, en las antiguas provincias del Virreinato de Nueva Granada, del *Acta de la Federación de 27 de noviembre de 1811 que formó el Estado "Provincias Unidas de la Nueva Granada;"* y la sanción de también muy importantes Constituciones provinciales como las *Constituciones de los Estados* de Socorro (1810), *Cundinamarca* (1811, aún cuando ésta de carácter monárquico), de *Tunja* (1811), *Antioquia* (1812) y *Cartagena de Indias* (1812).

Este conjunto de riquísimos textos constitucionales de 1811 y de comienzos de 1812, cuyos principios, vicisitudes e importancia analizamos en este libro, permite apreciar lo ilustrada que fue la élite profesional y política que asumió la conducción del proceso constituyente en esos primeros años del nacimiento de las Repúblicas hispanoamericanas, ajustados a los principios del constitucionalismo moderno, constituyendo un esfuerzo que lamentablemente se vio truncado tanto por la incomprensión de las autoridades españolas del momento, incluidas las mismas Cortes de Cádiz, como por las secuelas del militarismo que derivó de las guerras de independencia.

Ello fue particularmente grave en la primera provincia que declaró su independencia política de España, que fue la Provincia de Caracas en la Capitanía General de Venezuela, donde al manifestarse las primeras ideas constitucionales y los primeros procesos constituyentes en el Nuevo Mundo, por ello sintieron todo el peso de la reacción del Imperio español, incluso de carácter bélico, que si bien produjo un gran desencuentro político inicial entre la Península y América, luego, con el correr de los años y la consolidación de los procesos de independencia de los demás países de Hispanoamérica, produjo la comunidad de naciones que forman hoy el mundo de origen hispano.

En el constitucionalismo moderno hubo, por tanto, un muy importante proceso de constitucionalismo hispano americano pre–gaditano, que se desarrolló en paralelo al proceso constituyente de Cádiz, el cual sin embargo, en medio de la profusión de estudios sobre la Constitución de Cádiz, no ha sido objeto de mucha atención en la historiografía contemporánea.

Todos los estudios que se recogen en este libro, sin dejar de lado el análisis del significado e influencia de la Constitución de Cádiz en el mundo hispanoamericano, en consecuencia, tienen como hilo conductor destacar y estudiar el significado y alcance de ese constitucionalismo moderno pre–gaditano que germinó entre 1810 y 1812, no sólo en las Provincias de la antigua Capitanía General de Venezuela, sino también en las Provincias del antiguo Virreinato de Nueva Granada.

A tal efecto, este libro se integra con los siguientes capítulos:

El primer capítulo está destinado a estudiar *El inicio del proceso constituyente en España y América (1808–1810), y la elección de representantes para integrar las Asambleas Constituyentes"*, en un texto inicialmente elaborado en 2011 para la Academia Hispano Americana de Ciencias, Letras y Artes de Cádiz. Este estudio se publicó en parte como Introducción a nuestro libro, *Los inicios del proceso constituyente hispano y americano. Caracas 1811–Cádiz 1812* (Prólogo de Asdrúbal Aguiar), Editorial bid & co. Editor, Colección Historia, Caracas 2012, pp. 45–62.

El segundo capítulo está basada en el texto de la ponencia sobre *El paralelismo entre el constitucionalismo venezolano (1811) y el constitucionalismo de Cádiz (1812) (O de cómo el de Cádiz no influyó en el venezolano),* presentada en el *I Simposio Internacional, La Constitución de Cádiz de 1812. Hacia los orígenes del constitucionalismo iberoamericano y latino,* organizado por la Unión Latina, Centro de Estudios Constitucionales 1812, Centro de Estudios Políticos y Constitucionales, Fundación Histórica Tavera, celebrado en Cádiz, entre el 24 al 27 de abril de 2002. Este trabajo fue publicado en el libro: *El Estado Constitucional y el derecho administrativo en Venezuela. Libro Homenaje a Tomás Polanco Alcántara, Estudios de Derecho Público,* Universidad Central de Venezuela, Caracas 2005, pp. 101–189; y en el libro: *La Constitución de Cádiz. Hacia los orígenes del Constitucionalismo Iberoamericano y Latino,* Unión Latina–Universidad Católica Andrés Bello, Caracas 2004, pp. 223–331. El texto se recogió también en nuestro libro: *Los inicios del proceso constituyente hispano y americano. Caracas 1811–Cádiz 1812,* (Prólogo de Asdrúbal Aguiar), Editorial bid & co. Editor, Colección Historia, Caracas 2012, pp. 63–173.

El tercer capítulo es el estudio sobre *Las primeras manifestaciones del constitucionalismo en las tierras americanas: las Constituciones provinciales y nacionales de Venezuela y la Nueva Granada en 1811–1812,* elaborado para el Seminario sobre *Dos siglos de municipalismo y constitucionalismo iberoamericano: la construcción de la civilidad democrática,* organizado por la Organización Iberoamericana de Cooperación Intermunicipal (OICI), Cádiz, 4–6 de octubre de 2011. Este trabajo fue publicado en la *Revista de Derecho Político,* Nº 84, Universidad Nacional de Educación a Distancia, Madrid, mayo–agosto 2012, pp. 231–323. Esta Ponencia se publicó en mi libro: *La Constitución de Cádiz y el constitucionalismo hispanoamericano,* Editorial Investigaciones Jurídicas C.A., San José, Costa Rica 2012, pp. 57–200.

El cuarto capítulo está basado en el estudio sobre *"Las primeras declaraciones de derechos en Hispanoamérica y la influencia de la Declaración de los derechos del hombre y del ciudadano de 1789"* que elaboramos con ocasión del bicentenario de la "Declaración de los derechos del pueblo" de 1º de julio de 1811 y de la "Declaración de los derechos del hombre" en la Constitución Federal de los Estados de Venezuela de 21 de diciembre de 1811 y que fue presentado como ponencia al *Simposio Internacional sobre Revisión del Legado Jurídico de la revolución Francesa en las Américas,* Facultad de Derecho y Comunicación Social, Universidad Bernardo O'Higgins, Santiago de Chile, 28 de abril de 2011. Este estudio fue publicado en el libro: *Revisión del Legado Jurídico de la Revolución Francesa en las Américas,* Facultad de Derecho y Comunicación Social, Universidad Bernardo O'Higgins, Santiago de Chile 2012, pp. 59–118.

El quinto capítulo es el ensayo *Crónica de un desencuentro: las Provincias de Venezuela y las Cortes de Cádiz (1810–1812),* que fue el texto preparado para el Congreso sobre *La Constitución de 1812. La participación de los Diputados de América,* organizado por la Universidad Interamericana, Puerto Rico y el Consulado General de España en Puerto Rico, San Juan, 19 al 21 de octubre de 2011. Este trabajo fue publicado en la *Revista de Derecho Político,* N° 84, Universidad Nacional de Educación a Distancia, Madrid, mayo–agosto 2012, pp. 195–230. Esta Ponencia se publicó en mi libro: *La Constitución de Cádiz y el constitucionalismo hispanoamericano,* Editorial Investigaciones Jurídicas C.A., San José, Costa Rica 2012, pp. 201–252.

El sexto capítulo es el estudio sobre *La constitución de Cádiz de 1812 y los principios del constitucionalismo moderno: su vigencia en Europa y en América,* que sirvió para la Conferencia Magistral dictada en el *IV Simposio Internacional sobre la Constitución de Cádiz de 1812: Fuente del derecho europeo y americano. Relectura de sus principios fundamentales,* organizada por la Unión latina y el Ayuntamiento de Cádiz, en Cádiz, los días 11 al 13 de junio de 2008. Este trabajo fue publicado en Asdrúbal Aguiar (Coordinador), *La Constitución de Cádiz de 1812, fuente del derecho Europeo y Americano. Relectura de sus principios fundamentales. Actas del IV Simposio Internacional Unión Latina,* Ayuntamiento de Cádiz, Cádiz 2010, pp. 35–55; y en el *Anuario Jurídico Villanueva,* III, Año 2009, Villanueva Centro Universitario, Universidad Complutense de Madrid, Madrid 2009, pp. 107–127. Este estudio se recogió también en nuestros libros: *Los inicios del proceso constituyente hispano y americano. Caracas 1811 – Cádiz 1812,* (Prólogo de Asdrúbal Aguiar), Editorial bid & co. Editor, Colección Historia, Caracas 2012, pp. 236–265; y *La Constitución de Cádiz y el constitucionalismo hispanoamericano,* Editorial Investigaciones Jurídicas C.A., San José, Costa Rica 2012, pp. 17–55.

El séptimo capítulo es el estudio sobre *Cádiz y los orígenes del constitucionalismo en Venezuela. Después de Caracas (1811): Angostura (1819), Cúcuta (1821) y Valencia (1830),* expuesto en el *Congreso: 1812: fra Cadice e Palermo – entre Cádiz y Palermo. Nazione, rivoluzione, constituzione, representanza politica, libertà garantite, autonomie,* organizado por la Unión Latina y la Università degli Strudi di Messina, en Palermo y Messina, los días 5 al 12 de diciembre de 2005. El texto de esta Ponencia se recogió también en nuestro libro: *Los inicios del proceso constituyente hispano y americano. Caracas 1811 – Cádiz 1812,* (Prólogo de Asdrúbal Aguiar), Editorial bid & co. Editor, Colección Historia, Caracas 2012, pp. 175–229.

El octavo capítulo es el estudio sobre *Las causas de la independencia de Venezuela explicadas en Inglaterra, en 1812, cuando la Constitución de Cádiz comenzaba a conocerse y la Republica comenzaba a derrumbarse,* presentado en el *V Simposio Internacional: Cádiz, hacia el Bicentenario. El pensamiento político y las ideas en Hispanoamérica antes y durante las Cortes de 1812,* organizado por la Unión Latina y el Ayuntamiento de Cádiz, en Cádiz, entre el 24 y el 27 de noviembre de 2010. El texto de esta Ponencia se recogió en nuestro libro: *Los inicios del proceso constituyente hispano y americano. Caracas 1811 – Cádiz 1812,* (Prólogo de Asdrúbal Aguiar), Editorial bid & co. Editor, Colección Historia, Caracas 2012, pp. 267–376, y sirvió de base para la redacción de la "Introducción General sobre el significado y la importancia del libro: *Documentos oficiales interesantes relativos a las Provincias Unidas de Venezuela / Interesting oficial Documents Relating to the United Provinces of Venezuela*, publicada en el libro: *Documentos Constitucionales de la Independencia*, Editorial Jurídica venezolana, Caracas 2012, pp. 59–299.

Y el noveno capítulo es la Ponencia sobre *"La independencia de Venezuela y el inicio del constitucionalismo hispanoamericano en 1810–1811, como obra de civiles, y el desarrollo del militarismo a partir de 1812, en ausencia de régimen constitucional,"* presentada ante el *VI Simposio Internacional sobre la Constitución de Cádiz, "Los hombres de Cádiz y de las Américas. Bases de la identidad social y política hispanoamericana"*, Ayuntamiento de Cádiz, Cádiz 23 de noviembre de 2012. Para la redacción de esta Ponencia, partimos de nuestro estudio sobre "El secuestro y suplantación de los próceres," publicado como Epílogo al libro de Giovanni Meza Dorta, *El Olvido de los Próceres. La filosofía constitucional de la Independencia y su distorsión producto del militarismo*, Editorial Jurídica Venezolana, Caracas 2012, pp. 105–122.

Este libro que ahora se publica, con el cual la Editorial Jurídica Venezolana inicia la edición de libros digital/electrónicos, por tanto, como dijimos al inicio, es una recopilación de todos los estudios que elaboramos sobre el tema desde 2002 con ocasión de diversos eventos preparatorios a la celebración del bicentenario de la Constitución de Cádiz, y que como se ha dicho, fueron publicados en diversas formas, fechas y lugares, lo que no facilitaba su acceso. En esta edición quedan ahora englobados en un solo texto.

New York, mayo 2013

Capítulo Primero

EL INICIO DEL PROCESO CONSTITUYENTE EN ESPAÑA Y EN AMÉRICA Y LA ELECCIÓN DE REPRESENTANTES EN 1809–1810

En 1808 y en 1810, tanto en España como en Caracas se produjo una ruptura del orden político gubernativo que para esos momentos existía, y que se materializó en el hecho político de que el poder de gobernar tanto el Reino de España como las provincias de la América meridional, lo asumieron órganos que se formaron *ex novo* para tales efectos, y que no estaban previstos en el ordenamiento constitucional del Antiguo Régimen, que era el entonces aplicable. Técnicamente, en esos años y en esos confines, se dio un golpe de Estado, que sería el inicio de un proceso constituyente.

En 25 de septiembre de 1808, en efecto, en Aranjuez se instaló una *Junta Suprema Central y Gubernativa del Reino*, también llamada Junta Suprema o Junta Central Suprema, que fue el órgano que asumió el poder del Estado en la ausencia del Rey Fernando VII y durante la ocupación por los ejércitos napoleónicos de España que se había iniciado en marzo de 1808. Su constitución se produjo tras la victoria lograda por los ejércitos españoles en la batalla de Bailén en 19 de julio de 1808, en lo que sería la primera derrota en la historia que tuvo el ejército napoleónico, y después que el Consejo de Castilla hubiese declarado nulas las abdicaciones a la Corona de España a favor de Napoleón, que habían efectuado en Bayona, en mayo de ese mismo año, tanto el Rey Carlos IV como su hijo el Rey Fernando VII. Esa Junta Central, formada inicialmente por representantes de las Juntas Provinciales también constituidas durante la guerra, ejerció el poder político hasta el 30 de enero de 1810, cuando lo trasladó a un Consejo de Regencia.

Año y medio más tarde, el 19 de abril de 1810, por su parte, ante la noticia recibida el día anterior en el Ayuntamiento de Caracas sobre la material desaparición del Gobierno Supremo en España y el confinamiento del Consejo de Regencia en la ciudad de Cádiz, considerándose necesario constituir un gobierno que se hiciese cargo de la Provincia de Venezuela para asegurarlas contra los designios del Emperador, el Cabildo de Caracas se erigió en *Junta Suprema de Venezuela Conservadora de los Derechos de Fernando VII*, la cual asumiendo el "mando supremo" o "suprema autoridad" de la Provincia, procedió a constituir "un nuevo gobierno" deponiendo al Gobernador y Capitán General del mando. La motivación inmediata de este hecho político había sido la "total orfandad" en la cual se consideró había quedado el pueblo por la disolución de la Junta Suprema Gubernativa de España, que suplía la ausencia del Monarca, dado que la nueva Junta Suprema desconocía la autoridad del Consejo de Regencia, que consideró no "*ha sido* constituido *por el voto de estos fieles habitantes*, cuando han sido ya declarados, no colonos, sino partes integrantes de la corona de España, y, como tales han sido llamados al ejercicio de la *soberanía* interna y a la reforma de la Constitución Nacional"

Con esos hechos, por tanto, en 1808 y 1810 tanto en España como en Hispanoamérica se dio inicio a sendos procesos constituyentes que desembocaron en la sanción de la "Constitución Federal para los Estados de Venezuela" en diciembre de 1811, y unos meses después, en marzo de 1812 en la sanción de la "Constitución de la Monarquía Española;" ambas producto de la Revolución Hispanoamericana, iniciada, así, veintidós años después de la Revolución Francesa y treinta y cinco años después de la Revolución Norteamericana. Esos tres procesos políticos fueron, sin duda, los más importantes del mundo moderno, dando inició a una transformación radical del orden político constitucional hasta entonces imperante del antiguo régimen.

Puede decirse entonces que Venezuela y España, a comienzos del Siglo XIX, fueron los primeros países en el mundo que recibieron directamente las influencias del constitucionalismo moderno derivadas de las Revoluciones del Siglo XVIII,[1] lo que ocurrió en forma paralela, precisamente cuando los próceres del proceso de Independencia de Venezuela, iniciado a partir del 19 de abril de 1810 se encontraban en la tarea de elaborar las bases del sistema jurídico–estatal que habría de regir un nuevo Estado independiente, que era el segundo en su género en la historia política del mundo moderno después de los Estados Unidos de Norte América; y cuando los constituyentes de Cádiz, después del proceso de recomposición del régimen monárquico que se había iniciado con los sucesos de Aranjuez y Bayona en 1808, llevaban a cabo la tarea de transformar una Monarquía absoluta en una Monarquía parlamentaria constitucional, lo que antes había ocurrido precisamente en Francia, como consecuencia de la Revolución. La Constitución de Cádiz de 1812, por tanto, no influyó en el proceso constituyente venezolano

El proceso en Venezuela, en todo caso, culminó antes de que se operaran los cambios constitucionales en España, sin que en el mismo se hubiese recibido influencia alguna del proceso constitucional de Cádiz, lo cual ciertamen-

---

1 Véase en general Allan R. Brewer-Carías, *Reflexiones sobre la Revolución Americana (1776) y la Revolución Francesa (1789) y sus aportes al constitucionalismo moderno,* Caracas, 1991. Una segunda edición ampliada de este libro se publicó como *Reflexiones sobre la Revolución Norteamericana (1776), la Revolución Francesa (1789) y la Revolución Hispanoamericana (1810-1830) y sus aportes al Constitucionalismo Moderno,* Serie Derecho Administrativo N° 2, Universidad Externado de Colombia, Editorial Jurídica Venezolana, Bogotá 2008.

te, fue un hecho único en la América Hispana, pues al contrario, en la mayoría de las antiguas Colonias americanas españolas que lograron su independencia después de 1811 y, sobre todo, entre 1820 y 1830, las mismas recibieron las influencias del naciente constitucionalismo español plasmado en la Constitución de Cádiz de 1812.[2]

Esos procesos constituyentes que originaron la sanción de la "Constitución Federal para los Estados de Venezuela" de diciembre de 1811, y la sanción de la "Constitución de la Monarquía Española" de marzo de 1812, en todo caso, estuvieron a cargo de Asambleas Constituyentes que se concibieron y constituyeron al efecto, como instituciones representativas de la soberanía nacional que ya se consideraba había sido trasladada al pueblo, integradas por diputados electos en las diversas demarcaciones territoriales de las provincias del reino de España y de las provincias que habían constituido la Capitanía General de Venezuela.

En ambos lados del Atlántico, por tanto, es constituyeron cuerpos constituyentes integrados por representantes electos en forma indirecta, como lo fueron las Cortes en España y la Junta General de Diputación de las Provincias en Venezuela, para cuyo efecto, en ambos casos, el primer acto político para culminar esos procesos constituyentes fue la emisión de sendos cuerpos normativos destinados a establecer el sistema y procedimiento para la elección de los diputados, lo que en España hizo la Suprema Junta Gubernativa de España e Indias el 1 de enero de 1810, y en Venezuela, la Junta Suprema Conservadora de los derechos de Fernando VII, el 11 de junio del mismo año 1810.

En ambos casos, se trató de sendos actos políticos constituyentes mediante los cuales se buscó salir de la crisis política en la cual se encontraban los países. En España, como hemos dicho, provocada desde 1808 por el secuestro del Rey y la invasión de la Península Ibérica por las tropas de Napoleón, lo cual en medio de la dura guerra de independencia desarrollada por las diversas provincias, había originado la constitución de Juntas Supremas conservadoras de los derechos de Fernando VII en las Provincias más importantes, que luego formarían, entre ellas, una Junta Central para atender los asuntos del reino. Fue esa Suprema Junta, precisamente, la que el 30 de enero de 1810 pondría término a su función, delegándola en un Consejo de Regencia nombrado por la misma, no sin antes disponer la convocatoria a Cortes para recomponer el Estado, estableciendo la forma de elección de los diputados.

En Caracas, por otra parte, como también se dijo, la crisis fue provocada igualmente desde 1808, por el sentimiento sostenido orfandad política que reclamaban las Provincias debido al secuestro del Monarca español en manos

---

2   Véase por ejemplo, Jorge Mario García Laguardia, Carlos Meléndez Chaverri, Marina Volio, *La Constitución de Cádiz y su influencia en América (175 años 1812-1987),* San José, 1987; Manuel Ferrer Muñoz, *La Constitución de Cádiz y su aplicación en la Nueva España,* UNAM México, 1993; Ernesto de la Torre Villas y Jorge Mario García Laguardia, *Desarrollo histórico del constitucionalismo hispanoamericano,* UNAM, México 1976.

de un invasor extranjero que no era querido, originando la constitución de la Junta Suprema Conservadora de los derechos de Fernando VII desde 19 de abril de 1810, la cual rápidamente dió lugar a la formación de un gobierno provincial propio, totalmente desligado de la metrópoli, y que requería urgentemente su reconstitución, abarcado además de Caracas, la totalidad de las provincias de la Capitanía General de Venezuela.

Se trató, por tanto, en ambos casos de un proceso constituyente, pero con objetivos: en España, se trataba de la reconstitución política de un Estado preexistente que era el Estado Monárquico, y lograr su transformación en un Estado Monárquico constitucional; y en Venezuela, se trataba de la constitución de un nuevo Estado sobre la que habían sido antiguas Colonias americanas.

En ambos caso, el proceso constituyente tuvo como común denominador inicial, la adopción del principio de la soberanía popular y la necesidad de reconstituir o constituir los gobiernos del Estado sobre la base de la representación de sus habitantes, a cuyo efecto, tanto en la Península como en las Provincias de Venezuela, se procedió a dictar en mismo año 1810, sendos cuerpos normativos para convocar al pueblo para la elección de diputados a Cortes, en España, y a un Congreso General, en Venezuela.

Ello ocurrió, en España, mediante la *"Instrucción que deberá observarse para la elección de Diputados a Cortes,"*[3] que dictó la Suprema Junta Gubernativa el 1º de enero de 1810, acompañando a diversos decretos en los cuales se convocaba a la elección de diputados a Cortes, con la previa advertencia de que habría habido previamente un "Real decreto expedido en Bayona de Francia a cinco de mayo del año mil ochocientos ocho, para que se juntase la Nación en Cortes generales," el cual por los acontecimientos políticos subsiguientes no se había podido publicar." En dicha *Instrucción* se consideraba, con razón, que la elección de Diputados de Cortes era "de tanta gravedad e importancia, que de ella depende el acierto de las resoluciones y medidas para salvar la Patria, para restituir al Trono a nuestro deseado Monarca, y para restablecer y mejorar una Constitución que sea digna de la Nación española," recomendándose confiar la representación en "personas que por sus virtudes patrióticas, por sus conocidos talentos y por su acreditada prudencia" pudieran contribuir a "establecer las bases sobre que se ha de afianzar el edificio de la felicidad pública y privada."

Tres tipos de Diputados todos electos en forma indirecta se previeron para integrar las Cortes. En primer lugar, diputados electos por la voluntad popular, en un sistema electoral de cuatro grados, fijas en número de 208, conforme al índice de un diputado por cada 50.000 almas que se previó, y de acuerdo al censo de población español publicado en 1797, estableciendo la Ins-

---

3   Véase además la "Comunicación que acompañó la Comisión de Cortes a la Instrucción que debía observarse para la elección de Diputados a Cortes al someterla a la aprobación de la Junta Central" de 8 de noviembre de 1809, en Biblioteca Virtual Miguel de Cervantes, en http://www.cervantesvirtual.com/servlet/SirveObras/34695175432370 530854679/p0000001.htm

trucción el número de diputados que correspondía a cada provincia; en segundo lugar, diputados electos por las Juntas Supremas provinciales; y en tercer lugar, diputados electos por las ciudades de partido.

En cuanto a la primera categoría de diputados electos por votación popular, se dispuso que la elección de estos diputados correspondía a unas Juntas provinciales electorales (Cap. I, Arts. 8 y 10), cuyos miembros "electores" eran a su vez designados por las Juntas electorales de partido, designadas a su vez por los electores parroquiales escogidos por las juntas parroquiales de los pueblos de partido que estaban integradas por los vecinos (Cap. I, Art. 4), es decir, por "todos los parroquianos que sean mayores de edad de 25 años, y que tengan casa abierta, en cuya clase son igualmente comprendidos los eclesiásticos seculares." (Cap. II, Art.). Se excluía de dichas Juntas parroquiales, a "los que estuvieren procesados por causa criminal, los que hayan sufrido pena corporal aflictiva o infamatoria; los fallidos, los deudores a los caudales públicos, los dementes, ni los sordomudos. Tampoco podrán asistir los extranjeros, aunque estén naturalizados, cualquiera que sea el privilegio de su naturalización" (Cap. II, 3).

Las Juntas parroquiales debía elegir "un elector para que vaya a la cabeza de su partido" (Cap. II, 1), sugiriéndose que "aunque los electores podrán elegir libremente para Procuradores de Cortes a cualquiera de las personas que tengan las calidades prevenidas en esta instrucción", en virtud de la precariedad de recursos "encargará esta Junta a los electores que procuren nombrar a aquellas personas que, además de las prendas y calidades necesarias para desempeñar tan importante encargo, tengan facultades suficientes para servirle a su costa." (Cap. I, 12).Para efectuar la elección, en las Juntas parroquiales, presididas por el Ayuntamiento o la Justicia (Cap. II, 10), cualquier vecino podía "exponer alguna queja relativa a cohecho o soborno" respecto de alguna persona (Cap. II, 12), y los parroquianos debían votar por uno para que fuera el "elector de la parroquia." (Cap. II, 13). Para ello, de la votación debían escogerse los "doce sujetos" que hubiesen reunido mayor número de votos, los cuales por ello, quedaban "elegidos para nombrar el elector que ha de concurrir a la cabeza del partido." (Cap. II, 14). A tal efecto, estos 12 electores debían reunirse "separadamente antes de disolverse la Junta, y conferenciando entre sí, procederán a nombrar el elector de aquella parroquia, cuya elección deberá recaer en aquel sujeto que reúna más de la mitad de los votos" (Cap. II, 15), quien no podía excusarse del encargo (Cap. II, 17).

Estas Juntas electorales de partido, compuesta por los electores nombrados por las Juntas parroquiales, reunidas en la cabeza de cada partido, (Cap. III, art. 1), eran las llamadas a nombrar el elector o electores que debían concurrir a la capital del reino o provincia, para elegir la Junta electoral provincial destinada, a su vez, a elegir los Diputados de Cortes (Cap. III, 2). Ello debían hacerlo reunidos a puerta abierta en la sala consistorial, en reunión presidida por el Corregidor y el Obispo (Cap. III, 5), expresando cada elector ante la mesa respectiva, el sujeto que elige para elector del partido. (Cap. III, 11). En este caso, igualmente, se debía identificar "las 12 personas que reúnen mayor número de votos, y éstas quedarán elegidas para nombrar los electores de aquel partido" (Cap. III, 12), debiendo dichas personas a hacer el "nombramiento del elector o electores de aquel partido que han de asistir a la capital del Reino o provincia para nombrar Diputados de Cortes" (Cap. III, 13) como miembros de las Juntas electorales provinciales. Cada uno de estos electores de partido, debía reunir más de la mitad de los votos para que su elección fuese válida (Cap. III, 15).

Las Juntas Electorales provinciales de cada reino o Provincia eran por tanto las llamadas a "los Procuradores o Diputados que en representación de aquel Reino o provincia para asistir a las Cortes generales de la Nación." (Cap. IV, 1). Las mismas, integradas por todos los electores de partido, debían reunirse en la capital del reino o Provincia "en el edificio que se halle más a propósito para un acto tan solemne, que deberá ser a puerta abierta." (Cap. IV, 4) Ante esta Junta también podían formularse "quejas relativas a cohecho o soborno," (Cap. IV, 8). Cuando debía comenzar la votación de los diputados, el Presidente de la Junta debía prevenir que la elección debía "recaer en persona natural de aquel reino o provincia, aunque no resida ni tenga propiedades en ella, como sea mayor de 25 años, cabeza de casa, soltero, casado o viudo, ya sea noble, plebeyo o eclesiástico secular, de buena opinión y fama, exento de crímenes y reatos que no haya sido fallido; ni sea deudor a los fondos públicos, ni en la actualidad doméstico asalariado de cuerpo o persona particular"(Cap. IV, art. 9). Cada elector debía entonces proceder a nombrar "el sujeto por quien vota" (Cap. IV, 10), resultando de esta votación, que toda persona "que reúna más de la mitad de los votos quedará habilitada para entrar en el sorteo que se ha de hacer para Diputados de Cortes" (Cap. IV, art. 11). La Instrucción precisa, que "por este mismo método se continuarán las votaciones hasta completar el número de tres personas, cada una de las cuales haya reunido más de la mitad de los votos" debiendo al final ponerse los nombres de estos tres sujetos en cédulas (papeles) separados, y puestos en una vasija, "se sacará por suerte una cédula, y la persona contenida en ella será Diputado de Cortes. Estas votaciones y sorteos se han de repetir hasta completar el número de Diputados que corresponde a la provincia. Las personas excluidas en el sorteo de la primera Diputación, conservarán el derecho de ser elegidas y entrar en suerte para la Diputación siguiente, y así sucesivamente en las demás." (Cap. IV, art. 12). Por el mismo método se debían elegir los Diputados suplentes para en el caso de que alguno de los electos muriese (Cap. IV, art. 15).

La segunda categoría de diputados de Cortes fueron los electos por las Juntas Superiores de Observación y Defensa, las cuales debía nombrar cada una un diputado (Cap. V, art. 1), lo que debía hacerse "por votos en los mismos términos establecidos para la elección de Diputados de Cortes que han de hacer las provincias" (Cap. V, art. 2), de manera que cada individuo de la Junta electoral provincial debía votar "por la persona que le pareciese más a propósito, aunque no sea individuo de ella, la cual en este caso deberá ser natural del reino o provincia"(Cap. V, art. 3). Las personas que resultasen con más de la mitad de los votos, quedaban entonces "habilitada para entrar en el sorteo," continuándose "las votaciones hasta elegir tres personas, cada una de las cuales haya tenido más de la mitad de los votos, y sus nombres se escribirán en cédulas separadas y meterán en una vasija, de donde se sacará una cédula, y el sujeto cuyo nombre esté escrito en ella será Diputado de Cortes"

(Cap. V, Art. 4). La Junta electoral provincial debía "dar noticia a la Suprema gubernativa del Reino de la persona que haya sido elegida" (Cap. V, Art. 6).

La tercera categoría de diputados a Cortes fueron los llamados "Diputados de las ciudades de voto en Cortes," cuya elección se atribuyó a "todas las ciudades que a las últimas Cortes celebradas en el año de 1789 enviaron Diputados," otorgándoseles el derecho a enviar un diputado a las Cortes de 1810 (Cap. VI, Art. 1). En esas ciudades, la elección correspondía a una Junta reunid en la Sala consistorial, bajo la presidencia del Corregidor, e integrada además por los Regidores, Síndico, Diputados del Común y electores nombrados por el pueblo, quienes debían proceder al nombramiento de tres sujetos, cada uno de los cuales debía reunir más de la mitad de los votos. En este caso también debía elegirse por sorteo la persona que finalmente debía ser Diputado de Cortes por la respectiva ciudad (Cap. VI, Art. 6), elección que debía "recaer precisamente en una de las personas que componen esta Junta" (Cap. VI, Art. 7).

Debe señalarse que en esta Instrucción de enero de 1810, nada se preveía sobre la elección de diputados por las provincias americanas, lo cual después de mucho debate fue parcialmente e insuficientemente corregido por el Consejo de Regencia, acordando sólo 15 días antes de la instalación de las Cortes, el día 8 de septiembre de 1810, unas normas para la designación diputados suplentes americanos, lo que provocó protestas de las provincias americanas, entre ellas, precisamente de Caracas.

En todo caso, conforme a la Instrucción, a pesar del complejo proceso electoral que preveían, y la situación política general del país, se eligieron los diputados a las Cortes las cuales se instalaron el 24 de septiembre de 1810.

Por otra parte, cinco meses después de la convocatoria a Cortes en España, el día 11 de junio de 1810, apenas transcurridos dos meses desde que se constituyera en Caracas la Junta Suprema Conservadora de los derechos de Fernando VII (19 de abril de 1810), la misma, en virtud del carácter poco representativo que tenía en relación con las otras Provincias de la Capitanía General de Venezuela, procedió a dictar un *"Reglamento para elección y reunión de diputados que han de componer el Cuerpo Conservador de los Derechos del Sr. D. Fernando VII en las Provincias de Venezuela"*[4] que para cuando se eligió en 1811 ya fue el Congreso General de las Provincias de Venezuela, en el cual también se estableció un sistema de elección indirecta. Este Reglamento estuvo precedido de unas consideraciones mucho más amplias que las contenidas en la *Instrucción* española, en las cuales, la Junta Suprema, reconocía que los diputados provinciales que hasta ese momento la integraban "sólo incluía la representación del pueblo de la capital, y que aun después de admitidos en su seno los de Cumaná, Barcelona y Margarita quedaban sin voz alguna representativa las ciudades y pueblos de lo interior,

---

4 Véase en *Textos Oficiales de la Primera República de Venezuela*, tomo II, Edición Biblioteca de la Academia de Ciencias Políticas y Sociales, Caracas, 1982, pp. 61 a 84. Véase también en Allan R. Brewer-Carías, *Las Constituciones de Venezuela*, Academia de Ciencias Políticas y Sociales, Tomo I, Caracas 2008.

tanto de ésta como de las otras provincias," considerando que la cual "la proporción en que se hallaba el número de los delegados de Caracas con los del resto de la Capitanía General no se arreglaba, como lo exige la naturaleza de tales delegaciones, al número de los comitentes," razón por la cual consideró la necesidad de convocar al pueblo de todas las Provincias "para consultar su voto" y para que se escogiese "inmediatamente las personas que por su probidad, luces y patriotismo os parecieran dignas de vuestra confianza." Consideraba la Junta Suprema que era imperioso establecer "otra forma de Gobierno, que aunque temporal y provisorio, evitase los defectos inculpables del actual," pues los mismos defectos se habían acusado respecto de "la nulidad de carácter público de la Junta Central de España" que adolecía de la misma falta de representatividad. La determinación fue entonces provocada por "la necesidad de un poder Central bien constituido," considerándose que había llegado "el momento de organizarlo," formando "una confederación sólida," con "una representación común." A tal efecto, la Junta llamó al "ejercicio más importante de los derechos del pueblo" que era "aquel en que los transmite a un corto número de individuos, haciéndolos árbitros de la suerte de todos," convocando a "todas las clases de hombres libres ... al primero de los goces de ciudadano, que es el concurrir con su voto a la delegación de los derechos personales y reales que existieron originariamente en la masa común y que la ha restituido el actual interregno de la monarquía."

En su motivación, debe destacarse que la Junta de Caracas advirtió, que las autoridades que accidentalmente se habían encontrado a la cabeza de la nación española tras la invasión napoleónica, debieron "solicitar que los pueblos españoles de ambos hemisferios eligiesen sus representantes;" pero no fue así, resultando "demasiado evidente que la Junta Central de España no representaba otra parte de la nación que el vecindario de las capitales en que se formaban las Juntas provinciales, que enviaron sus diputados a componerla," considerándose por tanto que "la Junta Central no pudo transmitir al Consejo de Regencia un carácter de que ella misma carecía," resultando "la concentración del poder en menor número de individuos escogidos, no por el voto general de los españoles de uno y otro mundo, sino por los mismos que habían sido vocales de la Central". La Junta Suprema, además, argumentaba ante esa situación, que los habitantes de la España americana "no pueden adherirse a una forma de representación tan parcial como la que se ha prescrito para las dos porciones de nuestro imperio, y que lejos de ajustarse a la igualdad y confraternidad que se nos decantan, sólo está calculada para disminuir nuestra importancia natural y política." La Junta Suprema, sin embargo, anunciaba que las Provincias "se conservarán fieles a su augusto Soberano, prontas a reconocerle en un Gobierno legítimo y decididas a sellar con la sangre del último de sus habitantes el juramento que han pronunciado en las aras de la lealtad y del patriotismo".

Por último, debe destacarse en la larga motivación que precedió al reglamento de 1810, que la Junta Suprema, consciente de que entre "las causas de las miserias que han minado interiormente la felicidad de los pueblos y siempre" siempre ha estado "la reunión de todos los poderes," fue muy precisa en determinar el rol de la Asamblea Constituyente que se proponía elegir, precisando que no asumiría ni el poder ejecutivo ni interferiría con el poder judicial: "En una palabra, dando a todas las clases y todos los cuerpos las reglas necesarias para su conducta pública no se arrogará jamás las facultades ejecutivas que son propias de éstos, y nunca olvidará que ella es la lengua, pero no el brazo de la ley."

Fue en esta forma como la Junta, "con la preocupación de establecer una separación bien clara y pronunciada entre el ramo ejecutivo y la facultad dispositiva o fuente provisoria de la ley; con la de renovar después de un período fijo la mitad de los diputados o todos ellos, reservando a sus poderdantes el reelegirlos cuando se hallen satisfechos de su desempeño," procedió a dictar las reglas de elección de los diputados al Congreso General para que tuvieran "parte en su elección todos los vecinos libres de Venezuela," estableciendo un sistema electoral indirecto, en dos grados, conforme al cual, los electores parroquiales que eran a su vez electos por los vecinos de cada parroquia, debían elegir un número de diputados a razón de uno por cada 20.000 almas.

A tal efecto, el voto se atribuyó en cada parroquia de las ciudad, villa y pueblo, a todos los vecinos, con exclusión de

> "las mujeres, los menores de veinticinco años, a menos que estén casados y velados, los *dementes*, los sordomudos, los que tuvieren causa criminal abierta, los fallidos, los deudores a caudales públicos, los extranjeros, los transeúntes, los vagos públicos y notorios, los que hayan sufrido pena corporal, aflictiva o infamatoria y todos los que no tuvieren casa abierta o poblada, esto es, que vivan en la de otro vecino particular a su salario y expensas, o en actual servicio suyo; a menos que, según la opinión común del vecindario, sean propietarios, por lo menos, de dos mil pesos en bienes muebles o raíces libres." (Cap. I, Art. 4).

Los vecinos eran los que debían elegir los electores parroquiales, cuyo número se determinaba de acuerdo con la población sufragante, a razón de uno por cada quinientas almas (Cap. I, Art. 6). Una vez hecho este cómputo, se debía notificar a los vecinos de la parroquia "el número de los electores que le corresponde; la naturaleza, objeto e importancia de estas elecciones y la necesidad de hacerlas recaer sobre personas idóneas, de bastante patriotismo y luces, buena opinión y fama, como que de su voto particular dependerá luego la acertada elección de los individuos que han de gobernar las provincias de Venezuela y tomar a su cargo la suerte de sus habitantes en circunstancias tan delicadas como las presentes". (Cap. I, Art. 8). El censo de los vecinos antes indicado correspondía levantarlo a los alcaldes de primera en la elección en las ciudades y villas y los tenientes justicias mayores de los pueblos, quienes debían nombrar los comisionados necesarios a tal efecto (Cap. I, Arts. 1 y 2). En el censo se debía especificar "la calidad de cada individuo, su edad, estado, patria, vecindario, oficio, condición y si es o no propietario de bienes raíces o muebles." (Cap. I, Art. 3).

Una vez efectuada la elección de los electores parroquiales de cada partido capitular, estos debían reunirse en la ciudad o villa cabeza del mismo, para proceder a la elección de los diputados, en número equivalente a uno por cada veinte mil almas de población (Cap. II, Art. 1), bastando para poder ser electos como tales, que los candidatos fueran vecinos de cualquier partido "comprendidos en las provincias de Venezuela que hayan seguido la justa causa de Caracas;" recomendándose a los electores tener "la mayor escrupulosidad en atender a las circunstancias de buena educación, acreditada conducta talento, amor patriótico, conocimiento local del país, notorio concepto y aceptación pública, y demás necesarias para sostener con decoro la diputación y ejercer las altas facultades de su instituto con el mayor honor y pureza." La elección debía verificarse en la asamblea de electores, mediante voto oral y público (Cap. II, Art. 8), en "en una sala bastante capaz, a fin de que puedan presenciarla todas las personas del vecindario que quieran y se presenten en traje decente" (Cap. II, Art 7), en un acto que debía ser presidido por los alcaldes primeros de las ciudades y villas, haciendo en ellas de secretario el que lo fuere del Ayuntamiento (Cap. II, Art. 5). La elección se hacía por mayoría de sufragios obtenidos (Cap. II, Art. 9).

Efectuada la elección, los diputados debían presentar sus credenciales a la Junta Suprema para su examen y, una vez aprobadas, "bien entendido que en llegando los dos tercios de su número total, se instalará el Cuerpo bajo el nombre de Junta general de Diputación de las provincias de Venezuela" (Cap. III, Art. 1). Se dispuso, además, que mientras la Junta General de Diputación estuviere organizando la autoridad ejecutiva, la Suprema Junta como poder ejecutivo continuaría ejerciendo "el ramo ejecutivo, la administración de las rentas y el mando de la fuerza armada" (Cap. III, Art. 3).

Conforme a estas normas a finales de 1810 se realizaron elecciones en siete de las nueve Provincias de la antigua Capitanía General de Venezuela,[5] habiéndose elegido 44 diputados por las Provincias de Caracas (24), Barinas (9), Cumaná (4), Barcelona (3), Mérida (2), Trujillo (1) y Margarita (1).[6] Esos fueron los diputados que conformaron el Congreso General que al año siguiente, el 1º de julio de 1811 adoptaría la declaración de los derechos del Pueblo; que el 5 de julio de 1811, declararía formalmente la Independencia de Venezuela; y que el 21 de noviembre de 1811 sancionaría la Constitución federal de las Provincias Unidas de Venezuela.

Con ello se inició el constitucionalismo moderno en la América Hispana, antes de que se sancionara la Constitución de la Monarquía española de 19 de marzo de 1812.

---

5 Participaron las provincias de Caracas, Barinas, Cumaná, Barcelona, Mérida, Trujillo y Margarita. Véase José Gil Fortoul, *Historia Constitucional de Venezuela*, Tomo primero, Berlín 1908, p. 223. Véase J. F. Blanco y R. Azpúrua, J.F. Blanco y R. Azpúrua, *Documentos para la historia de la vida pública del Libertador,* Ediciones de la Presidencia de la República, Caracas, 1983, Tomo II, pp. 413 y 489.

6 Véase C. Parra Pérez, *Historia de la Primera República de Venezuela*, Academia de la Historia, Tomo I, Caracas 1959, p. 477.

Capítulo Segundo

EL PARALELISMO ENTRE EL CONSTITUCIONALISMO VENEZOLANO (1811) Y EL CONSTITUCIONALISMO DE CÁDIZ (1812) (O DE CÓMO EL DE CÁDIZ NO INFLUYÓ EN EL VENEZOLANO)*

INTRODUCCIÓN: LOS PRINCIPIOS DEL CONSTITUCIONALISMO MODERNO Y LA CONSTITUCIÓN DE CÁDIZ

1. Los principios del constitucionalismo moderno

Los principios del constitucionalismo moderno que derivaron de las Revoluciones francesa y americana y que influyeron de una forma u otra entre 1810 y 1812 en los procesos constituyentes de Venezuela y de España, en resumen, fueron los siguientes:[1]

---

* Texto basado en la Ponencia presentada al *I Simposio Internacional, La Constitución de Cádiz de 1812. Hacia los orígenes del constitucionalismo iberoamericano y latino,* Unión Latina, Centro de Estudios Constitucionales 1812, Centro de Estudios Políticos y Constitucionales, Fundación Histórica Tavera, Cádiz, 24 al 27 de abril de 2002. Publicado en *El Estado Constitucional y el derecho administrativo en Venezuela. Libro Homenaje a Tomás Polanco Alcántara*, Estudios de Derecho Público, Universidad Central de Venezuela, Caracas 2005, pp. 101-189; y en el libro: *La Constitución de Cádiz. Hacia los orígenes del Constitucionalismo Iberoamericano y Latino,* Unión Latina-UCAB, Caracas 2004, pp. 223-331.

1   Véase Allan R. Brewer-Carías, *Reflexiones sobre la Revolución Americana (1776) y la Revolución Francesa (1789) y sus aportes al constitucionalismo moderno,* Caracas, 1991, pp. 85 ss. y 182 ss. Una segunda edición ampliada de este libro se publicó como *Reflexiones sobre la Revolución Norteamericana (1776), la Revolución Francesa (1789) y la Revolución Hispanoamericana (1810-1830) y sus aportes al Constitucionalismo Mo-*

En *primer lugar*, la idea de la existencia de una Constitución como carta política escrita, emanación de la soberanía popular, de carácter rígida, permanente, contentiva de normas de rango superior, inmutable en ciertos aspectos y que no sólo organiza al Estado, es decir, no sólo tiene una parte orgánica, sino que también tiene una parte dogmática, donde se declaran los valores fundamentales de la sociedad y los derechos y garantías de los ciudadanos.

Hasta ese momento, esta idea de Constitución no existía, y las Constituciones, a lo sumo, era cartas otorgadas por los Monarcas a sus súbditos. La primera Constitución del mundo moderno, por tanto, después de las que adoptaron las antiguas colonias norteamericanas en 1776 fue la de los Estados Unidos de América de 1787, seguida de la de Francia de 1791. La tercera Constitución moderna, republicana, fue la de Venezuela de 1811; y la cuarta, la de la Monarquía parlamentaria de Cádiz de 1812.

En *segundo lugar*, de esos dos acontecimientos surgió también la idea política derivada del nuevo papel que a partir de esos momentos históricos se confirió al pueblo, es decir, el papel protagónico del pueblo en la constitucionalización de la organización del Estado. Con esas Revoluciones la Constitución comenzó a ser producto del pueblo, dejando de ser una mera emanación de un Monarca. Por ello, en los Estados Unidos de América, las Asambleas coloniales asumieron la soberanía, y en Francia, la soberanía se trasladó del Monarca al pueblo y a la Nación; y a través de la idea de la soberanía del pueblo, surgieron todas las bases de la democracia y el republicanismo.

Por ello, en España, la Junta Central Gubernativa del Reino estableció un régimen de elecciones para la formación de las Cortes de Cádiz en 1810 las cuales sancionaron la Constitución de 18 de marzo de 1812; y en Venezuela, la Junta Suprema conservadora de los derechos de Fernando VII constituida en 1810, entre los primeros actos constitucionales que adoptó, también estuvo la convocatoria a elecciones de un Congreso General con representantes de las Provincias que conformaban la antigua Capitanía General de Venezuela, cuyos diputados (de siete de las nueve Provincias), en representación del pueblo, sancionaron la Constitución de 21 de diciembre de 1811, luego de haber declarado solemnemente la Independencia el 5 de Julio del mismo año.

En *tercer lugar*, de esos dos acontecimientos políticos resultó el reconocimiento y declaración formal de la existencia de derechos naturales del hombre y de los ciudadanos, con rango constitucional, y por tanto, que debían ser respetados por el Estado. La libertad se constituyó, con esos derechos como un freno al Estado y a sus poderes, produciéndose, así, el fin del Estado absoluto e irresponsable. En esta forma, a las Declaraciones de Derechos que precedieron a las Constituciones de las Colonias norteamericanas al independizarse en 1776, siguieron la Declaración de Derechos del Hombre y del Ciudadano de Francia de 1789, y las Enmiendas a la Constitución de los Estados Unidos del mismo año. La tercera de las declaraciones de derechos fundamentales en la historia del constitucionalismo moderno, fue la Declara-

derno, Serie Derecho Administrativo N° 2, Universidad Externado de Colombia, Editorial Jurídica Venezolana, Bogotá 2008.

ción de Derechos del Pueblo adoptada el 1° de julio de 1811 por la sección de Caracas del Congreso General de Venezuela, texto que meses después se recogió ampliado, en el Capítulo VII de la Constitución de diciembre de 1811.

En *cuarto lugar*, además, dentro de la misma línea de limitación al Poder Público para garantizar la libertad de los ciudadanos, las Revoluciones francesa y americana aportaron al constitucionalismo la idea fundamental de la separación de poderes. Esta se formuló, en primer lugar, en la Revolución americana, razón por la cual la estructura constitucional de los Estados Unidos se montó, en 1787 sobre la base de la separación orgánica de poderes. El principio, por supuesto, se recogió aún con mayor fuerza en el sistema constitucional que resultó del proceso revolucionario francés, donde se le agregaron como elementos adicionales, el principio de la supremacía del Legislador resultado de la consideración de la ley como expresión de voluntad general; y el de la prohibición a los jueces de interferir en cualquier forma en el ejercicio de las funciones legislativas y administrativas. La Constitución venezolana de diciembre de 1811, en esta forma, fue el tercer texto constitucional del mundo moderno, en establecer expresa y precisamente el principio de la separación de poderes, aun cuando más dentro de la línea del balance norteamericano que de la concepción extrema francesa; siendo la Constitución de Cádiz de 1812, la cuarta Constitución que adoptó el principio de separación de poderes, siguiendo más el esquema francés de la Monarquía parlamentaria.

En *quinto lugar,* de esos dos acontecimientos políticos puede decirse que resultaron los sistemas de gobierno que han dominado en el mundo moderno: el presidencialismo, producto de la Revolución americana; y el parlamentarismo, como sistema de gobierno que dominó en Europa después de la Revolución francesa, aplicado en las Monarquías parlamentarias. El presidencialismo se instaló en Venezuela a partir de 1811, inicialmente como un ejecutivo triunviral, y luego unipersonal a partir de 1819; y el parlamentarismo se instauró en España en 1812.

En *sexto lugar*, las Revoluciones americana y francesa trastocaron la idea misma de la función de impartir justicia, la cual dejaría de ser administrada por el Monarca y comenzaría a ser impartida en nombre de la Nación por funcionarios independientes. Además, con motivo de los aportes de la Revolución americana, los jueces asumieron la función fundamental en el constitucionalismo moderno, de controlar la constitucionalidad de las leyes; es decir, la idea de que la Constitución, como norma suprema, tenía que tener algún control, como garantía de su supremacía, y ese control se atribuyó al Poder Judicial. De allí, incluso, el papel político que en los Estados Unidos de Norteamérica, adquirió la Corte Suprema de Justicia. En Francia, sin embargo, dada la desconfianza revolucionaria respecto de los jueces, frente a la separación absoluta de poderes, sólo sería cien años después que se originaría la consolidación de la justicia administrativa, que aún cuando separada del Poder Judicial, controlaría a la Administración; y sería doscientos años después que se establecería un control de constitucionalidad de las leyes a cargo del Consejo Constitucional, creado también fuera del Poder Judicial. Tanto en la Constitución de Venezuela de 1811 como en la Constitución de Cádiz de 1812 se reguló un Poder Judicial autónomo e independiente, habiéndose desarrollado en Venezuela a partir de 1858 un control judicial de la constitucionalidad de las leyes que sólo se instauró en España, efectivamente, a partir de 1978.

En *séptimo lugar*, de esos dos acontecimientos revolucionarios surgió una nueva organización territorial del Estado, antes desconocida. En efecto, frente a las Monarquías absolutas organizadas conforme al principio del centralismo político y a la falta de uniformismo político y administrativo, esas Revoluciones dieron origen a nuevas formas de organización territorial del Estado, antes desconocidas, que originaron, por una parte, el federalismo, particularmente derivado de la Revolución americana con sus bases esenciales de gobierno local, y por la otra, el municipalismo, originado particularmente como consecuencia de la Revolución francesa. Venezuela, así, fue el primer país del mundo, 1811, en seguir el esquema norteamericano y adoptar la forma federal en la organización del Estado, sobre la base de la división provincial colonial; y a la vez, fue el primer país del mundo, en 1812, en haber adoptado la organización territorial municipal que legó la Revolución francesa. En España, la división provincial siguió en parte la influencia de la división territorial departamental de la post Revolución francesa; y se adoptaron los principios del municipalismo que también derivaron de la Revolución francesa.

Estos siete principios o aportes que resultan de la Revolución americana y de la Revolución francesa significaron, por supuesto, un cambio radical en el constitucionalismo, producto de una transición que no fue lenta sino violenta, aún cuando desarrollada en circunstancias y situaciones distintas. De allí que, por supuesto, la contribución de la Revolución americana y de la Revolución francesa al derecho constitucional, aún en estas siete ideas comunes, hayan tenido raíces diferentes: en los Estados Unidos de Norte América se trataba de construir un Estado nuevo sobre la base de lo que eran antiguas Colonias inglesas, situadas muy lejos de la Metrópoli y de su Parlamento soberano, y que durante más de un siglo se habían desarrollado independientes entre sí, por sus propios medios y gozando de cierta autonomía. En el caso de Francia, en cambio, no se trataba de construir un nuevo Estado, sino dentro del mismo Estado unitario y centralizado, sustituir un sistema político constitucional monárquico, propio de una Monarquía absoluta, por un régimen totalmente distinto, de carácter constitucional y parlamentario, e incluso luego, republicano. Puede decirse que, *mutatis mutandi,* en Venezuela ocurrió un fenómeno político similar al de Norteamérica; y en España ocurrió también un fenómeno político similar al de Francia.

Ahora bien, no debe olvidarse que cuando se inició el proceso constituyente en Cádiz y en Venezuela, a partir de 1810, ya la República no existía en Francia, ni la Declaración de Derechos tenía rango constitucional, y la Revolución francesa había cesado. Después de la Revolución y del caos institucional que surgió de la misma, vino la dictadura napoleónica y la restauración de la Monarquía a partir de 1815, por lo que Francia continuó siendo un país con régimen monárquico durante buena parte del siglo XIX, hasta 1870.

2. *Los principios del constitucionalismo de Cádiz*

Por lo que respecta a España, los principios constitucionales que adoptaron las Cortes de Cádiz desde su instalación, el 24 de septiembre de 1810, y los que posteriormente se recogieron en el texto de la Constitución de 1812, sin duda, sentaron las bases del constitucionalismo español[2]. Ello fue así, incluso, a pesar de que la Constitución sólo hubiera tenido un período muy corto de vigencia, hasta su anulación en 1814[3] y de que en ese lapso de dos años, haya tenido una dificultosa o casi nula aplicación. La Constitución y los principios adoptados por las Cortes de Cádiz, además, como antes se dijo, sin duda, influyeron en el constitucionalismo de muchos países hispanoamericanos, independientemente de que en sus territorios hubiera podido haber tenido alguna aplicación, pues en general comenzaron sus procesos de independencia y de diseño constitucional, precisamente con posterioridad a la vigencia de la Constitución de Cádiz.

Dentro de los principios constitucionales adoptados por las Cortes de Cádiz que, como se dijo, recibieron la influencia de los que derivaron de la Revolución Francesa y de la Revolución de Independencia de Norteamérica, y contribuyeron a cristalizar la quiebra del antiguo Régimen en Europa, se destacan los siguientes:[4]

En *primer lugar,* el principio del constitucionalismo mismo, es decir, como hemos dicho, el del sometimiento de los órganos del Estado a una Ley Superior, precisamente la Constitución, como texto escrito y rígido, concebido como marco limitador del poder, producto de la soberanía nacional. Por ello, estimamos que el constitucionalismo se inició en España, precisamente con la Constitución de Cádiz y no con el Estatuto o Constitución de Bayona

---

2   Véase el texto de la Constitución de 1812 y de los diversos Decretos de las Cortes de Cádiz en *Constituciones Españolas y Extranjeras,* Tomo I, Ediciones de Jorge de Esteban, Taurus, Madrid 1977, pp. 73 y ss.; y en *Constitución Política de la Monarquía Española promulgada en Cádiz de 19 de marzo de 1812,* Prólogo de Eduardo García de Enterría, Civitas, Madrid, 1999.

3   En pleno proceso de configuración política de Venezuela y en plena guerra de independencia, el 11 de diciembre de 1813, España firmó el Tratado con Francia en el que se reconoció a Fernando VII como Rey, y éste, cinco meses después, el 4 de mayo de 1814 adoptó su célebre manifiesto sobre abrogación del Régimen Constitucional mediante el cual se restableció la autoridad absoluta del Monarca, declarando "nulos y de ningún valor ni efecto, ahora, ni en tiempo alguno, como si no hubiesen pasado jamás..., y se quitasen de en medio del tiempo" la Constitución y los actos y leyes dictados durante el período de gobierno constitucional. Véase en *Constituciones Españolas y Extranjeras, op. cit.,* pp. 125 y ss.

4   Véase en general, M. Artola (ed), *Las Cortes de Cádiz,* Madrid 1991; Rafael Jiménez Asensio, *Introducción a una historia del constitucionalismo español,* Valencia 1993; J.F. Merino Merchán, *Regímenes históricos españoles,* Tecnos, Madrid 1988; Jorge Mario García Laguardia "Las Cortes de Cádiz y la Constitución de 1812. Un aporte americano" en Jorge Mario García Laguardia, Carlos Meléndez Chaverri, Marina Volio, *La Constitución de Cádiz y su influencia..., op. cit.,* pp. 13 y ss.

de 1808, la cual fue sólo una Carta otorgada por Napoleón luego de oída una Junta Nacional. La Constitución de Cádiz, en cambio fue emanación de la soberanía y concebida en forma muy rígida por los procedimientos para su reforma, con cláusulas de intangibilidad temporal y absoluta.

En *segundo lugar,* está precisamente el principio de la soberanía nacional, como poder supremo ubicado en la Nación, hacia la cual se trasladó la anterior soberanía del Monarca que caracterizó al Antiguo Régimen. Por eso, la Constitución sentó el principio de que "la soberanía reside esencialmente en la Nación" (art. 3), de lo que derivó que el Rey tuviera, un poder delegado, y era Rey no sólo "por la gracia de Dios" sino "de la Constitución" (art. 173). Este principio de la soberanía nacional, en todo caso, apareció esbozado en el Decreto de las Cortes de Cádiz el día de su constitución, el 24 de septiembre de 1810, al disponer la atribución del Poder Ejecutivo al Consejo de Regencia, para lo cual se llamó a sus miembros a prestar el siguiente juramento ante las Cortes:

¿Reconocéis la soberanía de la nación representada por los diputados de estas Cortes generales y extraordinarias? ¿Juráis obedecer sus decretos, leyes y constitución que se establezca según los santos fines para que se han reunido, y mandar observarlos y hacerlos executar?[5]

En *tercer lugar,* el principio de la división de los poderes y su limitación, el cual se introdujo por primera vez en un texto constitucional en España, en la Constitución de Cádiz, al distribuir las potestades estatales así: la potestad de hacer las leyes se atribuyó a las Cortes con el Rey (art. 15); la potestad de hacer ejecutar las leyes, al Rey (art. 16); y la potestad de aplicar las leyes, a los tribunales (art. 17).

El principio de la separación de poderes, sin embargo, también había tenido su primera aplicación en el constitucionalismo español, en el Decreto de las Cortes de Cádiz del día de su constitución, el 24 de septiembre de 1810, el cual partió del supuesto de que no convenía "queden reunidos el Poder Legislativo, el Ejecutivo y el Judiciario", declarando entonces que las propias Cortes, que venían de arrogarse la soberanía nacional, "se reservan el ejercicio del poder legislativo en toda su extensión". En cuanto al Poder Ejecutivo, el mismo, en ausencia del Rey, se delegó al Consejo de Regencia; y en cuanto al Poder Judicial, las Cortes declararon que confirmaban "por ahora a todos los tribunales y justicias establecidas en el reino, para que continúen administrando justicia según las leyes".

En cuanto a las Cortes, estas se configuraron como un parlamento unicameral, con independencia respecto de los otros poderes del Estado, cuyos diputados eran inviolables por sus opiniones (art. 128), sin que el Rey las pudiera disolver. Las Cortes, además, eran autónomas en cuanto a dictar sus propias normas y reglamentos internos (art. 127).

---

5 Rafael Flaquer Martequi, "El Ejecutivo en la revolución liberal"; en M. Artola (ed), *Las Cortes de Cádiz, op. cit.,* p. 47.

En *cuarto lugar,* el principio de la representatividad, de manera que los diputados electos popularmente a las Cortes fueron "representantes de toda la Nación, nombrados por los ciudadanos" (art. 27). Se rompió, así, la configuración estamental de la representación propia del Antiguo Régimen, conforme al cual se aseguraba la participación del clero, la nobleza y la burguesía, actuando cada estamento por separarlo, conforme a las instrucciones que recibían.

En *quinto lugar,* el principio del sufragio, consecuencia de la exigencia de la representación, lo que condujo a la incorporación en la Constitución, por primera vez en la historia de España, de un sistema de elecciones libres, con una regulación detallada del sistema electoral. Se estableció, para ello, un procedimiento electoral indirecto, en cuatro fases de elección de compromisarios de parroquias, de partido y de provincia; conforme al cual estos últimos elegían los diputados a Cortes. El sufragio fue limitado, reservado a los hombres y censitario respecto de los elegidos.

En *sexto lugar,* la previsión constitucional de derechos y libertades aún cuando en la Constitución no se incorporó una declaración de derechos del hombre y el ciudadano a la usanza de los antecedentes franceses de fines del Siglo XVIII. Sólo se reconocieron ciertas libertades vinculadas al debido proceso (art. 286, 287, 290, 291) y, además, la seguridad (art. 247), la igualdad ante la ley (art. 248), la inviolabilidad del domicilio (art. 306), la abolición del tormento como pena corporal (art. 303), la libertad de imprenta (art. 371) y el derecho de petición (art. 373).

En *séptimo lugar,* el principio de la organización territorial del poder, adoptándose la forma de Estado propia de lo que hoy sería un Estado Unitario descentralizado[6], conforme a la cual la Constitución reguló el gobierno de las provincias y pueblos mediante la creación de Diputaciones Provinciales y Ayuntamientos. Estimamos que cuando el artículo 16 enumeró los ámbitos territoriales que comprendían el territorio español, tanto en la Península como en América septentrional y meridional, estaba enumerando las "provincias" las cuales, en cuanto a su gobierno interior, se regularon en los artículos 324 y siguientes de la Constitución. Allí se estableció que el gobierno político de las Provincias residía en un jefe superior nombrado por el Rey (art. 324); y que en cada una de ellas habría una Diputación llamada provincial para promover su prosperidad, presidida por el jefe superior (art. 325) e integrada por siete individuos elegidos (art. 326) por los mismos electores de partido que debían nombrar los diputados de Cortes (art. 328). Las provincias tenían amplias facultades atribuidas a las diputaciones (art. 335).

En cuanto al régimen local, la Constitución dispuso la existencia de ayuntamientos en los pueblos, para su gobierno interior, compuestos por alcaldes, regidores y el procurador síndico; todos electos (art. 312).

En relación con la organización territorial, sin embargo, debe señalarse que la división provincial se había comenzado a concretar en España median-

---

6   Véase Alfredo Gallego Anabitarte, "España 1812, Cádiz. Estado Unitario, en perspectiva histórica" en M. Artola (ed), *Las Cortes de Cádiz, op. cit.* p. 140 y ss.

te el Decreto de las Cortes de 23 de mayo de 1812, con el cual se restablecieron en diversas partes del territorio, Diputaciones Provinciales, mientras se llegaba "el caso de hacerse la conveniente división del territorio español"[7]. En esta forma, al regular las Diputaciones Provinciales, lo que habían hecho era conservar la figura de las Juntas Provinciales que habían surgido al calor de la guerra de independencia frente a Francia, transformándolas en tales Diputaciones a las cuales se atribuyó el rol de representar el vínculo de unión intermedio entre los ayuntamientos y el gobierno central, asumiendo tales Diputaciones el control de tutela de aquellos (art. 323).

El esquema territorial de Cádiz, en todo caso fue efímero y sólo fue por Decreto de 22 de enero de 1822 cuando se intentó dar a la Provincia una concreción territorial definida, estableciéndose lo que puede considerarse como la primera división regular del territorio español, en cierto número de provincias. Fue luego, por Real Decreto de 30 de noviembre de 1833, que se estableció en forma definitiva a la Provincia como circunscripción administrativa del Estado unitario español[8].

Estos principios del constitucionalismo moderno adoptados por el proceso constituyente de Cádiz, como se ha dicho, iniciaron en España el tránsito hacia el constitucionalismo e influyeron en el diseño constitucional de buena parte de los países latinoamericanos que declararon su independencia con posterioridad al funcionamiento de las Cortes de Cádiz.

Ello no ocurrió, sin embargo, en aquellos países como Venezuela, que declararon su independencia antes de la instalación de las Cortes de Cádiz, y con ello su incorporación a las corrientes del constitucionalismo moderno bajo la influencia directa de los mismos principios que surgieron de la Revolución francesa y de la Revolución de Independencia de Norteamérica, a finales del siglo XVIII.

I. LA REVOLUCIÓN DE CARACAS DE 1810 Y LOS INICIOS DEL CONSTITUCIONALISMO VENEZOLANO

1. *Antecedentes del proceso constituyente del Estado venezolano*

Como se ha dicho, a diferencia de lo ocurrido en la mayoría de los países latinoamericanos en los cuales, de una manera u otra, la Constitución de Cádiz contribuyó a la formación del constitucionalismo; puede decirse que en Venezuela dicho texto no tuvo influencia alguna y su conocimiento, incluso, fue escasísimo. La razón fue que el constitucionalismo venezolano, montado

---

7   Véase A. Posada, *Escritos Municipalistas y de la Vida Local,* IEAL, Madrid, 1979, p. 180; y *Evolución Legislativa del Régimen Local en España 1812-1909,* Madrid 1982, p. 69.

8   Véase Antonio María Calero Amor, *La División Provincial de 1833. Bases y Antecedentes,* IEAL, Madrid 1987; Luis Morell Ocaño, "Raíces históricas de la concepción constitucional de las Provincias", *Revista Española de Derecho Administrativo,* Nº 42, Civitas, Madrid 1984, pp. 349 a 365.

también sobre la base de los antes indicados principios que derivaron de las Revoluciones americana y francesa, se comenzó a formular antes de la instalación de las Cortes de Cádiz y aún antes de que entrara en vigencia la Constitución de Cádiz.[9]

En efecto, cinco meses antes de la instalación de las Cortes de Cádiz el 24 de septiembre de 1810, en Caracas, el 19 de abril de 1810, el Ayuntamiento de la capital de la Provincia de Venezuela había dado un golpe de Estado,[10] iniciándose un proceso constituyente que concluyó con la sanción de la Constitución Federal para los Estados de Venezuela del 21 de diciembre de 1811, dictada también, tres meses antes de la sanción de la Constitución de Cádiz el 18 de marzo de 1812.

Por ello, puede decirse que el constitucionalismo moderno se inició en América Latina, en unas de las Provincias más relegadas del Imperio Español, aquellas que sólo, en 1777, habían sido agrupadas en la Capitanía General de Venezuela. Hasta ese entonces habían sido Provincias aisladas sometidas, algunas, a la Audiencia de Santa Fe, en el Nuevo Reyno de Granada, y otras, a la Audiencia de Santo Domingo, en lo que había sido la Isla *La Hispagniola*. La revolución contra la monarquía española, en América, por tanto, puede decirse que no se inició en las capitales virreinales ni en las Provincias ilustradas del Nuevo Mundo, sino en una de las más pobres del Continente Americano, la Provincia de Caracas o Venezuela.

En todo caso, este proceso constituyente que se desarrolló en Venezuela, en paralelo con España tuvo en buena parte los mismos antecedentes.

A. Los cambios políticos de comienzos del Siglo XIX

Fernando VII había iniciado su reinado en España, con motivo de la abdicación de su padre, el Rey Carlos IV, lo que se produjo como consecuencia de la rebelión de Madrid y Aranjuez del 18 de marzo de 1808, provocada por la presencia en la primera ciudad del ejército francés al mando de J. Murat, el Gran Duque de Berg.

Dicho ejército, había sido autorizado a pasar por España para someter a Portugal, después de que se produjeran convenios secretos acordados por Manuel Godoy, el Príncipe de la Paz y favorito de Carlos IV y de la Reina, con Napoleón. La reacción popular contra el favorito del reino y la oposición del Príncipe de Asturias (Fernando) al proyecto de huida de los Reyes a Cádiz e, incluso, a América, y el descubrimiento de la maniobra invasora de Napoleón, provocó la persecución de Godoy, la abdicación de Carlos IV a favor de su hijo Fernando y el destierro del primero[11].

---

9 Véase en general Allan R. Brewer-Carías, *Historia Constitucional de Venezuela*, Edit. Alfi, Caracas 2008.

10 Véase en general sobre el 19 de abril de 1810, Juan Garrido Rovira, *La Revolución de 1810, Bicentenario del 19 de abril de 1810*, Universidad Monteávila, Caracas 2009.

11. Véase un recuento de los sucesos de marzo en Madrid y Aranjuez y todos los documentos concernientes a la abdicación de Carlos IV en J.F. Blanco y R. Azpúrua, *Docu-*

En todo caso, unos años antes, para 1802 y durante el reinado de Carlos IV, la faz política del mundo ya había comenzado a cambiar. Carlos IV había iniciado su reinado a la muerte de su padre, el Rey Carlos III, el 14 de diciembre de 1788, dos años después de que se había creado la Real Audiencia de Caracas (1786), con la cual las Provincias de la Capitanía General de Venezuela estructurada en 1777 habían adquirido una completa integración.

Fue precisamente el inicio del reinado de Carlos IV, el que habría de coincidir con los dos acontecimientos políticos antes mencionados, de la mayor importancia en el mundo moderno, como fueron la Revolución americana y la Revolución francesa.

En efecto, un año antes, el 17 de septiembre de 1787, los Estados Unidos de América, independientes desde 1776, promulgaron la primera Constitución escrita en la historia constitucional, con la cual se comenzaron a sentar las bases del constitucionalismo moderno; y dos años después en 1789, se iniciaba la Revolución francesa que llevaría a la Asamblea Nacional a aprobar, el 27 de agosto, la Declaración de los Derechos del Hombre y del Ciudadano, la primera de las declaraciones de derechos fundamentales del mundo moderno, después de las de las Colonias norteamericanas de 1776, recogida luego en la Constitución francesa de 1791, la primera Constitución escrita en la historia del constitucionalismo europeo.

El reinado de Carlos IV coincidió, por tanto, con la difusión masiva de ambos acontecimientos y sus secuelas políticas, lo que contribuyó al resquebrajamiento de los cimientos del mismo Estado Absoluto; y su penetración tanto en España como en las provincias americanas.

En efecto, en 1783, el mismo año en el cual nació Simón Bolívar, el Libertador, el Conde de Aranda, Ministro de Carlos III y Plenipotenciario para los ajustes entre España, Francia e Inglaterra, firmaba un Tratado que obligaba a Inglaterra a reconocer la Independencia de sus colonias en Norte América y, con tal motivo, se dirigió al Rey diciéndole que la firma de dicho Tratado había dejado en su alma "una impresión dolorosa", que se veía obligado a manifestársela, pues consideraba que el reconocimiento de la independencia de las Colonias Inglesas era "un motivo de temor y de pesar"; y agregaba:

> Esta República Federal ha nacido pigmea, por decirlo así y ha necesitado el apoyo de la fuerza de dos Estados tan poderosos como la España y la Francia para lograr su independencia. Tiempo vendrá en que llegará a ser gigante, y aún coloso muy temible en aquellas vastas regiones. Entonces ella olvidará los beneficios que recibió de ambas potencias y no pensará sino en engrandecerse. Su primer paso será apoderarse de las Floridas para dominar el Golfo de México. Estos temores son, Señor, demasiado fundados y habrán de realizarse dentro de pocos años si aún no ocurriesen otros más funestos en nuestras Américas[12].

mentos para la historia de la vida pública del Libertador, Ediciones de la Presidencia de la República, Caracas, 1983, Tomo II, pp. 91 a 153.

12. Véase en J. F. Blanco y R. Azpúrua, op. cit. Tomo I, p. 190.

Esos hechos "más funestos", precisamente, se sucedieron a los pocos años, y a ello contribuyeron, entre otras factores, los propios republicanos españoles que influyeron directamente en Venezuela.

B. La difusión en América de los principios de la Revolución Francesa

En efecto, la Declaración de los Derechos del Hombre y del Ciudadano proclamada por la Revolución francesa, había sido prohibida en América por el Tribunal de la Inquisición de Cartagena de Indias en 1789[13]. Antes que conociera divulgación alguna en el Nuevo Mundo, en 1790, incluso los Virreyes del Perú, México y Santa Fe, así como el Presidente de Quito, alguna vez, y varias el Capitán General de Venezuela, habían participado a la Corona de Madrid:

> Que en la cabeza de los americanos comenzaban a fermentar principios de libertad e independencia peligrosísimos a la soberanía de España[14].

Y fue precisamente en la última década del siglo XVIII cuando comenzó a desparramarse por los ilustrados criollos el fermento revolucionario e independentista, a lo cual contribuyeron diversas traducciones de la prohibida Declaración de los Derechos del Hombre y del Ciudadano, entre las cuales debe destacarse la realizada por Antonio Nariño en Santa Fe de Bogotá, en 1792, que circuló en 1794[15], y que fue objeto de una famosísima causa en la cual fue condenado a diez años de presidio en África, a la confiscación de todos sus bienes y a extrañamiento perpetuo de la América, mandándose quemar por mano del verdugo el libro de donde había sacado los Derechos del Hombre.[16]

Por esa misma época, el Secretario del Real y Supremo Consejo de Indias había dirigido una nota de fecha 7 de junio de 1793 al Capitán General de Venezuela, llamando su atención sobre los designios del Gobierno de Francia y de algunos revolucionarios franceses, como también de otros promovedores de la subversión en dominios de España en el Nuevo Mundo, que –decía–:

> Envían allí libros y papeles perjudiciales a la pureza de la religión, quietud pública y debida subordinación de las colonias[17].

Pero un hecho acaecido en España iba a tener una especial significación en todo este proceso: el 3 de febrero de 1796, día de San Blas, debía estallar en Madrid una conspiración planeada para establecer la República en sustitu-

---

13. Véase P. Grases, *La Conspiración de Gual y España y el Ideario de la Independencia,* Caracas, 1978, p. 13.

14. Véase en J. F. Blanco y R. Azpúrua, *op. cit.,* Tomo I, p. 177.

15. *Idem.,* p. 286.

16. Véase los textos en *idem.,* pp. 257-259.

17. *Idem.,* p. 247.

ción de la Monarquía, al estilo de lo que había acontecido años antes en Francia. Los conjurados, capitaneados por Juan Bautista Mariano Picornell y Gomilla, mallorquín de Palma, fueron apresados la víspera de la Revolución. Conmutada la pena de muerte que recayó sobre ellos por intervención del Agente francés, se les condenó a reclusión perpetua en los Castillos de Puerto Cabello, Portobelo y Panamá, en tierras americanas[18]. La fortuna revolucionaria llevó a que de paso a sus destinos en esos "lugares malsanos de América"[19], los condenados fueran depositados en las mazmorras del Puerto de La Guaira, donde en 1797 se encontrarían de nuevos reunidos. Allí, los conjurados de San Blas, quienes se fugarían ese mismo año de 1797[20], entraron en contacto con los americanos de La Guaira, provocando la conspiración encabezada por Manuel Gual y José María España, de ese mismo año, considerada como "el intento de liberación más serio en Hispano América antes del de Miranda en 1806"[21].

Sin embargo, la Revolución fracasó, y habría de pasar otra década para que se iniciara la Revolución hispanoamericana. Pero el legado de esa conspiración fue un conjunto de papeles que habrían de tener la mayor influencia en el proceso constitucional de Hispanoamérica, entre los que se destaca una obra sobre los *Derechos del Hombre y del Ciudadano*, prohibida por la Real Audiencia de Caracas el 11 de diciembre de ese mismo año 1797, la cual la consideró como una obra que llevaba:

> ...toda su intención a corromper las costumbres y hacer odioso el real nombre de su majestad y su justo gobierno; que a fin de corromper las costumbres, siguen sus autores las reglas de ánimos cubiertos de una multitud de vicios, y desfigurados con varias apariencias de humanidad...[22].

El libro, con el título *Derechos del Hombre y del Ciudadano con varias máximas Republicanas y un Discurso Preliminar dirigido a los Americanos,* probablemente impreso en Guadalupe, en 1797, en realidad contenía una traducción de la Declaración francesa que procedió el Acta Constitucional de 1793[23]. Por tanto, no era una traducción de la Declaración de los Derechos del Hombre y del Ciudadano de 1789, incorporada a la Constitución Francesa de 1791, que era la que había sido la traducida por Nariño en Bogotá; sino de la Declaración del texto constitucional de 1793, mucho más amplio y violen-

18. Véase P. Grases, *op. cit.,* p. 20.

19. *Idem,* pp. 14 y 17.

20. Véase en J.F. Blanco y R. Azpúrua, *op. cit.,* Tomo I, p. 287; P. Grases, *op. cit.,* p. 26.

21. P. Grases, *op. cit.,* p. 27.

22. P. Grases, *op. cit.,* p. 30.

23. *Idem.,* pp. 37 y ss.

to pues correspondió a la época del Terror, constituyendo una invitación a la revolución activa[24].

Pues bien, este texto tiene una importancia capital, para el constitucionalismo de Venezuela, pues influyó directamente en la ordenación jurídica de la República, cuyo Congreso General en su sección de la Provincia de Caracas, después del proceso de independencia iniciado en 1810, aprobó solemnemente la "Declaración de Derechos del Pueblo" el 1º de julio de 1811[25], la cual, después de las declaraciones norteamericanas y de la francesa, puede considerarse como la tercera de las Declaraciones de derechos fundamentales en la historia del constitucionalismo moderno, recogida, notablemente ampliada, en la Constitución del 21 de diciembre del mismo año 1811[26].

Pero después de la conspiración de Gual y España, y declarada la guerra entre Inglaterra y España (1804), otro acontecimiento importante influiría también en la independencia de Venezuela, y fueron los desembarcos y proclamas de Francisco de Miranda en las costas de Venezuela (Puerto Cabello y Coro), en 1806, los que se han considerado como los más importantes acontecimientos relativos a la emancipación de América Latina antes de la abdicación de Carlos IV y los posteriores sucesos de Bayona[27]. Miranda, por ello, ha sido considerado como el Precursor de la Independencia del continente americo–colombiano, a cuyos pueblos dirigió sus proclamas independentistas basadas en la formación de una federación de Cabildos libres[28], lo cual luego se pondría en práctica, en Venezuela, entre 1810 y 1811.

C. Los motivos del inicio del proceso constituyente en la Provincia de Venezuela

Como hemos dicho, el proceso constituyente venezolano tuvo sus antecedentes en los mismos hechos que originaron el proceso constituyente de Cádiz, los cuales sin embargo, tuvieron repercusiones más graves, en América, entre otras cosas, por lo lento y difícil de las comunicaciones entre la Metrópolis y las provincias americanas. Un hecho inicial pone esto en evidencia: sólo fue el día 15 de julio de 1808 cuando el Ayuntamiento de Cara-

24. *Idem.*

25. Véase Allan Brewer-Carías, *Las Constituciones de Venezuela,* Madrid, 1985, pp. 175 y ss. Allan R. Brewer-Carías, *Los Derechos Humanos en Venezuela. Casi 200 años de Historia,* Caracas, 1990, pp. 71 y ss.

26 Esas Declaraciones de derechos, que influyeron todo el proceso constitucional posterior, sin duda, como lo ha demostrado el Profesor Pedro Grases, tuvieron su principal base de redacción en el mencionado documento, traducción de Picornell, vinculado a la conspiración de Gual y España, principal promotor de la conspiración de San Blas. Véase, P. Grases, *op. cit.,* pp. 27 y ss.

27. O.C. Stoetzer, *Las Raíces Escolásticas de la Emancipación de la América Española,* Madrid, 1982, p. 252.

28. Francisco de Miranda, *Textos sobre la Independencia,* Biblioteca de la Academia Nacional de la Historia, Caracas, 1959, pp. 95 y ss., y 115 y ss.

cas abrió la Real Cédula del 20 de abril de ese mismo año, mediante la cual se comunicaba a la Provincia de Venezuela que el 18 de marzo de 1808, el Rey Fernando VII había accedido al trono.

Sin embargo, para el momento en el cual el Cabildo de Caracas se enteró de ese acontecimiento, muchas otras cosas ya habían sucedido en España, que hacían totalmente inútil la noticia inicial: el 1º de mayo de 1808, dos meses antes, ya Fernando VII había dejado de ser Rey por renuncia de la Corona, en su padre Carlos IV; y este ya había cedido a Napoleón sus derechos al Trono de España y de las Indias, lo que había ocurrido el 5 de mayo de 1808. Incluso, una semana antes de recibir tan obsoleta noticia, ya José Napoleón, proclamándose "Rey de las Españas y de las Indias", había decretado la Constitución de Bayona, el 6 de julio de 1808.

No es de extrañar, por tanto, los efectos políticos que tuvieron en Venezuela las tardías noticias sobre las disputas políticas reales entre padre a hijo; sobre la abdicación forzosa del Trono provocada por la violencia de Napoleón, y sobre la ocupación del territorio español por los ejércitos del Emperador.

Desde el 25 de mayo de 1808, Napoleón también había nombrado al Gran Duque de Berg, como Lugar–teniente general del Reyno, y anunciaba a los españoles su misión de renovar la Monarquía y mejorar las instituciones, prometiendo, además, otorgarles:

> Una constitución que concilie la santa y saludable autoridad del soberano con las libertades y el privilegio del Pueblo[29].

Esa Constitución prometida, precisamente, iba a ser la de Bayona, la cual sin embargo, no dio estabilidad institucional alguna al Reino, pues antes de su otorgamiento, en el mes de mayo de 1808, ya España había iniciado su guerra de Independencia contra Francia, en la cual los Ayuntamientos tuvieron un papel protagónico al asumir la representación popular por fuerza de las iniciativas populares[30]. Por ello, a medida que se generalizó el alzamiento, en las villas y ciudades, se fueron constituyendo Juntas de Armamento y Defensa, encargadas de la suprema dirección de los asuntos locales y de sostener y organizar la resistencia frente a los franceses.

Esas Juntas, aun cuando constituidas por individuos nombrados por aclamación popular, tuvieron como programa común la defensa de la Monarquía simbolizada en la persona de Fernando VII, por lo que siempre obraron en nombre del Rey. Sin embargo, con ello puede decirse que se produjo una revolución política, al sustituirse el sistema absolutista de gobierno por un sistema municipal, popular y democrático, completamente autónomo[31]. La organización de tal gobierno provocó la estructuración de Juntas Municipales

29 Véase en J. F. Blanco y R. Azpúrua, *op. cit.,* Tomo II, p. 154.

30 Véase A. Sacristán y Martínez, *Municipalidades de Castilla y León,* Madrid, 1981, p. 490.

31 *Cfr.* O. C. Stoetzer, *op. cit.,* p. 270.

las cuales a la vez concurrieron, mediante delegados, a la formación de las Juntas Provinciales, las cuales representaron a los Municipios agrupados en un determinado territorio.

El 17 de junio de 1808, por ejemplo, la Junta Suprema de Sevilla explicaba a los dominios españoles en América los "principales hechos que han motivado la creación de la Junta Suprema de Sevilla que en nombre de Fernando VII gobierna los reinos de Sevilla, Córdoba, Granada, Jaén, provincias de Extremadura, Castilla la Nueva y las demás que vayan sacudiendo el yugo del Emperador de los franceses"[32].

Pero, como antes se dijo, sólo fue un mes después, el 15 de julio de 1808, cuando en el Ayuntamiento de Caracas, se conoció formalmente, la Real Cédula de proclamación de Fernando VII[33]; y fue al día siguiente, el 16 de julio, que llegó al mismo Ayuntamiento la noticia de la renuncia de Fernando VII, de la cesión de los derechos de la Corona por parte de Carlos IV a Napoleón y del nombramiento del Lugar–teniente del Reino[34]. El correo para el conocimiento tardío de estas noticias, en todo caso, había correspondido a sendos emisarios franceses que habían llegado a Caracas, lo que contribuyó a agravar la incertidumbre.

Ante esas noticias, el Capitán General de Venezuela formuló la declaración solemne del 18 de julio de 1808, expresando que en virtud de que "ningún gobierno intruso e ilegítimo puede aniquilar la potestad legítima y verdadera... en nada se altera la forma de gobierno ni el Reinado del Señor Don Fernando VII en este Distrito"[35]. A ello se sumó, el 27 de julio, el Ayuntamiento de Caracas al expresar que "no reconocen ni reconocerán otra Soberanía que la suya (Fernando VII), y la de los legítimos sucesores de la Casa de Borbón"[36].

En esa misma fecha, el Capitán General se dirigió al Ayuntamiento de Caracas exhortándolo a que se erigiese en esta Ciudad "una Junta a ejemplo de la de Sevilla"[37], para cuyo efecto, el Ayuntamiento tomó conocimiento del acto del establecimiento de aquélla[38] y acordó estudiar un "Prospecto" cuya

---

32 Véase el texto de la manifestación "de los principales hechos que han motivado la creación de la Junta Suprema de Sevilla que en nombre de Fernando VII gobierna los reinos de Sevilla, Córdoba, Granada, Jaén, provincias de Extremadura, Castilla la Nueva y las demás que vayan sacudiendo el yugo del Emperador de los franceses" del 17 de junio de 1808 en J. F. Blanco R. Azpúrua, *op. cit.,* Tomo II, pp. 154-157.

33 *Idem.,* p. 127.

34 *Idem.,* p. 148.

35 *Idem.,* p. 169.

36 *Idem.,* p. 169.

37 *Idem.,* pp. 170-174. *Cf.* C. Parra Pérez, *Historia de la Primera República de Venezuela,* Biblioteca de la Academia Nacional de la Historia, Caracas, 1959, Tomo I. pp. 311 y ss., y 318.

38 Véase el acta del Ayuntamiento del 28-7-1808 en J.F. Blanco y R. Azpúrua, *op. cit.,* Tomo II, p. 171.

redacción encomendó a dos de sus miembros, y que fue aprobado el 29 de julio de 1808, pasándolo para su aprobación al "Presidente, Gobernador y Capitán General"[39].

Este, sin embargo, nunca llegó a considerar la propuesta, incluso a pesar de la representación que el 22 de noviembre de 1808 le habían enviado las primeras notabilidades de Caracas designadas para tratar con él sobre "la formación y organización de la Junta Suprema". En dicha representación se constataba la instalación de Juntas con el nombre de Supremas en las capitales de las provincias de la Península, sobre las cuales se dijo:

> Ha descansado y descansa el noble empeño de la nación por la defensa de la religión, del rey, de la libertad e integridad del Estado, y estas mismas le sostendrán bajo la autoridad de la Soberana Central, cuya instalación se asegura haberse verificado. Las provincias de Venezuela no tienen ni menos lealtad ni menos ardor, valor ni constancia, que las de la España europea.

Por ello le expresaron que creían que era:

> De absoluta necesidad se lleve a efecto la resolución del Sr. Presidente, Gobernador y Capitán General comunicada al Ilustre Ayuntamiento, para la formación de una Junta Suprema, con subordinación a la Soberana de España que ejerza en esta ciudad la autoridad suprema, mientras regresa al trono nuestro amado rey Fernando VII[40].

A tal efecto, para "precaver todo motivo de inquietud y desorden" decidieron nombrar "representantes del pueblo" para que tratasen con el Presidente, Gobernador y Capitán General "de la organización y formación de la dicha Junta Suprema"[41]. Ante esto, el Presidente, Gobernador y Capitán, General Juan de Casas, quien desde el año anterior (1807) se había encargado del cargo a la muerte del titular, a pesar de que había manifestado sobre la conveniencia de la constitución de la Junta de Caracas, no sólo no accedió a la petición que se le formuló, sino que la consideró como un atentado contra el orden y seguridad públicas, por lo cual persiguió y juzgó a los peticionarios[42].

Se comenzó, así, a afianzar el sentimiento popular de que el gobierno de la Provincia era probonapartidista lo cual se achacó también al Mariscal de

---

39 Véase el texto del prospecto y su aprobación de 29-7-1809, *Idem.*, pp. 172-174. *Cf.* C. Parra Pérez, *op. cit.*, p. 318.

40 Véase el texto, J.F. Blanco y R. Azpúrua, *op. cit.*, pp. 179-180; *Cfr.* C. Parra Pérez, *op. cit.*, p. 133.

41 Véase en J.F. Blanco y R. Azpúrua, *op. cit.*, pp. 179-180.

42 *Idem.*, pp. 180-181. *Cf.* L. A. Sucre, *Gobernadores y Capitanes Generales de Venezuela,* Caracas, 1694, pp. 312-313.

Campo, Vicente de Emparan y Orbe, nombrado por la Junta Suprema Gubernativa como Gobernador de la Provincia de Venezuela, en marzo de 1809[43].

Esta Junta Suprema Central y Gubernativa del Reyno se había constituido en Aranjuez el 25 de septiembre de 1808, y se había trasladado luego a Sevilla el 27 de diciembre de 1809, integrada por mandatarios de las diversas provincias del Reino, la cual tomó la dirección de los asuntos nacionales[44]. Fue por ello que el 12 de enero de 1809, el Ayuntamiento de Caracas reconoció en Venezuela a dicha Junta Central, como gobierno supremo del imperio[45].

Días después, fue que la Junta Suprema Central por Real Orden de 22 de enero de 1809, la que dispuso que:

> Los vastos y preciosos dominios que la España posee en las Indias no son propiamente colonias o factorías, como los de otras naciones, sino una parte esencial e integrante de la monarquía española. [46]

Como consecuencia de esta importantísima declaración se consideró, que las Provincias de América debían tener representación y constituir parte de la Junta Suprema Central, a cuyo efecto se dispuso la forma cómo habrían de elegirse los diputados y vocales americanos, los cuales, por supuesto, de haber sido electos, habrían representado una absoluta minoría en relación a los representantes peninsulares[47].

En todo caso, para comienzos de 1809, ya habían aparecido en la Península manifestaciones adversas a la Junta Suprema Central y Gubernativa, a la cual se había acusado de usurpadora de autoridad. Ello condujo, en definitiva, a la convocatoria a Cortes para darle legitimación a la representación nacional, lo que la Junta hizo por Decretos de 22 de mayo y 15 de junio de 1809, fijándose la reunión de las Cortes para el 1° de marzo de 1810, en la Isla de León[48]. En dichas Cortes, en todo caso, debían estar representadas las provincias americanas, pero con diputados designados en forma supletoria[49].

Ahora bien, en mayo de 1809, como se dijo, ya había llegado a Caracas el nuevo Presidente, Gobernador y Capitán General de Venezuela, Vicente Emparan; y en ese mismo mes, la Junta Suprema Gubernativa advertía a las

---

43 *Cf.* L. A. Sucre, *op. cit.*, p. 314.

44 Véase el texto en J. F. Blanco y R. Azpúrua, *op. cit.*, Tomo II, pp. 174 y 179.

45 *Cf.* C. Parra Pérez, *op. cit.*, Tomo II, p. 305.

46 Véase el texto en J.F. Blanco y R. Azpúrua, *op. cit.*, Tomo II, pp. 230-231. *Cf.* O.C. Stoetzer, *op. cit.*, p. 271.

47 Ello fue protestado en América. Véase por ejemplo el Memorial de Agrarios de C. Torres de 20-11-1809 en J. F. Blanco y R. Azpúrua, *op. cit.*, Tomo II, pp. 243-246; *Cf.* O.C. Stoetzer, *op. cit.*, p. 272.

48 Véase el texto en J.F. Blanco y R. Azpúrua, *op. cit.*, Tomo II, pp. 234-235.

49 Véase E. Roca Roca, *América en el Ordenamiento Jurídico de las Cortes de Cádiz*, Granada, 1986, p. 21 *Cf.* J. F. Blanco y R. Azpúrua, *op. cit.*, Tomo II, pp. 267-268.

Provincias de América sobre los peligros de la extensión de las maquinaciones del Emperador a las Américas[50].

El temor que surgió en Caracas respecto del subyugamiento completo de la Península, sin duda, provocó que comenzara la conspiración por la independencia de la Provincia de Venezuela de lo cual, incluso, estaba en conocimiento Emparan antes de llegara a Caracas[51]. Su acción de gobierno, por otra parte lo llevó a enemistarse incluso con el clero y con el Ayuntamiento, lo que contribuyó a acelerar la reacción criolla.

Así, ya para fines de 1809 en la Provincia había un plan para derribar el gobierno en el cual participaban los más destacados jóvenes caraqueños, entre ellos, Simón Bolívar, quien había regresado de España en 1807, todos amigos del Capitán General[52]. Este adoptó diversas providencias al descubrir al plan, pero fueron débiles, provocando protestas del Ayuntamiento[53].

Paralelamente, el 29 de enero de 1810, luego de los triunfos franceses en Andalucía, la Junta Central Gubernativa del Reino había resuelto reconcentrar la autoridad del mismo, nombrando un Consejo de Regencia asignándole el poder supremo, aun cuando limitado por su futura sujeción a las Cortes que debían reunirse meses después[54]. Se anunciaba, así, la disposición de que "las Cortes reducirán sus funciones al ejercicio del poder legislativo, que propiamente les pertenece; confiando a la Regencia el del poder ejecutivo"[55].

El Consejo de Regencia, en ejercicio de la autoridad que había recibido, el 14 de febrero de 1810 dirigió a los españoles americanos una "alocución" acompañada de un Real Decreto disponiendo la concurrencia a las Cortes Extraordinarias, al mismo tiempo que de diputados de la Península, de diputados de los dominios españoles de América y de Asia[56].

Entre tanto, en las Provincias de América se carecía de noticias sobre los sucesos de España, cuyo territorio, con excepción de Cádiz y la Isla de León, estaba en poder de los franceses. Estas noticias y la de la disolución de la Junta Suprema Central y Gubernativa por la constitución del Consejo de Regencia, sólo se llegaron a confirmar en Caracas el 18 de abril de 1810[57].

La idea de la desaparición del Gobierno Supremo en España, y la necesidad de buscar la constitución de un gobierno para la Provincia de Venezuela, para asegurarse contra los designios de Napoleón, sin duda, fue el último detonante del inicio de la revolución de independencia de América.

50 Véase el texto en J.F. Blanco y R. Azpúrua, *op. cit.,* Tomo II, pp. 250-254.

51 *Cf.* G. Morón, *Historia de Venezuela,* Caracas, 1971, Tomo III, p. 205.

52 C. Parra Pérez, *op. cit.,* Tomo I, pp. 368-371.

53 *Idem.,* p. 371.

54 Véase J. F. Blanco y R. Azpúrua, *op. cit.,* Tomo II, pp. 265-269.

55 *Idem.,* Tomo II, p. 269.

56 Véase el texto en *Idem.,* Tomo II, pp. 272-275.

57 *Cf. Idem.,* Tomo II, pp. 380 y 383.

2. El golpe de Estado del 19 de abril de 1810 y la Junta Suprema de Venezuela Conservadora de los Derechos de Fernando VII

El Ayuntamiento de Caracas, en efecto, en su sesión del 19 de abril de 1810, al día siguiente de conocerse la situación política de la Península, depuso a la autoridad constituida y se erigió, a sí mismo, en Junta Suprema de Venezuela Conservadora de los Derechos de Fernando VII[58].

Con este acto se dio un golpe de Estado habiendo recogido el Acta de la sesión del Ayuntamiento de Caracas, el primer acto constitucional de un nuevo gobierno y el inicio de la conformación jurídica de un nuevo Estado[59].

En efecto, la decisión adoptada por el Ayuntamiento de Caracas deponiendo al Gobernador Emparan del mando de la Provincia de Venezuela, consistió en la asunción del "mando supremo" o "suprema autoridad" de la Provincia[60], "por consentimiento del mismo pueblo"[61].

Se estableció, así, un "nuevo gobierno" que fue reconocido en la capital, al cual quedaron subordinados "todos los empleados del ramo militar, político y demás"[62]. El Ayuntamiento, además, procedió a destituir las antiguas autoridades del país y a proveer a la seguridad pública y conservación de los derechos del Monarca cautivo, y ello lo hizo "reasumiendo en sí el poder soberano"[63].

La motivación de esta Revolución se expuso en el texto del Acta, en la cual se consideró que por la disolución de la Junta Suprema Gubernativa de España, que suplía la ausencia del Monarca, el pueblo había quedado en "total orfandad", razón por la cual se estimó que:

> El derecho natural y todos los demás dictan la necesidad de procurar los medios de conservación y defensa y de erigir en el seno mismo de estos países un sistema de gobierno que supla las enunciadas faltas, ejerciendo los derechos de la soberanía, que por el mismo hecho ha recaído en el pueblo.

58 Véase el libro *El 19 de abril de 1810,* Instituto Panamericano de Geografía e Historia, Caracas 1957.

59 Véase en general T. Polanco, "Interpretación jurídica de la Independencia" en *El Movimiento Emancipador de Hispanoamérica, Actas y Ponencias,* Caracas, 1961, Tomo IV, pp. 323 y ss.

60 Véase el texto del Acta del Ayuntamiento de Caracas de 19 de Abril de 1810 en Allan R. Brewer-Carías, *Las Constituciones de Venezuela, cit.,* p. 157.

61 Así se establece en la "Circular" enviada por el Ayuntamiento el 19 de abril de 1810 a las autoridades y corporaciones de Venezuela. Véase J. F. Blanco y R. Azpúrua, *op. cit.,* Tomo II, pp. 401-402. Véase también en *Textos oficiales de la Primera República de Venezuela,* Biblioteca de la Academia Nacional de la Historia, 1959, Tomo I, p. 105.

62 *Idem.*

63 Así se indica en el oficio de la Junta Suprema al Inspector General Fernando Toro el 20 de abril de 1810. Véase en J.F. Blanco y R. Azpúrua, *op. cit.,* Tomo II, p. 403 y Tomo I, p. 106, respectivamente.

Para adoptar esa decisión, por supuesto, el Ayuntamiento tuvo que desconocer la autoridad del Consejo de Regencia[64], considerando que:

No puede ejercer ningún mando ni jurisdicción sobre estos países, porque ni ha sido constituido por el voto de estos fieles habitantes, cuando han sido ya declarados, no colonos, sino partes integrantes de la corona de España, y, como tales han sido llamados al ejercicio de la soberanía interna y a la reforma de la Constitución Nacional.

En todo caso, el Ayuntamiento estimó que aun cuando pudiera prescindirse de lo anterior, dicho Consejo de Regencia, por las circunstancias de la guerra y de la conquista y usurpación de las armas francesas en la Península, era impotente y sus miembros no podían valerse a sí mismos.

De allí que en el Cabildo Extraordinario, al ser forzado el Presidente, Gobernador y Capitán General a renunciar, el mando quedó depositado en el Ayuntamiento. Así se expresó, además, en el Acta de otra sesión del Ayuntamiento, del mismo día 19 de abril de 1810, con motivo del "establecimiento del nuevo gobierno" en la cual se dispuso que los nuevos empleados debían prestar juramento ante el cuerpo prometiendo:

Guardar, cumplir y ejecutar, y hacer que se guarden, cumplan y ejecuten todas y cualesquiera ordenes que se den por esta Suprema Autoridad soberana de estas Provincias, a nombre de nuestro rey y señor don Fernando VII[65].

Se estableció, así, en Caracas, "una Junta Gubernativa de estas Provincias, compuesta del Ayuntamiento de esta Capital y de los vocales nombrados por el voto del pueblo"[66], y en un Manifiesto donde se hablaba de "la revolución

---

64 Lo que afirma de nuevo, en comunicación enviada al propio Consejo de Regencia de España explicando los hechos, razones y fundamentos del establecimiento del nuevo gobierno. Véase J. F. Blanco y R. Azpúrua, *op. cit.,* Tomo II, p. 408; y *Textos oficiales, op. cit.,* Tomo I, pp. 130 y ss. En particular, en comunicación del 3 de mayo de 1810, la Junta Suprema de Caracas se dirigió a la Junta Suprema de Cádiz y a la Regencia, cuestionando la asunción por esas corporaciones "que sustituyéndose indefinidamente unas a otras, sólo se asemejan en atribuirse todas una delegación de la soberanía que, no habiendo sido hecha ni por el Monarca reconocido, ni por la gran comunidad de españoles de ambos hemisferios, no puede menos de ser absolutamente nula, ilegítima, y contraria a los principios sancionados por nuestra legislación" (*Idem,* p. 130); agregando que "De poco se necesitará para demostrar que la Junta Central carecía de una verdadera representación nacional; porque su autoridad no emanaba originariamente de otra cosa que de la aclamación tumultuaria de algunas capitales de provincias, y porque jamás han tenido en ellas los habitantes del nuevo hemisferio la parte representativa que legítimamente les corresponde. En otras palabras, desconocemos al nuevo Consejo de Regencia" (*Idem,* p. 134).

65 Véase el texto en *Idem.,* J.F. Blanco y R. Azpúrua, *op. cit.,* Tomo I, p. 393.

66 Así se denomina en el manifiesto del 1° de mayo de 1810. Véase en *Textos oficiales..., cit.,* Tomo I. p. 121.

de Caracas" y se refería a "la independencia política de Caracas", la Junta Gubernativa prometió:

> Dar al nuevo gobierno la forma provisional que debe tener, mientras una Constitución aprobada por la representación nacional legítimamente constituida, sanciona, consolida y presenta con dignidad política a la faz del universo la provincia de Venezuela organizada, y gobernada de un modo que haga felices a sus habitantes, que pueda servir de ejemplo útil y decoroso a la América[67].

La Junta Suprema de Venezuela comenzó por asumir en forma provisional, las funciones legislativas y ejecutivas, definiendo en el Bando del 25–04–1810, los siguientes órganos del Poder Judicial: "El Tribunal Superior de apelaciones, alzadas y recursos de agravios se establecerá en las casas que antes tenía la audiencia"; y el Tribunal de Policía "encargado del fluido vacuno y la administración de justicia en todas las causas civiles y criminales estará a cargo de los corregidores"[68].

En todo caso, este movimiento revolucionario iniciado en Caracas en abril de 1810, meses antes de la instalación de las Cortes de Cádiz, indudablemente que siguió los mismos moldes de la Revolución francesa y tuvo además la inspiración de la Revolución norteamericana[69], de manera que incluso, puede considerarse que fue una Revolución de la burguesía, de la nobleza u oligarquía criolla, la cual, al igual que el tercer estado en Francia, constituía la única fuerza activa nacional[70].

No se trató, por tanto, inicialmente, de una revolución popular, pues los pardos, a pesar de constituir la mayoría de la población, apenas comenzaban a ser admitidos en los niveles civiles y sociales como consecuencia de la Cédula de "Gracias, al Sacar", vigente a partir de 1795 y que, con toda la protesta de los blancos, les permitía a aquellos adquirir mediante el pago de una cantidad de dinero, los derechos reservados hasta entonces a los blancos notables[71].

---

67 Véase el texto en J. F. Blanco y R. Azpúrua, *op. cit.,* Tomo II, p. 406, y en *Textos oficiales..., cit.,* Tomo I, p. 129.

68 *Textos oficiales de la Primera República de Venezuela,* Tomo I, pp. 115-116.

69 Véase José Gil Fortoul, *Historia Constitucional de Venezuela,* Tomo primero, *Obras Completas,* Vol. I, Caracas, 1953, p. 209.

70 *Cf.* José Gil Fortoul, *op. cit.,* Tomo primero, p. 200; Pablo Ruggeri Parra, *Historia Política y Constitucional de Venezuela,* Tomo I, Caracas, 1949, p. 31.

71 Véase sobre la Real Cédula de 10-2-1795 sobre gracias al sacar en J. F. Blanco y R. Azpúrua, *op. cit.,* Tomo I, pp. 263 a 275. *Cf.* Federico Brito Figueroa, *Historia Económica y Social de Venezuela. Una estructura para su estudio,* Tomo I, Caracas, 1966, p. 167; y L. Vallenilla Lanz, *Cesarismo Democrático,* Caracas 1952, pp. 13 y ss. En este sentido, debe destacarse que en la situación social preindependentista había manifestaciones de luchas de clase entre los blancos o mantuanos que constituían el 20 por 100 de la población y los pardos y negros 61. por 100, que luego van a aflorar en la rebelión de 1814. *Cf.* F. Brito Figueroa, *op. cit.,* tomo I, pp. 160 y 173. *Cf.* Ramón Díaz Sánchez,

Por ello, teniendo en cuenta la situación social preindependentista, sin duda que puede calificarse de "insólito" el hecho de que en el Ayuntamiento de Caracas, transformado en Junta Suprema, se le hubiera dado representación no sólo a estratos sociales extraños al Cabildo, como los representantes del clero y los denominados del pueblo, sino a un representante de los pardos[72].

3. La revolución en las otras Provincias de la Capitanía General de Venezuela

Luego de la Revolución de Caracas del 19 de abril de 1811, la Junta Suprema de Venezuela envió emisarios a las principales ciudades de las otras Provincias que conformaban la Capitanía General de Venezuela para invitarlas a adherirse al movimiento de Caracas. Se desarrolló, en consecuencia, en todas esas Provincias con excepción de Coro y Maracaibo,[73] ante la creencia de que la Metrópoli estaba gobernada por Napoleón y había sido disuelto el Gobierno Supremo, y un proceso revolucionario provincial con manifiestas tendencias autonomistas.

En consecuencia, el 27 de abril de 1810, en Cumaná, el Ayuntamiento asumió la representación de Fernando VII, y "su legítima sucesión".

El 5 de julio de 1810, el Ayuntamiento de Barinas decidió proceder a formar "una Junta Superior que recibiese la autoridad de este pueblo que la constituye mediante ser una provincia separada".

El 16 de septiembre de 1810, el Ayuntamiento de Mérida decidió "en representación del pueblo", adherirse a la causa común que defendían las Juntas Supremas y Superiores que ya se habían constituido en Santa Fé, Caracas,

"Evolución social de Venezuela (hasta 1960)", en M. Picón Salas y otros, *Venezuela Independiente 1810-1960,* Caracas, 1962, p. 193.

72 Véase Gil Fortoul, *op. cit.,* Tomo primero, pp. 203, 208 y 254. Es de tener en cuenta, como señala A. Grisanti, que "El Cabildo estaba representado por las oligarquías provincianas extremadamente celosas de sus prerrogativas políticas, administrativas y sociales, y que detentaban el Poder por el predominio de contadas familias nobles o ennoblecidas, acaparadoras de los cargos edilicios...". Véase Ángel Grisanti, Prólogo al libro *Toma de Razón, 1810 a 1812,* Caracas, 1955. El cambio de actitud del Cabildo caraqueño, por tanto, indudablemente que se debe a la influencia que sus miembros ilustrados recibían del igualitarismo de la Revolución Francesa: *Cf.* L. Vallenilla Lanz, *Cesarismo Democrático, cit.,* p. 36. Este autor insiste en relación a esto de la manera siguiente: "Es en nombre de la Enciclopedia, en nombre de la filosofía racionalista, en nombre del optimismo humanitario de Condorcet y de Rousseau como los revolucionarios de 1810 y los constituyentes de 1811, surgidos en su totalidad de las altas clases sociales, decretan la igualdad política y civil de todos los hombres libres", *op. cit.,* p. 75.

73 Véase las comunicaciones de la Junta Suprema respecto de la actitud del Cabildo de Coro y del Gobernador de Maracaibo, en *Textos Oficiales..., cit.,* Tomo I, pp. 157 a 191. Véase además los textos que publican J.F. Blanco y R. Azpúrua, *op. cit.,* Tomo II, p. 248 a 442, y 474 a 483.

Barinas, Pamplona y Socorro, y resolvió, con representación del pueblo, se erigiese una Junta "que asumiese la autoridad soberana".

El Ayuntamiento de Trujillo convino en instalar "una Junta Superior conservadora de nuestra Santa Religión, de los derechos de nuestro amadísimo, legítimo, soberano Don Fernando VII y su Dinastía y de las derechos de la Patria".

El 12 de octubre de 1811, en la Sala Consistorial de la Nueva Barcelona se reunieron "las personas visibles y honradas del pueblo de Barcelona" y resolvieron declarar la independencia con España de la Provincia y unirse con Caracas y Cumaná, creándose al día siguiente, una Junta Provincial para que representara los derechos del pueblo[74].

4. *El Congreso General de Venezuela de 1811*

Como secuela del rápido y expansivo proceso revolucionario de las Provincias de Venezuela, ya para junio de 1810 se comenzaba a hablar oficialmente de la "Confederación de Venezuela"[75], y la Junta de Caracas con representantes de Cumaná, Barcelona y Margarita, ya venía actuando como Junta Suprema pero, por supuesto, sin ejercer plenamente el gobierno en toda la extensión territorial de la Capitanía General. De allí la necesidad que había de formar un "Poder Central bien constituido" es decir, un gobierno que uniera las Provincias, por lo que la Junta Suprema estimó que había "llegado el momento de organizarlo" a cuyo efecto, convocó:

"A todas las clases de hombres libres al primero de los goces del ciudadano, que es el de concurrir con su voto a la delegación de los derechos personales y reales que existieron originariamente en la masa común."

En esta forma, la Junta llamó a elegir y reunir a los diputados que habían de formar "la Junta General de Diputación de las Provincias de Venezuela", para lo cual dictó, el 11 de junio de 1810, el Reglamento de Elecciones de dicho cuerpo[76], en el cual se previó, además, la abdicación de los poderes de la Junta Suprema en la Junta General, quedando sólo como Junta Provincial de Caracas[77]. Este Reglamento de Elecciones, sin duda, fue el primero de todos los dictados en materia electoral en el mundo hispanoamericano.

---

74 Véase las Actas de la Independencia de las diversas ciudades de la Capitanía General de Venezuela en *Las Constituciones Provinciales,* Academia Nacional de la Historia, 1959, pp. 339 y ss.

75 Véase la "refutación a los delirios políticos del Cabildo de Coro, de orden de la Junta Suprema de Caracas" de 1-6-1810 en *Textos Oficiales..., op. cit.,* Tomo I, p. 180.

76 Véase el texto en *Textos Oficiales..., op. cit.,* Tomo II, pp. 61-84; y en Allan R. Brewer-Carías, *Las Constituciones de Venezuela, op. cit.*, pp. 161 a 169.

77 Capítulo III, Art. 4.

El mismo mes en el cual la Junta Suprema dictó el Reglamento de Elecciones, continuando la política exterior iniciada al instalarse, los comisionados Simón Bolívar y Luis López Méndez y Andrés Bello como secretario, viajaron a Londres con la misión de estrechar las relaciones con Inglaterra, y solicitar auxilios inmediatos para resistir la amenaza de Francia. Los comisionados lograron, básicamente, esto último; concretizado en el compromiso de Inglaterra de defender al gobierno de Caracas "contra los ataques o intrigas del tirano de Francia"[78]. Los comisionados venezolanos, como lo señaló Francisco de Miranda con quien se relacionaron en Londres, habían continuado lo que el Precursor había iniciado "desde veinte años a esta parte... en favor de nuestra emancipación o independencia"[79]. En todo caso, Bolívar y Miranda regresaron a Caracas en diciembre de 1810.

En esos meses, en medio de la situación de ruptura total que ya existía entre las Provincias de Venezuela y la Metrópolis, se realizaron las elecciones del Congreso General de Venezuela, en las cuales participaron siete de las nueve Provincias que para finales de 1810 existían en el territorio de la Capitanía General de Venezuela[80], habiéndose elegido 44 diputados por las Provincias de Caracas (24), Barinas (9), Cumaná (4), Barcelona (3), Mérida (2), Trujillo (1) y Margarita (1)[81].

Las elecciones se efectuaron siguiendo la orientación filosófica del igualitarismo de la Revolución francesa, consagrándose el sufragio universal para todos los hombres libres[82].

El Reglamento General de Elecciones de 11 de junio de 1810, como se dijo, había reconocido el derecho del sufragio para los venezolanos aún cuando con algunas excepciones comunes en la época, como las mujeres, los menores de 25 años que no estuviesen casados, los que tuviesen una causa criminal abierta, los fallidos, los deudores a caudales públicos, los vagos públicos y notorios, y "todos los que tuviesen casa abierta o poblada, esto es, que viviesen en la de otro vecino particular a su salario y expensas o en actual servicio suyo, a menos que según la opinión común del vecindario fuesen propietarios por lo menos de dos mil pes os en bienes, muebles o raíces libres."

78 Véase la circular dirigida el 7-12-1810 por el Ministro Colonial de la Gran Bretaña a los jefes de las Antillas Inglesas, en J. F. Blanco y R. Azpúrua, *op. cit.,* Tomo II, p. 519. Asimismo, la nota publicada en la *Gaceta de Caracas* del viernes 26 de octubre de 1810 sobre las negociaciones de los comisionados. Véase en J. F. Blanco y R. Azpúrua, *op. cit.,* Tomo II, p. 514.

79 Véase la Carta de Miranda a la Junta Suprema de 3-8-1810 en J. F. Blanco y R. Azpúrua, *op. cit.,* Tomo II, p. 580.

80 Participaron las provincias de Caracas, Barinas, Cumaná, Barcelona, Mérida, Trujillo y Margarita, *Cf.* José Gil Fortoul, *op. cit.,* Tomo primero, p. 223. *Cf.* J.F. Blanco y R. Azpúrua, *op. cit.,* Tomo II, pp. 413 y 489.

81 Véase C. Parra Pérez, *Historia de la Primera República de Venezuela*, Academia de la Historia, Caracas 1959, Tomo I, p. 477.

82 Véase en Allan R. Brewer-Carías, *Las Constituciones de Venezuela, op. cit.,* p. 166.

En esta forma, puede decirse que dichas elecciones configuraron las primeras elecciones relativamente universales que se desarrollaron en Venezuela y en América Latina, en el siglo XIX. La elección fue indirecta y en dos grados, y los diputados electos en segundo grado formaron la "Junta General de Diputados de las Provincias de Venezuela"[83] la cual declinó sus poderes en un Congreso Nacional en el cual se constituyeron los representantes. El 2 de marzo de 1811, los diputados se instalaron en Congreso Nacional, con el siguiente juramento:

> Juráis a Dios por los sagrados Evangelios que váis a tocar, y prometéis a la patria conservar y defender sus derechos y los del Señor F. VII, sin la menor relación a influjo de la Francia, independiente de toda forma de gobierno de la península de España, y sin otra representación que la que reside en el Congreso General de Venezuela [84]

El Congreso se instaló, para defender y conservar además de los derechos de la Patria:

> y los del Señor D. Fernando VII, sin la menor relación o influjo de la Francia, independientes de toda forma de gobierno de la península de España, y sin otra representación que la que reside en el Congreso General de Venezuela[85].

Desde la instalación del Congreso General se comenzó a hablar en todas las Provincias de la "Confederación de las Provincias de Venezuela", las cuales conservaron sus peculiaridades políticas propias, a tal punto que al mes siguiente, en la sesión del 06–04–1812, el Congreso General resolvió exhortar a las "Legislaturas provinciales" que acelerasen la formación de sus respectivas Constituciones[86]

En todo caso, el Congreso había sustituido a la Junta Suprema y había adoptado el principio de la separación de poderes para organizar el nuevo gobierno, designando el 5 de marzo de 1811, a tres ciudadanos para ejercer el Poder Ejecutivo Nacional, turnándose en la presidencia por períodos semanales, y constituyendo, además, una Alta Corte de Justicia.

El 28 de marzo de 1811, el Congreso nombró una comisión para redactar la Constitución de la Provincia de Caracas, la cual debía servir de modelo a las demás Provincias de la Confederación. Esta comisión tardó mucho en

83 Véase Gil Fortoul, *op. cit.,* Tomo Primero, p. 224.

84 Gil Fortoul, Tomo I, p. 138. Véase en general sobre el Congreso de 1811, Juan Garrido Rovira, *De la Monarquía de España a la República de Venezuela, 2010-2011 Bicentenario de la Independencia y la República,* Universidad Monteávila, Caracas 2008, pp. 193 ss.; y *El Congreso Constituyente de Venezuela,* Bicentenario del 5 de julio de 1811, Universidad Monteávila, Caracas 2010.

85 *Idem*, Tomo II, p. 16.

86 Véase *Libro de Actas del Supremo Congreso de Venezuela 1811-1812,* Biblioteca de la Academia Nacional de la Historia, Caracas, 1959, Tomo II, p. 401.

preparar el proyecto, por lo que algunas Provincias, como se indica más adelante, procedieron a dictar las suyas para organizarse políticamente.

El 1° de julio de 1811, el Congreso ya había proclamado los Derechos del Pueblo,[87] que fue la primera declaración de derechos fundamentales con rango constitucional adoptada luego de la Revolución Francesa. Fue entonces la tercera declaración de derechos de rango constitucional en el constitucionalismo moderno, con lo cual se inició una tradición constitucional que ha permanecido invariable en Venezuela. El texto de esta Declaración de 1811, luego recogido y ampliado en la Constitución de ese mismo año puede decirse, que es la traducción de la Declaración de Derechos del Hombre y del Ciudadano que precedió la Constitución francesa de 1793, y que llegó a Venezuela antes de 1797, a través de José María Picornell y Gomilla, uno de los conjurados en la llamada "Conspiración de San Blas", de Madrid, de 1794, quien, una vez que la misma fue descubierta, fue deportado a las mazmorras españolas del Caribe. En el Puerto de La Guaira, en 1797, Picornell entró en contacto con los criollos Gual y España, y en la conspiración que llevaba el nombre de ambos, de ese año, también debelada, circuló la traducción de los Derechos del Hombre. Ese texto fue el que, catorce años después, sirvió para la Declaración de Derechos del Pueblo de 1811 y luego para el capítulo respectivo de la Constitución de 1811. En ese texto, sin embargo, se incorporó una novedosa norma que no encuentra antecedentes ni en los textos constitucionales norteamericanos ni franceses, y es la que contiene la "garantía objetiva" de los derechos, y que declara "nulas y de ningún valor" las leyes que contrariaran la declaración de derechos, de acuerdo a los principios que ya se habían establecido en la célebre sentencia *Marbury v. Madison*, de 1803, de la Corte Suprema de los Estados Unidos.

El 5 de julio de 1811, el Congreso aprobó la Declaración de Independencia, pasando a denominarse la nueva nación, como Confederación Americana de Venezuela[88]; y en los meses siguientes, bajo la inspiración de la Constitución norteamericana y la Declaración francesa de los Derechos del Hombre[89], redactó la primera Constitución de Venezuela y la de todos los países latinoamericanos, la cual se aprobó el 21 de diciembre de 1811[90], con clara inspiración en los aportes revolucionarios de Norteamérica y Francia.

---

87 Véase Allan R. Brewer-Carías, *Las Constituciones de Venezuela, op. cit.,* pp. 175 a 177.

88 Véase el texto de las sesiones del 5 de julio de 1811 en *Libro de Actas... cit.,* pp. 171 a 202. Véase el texto Acta de la Declaración de la Independencia, cuya formación se encomendó a Juan Germán Roscio, en P. Ruggeri Parra, *op. cit.,* apéndice, Tomo I, pp. 79 y ss. Asimismo en Francisco González Guinán, *Historia Contemporánea de Venezuela,* Caracas, 1954, Tomo I, pp. 26 y ss.; y el Allan R. Brewer-Carías, *Las Constituciones de Venezuela, cit.,* pp. 171 y ss.

89 *Cf.* José Gil Fortoul, *op. cit.,* Tomo Primero, pp. 254 y 267.

90 Véase el texto de la Constitución de 1811, en *La Constitución Federal de Venezuela de 1811 y Documentos afines* (Estudio Preliminar de C. Parra Pérez), Caracas, 1959,

III. LA CONSTITUCIÓN FEDERAL DE LOS ESTADOS DE VENE-ZUELA DE 1811 Y LAS BASES DEL CONSTITUCIONALISMO

En efecto, luego de haberse adoptado en las Provincias unidas Constituciones Provinciales[91] en las Provincias de Barinas ("Plan de Gobierno" de la Provincia de Barinas de 26–3–1811),[92] Mérida ("Constitución Provisional de la Provincia de Mérida" de 31–7–1811) [93]. y Trujillo ("Plan de Constitución Provisional Gubernativo de la Provincia de Trujillo" de 2–9–1811),[94] donde ya se habían recogido formalmente los principios de gobierno representativo, de la separación de poderes, de la distribución del poder en el territorio conforme al sistema federal, de régimen municipal y de declaraciones de "Los derechos y obligaciones del Hombre en Sociedad," el Congreso General de las Provincias de Margarita, Mérida, Cumaná, Barinas, Barcelona, Trujillo y Caracas, sancionó la Constitución Federal para los Estados de Venezuela,[95] con la cual constitucionalmente hablando, se constituyó el Estado venezolano, como entidad política independiente.

Esta Constitución, aún cuando igual como sucedió con la Constitución de Cádiz, no tuvo vigencia real superior a un año debido a las guerras de independencia, puede decirse que condicionó la evolución de las instituciones políticas y constitucionales venezolanas hasta nuestros días; habiendo recogido los aportes esenciales del constitucionalismo norteamericano y francés.

1. Contenido general de la Constitución de 1811

La Constitución fue el resultado de un proceso de discusión del proyecto respectivo, por el Congreso General, conteniendo 228 artículos agrupados en 9 capítulos, destinados a regular el Poder Legislativo (Arts. 3 a 71), el Poder Ejecutivo (Arts. 72 a 109), el Poder Judicial (Arts. 110 a 118), las Provincias (Arts. 119 a 134) y los Derechos del Hombre "que se respetarán en toda la extensión del Estado" (Arts. 141 a 199). Con dicho texto se conformó la Unión de las Provincias que venían siendo parte de la Confederación de Venezuela y que habían formado parte de la Capitanía General de Venezuela[96].

---

pp. 151 y ss., y en Allan R. Brewer-Carías, *Las Constituciones de Venezuela, cit.*, pp. 179 y ss.

91 Véase en general, Carlos Restrepo Piedrahita, *Primeras Constituciones de Colombia y Venezuela 1811-1830,* Bogotá 1996, pp. 37 y ss. Véase Allan R. Brewer-Carías, *Evolución histórica del Estado,* Tomo I, *Instituciones Políticas y Constitucionales,* Caracas 1996, pp. 277 y ss.

92 *Las Constituciones Provinciales, cit.,* pp. 334 y ss.

93 *Idem.,* p. 255.

94 Véase *Las Constituciones Provinciales, op. cit.,* pp. 297 y ss.

95 Véase el texto en Allan R. Brewer-Carías *Las Constituciones de Venezuela,* Madrid, 1985, pp. 181 a 205. Además, en *La Constitución Federal de Venezuela de 1811 y documentos afines,* Biblioteca de la Academia Nacional de la Historia, Caracas 1959, pp.

96 Véase Allan R. Brewer-Carías, *Evolución Histórica del Estado,* Tomo I, *Instituciones Políticas y Constitucionales,* Caracas 1996, pp. 268 y ss.

A. Bases del Pacto Federativo (Título Preliminar)

a. *La Confederación de las Provincias*

La Constitución se inició con un "Preliminar" relativo a las "Bases del Pacto Federativo que ha de constituir la autoridad general de la Confederación", donde se precisaron la distribución de poderes y facultades entre la Confederación y los Estados confederados (las Provincias).

Se estableció, en esta forma, la forma federal del Estado por primera vez en el constitucionalismo moderno después de su creación en la Constitución de los Estados Unidos de Norteamérica, conforme al siguiente esquema:

En todo lo que por el Pacto Federal no estuviere expresamente delegado a la Autoridad general de la Confederación, conservará cada una de las Provincias que la componen su Soberanía, Libertad e Independencia; en uso de ellas tendrán el derecho exclusivo de arreglar su Gobierno y Administración territorial bajo las leyes que crean convenientes, con tal que no sean de las comprendidas en esta Constitución ni se opongan o perjudiquen a los Pactos Federativos que por ella se establecen.

En cuanto a las competencias de la Confederación "en quien reside exclusivamente la representación Nacional", se dispuso que estaba encargada de

> Las relaciones extranjeras, de la defensa común y general de los Estados Confederados, de conservar la paz pública contra las conmociones internas o los ataques exteriores, de arreglar el comercio exterior y el de los Estados entre sí, de levantar y mantener ejércitos, cuando sean necesarios para mantener la libertad, integridad e independencia de la Nación, de construir y equipar bajeles de guerra, de celebrar y concluir tratados y alianzas con las demás naciones, de declararles la guerra y hacer la paz, de imponer las contribuciones indispensables para estos fines u otros convenientes a la seguridad, tranquilidad y felicidad común, con plena y absoluta autoridad para establecer las leyes generales de la Unión y juzgar y hacer ejecutar cuanto por ellas quede resuelto y determinado.

En relación con la Confederación, debe señalarse que la Declaración solemne de la Independencia de Venezuela del 5 de julio de 1811, se había formulado por los representantes de las "Provincias Unidas de Caracas, Cumaná, Barinas, Margarita, Barcelona, Mérida y Trujillo, que forman la confederación Americana de Venezuela en el Continente Meridional", reunidos en Congreso[97]; y esos mismos representantes, reunidos en "Congreso General", fueron los que elaboraron la "Constitución Federal para los Estados Unidos de Venezuela", sancionada el 21 de diciembre de 1811[98]. Venezuela, por tanto, como Estado independiente, se configuró, como una Federación de

---

97 Véase en Allan R. Brewer-Carías, *Las Constituciones de Venezuela, op. cit.,* p. 171.

98 *Idem.,* p. 179.

Provincias y se estructuró sobre la base de la división provincial que había legado el régimen político de la Monarquía española.

En efecto, durante todo el proceso español de conquista y colonización en América, desde comienzos del siglo XVI hasta el inicio del siglo XIX, la *Provincia* se configuró como la estructura territorial básica para lo militar, la administración y el gobierno y la administración de justicia en los territorios de Ultramar. Estas Provincias, como unidades territoriales básicas, giraban en torno a una ciudad que con sus autoridades locales (Ayuntamiento o Cabildo) hacía de cabeza de Provincia.

La Provincia, así, durante todo el período del dominio español en América hasta comienzos del siglo XIX, fue una institución territorial creada y desarrollada por la Monarquía española especialmente para el gobierno y la administración de los territorios de América, no existiendo en esos tiempos en la Península una institución territorial similar; al punto de que el término mismo de Provincia no tenía, en la Metrópoli, hasta los tiempos de Cádiz, ni siquiera un significado definido.

En efecto, en las leyes del Reino de Castilla, las cuales en el inicio de la conquista fueron las que básicamente se aplicaron en América, el término "provincia" no se refería a una división administrativa o política organizada, sino más bien se usaba como equivalente de región, comarca o distrito e incluso de tierra sin régimen político o administrativo estable o fijo[99]. En ese mismo sentido se siguió utilizando con posterioridad, hasta el punto de que las provincias que existían en la Península para fines del siglo XVIII, tenían más realidad en los diferentes estudios que se habían elaborado por la Corona para uniformar la Administración territorial del Estado, que en la organización política existente[100].

En todo caso, fue sólo a partir de la Constitución de Cádiz de 1812, dictada después del establecimiento del Estado venezolano como Estado independiente, que la Administración Provincial comenzó a implantarse en el Estado de la España peninsular, uniformizada luego a partir de las reformas de 1833 que, siguiendo el esquema francés de los Departamentos, dividió la totalidad del territorio español en Provincias[101].

La Provincia hispano–americana, en cambio, como se ha dicho, fue anterior a la Provincia peninsular, y su concepción durante la conquista y colonización, siguió los trazos de la institución que con el mismo nombre se desarrolló en el Imperio Romano para el gobierno y administración de los territo-

---

99 Véase J. Cerdá Ruiz-Funes, "Para un Estudio sobre los Adelantados Mayores de Castilla (Siglo XIII-XV)", *Actas del II Symposium Historia de la Administración,* Madrid, 1971, p. 191.

100 T. Chiossone, *Formación Jurídica de Venezuela en la Colonia y la República,* Caracas, 1980, p. 74, nota 69.

101 Véase el Real Decreto de 30 de noviembre de 1833, mandando hacer la división del territorio español en la Península e Islas adyacentes, en 49 provincias, en T.R. Fernández y J.A. Santamaría, *Legislación Administrativa Española del Siglo XIX,* Madrid, 1977, pp. 115 y ss.

rios conquistados por el ejército romano fuera de Italia (Ultramar) y que estaban a cargo de un gobernador, *(propetor, procónsul o legati)*[102].

Esas Provincias que habían sido agrupadas en la Capitanía General de Venezuela en 1777, precisamente fueron las que se confederaron en 1811.

b. *El principio de la separación de poderes*

En el Preliminar de la Constitución también se formuló, como principio fundamental del constitucionalismo, la separación de poderes en esta forma:

El ejercicio de esta autoridad confiada a la Confederación no podrá jamás hallarse reunido en sus diversas funciones. El Poder Supremo debe estar dividido en Legislativo, Ejecutivo y Judicial, y confiado a distintos Cuerpos independientes entre sí y en sus respectivas facultades.

Además, el artículo 189 insistía en que

> Los tres Departamentos esenciales del Gobierno, á saber: el Legislativo, el Ejecutivo y el Judicial, es preciso que se conserven tan separados e independientes el uno del otro cuanto lo exija la naturaleza de un gobierno libre lo que es conveniente con la cadena de conexión que liga toda fábrica de la Constitución en un modo indisoluble de Amistad y Unión.

En el orden jurídico–político, la Constitución de 1811 no sólo consagró expresamente la división del Poder Supremo en las tres ramas señaladas con un sistema de gobierno presidencial; sino que además, consagró la supremacía de la Ley como "la expresión libre de la voluntad general" conforme al texto de la Declaración Francesa de 1789[103], y la soberanía que residiendo en los habitantes del país, se ejercía por los representantes[104]. En todo caso, todo

---

102 A. Posada. *Escritos Municipalistas y de la Vida Local,* Madrid, 1979, p. 284. *Cf.* Vicente de la Vallina Velarde, *La Provincia, Entidad Local, en España,* Oviedo 1964, pp. 20 y ss.; J. Arias, *Manual de Derecho Romano,* Buenos Aires, 1949, p. 58; F. Gutiérrez Alviz, *Diccionario de Derecho Romano,* Madrid, 1948, p. 504; T. Chiossone, *op. cit.,* p. 74, nota N° 69.

103 "La Ley es la expresión libre de la voluntad general o de la mayoría de los ciudadanos, indicada por el órgano de sus representantes legalmente constituidos. Ella se funda sobre la justicia y la utilidad común, y ha de proteger la libertad pública e individualidad contra toda opresión o violencia". "Los actos ejercidos contra cualquier persona fuera de los casos y contra las formas que la Ley determina. son inicuos, y si por ellos se usurpa la autoridad constitucional o la libertad del pueblo serán tiránicos" (Arts. 149 y 150).

104 "Una sociedad de hombres reunidos bajo unas mismas Leyes, costumbres y Gobierno forma una soberanía". "La soberanía de un país, o supremo poder de reglar o dirigir equitativamente los intereses de la comunidad reside, pues, esencial y originalmente, en la masa general de sus habitantes y se ejercita por medio de apoderados o representantes de éstos, nombrados y establecidos conforme a la Constitución". "Ningún .individuo, ninguna familia particular, ningún pueblo, ciudad o partido puede atribuirse la soberanía de la sociedad, que es imprescindible, inalienable e indivisible en su esencia y origen, ni perso-

este mecanismo de separación de poderes con un acento de debilidad del Poder Ejecutivo configuró, en los primeros años de la vida republicana de Venezuela, todo un sistema de contrapeso de poderes para evitar la formación de un poder fuerte, a lo que se atribuyó la caída de la Primera República[105], y condicionó la vida republicana en las décadas posteriores.

B. La religión católica (Capítulo I)

El *Capítulo I* de la Constitución de 1811 se destinó a regular la Religión, proclamándose a la Religión Católica, Apostólica y Romana como la religión del Estado y la única y exclusiva de los habitantes de Venezuela (Art. 1).

C. El Poder Legislativo (Capítulo II)

El *Capítulo II* tuvo por objeto regular al "Poder Legislativo" atribuido al Congreso General de Venezuela, el cual fue dividido en dos Cámaras, una de Representantes y un Senado (Art. 3).

En dicho Capítulo se reguló el proceso de formación de las leyes (Arts. 4 a 13); la forma de elección de los miembros de la Cámara de Representantes y del Senado (Art. 14 a 51) con una regulación detallada del proceso de elección de manera indirecta en congregaciones parroquiales (Art. 26) y en congregaciones electorales (Art. 28); sus funciones y facultades (Art. 52 a 66); el régimen de sus sesiones (Art. 67 a 70); y sus atribuciones especiales (Art. 71). La Constitución, siguiendo la tendencia general, restringió el sufragio al consagrar requisitos de orden económico para poder participar en las elecciones[106] reservándose entonces el control político del naciente Estado a la aristocracia criolla y a la naciente burguesía parda.

---

na alguna podrá ejercer cualquier función pública del. Gobierno, si no lo ha obtenido por la Constitución" (Art. 143, 144 y 145).

105 *Cfr.* C. Parra Pérez, *Historia de la Primera República de Venezuela,* Caracas, 1959, Tomo II, pp. 7 y 3 ss.; Augusto Mijares, "La Evolución Política de Venezuela" (1810-1960)", en M. Picón Salas y otros, *Venezuela Independiente, cit.,* Caracas 1962, p. 31. De ahí el calificativo de la "Patria Boba" que se le da a la Primera República. *Cfr.* R. Díaz Sánchez, "Evolución social de Venezuela (hasta 1960), en *idem,* pp. 199 y s.

106 *Cfr.,* R. Díaz Sánchez, "Evolución Social de Venezuela (hasta 1960)", en M. Picón Salas y otros, *Venezuela Independiente 1810-1960,* Caracas, 1962, p. 197, y C. Parra Pérez, Estudio preliminar a la *Constitución Federal de Venezuela de 1811,* p. 32. Es de destacar, por otra parte, que las restricciones al sufragio también se establecieron en el sufragio pasivo, pues para ser representante se requería gozar de "una propiedad de cualquier clase" (Art. 15) y para ser Senador, gozar de "una propiedad de seis mil pesos" (Art. 49). *Cfr.* J. Gil Fortoul, *Historia Constitucional de Venezuela,* Obras Completas, Tomo I, Caracas, 1953, p. 259.

D. El Poder Ejecutivo (Capítulo III)

El *Capítulo III* reguló el "Poder Ejecutivo", el cual se dispuso que residiría en la ciudad federal "depositado en tres individuos elegidos popularmente" (Art. 72) por las Congregaciones Electorales (Art. 76) por listas abiertas (Art. 77). En el Capítulo no sólo se reguló la forma de elección del triunvirato (Arts. 76 a 85), sino qué se definieron las atribuciones del Poder Ejecutivo (Arts. 86 a 99) y sus deberes (Arts. 100 a 107).

De acuerdo a la forma federal de la Confederación, se reguló la relación entre los Poderes Ejecutivos Provinciales y el Gobierno Federal, indicándose que aquéllos eran, en cada Provincia, "los agentes naturales e inmediatos del Poder Ejecutivo Federal para todo aquello que por el Congreso General no estuviere cometido a empleados particulares en los ramos de Marina, Ejército y Hacienda Nacional" (Art. 108).

E. El Poder Judicial (Capítulo IV)

El *Capítulo IV* estuvo destinado a regular el Poder Judicial de la Confederación depositado en una Corte Suprema de Justicia (Arts. 110 a 114) con competencia originaria entre otros, en los asuntos en los cuales las Provincias fueren parte interesada y competencia en apelación en asuntos civiles o criminales contenciosos (Art. 116).

F. Las Provincias (Capítulo V)

El *Capítulo V* reguló a las Provincias, estableciéndose límites a su autoridad, en particular, que no podían "ejercer acto alguno que corresponda a las atribuciones concedidas al Congreso y al Poder Ejecutivo de la Confederación" (Art. 119). "Para que las leyes particulares de las Provincias no puedan nunca entorpecer la marcha de los federales –agregó el artículo 124– se someterán siempre al juicio del Congreso antes de tener fuerza y valor de tales en sus respectivos Departamentos, pudiéndose, entre tanto, llevar a ejecución mientras las revisa el Congreso".

El Capítulo, además, reguló aspectos relativos a las relaciones entre las Provincias y sus ciudadanos (Arts. 125 a 127); y al aumento de la Confederación mediante la incorporación eventual de Coro, Maracaibo y Guayana que no formaron parte del Congreso (Arts. 128 a 132).

En cuanto al gobierno y administración de las Provincias, la Constitución de 1811 remitió a lo dispuesto en las *Constituciones Provinciales*, indicando el siguiente límite:

> *Artículo 133.* El gobierno de la Unión asegura y garantiza a las provincias la forma de gobierno republicano que cada una de ellas adoptare para la administración de sus negocios domésticos, sin aprobar Constitución alguna que se oponga a los principios liberales y francos de representación admitidos en ésta, ni consentir que en tiempo alguno se establezca otra forma de gobierno en toda la confederación.

G. La rigidez constitucional (Capítulos VI y VII)

Los *Capítulos VI y VII* se refirieron a los procedimientos de revisión y reforma de la Constitución (Arts. 135 y 136) y a la sanción o ratificación de la Constitución (Arts. 138 a 140).

H. Los Derechos del Hombre (Capítulo VIII)

El *Capítulo VIII* se dedicó a los "Derechos del Hombre que se reconocerán y respetarán en toda la extensión del Estado", distribuidos en cuatro secciones: *Soberanía del pueblo* (Arts. 141 a 150), *Derechos del hombre en sociedad* (Arts. 151 a 191), *Derechos del hombre en sociedad* (Arts. 192 a 196) y *Deberes del cuerpo social* (Arts. 197 a 199). En este Capítulo se recogieron, enriquecidos, los artículos de la Declaración de los Derechos del Pueblo de 1811, y en su redacción se recibió la influencia directa del texto de las Declaraciones de las antiguas colonias norteamericanas, de las Enmiendas a la Constitución de los Estados Unidos de América y de la Declaración Francesa de los Derechos del Hombre y del Ciudadano, y en relación con esta última, de los documentos de la conspiración de Gual y España de 1797.[107]

En la Primera Sección sobre "Soberanía del pueblo," se precisan los conceptos básicos que en la época originaban una república, comenzando por el "pacto social," a cuyo efecto los artículos 141 y 142 de la Constitución dispusieron:

> Después de constituidos los hombres en sociedad han renunciado a aquella libertad ilimitada y licenciosa a que fácilmente los conducían sus pasiones, propia sólo del estado salvaje. El establecimiento de la sociedad presupone la renuncia de esos derechos funestos, la adquisición de otros más dulces y pacíficos, y la sujeción a ciertos deberes mutuos. El pacto social asegura a cada individuo el goce y posesión de sus bienes, sin lesión del derecho que los demás tengan de los suyos (Art. 141 y 142).

La Sección continúa con el concepto de soberanía (art. 143) y de de su ejercicio mediante representación (art. 144–146), el derecho al desempeño de empleos públicos en forma igualitaria (art. 147), con la proscripción de privilegios o títulos hereditarios (art. 148), la noción de la ley como expresión de la voluntad general (art. 149) y la nulidad de los actos dictados en usurpación de autoridad (art. 150).

En la Segunda Sección sobre "Derechos del hombre en sociedad," al definirse la finalidad del gobierno republicano (art. 151), se enumeran como tales derechos a la libertad, la igualdad, la propiedad y la seguridad (art. 152), y a continuación se detalla el contenido de cada uno: se define la libertad y sus límites solo mediante ley (art. 153–156), la igualdad (art. 154), la propiedad

---

107 Véase Allan R. Brewer-Carías, *Los Derechos Humanos en Venezuela: casi 200 años de Historia,* Caracas 1990, pp. 101 y ss.

(art. 155) y la seguridad (art. 156). Además, en esta sección se regulan los derechos al debido proceso: el derecho a ser procesado solo por causas establecidas en la ley (art. 158), el derecho a la presunción de inocencia (art. 159), el derecho a ser oído (art. 160), el derecho a juicio por jurados (art. 161). Además, se regula el derecho a no ser objeto de registro (art. 162), a la inviolabilidad del hogar (art. 163) y los límites de las visitas autorizadas (art. 165), el derecho a la seguridad personal y a ser protegido por la autoridad en su vida, libertad y propiedades (art. 165), el derecho a que los impuestos sólo se establezcan mediante ley dictada por los representantes (art. 166), el derecho al trabajo y a la industria (art. 167), el derecho de reclamo y petición (art. 168), el derecho a la igualdad respecto de los extranjeros (art. 168), la proscripción de la irretroactividad de la ley (art. 169), la limitación a las penas y castigos (art. 170) y la prohibición respecto de los tratos excesivo y la tortura (arts. 171–172), el derecho a la libertad bajo fianza (art. 174), la prohibición de penas infamantes (art. 175), la limitación del uso de la jurisdicción militar respecto de los civiles (art. 176), la limitación a las requisiciones militares (art. 177), el régimen de las milicias (art. 178), el derecho a portar armas (art. 179), la eliminación de fueros (180) y la libertad de expresión de pensamiento (art. 181). La Sección concluye con la enumeración del derecho de petición de las Legislaturas provinciales (art. 182) y el derecho de reunión y petición de los ciudadanos (art. 183–184), el poder exclusivo de las Legislaturas de suspender las leyes o detener su ejecución (art. 185), el poder de legislar atribuido al Poder Legislativo (art. 186), el derecho del pueblo a participar en la legislatura (art. 187), el principio de la alternabilidad republicana (art. 188), el principio de la separación de poderes entre el Legislativo, el Ejecutivo y el Judicial (art. 189), el derecho al libre tránsito entre las provincias (art. 190), el fin de los gobiernos y el derecho ciudadano de abolirlos y cambiarlos (art. 191).

En la Sección Tercera sobre "Deberes del hombre en sociedad," donde se establece la interrelación entre derechos y deberes (art. 192), la interrelación y limitación entre los derechos (art. 193), los deberes de respetar las leyes, mantener la igualdad, contribuir a los gastos públicos y servir a la patria (art. 194), con precisión de lo que significa ser buen ciudadano (art. 195), y de lo que significa violar las leyes (art. 196).

En la Sección Cuarta sobre "Deberes del Cuerpo Social," donde se precisa las relaciones y los deberes de solidaridad social (art. 197–198), y se establece en el artículo 199, la declaración general sobre la supremacía y constitucional y vigencia de estos derechos, y la nulidad de las leyes contrarias a los mismos, así:

> Para precaver toda trasgresión de los altos poderes que nos han sido confiados, declaramos: que todas y cada una de las cosas constituidas en la anterior declaración de derechos, están exentas y fuera del alcance del Poder general ordinario del Gobierno y que conteniendo y apoyándose sobre los indestructibles y sagrados principios de la naturaleza, toda ley contraria a ellas que se expida por la Legislatura federal o por las provincias, será absolutamente nula y de ningún valor.

I. Disposiciones generales (Capítulo IX)

Por último, el *Capítulo IX,* en unos Dispositivos Generales estableció normas sobre el régimen de los indígenas (Arts. 200) y su igualdad (Arts. 201); la ratificación de la abolición del comercio de negros (Art. 202); la igualdad de los pardos (Art. 203); y la extinción de títulos y distinciones (Art. 204).

En particular, en cuanto a la igualación social las normas de la Constitución conllevaron a la eliminación de los "títulos"[108] y la restitución de los derechos "naturales y civiles" a los pardos[109], y con ello, el elemento que iba a permitir a éstos incorporarse a las luchas contra la oligarquía criolla. Se debe destacar, por otra parte, que a pesar de que el texto constitucional declaró abolido el comercio de esclavos[110], la esclavitud como tal no fue abolida y se mantuvo hasta 1854; a pesar de las exigencias del Libertador en 1819[111].

Se reguló, además, el juramento de los funcionarios (Arts. 206 a 209); la revocación del mandato (Art. 209 y 210), las restricciones sobre reuniones de sufragantes y de congregaciones electorales (Arts. 211 a 214); la prohibición a los individuos o grupos de arrogarse la representación del pueblo (Art. 215; la disolución de las reuniones no autorizadas (Art. 216); el tratamiento de "ciudadano" (Art. 226); y la vigencia de la Recopilación de las Leyes de Indias mientras se dictaban el Código Civil y Criminal acordados por el Congreso (Art. 228).

---

108 "Quedan extinguidos todos los títulos concedidos por el anterior gobierno y ni el Congreso, ni las Legislaciones Provinciales podrán conceder otro alguno de nobleza, honores o distinciones hereditarias..." (Art. 204). Por otra parte, la Constitución de 1811, expresamente señalaba que: "Nadie tendrá en la Confederación de Venezuela otro título ni tratamiento público que el de *ciudadano*, única denominación de todos los hombres libres que componen la Nación..." (Art. 236), expresión que ha perdurado en toda nuestra historia constitucional.

109 "Del mismo modo, quedan revocadas y anuladas en todas sus partes las leyes antiguas que imponían degradación civil a una parte de la población libre de Venezuela conocida hasta ahora bajo la denominación de *pardos*; éstos quedan en posesión de su estimación natural y civil y restituidos a los imprescindibles derechos que les corresponden como a los demás ciudadanos" (Art. 203).

110 "El comercio inicuo de negros prohibido por decreto de la Junta Suprema de Caracas en 14 de agosto de 1810, queda solemne y constitucionalmente abolido en todo el territorio de la Unión; sin que puedan de modo alguno introducirse esclavos de ninguna especie por vía de especulación mercantil" (Art. 202).

111 *Cfr.* Parra Pérez; "Estudio Preliminar", *loc. cit.,* p. 32. En su discurso de Angostura de 1819, Simón Bolívar imploraba al Congreso "la confirmación de la libertad absoluta de los esclavos, como imploraría por mi vida y la vida de la República", considerando a la esclavitud como "la hija de las tinieblas". Véase el Discursó de Angostura en J. Gil Fortoul, *op. cit.,* Apéndice, Tomo Segundo, pp. 491 y 512.

J. La supremacía constitucional

Por último, debe destacarse la cláusula de supremacía de la Constitución contenida en el artículo 227, así:

> *227.* La presente Constitución, las leyes que en consecuencia se expidan para ejecutarla y todos los tratados que se concluyan bajo la autoridad del gobierno de la Unión serán la Ley Suprema del Estado en toda la extensión de la Confederación, y las autoridades y habitantes de las Provincias estarán obligados a obedecerlas religiosamente sin excusa ni pretexto alguno; pero las leyes que se expiden contra el tenor de ella no tendrán ningún valor sino cuando hubieren llenado las condiciones requeridas para una justa y legítima revisión y sanción.

Esta cláusula de supremacía y la garantía objetiva de la Constitución se ratificó en el Capítulo VIII sobre los Derechos del Hombre, al prescribirse en su último artículo, lo siguiente:

> *Artículo 199.* Para precaver toda transgresión de los altos poderes que nos han sido confiados, declaramos: Que todas y cada una de las cosas constituidas en la anterior declaración de derechos están exentas y fuera del alcance del Poder General ordinario del gobierno y que conteniendo o apoyándose sobre los indestructibles y sagrados principios de la naturaleza, toda ley contraria a ellos que será absolutamente nula y de ningún valor.

2. *Los principios del constitucionalismo moderno en la Constitución de Venezuela de 1811 y la influencia francesa y norteamericana*

En la Constitución de 1811, sin duda, como se aprecia de su contenido general, los principios del constitucionalismo derivados tanto de la Revolución Americana como de la Revolución Francesa encontraron de inmediato un campo de cultivo, habiéndose sin embargo desarrollado conforme a moldes propios, no habiendo recibido influencia alguna inicial del régimen político–constitucional español moderno, que al momento de sancionarse la Constitución (1811), también sentaba las bases para la remoción del Antiguo Régimen, en medio de la crisis general por la invasión napoleónica. Esos principios encajaron en el proceso constituyente venezolano de 1811, meses antes de la sanción de la Constitución de Cádiz.

En efecto, la Constitución de 1811 recibió de la Constitución americana la influencia de la forma federal del Estado, del presidencialismo como sistema de gobierno dentro del esquema de la separación de poderes, y del control de la constitucionalidad, como secuela de la garantía objetiva de la Constitución. Pero en cuanto a la redacción del texto constitucional de 1811, la influencia directa de la Constitución francesa es evidente, particularmente en la regulación detallada de la forma de elección indirecta de los representantes, en el reforzamiento de la separación de poderes, y en la extensa Declaración de Derechos fundamentales que contiene.

Con frecuencia se ha argumentado que lo básico del texto de la Constitución venezolana de 1811 provino de la Constitución norteamericana, lo que no es exacto, no sólo por el contenido de ambas, sino por la extensión de los textos: 7 artículos –aún cuando extensos cada uno– en la Constitución norteamericana de 1787, contra 228 artículos de la Constitución venezolana de 1811. En realidad, este texto se inspiró de los principios de la Constitución americana y, a la vez, de la redacción del texto de las Constituciones revolucionarias francesas, tanto en su parte dogmática como en su parte orgánica[112].

Desde el punto de vista constitucional, por tanto, es evidente que la conformación inicial del Estado venezolano no recibió influencia alguna de las instituciones españolas que en paralelo se estaban conformando. Recordemos, de nuevo que en 1811, España aún era una Monarquía invadida por las tropas napoleónicas, en plena guerra de independencia frente al invasor francés, y que fue a partir de 1812, con la Constitución de Cádiz, que comenzó a recibir los aportes del constitucionalismo moderno, como el principio de la separación de poderes. Sin embargo, España continuó siendo una Monarquía durante todo el siglo XIX, en tanto que la evolución republicana de Venezuela que comenzó en 1811, con todos sus altibajos políticos, se desarrolló sin interrupciones hasta el presente. Venezuela, por tanto, al contrario de lo que sucedió en otros países de América Latina, no recibió inicialmente influencia alguna derivada de la Constitución de Cádiz, la cual sólo rigió en parte de su territorio durante la confusión de la guerra de independencia, al contrario de lo que sucedió en otros países de América Latina, que al haber logrado su independencia más tarde a comienzos del siglo XIX, recibieron la influencia de la Constitución gaditana.

A. La idea de Constitución

La idea de Constitución como documento escrito, de valor superior y permanente conteniendo las normas fundamentales de la organización del Estado y una Declaración de los Derechos de los Ciudadanos fue, sin duda, como hemos dicho, el aporte fundamental de la Revolución americana al constitucionalismo moderno, el cual quedó plasmado, en 1776, al declararse independientes las antiguas colonias inglesas en Norteamérica. De ese proceso nació la Constitución moderna, con una parte orgánica relativa a la organización del Estado con base en los principios de la separación poderes; y una parte dogmática, contentiva de una declaración de derechos fundamentales naturales del hombre. El elemento básico del constitucionalismo que proviene de la Revolución americana, además, fue el del carácter de ley suprema y fundamental de la Constitución, ubicada por encima de los poderes del Estado y de los ciudadanos, y no modificable por el Legislador ordinario.

112   Véase en general Allan R. Brewer-Carías, *Reflexiones sobre la Revolución Americana (1776) y la Revolución Francesa (1789) y sus aportes al constitucionalismo moderno,* Caracas 1991. Las consideraciones que se hacen en las páginas siguientes siguen lo expuesto en dicho libro. *Cf.* Allan R. Brewer-Carías, *La formación del Estado venezolano,* separata del libro Paramillo, UCAT, San Cristóbal 1996, pp. 201 a 359.

Las características esenciales de la Constitución, conforme a esta concepción, las advirtió desde el inicio, Alexis De Tocqueville en 1835, en su *Democracia en América*[113], como testigo de excepción que fue de las revoluciones francesa y americana, al establecer la diferencia entre las Constituciones de Francia, Inglaterra y los Estados Unidos, señalando que:

En Francia, la Constitución es una obra inmutable o reputada como tal. Ningún poder puede cambiarle nada. Tal es la teoría indicada.

En Inglaterra, se reconoce al Parlamento el derecho de modificar la Constitución. En Inglaterra la Constitución puede, pues, cambiar sin cesar o más bien, no existe. El Parlamento, al mismo tiempo que es un cuerpo legislativo, es también el constituyente.

En América del Norte, las teorías políticas son más sencillas y más racionales. Su Constitución no es considerada inmutable como en Francia; ni puede ser modificada por los poderes ordinarios de la Nación, como en Inglaterra. Forma un cuerpo aparte que, representando la voluntad de todo el pueblo, obliga lo mismo a los Legisladores que a los simples ciudadanos; pero que puede ser cambiada por la voluntad del pueblo, según la forma establecida....

Y concluyó:

En los EE.UU., la Constitución está sobre los Legisladores como lo está sobre los simples ciudadanos. Es la primera de las leyes y no puede ser modificada por una ley; es pues, justo que los tribunales obedezcan a la Constitución preferentemente a todas las leyes.

De esto deviene, como consecuencia, la noción no sólo de constitución escrita, sino también de constitución rígida.

Esta concepción de la Constitución, como Ley Suprema y rígida también se había adoptado en Francia desde el mismo momento de la Revolución, sin duda, bajo la influencia americana, pero con aproximaciones propias y una concepción formal más latina en su expresión y extensión, que también influyó en América Latina. En efecto, al contrario de la Constitución norteamericana de 1787, que en un conjunto de 7 artículos reguló la parte orgánica y al contrario de las Constituciones de las antiguas Colonias, no contuvo inicialmente una declaración de derechos (sólo se incorporaron en las Enmiendas de 1789 y 1791); el primer acto constitucional de la Asamblea Nacional revolucionaria francesa en 1789, fue adoptar la Declaración de los Derechos del Hombre y del Ciudadano, la cual estaba precedida de unos artículos de la Constitución, en los cuales se recogieron los principios fundamentales de organización del Estado con base en el principio de la separación de poderes.

Posteriormente, en 1791, la Asamblea dictó la primera Constitución, que formalmente hablando, fue la segunda en la historia constitucional del mundo

___

113. Véase Alexis de Tocqueville, *Democracy in America*, J. P. Mayery M. Lerner, eds. London, 1969. Las citas en el texto son tomadas de esta edición.

moderno, regulando extensamente una Monarquía Constitucional, en cerca de 210 artículos, e incorporando al texto la Declaración de Derechos (17 artículos) de rango constitucional, la cual, por tanto, fue el gran aporte a la idea de Constitución de la Revolución francesa.

Por otra parte, la Constitución de 1811 también adoptó, como se ha dicho, la noción de la supremacía de la Constitución que para el momento en que De Tocqueville visitó los Estados Unidos, había sido desarrollado por el Presidente de la Corte Suprema, el juez Marshall, en el famoso caso *Marbury vs. Madison de 1803*[114]. Por ello, incluso, en el propio texto de la Constitución de 1811 se estableció expresamente el principio de la supremacía constitucional, en el referido artículo 227 que siguió la orientación de la cláusula de supremacía de la Constitución norteamericana (Art. 4), pero con mucho mayor alcance.

Además, luego de establecer y declarar los derechos fundamentales, la Constitución de 1811 agregó, en su artículo 199, que:

> Toda ley contraria a ellas que se expida por la Legislatura federal o por las Provincias será absolutamente nula y de ningún valor.

B. La democracia, el republicanismo y la soberanía del pueblo

El segundo de los principios desarrollados en la práctica constitucional y política en el mundo moderno, influido también por el constitucionalismo norteamericano, es el de la democracia y el republicanismo basado en el concepto de soberanía del pueblo. Con la Revolución norteamericana, el principio tradicional de la legitimidad monárquica del Estado fue sustituido definitivamente. La soberanía no correspondió más a un Monarca, sino al pueblo y, por ende, con la Revolución americana, puede decirse que la práctica del gobierno democrático fue iniciada en el mundo moderno. El mismo principio fue luego recogido por la Revolución francesa, pero duró en la práctica constitucional muy poco, debido a la restauración de la Monarquía a partir de 1815.

En todo caso, este fue un concepto fundamental en el trabajo de De Tocqueville, constituyendo incluso, el título de su libro *La democracia en América,* en el cual dijo:

> Cuando se quiere hablar de las leyes políticas de los Estados Unidos, hay que comenzar siempre con el dogma de la soberanía del pueblo.

Se trataba de un principio que De Tocqueville consideró que "...domina todo el sistema político de los angloamericanos", añadiendo, que:

> Si hay algún país en el mundo en que se pueda apreciar en su justo valor el dogma de la soberanía del pueblo, estudiarlo en su aplicación a los

---

114. *Marbury v. Madison,* S.V.S. (1 Cranch) 137. Véase los comentarios en Allan R. Brewer-Carías, *Judicial Review in Comparative Law,* Cambrigde 1989, pp. 101 y ss.

negocios jurídicos y juzgar sus ventajas y sus peligros, ese país es sin duda Norteamérica.

A ese efecto consagró su libro para estudiar, precisamente, la democracia en Norteamérica. Sin embargo, como se ha visto, es evidente que la democracia se desarrolló allí, tiempo antes de la Independencia, lo que destacó De Tocqueville al indicar que su ejercicio, durante el régimen colonial:

> Se veía reducido a ocultarse en las asambleas provinciales y sobre todo en las comunas donde se propagaba en secreto ... No podía mostrarse ostensiblemente a plena luz en el seno de las leyes, puesto que las colonias estaban todavía constreñidas a obedecer.

Por ello, una vez que la Revolución norteamericana estalló:

> El dogma de la soberanía del pueblo, salió de la comuna y se apoderó del gobierno. Todas las clases se comprometieron por su causa; se combatió y se triunfó en su nombre; llegó a ser la ley entre las leyes.

> ...Cada individuo constituye una parte igual de esa soberanía y participa igualmente en el gobierno del Estado.

Pero a la base de toda concepción republicana está la idea de que la soberanía no pertenece a un Monarca, sino al pueblo. De allí surgió, también el segundo principio del constitucionalismo revolucionario francés. En efecto, conforme al régimen del absolutismo, el soberano era el Monarca, quien ejercía todos los poderes e, incluso, otorgaba la Constitución del Estado. Con la Revolución, el Rey fue despojado de su soberanía; dejó de ser Rey de Francia y comenzó a ser Rey de los franceses, trasladándose la soberanía al pueblo. La noción de Nación surgió, entonces, para lograr privar al Rey de su soberanía, pero como la soberanía existía sólo en la persona que la podía ejercer, era necesario una noción de "Nación", como personificación del pueblo, para reemplazar al Rey en su ejercicio.

De allí el principio de la soberanía atribuida a la Nación y no al Rey o a los gobernantes, que surge del texto de la Declaración de los Derecho del Hombre y del Ciudadano:

> El principio de toda soberanía reside esencialmente en la Nación. Ningún cuerpo, ningún individuo puede ejercer autoridad que no emane de ella expresamente (Art. 3).[115]

La Declaración de Derechos que precedió la Constitución de 1793, señalaba:

> La soberanía reside en el pueblo. Ella es una e indivisible, imprescindible e inalienable (Art. 25).

---

115 Los textos franceses han sido consultados en *Les Constitutions de la France depuis 1789,* (Presentation Jacques Godechot), París 1979.

Y la Declaración que precedió la Constitución de 1795, señaló:

La soberanía reside esencialmente en la universalidad de los ciudadanos. Ningún individuo, ninguna reunión parcial de ciudadanos puede atribuirse la soberanía.

Estos principios fueron recogidos en la Declaración venezolana de Derechos del Pueblo de 1811, cuyos primeros dos artículos de la Sección "Soberanía del Pueblo" establecieron:

La soberanía reside en el pueblo; y el ejercicio de ella en los ciudadanos con derecho a sufragio, por medio de sus apoderados legalmente constituidos (Art. 1);

La soberanía, es por su naturaleza y esencia, imprescindible, inajenable e indivisible (Art. 2).

La Constitución de 1811, en todo caso, definió la soberanía popular conforme a la misma orientación:

Una sociedad de hombres reunidos bajo unas mismas leyes, costumbres y gobiernos forma una soberanía (Art. 143).

La soberanía de un país o supremo poder de reglar o dirigir equitativamente los intereses de la comunidad, reside, pues esencial y originalmente en la masa general de sus habitantes y se ejercita por medio de apoderados o representantes de estos, nombrados y establecidos conforme a la Constitución (Art. 144).

Conforme a estas normas, por tanto, en las antiguas Provincias coloniales de España que formaron Venezuela, la soberanía del Monarca español había cesado. Incluso, desde el 19 de abril de 1810, la soberanía había comenzado a ejercerse por el pueblo, que se dio a sí mismo una Constitución a través de sus representantes electos. Por ello, la Constitución de 1811, comenzó señalando:

En nombre de Dios Todopoderoso, Nosotros, el pueblo de los Estados de Venezuela, usando de nuestra soberanía... hemos resuelto confederarnos solemnemente para formar y establecer la siguiente Constitución, por la cual se han de gobernar y administrar estos Estados.

La idea del pueblo soberano, por tanto, que no sólo provino de la Revolución francesa sino, antes, de la Revolución americana, y se arraigó en el constitucionalismo venezolano desde 1811, contra la idea de la soberanía monárquica que aún imperaba en España en ese momento.

Debe destacarse, además, que a pesar de su carácter monárquico, la Constitución francesa de 1791 fue representativa, desde el momento en que la Nación ejercía su poder a través de representantes. Ello mismo ocurrió después, con la Constitución de Cádiz de 1812.

En todo caso, en Francia, después de la Monarquía y ejecutado Luis XVI, la Constitución de 1793 estableció la República en sustitución de la Monarquía, como "única e indivisible" (Art. 1). En consecuencia, el pueblo soberano, constituido por "la universalidad de los ciudadanos franceses", nombraba sus representantes en los cuales le delegaba el ejercicio de los poderes públicos (Art. 7 a 10). Estas ideas de la representatividad, sin embargo, en Francia se impusieron desde el momento mismo de la Revolución, en 1789, a pesar de que al inicio la forma del gobierno siguió siendo Monárquica. Así, en la Constitución de 1791 se estableció que:

La Nación de la cual emanan todos los poderes, no los puede ejercer sino por delegación. La Constitución francesa es representativa: los representantes son el cuerpo legislativo y el Rey (Art. 2, título III).

Por tanto, con la Revolución incluso el Rey se convirtió en representante de la Nación, hasta que fue decapitado, y con ello la Monarquía convertida en República, fue completamente representativa.

Esta idea de representatividad republicana, por supuesto, también se recogió en la Constitución venezolana de 1811, en la cual, se estableció que la soberanía se ejercitaba sólo "por medio de apoderados o representantes de éstos, nombrados y establecidos conforme a la Constitución" (Art. 144). Por ello, agregó la Constitución de 1811:

Ningún individuo, ninguna familia, ninguna porción o reunión de ciudadanos, ninguna corporación particular, ningún pueblo, ciudad o partido, puede atribuirse la soberanía de la sociedad que es imprescindible, inajenable e indivisible, en su esencia y origen, ni persona alguna podrá ejercer cualquier función pública del gobierno si no la ha obtenido por la constitución (Art. 146).

En definitiva, siendo el sistema de gobierno netamente republicano y representativo, conforme a la más exacta expresión francesa de la Declaración de 1789 (Art. 6), la Constitución de 1811 estableció que:

La Ley es la expresión libre de la voluntad general de la mayoría de los ciudadanos, indicada por el órgano de sus representantes legalmente constituidos (Art. 149).

En todo caso, la democracia como sistema político buscada, lograda o mantenida, es la segunda tendencia en el constitucionalismo moderno y contemporáneo, inspirada por el proceso constitucional norteamericano y el proceso de la Revolución francesa. Todas las constituciones en el mundo la establecieron como un componente básico de sus sistemas políticos, y es el símbolo de nuestro tiempo, aún cuando su mantenimiento no ha sido siempre asegurado.

Por supuesto, este dogma de la soberanía del pueblo y de la democracia republicana fue recogido de inmediato en América Latina, a raíz de la Independencia, y basta para darse cuenta, leer los motivos de la Junta Suprema de Venezuela en 1810 para convocar a elecciones, al adoptar el Reglamento de las mismas, constatando la falta de representatividad de las Provincias en el gobierno de Caracas, lo que debía remediarse constituyéndose un poder central[116]. La Junta, así, al dirigirse a los habitantes de Venezuela señaló:

> Sin una representación común, vuestra concordia es precaria, y vuestra salud peligra. Contribuid a ella como debéis y como desea el gobierno actual.

> El ejercicio más importante de los derechos del pueblo es aquel en que los transmite a un corto número de individuos, haciéndolos árbitros de la suerte de todos.

De allí, el llamamiento de la Junta:

> Todas las clases de hombres libres son llamadas al primero de los goces de ciudadano, que es el concurrir con su voto a la delegación de los derechos personales y reales que existieron originariamente en la masa común y que le ha restituido el actual interregno de la Monarquía.

El Congreso formado por los diputados electos, e instalado a comienzos de 1811, entonces, no sólo declaró los Derechos del Pueblo (1º de julio) y la Independencia (5 julio), sino que sancionó la Constitución que a la usanza del texto de la Constitución norteamericana de 1787, está precedida por la siguiente declaración:

> Nosotros, el pueblo de los Estados Unidos de Venezuela, usando de nuestra soberanía y deseando establecer entre nosotros la mejor administración de justicia, procurar el bien general, asegurar la tranquilidad interior, proveer en común la defensa exterior, sostener nuestra libertad e independencia política, conservar pura e ilesa la sagrada religión de nuestros mayores, asegurar perpetuamente a nuestra posteridad el goce de estos bienes y estrechados mutuamente con la más inalterable unión y sincera amistad, hemos resuelto confederarnos solemnemente para formar y establecer la siguiente Constitución, por la cual se han de gobernar y administrar estos estados....

El republicanismo y asambleísmo, en todo caso, fue una constante en toda la evolución constitucional de la naciente República, por lo que desde las campañas por la independencia de Simón Bolívar, el empeño por legitimar el poder por el pueblo reunido o a través de elecciones, fue siempre una constante en nuestra historia política[117].

---

116   Véase el texto en J.F. Blanco y R. Azpúrua, *op. cit.,* Tomo II, pp. 504 y ss.

117   Véase Allan R. Brewer-Carías, "Ideas centrales sobre la organización del Estado en la obra del Libertador y sus proyecciones contemporáneas", *Boletín de la Academia de Ciencias Políticas y Sociales,* Caracas 1984, Nº 95-96, pp. 137 y ss.

C La distribución vertical de los poderes del Estado

a. *El Estado federal, la descentralización política y el gobierno local del constitucionalismo americano*

En su estudio de la Constitución norteamericana, uno de los aspectos a los cuales De Tocqueville dedicó mucha atención debido a la importancia para la democracia, fue al de la descentralización política o al principio de la distribución vertical de los poderes del Estado entre las diferentes unidades político–territoriales, lo que por lo demás, en 1835, cuando escribió, era una novedad constitucional. Este, puede decirse, es el tercer principio del constitucionalismo moderno.

De Tocqueville, en efecto observó:

> No hay en el mundo país donde la ley hable un lenguaje más absoluto que en Norteamérica, y no hay tampoco ninguno donde el derecho de aplicarla esté dividido entre tantas manos.

Luego en su libro, enfatizó que "Lo que más llama la atención al europeo que recorre a los Estados Unidos es la ausencia de lo que se llama entre nosotros el gobierno o administración." Las funciones son múltiples y "Al repartir así la autoridad, vuélvese, es verdad, su acción menos pesada y menos peligrosa, pero no se la llega a destruir." Y concluyó su observación:

> El poder administrativo en los Estados Unidos no ofrece en su Constitución nada central ni jerárquico. Es precisamente lo que hace que no se advierta su presencia. El poder existe, pero no se sabe dónde encontrar su representante.

Ahora bien, la distribución de los poderes en sentido vertical, en Norteamérica, puede decirse que no fue producto de un proceso de descentralización, sino más bien, de centralización, en el sentido de que el municipio, el condado y los estados, existieron primero que el poder central, de manera tal que como lo observó De Tocqueville,

La forma de gobierno federal en los Estados Unidos apareció en último lugar.

En sus propias palabras:

> En la mayor parte de las naciones europeas, la preocupación política comenzó en las capas más altas de la sociedad, que se fue comunicando poco a poco y siempre de una manera incompleta, a las diversas partes del cuerpo social.

En Norteamérica, al contrario, se puede decir que la Comuna ha sido organizada antes que el Condado, el Condado antes que el Estado y el Estado antes que la Unión.

Refiriéndose a Nueva Inglaterra, De Tocqueville constató que allí las comunidades locales tomaron completa y definitiva forma, desde 1650, señalando en consecuencia que, incluso antes de la Independencia:

En el seno de la Comuna se ve dominar una política real, activa, enteramente democrática y republicana. Las colonias reconocen aún la supremacía de la metrópoli; la monarquía es la ley del Estado, pero ya la república está viva en la Comuna.

De ahí, desde esta aproximación histórica, deriva la importancia que De Tocqueville asignó al gobierno local, como la fuente de la democracia.

En lo relativo a la forma federal del Estado, creación del sistema constitucional norteamericano producto del proceso de descentralización política de una sociedad altamente descentralizada, De Tocqueville constató su novedad afirmando que:

> Esta Constitución, que a primera vista se ve uno tentado a confundir con las constituciones federales que la han precedido, descansa en efecto sobre una teoría enteramente nueva, que se debe señalar como un gran descubrimiento de la ciencia política de nuestros días.

Y de hecho, puede decirse que la forma del "Estado federal" vino a formar parte de la historia con la Constitución norteamericana de 1787, aún cuando las palabras "federal" o "federación" no se usaron en la Constitución.

La adopción del esquema federal, en todo caso, no respondió a un esquema previamente concebido, sino a necesidades prácticas: El propósito fue seguir una fórmula que hiciera posible la existencia de estados independientes compatibles con un poder central con suficientes atribuciones para actuar por sí solo en un nivel federal.

Esta nueva forma de Estado, dijo De Tocqueville, no podía ser comparada a las confederaciones que existieron en Europa antes de la Constitución norteamericana, principalmente porque el Poder Central en la Constitución norteamericana, como lo observó "obra sin intermediario sobre los gobernados, los administra y los juzga por sí mismo, como lo hacen los gobiernos nacionales."

En Norteamérica, agregó:

> la Unión tiene por gobernados no a los Estados, sino a simples ciudadanos. Cuando quiere recaudar un impuesto, no se dirige al gobierno de Massachusetts, sino a cada habitante de Massachusetts. Los antiguos gobiernos federales tenían frente a ellos a pueblos; el de la Unión tiene a individuos. No pide prestada su fuerza, la toma por sí misma. Tiene sus administradores propios, sus tribunales, sus oficiales de justicia y su propio ejército.

Luego De Tocqueville añadió:

> Evidentemente, no es ya ese un gobierno federal; es un gobierno nacional incompleto. Así se ha encontrado una forma de gobierno que no era precisamente ni nacional ni federal; pero se han detenido allí, y la palabra nueva que debe expresar la cosa nueva no existe todavía.

Esta "cosa nueva" es la que, precisamente, en el derecho constitucional moderno es conocida como la forma de *Estado Federal,* la cual se configuró como uno de los principales rasgos del constitucionalismo norteamericano, inmediatamente seguido en Venezuela, en 1811, y décadas después, por los grandes países latinoamericanos (México, Argentina, Brasil).

Pero la forma de Estado Federal en nuestros países, a pesar de la influencia norteamericana, no fue una copia mecánica y artificial de la recién creada forma federal de los Estados Unidos de América que todavía, en 1833, como lo observó De Tocqueville en su *Democracia en América,* aun no tenía nombre propio. Al contrario, la adopción de la forma federal en América Latina obedeció a la realidad político territorial que nos había legado la colonización española y lusitana, de manera que la Federación vino a ser la solución institucional para formar Estados independientes, particularmente en las áreas coloniales compuestas por una gran extensión territorial (Argentina, México, Brasil, Venezuela) y múltiples demarcaciones territoriales coloniales

El primer país que adoptó el federalismo como forma de Estado en el mundo moderno, después de su implantación en los Estados Unidos de Norteamérica, fue entonces Venezuela, al constituirse como Estado independiente de la metrópoli española. Ello tuvo su razón de ser en el hecho de que en América Latina, en la época colonial, España había conformado un sistema de gobierno y administración altamente descentralizado, organizado en Virreinatos, Capitanías Generales, Provincias, Corregimientos y Gobernaciones, como antes había ocurrido con todos los grandes imperios históricos. La Provincia así, conforme al concepto romano, era la unidad colonial básica de Ultramar, especialmente establecida para el gobierno colonial, hasta el punto de que para la organización político territorial de la propia España peninsular en Provincias, sólo fue en 1830 que se adoptó, pero conforme al modelo napoleónico de Estado centralizado.

Desde comienzos del siglo XVI, en cambio, como se ha dicho, la Provincia fue la unidad territorial básica de las colonias en América Latina, conformándose políticamente en torno a centros poblados (política de poblamiento), con sus Cabildos y gran autonomía. Así surgió, en un proceso de 300 años, un sistema de ciudades–Estados coloniales diseminado en nuestros países.

Al estallar el proceso independentista en 1810, en los Estados latinoamericanos se produjo un proceso similar al que años antes había sucedido en los Estados Unidos, signado por un doble objetivo: por una parte, la independencia en relación a la Metrópoli y por la otra, la unión de las diversas Provincias distantes, aisladas y autónomas que conformaban unidades organizativas superiores. En ese proceso, cabe preguntarse: ¿Cuál podía ser la forma de Estado que podían adoptar nuestros países, de entre los esquemas existentes en el mundo?

No debe olvidarse que el mundo europeo del momento, lo único que mostraba, como forma de Estado, era el monárquico, siendo éste el sistema de integración tanto de grandes como de pequeñas entidades territoriales. La revolución de independencia en América Latina se inició contra la Monarquía, por lo que era inconcebible construir los nuevos Estados inventado un régimen monárquico criollo (quedaron como excepciones, sin embargo, los "imperios" de los Estados más extensos territorialmente, Brasil y México, de corta duración). No habiendo Monarquías, por tanto, el esquema de distribución vertical del poder propio de la forma federal resultaba perfectamente adecuado a nuestras realidades y a nuestra dispersión territorial. Ese fue el caso de Venezuela, donde al convocarse elecciones, en 1810, para la constitución de un Congreso General, la Junta Suprema de Caracas lo hizo partiendo del supuesto de que había "llegado el momento de organizar un Poder central bien constituido",[118] preguntándose en su proclama:

¿Cómo se podrían de otro modo trazar los límites de las autoridades de las Juntas provinciales, corregir los vicios de que también adolece la Constitución de éstas, dar a las provincias gubernativas aquella unidad sin la cual no puede haber ni orden, ni energía; consolidar un plan defensivo que nos ponga a cubierto de toda clase de enemigos; formar, en fin, una confederación sólida, respetable, ordenada, que restablezca de todo punto la tranquilidad y confianza, que mejore nuestras instituciones y a cuya sombra podamos aguardar la disipación de las borrascas políticas que están sacudiendo al Universo.

Por ello, el Congreso General, en definitiva dictó en diciembre de 1811, la "Constitución Federal para los Estados de Venezuela". Pero el Poder Central Federal constituido, como había sucedido inicialmente en los Estados Unidos, estaba estructurado con grandes signos de debilidad, estando el poder fundamental en las Provincias constituidas como estados soberanos. Esta debilidad ya la había apuntado De Tocqueville, en su observación sobre el sistema norteamericano; y debe observarse que ella siempre se ha considerado como una de las principales causas del fracaso de la Primera República en 1812.

Sin embargo, un hecho es evidente del esquema colonial español en América Latina, conforme al cual, sin haber logrado la autonomía de las colonias inglesas en Norteamérica producto de la inexistencia de un esquema global de organización territorial manejado desde la Metrópoli, como sí lo hubo en España (Casa de Contratación de Sevilla, Consejo de Indias, Virreinatos, Audiencias, Capitanías Generales, Provincias, Gobernaciones y Corregimientos), sin embargo, había provocado el desarrollo de una intensa vida municipal en los Cabildos compuestos en su mayoría por criollos. Por ello, fueron los Cabildos los que hicieron la independencia y los que la proclamaron, iniciando el proceso el Cabildo de Caracas, el 19 de abril de 1810, al asumir el poder político autonómico. Y no podía ser otra la institución política colonial que asumiera en ese momento facultades soberanas, pues dentro del contexto histórico político, se trataba de cuerpos realmente representativos de los diversos estratos sociales libres que reflejaban legítimamente los derechos populares. Por ello, Venezuela, como República independiente, tuvo su origen en un Cabildo representativo y participativo, por lo que en su estructuración política posterior, en las Constituciones Provinciales a partir de 1812, se reguló en forma detallada el Poder Municipal. En todo caso, desde 1811 se adoptó la forma federal del Estado que aún rige en nuestros días.

---

118   Véase el texto en J.F. Blanco y R. Azpúrua, *op. cit.,* Tomo II, pp. 504 y ss.

b. *Los principios de la organización territorial del Estado del constitucionalismo revolucionario francés*

Otro de los aportes del constitucionalismo revolucionario francés al constitucionalismo moderno fue el relativo a la organización territorial y a la autonomía local, que tuvo una influencia directa en el mundo y, particularmente, en Venezuela. En efecto, el Antiguo Régimen era un régimen político altamente centralizado, en el cual no había poderes locales. Los Intendentes eran la fuente única de poder en las Provincias, y las autoridades locales que podía haber, eran delegados del Intendente, sometidos a su control. No existía, por tanto, un poder municipal ni nada que se le pareciera.

Con motivo de las propuestas de reforma impositiva, en 1775, el Ministro Turgot había planteado establecer Municipalidades, pero ello no llegó a prosperar[119]. En cambio, la Revolución cambió la faz territorial de Francia, y por los Decretos de 14 y 22 de diciembre de 1789, eliminó los antiguos reinos y las antiguas e históricas circunscripciones territoriales, estableciendo una uniformización territorial general, al dividir el país en Departamentos, éstos en Distritos, los Distritos en Cantones y éstos en Comunas, que eran las municipalidades, creándose así el Poder Municipal. En cada villa, burgo o parroquia, entonces, se constituyó una municipalidad o una comuna, generalizándose la institución municipal. Este principio se consagró luego, expresamente, en la Constitución de 1791, al regular en su título "La división del Reino", así:

> El Reino es uno e indivisible: su territorio se distribuye en 83 Departamentos, cada Departamento en Distritos, cada Distrito en Cantones.

Por supuesto, esta reforma sólo duró cinco años, porque al tratar la Revolución de desmontar un sistema tan centralizado como el de la Monarquía Absoluta, en un sistema de división territorial donde se crearon más de 40.000 comunas o municipios con poderes locales propios, lo que hizo fue desquiciar el Estado, por lo que fue la propia Asamblea la que luego tuvo que retroceder en la creación del Poder Municipal. No hubo retroceso, sin embargo, en el número de entidades locales (comunas) que actualmente son 36.559.

Sin embargo, la idea del Poder Municipal penetró en América Latina, y en 1811, Venezuela recogió sus influencias, al igual que las de la Revolución americana, siendo como estaba constituido el nuevo Estado por Provincias aisladas, descentralizadas y con gran autonomía, que venían del esquema colonial español. La forma de unir políticamente aquellas Provincias en un sólo Estado, como se dijo, realmente era el esquema federal, por lo que Venezuela lo tomó del federalismo de los Estados Unidos para estructurar el nuevo Estado, en Provincias soberanas (equivalentes a los Estados miembros de la Federación).

---

119.   Véase Eduardo García de Enterría, *Revolución Francesa y Administración Contemporánea*, Madrid, 1981, pp. 71 y ss.

Pero además, para organizar internamente a las Provincias, los constituyentes venezolanos tomaron el esquema territorial francés, pero no en el texto de la Constitución de 1811 que organizaba una "Confederación", sino en el de las Constituciones Provinciales. No se olvide que conforme a la Constitución de 1811, las Provincias eran "Estados Soberanos", correspondiéndoles disponer, en sus respectivas Constituciones, la organización territorial interna. Por tanto, una vez dictada la Constitución de 21 de diciembre de 1811, las Provincias comenzaron a dictar sus Constituciones regulándose, en ellas, la organización territorial del país.

Es de destacar, así, por ejemplo, el esquema territorial establecido en la "Constitución de la Provincia de Venezuela" (enero 1811)[120]; cuyo territorio comprendía el área central del país, y que dividió la Provincia en cinco Departamentos, los Departamentos en Cantones, los Cantones en Distritos y estableció Municipalidades en las Capitales de Distritos. Se creó así, en 1811, el Poder Municipal en la Constitución Provincial de Venezuela, con los aportes de la propia tradición municipal que provenía de la España Colonial. Sin embargo, desde el punto de vista de la organización territorial, el municipalismo venezolano puede considerarse que no tiene su origen en el español, sino más bien en la concepción francesa, que luego recogió España, con posterioridad, a partir de 1830.

D. El principio de la separación de poderes

a. El balance entre los poderes y el sistema presidencialista de gobierno del constitucionalismo norteamericano

En la Constitución de los Estados Unidos de 1787, y previamente, en las distintas Constituciones de las antiguas colonias, el cuarto de los principios del constitucionalismo moderno fue el principio de separación orgánica de poderes, el cual fue expresado formalmente por primera vez dentro de la más ortodoxa doctrina de la época.

Por ejemplo, la primera de esas Constituciones, la de *Virginia* en 1776, estableció (Art. III):

Los Departamentos Legislativo, Ejecutivo y Judicial, deberán estar separados y distintos, de manera que ninguno ejerza los poderes pertinentes a otro; ni persona alguna debe ejercer más de uno de esos poderes al mismo tiempo...

La Constitución norteamericana de 1787 no tiene norma similar dentro de su articulado, pero su principal objetivo fue, precisamente, organizar la forma de gobierno dentro del principio de separación de poderes, pero permitiendo diversas interferencias entre ellos, en un sistema de frenos y contrapesos y, particularmente, regulando los poderes del Ejecutivo en lo que fue una nueva forma de gobierno, el presidencialismo, como opuesto al parlamentarismo, y

---

120.   Véase el libro *Las Constituciones Provinciales,* Biblioteca de la Academia Nacional de la Historia, Caracas 1959, pp. 61 y ss.

una configuración particular del Poder Judicial, nunca antes conocida en la práctica constitucional.

De Tocqueville se refirió en su libro a estos dos aspectos del principio. En relación al Poder Ejecutivo, inmediatamente puntualizó que en los Estados Unidos: "El mantenimiento de la forma republicana exigía que el representante del Poder Ejecutivo estuviese sometido a la voluntad nacional"; de ahí que, –dijo– "el Presidente es un magistrado efectivo... el único y sólo representante del Poder Ejecutivo de la Unión". Pero anotó, "...al ejercer ese poder, no es por otra parte completamente independiente".

Esa fue una de las particulares consecuencias del sistema de frenos y contrapesos de la separación de poderes adoptados en los Estados Unidos, pero sin hacer al Poder Ejecutivo dependiente del Parlamento como en los sistemas de gobierno parlamentarios. Por ello, al comparar el sistema europeo de las Monarquías parlamentarias con el sistema presidencial de los Estados Unidos, De Tocqueville se refirió al importante papel que el Poder Ejecutivo jugaba en Norteamérica en contraste con la situación de un Rey constitucional en Europa. Un Rey constitucional, observó, "no puede gobernar cuando la opinión de las Cámaras Legislativas no concuerda con la suya". En el sistema presidencialista, contrariamente, la sincera ayuda del Congreso al Presidente "es sin duda útil, pero no es necesaria para la marcha del gobierno".

La separación de poderes y el sistema presidencialista de gobierno, en todo caso, fue seguido posteriormente en todas las Repúblicas latinoamericanas, después de la Independencia o después de la experiencia de gobiernos monárquicos, como los que hubo en algunos países. Pero el principio de la separación de poderes había sido un producto de los ideólogos del absolutismo, al propugnar la limitación del poder público ilimitado del Monarca (p.e. Locke, Montesquieu, Rousseau). Recordemos sólo, las palabras de Monstesquieu:

> Todo estaría perdido si el mismo hombre, o el mismo cuerpo de notables, o de nobles, o del pueblo, ejercieran estos tres poderes el de hacer las leyes, el de ejecutar las resoluciones públicas, y el de juzgar las exigencias o las diferencias de los particulares.

Por ello, agregaba,

> los Príncipes que han querido convertirse en despóticos han comenzado siempre por reunir en su persona todas las magistraturas....

> Estas tres potencias deberían –además– formar un reposo o una inacción. Pero como por el movimiento necesario de las cosas, ellas deben andar, ellas estarían forzadas de andar concertadamente[121.]

A esta concepción de la división del poder se va a agregar, posteriormente, el postulado de Rousseau sobre la Ley como expresión de la voluntad

---

121.   Véase Montesquieu, *De l'Esprit des lois*, Tunc de., París, 1949, Vol. I. Las citas del texto son tomadas de esta edición.

general, y la exigencia del sometimiento del Estado a la Ley que el mismo produce. De allí surgió el principio de la supremacía del Poder Legislativo sobre los otros poderes, como piedra angular del Derecho Público y de sus secuelas contemporáneas: el principio de la legalidad y el Estado de Derecho.

Los escritos de Locke, Montesquieu y Rousseau, conformaron todo el arsenal histórico político que permitió la reacción contra el Estado absoluto y su sustitución por el Estado de Derecho, como garantía de la libertad, lo cual se concretó en las Constituciones de las antiguas colonias inglesas a partir de 1776 y luego, en la Constitución norteamericana de 1787, al regular la distribución horizontal del poder, convertido en uno de los pilares básicos del constitucionalismo moderno.

Fue bajo la inspiración de estos principios que se redactó la Constitución de 1811, en la cual se consagró expresamente la división del Poder Supremo en tres: Legislativo, Ejecutivo y Judicial "confiado a distintos cuerpos independientes entre sí y en sus respectivas facultades" (Preámbulo), configurándose un sistema de gobierno presidencial

b. *El principio de la separación de poderes en el constitucionalismo francés*

La idea de la separación de poderes, debido a la formulación teórica de Locke y Montesquieu, como se ha dicho, fue expresada constitucionalmente, por primera vez, en las Constituciones de las Colonias americanas de 1776, y luego imbuida en el texto de la Constitución norteamericana de 1787. El principio de la separación de poderes, además, en Francia, fue materialmente el motivo fundamental de la Revolución, al punto de que en la Declaración de Derechos del Hombre y del Ciudadano en 1789 se incluyó, en el artículo XVI, la famosa proposición de que:

> Toda sociedad en la cual la garantía de los derechos no esté asegurada, ni la separación de poderes determinada, no tiene Constitución.

Por lo tanto, en los artículos de la Constitución que siguieron a la Declaración de 1789, como primer acto constitucional revolucionario, se establecieron expresamente las consecuencias del principio, al establecer que "El Poder Legislativo reside en la Asamblea Nacional" (Art. 8); que "El Poder Ejecutivo supremo reside exclusivamente en el Rey" (Art. 16), no pudiendo este poder "hacer ninguna ley" (Art. 17); y que "El Poder Judicial no podrá en ningún caso, ser ejercido por el Rey, ni por el cuerpo legislativo" (Art. 17).

Este principio de la separación de poderes, de la esencia del proceso revolucionario francés, fue incorporado en forma expresa en la Constitución de 1791 en la cual se precisó (Título III):

> 3. El Poder Legislativo es delegado a una Asamblea Nacional, compuesta de representantes temporales, libremente elegidos por el pueblo, para ser ejercido por ella, con la sanción del Rey, de la manera que se determina en esta Constitución.

4. El gobierno es monárquico: el Poder Ejecutivo es delegado en el Rey, para ser ejercido bajo su autoridad, por los Ministros y otros agentes responsables, de la manera que se determina en esta Constitución.

5. El Poder Judicial es delegado a los jueces electos temporalmente por el pueblo.

Sin embargo, en el sistema francés de separación de poderes de 1791, se estableció un claro predominio del Poder Legislativo. Por ello, el Rey no podía ni convocar, ni suspender ni disolver la Asamblea; solo tenía un poder de veto, sólo de suspensión, pero no tenía iniciativa, aún cuando podía sugerir a la Asamblea tomar en consideración ciertos asuntos. La Asamblea, por su parte, no tenía control sobre el Ejecutivo, ya que la persona del Rey era sagrada e inviolable. Sólo los ministros eran responsables penalmente. En todo caso, la Asamblea tenía importantes atribuciones ejecutivas, como el nombramiento de algunos funcionarios, la vigilancia de la administración, la declaración de la guerra y la ratificación de los Tratados.

El principio de la separación de poderes, por supuesto, como hemos dicho, también influyó en el constitucionalismo venezolano, pero no conforme a la interpretación extrema francesa, sino conforme a la modalidad adoptada en los Estados Unidos, y que se expresó en las Constituciones de las Colonias de 1776, de las cuales proviene la siguiente expresión del Preámbulo de la Constitución de 1811:

El ejercicio de la autoridad confiada a la Confederación no podrá jamás hallarse reunido en sus diversas funciones. El Poder Supremo debe estar dividido en Legislativo, Ejecutivo y Judicial, y confiado a distintos cuerpos independientes entre sí y en sus respectivas facultades.

Sin embargo, el principio de la separación de poderes no se concibió como el establecimiento de compartimientos estancos, sino conforme a un sistema de pesos, contrapesos, e interferencias constitucionales radicalmente distintos al sistema francés. En particular, entre ellas, resulta necesario destacar el papel del Poder Judicial en el control de los otros poderes respecto de su adecuación a la Constitución, y a la vigencia de la garantía objetiva de la Constitución, conforme a la influencia recibida del constitucionalismo americano.

c. *El principio de la supremacía de la Ley del constitucionalismo francés*

La Revolución francesa estuvo signada por el principio de la supremacía del legislador, que representaba a la Nación. Al haber el *Tercer Estado* controlado la Asamblea Nacional en 1789, ésta se convirtió en representante todopoderosa de la Nación. De allí que de acuerdo al postulado roussoniano de que la "ley es expresión de la voluntad general", habiendo la Asamblea asumido carácter de poder constituyente al momento de la Revolución, en la Constitución de 1791 se estableció que:

No hay en Francia una autoridad superior a la de la ley. El Rey no reina sino por ella, y es en nombre de la Ley que él puede exigir obediencia (Art. 1, Cap. II, Título III).

La ley, entonces, como "expresión de la voluntad general" según lo indicó la Declaración de Derechos del Hombre y del Ciudadano (Art. 6), adquirió en el constitucionalismo francés un rango superior, consecuencia de la primacía del propio Poder Legislativo.

Pero además, desde el punto de vista sustantivo, el principio de la supremacía de la Ley se fundó sobre el de su generalidad, lo que a la vez fue garantía de la igualdad, uno de los postulados básicos de la Revolución. Las leyes de libertad, que tenían por objeto hacer posible el libre desenvolvimiento de los miembros del grupo social, fueron el instrumento de la Asamblea contra los privilegios que fueron abolidos.

En todo caso, siendo la ley expresión de la voluntad general, se consagró el derecho de todos los ciudadanos de "concurrir personalmente o por sus representantes" a la formación de la ley (Art. IV).

La concepción de la ley como expresión de la voluntad general, fue recogida expresamente en la Declaración venezolana de Derechos del Pueblo de 1811, al establecer que:

La ley se forma por la expresión libre y solemne de la voluntad general, y ésta se expresa por los apoderados que el pueblo elige para que representen sus derechos (Art. 3 Segunda Sección).

Asimismo, en el texto de la Constitución de 1811 se estableció:

La ley es la expresión libre de la voluntad general o de la mayoría de los ciudadanos, indicadas por el órgano de sus representes legalmente constituidos. Ella se funda sobre la justicia y la utilidad común y ha de proteger la libertad pública e individual contra toda opresión o violencia Art. 149).

La Constitución de 1811, sin embargo, no siguió el postulado tan radical de la supremacía de la ley, y en cambio, formuló el principio de la supremacía constitucional al declarar como "absolutamente nulas y sin ningún valor" las leyes contrarias a los derechos fundamentales (Art. 199); y en general, al considerar sin "ningún valor" las leyes contrarias a la Constitución, la cual se declaró como la "Ley Suprema del Estado" (Art. 227).

d. *El papel del Poder Judicial y el control de la constitucionalidad de las leyes del constitucionalismo norteamericano*

Pero entre las instituciones constitucionales nacidas en Norteamérica, la que tal vez tuvo la más distinguida originalidad, ha sido el papel asignado al Poder Judicial en el sistema de separación de poderes. Esto es cierto incluso en los tiempos presentes, y era así cuando De Tocqueville visitó Norteamérica. Por ello dedicó un capítulo aparte en su libro *Democracia en América,* al estudio del poder de los jueces y a su importancia política, comenzando con esta afirmación:

Ha habido confederaciones fuera de Norteamérica; se han visto repúblicas en otros lugares además las del Nuevo Mundo; el sistema representativo es adoptado en varios estados de Europa; pero no creo que hasta el presente ninguna nación del mundo haya constituido el poder judicial de la misma manera que los norteamericanos.

Ahora bien, tres aspectos de la organización y funcionamiento del Poder Judicial pueden ser considerados como una contribución fundamental de Norteamérica al derecho constitucional: El rol político de los jueces; la institución de una Corte Suprema; y el sistema de control judicial de la legislación. Todos estos tres aspectos fueron observados por De Tocqueville.

El control judicial de la constitucionalidad, por otra parte, está esencialmente relacionado con la forma federal del Estado, como un medio de controlar invasiones e interferencias no autorizadas entre los poderes descentralizados del Estado. Precisamente por ello, en todos los países de América Latina con forma de Estado federal, ese control judicial de la legislación fue inmediatamente establecido bajo la influencia norteamericana, un siglo antes de las primeras experiencias de Europa continental en la materia.

En el caso de Venezuela, la Constitución de 1811, al establecer expresamente en su texto el principio de la supremacía constitucional y la garantía objetiva de la Constitución (Art. 199 y 227) –lo que en los Estados Unidos había sido creación de la jurisprudencia de la Corte Suprema a partir de 1803– abrió paso al desarrollo futuro del control de la constitucionalidad de las leyes, establecido como sistema mixto, a la vez difuso y concentrado, desde el siglo pasado.

E. La declaración de los derechos y libertades fundamentales

La sexta contribución más importante del constitucionalismo norteamericano al derecho constitucional moderno, fue la práctica de establecer declaraciones formales y escritas de derechos y libertades fundamentales del hombre. Como hemos dicho, la primera declaración moderna de este tipo, sin duda, adoptada bajo la influencia de las declaraciones inglesas del siglo XVII, fue dictada en las Colonias norteamericanas el mismo año de la Declaración de la Independencia, siendo en ese sentido famosa, la *Declaración de Derechos de Virginia de 1776*.

Estas declaraciones de derechos del hombre, sin duda, pueden considerarse en la época, como un fenómeno nuevo en la historia constitucional, particularmente, porque no estuvieron basadas en la *common law* o en la tradición como lo fue el *Bill of Rigths* de 1689, sino en la naturaleza humana. Por ello, puede decirse que lo que se declaró a partir de 1776, fueron *derechos naturales* del pueblo, declarados políticamente por los nuevos poderes constituyentes de las Colonias, como un límite a los poderes del Estado.

A pesar de que, como también hemos dicho, la Constitución de 1787 no incluyó un *Bill of Rigths* en sus artículos, lo cual suscitó muchas objeciones durante la Convención, esta falla condujo a la aprobación dos años más tarde, de las diez primeras Enmiendas de la Constitución (1789), pero añadiendo el concepto de derechos, como derechos naturales del hombre establecidos en la Declaración de Independencia de 1776. Ambas, tal Declaración y las Enmiendas, influenciaron todas las declaraciones formales y escritas de derechos humanos que fueron adoptadas más tarde, particularmente la Declaración de Derechos del Hombre y del Ciudadano de Francia (1789), y a través de esta última, las declaraciones latinoamericanas, hasta el presente, cuando estas declaraciones han sido internacionalizadas.

En particular, este aporte fundamental al constitucionalismo derivado de la proclamación de derechos naturales del hombre (no sólo de los franceses), tuvo sus repercusiones inmediatas en Venezuela, donde la Sección Legislativa de la Provincia de Venezuela del Congreso General, el 1º de julio de 1811, adoptó la *"Declaración de Derechos del Pueblo"*, incluso, antes de la firma del Acta de la Independencia el 5 de julio de 1811. Como se dijo, se trató de la primera declaración de derechos fundamentales con rango constitucional, adoptada luego de la Revolución Francesa, en la historia del constitucionalismo moderno, con lo cual se inició una tradición constitucional que ha permanecido invariable en Venezuela.

El texto de la Declaración de 1811, fue luego recogido y ampliado en el Capítulo de los "Derechos reconocidos en la República" de la Constitución de 1811, cuyo contenido puede decirse, que fue la traducción de la Declaración de Derechos del Hombre y del Ciudadano que precedió la Constitución francesa de 1793, y que, como se ha dicho, llegó a Venezuela antes de 1797, a través de José María Picornell y Gomilla. Ese texto fue el que, catorce años después, sirvió para la redacción de la Declaración de Derechos del Pueblo de 1811 y luego para el Capítulo respectivo de la Constitución de 1811.

En ese texto, sin embargo, se incorporó una novedosa norma que no encuentra antecedentes ni en los textos constitucionales norteamericanos ni franceses, y es la que contiene la "garantía objetiva" de los derechos, y que declara "nulas y de ningún valor" las leyes que contrariaran la declaración de derechos, de acuerdo a los principios que ya se habían establecido en la célebre sentencia *Marbury contra Madison*, de 1803, de la Corte Suprema de los Estados Unidos.

SECUELA FINAL: LA CORTA VIGENCIA DE LA CONSTITUCIÓN DE 1811

Pero el proceso constituyente venezolano de 1811 y la adopción de los principios del constitucionalismo moderno no concluyeron con la sanción de la Constitución federal de 1811, sino que al igual que ya había ocurrido previamente en las Provincias de Barinas, Mérida y Trujillo, continuaron en la sanción de otras constituciones Provinciales con posterioridad.

A tal efecto, la Constitución Federal para los Estados de Venezuela del 21 de diciembre de 1811, al regular el Pacto Federativo, dejó claramente expresado que las Provincias conservaban su Soberanía, Libertad e Independencia, y que:

> "en uso de ellas tendrán el derecho exclusivo de arreglar su gobierno y administración territorial bajo las leyes que crean convenientes, con tal que no sean de las comprendidas en esta Constitución ni se opongan o perjudiquen a los Pactos Federativas que por ella se establecen".

En virtud de ello, las Provincias conservaron la potestad ya ejercida por algunas con anterioridad en el marco de la Confederación que se formaba, para dictar sus Constituciones.

De estas Constituciones Provinciales dictadas después de la promulgación de la Constitución Federal, se conocen las de las Provincias de Barcelona ("Constitución Fundamental de la República de Barcelona Colombiana" de 12-1-1812) [122], y la dé Caracas ("Constitución para el gobierno y administración interior de la Provincia de Caracas del 31-1-1812"). [123] La primera puede decirse que ya estaba redactada cuando se promulgó la Constitución Federal. La segunda, se adaptó más a lo que los redactores de ésta pensaban de lo que debía ser una Constitución Provincial en el seno de la Federación que se estaba conformando; era precisamente la "Constitución modelo" que se había elaborado para las Provincias [124].

En esas dos Constituciones, por supuesto, se recogen todos los principios del Constitucionalismo moderno, iniciándose por ejemplo, la de Barcelona, con un primer Título sobre los "Derechos de los habitantes de la República de Barcelona Colombiana," cuyos 38 artículos son copia casi exacta de la declaración de los *Derechos del Hombre y del Ciudadano* de 1789, y una proclamación del principio de la separación de poderes precisando que

> *38.* Siendo la reunión de los poderes el germen de la tiranía, la República declara que la conservación de los derechos naturales y civiles del hombre, de la libertad y tranquilidad general, depende esencialmente de que el Poder Legislativo jamás ejerza el Ejecutivo o Judicial, ni aún por vía de excepción. Que el ejecutivo en ningún caso ejerza el legislativo o Judicial y que el Judicial se abstenga de mezclarse en el Legislativo o Ejecutivo, conteniéndose cada uno dentro de los límites que les prescribe la Constitución, a fin de que se tenga el gobierno de las leyes y no el gobierno de los hombres.

En cuanto a la Constitución de la provincia de Caracas, la misma se dictó para que sirviera de modelo a las demás Constituciones Provinciales de la Federación, haciéndose especial énfasis en la necesidad de "organizar equitativamente la distribución y la representación del pueblo en la legislatura provincial, [125] con una organización territorial interior en Departamentos, Cantones y Distritos y sus Municipalidades que sería en la actualidad la envidia de cualquier Constitución estadal.

---

122 Véase en *Las Constituciones Provinciales, op. cit.,* pp. 151 y ss.

123 Véase en *Las Constituciones Provinciales, op. cit.,* pp. 63 y ss. Véase sobre esta Constitución Allan R. Brewer-Carías, *La Constitución de la Provincia De Caracas de 31 de enero de 1812. Homenaje al Bicentenario,* (Prólogo de Alfredo Arismendi), Academia de Ciencias Políticas y Sociales, Colección Estudios N° 100, Caracas 2011.

124 Véase Allan R. Brewer-Carías, *Evolución Histórica del Estado, Tomo I, Instituciones Políticas y Constitucionales, op. cit.,* pp. 280 y ss.

125 Véase en *Las Constituciones Provinciales, op. cit.,* pp. 63 y ss.

Toda esta construcción constitucional desarrollada entre 1810 y 1812, sin embargo, no significó la renuncia de España y de los realistas locales al control político de la antigua Capitanía General de Venezuela. Algunas Provincias de ésta como Maracaibo y Guayana y la ciudad de Coro, no se habían sumado al proceso de independencia y habían desconocido la legitimidad del gobierno de Caracas, reconociendo el gobierno de la Regencia, y en muchas ciudades de la Confederación recién nacida se produjeron insurrecciones realistas.

En febrero de 1812, dos meses después de sancionada la Constitución, el Comandante General del Ejercito de Su Majestad Católica y quien luego asumiría el título de Capitán General de las Provincias de Venezuela, Domingo de Monteverde, desembarcó en Coro e inició la campaña de recuperación realista de la República.

Las antiguas formas institucionales de la Colonia, sin duda, habían comenzado a ser sustituidas, por las nuevas instituciones republicanas establecidas en cada una de las Provincias, reguladas en las Constituciones Provinciales y, a nivel federal (nacional) conforme a la Constitución de diciembre de 1811. Pero todo ello quedó a medio hacer, pues apenas se instaló el gobierno republicano en la capital Valencia, el 1 de marzo de 1812, la reacción realista, se comenzó a sentir con el Capitán de fragata Domingo de Monteverde a la cabeza, lo que fue facilitado por los efectos devastadores del terremoto que desoló a Caracas el 24 del mismo mes de marzo de 1812, que los Frailes y el Arzobispo de Caracas atribuyeron a un castigo de Dios por la revolución de Caracas[126].

Ello obligó al gobierno a adoptar medidas extraordinarias, delegando todo el poder en el Generalísimo a Francisco de Miranda, a quien el Congreso otorgó poderes en 4 de abril de 1812, cuya "medida y regla" no era otra que la salud de la Patria; y que siendo esa la suprema ley, "debe hacer callar las demás."[127] A la vez, el Congreso acordó participar a las "Legislaturas Provinciales" la vigencia de la Constitución Federal sin perjuicio de las facultades extraordinarias al Poder Ejecutivo[128].

Esta dictadura para salvar la república, en todo caso, duró poco, pues el 25 de julio de 1812 se produjo la Capitulación de Miranda y la aceptación por parte del Gobierno y todos los poderes del Estado, mediante un Armisticio, de la ocupación del territorio de la provincia de Caracas por Monteverde,[129] con lo cual cayó la República.

---

126 Véase J.F. Blanco y R. Azpúrua, *op. cit.*, Tomo III, pp. 614 y ss.

127 Véase *Libro de Actas del Congreso de Venezuela...*, *op. cit.*, p. 398.

128 *Idem*, p. 400.

129 Véase los documentos en J.F. Blanco y R. Azpúrua, *op. cit.*, pp. 679 y ss. Además, en José de Austria, *Bosquejo de la Historia Militar de Venezuela*, Biblioteca de la Academia Nacional de la Historia, Tomo I, Caracas 1960, pp. 340 y ss. (José de Austria fue contemporáneo del proceso de Independencia; había nacido en Caracas en 1791).

CAPÍTULO TERCERO:

LAS PRIMERAS MANIFESTACIONES DEL CONSTITUCIONALISMO EN TIERRAS AMERICANAS: LAS CONSTITUCIONES PROVINCIALES Y NACIONALES DE VENEZUELA Y DE LA NUEVA GRANADA EN 1811–1812*

I. ALGO SOBRE LOS PRINCIPIOS DEL CONSTITUCIONALISMO MODERNO EN LA VÍSPERA DE LA REVOLUCIÓN HISPANA Y AMERICANA

El trastrocamiento del Estado Absoluto y del constitucionalismo monárquico imperante del Antiguo Régimen se produjo como consecuencia de las dos grandes revoluciones que se sucedieron a finales del siglo XVIII, la norteamericana de 1776 y la francesa de 1789. Sus postulados y efectos sentaron las bases del constitucionalismo moderno que se consolidaron tanto en los Estados Unidos de América como en la Francia republicana, los cuales tuvieron su primer campo de experimentación en Hispanoamérica, a partir de 1810, como consecuencia de la Revolución que se produjo al iniciarse la independencia de las antiguas colonias de España en América, lo que originó la necesidad de constituir nuevos Estados nacionales. Además dichos principios tuvieron, paralelamente, campo de experimentación en España, también a partir de 1810, con la convocatoria de las Cortez de Cádiz que condujeron al comienzo de la transformación de una Monarquía del Antiguo Régimen, en una Monarquía constitucional moderna.

* Estudio elaborado para el Seminario sobre *Dos siglos de municipalismo y constitucionalismo iberoamericano: la construcción de la civilidad democrática*, organizado por la Organización Iberoamericana de Cooperación Intermunicipal (OICI), Cádiz, 4-6 de octubre de 2011; publicado en *Revista de Derecho Político*, Nº 84, Universidad Nacional de Educación a Distancia, Madrid, mayo-agosto 2012, pp. 231-323.

Esos principios fundamentales derivados de aquellos dos acontecimientos del siglo XVIII, que originaron el Estado moderno,[1] y que se siguieron en la Revolución Hispana y Americana, en resumen, fueron los siguientes:

En *primer lugar*, la idea de la existencia de una Constitución como una carta política escrita, emanación de la soberanía popular, de carácter rígida, permanente, contentiva de normas de rango superior, inmutable en ciertos aspectos y que no sólo organiza al Estado, es decir, no sólo tiene una parte orgánica, sino que también tiene una parte dogmática, donde se declaran los valores fundamentales de la sociedad y los derechos y garantías de los ciudadanos. Hasta ese momento, esta idea de Constitución no existía, de manera que las Constituciones que habían sido dictadas no eran más que cartas otorgadas por los Monarcas a sus súbditos.

En *segundo lugar*, el nuevo papel que se confirió al pueblo como titular de la soberanía en la constitucionalización de la organización del Estado, y que se materializó en Norteamérica en la asunción por las Asambleas coloniales de la representación de dicha soberanía, y en Francia, luego de que la soberanía se trasladara del Monarca al pueblo y a la Nación, la asunción por parte de la Asamblea Nacional de la representación de dicha soberanía. De allí surgieron además, las bases políticas de la democracia, de la representación y del republicanismo, frente al régimen monárquico.

En *tercer lugar*, el reconocimiento y declaración formal con rango constitucional de la existencia de derechos naturales del hombre y de los ciudadanos que debían ser respetados por el Estado, configurándose como un freno al Estado y a sus poderes y con ello, el fin del Estado absoluto e irresponsable.

En *cuarto lugar*, la constitucionalización del principio de la separación de entre el poder legislativo, el poder ejecutivo y el poder judicial como mecanismo para asegurar esa limitación al poder del Estado, que derivó en la fórmula de control mutuo (pesos y contrapesos) que se plasmó en la Constitución norteamericana; y en la fórmula francesa de la soberanía del Legislador, con los principios de la supremacía del Ley como expresión de la voluntad general. Esto originó en el constitucionalismo norteamericano, el desarrollo del rol asumido por la Corte Suprema para ser el garante de la separación de poderes y contralor de la supremacía constitucional; y en cambio, en el constitucionalismo francés, en la prohibición impuesta a los jueces de interferir en cualquier forma en el ejercicio de las funciones legislativas y administrativas.

1　Véase en general sobre los estos principios derivados de las Revoluciones norteamericana y francesa en Allan R. Brewer-Carías, *Reflexiones sobre la Revolución Americana (1776) y la Revolución Francesa (1789) y sus aportes al constitucionalismo moderno*, Editorial Jurídica Venezolana, Caracas 1992. Una segunda edición ampliada de este estudio se publicó como *Reflexiones sobre la Revolución Norteamericana (1776), la Revolución Francesa (1789) y la Revolución Hispanoamericana (1810-1830) y sus aportes al constitucionalismo moderno*, 2ª Edición Ampliada, Universidad Externado de Colombia, Bogotá 2008.

Por otra parte del principio de la separación de poderes derivaron los sistemas de gobierno propios del constitucionalismo moderno, que son el sistema presidencial que se concibió en Norteamérica; y el sistema parlamentario que a partir de la fórmula de las Monarquías parlamentarias, se desarrolló en Europa.

Y en *quinto lugar*, el desarrollo de una nueva organización territorial de los Estado, antes desconocida, contraria al centralismo monárquico y a los fueros y privilegios territoriales, que dieron origen a nuevas formas de descentralización política de distribución territorial del poder del Estado como fue, por una parte, la fórmula de la Federación norteamericana, y por la otra, el municipalismo que derivó tanto de la tradición del gobierno local desarrollado en las Colonias norteamericanas como de la reforma municipal que implantó la Revolución francesa, estableciendo en cada villa, burgo o ciudad una Comuna.

Estos principios, producto de esas las Revoluciones Norteamericana y Francesa, por supuesto, se configuraron conforme al proceso político específico que en cada caso las acompañó, y que fueron, en el caso de los Estados Unidos de Norte América, el proceso de construcción de un Estado nacional nuevo, sobre la base de lo que habían sido antiguas colonias inglesas situadas la Américo del norte muy lejos de la Metrópoli y de su Parlamento soberano, y que durante más de un siglo, se habían venido desarrollado independientes entre sí, por sus propios medios y gozando de cierta autonomía; y en el caso de Francia, el proceso de transformar un viejo Estado monárquico, unitario y centralizado, que durante siglos había conformado la Monarquía Absoluta, en un régimen político totalmente distinto, de un Estado de carácter constitucional, y luego republicano.

Como se dijo, estos principios del constitucionalismo moderno, tuvieron una repercusión inmediata en la Revolución Hispana y Americana que se inició a partir de 1810, *primero*, con motivo del proceso constituyente que marcó el inicio del constitucionalismo español moderno, con la elección de los diputados a las Cortes que sancionaron la Constitución de Cádiz de marzo 1812; y *segundo*, en paralelo, con motivo del proceso constituyente que marcó el inicio del constitucionalismo hispanoamericano, con la declaración de independencia de las antiguas Colonias españolas en la América Hispana, y en particular con la adopción, entre 1811 y 1812, de Constituciones provinciales tanto en las Provincias de la Capitanía General de Venezuela como en las del Nuevo Reino de Granada, e inmediatamente después, mediante la elección de diputados provinciales en las Provincias de la Capitanía General de Venezuela para la constitución de un Congreso General, con la sanción de la Constitución Federal de los Estados de Venezuela del 21 de diciembre 1811,[2] que fue la primera Constitución nacional sancionada en el mundo hispanoamericano; y de la sanción del Acta de la Confederación de las Provincias Unidas de la Nueva Granada de 27 de noviembre de 1811.

---

2   Véase el texto en Allan R. Brewer-Carías, *Las Constituciones de Venezuela*, Academia de Ciencias Políticas y Sociales, Tomo I, Caracas 2008, pp. 553 ss.

De ello resulta que en la conformación constitucional inicial que se produjo de los Estados nacionales en Venezuela y en la Nueva Granada, no se recibió –no pudo recibirse– influencia alguna de las instituciones constitucionales españolas de 1812;[3] influencia que, en cambio, si se recibió en otros países del Continente americano. Para cuando se dictaron las primeras Constituciones Provinciales y Nacionales americanas, en 1811–1812, España todavía era una Monarquía, invadida por las tropas napoleónicas, que se encontraba en plena guerra de independencia frente al invasor francés; habiendo sido sólo a partir de 1812, con la Constitución de Cádiz, cuando España comenzó a recibir los aportes del constitucionalismo moderno. Dicha Constitución, sólo estuvo en vigencia hasta mayo de 1814, cuando Fernando VII la anuló por Real decreto de 4 de mayo del 1814, declarándola "de ningún valor ni efecto, ahora ni en tiempo alguno, como si no hubiesen pasado jamás tales actos, y se quitasen de en medio del tiempo," de manera que sus principios sólo comenzaron a influir en Europa y en la América Hispana, en realidad, con ocasión de su juramento por el Rey a partir de 1820.[4]

Estas notas están destinadas a analizar la recepción de los principios del constitucionalismo moderno derivados de las Revoluciones Francesa y Norteamericana en esas primeras Constituciones de la América Hispana que fueron adoptadas antes de la sanción de la Constitución de Cádiz de 1812, entre 1811 y 1812, en las Provincias de Venezuela y de la Nueva Granada; con alguna referencia final al régimen del municipalismo en las mismas.

II. LOS INICIOS DEL PROCESO CONSTITUYENTE HISPANOAMERICANO EN LAS PROVINCIAS DE VENEZUELA Y DE LA NUEVA GRANADA: 1810–1811

El proceso constituyente de los nuevos Estados hispanoamericanos que surgieron a comienzos del siglo XIX, puede decirse que se inició, luego del fallido levantamiento de Quito del 10 de agosto de 1809, con el exitoso golpe de Estado que se produjo en la Provincia de Caracas el 19 de abril de 1810,[5] cuando el Cabildo Metropolitano de la Provincia de Caracas que presidía el Gobernador y Capitán General de la Capitanía General de Venezuela, Vicente de Emparan, lo depuso de su cargo junto con todas las autoridades españo-

---

3   Véase nuestro estudio Allan R. Brewer-Carías, "El paralelismo entre el constitucionalismo venezolano y el constitucionalismo de Cádiz (o de cómo el de Cádiz no influyó en el venezolano)" en *Libro Homenaje a Tomás Polanco Alcántara*, Estudios de Derecho Público, Universidad Central de Venezuela, Caracas 2005, pp. 101-189.

4   Véase lo que hemos expuesto en Allan R. Brewer-Carías, "La Constitución de Cádiz y los principios del constitucionalismo moderno: Su vigencia en Europa y en América," en Asdrúbal Aguiar (Coordinador), *La Constitución de Cádiz de 1812, fuente del derecho Europeo y Americano. Relectura de sus principios fundamentales. Actas del IV Simposio Internacional Unión Latina*, Ayuntamiento de Cádiz, Cádiz 2010, pp. 35-55.

5   Véase por ejemplo, Daniel Gutiérrez Ardila, *Un Nuevo Reino. Geografía Política, Pactismo y Diplomacia durante el interregno en Nueva Granada (1808-1816)*, Universidad Externado de Colombia, Bogotá 2010, pp. 157 ss.

las coloniales, conformándose entonces una "Junta Suprema Conservadora de los Derechos de Fernando VII,"[6] en lo que se puede considerar el primer acto constitucional de un nuevo gobierno, y el inicio de la conformación jurídica de un nuevo Estado en la América Hispana.[7]

Dicho proceso revolucionario tuvo un rápido proceso de expansión con motivo de su inmediata divulgación y comunicación a todos los demás Cabildos de las Provincias de la Capitanía General de Venezuela, lo que originó que se constituyeron Juntas en Cumaná (27 de abril), Barcelona (27 de abril), Margarita (1 de mayo), una Junta Superior de Gobierno y Conservación, en Barinas (5 de mayo), y la Junta Superior de Guayana (11 de mayo).[8] Posteriormente, el 16 de septiembre, el Cabildo de la ciudad de Mérida proclamó la Revolución del 19 de abril y se erigió en Junta Suprema de Gobierno, a la cual se adhirieron, el 11 de octubre, la ciudad de la Grita; el 14 de octubre, la Parroquia de Bailadores; el 21 de octubre, la parroquia de San Antonio del Táchira, y el 28 de octubre, la ciudad de San Cristóbal. Además, el 9 de octubre de 1810, el Ayuntamiento de Trujillo instaló la Junta Patriótica de Trujillo.[9]

Como se analizó anteriormente (Capítulo I), luego de convocadas elecciones para representar las diversas provincias en un Congreso General, de las Provincias de Venezuela, que se instaló en 2 de marzo de 1811 adoptando expresamente el principio de la separación de poderes para organizar el nuevo gobierno, procediendo a designar mientras se sancionaba la Constitución del Estado, a un Poder Ejecutivo plural, y de una Alta Corte de Justicia.

Desde su instalación se comenzó a hablar en todas las Provincias de la necesidad de la constitución de una "Confederación de las Provincias de Venezuela," en la cual las provincias debían conservar sus peculiaridades políticas propias, a cuyo efecto, a finales del mismo mes de marzo de 1811, el Congreso procedió a nombrar una comisión para redactar la Constitución de la Provincia de Caracas, la cual debía servir de modelo para que las demás Provincias de la Confederación dictasen la suya, a cuyo efecto, al mes siguiente, en abril de 1811, procedió a exhortar a las diversas "Legislaturas provinciales" a que acelerasen la formación de las respectivas Constituciones Provinciales.[10]

El 1º de julio de 1811, la sección del Congreso General por la Provincia de Caracas, procedió a proclamar una "Declaración de los Derechos del Pue-

---

6   Véase el libro *El 19 de abril de 1810*, Instituto Panamericano de Geografía e Historia, Caracas 1957.

7   Véase en general Tomás Polanco, "Interpretación jurídica de la Independencia" en *El Movimiento Emancipador de Hispanoamérica, Actas y Ponencias*, Caracas, 1961, Tomo IV, pp. 323 y ss.

8   Véase en Daniel Gutiérrez Ardila, *Un Nuevo Reino... cit.*, p. 211.

9   Véase Tulio Febres Cordero (Compilador), *Actas de Independencia. Mérida, Trujillo, Táchira en 1810*, El Lápiz Ed., Mérida 2008.

10   Véase *Libro de Actas del Supremo Congreso de Venezuela 1811-1812*, Biblioteca de la Academia Nacional de la Historia, Caracas, 1959, Tomo II, p. 401.

blo,"[11] que fue la primera declaración de derechos fundamentales con rango constitucional que se adoptó en la historia constitucional luego de las dictadas después de la Revolución Francesa y de la Revolución Norteamericana. A los pocos días, el 5 de julio de 1811, el Congreso General aprobó la "Declaración de Independencia de Venezuela," pasando a denominarse la nueva nación, como "Confederación Americana de Venezuela";[12] y el 21 de diciembre de 1811, procedió a sancionar la que sería la primera Constitución de Venezuela y de todos los países hispanoamericanos, la Constitución Federal de los Estados de Venezuela,[13] directamente inspirada en los principios del constitucionalismo revolucionario de Norteamérica y de Francia.

Antes de la sanción de la Constitución Federal de diciembre de 1811, pero después de que la Provincia de Caracas que ya hubiese iniciado en 1810 el proceso constituyente al transformarse su Cabildo en la Junta Suprema Conservadora de los Derechos de Fernando VII, otras Provincias de la antigua Capitanía General de Venezuela también habían iniciado sus procesos constituyente, habiendo incluso sancionado sendas Constituciones provinciales, como ocurrió en las Provincias de Barinas, Mérida y Trujillo.[14] Otras Provincias dictarían sus Constituciones con posterioridad, en 1812, como ocurrió en Barcelona y en Caracas.

En el caso de las provincias de la Nueva Granada, es decir, del antiguo Virreinato de Nueva Granada, después de la declaración de independencia adoptada en la ciudad del Socorro el 11 de julio de 1810, y unos días después, en Vélez, el proceso constituyente puede decirse que se inició el 20 de julio de 1810, cuando se declaró la independencia de la Provincia de Santafé (Cundinamarca) por un Cabildo Extraordinario que designó una Junta a cargo del Supremo Gobierno. A la misma también se le mandó a elaborar un Reglamento de elecciones para convocar a todas las provincias del reino de Nueva Granada para elaborar una "Constitución de Gobierno sobre bases de

---

11 Véase Allan R. Brewer-Carías, *Las Constituciones de Venezuela, op. cit.,* Tomo I, pp. 549-551.

12 Véase el texto de las sesiones del 5 de julio de 1811 en *Libro de Actas... cit.,* pp. 171 a 202. Véase el texto Acta de la Declaración de la Independencia, cuya formación se encomendó a Juan Germán Roscio, en P. Ruggeri Parra, *Historia Política y Constitucional de Venezuela,* Tomo I, apéndice, Caracas, 1949, pp. 79 y ss. Asimismo en Francisco González Guinán, *Historia Contemporánea de Venezuela,* Caracas, 1954, Tomo I, pp. 26 y ss.; y el Allan R. Brewer-Carías, *Las Constituciones de Venezuela, cit.,* Tomo I, pp. 545-548.

13 Véase el texto de la Constitución de 1811, en *La Constitución Federal de Venezuela de 1811 y Documentos afines* (Estudio Preliminar de C. Parra Pérez), Caracas, 1959, pp. 151 y ss., y en Allan R. Brewer-Carías, *Las Constituciones de Venezuela, cit.,* Tomo I, pp. 553 ss.

14 Véase en general, Carlos Restrepo Piedrahita, *Primeras Constituciones de Colombia y Venezuela 1811–1830,* Universidad Externado de Colombia, Bogotá 1996, pp. 37 y ss.

libertad e independencia respectiva de ellas, ligadas únicamente por un sistema federativo."

En el Acta respectiva de ese Cabildo Extraordinario, en todo caso, la Junta Suprema reconoció la autoridad de Fernando VII, sujetándose el nuevo Gobierno a la Superior Junta de Regencia de España, lo cual, sin embargo, fue inmediatamente revisado y rechazado en sesión de la misma Junta Suprema de 26 de julio de 1810.[15] Con posterioridad durante los meses siguientes del año 1810, también se instalaron gobiernos revolucionarios en casi todas las provincias del Nuevo Reino, como sucedió en Tunja donde se instaló una Junta el 26 de julio, y una Junta Suprema, el 18 de diciembre; en Neiva, el 27 de julio; en Girón, el 30 de julio; en Pamplona, donde se instaló una Junta Gubernativa el 31 de julio; en Santa Marta, donde se instaló una Junta Superior Provincial el 10 de agosto; en Popayán, donde se instaló una Junta Provisional y de Seguridad Pública el 11 de agosto; en Cartagena, donde se instaló una Junta Suprema el 14 de agosto; en Antioquia, donde se instaló un Congreso provincial el 30 agosto; en Casanare, donde se instaló una Junta Superior Provincial el 13 de septiembre; en Quito, donde se instaló una Junta Superior de Gobierno el 19 de septiembre; en Ibarra, donde se instaló una Junta provincial el 27 de septiembre; en Mompox, donde se instaló una Junta el 11 de octubre; y en Zipaquirá, donde se instaló una Junta, en diciembre de 1810. Al año siguiente, en 1811, además, se estableció la Junta de las Ciudades Amigas del valle del Cauca, el 1 febrero; y además, se instaló la Junta Suprema de Popayán, el 26 de junio.[16]

Las elecciones para el Congreso de las Provincias de Nueva Granada se comenzaron a realizar en las diversas provincias, en las cuales, además, en paralelo, se comenzaron a dictar Constituciones provinciales, de manera que antes de que se formara el Estado "Provincias Unidas de la Nueva Granada" mediante Acta de la Federación de 27 de noviembre de 1811, se habían dictado las Constituciones de Socorro (1810) y de Cundinamarca (1811), esta última de carácter Monárquico, habiéndose dictado después del Acta de la Federación, las Constituciones de Tunja (1811), Antioquia (1812) Cartagena de Indias (1812), Popayán (1814), Pamplona (1815), Mariquita (1815) y Neiva (1815).

Antes de que se sancionara la Constitución Monárquica de Cádiz de 19 de marzo de 1812, por tanto, en la América Hispana ya se había iniciado un muy importante proceso constituyente inspirado directamente en los principios del constitucionalismo moderno, que fue el que originó la sanción de las antes mencionadas diversas Constituciones provinciales y, además, la constitución de dos nuevos Estados nacionales en la historia constitucional, con la sanción de la Constitución Federal para los Estados de Venezuela de 21 de diciembre de 1811 y el Acta de Confederación de las Provincias Unidas de la Nueva Granada de 27 de noviembre de 1811.

---

15 Véase Carlos Restrepo Piedrahita, *Primeras Constituciones...*, pp. 22-26.

16 Véase en Daniel Gutiérrez Ardila, *Un Nuevo Reino... cit.*, pp. 211-213

Ese proceso constituyente fue el que dio inicio el constitucionalismo Hispanoamericano, habiendo servido luego, de fuente fundamental de inspiración, para el desarrollo del constitucionalismo posterior, al menos en Venezuela y en Colombia, sin influencias de la Constitución de Cádiz de marzo de 1812.

Este estudio está destinado, precisamente, a analizar ese proceso constituyente inicial hispanoamericano y sus manifestaciones constitucionales ocurridas entre 1810 y 1812, precisamente antes de que se sancionara la Constitución de Cádiz de 19 de marzo de 1812.

III. LAS PRIMERAS CONSTITUCIONES PROVINCIALES EN 1811: BARINAS, MÉRIDA, TRUJILLO, SOCORRO, CUNDINAMARCA

Como se dijo, el efecto inmediato de la declaración de independencia de las provincias que formaban la antigua Capitanía General de Venezuela y el antiguo Virreinato de la Nueva Granada, fue que los antiguos Cabildos provinciales, convertidos en Juntas Supremas provinciales procedieran a dictar Constituciones provinciales, apuntando en ambos casos a un sistema federal o confederal que eventualmente uniese a las diversas provincias. Ese proceso de sanción de Constituciones provinciales ocurrió, en Venezuela antes de que se dictase la Constitución Federal de los Estados de Venezuela de diciembre de 1811 y en Colombia, antes de que se firmase el Acta de la Confederación de las Provincias Unidas de Nueva Granada de 27 de noviembre de 1811.

1. *Las primeras Constituciones provinciales en Venezuela antes de la constitución de un Estado nacional mediante la Constitución Federal de los Estados de Venezuela en 21 de diciembre de 1811*

En efecto, después de que se efectuó la elección de los diputados provinciales representantes al Congreso o Junta General de las Provincias de Venezuela, y conforme a la misma exhortación que este hizo a las Legislaturas Provinciales para que dictasen sus propias Constituciones, en las Provincias de Barinas, Mérida y Trujillo se sancionaron las Constituciones o documentos constitutivos de nuevos gobiernos que se indican a continuación.[17]

A. El Plan de Gobierno Provisional de la Provincia de Barinas de 26 de marzo de 1811

A los 24 días de la instalación del Congreso General, y cuatro días antes del nombramiento de la Comisión para la redacción de lo que sería el modelo de las Constituciones Provinciales, la Asamblea Provincial de Barinas, el 26

---

17 Véase Allan R. Brewer–Carías, *Instituciones Políticas y Constitucionales,* Tomo I, *Evolución histórica del Estado,* Editorial Jurídica Venezolana, Caracas 1996, pp. 277 y ss.

de marzo de 1811, adoptó un "Plan de Gobierno"[18] de 17 artículos, conforme al cual se constituyó una Junta Provincial o Gobierno Superior compuesto de 5 miembros a cargo de toda la autoridad en la Provincia, hasta que el Congreso de todas las Provincias venezolanas dictase la Constitución Nacional (art. 17).

En este Plan de Gobierno, sin embargo, no se estableció una adecuada separación de poderes en cuanto al poder judicial, que se continuó atribuyendo al Cabildo al cual se confió, además, la atención de los asuntos municipales (art. 4). En el Plan, se regularon las competencias del Cabildo en materia judicial, como tribunal de alzada respecto de las decisiones de los Juzgados subalternos (Art 6). Las decisiones del Cuerpo Municipal podían ser llevadas a la Junta Provincial por vía de súplica (art. 8).

B. La Constitución Provisional de la Provincia de Mérida de 31 de julio de 1811

En Mérida, el Colegio Electoral formado con los representantes de los pueblos de los ocho partidos capitulares de la Provincia (Mérida, La Grita y San Cristóbal y de las Villas de San Antonio, Bailadores, Lovatera, Egido y Timotes), adoptó una "Constitución Provisional que debe regir esta Provincia, hasta que, con vista de la General de la Confederación, pueda hacerse una perpetua que asegure la felicidad de la provincia."[19]

El texto de esta Constitución, con 148 artículos, se dividió en doce capítulos, en los cuales se reguló lo siguiente:

En el *Primer Capítulo*, se dispuso la forma de "gobierno federativo por el que se han decidido todas las provincias de Venezuela" (art. 1), atribuyéndose la legítima representación provincial al Colegio Electoral, representante de los pueblos de la Provincia (art. 2). Para la organización del gobierno éste se dividió en tres poderes: Legislativo, Ejecutivo y Judicial, correspondiendo el primero al Colegio Electoral; el segundo a un cuerpo de 5 individuos encargados de las funciones ejecutivas; y el tercero a los Tribunales de Justicia de la Provincia (art. 3). La Constitución declaró, además, que "Reservándose esta Provincia la plenitud del Poder Provincial para todo lo que toca a su gobierno, régimen y administración interior, deja en favor del Congreso General de Venezuela aquellas prerrogativas y derechos que versan sobre la totalidad de las provincias confederadas, conforme al plan que adopte el mismo Congreso en su Constitución General" (art. 6).

En el *Segundo Capítulo* se reguló la Religión Católica, Apostólica y Romana como Religión de la Provincia (art. 1), prohibiéndose otro culto público o privado (art. 2). Se precisó, en todo caso, que "la potestad temporal no conocerá en las materias del culto y puramente eclesiásticas, ni la potestad espi-

---

18 Véase *Las Constituciones Provinciales* ("Estudio Preliminar" de Ángel Francisco Brice), Academia Nacional de la Historia, Caracas 1959, pp. 334 y ss.

19 *Idem.*, pp. 253-294.

ritual en las puramente civiles sino que cada una se contendrá dentro de sus límites" (art. 4).

En el *Tercer Capítulo* se reguló el Colegio Electoral, como "legítima representación Provincial" con poderes constituyentes y legislativos provinciales (arts. 1, 2 y 35); su composición por ocho electores (art. 3) y la forma de la elección de los mismos, por sistema indirecto (arts. 3 a 31), señalándose que se debía exigir a los que fueran a votar, que "depongan toda pasión e interés, amistad, etc., y escojan sujetos de probidad, de la posible instrucción y buena opinión pública" (art. 10). Entre las funciones del Colegio Electoral estaba el "residenciar a todos los funcionarios públicos luego que terminen en el ejercicio de su autoridad" (art. 36).

En el *Cuarto Capítulo* se reguló al Poder Ejecutivo, compuesto por cinco individuos (art. 1), en lo posible escogidos de vecinos de todas las poblaciones de la provincia y no sólo de la capital (art. 2); con término de un año (art. 3); sin reelección (art. 4); hasta un año (art. 5). En este capítulo se regularon las competencias del Poder Ejecutivo (arts. 14 a 16) y se prohibió que "tomara parte ni se introduciera en las funciones de la Administración de Justicia" (art. 20). Se precisó, además, que la Fuerza Armada estaría "a disposición del Poder Ejecutivo" (art. 23), correspondiéndole además "la General Intendencia de los ramos Militar, Político y de Hacienda" (art. 24).

El *Capítulo Quinto* de la Constitución Provisional de la Provincia de Mérida, dedicado al Poder Judicial, comenzó señalando que "No es otra cosa el Poder Judicial que la autoridad de examinar las disputas que se ofrecen entre los ciudadanos, aclarar sus derechos, oír sus quejas y aplicar las leyes a los casos ocurrentes" (art. 1); atribuyéndose el mismo a todos los jueces superiores e inferiores de la Provincia, y particularmente al Supremo Tribunal de apelaciones de la misma (art. 2), compuesto por tres individuos, abogados recibidos (art. 3). En el capítulo se regularon, además, algunos principios de procedimiento y las competencias de los diversos tribunales (arts. 4 a 14).

En el *Capítulo Sexto* se reguló el "Jefe de las Armas" atribuyéndose a un gobernador militar y comandante general de las armas sujeto inmediatamente al Poder Ejecutivo, pero nombrado por el Colegio Electoral (art. 1) y a quien correspondía "la defensa de la Provincia" (art. 4). Se regularon, además, los empleos de Gobernador Político e Intendente, reunidos en el gobernador militar para evitar sueldos (art. 6), con funciones jurisdiccionales (arts. 7 a 10), teniendo el Gobernador Político el carácter de Presidente de los Cabildos (art. 11) y de Juez de Paz (art. 12).

El *Capítulo Séptimo* se destinó a regular "los Cabildos y Jueces inferiores"; se atribuyó a los Cabildos, la "policía" (art. 2); y se definieron las competencias municipales, englobadas en el concepto de policía (art. 3). Se reguló la Administración de Justicia a cargo de los Alcaldes de las ciudades y villas (art. 4), con apelación ante el Tribunal Superior de Apelaciones (art. 5).

En el *Capítulo Octavo* se reguló la figura del "Juez Consular", nombrado por los comerciantes y hacendados (art. 1), con la competencia de conocer los asuntos de comercio y sus anexos con arreglo a las Ordenanzas del consulado de Caracas (art. 3) y apelación ante el Tribunal Superior de Apelación (art. 4).

En el *Capítulo Noveno* se reguló la "Milicia," estableciéndose la obligación de toda persona de defender a la Patria cuando ésta sea atacada, aunque no se le pague sueldo (art. 2).

El *Capítulo Décimo* reguló el "Erario Público", como "el fondo formado por las contribuciones de los ciudadanos destinado para la defensa y seguridad de la Patria, para la sustentación de los ministros y del culto divino y de los empleados de la administración de Justicia, y en la colectación y custodia de las mismas contribuciones y para las obras de utilidad común (art. 1). Se estableció también el principio de legalidad tributaria al señalarse que "toda contribución debe ser por utilidad común y sólo el Colegio Electoral las puede poner" (art. 3), y la obligación de contribuir al indicarse que "ningún ciudadano puede negarse a satisfacer las contribuciones impuestas por el Gobierno" (art. 4).

El *Capítulo Undécimo* está destinado a regular "los derechos y obligaciones del Hombre en Sociedad", los cuales también se regulan en el *Capítulo Duodécimo y Último* que contiene "disposiciones generales". Esta declaración de derechos, dictada después que el 1º de julio del mismo año 1811 la Sección Legislativa del Congreso General para la Provincia de Caracas había emitido la *Declaración de Derechos del Pueblo,* sigue las mismas líneas de ésta, conforme al libro *"Derechos del Hombre y del Ciudadano con varias máximas republicanas y un discurso preliminar dirigido a los americanos"* atribuido a Picornel, y que circuló en la Provincia con motivo de la Conspiración de Gual y España de 1797.[20]

C. El Plan de Constitución Provisional Gubernativo de la Provincia de Trujillo de 2 de septiembre de 1811

Los representantes diputados de los distintos pueblos, villas y parroquias de la Provincia de Trujillo, reunidos en la Sala Constitucional aprobaron un "Plan de Constitución Provincial Gubernativo"[21] el 2 de septiembre de 1811, constante de 9 títulos, y 63 artículos, en la siguiente forma:

El *Primer Título* está dedicado a la Religión Católica, como Religión de la Provincia, destacándose, sin embargo, la separación entre el poder temporal y el poder eclesiástico.

El *Título Segundo* reguló el "Poder Provincial", representado por el Colegio de Electores, electos por los pueblos. Este Colegio Electoral se reguló como Poder Constituyente y a él corresponderá residenciar a todos los miembros del Cuerpo Superior del Gobierno.

El *Título Tercero* reguló la "forma de gobierno", estableciéndose que la representación legítima de toda la Provincia residía en el prenombrado Colegio Electoral, y que el Gobierno particular de la misma residía en dos cuerpos: el Cuerpo Superior de Gobierno y el Municipal o Cabildo.

20 Véase la comparación en Pedro Grases, *La Constitución de Gual y España y el Ideario de la Independencia*, Caracas, 1978, pp. 71 y ss.

21 Véase *Las Constituciones Provinciales, cit.*, pp. 297-320.

El *Título Cuarto* reguló, en particular, el "Cuerpo Superior de Gobierno", integrado por cinco (5) vecinos, al cual se atribuyeron funciones ejecutivas de gobierno y administración.

El *Título Quinto*, reguló el "Cuerpo Municipal o de Cabildo" como cuerpo subalterno, integrado por cinco (5) individuos: dos alcaldes ordinarios, dos Magistrados (uno de ellos Juez de Policía y otro como Juez de Vigilancia Pública), y un Síndico personero.

El *Título Sexto*, relativo al "Tribunal de Apelaciones", atribuyó al Cuerpo Superior de Gobierno el carácter de Tribunal de Alzada.

El *Título Séptimo* reguló las "Milicias", a cargo de un Gobernador y Comandante General de las Armas de la Provincia, nombrado por el Colegio Electoral, pero sujeto inmediatamente al Cuerpo Superior de Gobierno.

El *Título Octavo*, reguló el Juramento que deben prestar los diversos funcionarios; y el *Título Noveno*, relativo a los "Establecimientos Generales", reguló algunos de los derechos de los ciudadanos.

2. Las primeras Constituciones provinciales en La Nueva Granada anteriores a la constitución mediante Acta de la Confederación de las Provincias Unidas de Nueva Granada en 27 noviembre de 1811

Como se dijo, luego de la declaración de independencia adoptada por el Cabildo de Santa Fé el 20 de julio de 1810, en las provincias de la Nueva Granada también se inició un proceso de elección de diputados al Congreso de las Provincias, que en noviembre de 1811 se constituirían, mediante un Acta de la Confederación, en el Estado nacional denominado "Provincias Unidas de Nueva Granada." Antes, sin embargo, se adoptaron Constituciones o formas de gobierno en el Estado del Socorro (1810) y en Cundinamarca (1811), siendo ésta última, sin embargo, una Constitución provincial Monárquica.

A. Acta de la Constitución del Estado libre e independiente del Socorro de 15 de agosto de 1810

El 15 de agosto de 1810, "el pueblo del Socorro, vejado y oprimido por las autoridades del antiguo Gobierno," desconociendo expresamente la autoridad del Consejo de regencia, consideró que había sido restituido "a la plenitud de sus derechos naturales e imprescriptibles de la libertad, igualdad, seguridad y propiedad," depositando el gobierno provisional en el Cabildo de la Villa del Rosario, el cual convocó a los Cabildos de la ciudad de Vélez y de la Villa de San Gil para que enviasen diputados para formar una Junta; considerándose revestido "de la autoridad pública que debe ordenar lo que convenga y corresponda a la sociedad civil de toda la Provincia, y lo que cada uno debe ejecutar en ella". La Junta del Socorro estimó, además, que "es incontestable que a cada pueblo compete por derecho natural determinar la clase de gobierno que más le acomode; también lo es que nadie debe ponerse al ejercicio de este derecho sin violar el más sagrado que es el de la libertad."

En consecuencia de estos principios, la Junta del Socorro, "representando al pueblo que la ha establecido," sentó las "bases fundamentales de su Constitución"[22] definidas en 14 artículos así:

Primero, se reconoció a la Religión cristiana (art. 1).

Segundo, de declararon varios derechos fundamentales, como la libertad y seguridad personales y de los bienes (art. 2), el derecho al trabajo (art. 3); y el derecho a la tierra y a la propiedad (art. 4). En el acta, además, se declaró que los indios, libres de tributo, entraban en sociedad "con los demás ciudadanos de la Provincia a gozar de igual libertad y demás bienes que proporciona la nueva Constitución."

Tercero, se reconoció la remuneración a los servidores de la patria (art. 5), y la rendición de cuentas del Tesoro (art. 6).

Cuarto, se estableció el principio de la alternabilidad del gobierno, declarándose que "Toda autoridad que se perpetúa está expuesta a erigirse en tiranía" (art. 7); y el carácter representativo del gobierno, cuyos agentes debían ser elegidos anualmente (art. 8).

Quinto, el gobierno se organizó conforme al principio de la separación de poderes, correspondiendo el Poder Legislativo a una Junta de Representantes con potestad de dictar las "leyes del nuevo Gobierno" (art. 9); el Poder Ejecutivo a los Alcaldes Ordinarios (art. 10).

Sexto, se garantizó el reconocimiento de la autoridad por el pueblo (art. 11), no pudiendo éste ejercer su soberanía sino por convocatoria de la Junta (art. 12).

Séptimo, se garantizó que el territorio de la Provincia del Socorro jamás podría "ser aumentado por derecho de conquista" (art. 13), declarándose que el Gobierno del Socorro daría auxilio y protección a todo Pueblo que quisiera reunírsele "a gozar de los bienes que ofrecen la libertad e igualdad que ofrecemos como principios fundamentales de nuestra felicidad" (t. 14).

Por último, el gobierno de la provincia declaró que sólo depositaría en un Congreso Nacional, "la parte de derechos que puede sacrificar sin perjuicio de la libertad que tiene para gobernarse dentro de los límites de su territorio, sin la intervención de otro Gobierno."

B. La Constitución Monárquica de Cundinamarca de 30 de marzo de 1811

En marzo de 1811 se conformó en Santa Fe de Bogotá, como asamblea constituyente, el "Colegio Constituyente y Electoral de la Provincia de Cundinamarca" que sancionó, el 30 de marzo de 1811, la Constitución de Cundinamarca,[23] la cual con 321 artículos, fue la primera Constitución Provincial

---

22 Véase el texto en Jorge Orlando Melo, *Documentos constitucionales colombianos, 1810-1815*, en http://www.jorgeorlandomelo.com/bajar/documentosconstitucionales1.pdf

23 Véase el texto en Jorge Orlando Melo, *Documentos constitucionales colombianos, 1810-1815*, en http://www.jorgeorlandomelo.com/bajar/documentosconstitucionales1.pdf

colombiana propiamente dicha,[24] la cual fue promulgada el 4 de abril de 1811.

Esta Constitución, sin embargo, no fue una constitución republicana, sino más bien una Constitución Monárquica que no sólo fue adoptada en nombre de Fernando VII, sino que en ella se lo proclamó "Rey de los cundinamarqueses," recogiéndose sin embargo los principios fundamentales del constitucionalismo moderno organizando al Estado provincial como una Monarquía Constitucional. En efecto, como lo dice el Decreto de promulgación, firmado por el Presidente del Estado, Jorge Tadeo Lozano de Peralta en su carácter de "Vicegerente de la Persona del Rey," la Constitución se adoptó por el Rey "Don Fernando VII, por la gracia de Dios y por la voluntad y consentimiento del pueblo, legítima y constitucionalmente representado," mediante el Colegio Constituyente que representaba "la soberana voluntad del pueblo cundinamarqués, expresada libre y solemnemente en dicha Constitución." La Constitución estuvo dividida en los siguientes Títulos:

En el *Título I* sobre la *forma de Gobierno y sus Bases*, se hizo mención al carácter de la representación que adoptó la Constitución, como "libre y legítimamente constituida por elección y consentimiento del pueblo de esta provincia, que se estimó había recuperado su soberanía, pero como "parte de la Monarquía española" (art. 1). En consecuencia, en el artículo 2 se "ratifica su reconocimiento a Fernando VII" aún cuando en la forma establecida en la Constitución; y en el artículo 4 se declara que "la Monarquía de esta provincia será constitucional, moderando el poder del Rey una Representación Nacional permanente." Por tanto, con excepción del Rey que era vitalicio, todos los funcionarios de la Representación Nacional, que era "la reunión de los funcionarios de los tres Poderes" (art. 12), debían ser "electivos por tiempo limitado" (art. 11).

En la Constitución se adoptó el principio de la separación de poderes entre los Poderes Ejecutivo, Legislativo y Judicial disponiéndose que debían ejercitarse "con independencia unos de otros; aunque con el derecho de objetar el Poder Ejecutivo lo que estime conveniente a las libertades del Legislador en su caso y lugar" (art. 5); declarándose que "la reunión de dos o tres funciones de los Poderes Ejecutivo, Legislativo y Judicial en una misma persona, o corporación, es tiránica y contraria por lo mismo a la felicidad de los pueblos" (art. 12). En esta forma, el Poder Ejecutivo se atribuyó al Rey (art. 6), el Poder Legislativo se atribuyó a un Cuerpo legislativo (art. 7), y el Poder Judicial se asignó a los Tribunales de la provincia (art. 8). Se estableció, además, un alto Tribunal que se denominó "Senado de Censura", "para sostener esta Constitución y los derechos del pueblo, a fin de que de oficio o requerido por cualquiera ciudadano, reclame cualquiera infracción o usurpación de todos o cada uno de los tres Poderes Ejecutivo, Legislativo y Judicial que sea contra el tenor de la Constitución" (art. 9).

---

24 Carlos Restrepo Piedrahita no consideró el Acta de Constitución de la Provincia de Socorro de 1810 como un verdadero texto constitucional. Véase *Primeras Constituciones* ..., pp. 26-27.

En materia de derechos fundamentales, en el artículo 16 se garantizó "a todos sus ciudadanos los sagrados derechos de la Religión, propiedad y libertad individual, y la de la imprenta, siendo los autores los únicos responsables de sus producciones y no los impresores, siempre que se cubran con el manuscrito del autor bajo la firma de éste, y pongan en la obra el nombre del impresor, el lugar y el año de la impresión." Además, se garantizó la inviolabilidad de la correspondencia (art. 17), y la "libertad perfecta en su agricultura, industria y comercio" (art. 18).

En la Constitución, por otra parte, "la provincia Cundinamarquesa, con el fin de efectuar la importante y deseada unión de todas las provincias que antes componían el Virreinato de Santafé, y de las demás de la Tierra Firme que quieran agregarse a esta asociación y están comprendidas entre el mar del Sur y el Océano Atlántico, el río Amazonas y el Istmo de Panamá," convino en "el establecimiento de un Congreso Nacional compuesto de todos los representantes que envíen las expresadas provincias" (art. 19); en el cual la provincia cundinamarquesa dimitiría "aquellos derechos y prerrogativas de la soberanía que tengan, según el plan general que se adopte, íntima relación con la totalidad de las provincias de este Reino en fuerza de los convenios, negociaciones o tratados que hiciere con ellas, reservándose, como desde luego se reserva, la soberanía en toda su plenitud para las cosas y casos propios de la provincia en particular, y el derecho de negociar o tratar con las otras provincias o con otros Estados." (art. 20).

En el *Título II* sobre la *Religión*, se declaró que "la Religión Católica, Apostólica, Romana es la Religión de este Estado" (art. 1), no permitiéndose otro culto público ni privado (art. 2); regulándose las bases para la negociación de un Concordato con la Santa Sede (art. 3).

En el *Título III* sobre la *Corona*, se declaró formalmente que la Provincia de Cundinamarca se erigía "en Monarquía constitucional para que el Rey la gobierne según las leyes, moderando su autoridad por la Representación Nacional que en esta Constitución se expresa y determina" (art. 1); destinándose varias normas a regular la figura y función del Rey (arts. 2 a 9), declarándose que "la Corona de Cundinamarca es incompatible con cualquiera otra extraña que no sea de aquellas que al principio del año de 1808 componían el Imperio español"(art. 10).

En el *Título IV* sobre la *Representación Nacional*, se ratificó que la misma "se compone del Presidente y Vicepresidente, Senado de Censura, dos consejeros del Poder Ejecutivo; los miembros del Legislativo y los tribunales que ejercen el Poder Judicial" (art. 1); considerándose al Rey como el "Presidente nato de la Representación Nacional, en su defecto, el presidente nombrado por el pueblo" (art. 2). En este Título, además, se reguló la forma de revisar la Constitución que corresponde al Colegio Electoral (arts. 4 a 13); las condiciones para ser miembro de la Representación nacional (arts. 14 a 15); y los signos distintivos y tratos a sus cuerpos (arts. 16 a 1).

En el *Título V* sobre el *Poder Ejecutivo* se ratificó que su ejercicio en la provincia "corresponde al Rey, cuando se halle dentro de su territorio y no esté impedido" por alguno de los motivos expresados en la Constitución (art. 8, Título III); disponiéndose que "a falta del Rey, entra en el ejercicio del

Poder Ejecutivo el Presidente de la Representación Nacional" (art. 3), asistido de dos secretarios (arts. 17 a 20). En el artículo 10 se precisó que al Poder Ejecutivo correspondía el ejercicio "de todas las funciones relativas al gobierno político, militar y económico de esta provincia, en todo aquello que no sea legislativo o contencioso, y sujetándose al tenor de las leyes, para cuya ejecución podrá publicar bandos, proclamas y decretos;" disponiéndose, en particular, la competencia en materia de la fuerza armada (art. 11); de recaudación inversión y custodia de los caudales públicos(art. 12); de provisión de todos los empleos civiles, militares, económicos y de hacienda (art. 14).Además, se le asignó al poder Ejecutivo, la "protección todos los establecimientos públicos destinados a la instrucción de la juventud, al fomento de la industria, a la prosperidad del comercio y al bien general de toda la Provincia" (art. 16). Por último, se asignó al Poder Ejecutivo la potestad de promulgar y hacer poner en práctica las leyes que dicte el Poder Legislativo (art. 21), con el derecho a poder objetarlas (art. 23) y devolverlas por inconstitucionales (art. 24), en cuyo caso, el Poder legislativo si estimaba que las objeciones eran fútiles o arbitrarias, debía someter la cuestión al Senado (art. 26). En el Título se estableció una detallada regulación sobre el ejercicio de las funciones ejecutivas (arts. 27 a 56).

En el *Título VI* sobre el *Poder Legislativo*, se reafirmó el carácter representativo del mismo, cuyos miembros debían ser nombrados por el pueblo (art. 1), estableciéndose una detallada regulación sobre la forma de elección y evocación de los miembros; sobre el ejercicio de la función legislativa (arts. 2 a 13); sobre el procedimiento de formación de las leyes (art. 14 a 19); reservándose al Poder Legislativo la "facultad de interpretar, ampliar, restringir, o comentar las leyes," al punto de indicarse que "el Poder Ejecutivo y el Judicial deberán seguirlas a la letra; y en caso de duda consultar al Cuerpo Legislativo"(art. 20). En el Título, además, se garantizó la irretroactividad de la ley (art. 20) y se regularon detalladamente las diversas competencias del Poder Legislativo (arts. 22 a 41).

En el *Título VII* sobre el *Poder Judicial*, se definió el rol del Poder Judicial (art. 1) especificándose que correspondía a los tribunales superiores de la provincia y a los Tribunales de apelación y de primera instancia (art. 33–51), los jueces subalternos y las municipalidades (art. 52–54), garantizándose la separación de poderes al disponerse que "por ningún caso podrá entrometerse en lo relativo a los Poderes Ejecutivo y Legislativo, aunque sea de un asunto contencioso" (art. 2). Se estableció, además, al Senado integrado por cinco senadores electos, como el primer Tribunal de la Provincia preferente a todos los demás (arts. 3–32), con la función de "velar sobre el cumplimiento exacto de esta Constitución e impedir que se atropellen los derechos imprescriptibles del pueblo y del ciudadano" (art. 4). En el Título sobre el Poder Judicial, además, se regularon derechos fundamentales en los enjuiciamientos como la limitación de la confiscación (art. 41), la seguridad de las personas detenidas (art. 42), la detención sólo mediante decisión judicial motivada (art. 43) y en el lugar acordado (art. 45), la limitación a la incomunicación del detenido (art. 44), la inviolabilidad del hogar doméstico, considerándoselo como asilo inviolable por la noche (art. 47).

En el *Título VIII* sobre las *Elecciones,* se dispuso el detallado régimen de las elecciones primarias, parroquiales o de apoderados, en forma indirecta, correspondiendo a los parroquianos listados en el padrón de la localidad, elegir a los electores de la parroquia (art. 1–28), a razón de un apoderado por cada 500 almas (art. 9), cuando obtuviese "la pluralidad absoluta [de votos], esto es, uno sobre la mitad de todos los sufragios" (art. 16). Los apoderados entonces, convocados por el Corregidor, debían ser convocados a las elecciones secundarias o de partido, a los efectos de elegir un sujeto por cada 5.000 almas para que en la capital procedieran a elegir los electores de partido (art. 40), que formaban el Colegio Electoral (art. 41). Estos debían concurrir a la capital de Cundinamarca, ante el Presidente de la Provincia (art. 41), para elegir a los miembros del Cuerpo Legislativo (art. 62), en razón de un representante por cada 10.000 almas.(art. 43), en votos públicos y escritos (art. 49); para Presidente (art. 52, 53), con el voto de más de la mitad de los sufragios de todos los electores (art. 54), y para Vicepresidente (art. 59), consejeros (art. 61). En cuanto a la elección de los individuos del Senado y del Tribunal de apelaciones los mismos se debían elegir en los mismos términos y por las mismas reglas establecidas para la elección de los miembros del Cuerpo Legislativo (art. 63). Al Colegio Electoral también correspondía la elección de los representantes de la Provincias para el Congreso General del Reino (art. 69).

En el *Título IX* sobre la *Fuerza Armada,* se definió su objeto de "defender al Estado de todo ataque y toda irrupción enemiga, evitar conmociones y desórdenes en lo interior, y celar el cumplimiento de las leyes" (art. 1), considerándosela como "esencialmente obediente, y por ningún caso tiene derecho de deliberar, sino que siempre debe estar sumisa a las órdenes de sus jefes" (art. 9). Todo individuo se consideró como soldado nato de la patria (art. 2) regulándose el alistamiento obligatorio para todos los ciudadanos (art. 7), Para los casos comunes y la policía interior se previó la existencia de tropas veteranas (art. 4). Para evitar que los jefes abusen de su autoridad en perjuicio de los derechos del pueblo y en trastorno del Gobierno, se dispuso la división de las tropas en muchas porciones, independientes unas de otras (art. 10), y se prohibió absolutamente y sin la menor dispensa, el que la totalidad de la fuerza armada de la provincia se pusiera a las órdenes de un solo hombre (art. 11).

En el *Título X* sobre el *Tesoro Nacional,* se reguló la obligación de los ciudadanos de "contribuir para el culto divino y la subsistencia para los Ministros del Santuario; para los gastos del Estado, la defensa y seguridad de la patria, el decoro y la permanencia de su Gobierno, la administración de justicia y la Representación Nacional" (art. 1); regulándose los impuestos, y contribuciones (art. 2) como competencia del Cuerpo Legislativo (art. 3).

En el *Título XI* sobre la *Instrucción Pública,* destacándose el valor de la misma para el hombre (art. 1), e imponiéndose la obligación de todos los poblados de establecer "escuelas de primeras letras y dibujo, dotadas competentemente de los fondos a que corresponda, con separación de los dos sexos" (art. 2). Se garantizó el derecho de cualquier ciudadano de abrir escuela de enseñanza pública sujetándose al examen del Gobierno, con la calidad de obtener su permiso y estar bajo la inspección de la Sociedad patriótica (art.

6). Los colegios y la Universidad quedaron bajo la inspección y protección del Gobierno (art. 8).

En el *Título XII* sobre los *derechos del hombre y del ciudadano*, siguiendo el texto de la Declaración Francesa de 1789, se declaró que "los derechos del hombre en sociedad son la igualdad y libertad legales, la seguridad y la propiedad" (art. 1); regulándose la libertad y sus límites (arts. 2– 4) y el respeto a los demás (art. 7); el carácter de la ley como "la voluntad general explicada" por el pueblo mediante sus "representantes legítimamente constituidos"(art. 5); la igualdad (art. 6); la seguridad y el derecho a la protección (art. 8); el derecho de propiedad (art. 9) y el régimen de la expropiación sujeta a "una justa y precisa indemnización (art. 10); la libertad de manifestar opiniones "por medio de la imprenta, o de cualquiera otro modo que no le sea prohibido, en uso de su libertad y propiedad legal"(art. 11); el régimen de las contribuciones (art. 12); el derecho al sufragio para elegir representantes (art. 13); los derechos al debido proceso (art. 13); el régimen de la soberanía que "reside esencialmente en la universalidad de los ciudadanos"(art. 15); y las limitaciones a la condición de ciudadanos (art. 16).

En el *Título XII* sobre los *deberes del ciudadano,* se reguló la obligación de los ciudadanos de conservar la sociedad (art. 1); de observar la Constitución y las leyes (art. 2); de defender y servir a la sociedad (art. 3); considerando que "no es buen ciudadano el que no es buen hijo, buen padre, buen hermano, buen amigo, buen esposo" (art. 4) o "no observa religiosamente las leyes, el que por intrigas, cábalas y maquinaciones elude su cumplimiento, y el que sin justo motivo se excusa de servir a la Patria"(art. 5).

La Constitución de Cundinamarca fue remitida formalmente a la provincia de Venezuela, desde donde el Poder Ejecutivo de caracas contestó mediante comunicación oficial de fecha de julio de 1811 dirigida al Presidente de Cundinamarca, indicando "el acelerado paso de la Constitución reglada por el reconocimiento de un rey, no puede menos que hacerla viciosa o diametralmente opuesta a la resolución que acaba de tomar el Supremo Congreso de Venezuela," el cual el día anterior, el 5 de julio venía de declarar la Independencia de las provincias de Venezuela, puntualizando la diferencia entre ambos procesos: "porque la de Cundinamarca entra ratificando el reconocimiento de un Rey y Venezuela no reconoce ni reconocerá ninguno. Su Gobierno es y será libre y ella no obedecerá ni admitirá otras leyes que las que dicten sus representantes y sancionen los pueblos; concluyendo que "no es posible que este Soberano Congreso se congratule con la Constitución mencionada."[25]

La Constitución de Cundinamarca, en todo caso, fue revisada en fecha 17 de abril de 1812 por considerar que la misma "necesitaba de revisión por haberse formado precipitadamente para satisfacer a los deseos y a las instancias de los pueblos que exigían el que con prontitud se les diese alguna.". En la revisión, elevándose su articulado a 382 artículos, se eliminó el régimen

25 Véase *Textos Oficiales de la primera República de Venezuela,* Biblioteca de la Academia de Ciencias Políticas y Sociales, Caracas 1982, Tomo II, pp. 21-24.

monárquico, estableciéndose en cambio una República con un gobierno popular representativo (art. 1, Sección II); "representada por tres distintos Poderes; conviene a saber: Legislativo, Ejecutivo y Judicial" (art. 2), que "se ejercitarán con independencia unos de otros" (art. 3).

IV. LAS PRIMERAS CONSTITUCIONES NACIONALES EN 1811: LA CONSTITUCIÓN FEDERAL DE LOS ESTADOS DE VENEZUELA Y EL ACTA DE LA CONFEDERACIÓN DE LAS PROVINCIAS UNIDAS DE NUEVA GRANADA

Luego del inicio del proceso de independencia, y de la adopción de las primeras Constituciones Provinciales en 1810 y 1811, tanto en las Provincias de Venezuela como de la Nueva Granada, como antes se dijo, se inician sendos procesos de elección de diputados provinciales para integrar sendos Congresos nacionales constituyentes con el objeto de configurar Estados nacionales, siendo el resultado inmediato de ello, a finales de 1811, la sanción de la Constitución de la Confederación de los Estados de Venezuela de 21 de diciembre de 1811; y la firma del Acta de la Confederación de las Provincias Unidas de Nueva Granada de 27 noviembre de 1811. La primera tuvo el contenido y estructura de una Constitución moderna, estableciendo una Federación, pudiendo considerarse como la primera Constitución nacional sancionada en la América Hispana; no así la segunda, la cual realmente lo que estableció fueron las bases de una Confederación de Estados.

1. *La Constitución Federal para los Estados de Venezuela de 21 de diciembre de 1811*

La Constitución Federal para los Estados de Venezuela, que como lo destacó Carlos Restrepo Piedrahita, "fue la primera Constitución *nacional* en el continente americano,"[26] fue sancionada por el Congreso General el 21 de diciembre de 1811,[27] integrado por los representantes de las provincias de Margarita, de Mérida, de Cumaná, de Barinas, de Barcelona, de Trujillo y de Caracas,[28] y aún cuando no tuvo vigencia real superior a un año debido al inicio de las guerras de independencia, condicionó la evolución de las institu-

26 Véase Carlos Restrepo Piedrahita, *Primeras Constituciones...*, p. 21.

27 Véase el texto en Allan R. Brewer–Carías *Las Constituciones de Venezuela, cit.,* Tomo I, pp. 553-581. Además, en *La Constitución Federal de Venezuela de 1811 y documentos afines,* Biblioteca de la Academia Nacional de la Historia, Caracas 1959, pp.

28 Véase *Libro de Actas del Supremo Congreso de Venezuela 1811–1812,* (Estudio Preliminar: Ramón Díaz Sánchez), Biblioteca de la Academia Nacional de la Historia, 2 vols. Caracas 1959. Véase además, Juan Garrido Rovira, "La legitimación de Venezuela (El Congreso Constituyente de 1811)", en Elena Plaza y Ricardo Combellas (Coordinadores), *Procesos Constituyentes y Reformas Constitucionales en la Historia de Venezuela: 1811–1999,* Universidad Central de Venezuela, Caracas 2005, tomo I, pp. 13–74; e Irene Loreto González, *Algunos Aspectos de la Historia Constitucional Venezolana*, Academia de Ciencias Políticas y Sociales, Caracas 2010, pp. 79 ss.

ciones políticas y constitucionales venezolanas hasta nuestros días; habiendo recogido en su texto todos los principios del constitucionalismo moderno derivado de las revoluciones norteamericana y francesa. En sus 228 artículos se reguló, entonces, el Poder Legislativo (arts. 3 a 71), el Poder Ejecutivo (arts. 72 a 109), el Poder Judicial (arts. 110 a 118), las Provincias (arts. 119 a 134) y los Derechos del Hombre que se respetará en toda la extensión del Estado (arts. 141 a 199). En el Capítulo I, además, se reguló la Religión, proclamándose a la Religión Católica, Apostólica y Romana como la religión del Estado y la única y exclusiva de los habitantes de Venezuela (Art. 1).

Los principios fundamentales del constitucionalismo moderno se recogieron en esta Constitución federal de 1811, tal como se ha explicado en el capítulo II, por lo que ahora destacamos elementos esenciales del texto.

A. La idea de Constitución

La idea de Constitución, como documento escrito, de valor superior y permanente, conteniendo las normas fundamentales de organización del Estado y la de Declaración de los Derechos de los Ciudadanos, con el carácter de ley suprema ubicada por encima de los poderes del Estado y de los ciudadanos, y no modificable por el Legislador ordinario se plasmó en la Constitución Federal para los Estados de Venezuela de 21 de diciembre de 1811, la cual, de la Constitución Norteamericana recibió la influencia de la forma federal del Estado, del presidencialismo como sistema de gobierno dentro del esquema de la separación de poderes, y del control de la constitucionalidad consecuencia de la garantía objetiva de la Constitución. Sin embargo, en su redacción, el texto constitucional de 1811 recibió la influencia directa de la Constitución Francesa, particularmente en la regulación detallada de la forma de elección indirecta de los representantes, en el reforzamiento de la separación de poderes, y en la extensa Declaración de Derechos fundamentales que contiene.

Con frecuencia se ha indicado que el texto de la Constitución venezolana de 1811 fue una copia de la Constitución norteamericana, lo que no es exacto, no sólo por el contenido de ambas, sino por la extensión de los textos: 7 artículos –aún cuando extensos cada uno– en la Constitución americana de 1787, contra los 228 artículos de la Constitución venezolana de 1811. En realidad, este texto se inspiró de principios de la Constitución norteamericana y a la vez, de la redacción del texto de las Constituciones francesas revolucionarias, tanto en su parte dogmática como en su parte orgánica.

En todo caso, lo importante a retener es que la Constitución Federal para los Estados de Venezuela, se concibió como la norma suprema e inviolable, fuera del alcance del legislador ordinario, como se plasmó expresamente en su artículo 227 al indicar que:

"Las leyes que se expidan contra el tenor de ella no tendrán ningún valor sino cuando hubieren llenado las condiciones requeridas para una justa y legítima revisión y sanción."

En el mismo sentido, luego de la enumeración de los derechos del hombre, el artículo 199 de la Constitución de 1811 precisó que dichos derechos:

"Están exentos y fuera del alcance del poder general ordinario del gobierno y que, conteniendo o apoyándose sobre los indestructibles y sagrados principios de la naturaleza, toda ley contraria a ellos que se expida por la legislatura federal o por las provincias será absolutamente nula y de ningún valor."

B. El principio de la soberanía nacional, el republicanismo y el gobierno representativo

El principio de la soberanía del pueblo también se recogió en el proceso constituyente iniciado en Venezuela en 1810 y en la Constitución de 1811. En efecto, debe recordarse que al instalarse la Junta Suprema de Venezuela Conservadora de los Derechos de Fernando VII, deponiendo al Gobernador Emparan del mando de la Provincia de Venezuela, la misma asumió el "mando supremo" o "suprema autoridad" de la Provincia,[29] "por consentimiento del mismo pueblo."[30] La motivación de esta Revolución se expuso en el texto del Acta, en la cual se consideró que por la disolución de la Junta Suprema Gubernativa de España, que suplía la ausencia del Monarca, el pueblo había quedado en "total orfandad", razón por la cual se estimó que:

"El derecho natural y todos los demás dictan la necesidad de procurar los medios de conservación y defensa y de erigir en el seno mismo de estos países un sistema de gobierno que supla las enunciadas faltas, ejerciendo los derechos de la soberanía, que por el mismo hecho ha recaído en el pueblo".

Desde el inicio, por tanto, la idea de la soberanía cuyo titular era el pueblo fue un motor fundamental de la Revolución, siguiendo el enunciado francés, al punto de que al desconocer el Consejo de Regencia que la Junta Suprema Gubernativa de España había nombrado, el Ayuntamiento argumentó que:

"No puede ejercer ningún mando ni jurisdicción sobre estos países, porque *ni ha sido* constituido *por el voto de estos fieles habitantes*, cuando han sido ya declarados, no colonos, sino partes integrantes de la

---

29 Véase el texto del Acta del Ayuntamiento de Caracas de 19 de Abril de 1810 en Allan R. Brewer-Carías, *Las Constituciones de Venezuela, cit.*, Tomo I, pp. 531-533.

30 Así se establece en la "Circular" enviada por el Ayuntamiento el 19 de abril de 1810 a las autoridades y corporaciones de Venezuela. Véase J. F. Blanco y R. Azpúrua, *Documentos para..., op. cit.*, Tomo II, pp. 401-402. Véase también en *Textos Oficiales..., cit.*, Tomo I, p. 105.

corona de España, y, como tales han sido llamados al ejercicio de la *soberanía* interna y a la reforma de la Constitución Nacional." [31]

Soberanía del pueblo y ausencia de representación fueron por tanto parte de los motivos de la Revolución, como se expresó en comunicación del 3 de mayo de 1810, que la Junta Suprema de Caracas dirigió a la Junta Suprema de Cádiz y a la Regencia, cuestionando la asunción por esas corporaciones:

"que sustituyéndose indefinidamente unas a otras, sólo se asemejan en atribuirse todas una delegación de la soberanía que, no habiendo sido hecha ni por el Monarca reconocido, ni por la gran comunidad de españoles de ambos hemisferios, no puede menos de ser absolutamente nula, ilegítima, y contraria a los principios sancionados por nuestra legislación." [32]

La Junta de Caracas en dicha comunicación agregaba que:

"De poco se necesitará para demostrar que la Junta Central carecía de una verdadera representación nacional; porque su autoridad no emanaba originariamente de otra cosa que de la aclamación tumultuaria de algunas capitales de provincias, y porque jamás han tenido en ellas los habitantes del nuevo hemisferio la parte representativa que legítimamente les corresponde. En otras palabras, desconocemos al nuevo Consejo de Regencia." [33]

Ello precisamente fue lo que había provocado en Caracas, como se expresó en el Acta de otra sesión del Ayuntamiento del mismo día 19 de abril de 1810, el "establecimiento del nuevo gobierno" [34] a cargo de "una Junta Gubernativa de estas Provincias, compuesta del Ayuntamiento de esta Capital y de los vocales nombrados por el voto del pueblo," [35] como manifestación tanto de "la revolución de Caracas" como de "la independencia política de Caracas," a las que aludía un Manifiesto de la Junta Gubernativa en el cual prometió:

"Dar al nuevo gobierno la forma provisional que debe tener, mientras una Constitución aprobada por la *representación nacional legítimamente constituida,* sanciona, consolida y presenta con dignidad política a la faz

31 Lo que afirma de nuevo, en comunicación enviada al propio Consejo de Regencia de España explicando los hechos, razones y fundamentos del establecimiento del nuevo gobierno. Véase J. F. Blanco y R. Azpúrua, *Documentos para..., cit.,* Tomo II, p. 408; y *Textos oficiales, op. cit.,* Tomo I, pp. 130 y ss.

32 Véase *Textos oficiales, op. cit.,* p. 130.

33 *Idem.,* p. 134.

34 Véase el texto en J.F. Blanco y R. Azpúrua, *Documentos para..., op. cit.,* Tomo I, p. 393.

35 Así se denomina en el manifiesto del 1° de mayo de 1810. Véase en *Textos oficiales..., cit.,* Tomo I. p. 121.

del universo la provincia de Venezuela organizada, y gobernada de un modo que haga felices a sus habitantes, que pueda servir de ejemplo útil y decoroso a la América"[36].

Y fue precisamente esa representación nacional integrada en el Congreso General de 1811, la que adoptó la Declaración de Derechos del Pueblo de 1 de julio de 1811,[37] en la cual, en los primeros dos artículos de la Sección de "Soberanía del Pueblo," se dispuso que:

"Artículo 1. La soberanía reside en el pueblo; y el ejercicio de ella en los ciudadanos con derechos a sufragio, por medio de sus apoderados legalmente constituidos.

Artículo 2. La soberanía, es por su naturaleza y esencia, imprescriptible, inajenable e indivisible.

Además, fue la misma representación nacional la que sancionó la Constitución Federal en diciembre de 1811, en la cual se definió la soberanía popular conforme a la misma orientación, así:

Artículo 143. Una sociedad de hombres reunidos bajo unas mismas leyes, costumbres y gobiernos forma una soberanía.

Artículo 144. La soberanía de un país, o supremo poder de reglar o dirigir equitativamente los intereses de la comunidad, reside, pues esencial y originalmente en la masa general de sus habitantes y se ejercita por medio de apoderados o representantes de éstos, nombrados y establecidos conforme a la Constitución".

Conforme a estas normas, por tanto, en las antiguas Provincias coloniales de España que formaron Venezuela, la soberanía del Monarca Español cesó y comenzó la soberanía a ejercerse por el pueblo, que se dio a sí mismo una Constitución a través de sus representantes electos que formaron su Congreso constituyente. Por ello, la Constitución de 1811, comienza señalando:

"En nombre de Dios Todopoderoso, Nos, el pueblo de los Estados de Venezuela, usando de nuestra soberanía... hemos resuelto confederarnos solemnemente para formar y establecer la siguiente Constitución, por la cual se han de gobernar y administrar estos Estados".

La idea del pueblo soberano, por tanto, que no sólo proviene de la Revolución Francesa sino antes, de la Revolución Americana, se arraigó en el constitucionalismo venezolano desde 1811, contra la idea de la soberanía monárquica que aún imperaba en España en ese momento, y contra la cual se inició el proceso de independencia. Y de allí el republicanismo y de la representatividad como forma de gobierno, que se ejerce siempre mediante repre-

36 Véase el texto en J. F. Blanco y R. Azpúrua, *Documentos para..., op. cit.,* Tomo II, p. 406, y en *Textos oficiales..., cit.,* Tomo I, p. 129.

37 Véase el texto en Allan R. Brewer-Carías, *Las Constituciones de Venezuela, cit.,* Tomo I, pp. 549-551.

sentantes, habiéndose indicado en la Constitución de 1811, como se dijo, que la soberanía se ejercita sólo "por medio de apoderados o representantes de éstos, nombrados y establecidos conforme a la Constitución" (art. 144). Por ello, agregó la Constitución de 1811:

"*Artículo 146.* Ningún individuo, ninguna familia, ninguna porción o reunión de ciudadanos, ninguna corporación particular, ningún pueblo, ciudad o partido, puede atribuirse la soberanía de la sociedad que es imprescindible, inajenable e indivisible, en su esencia y origen, ni persona alguna podrá ejercer cualquier función pública del gobierno si no la ha obtenido por la Constitución" (art. 146).

En definitiva, siendo el sistema de gobierno netamente republicano y representativo, la Constitución de 1811 estableció que:

"*Artículo 149.* La Ley es la expresión libre de la voluntad general de la mayoría de los ciudadanos, indicada por el órgano de sus representantes legalmente constituidos. "

C. La declaración de derechos del pueblo y del hombre

En el proceso constituyente venezolano, la sección legislativa de la Provincia de Caracas del Congreso General, antes incluso que se adoptara la declaración formal de la independencia el 5 de julio de 1811, sancionó un documento denominado *Declaración de Derechos del Pueblo,* que es en definitiva, la primera declaración de derechos fundamentales con rango constitucional que se adoptó en la historia del constitucionalismo moderno luego de las Declaraciones de las Constituciones de las Colonias norteamericanas de 1776 y de la Declaración de los Derechos del Hombre y del Ciudadano adoptada por la Asamblea nacional francesa en 1789.

El texto de la Declaración de Derechos del Pueblo de 1811, que luego fue recogido, aunque ampliado, en la Constitución de 1811, puede decirse que fue la traducción de la Declaración de Derechos del Hombre y del Ciudadano que precedió la Constitución francesa de 1793, y que llegó a Venezuela antes de 1797, a través de José María Picornell y Gomilla, uno de los conjurados en la llamada "Conspiración de San Blas", de Madrid, de 1794, quien, una vez ésta descubierta, fue deportado a las mazmorras españolas en el Caribe.[38] En el Puerto de La Guaira, en 1797, Picornell entró en contacto con los criollos Gual y España, y en la conspiración que llevaba el nombre de ambos, de ese año, también debelada, circuló la traducción de la declaración francesa de los derechos del Hombre. Ese texto fue el que precisamente, catorce años después, sirvió para la Declaración de Derechos del Pueblo de 1811 considerada

---

38 Véase P. Grases, *La Conspiración de Gual y España y el Ideario de la Independencia,* Caracas, 1978, p. 13.

por Pedro Grases, como "la declaración filosófica de la Independencia" [39] y luego para el capítulo respectivo de la Constitución de 1811.

El texto de los "Derechos del Pueblo" contiene 43 artículos divididos en cuatro secciones: "Soberanía del pueblo", "Derechos del Hombre en Sociedad", "Deberes del Hombre en Sociedad", y "Deberes del Cuerpo Social", precedidos de un *Preámbulo*. En términos generales los derechos declarados en el documento fueron los siguientes:

Sección Primera: Soberanía del pueblo: La soberanía (arts. 1–3); usurpación de la soberanía (art. 4); temporalidad de los empleos públicos (art. 5); proscripción de la impunidad y castigo de los delitos de los representantes (art. 6); igualdad ante la ley (art. 7).

Sección Segunda: Derechos del Hombre en Sociedad: Fin de la sociedad y el gobierno (art. 1); derechos del hombre (art. 2); la ley como expresión de la voluntad general (art. 3); libertad de expresión del pensamiento (art. 4); objetivo de la ley (art. 5); obediencia de la ley (art. 6); derecho a la participación política (art. 7); derecho al sufragio (arts. 8–10); debido proceso (art. 11); proscripción de actos arbitrarios, responsabilidad funcionarial, y protección ciudadana (art. 12–14); presunción de inocencia (art. 15); derecho a ser oído, art. 16; proporcionalidad de las penas (art. 17); seguridad, art. 18; propiedad, art. 19; libertad de trabajo e industria (art. 20); garantía de la propiedad y contribuciones solo mediante representantes (art. 21); derecho de petición (art. 22); derecho a resistencia (art. 23); inviolabilidad del hogar (art. 24); derechos de los extranjeros (art. 25–27).

Sección Tercera: Deberes del Hombre en Sociedad: los límites a los derechos de otros (art. 1); deberes de los ciudadanos (art. 2); el enemigo de la sociedad (art. 3); el buen ciudadano (art. 4) el hombre de bien (art. 5).

Sección Cuarta: Deberes del Cuerpo Social: la garantía social (art. 1); límites de los poderes y responsabilidad funcionarial (art. 2); seguridad social y socorros públicos (art. 3); instrucción pública (art. 4).

Cuatro meses después, en el texto de la Constitución federal de diciembre de 1811, se incorporó un *Capítulo VIII* dedicado a los "Derechos del Hombre que se reconocerán y respetarán en toda la extensión del Estado," distribuidos en cuatro secciones: Soberanía del pueblo (arts. 141 a 159), Derechos del hombre en sociedad (arts. 151 a 191), Derechos del hombre en sociedad (arts. 192 a 196) y Deberes del cuerpo social (arts. 197 a 199). Dichos derechos, se complementaron, por otra parte, con diversas previsiones incorporadas en el Capítulo IX sobre Disposiciones Generales.

En este Capítulo VIII se recogieron, enriquecidos, los artículos de la Declaración de los Derechos del Pueblo de 1811, y en su redacción se recibió la

---

39 Véase P. Grases, *La Conspiración de Gual y España..., cit*, p. 81. En otra obra dice Grases que la declaración "Constituye una verdadera declaración de independencia, anticipada al 5 de julio."Véase en en Pedro Grases, "Estudio sobre los 'Derechos del Hombre y del Ciudadano'," en el libro *Derechos del Hombre y del Ciudadano* (Estudio Preliminar por Pablo Ruggeri Parra y Estudio histórico-crítico por Pedro Grases), Academia Nacional de la Historia, Caracas 1959, p. 165.

influencia directa del texto de las Declaraciones de las antiguas colonias norteamericanas, de las Enmiendas a la Constitución de los Estados Unidos de América y de la Declaración Francesa de los Derechos del Hombre y del Ciudadano, y en relación con esta última, de los documentos de la conspiración de Gual y España de 1797.[40]

En la *Primera Sección* sobre "Soberanía del pueblo," se precisan los conceptos básicos que en la época originaban una república, comenzando por el sentido del "pacto social" (artículos 141 y 142). La Sección continúa con el concepto de soberanía (art. 143) y de de su ejercicio mediante representación (art. 144–146), el derecho al desempeño de empleos públicos en forma igualitaria (art. 147), con la proscripción de privilegios o títulos hereditarios (art. 148), la noción de la ley como expresión de la voluntad general (art. 149) y la nulidad de los actos dictados en usurpación de autoridad (art. 150).

En la *Segunda Sección* sobre "Derechos del hombre en sociedad," al definirse la finalidad del gobierno republicano (art. 151), se enumeran como tales derechos a la libertad, la igualdad, la propiedad y la seguridad (art. 152), y a continuación se detalla el contenido de cada uno: se define la libertad y sus límites solo mediante ley (art. 153–156), la igualdad (art. 154), la propiedad (art. 155) y la seguridad (art. 156). Además, en esta sección se regulan los derechos al debido proceso: el derecho a ser procesado solo por causas establecidas en la ley (art. 158), el derecho a la presunción de inocencia (art. 159), el derecho a ser oído (art. 160), el derecho a juicio por jurados (art. 161). Además, se regula el derecho a no ser objeto de registro (art. 162), a la inviolabilidad del hogar (art. 163) y los límites de las visitas autorizadas (art. 165), el derecho a la seguridad personal y a ser protegido por la autoridad en su vida, libertad y propiedades (art. 165), el derecho a que los impuestos sólo se establezcan mediante ley dictada por los representantes (art. 166), el derecho al trabajo y a la industria (art. 167), el derecho de reclamo y petición (art. 168), el derecho a la igualdad respecto de los extranjeros (art. 168), la proscripción de la irretroactividad de la ley (art. 169), la limitación a las penas y castigos (art. 170) y la prohibición respecto de los tratos excesivo y la tortura (arts. 171–172), el derecho a la libertad bajo fianza (art. 174), la prohibición de penas infamantes (art. 175), la limitación del uso de la jurisdicción militar respecto de los civiles (art. 176), la limitación a las requisiciones militares (art. 177), el régimen de las milicias (art. 178), el derecho a portar armas (art. 179), la eliminación de fueros (180) y la libertad de expresión de pensamiento (art. 181). La Sección concluye con la enumeración del derecho de petición de las Legislaturas provinciales (art. 182) y el derecho de reunión y petición de los ciudadanos (art. 183–184), el poder exclusivo de las Legislaturas de suspender las leyes o detener su ejecución (art. 185), el poder de legislar atribuido al Poder Legislativo (art. 186), el derecho del pueblo a participar en la legislatura (art. 187), el principio de la alternabilidad republicana (art. 188), el principio de la separación de poderes entre el Legislativo, el Ejecuti-

---

40 Véase Allan R. Brewer-Carías, *Los Derechos Humanos en Venezuela: casi 200 años de Historia,* Academia de Ciencias Políticas y Sociales, Caracas 1990, pp. 101 y ss.

vo y el Judicial (art. 189), el derecho al libre tránsito entre las provincias (art. 190), el fin de los gobiernos y el derecho ciudadano de abolirlos y cambiarlos (art. 191).

En la *Sección Tercera* sobre "Deberes del hombre en sociedad," donde se establece la interrelación entre derechos y deberes (art. 192), la interrelación y limitación entre los derechos (art. 193), los deberes de respetar las leyes, mantener la igualdad, contribuir a los gastos públicos y servir a la patria (art. 194), con precisión de lo que significa ser buen ciudadano (art. 195), y de lo que significa violar las leyes (art. 196).

En la *Sección Cuarta* sobre "Deberes del Cuerpo Social," donde se precisa las relaciones y los deberes de solidaridad social (art. 197–198), y se establece en el artículo 199, la declaración general sobre la supremacía y constitucional y vigencia de estos derechos, y la nulidad de las leyes contrarias a los mismos.

En el texto venezolano de la Constitución de 1811, debe destacarse, se incorporaron unas novedosas normas, antes mencionadas, que no encuentra antecedentes ni en los textos constitucionales norteamericanos ni franceses, y son la que contienen la "garantía objetiva" de la Constitución y de los derechos que ella declara, y que proclaman como "nulas y de ningún valor" las leyes que contrariaran la Constitución y la declaración de derechos (artículos 199, 277).

D. El principio de la separación de poderes

El principio de la separación de poderes también se recogió en el proceso constituyente venezolano, primero, en marzo de 1811, en la conformación inicial del gobierno, una vez que fueron electos los diputados al Congreso General de representantes de las Provincias el cual sustituyó a la Junta Suprema de Caracas; y segundo en el texto de la Constitución Federal de 1811, en cuyo Preámbulo se dispuso que:

"El ejercicio de la autoridad confiada a la Confederación no podrá jamás hallarse reunido en sus diversas funciones. El Poder Supremo debe estar dividido en Legislativo, Ejecutivo y Judicial, y confiado a distintos cuerpos independientes entre sí y en sus respectivas facultades."

Además, el artículo 189 insistía en que:

"Los tres Departamentos esenciales del Gobierno, á saber: el Legislativo, el Ejecutivo y el Judicial, es preciso que se conserven tan separados e independientes el uno del otro cuanto lo exija la naturaleza de un gobierno libre lo que es conveniente con la cadena de conexión que liga toda fábrica de la Constitución en un modo indisoluble de Amistad y Unión."

Conforme a este postulado, la Constitución, adoptó el principio, no como el establecimiento de compartimientos estancos en los órganos del Estado, sino conforme a un sistema de pesos, contrapesos e interferencias constitucionales más próximo al constitucionalismo norteamericano, destinando su parte orgánica a regular en detalle conforme a un sistema de gobierno presidencial, a los órganos del Poder Legislativo, del Poder Ejecutivo y del Poder Judicial.

Así, en cuanto al Poder Legislativo, en el Capítulo II se lo reguló, atribuyéndoselo al Congreso General de Venezuela, dividido en dos Cámaras, la de Representantes y el Senado (Art. 3); con normas destinadas a regular el proceso de formación de las leyes (Arts. 4 a 13); la forma de elección de los miembros de la Cámara de Representantes y del Senado (Art. 14 a 51) con una regulación detallada del proceso de elección de manera indirecta en congregaciones parroquiales (Art. 26) y en congregaciones electorales (Art. 28); sus funciones y facultades (Art. 52 a 66); el régimen de las sesiones de las Cámaras (Art. 67 a 70); y sus atribuciones especiales (Art. 71).

En particular, en cuanto al órgano legislativo, se le asignó la función de elaborar las leyes, conforme al principio ya recogido en la Declaración de Derechos del Pueblo de 1811, al establecer en su Sección Tercera que:

> "*Artículo 3.* La ley se forma por la expresión libre y solemne de la voluntad general, y ésta se expresa por los apoderados que el pueblo elige para que representen sus derechos."

En esta misma orientación, en el artículo 149 de la Constitución de 1811 se estableció:

> "*Artículo 149.* La ley es la expresión libre de la voluntad general o de la mayoría de los ciudadanos, indicadas por el órgano de sus representantes legalmente constituidos. Ella se funda sobre la justicia y la utilidad común y ha de proteger la libertad pública e individual contra toda opresión o violencia."

En el Capítulo III se reguló al Poder Ejecutivo en forma plural, el cual se dispuso que residiría en la ciudad federal, estando "depositado en tres individuos elegidos popularmente" (Art. 72) por las Congregaciones Electorales (Art. 76) por listas abiertas (Art. 77). En el Capítulo no sólo se reguló la forma de elección del triunvirato (Arts. 76 a 85), sino qué se definieron las atribuciones del Poder Ejecutivo (Arts. 86 a 99) y sus deberes (Arts. 100 a 107). De acuerdo a la forma federal de la Confederación, se reguló la relación entre los Poderes Ejecutivos Provinciales y el Gobierno Federal, indicándose que aquéllos eran, en cada Provincia, "los agentes naturales e inmediatos del Poder Ejecutivo Federal para todo aquello que por el Congreso General no estuviere cometido a empleados particulares en los ramos de Marina, Ejército y Hacienda Nacional" (Art. 108).

Por último, en cuanto al Poder Judicial, el Capítulo IV se destinó a regularlo, depositándolo en una Corte Suprema de Justicia (Arts. 110 a 114) con competencia originaria entre otros, en los asuntos en los cuales las Provincias fueren parte interesada y competencia en apelación en asuntos civiles o criminales contenciosos (Art. 116).

E. Los principios de la organización territorial del Estado: federalismo y municipalismo

La organización constitucional del Estado que se adoptó en la constitución del nuevo Estado venezolano independiente, fue la forma federal que se había concebido con motivo de la Revolución Norteamericana que habían iniciado las antiguas Colonias, y que fue la fórmula concebida para unirlas. Igualmente en el caso de las Provincias de la Capitanía General de Venezuela, que se habían desarrollado como provincias aisladas, descentralizadas y con gran autonomía conforme al esquema colonial español, fueron dichas Provincias las que iniciaron el proceso de independencia, declarándose como Estados soberanos, de manera que el proceso de unión entre ellas para la conformación de un solo Estado provocó igualmente la adopción de la fórmula federal de gobierno.

En esta forma, conforme a la Constitución de 1811, se estableció una Federación de Provincias, organizándose en la Constitución de 1811 al Estado Federal o Confederación de Venezuela, y regulándose someramente a las Provincias cuyas Legislaturas Provinciales debía dictar sus propias Constituciones. Así, el "Preliminar" de la Constitución se destinó a regular las "Bases del Pacto Federativo que ha de constituir la autoridad general de la Confederación", donde se precisaron la distribución de poderes y facultades entre la Confederación y los Estados confederados (las Provincias). Se estableció, en esta forma, por primera vez en el constitucionalismo moderno, después de su creación en la Constitución de los Estados Unidos de Norteamérica, una forma federal para un nuevo Estado, conforme al siguiente esquema:

En todo lo que por el Pacto Federal no estuviere expresamente delegado a la Autoridad general de la Confederación, conservará cada una de las Provincias que la componen su Soberanía, Libertad e Independencia; en uso de ellas tendrán el derecho exclusivo de arreglar su Gobierno y Administración territorial bajo las leyes que crean convenientes, con tal que no sean de las comprendidas en esta Constitución ni se opongan o perjudiquen a los Pactos Federativos que por ella se establecen.

En cuanto a las competencias de la Confederación "en quien reside exclusivamente la representación Nacional", se dispuso que estaba encargada de:

> "Las relaciones extranjeras, de la defensa común y general de los Estados Confederados, de conservar la paz pública contra las conmociones internas o los ataques exteriores, de arreglar el comercio exterior y el de los Estados entre sí, de levantar y mantener ejércitos, cuando sean necesarios para mantener la libertad, integridad e independencia de la Nación, de construir y equipar bajeles de guerra, de celebrar y concluir tratados y alianzas con las demás naciones, de declararles la guerra y hacer la paz, de imponer las contribuciones indispensables para estos fines u otros convenientes a la seguridad, tranquilidad y felicidad común, con plena y absoluta autoridad para establecer las leyes generales de la Unión y juzgar y hacer ejecutar cuanto por ellas quede resuelto y determinado."

En todo lo no atribuido a la Confederación, la competencia entonces correspondía a las Provincias se concibieron como "Estados Soberanos," correspondiéndoles a ellos, en sus respectivas Constituciones, disponer sus poderes y en particular la organización territorial interna de las mismas.

Por tanto, una vez dictada la Constitución de 21 de diciembre de 1811, las Legislaturas Provinciales comenzaron a dictar sus Constituciones regulándose en ellas, la organización territorial del país que fue donde se organizó el Poder Municipal. Se destaca así, por ejemplo, el esquema territorial establecido en la Constitución de la Provincia de Venezuela dictada en enero de 1812, y que dividió uniformemente a la Provincia en cinco Departamentos; a cada uno de los Departamentos los dividió en Cantones; a cada uno de los Cantones los dividió en Distritos; y estableció Municipalidades en las Capitales de Distritos.

Este Estado nacional de la Federación de los Estados de Venezuela funcionó hasta marzo de 1812, cuando como consecuencia del Armisticio firmado entre el General Francisco de Miranda y el Coronel Domingo de Monteverde, este reasumió el control de las Provincias de Venezuela en nombre de la Corona española, haciendo jurar aunque brevemente la Constitución de Cádiz de 1812.

2. *El Acta de la Confederación de las Provincias Unidas de la Nueva Granada de 27 de noviembre de 1811*

Siguiendo la línea de la convocatoria de formar un Congreso Nacional contenida en el acta de la Independencia adoptada por el Cabildo de Santafé del 20 de julio de 1810, a partir de finales de 1810, luego de que no se pudo reunir el primer Congreso de las provincias que se había convocado, y en forma paralela a los esfuerzos de Cundinamarca por controlar las provincias del Nuevo Reino, alguna de estas, como se ha señalado, ya había adoptado sus propia Constituciones o forma de gobierno (Socorro) y casi todas habían enviado representantes al segundo Congreso de las Provincias Unidas que se reunieron inicialmente en Santa Fe, y luego mantuvieron su centro en Tunja y Villa de Leyva.

El 27 de noviembre de 1811, los representantes de cinco de las provincias de Nueva Granada (Antioquia, Cartagena, Neiva, Pamplona, Tunja), reunidos en Convención en Santa Fe, aprobaron el Acta de Confederación de las Provincias Unidas de Nueva Granada,[41] con 78 artículos, la cual tuvo, sin duda, influencia de los textos constitucionales norteamericanos, mediante la cual se estableció la primera república neogranadina, con el título de Provincias Unidas de la Nueva Granada (art. 1). De la Constitución disintieron los diputados de las provincias de Cundinamarca y Chocó, representando las tendencias centralistas, "por considerar inconveniente el sistema federal adoptado," marcando así el desacuerdo entre federalistas y centralistas que se evidenció en la

41 Véase el texto en Jorge Orlando Melo, *Documentos constitucionales colombianos, 1810-1815,* en http://www.jorgeorlandomelo.com/bajar/documentosconstitucionales1.pdf

lucha entre la mayoría de las provincias y la de Cundinamarca, el cual incluso desembocó a finales de 1812 en enfrentamientos armados. Esta primera de estas guerras culminó con el triunfo de la federación en enero de 1813, en Santafé de Bogotá, y la formación de un solo gobierno con el mismo nombre de Provincias Unidas de Nueva Granada.

El Acta de la Confederación de 1811, en todo caso, desconociendo expresamente a la Regencia de España (art. 5), conservó la Religión católica (art. 4), y creó una Confederación entre las Provincias que al tiempo de la Revolución de Santafé del 20 de julio de 1810, "eran reputadas y consideradas como tales, y que en continuación y en uso de este derecho resumieron desde aquella época su gobierno y administración interior" (art. 2). A tal efecto, las provincias proclamaron "sus deseos de unirse a una asociación federativa, que remitiendo a la totalidad del Gobierno general las facultades propias y privativas de un solo cuerpo de nación, reserve para cada una de las provincias su libertad, su soberanía y su independencia, en lo que no sea del interés común." El Acta también indicaba que se admitirían en la Confederación aquellas otras que sin haber pertenecido a la Nueva Granada, por su situación geográfica o comercio tenían vínculos con la nación.

En el Acta, como se dijo, las provincias Unidas "desconocen expresamente la autoridad del Poder Ejecutivo o Regencia de España, Cortes de Cádiz, Tribunales de Justicia y cualquiera otra autoridad subrogada o substituida por las actuales, o por los pueblos de la península, en ella, sus islas adyacentes, o en cualquiera otra parte, sin la libre y espontánea concurrencia de este pueblo," indicándose además, que en ninguna de dichas provincias se obedecerá o dará cumplimiento a las órdenes, cédulas, decretos o despachos, que emanaren de las referidas autoridades (art. 5).

Las provincias se reconocieron entre sí como mutuamente "iguales, independientes y soberanas, garantizándose la integridad de sus territorios, su administración interior y una forma de gobierno republicano (art. 6); para lo cual se reservaron expresamente, un conjunto de poderes y potestades (art. 7), entre las cuales destaca "la facultad de darse un gobierno como más convenga a sus circunstancias, aunque siempre popular, representativo y análogo al general de la Unión, para que así resulte entre todas la mejor armonía, y la más fácil administración, dividiendo sus poderes, y prescribiéndoles las reglas bajo las cuales se deben conducir" (art. 7.1); la policía, el gobierno interior y económico de sus pueblos, y nombramiento de toda clase de empleados (art. 7.2); la formación de sus códigos civiles y criminales (art. 7.3); el establecimiento de los juzgados y tribunales superiores e inferiores (art. 7.4); y la creación y arreglo de milicias provinciales (art. 7.5); y en general, "todo aquello que no siendo del interés general, ni expresamente delegado en los pactos siguientes de federación, se entiende siempre reservado y retenido"(art. 7.8).

En el Acta, respecto de la Unión o Confederación, se reforzó el Congreso como "depositario de de altas facultades, conservador de los derechos de los pueblos, y director de sus medios y sus recursos," constituido por los diputados representantes de las provincias (art. 10), con votos iguales, y que a los efectos del Congreso debían considerarse "más bien representantes de la

113

Unión en general que de ninguna provincia en particular" (art. 52). El Congreso se debía instalar y formar "donde lo tenga por conveniente, trasladándose sucesivamente si fuere necesario a donde lo pidan las ventajas de la Unión, y principalmente la defensa común" (art. 11). El Congreso tenía la facultad para levantar y formar los ejércitos que juzgue necesarios, y la fuerza naval que permitan las circunstancias, para la defensa común de las Provincias Unidas (art. 12), con facultad de "hacer las ordenanzas y reglamentos generales y particulares que convengan para la dirección y gobierno de las fuerzas marítimas y terrestres"(art. 18), y para asignarle a estas "el número de milicias con que deba contribuir para la defensa común, arreglado a las circunstancias en que se halle respecto del enemigo, sus proporciones o recursos en este género y su población (art. 15).

Se reguló en el Acta, además, dentro de las potestades privativas del Congreso, todo lo relativo al tesoro nacional y las diversas rentas (arts. 20 ss.), reconociendo sin embargo que las tierras baldías eran de las provincias (art. 23), y respetando las tierras de las tribus indígenas (art. 24); lo relativo a la moneda (art. 33); la autoridad sobre los caminos y medios de comunicación de las provincias (art. 34); el arreglo del comercio interior entre las provincias (art. 35); las relaciones exteriores (art. 40), en particular con la Silla Apostólica (art. 41), reservándose al Congreso la decisión sobre el patronato que existía (art. 42); la solución de las disputas entre las diversas provincias (art. 44), y el juicio y determinación de los pleitos y diferencias entre ciudadanos de diversas provincias (art. 47).

El Acta, además, reguló el derecho de "los habitantes libres, de todas y cada una de las provincias, a entrar en el territorio de las demás, traficar o comerciar en ellas y gozar de todos los privilegios e inmunidades de ciudadanos libres (art. 48); y se declaró que se reconocerían en todas las provincias, las diligencias judiciales que ocurrieran las mismas (art. 50).

Finalmente, con vistas a la consolidación futura de la Unión, se declaró en el artículo 61 que "que "removidos los peligros que hoy nos rodean, reunidas las provincias que definitivamente compondrán esta Unión, y conocida exactamente su población, se convocará la gran Convención Nacional sobre esta misma base de la población para darse dicha Constitución; a menos que las provincias quieran someter esta obra al Congreso, sujeta no obstante siempre a su sanción (art. 61); declarándose en cuanto a la rigidez del Acta que "Nada de lo contenido en esta acta podrá revocarse sin expresa determinación de las provincias, para cuyo efecto deberán ser oídas, lo mismo que lo han sido y van a serlo para su sanción; y nada de lo obrado contra ella tendrá autoridad ni fuerza alguna, como hecho contra su expresa y declarada voluntad" (art. 74).

Por otra parte, fue el Congreso de las Provincias Unidas, el cual en 1813 funcionaba en Tunja, ciudad bastión de las ideas federales, el que en marzo de 1813 autorizó y apoyó a Simón Bolívar para iniciar en la Campaña militar para la liberación de las provincias de Venezuela, para lo cual salió de Cúcuta en mayo de 1813. Derrotado en 1814, Bolívar se presentó en Tunja de nuevo ante el Congreso de las Provincias Unidas. Fue comisionado por el Congreso de Tunja para liberar a Bogotá, la cual sitió y la dominó, con lo cual luego de firmada la Capitulación del 12 de diciembre de 1814, Cundinamarca reconocería al Congreso de las Provincias Unidas.

Debe señalarse finalmente, que este Estado nacional, Provincias Unidas de Nueva Granada funcionó en Colombia hasta 1816, hasta cuando las tropas españolas comandadas por el mariscal Pablo Morillo tomaron en nombre de la Corona española las provincias de Nueva Granada, haciendo jurar aunque muy brevemente la Constitución de Cádiz.

V. LAS PRIMERAS CONSTITUCIONES PROVINCIALES SANCIONADAS ENTRE 1811–1812, EN EL MARCO DE CONSTITUCIONES NACIONALES: BARCELONA, CARACAS, TUNJA, ANTIOQUIA, CARTAGENA

Después de la sanción de la Constitución Federal de los Estados de Venezuela en diciembre de 1811 y de la firma del Acta de Confederación de las Provincias Unidas de Nueva Granada de noviembre de 1811, las diversas Provincias, en ambos Estados nacionales, continuaron sancionando sus constituciones provinciales: en Venezuela, en 1812 y en Nueva Granada entre 1811 y 1815.

1. *Las Constituciones Provinciales en Venezuela después de la Constitución Federal para los Estados de Venezuela de 1811*

Luego de la sanción de la Constitución Federal de los Estados de Venezuela de diciembre de 1811, en efecto, y una vez que en ese mismo año se habían dictado Constituciones o Planes de Gobierno en las Provincias Barinas, Trujillo y Mérida, conforme a sus propias normas se dictaron las Constituciones Provinciales de Barcelona y Caracas. Para ello, la Constitución de 21 de diciembre de 1811, al regular el Pacto Federativo, dejó claramente expresado que las Provincias conservaban su Soberanía, Libertad e Independencia, y que:

> "en uso de ellas tendrán el derecho exclusivo de arreglar su gobierno y administración territorial bajo las leyes que crean convenientes, con tal que no sean de las comprendidas en esta Constitución ni se opongan o perjudiquen a los Pactos Federativos que por ella se establecen."

En virtud de ello, las Provincias conservaron la potestad ya ejercida por algunas con anterioridad en el marco de la Confederación que se formaba, para dictar sus Constituciones. Como se dijo, las Constituciones Provinciales dictadas después de la promulgación de la Constitución Federal fueron las de Barcelona y la de Caracas: la primera puede decirse que ya estaba redactada cuando se promulgó la Constitución Federal; y la segunda, se adaptó más a lo que los redactores de ésta pensaban de lo que debía ser una Constitución Provincial en el seno de la Federación que se estaba conformando; y que se elaboró precisamente como "Constitución modelo" para la elaboración de las Constituciones provinciales.

A. La Constitución Fundamental de la República de Barcelona Colombiana de 12 de enero de 1812

En efecto, a los pocos días de promulgada la Constitución Federal del 21 de diciembre de 1811, el pueblo barcelonés, por la voz de sus Asambleas Primarias, por la de sus Colegios Electorales y por la de sus funcionarios soberanos, proclamó la "Constitución fundamental de la República de Barcelona Colombiana,"[42] que fue un verdadero Código Constitucional de 19 títulos y 343 artículos. Este texto fue redactado por Francisco Espejo y Ramón García de Sena,[43] hermano de Manuel García de Sena el traductor en 1810 de las obras de Thomas Paine y de los textos constitucionales norteamericanos, y por ello tiene gran importancia histórica, pues fue a través de ella que esos textos fueron conocidos en América española y no sólo en Venezuela.

El *Título Primero* de la Constitución contiene los "Derechos de los habitantes de la República de Barcelona Colombiana" y sus 38 artículos son copia casi exacta de los *Derechos del Hombre y del Ciudadano* de 1797, correspondiendo a Francisco Espejo la redacción de este Título.[44] Termina dicho Título con la proclamación del principio de la separación de poderes entre el Legislativo, Ejecutivo y Judicial, a la usanza de las Declaraciones de las colonias norteamericanas así:

> "*38*. Siendo la reunión de los poderes el germen de la tiranía, la República declara que la conservación de los derechos naturales y civiles del hombre de la libertad y tranquilidad general, depende esencialmente de que el Poder Legislativo jamás ejerza el Ejecutivo o Judicial, ni aún por vía de excepción. Que el ejecutivo en ningún caso ejerza el legislativo o Judicial y que el Judicial se abstenga de mezclarse en el Legislativo o Ejecutivo, conteniéndose cada uno dentro de los límites que les prescribe la Constitución, a fin de que se tenga el gobierno de las leyes y no el gobierno de los hombres."

El *Título Segundo* estaba destinado a regular la organización territorial de la "República de Barcelona", como única e indivisible (art. 1), pero dividida en cuatro Departamentos (art. 2), los cuales comprendían un número considerable de pueblos, en los cuales debía haber una magistratura ordinaria y una parroquia para el régimen civil y espiritual de los ciudadanos (art. 3).

El *Título Tercero* reguló a los "ciudadanos," con una clasificación detallada respecto de la nacionalidad, siendo los Patricios, los ciudadanos barceloneses, es decir: "los naturales y domiciliados en cualesquiera de los Departamentos del Estado, bien procedan de padres originarios de la República o de extranjeros". Se reguló detalladamente el *status* de los extranjeros.

---

42 Véase en *Las Constituciones Provinciales, op. cit.*, pp. 151-249.

43 Véase Ángel Francisco Brice, "Estudio Preliminar" al libro *Las Constituciones Provinciales, op. cit.*, p. 39.

44 *Idem.*, p. 150, nota 1.

El *Título Cuarto*, se refiere a la soberanía con normas como las siguientes: "la soberanía es la voluntad general unida al poder de ejecutarla"; "ella reside en el pueblo; es una, indivisible, inalienable e imprescriptible; pertenece a la comunidad del Estado; ninguna sección del pueblo; ni individuo alguno de éste puede ejercerla". "La Constitución barcelonesa es representativa. Los representantes son las Asambleas Primarias: los Colegios Electorales y los Poderes Supremos, Legislativo, Ejecutivo y Judicial". "El gobierno que establece es puramente popular y democrático en la rigurosa significación de esta palabra." Como consecuencia del carácter representativo del nuevo Estado, el *Título Quinto* reguló en detalle las Asambleas Primarias y sus facultades, y las condiciones para ser elector y el acto de votación. Estas Asambleas Primarias debían ser convocadas por las Municipalidades, y su objeto era "constituir y nombrar entre los parroquianos un determinado grupo de electores que concurran a los Colegios Electorales a desempeñar sus funciones." Y el *Título Sexto*, por su parte, reguló a los "Colegios Electorales y sus facultades". Correspondía a los Colegios Electorales la elección de los funcionarios de la Sala de Representantes y de los Senadores de la Legislatura Provincial; la elección del Presidente y Vicepresidente del Estado; los miembros de la Municipalidad en cada Departamento; y las Justicias Mayores y Jueces de Paz.

El *Título Séptimo* se refiere al Poder Legislativo, el cual "se deposita en una Corte General nombrada de Barcelona, compuesta de dos Cámaras, una de Representantes, y la otra de Senadores". En este Título se reguló extensamente el régimen de elección de los miembros de dichas Cámaras, su funcionamiento, facultades comunes y privativas, régimen parlamentario y el procedimiento de formación de las leyes. Entre las funciones que se asignaban a esta Corte General, además de dictar leyes, se precisó que bajo este nombre general de ley se comprendían los actos concernientes a "la formación de un Código Civil, Criminal y Judicial, en cuya ampliación ocupará principalmente sus atenciones." Llama la atención la utilización en este texto, de la palabra "Corte" para denominar el Cuerpo legislativo de la Provincia.

El *Título Octavo* reguló el Poder Ejecutivo, a cargo del Presidente de la República de Barcelona, sus condiciones, atribuciones y poderes; y el *Título Noveno* reguló todo lo concerniente al Vicepresidente, como suplente del Presidente.

El *Título Décimo* se refiere al "Poder Judicial". Allí se reguló el Poder Judicial Supremo confiado a un Tribunal de Justicia, con sus competencias en única instancia y en apelación, y sus poderes de censura de la conducta y operaciones de los Jueces ordinarios. El *Título Duodécimo* reguló a los "Justicias Mayores", que a la vez que jueces de policía en las ciudades, villas y pueblos, eran los residentes natos de la Municipalidad y Jueces Ordinarios de Primera instancia en las controversias civiles y criminales. Y el *Título Decimotercero* reguló a los "Jueces de Paz" con competencia para "trazar y componer las controversias civiles de los ciudadanos antes que las deduzcan en juicio, procurándoles cuantos medios sean posibles de acomodamiento entre sí".

El *Título Undécimo*, reguló a las "Municipalidades", con la precisión de que

"En cada una de las cuatro ciudades actualmente existentes en el territorio de la República (Barcelona, Aragua, Pao y San Diego de Cabrutica) y en todas las demás ciudades y villas que en adelante se erigieren, habrá un cuerpo municipal compuesto de dos corregidores de primera y segunda nominación y seis regidores".

Según la votación obtenida en su elección, el Regidor que hubiere obtenido mayor número de votos era considerado como Alguacil Mayor, el que más se le acercaba, como Fiel Ejecutor y el que menos votos obtuviera se consideraba el Síndico General. Correspondía a la Municipalidad el Registro Civil y la Policía.

El *Título Decimocuarto* está destinado a regular el "culto", estableciéndose a la Religión Católica y Apostólica como "la única que se venera y profesa públicamente en el territorio de la República, y la que ésta protege por sus principios constitucionales". El Obispo, conforme a este Título se elegía en la misma forma que se elegía al Presidente del Estado, con la única diferencia de que en los Colegios Electorales tendrían voto los eclesiásticos.

El *Título Decimoquinto* reguló la "Fuerza Pública"; el *Título Decimosexto* reguló la "Hacienda"; el *Título Decimoséptimo* reguló la "sanción del Código Constitucional"; el *Título Decimoctavo*, estableció el régimen de "Revisión del Código Constitucional"; y el *Título Decimonoveno*, el régimen del "juramento constitucional"

B. La Constitución para el gobierno y administración interior de la Provincia de Caracas del 31 de enero de 1812

A pesar de que el Congreso General, en marzo de 1811 había designado una comisión de diputados para redactar la Constitución de la Provincia de Caracas, para que sirviera de modelo a las demás de la Confederación, solo fue después de sancionada la Constitución federal, el 31 de enero de 1812, cuando se concluyó su tarea de redactar aprobándose un texto de 328 artículos agrupados en catorce capítulos destinados, como lo indica su Preámbulo, a regular el gobierno y administración interior de la Provincia.

Más que la Constitución de una "República" soberana, como había sido el caso de la Constitución Provincial de Barcelona este texto se acomoda al de una Provincia federada en el marco de una Confederación. Por ello, la Constitución Provincial de Caracas hace especial énfasis en la necesidad de "organizar equitativamente la distribución y la representación del pueblo en la legislatura provincial"[45].

---

45 Véase en *Las Constituciones Provinciales, op. cit.*, pp. 63-146.

Esta Constitución puede considerarse, sin duda, como el modelo más acabado de lo que era una Constitución provincial a comienzos del siglo XIX, influida de todos los principios del constitucionalismo moderno que se habían venido expandiendo en el mundo occidental luego de las revoluciones Norte Americana y Francesa de finales del siglo XVIII.

La misma fue sancionada por el Congreso General de la Confederación de Venezuela que se había instalado en 1811, en la "Sección Legislativa de la Provincia de Caracas del Congreso General de Venezuela," es decir, por los diputados electos en la Provincia que integraban dicho Congreso General; con el propósito de regular constitucionalmente el funcionamiento de dicha Provincia en el marco de la Federación que venía de establecerse formalmente el mes anterior, al sancionarse, el 21 de diciembre de 1811, por el mismo Congreso General, la Constitución Federal de los Estados de Venezuela.[46]

La elaboración de ambos proyectos de Constituciones, de la Federal y de la Provincial de Caracas, se realizó, en paralelo, en las sesiones del Congreso General, lo que se capta del encargo hecho en la sesión del 16 de marzo de 1811 a los diputados Francisco Uztáriz, Juan Germán Roscio y Gabriel de Ponte, Diputados los tres por la Provincia de Caracas por los partidos capitulares de San Sebastián de los Reyes, Calabozo y la ciudad de Caracas, recién instalado el propio Congreso, como comisionados para redactar la Constitución Federal de Venezuela[47]; y del anuncio efectuado en la sesión del Congreso General del 28 de marzo de 1811, donde se informó que se había encomendado a los mismos mencionados diputados Ustáriz y Roscio, la elaboración de "la Constitución provincial de Caracas, con el objeto de que sirviese de modelo a las demás provincias del Estado y se administrasen los negocios uniformemente."[48]

Por ello, en la sesión del Congreso General del 19 de julio de 1811 se dejó constancia de que era un mismo grupo de diputados los "encargados de trabajar la Constitución Federal y la Constitución particular de la provincia de Caracas";[49] y además, en la sesión del Congreso General del 20 de julio de 1811, el mismo Ustáriz decía que el Congreso le había encomendado junto con Roscio y de Ponte, "para que formase la Constitución federal de los Estados Unidos de Venezuela."[50]

---

46 Véase el texto en Allan R. Brewer-Carías, *Las Constituciones de Venezuela*, Academia de Ciencias Políticas y Sociales, Tomo I, Caracas 2008, pp. 553 ss.

47 En la despedida de la sección legislativa de la provincia de caracas al concluir sus sesiones y presentar la Constitución provincial 19 de febrero de 1812 Véase *Textos Oficiales de la primera República de Venezuela*, Biblioteca de la Academia de Ciencias Políticas y Sociales, Caracas 1982, Tomo II, p. 216.

48 *Id.*, Tomo II, p. 216.

49 *Id.*, Tomo II, p. 109.

50 Véase Ramón Díaz Sánchez, "Estudio Preliminar", *Libro de Actas del Segundo Congreso de Venezuela 1811-1812*, Academia Nacional de la Historia, Caracas 1959, Tomo I, p. 230.

Fue a tales efectos, que Ustáriz comenzó a presentar pliegos de la Constitución en la sesión del Congreso General del 21 de agosto de 1811,[51] dejándose constancia en la sesión del Congreso del 26 de julio de 1811, por ejemplo, de la presentación de un importante "Proyecto para la Confederación y Gobiernos provinciales de Venezuela,"[52] donde se formulaba un ensayo de distribución de las competencias que debían corresponder al nivel del Estado federal, y al nivel de los Gobiernos provinciales.[53]

Se trató, por tanto, de un proceso constituyente tanto nacional como provincial que se desarrolló en paralelo en el seno del mismo cuerpo de diputados, por una parte, para la conformación de un Estado federal en todo el ámbito territorial de lo que había sido la antigua Capitanía General de Venezuela, con la participación de todos los diputados del Congreso de todas las provincias; y por la otra, para la conformación del marco constitucional de gobierno para una de las provincias de dicha Federación, la de Caracas, incluso, como se dijo, para que el texto sirviera de modelo para la elaboración de las otras Constituciones provinciales.

Esa imbricación de Legislaturas en el mismo Cuerpo de representantes, la del Congreso General y la de la Sección Legislativa de la Provincia de Caracas, explica que en la sesión del Congreso General del 31 de enero 1812 se diera cuenta formalmente de que la Constitución provincial de Caracas iba a firmarse ese mismo día;[54] hecho del cual además, se dio anuncio en la sesión del mismo Congreso General del día siguiente, del 1 de febrero de 1812.[55]

Esta Constitución de la Provincia de Caracas, por su parte, tiene la importancia de que formó parte del segundo grupo de Constituciones provinciales que se sancionaban en la historia del constitucionalismo moderno, después de las que se habían adoptado en 1776 en las trece antiguas Colonias inglesas en Norteamérica y que luego formaron los Estados Unidos de América, y que fueron las Constituciones o Formas de Gobierno de New Hampshire, Virginia, South Carolina, New Jersey Rhode Island, Connecticut, Maryland, Vir-

---

51 *Id.*, Tomo I, p. 317.

52 Véase el texto en *El pensamiento constitucional hispanoamericano hasta 1830*, Biblioteca de la Academia nacional de la Historia, Caracas 1961, Tomo V, pp. 41-44.

53 Véase *Textos Oficiales de la Primera República de Venezuela, cit.,* Tomo II, pp. 111-113

54 Véase *Libro de Actas del Segundo Congreso de Venezuela 1811-1812, cit.,* Tomo II, p. 307.

55 Véase *Libro de Actas del Segundo Congreso de Venezuela 1811-1812, cit.,* Tomo II, p. 309. Como se dijo, con posterioridad, el 19 de febrero de 1812 luego de haberse promulgado la Constitución de la Provincia de Caracas, la Sección Legislativa para la Provincia del Congreso General dirigió una "despedida a los habitantes de Caracas al terminar sus sesiones y presentar la Constitución," (firmada por los diputados Felipe Fermín Paúl, Martín Tovar, Lino de Clemente, Francisco Xavier Ustáriz, José Ángel Alamo, Nicolás de Castro, Juan Toro, Tomás Millano." Véase en *Textos Oficiales de la Primera República de Venezuela, cit.,* Tomo II, p. 216.

ginia, Delaware, New York y Massachusetts.[56] Venezuela fue, así, el segundo país en la historia del constitucionalismo moderno en haber adoptado la forma federal de gobierno a los efectos de unir como un nuevo Estado, lo que antes habían sido antiguas Provincias coloniales.

a. *Los diputados de la Provincia de Caracas al Congreso General y la Sección Legislativa para la Provincia de Caracas*

Las elecciones de diputados al Congreso general por la Provincia de Caracas se efectuaron a partir del 1º de noviembre de 1810, en la forma prescrita en el antes mencionado Reglamento para la elección y reunión de diputados al cuerpo conservador de los derechos de Fernando VII en las Provincias de Venezuela de 11 de junio de 1810,[57] habiéndose elegido los siguientes 24 diputados:

Por el Partido Capitular de Caracas, cuyo territorio comprendía aproximadamente lo que hoy es el Distrito Capital y los Estados Vargas y Miranda, se eligieron los siguientes 6 diputados: 1. *Lino de Clemente*, quien había sido fue Síndico Procurador General en el Cabildo Metropolitano antes del 19 de abril de 1811, incorporándose en esa fecha a la Junta Suprema y siendo luego nombrado en el Bando del 25 de abril de 1811, como Secretario de Marina y Guerra de la Junta Suprema de Caracas; 2. *Fernando Rodríguez del Toro*, hermano del marqués del Toro, Inspector general en el 19 de abril de 1811, a cuyo cargo había quedado el Gobierno Militar en el Bando de la Junta Suprema del 25 de abril de 1811, formando parte de la Junta de Guerra y Defensa de la provincia; 3. *Nicolás de Castro*, quien había sido incorporado como Vocal de Junta Suprema en el Bando del 25 de abril de 1811; 4. *José Luis de Rivas y Tovar*; 5. *Gabriel de Ponte*; y 6. *Isidro Antonio López Méndez*, quien también formó parte de la Junta Suprema el 19 de abril de 1811, y aparece igualmente incorporado como Vocal de Junta Suprema en el Bando del 25 de abril de 1811. Estos seis diputados por Caracas participaron en la sesión inaugural del Congreso General el 3 de marzo de 1811, la cual presidió el diputado Lino de Clemente.

Por el Partido Capitular de San Sebastián de los Reyes se eligieron los siguientes 3 diputados: 1. *Felipe Fermín Paúl*, quien había sido designado como Ministro del Tribunal Superior de Apelaciones nombrado en el Bando

56 El texto de casi todas estas Constituciones se conocía en Caracas a partir de 1810 por la traducción que hizo Manuel García de Sena, en la obra *La Independencia de la Costa Firme, justificada por Thomas Paine treinta años ha,* editada en Filadelfia en 1810. Véase la edición, con prólogo de Pedro Grases, del Comité de Orígenes de la Emancipación, núm. 5. Instituto Panamericano de Geografía e Historia, Caracas, 1949. El texto de la Constitución de los Estados Unidos de América también se conocía por la traducción contenida en dicho libro, y por la que hizo en Joseph Manuel Villavicencio, *Constitución de los Estados Unidos de América*, editado en Filadelfia en la imprenta Smith & M'Kennie, 1810.

57 Véase *Textos Oficiales de la Primera República de Venezuela, cit.,* Tomo II, pp. 63-84.

de la Junta Suprema del 25 de abril de 1811; *Martín Tovar y Ponte*, quien formó parte de la Junta Suprema el 19 de abril de 1811, asumiendo la co–Presidencia de la misma, y aparece igualmente incorporado como Vocal de Junta Suprema en el Bando del 25 de abril de 1811; y 3. *Francisco Javier Ustáriz*, quien se había incorporado a la Junta Suprema el 19 de abril de 1810, y siendo luego nombrado Vocal de la misma en el Bando del 25 de abril de 1811. Estos seis diputados por San Sebastián de los Reyes participaron en la sesión inaugural del Congreso General el 3 de marzo de 1811.

Por el Partido Capitular de la Villa de Calabozo se eligió un (1) diputado que fue *Juan Germán Roscio*, quien había sido incorporado en la Junta Suprema del 19 de abril como Diputado por el Pueblo, y había sido designado como Vocal de la Junta Suprema en el Bando del 25 de abril de 1811, donde además se lo designó Secretario de Relaciones Exteriores de dicha Junta Suprema. Roscio participó en la sesión inaugural del Congreso General el 3 de marzo de 1811.

Por el Partido Capitular de Villa de de Cura, se eligió un (1) diputado que fue *Juan de Escalona*, militar, quien fue designado miembro del Poder Ejecutivo plural por el Congreso General el 5 de marzo de 1811; por ello fue sustituido como Diputado por *Juan Antonio Argote*, sacerdote, quien se incorporó luego de la sesión inaugural al Congreso General .

Por el Partido Capitular de Valencia se eligieron los siguientes 3 diputados: 1. *Fernando Peñalver,* hacendado; 2. *Luis José de Cazorla*, sacerdote; y 3. *Manuel Moreno de Mendoza*, quien pasó al Poder Ejecutivo, siendo sustituido por *Juan Rodríguez del Toro*, hacendado. Los dos primeros participaron en la sesión inaugural del Congreso General el 3 de marzo de 1811.

Por el Partido Capitular de San Carlos se eligió un (1) diputado que fue *Francisco Ramón Hernández*, abogado, quien estuvo presente en la sesión inaugural al Congreso General.

Por el Partido Capitular de San Felipe se eligió un (1) diputado que fue *Juan José de Maya*, abogado, quien estuvo presente en la sesión inaugural al Congreso General

Por el Partido Capitular de Ospino se eligió un (1) diputado que fue *Gabriel Pérez de Págola*, quien estuvo presente en la sesión inaugural al Congreso General

Por el Partido Capitular de Nirgua se eligió un (1) diputado que fue *Salvador Delgado*, sacerdote, quien estuvo presente en la sesión inaugural al Congreso General

Por el Partido Capitular del Tocuyo se eligió un (1) diputado que fue *Francisco Rodríguez del Toro*, militar, hermano también del Marqués del Toro. No estuvo presente en la sesión inaugural al Congreso General

Por el Partido Capitular de Barquisimeto se eligieron los siguientes 2 diputados: 1. *José Ángel Álamo,* médico; 2. Domingo Alvarado. Ambos participaron en la sesión inaugural del Congreso General el 3 de marzo de 1811.

Por el Partido Capitular de Guanare se eligió un (1) diputado que fue *José Vicente de Unda*, sacerdote, quien estuvo presente en la sesión inaugural al Congreso General

Por el Partido Capitular de Araure se eligió un (1) diputado que fue *Francisco Javier Yánez*, abogado. No estuvo presente en la sesión inaugural al Congreso General

Estos eran, por tanto, al momento de su instalación, los diputados de la provincia de Caracas al Congreso General. Para ese momento, todas las Provincias que formaban la Capitanía General de Venezuela tenían sus propias Legislaturas, menos la Provincia de Caracas, por haber desaparecido la Junta Suprema y transferida su autoridad al Congreso General, que además funcionaba en la capital. Este cuerpo, sin embargo, dada la necesidad de que la Provincia tuviera su Asamblea Legislativa para que, entre otros aspectos se "declararán los derechos del ciudadano," decretó que se formara una "Sección Legislativa" del Congreso para la Provincia, compuesta de los diputados de la Provincia que se hallaban en el Congreso,[58] la cual se instaló el 1° de junio de 1811.

Instalada esta Sección Legislativa, materialmente, el primer acto que el Congreso adoptó "en su Sección Legislativa para la Provincia de Caracas" fue la declaración de "Derechos del Pueblo,"[59] el 1° de julio de 1811, considerada por Pedro Grases, como "la declaración filosófica de la Independencia,"[60] que se comenta más adelante.

Otra importante Ley que se sancionó por Sección Legislativa de Caracas fue la Ley sobre Libertad de Imprenta 1811, encabezada su emisión por Congreso General Constituyente de Venezuela.[61] Con posterioridad, en la sesión del 5 de agosto de 1811 se planteó que el Congreso sancionase "la libertad de imprenta decretada por la Sección Legislativa de Caracas."[62]

En el mismo año 1811 se dictó, además las llamadas Ordenanzas de Llanos de la Provincia de Caracas, hechas de orden y por comisión de su Sección Legislativa del Congreso, en lo que quizás fue ley más importante de gobierno y policía dictada por el Congreso. Las firmaron los diputados Francisco

---

58 Véase Pedro Grases, *La Conspiración de Gual y España y el Ideario de la Independencia,* Caracas, 1978, p. 81, nota 3.

59 Véase el texto en Allan R. Brewer-Carías, *Las Constituciones de Venezuela, cit,* Tomo I, pp. 549-551.

60 Véase P. Grases, *La Conspiración de Gual y España..., cit,* p. 81. En otra obra dice Grases que la declaración "Constituye una verdadera declaración de independencia, anticipada al 5 de julio". Véase en Pedro Grases, "Estudio sobre los 'Derechos del Hombre y del Ciudadano'," en el libro *Derechos del Hombre y del Ciudadano* (Estudio Preliminar por Pablo Ruggeri Parra y Estudio histórico-crítico por Pedro Grases), Academia Nacional de la Historia, Caracas 1959, p. 165.

61 Véase *Textos Oficiales de la Primera República de Venezuela,* Biblioteca de la Academia de Ciencias Políticas y Sociales, Caracas 1982, Tomo II, p. 121-128.

62 Véase Ramón Díaz Sánchez, "Estudio Preliminar", *Libro de Actas del Segundo Congreso de Venezuela 1811-1812,* Academia Nacional de la Historia, Caracas 1959, Tomo I, p. 268.

Hernández, Gabriel Pérez Pagola; Juan Ascanio y Domingo Gutiérrez de la Torre.[63]

A pesar de esta actividad importante, debe recordarse que la provincia de Caracas, como tal y como se ha dicho anteriormente, no tenía autoridades políticas propias: su Poder ejecutivo era el Ejecutivo plural designado por el Congreso al instalarse; y su órgano legislativo era la sección legislativa del Congreso General. Ello dio origen a diversas discusiones sobre el tema. Por ejemplo, en la sesión del Congreso General de 17 de octubre 1811 se resolvió "que la Sección Legislativa de Caracas debe continuar gobernando la Provincia, con autoridad absoluta e independiente del Congreso General, cuando éste suspenda sus sesiones después de concluida la Constitución."[64]

Por su parte, en la sesión del 7 de diciembre 1811 se discutió en el Congreso General "sobre la necesidad de que se establezca en Caracas un Gobierno provisional legítimo," tema que fue diferido;[65] y se volvió a plantar al recibirse en la sesión del Congreso del 9 de diciembre un oficio del Poder Ejecutivo, el que se acordó pasa a la Sección Legislativa de la Provincia para que resolviera.[66] En la sesión del Congreso del 14 de diciembre de 1811, fue la Municipalidad de la capital la cual planteó el tema sobre el Gobierno Provincial, lo que consta se pasó a la legislatura.[67]

Con posterioridad a la sanción de la Constitución federal de 21 de diciembre de 1811, en la cual se estableció que la capital federal, del nuevo Estado, debía ubicarse en Valencia; y a la sanción de la Constitución de la provincia de caracas de 31 de enero de 1812, en la sesión del 6 de febrero de 1812, se discutió la consulta formulada por el Poder Ejecutivo de que no debía continuar como federal después de instalado el Provincial de Caracas, discusión que fue diferida.[68] En la sesión del 7 de febrero de 1812 "se acordó declarar que el actual Poder Ejecutivo debe continuar en todas sus atribuciones federales hasta el término preciso que prescribe el Reglamento provisorio con que fue erigido, debiendo trasladarse a la ciudad federal y comunicarse a la Sección Legislativa" para su conocimiento.[69]

En la sesión del 10 de febrero 1811, de nuevo, se dio cuenta del oficio del Poder Ejecutivo "en que se denegaba a trasladarse a la ciudad federal, a pretexto de no haber ejercido en ningún tiempo atribuciones federales y sí únicamente las de la provincia de Caracas," planteamiento que se discutió y

---

63 Véase *Textos Oficiales de la Primera República de Venezuela, cit.,* Tomo II, p. 103.

64 Véase *Libro de Actas del Segundo Congreso de Venezuela 1811-1812, cit.,* Tomo II, p. 103.

65 *Id.,* Tomo II, p. 196.

66 *Id.,* Tomo II, p. 197.

67 *Id.,* Tomo II, p. 207.

68 *Id.,* Tomo II, p. 317.

69 *Id.,* Tomo II, p. 318.

votó, no habiéndose admitido la renuncia. [70] De nuevo se discutió el tema en la sesión del 15 de febrero de 1811, ante la negativa del poder Ejecutivo de trasladarse de Caracas a la capital federal en Valencia, resultando la negativa a aceptar tal planteamiento por el Congreso. De ello, se acordó aprobar un decreto[71] en el cual se resolvió lo siguiente:

> "Considerando el Congreso la urgentísima necesidad de que al separarse del actual Poder Ejecutivo las atribuciones provinciales y federales que en parte han ejercido, no quede la Confederación sin jefe Supremo que desempeñe las funciones de alto gobierno, interín se instala el Poder Ejecutivo provisional, en quien han de recaer hasta la sanción de la Constitución, ha decretado, en sesión de este día, se restituya íntegra y plenamente el actual Poder Ejecutivo sus funciones federales que le corresponden por el reglamento provisorio con que fue elegido, mediante a que por la próxima instalación del provisional de Caracas, queda salvado uno de los principales inconvenientes que tuvieron las provincias para reconocerlo por la confederación; y que por consecuencia de las facultades que se le restituyen, debe trasladarse en su oportunidad a la ciudad federal."[72]

En la sesión extraordinaria del mismo 15 de diciembre de 1811 el Poder Ejecutivo envió oficio allanándose a trasladarse a la ciudad federal[73]

El resultado de estos incidentes fue que el 6 de marzo de 1812 el Congreso se reunió en Valencia como Capital Federal,[74] tratándose entonces en la sesión del 10 de marzo de 1812, el tema de la elección del Poder Ejecutivo Federal, [75] discutiéndose de nuevo en la sesión del 17 de marzo d 1811, el tema de obligar al Poder Ejecutivo a trasladarse a Valencia. [76] Finalmente en las sesiones de 21 de marzo de 1812 se eligió al Poder Ejecutivo federal conforme a la nueva Constitución federal de 1811.[77]

b. Contenido general

A pesar de que el Congreso General, apenas instalado, el 28 de marzo de 1811 había nombrado una comisión para redactar la Constitución de la Provincia de Caracas, la cual debía servir de modelo a las demás Provincias de la Confederación, esa Comisión tardó mucho en preparar el proyecto, por lo que algunas Provincias, como Barcelona procedió a dictar la suya para organizarse políticamente.

70 *Id.,* Tomo II, p. 323.
71 *Id.,* Tomo II, p. 341.
72 *Id.,* Tomo II, pp. 331-344.
73 *Id.,* Tomo II, p. 345.
74 *Id.,* Tomo II, p. 350.
75 *Id.,* Tomo II, p. 353.
76 *Id.,* Tomo II, p. 356.
77 *Id.,* Tomo II, p. 370.

En el caso de la Provincia de Caracas, también, solo fue después de sancionada la Constitución Federal, que la misma Sección Legislativa para la Provincia del mismo Congreso General, el 31 de enero de 1812 sancionó un texto de 328 artículos agrupados en catorce capítulos la Constitución de la Provincia de Caracas, destinada, como lo indica su Preámbulo, a regular el gobierno y administración interior de la Provincia.

Más que la Constitución de una "República" soberana, como había sido el caso de la Constitución Provincial de Barcelona, este texto se acomodó más al de una Provincia federada en el marco de una Confederación. Por ello, la Constitución Provincial de Caracas hace especial énfasis en la necesidad de "organizar equitativamente la distribución y la representación del pueblo en la legislatura provincial."[78]

El *Capítulo Primero* se refiere a la "Religión" declarándose que "la Religión Católica, Apostólica y Romana que es la de los habitantes de Venezuela hace el espacio de tres siglos, será la única y exclusiva de la Provincia de Caracas, cuyo gobierno la protegerá". (art. 1).

El *Capítulo Segundo* reguló detalladamente "la división del territorio". Allí se precisó que "el territorio de la Provincia de Caracas se dividirá en Departamentos, Cantones y Distritos" (arts. 2 a 4). Los Distritos debían ser un territorio con más o menos 10.000 habitantes y los Cantones, con más o menos 30.000 habitantes (art. 5). Los Departamentos de la Provincia eran los siguientes: Caracas, San Sebastián, los Valles de Aragua, (capital La Victoria), Barquisimeto y San Carlos (art. 6), y en la Constitución se precisó al detalle cada uno de los Cantones que conforman cada Departamento, y sus capitales (arts. 7 a 11); así como cada uno de los Distritos que conforman cada Cantón, con los pueblos y villas que abarcaban (arts. 12 a 23).

El *Capítulo Tercero* está destinado a regular "los sufragios parroquiales y congregaciones electorales", es decir, el sistema electoral indirecto en todo detalle, en relación a la forma de las elecciones y a la condición del elector, (arts. 24 a 30). Por cada mil almas de población en cada parroquia debía haber un elector (art. 31). Los Electores, electos en los sufragios parroquiales, formaban en cada Distrito, Congregaciones Electorales (art. 32). También debían elegirse electores para la escogencia en cada parroquia de los agentes municipales (art. 24). Estas congregaciones electorales eran las que elegían los Representantes de la Provincia para la Cámara del gobierno federal; a los tres miembros del Poder Ejecutivo de la Unión; al Senador o Senadores por el Distrito, para la Asamblea General de la Provincia; al representante por el Distrito, para la Cámara del Gobierno Provincial; y al elector para la nominación del Poder Ejecutivo de la provincia (art. 33). Los Electores electos en cada Distrito, para la elección del Poder Ejecutivo, formaban las Juntas Electorales que reunidas en las capitales de Departamentos, debían proceder a la nominación (art. 49).

El *Capítulo Cuarto* está destinado a regular a las "Municipalidades". Sus miembros y los agentes municipales, se elegían por los electores escogidos

78 Véase en *Las Constituciones Provinciales*, *cit.*, pp. 63-146.

para tal fin en cada parroquia (art. 24 y 59). La Constitución, en efecto, estableció que en cada parroquia debía elegirse un agente municipal (art. 65) y que los miembros de las municipalidades también debían elegirse (art. 67). El número de miembros de las Municipalidades variaba, de 24 en la de Caracas, dividida en dos cámaras de 12 cada una (art. 90); 16 miembros en las de Barquisimeto, San Carlos, La Victoria y San Sebastián (art. 92); y luego de 12, 8 y 6 miembros según la importancia y jerarquía de las ciudades (arts. 91 a 102). Las Municipalidades capitales de Distrito debían llevar el Registro Civil (art. 70) y se les atribuían todas las competencias propias de vida local en una enumeración que cualquier régimen municipal contemporánea envidiaría (art. 76). La Municipalidad gozaba "de una autoridad puramente legislativa" (art. 77) y elegía los Alcaldes (art. 69) que eran las autoridades para la administración de justicia, y proponían al Poder Ejecutivo los empleos de Corregidores (arts. 69 y 217) que eran los órganos ejecutivos municipales. En ellas tenían asiento, voz y voto, los agentes municipales que debían ser electos en cada parroquia (arts. 65 y 103).

El *Capítulo Quinto* reguló al "Poder Legislativo" de la Provincia que residía en una Asamblea General compuesta por un Senado y una Cámara de Representantes (art. 130). En detalle, el texto reguló su composición, funcionamiento, poderes y atribuciones y el sistema de elección de sus miembros (arts. 230 a 194).

El *Capítulo Sexto* reguló el "Poder Ejecutivo" de la Provincia, que residía en 3 individuos electos por los Electores de cada Distrito (arts. 195 y 196). Se reguló la forma de elección y las condiciones de elegibilidad de los miembros del Poder Ejecutivo (arts. 196 a 207) así como sus atribuciones (arts. 308 a 233).

El *Capítulo Séptimo* está destinado al "Poder Judicial", en el cual se dispuso que se conservaba provisionalmente la organización que del mismo existía (art. 234), y que a nivel inferior era administrado, además de por Jueces de Primera Instancia, por los Alcaldes y Corregidores con apelación ante las Municipalidades (arts. 240 a 250). En las materias civiles y criminales, sin embargo, se estableció que la justicia sería administrada por dos Cortes Supremas de Justicia (art. 259) y por los Magistrados inferiores de primera instancia antes indicados (art. 235). En cada Departamento se establecieron Tribunales Superiores (art. 251) y en general se establecieron normas de procedimiento judicial relativas al juicio verbal, que se estableció como norma general (art. 240).

Los *Capítulos Octavo y Noveno* se refieren a la "elección de los Senadores para el Congreso General y su remoción", así como de los Representantes (arts. 275 a 280).

El *Capítulo Diez* se refiere al "Fomento de la literatura" donde se reguló al Colegio y Universidad de Caracas (art. 281) y el fomento de la cultura (art. 282).

Los *Capítulos Once y Doce* están destinados a regular la revisión y reforma de la Constitución (arts. 283 a 291) y su sanción o ratificación (art. 292 a 259).

El *Capítulo Trece*, indica que "se acuerdan, declaran, establecen y se dan por insertos literalmente en esta Constitución los derechos del hombre que forman el Capítulo Octavo de la Federal, los cuales están obligados a observar, guardar y cumplir todos los ciudadanos de este Estado" (art. 296).

El *Capítulo Catorce* contiene una serie de "Disposiciones Generales, donde se regulan, en general, otros derechos de los ciudadanos así como deberes (arts. 297 a 234), concluyéndose con la formulación expresa de la garantía objetiva de la Constitución, en el sentido de que "las leyes que se expidieren contra el tenor de ella no tendrán valor alguno sino cuando hubieren llenado las condiciones requeridas para una justa y legítima revisión y sanción (de la Constitución)" (art. 325).

Este texto constitucional concluye con una "Despedida" de la "Sección Legislativa de Caracas, dirigida a los habitantes de la Provincia", al terminar sus sesiones y presentar la Constitución Provincial en la cual se hace un recuento del proceso de conformación institucional de la Confederación y del Gobierno Federal hasta ese momento, justificándose la propuesta de formar una "sección legislativa provisoria para Caracas" del Congreso General, compuesta con la separación de sus diputados al mencionado Congreso General, la cual tuvo a su cargo la elaboración del texto constitucional provincial[79].

Este texto constitucional fue firmado en "el Palacio de la Legislatura de Caracas," por los siguientes diputados: Por el Partido Capitular de San Sebastián, Felipe Fermín Paúl, *Presidente;* por el *Partido Capitular de San Sebastián,* Martín Tovar, *Vice–Presidente;* por el *Partido Capitular de San Sebastián:* Francisco Javier Uztáriz; por el *Partido Capitular de Nirgua:* Salvador Delgado; por el *Partido Capitular de Caracas,* Isidoro Antonio López Méndez; por el *Partido Capitular de San Felipe,* Juan José de Maya; por el *Partido Capitular de Guanare,* José Vicente Unda; por el *Partido Capitular de Caracas,* Bartolomé Blandín; por el *Partido Capitular de Valencia,* Fernando de Peñalver; por el *Partido Capitular de Caracas,* Lino de Clemente; por el *Partido Capitular de Barquisimeto,* José Ángel de Álamo; por el *Partido Capitular de la Villa de Calabozo,* Juan Germán Roscio; por el *Partido Capitular de la ciudad de Ospino,* Gabriel Pérez Págola; por el *Partido Capitular de Barquisimeto,* Tomás Millano; y por el *Partido Capitular de Valencia,* Juan [Rodríguez del] Toro.

c. *Sobre el Poder Legislativo*

Como se señaló, en la Constitución provincial se asignó el Poder Legislativo de la Provincia a Asamblea General compuesta por un Senado y una Cámara de Representantes (art. 130), regulándose detalladamente su composición, funcionamiento, poderes y atribuciones, así como el sistema de elección de sus miembros (arts. 230 a 194).

Las Cámaras que componían el Poder legislativo tenían la competencia general, es decir, "pleno poder y facultad para hacer ordenar y establecer

79 Véase en *Las Constituciones Provinciales, op. cit.,* pp. 137 y ss.

todas las leyes, ordenanzas, estatutos, órdenes y resoluciones, con penas o sin ellas," que juzgasen necesarias "para el bien y felicidad de la Provincia," con la aclaratoria de que las mismas, sin embargo, no debían "ser repugnantes ni contrarias a esta Constitución" (art. 186).

La iniciativa de las leyes se atribuyó tanto al Senado como a la Cámara de Representantes. Teniendo además, cada una de ellas la facultad de proponer a la otra reparos, alteraciones o adiciones, o de rehusar su consentimiento a la ley propuesta por una absoluta negativa (art. 131). Sin embargo, en cuanto a las leyes sobre contribuciones, las mismas se dispuso que tendrían principio solamente en la Cámara de Representantes, quedando siempre al Senado la facultad de adicionarlas, alterarlas o rehusarlas (art. 132).

Todos los proyectos o proposiciones que fuesen aceptadas, "según las leyes de debates," debían sufrir tres discusiones en sesiones distintas, con el intervalo de un día cuando menos, entre unas y otras, sin cuya circunstancia no se podía pasar a la otra Cámara (art. 133). Estas leyes de debate, sin embargo, no se aplicaban respecto de las proposiciones urgentes, en cuyo caso cada Cámara debía preceder a la declaratoria de urgencia (art. 134). Las proposiciones que fuesen rechazadas por una de las Cámaras, no podían repetirse hasta después de un año sin el consentimiento de las dos terceras partes de cada una de las Cámaras; pero podían hacerse otras nuevas que contuvieran parte, artículos o ideas de las rechazadas (art. 135). Ninguna ley, ordenanza o resolución podía contener otras materias que las que expresase su título, y debían todas estar firmadas por el Presidente del Senado y de la Cámara (art. 136).

Para que los proyecto de la ley que fuese propuestos, aceptados, discutidos y deliberados en ambas Cámaras se convirtieran en ley, con fuerza de tal, debían previamente ser presentados al Poder Ejecutivo de la Provincia para su revisión. Si el Poder Ejecutivo, después de examinar el proyecto lo aprobare, lo debía firmar en señal de su aprobación (137); y en todo caso, si el Poder Ejecutivo no devolvía el proyecto a la Cámara de su origen dentro de cinco días contados desde su recibo con exclusión de los feriados, se tendía por ley, y debía ser promulgada como tal (art. 138).

Sin embargo, el Poder Ejecutivo podía objetar el proyecto, en cuyo caso debía devolverlo, con sus reparos y objeciones, a la Cámara que hubiese tenido la iniciativa, la cual debía copiar íntegramente las objeciones en su registro y pasarlas de nuevo a examen y consideración. En caso de que resulte aprobado por segunda vez por las dos terceras partes de la Cámara, se debía pasar el proyecto con las objeciones a la otra Cámara, donde también debía considerarse. Si en esta Cámara se aprobase igualmente por las dos terceras partes de sus miembros presentes, entonces se consideraba que el proyecto tenía fuerza de ley, y el Poder Ejecutivo debía publicarla (art. 137).

La formalidades establecidas en el proceso de formación de las leyes, decretos, actos o resoluciones de las Cámaras fue muy detallada, al punto de disponerse que debían pasar de una Cámara a otra y al Poder Ejecutivo con un preámbulo que contuviera "primero, la fecha de las sesiones de cada Cámara en que se haya examinado la materia; segundo, las de las respectivas resoluciones, con inclusión de la de urgencia, cuando la haya; y, tercero, la exposición de las razones y fundamentos que han motivado la decisión." Si se omitía alguno de estos requisitos, se debían devolver los proyectos a la Cámara que hubiera cometido la falta, o la de la iniciativa, si la hubiesen cometido las dos (art. 142).

Se establecieron, además, normas de redacción legislativa para que su redacción fuera uniforme, clara y sencilla, exigiéndose la indicación de un membrete que explicase "compendiosamente su contenido, con las voces de ley, acto, resolución, u orden, sobre o para tal cosa, etc., y a la fórmula de estilo siguiente: La Asamblea general de la provincia de Caracas, decreta, o ha decretado que, etc. Estas palabras precederán a la parte dispositiva de las leyes, actos u órdenes de la Legislatura" (art. 143).

Pero además del ejercicio de la función legislativa, se atribuyó al Poder legislativo, como de su exclusiva competencia, el control e inspección sobre el Poder Ejecutivo, asignándosele "la pesquisa y averiguación de las faltas de todos los empleados del Estado en el desempeño de sus deberes". Correspondía además al Senado "recibir las correspondientes acusaciones en todos los casos de traición, colusión o malversación," correspondiendo a dicha Cámara oír, examinar y juzgar dichos hechos. Se precisó, además, que todo ciudadano quedaba "con plena libertad de acusar los delitos de esta clase, bajo la responsabilidad y cauciones prevenidas por las leyes" (art. 145). La Constitución dispuso, además, que "de ninguna manera se limiten estas facultades pesquisitorias de la Cámara sobre todos los empleados del Estado" (art. 155).

Las Cámaras del Poder Legislativo, además, tenían entre sus atribuciones, "proteger la cultura de los habitantes del país, promoviendo por leyes particulares el establecimiento de escuelas de primeras letras en todas las poblaciones y auxiliando los esfuerzos que ellas mismas hicieren por el conducto de sus respectivas Municipalidades, para lograr tan grande objeto" (art. 187).

En materia impositiva, además, se dispuso entre las funciones de las Cámaras la realización de un "censo exacto de las propiedades o bienes raíces que posean los particulares en toda la extensión de la Provincia" a los efectos de "facilitar el establecimiento de un sistema de imposición y recaudación de contribuciones más ventajoso a las rentas del Estado, menos dispendioso y molesto a los pueblos, y que no embarace el giro interno de las producciones, de la agricultura y de la industria; censo que debía servir para cuando "se crea útil y oportuno," para alterar "el método actual de los impuestos calculado sobre los frutos y producciones, y le sustituya otro que se refiera al valor de los mismos bienes raíces, moderado, equitativo, y proporcionado a las exigencias del Gobierno." (art. 189).

La Constitución atribuyó además competencia al Poder legislativo para procurar disponer "con toda la brevedad posible una razón circunstanciada de las tierras que haya vacantes sin legítimo dueño conocido en los distritos de las Municipalidades, bien por conducto de éstas o como lo juzgue más oportuno," pudiendo "disponer de ellas en beneficio del Estado, de sus rentas y de su agricultura, vendiéndolas o arrendándolas, o en favor de los mismos pueblos y distritos, cuyas Municipalidades, con estos recursos a su disposición, podrán hacer efectivos los proyectos de educación y de beneficencia que conciban para sus respectivos habitantes, con menos gravamen de éstos y mayor beneficio de los pobres"(art. 191).

Por último, correspondía también al Poder Legislativo, la competencia para "constituir Tribunales de justicia en lo interior de la Provincia según lo creyere conveniente para su mejor y más pronta administración," con posibilidad de facultarlos "para oír, juzgar y determinar toda suerte de causas civiles y criminales en el grado y forma que tuviese a bien establecer" (art. 192).

d. *Sobre el Poder Ejecutivo*

El Poder Ejecutivo de la Provincia se reguló en la Constitución como un Ejecutivo plural integrado por 3 individuos electos en segundo grado, por los Electores de cada Distrito, correspondiéndole, en general, el cuidar y velará sobre la exacta y fiel ejecución de las leyes del Estado y de la Unión en todo lo que estuviere al alcance de sus facultades en el territorio de la Provincia" (art. 233).

Al Ejecutivo se lo facultó, cuando lo exigiera el bien y prosperidad de la Provincia, para convocar extraordinariamente a la Asamblea general o a alguna de sus Cámaras (232).

La Constitución dispuso que el Ejecutivo debía dar cuenta a la Asamblea general del estado de la República, presentar en particular a cada Cámara el estado de las rentas Provinciales, indicando los abusos que hubiere, y recomendando las medidas que juzgase convenientes sin presentarles proyectos de ley ya formados (art. 230). Además, se dispuso que el Ejecutivo debía dar en todo tiempo, a cualquiera de las Cámaras, las cuentas, informes e ilustraciones que le pidieran, "a excepción de aquellas cuya publicación no conviniere por entonces" (art. 231).

e. *Sobre el Poder Judicial*

En cuanto al Poder judicial, la Constitución estableció en general, que las materias civiles y criminales ordinarias el Poder Judicial se debía administrar por dos Cortes supremas de Justicia, y por los Magistrados inferiores de primera instancia que residen en las ciudades, villas y pueblos de la Provincia, "bajo la misma forma y con las mismas facultades que han tenido hasta ahora" (art. 235).

Se estableció, por otra parte, que el Supremo Poder Judicial de la Provincia de Caracas residiría en dos Cortes Supremas de Justicia, una de las cuales se debía establecer en esta capital, Caracas, y la otra, en la ciudad de Barquisimeto (art. 259). La primera debía extender su jurisdicción a los departamentos de Caracas, de Aragua y de San Sebastián, y se denominaba: Corte Suprema de Justicia de los Departamentos Orientales; la segunda, debía ejercer la jurisdicción en los departamentos de Barquisimeto y de San Carlos, y se denominaba: Corte Suprema de Justicia de los Departamentos Occidentales (art. 260). Cada Corte, en su respectivo territorio, debía conocer por apelación de los negocios civiles y criminales sentenciados por los Corregidores, Alcaldes ordinarios, Municipalidades y Tribunales Superiores de departamento, y originalmente podía conocer de aquellos en que conocía la antigua Audiencia con el nombre de casos de Corte (art. 261).

La Constitución, por otra parte, fue muy precisa en prever, en general, la posibilidad de acudir a medios alternativos de administración de justicia. Así, el artículo 236 dispuso que los Jueces debían procurar "componer amigablemente todas las demandas antes que se enjuicien, y a nadie se le rehusará el derecho de hacer juzgar sus diferencias por árbitros" (art. 236). De las decisiones de estos árbitros, que debían nombrar las mismas partes, no se admitirían apelaciones ni recursos de nulidad, o de una nueva revisión, a menos que se hubieran reservado expresamente (art. 237).

Se dispuso además en la Constitución, que un "aquellos negocios de que no pueden conocer los Jueces ordinarios, se llevarán a ellos para que si es posible se concilien las partes antes de establecerse la demanda; mas si el Juez no pudiere conciliarlas, seguirán los asuntos a los Tribunales correspondientes" (art. 238).

f. Sobre el fomento *"de la literatura"*

La Constitución, como se ha dicho, incluyó un capítulo sobre el "fomento de la literatura", en el cual se dispuso que "el Colegio y la Universidad que se hayan establecido en esta capital conservarán los bienes y rentas de que hasta aquí han gozado bajo la especial protección y dirección del Gobierno," correspondiéndole a la Legislatura promover y auxiliar cuanto sea posible "el adelantamiento y progresos de estas corporaciones literarias, cuyo objeto y destinos son tan interesantes y útiles al bien de la comunidad" (art. 282).

A tal efecto, en el artículo 283 de la Constitución se definió "la cultura del espíritu" como:

"el medio único y seguro de distinguir las verdaderas y sublimes virtudes que hacen honor a la especie humana, y de conocer en toda su fuerza los vicios horrendos que la degradan y se perpetúan impunemente entre las naciones salvajes y bárbaras. Ella es también el órgano más oportuno para hacer conocer al pueblo sus imprescriptibles derechos, y los medios capaces de conservarle en la posesión de aquella arreglada y justa libertad que ha dispensado a todos la sabia naturaleza. Es igualmente el camino más pronto y seguro que hay de procurarle el acrecentamiento de sus comodidades físicas, dirigiendo con acierto su actividad y sus talentos al ejercicio de la agricultura, del comercio, de las artes y de la industria que aumentan la esfera de sus goces y le constituyen dueño de innumerables producciones destinadas a su servicio para una alta y generosa beneficencia."

En consecuencia, la propia Constitución reconoció que "un Gobierno sabio e ilustrado no puede desentenderse de procurar la cultura de la razón y de que se propague y generalice cuanto fuere posible entre todos los ciudadanos," disponiendo entonces que era un

"deber de las Legislaturas, de las Municipalidades y de los Magistrados del Estado procurar el fomento y propagación de la literatura y de las ciencias, protegiendo particularmente el establecimiento de Seminarios para su enseñanza, y las de las lenguas cultas, sabias o extranjeras, y el de sociedades privadas e instituciones públicas que se dirijan al mismo objeto, o a promover el mejoramiento de la agricultura, de las artes, oficios, manufacturas y comercio, sin comprometer la verdadera libertad y tranquilidad de los pueblos" (art. 282).

g. *Sobre la revisión y reforma constitucional*

La Constitución de la Provincia, como era lo propio de toda Constitución moderna, estableció los mecanismos para su revisión y reforma, de manera que "cuando la experiencia manifestare la necesidad o conveniencia de corregir o añadir alguna cosa" a la Constitución, la misma se debía sujetar a las siguientes formas prescriptas en el texto, "sin cuya circunstancia no tendrán valor ni efecto las correcciones y adiciones" (art. 283). El procedimiento se estableció en la forma siguiente:

1. Las proposiciones podían tener principio en cualquiera de las Cámaras de la Legislatura, y en cada una de ellas se debían leer y discutir públicamente por tres veces en distintos días interrumpidos, del mismo modo que las leyes ordinarias (art. 284).

2. Si en ambas Cámaras las propuestas hubiesen obtenido la aprobación de las dos terceras partes de sus miembros constitucionales, debían entonces pasarse al Poder Ejecutivo obtener su aprobación. De no recibir las propuestas los votos referidos, se debían tener por rechazadas y no podían repetirse hasta después de un año cuando menos en otra sesión de la Legislatura (art. 285).

3. Si el Poder Ejecutivo aprobaba las proposiciones, se debía producir entonces una resolución de la Asamblea general sobre el objeto a que se dirigían las propuestas; pero si el Ejecutivo no las aprobaba, debía devolverlas a la Asamblea general dentro del término de diez días con los reparos correspondientes (art. 286).

4. Las proposiciones devueltas por el Ejecutivo, sin embargo, se debían calificar como "Resolución de la Asamblea" en caso de que una vez examinadas de nuevo en las Cámaras, "fuesen sostenidas por las tres cuartas partes de sus miembros constitucionales." También se considerarían con el mismo carácter "cuando no fuesen devueltas dentro de los diez días. (art. 287).

Las resoluciones sobre revisión de la Constitución, sin embargo, no entraban en vigencia con la aprobación de los órganos del Estado, sino que debían someterse a consulta popular y a la aprobación por los representantes. A tal efecto, se estableció el siguiente procedimiento:

1. Las resoluciones sobre revisión y reforma constitucional, en efecto, se debían comunicar a las Municipalidades y estas las debían insertar en los papeles públicos, "cuando menos tres meses antes de las próximas elecciones de noviembre," para que, impuestos los sufragantes y electores de las reformas o adiciones que se proponían, pudieran, si quisiesen, "dar sus instrucciones sobre el particular a los nuevos miembros que elijan para la Legislatura" (art. 288).

2. Lo mismo debía realizarse a los dos años siguientes antes de las referidas elecciones; y cuando por este medio se hubiese renovado toda o la mayor parte de la Cámara de los Representantes, la Asamblea general, en su inmediata sesión, es cuando entonces debía proceder "a examinar las proposiciones sujetándose a las formas prescritas" antes indicadas para la Legislatura en que se hizo la iniciativa (art. 289).

3. Si las proposiciones fuesen aceptadas finalmente por las dos terceras partes de la nueva Asamblea general con la aprobación del Poder Ejecutivo, o sin ésta por las tres cuartas partes de la misma, entonces es que debían insertarse en la Constitución en la forma correspondiente (art. 290).

4. En todo caso, los artículos de la Constitución que fuesen sometidos a examen para ampliarse, corregirse o suprimirse, debían permanecer íntegramente en su fuerza y vigor hasta que las alteraciones propuestas fueran aprobadas, publicadas y mandadas tener por parte de la Constitución (art. 291).

h. *Sobre la sanción y ratificación de la Constitución*

Por otra parte, en cuanto a la sanción o ratificación de la propia Constitución de enero de 1812, en el propio texto constitucional se estableció la necesaria participación popular, así:

1. El pueblo de la Provincia de Caracas, por medio de convenciones particulares reunidas expresamente para el caso, o por el órgano de sus Electores capitulares autorizados determinadamente al intento, o por la voz de los sufragantes Parroquiales, debía expresar solemnemente su voluntad libre y espontánea, de aceptar, rechazar o modificar, en todo o en parte, la Constitución (art. 292).

2. La elección de cualquiera de los medios antes propuestos se dejó "al arbitrio y prudencia de la próxima venidera Legislatura Provincial," lo cual lamentablemente nunca ocurrió, con la exigencia de que debía adoptar "uno mismo para la sanción y ratificación de esta Constitución que para la de la Federal;" de manera que una y otra debían ejecutarse "en un mismo tiempo, tanto por la mayor comodidad y alivio que de ello resulta a los pueblos, como por la mayor instrucción y conocimiento que les proporciona el tener a la vista simultáneamente ambas constituciones, así para exponer su voluntad como para expedir con mayor acierto y felicidad de la causa común las funciones que ellas prescriben" (art. 293).

3. Leída la Constitución a las corporaciones que hubiere hecho formar la Legislatura, y verificada su aprobación con las modificaciones o alteraciones que ocurrieren por pluralidad, se debía entonces jurar solemnemente su observancia, y se debía proceder, dentro del tercero día, "a nombrar los funcionarios de los Poderes que forman la representación Provincial, o a convocar las Congregaciones electorales con el mismo objeto" (art. 294). Se aclaró, finalmente que no habría "embarazo alguno" para que en esas elecciones se nombrasen para

Legisladores o para miembros del Poder Ejecutivo, tanto en el Gobierno federal como en el de la Provincia, "a los que han servido los mismos destinos en ambos departamentos durante el año de mil ochocientos once, y a los que los sirvieren en el presente de mil ochocientos doce" (art. 295).

Es sabido, sin embargo, que nada de esto se pudo hacer pues unos meses después, desde diciembre de 1812 la ocupación del territorio de la provincia por las fuerzas españolas al mando de Monteverde, arrasaron con toda la civilidad que se establecía en este excepcionalísimo texto que fue la Constitución provincial de Caracas de 1812.

i. *Sobre las declaraciones políticas generales y el desarrollo del principio de igualdad*

La Constitución provincial de Caracas de 1812, como ocurrió con todas las Constituciones posteriores, incorporó en unas disposiciones generales, una serie de declaraciones generales de política pública, y aparte de todos los derechos de los ciudadanos que se declararon incorporados en el texto constitucional, contenidos en la declaración de Derechos del Pueblo sancionada el 1 de julio de 1811 (art. 296), se incluyeron otras disposiciones de gran importancia en materia de igualdad y no discriminación. Las más importantes fueron las siguientes:

j. *Sobre el régimen de los indios*

En primer lugar, en el texto mismo de la Constitución se dispuso que respeto de la "clase de ciudadanos que hasta ahora se ha denominado de indios," reconociéndose que no se había conseguido "el fruto apreciable de algunas leyes que la Monarquía española dictó a su favor, porque los encargados del Gobierno de estos países tenían olvidada su ejecución," en virtud de que "las bases del sistema de Gobierno que en esta Constitución ha adoptado Caracas no son otras que las de la justicia y la igualdad," entonces se dispuso que se encargaba "muy particularmente a la Asamblea general," que así como debía "aplicar sus fatigas y cuidados para conseguir la ilustración de todos los habitantes de la Provincia, proporcionándoles escuelas, academias y colegios en donde aprendan todos los que quieran los principios de Religión, de la sana moral, de la política, de las ciencias y artes útiles y necesarias para el sostenimiento y prosperidad de los pueblos," que igualmente debía procurar

"por todos los medios posibles atraer a los referidos ciudadanos naturales a estas casas de ilustración y enseñanza, hacerles comprender la íntima unión que tienen con todos los demás ciudadanos, las consideraciones que como aquéllos merecen del Gobierno, y los derechos de que gozan por sólo el hecho de ser hombres iguales a todos los de su especie, a fin de conseguir por este medio sacarlos del abatimiento y rusticidad en que los ha mantenido el antiguo estado de cosas, y que no permanezcan por más tiempo aislados, y aún temerosos de tratar a los demás hombres" (art. 297).

A tal efecto, la Constitución prohibió que los indios pudieran "aplicarse involuntariamente a prestar sus servicios a los Tenientes, o Curas de sus Parroquias, ni a otra persona alguna," y además, les permitió

"el reparto, en propiedad, de las tierras que les estaban concedidas y de que están en posesión, para que a proporción entre los padres de familia de cada pueblo las dividan y dispongan de ellas como verdaderos señores, según los términos y reglamentos que formare para este efecto"(art. 297).

La consecuencia de estas previsiones, fue que en el texto de la Constitución se revocaron y dejaron "sin valor alguno, las leyes que en el anterior Gobierno concedieron ciertos Tribunales, protectores y privilegios de menor edad a dichos naturales, las cuales, dirigiéndose al parecer a protegerlos, les han perjudicado sobremanera según ha acreditado la experiencia"(art. 298).

k. *Sobre la prohibición de la esclavitud*

La Constitución, por otra parte, recordando que el comercio inicuo de negros había sido prohibido por Decreto de la Junta Suprema de Caracas en 14 de agosto de 1810, declaró que dicho comercio quedaba "solemne y constitucionalmente abolido en todo el territorio de la Provincia, sin que puedan de modo alguno introducirse esclavos de ninguna especie por vía de especulación mercantil" (art. 299).

l. *Sobre la situación de los pardos*

La Constitución, además, dispuso en su artículo 300 que quedaban "revocadas y anuladas en todas sus partes las leyes antiguas que imponían degradación civil a una parte de la población libre de Venezuela, conocida hasta ahora *bajo la denominación* de pardos y morenos." En consecuencia, se declaró que éstos quedaban "en posesión de su estimación natural y civil, y restituidos a los imprescriptibles derechos que les corresponden como a los demás ciudadanos" (art. 300).

m. *Sobre la abolición de los títulos nobiliarios y las relaciones personales con la Monarquía*

En la Constitución, además, se declararon extinguidos "todos los títulos concedidos por el anterior Gobierno," prohibiéndose a la Legislatura Provincial "conceder otro alguno de nobleza, honores o distinciones hereditarias, ni crear empleo u oficio alguno, cuyos sueldos o emolumentos puedan durar más tiempo que el de la buena conducta de los que los sirvan "(art. 301). Además, se dispuso que las persona que ejercieran algún "empleo de confianza u honor bajo la autoridad del Estado," no podían aceptar "regalo, título o emolumento de algún Rey, Príncipe o Estado extranjero, sin el consentimiento del Congreso" (art. 302).

La consecuencia de ello, fue la previsión en el artículo 324, en el sentido de que nadie podía "tener en la Provincia de Caracas otro título ni tratamiento público que el de ciudadano, única denominación de todos los hombres libres que componen la nación".

n. *Sobre el ejercicio de los derechos políticos*

La Constitución fue determinante, al mecanismos de participación popular y un sistema de democracia representativa, en establecer en general, que los ciudadanos sólo podían "ejercer sus derechos políticos en las Congregaciones parroquiales y electorales, y en los casos y formas prescritas por la Constitución" (art. 313); de manera que ningún individuo o asociación particular podía

"hacer peticiones a las autoridades constituidas en nombre del pueblo, ni menos abrogarse la calificación de pueblo soberano, y el ciudadano o ciudadanos que contravinieren a este parágrafo, hollando el respeto y veneración debidas a la presentación y voz del pueblo, que sólo se expresa por la voluntad general, o por el órgano de sus representantes legítimos en las Legislaturas, serán perseguidos, presos y juzgados con arreglo a las leyes" (art. 314).

Además, se declaró que toda reunión de gente armada, bajo cualquiera pretexto que se formase, si no emanaba de órdenes de las autoridades constituidas, se consideraba como "un atentado contra la seguridad pública," y debía "dispersarse inmediatamente por la fuerza." Además, se declaró también, que "toda reunión de gente sin armas" que no tuviese el mismo origen legítimo se debía disolver "primero por órdenes verbales, y siendo necesario, se destruirá por la fuerza en caso de resistencia o de tenaz obstinación" (art. 315).

o. *Sobre la supremacía constitucional y la continuidad del orden jurídico sub–constitucional anterior*

El artículo 325 de la Constitución, declaró expresamente el principio de la supremacía constitucional y graduación del orden jurídico al disponer que las leyes que se expidieran para ejecutarla, la Constitución del Gobierno de la Unión, y todas las leyes y tratados que se concluyeran bajo su autoridad, "serán la ley suprema de la Provincia de Caracas en toda la extensión de su territorio; y las autoridades y habitantes de ella estarán obligados a obedecerlas y observarlas religiosamente, sin excusa ni pretexto alguno".

Se precisó, sin embargo, como garantía objetiva de la Constitución, que "las leyes que se expidieren contra el tenor de ella no tendrán valor alguno sino cuando hubieren llenado las condiciones requeridas para una justa y legítima revisión y sanción" (art. 325).

En lo que se refiere al orden jurídico precedente de orden sub–constitucional, el artículo 326 de la Constitución estableció que entre tanto que se verificaba "la composición de un Código Civil y criminal, acordado por el Supremo Congreso el ocho de marzo último [1811], adaptable a la forma de Gobierno establecido en Venezuela," se declaraba en su fuerza y vigor el Código que hasta aquí nos ha regido en todas las materias y puntos (lo que era una clara referencia a la *Recopilación de las Leyes de los Reynos de Indias*) que directa o indirectamente no se opongan a lo establecido en esta Constitución."

p. *Sobre la difusión y conocimiento de la Constitución y de los derechos de los ciudadanos*

Finalmente, en la Constitución misma se previó la necesidad de difundir su conocimiento, a cuyo efecto, se encargó y recomendó eficazmente

"a todos los venerables Curas de los pueblos de esta Provincia, que los domingos y demás días festivos del año la lean públicamente en las iglesias a sus feligreses, como también la Constitución federal formada por el Congreso general de Venezuela, y con especialidad el capítulo octavo de ella, que tiene por título derechos del hombre, que se reconocerán y respetarán en toda la extensión del Estado, encareciéndoles la importancia, necesidad y obligación en que se hallan todos los ciudadanos de instruirse de estos derechos y de observarlos y cumplirlos exactamente, haciéndoles cuando lo juzguen conveniente las aplicaciones, ilustraciones y advertencias conducentes a facilitarles su inteligencia. (art. 327).

Igualmente, se encargó y recomendó a todos los maestros de primeras letras que pusieran en manos de sus discípulos, en la forma y modo que hallasen más adaptables, el texto de la Constitución, y también la Federal,

"procurando que las posean y manejen como otro cualquiera libro o lectura de las que se usan comúnmente en las escuelas, haciéndolas leer y estudiar constantemente, y en especialidad el capítulo octavo de la Constitución federal que trata de los derechos del hombre, por ser una de las instrucciones en que deben estar radicados a fondo, y un objeto esencialísimo de la educación que debe recibir la juventud de Venezuela" (art. 328).

2. Las Constituciones Provinciales en la Nueva Granada después del Acta de la Confederación de las provincias Unidas de Nueva Granada de 1811

En la Nueva Granada, con posterioridad a la firma del Acta de la Confederación de las Provincias, entre 1811 y 1815 se dictaron Constituciones en las Provincias de Tunja (1811), Antioquia (1812), Cartagena de Indias (1812), Popayán (1814), Pamplona (1815), Mariquita (1815) y Neiva (1815). Además, en 1815 se revisó y reformó la propia Acta de la Federación de las Provincias Unidas de la Nueva Granada. A continuación nos referiremos solamente a las Constituciones provinciales neogranadinas dictadas en 1811 y 1812, es decir, antes de que se sancionara la Constitución de Cádiz de marzo de 1812, incluyendo la de Cartagena de Indias, que si bien se sancionó en junio de 1812, para cuando se publicó la Constitución de Cádiz, la misma ya estaba materialmente redactada.

A. La Constitución de la República de Tunja de 9 de diciembre de 1811.

Luego de la sanción del Acta de la Confederación de las provincias Unidas de la Nueva Granada, la primera constitución provincial que se dictó fue la de la provincia de Tunja, donde precisamente funcionaba el Congreso de las Provincias Unidas. A tal efecto, el Colegio Electoral de la Provincia adoptó, el 9 de diciembre de 1811, la Constitución de Tunja[80] que se ha considerado "la primera constitución de fisonomía republicana" de Colombia,[81] con 235 artículos, en la cual se establecieron las bases de gobierno, en los siguientes Títulos:

El *Título Preliminar sobre declaración de los derechos del hombre en sociedad*, contiene un completísimo elenco de derechos y deberes en dos Capítulos. En el Capítulo I, sobre los derechos, comenzó con la declaración general ius naturalista de que "Dios ha concedido igualmente a todos los hombres ciertos derechos naturales, esenciales e imprescriptibles, como son: defender y conservar su vida, adquirir, gozar y proteger sus propiedades, buscar y obtener su seguridad y felicidad. Estos derechos se reducen a cuatro principales, a saber: la libertad, la igualdad legal, la seguridad, y la propiedad" (art. 1). De allí, se definió la libertad (art. 2); la igualdad (art. 3) con la proscripción de privilegios (art. 4) y de cargas desiguales (art. 5); la seguridad (art. 6) y la protección de la libertad pública o individual contra la opresión de los que gobiernan (art. 7).Se regularon diversos derechos del debido proceso como el *nullum crimen sine lege* (art. 8), la presunción de inocencia y la prisión excepcional pendiente juicio (art. 9); el límite a las penas (art. 10); el derecho a ser oído, el delito en ley preexistente y la irretroactividad de la ley (art. 11). Además, el derecho de propiedad y la expropiación (art. 12), la libertad de trabajo e industria (art. 13); el régimen de las contribuciones fiscales (art. 15) establecidas por los representantes (art. 16) y derecho a la educación (art. 17). También se reguló el régimen de la soberanía residiendo en el pueblo, titular del Poder Soberano (arts. 18 y 19), su definición, conforme al principio de la separación de poderes (art. 20), y la precisión de que ninguna parcialidad puede ejercerla, y nadie puede ejercer autoridad sin la delegación de los ciudadanos (arts. 21 y 22). Se reguló el régimen de las elecciones libre, el derecho al sufragio (art. 23), el principio de la alternabilidad republicana (art. 24), la responsabilidad de los representantes (art 25), se definió la finalidad del gobierno para el bien común y se reguló el derecho el pueblo a decidir sobre su gobierno (art. 26). Se reguló la igualdad de todos los hombres (art. 27) y el derecho de petición (art. 28). Se proclamó el principio de la separación de tres poderes: legislativo, ejecutivo y judicial (art. 29) como garantía social (art. 30), y se indicaron los principios que deben guiar el ejercicio del sufragio (art. 31). En el capítulo II, se regularon los deberes del ciudadano, en su conducta hacia los demás (art. 1), las obligaciones con la sociedad y la observancia de las leyes (arts. 2, 3, 4), el deber de obediencia a la autoridad (art. 5), de respetar la propiedad ajena (art. 6), el respeto a los demás (art. 7), y el deber de servir a la patria (art, 8). El *Capítulo Tercero* se dedicó *a la Independencia* de la provincia de Tunja, en particular respecto de

---

80 Véase el texto en Jorge Orlando Melo, *Documentos constitucionales colombianos, 1810-1815,* en http://www.jorgeorlandomelo.com/bajar/documentosconstitucionales1.pdf

81 Véase Carlos Restrepo Piedrahita, en *Primeras Constituciones...,* p. 98.

España sujetándose sin embargo "sobre este punto a lo que se determine por las dos terceras partes de las Provincias del Nuevo Reino de Granada" en su Congreso General del Nuevo Reino, o de sus Provincias Unidas" (art. 1), y al gobierno representativo de la misma (art. 2). El *Capítulo Cuarto* reguló la *forma de gobierno* de la provincia, como popular y representativo (art. 1), conforme al principio de la separación de poderes, con un Presidente Gobernador, un Senado, una Cámara de Representantes; un Tribunal de Apelaciones y otros tribunales; y los alcaldes ordinarios y pedáneos (art. 2).

La *Sección Primera* se destinó a regular en detalle al *Poder Legislativo*, con el *Capítulo I* sobre la Sala De Representantes compuesta por diez sujetos elegidos por el Colegio Electoral cada dos años, a propuesta de cada uno de los diversos departamentos en que se divide la provincia (art. 1), regulándose en detalle el procedimiento de las elecciones, las condiciones de elegibilidad (art. 2–7), el objeto de la corporación para formar las leyes (art. 8), y el procedimiento de su elaboración y sanción (arts. 9–17), y la inmunidad parlamentaria (art. 21). El capítulo II se destinó a regular el Senado, su composición (arts. 1–3) y su carácter de órgano colegislador (art. 4), su competencia en materia de juicios políticos (arts. 6–21), y el régimen de su funcionamiento (arts. 22–26). El *Capítulo II* se destino a la regulación de las *Disposiciones Generales sobre la Legislatura*, previéndose el régimen de formación de las leyes, su formación (arts. 1–5) y su carácter de expresión de la voluntad general como reglas universales de aplicación general (art. 8 9), reservándose a la Legislatura la facultad para interpretar, ampliar, y restringir, comentar y suspender las leyes, (art. 10), y en general las competencias legislativas de la Cámara de representantes (arts. 11–26).

En la *Sección Segunda* de la Constitución se reguló al *Poder Ejecutivo*, estableciéndose en el *Capítulo I* el régimen del *Gobernador*, a cual se denominó como "Presidente Gobernador de la República de Tunja" (art. 1), estableciéndose el régimen de su elección por el Congreso Electoral de la provincia (art. 2) con la posibilidad de reelección inmediata por una sola vez (art. 4).sus competencias, entre ellas la de Capitán General de todas las milicias de la provincia. El capítulo II se destinó a regular al Teniente Gobernador, encargado de suplir las faltas del Gobernador quien.

En la *Sección Tercera* se reguló al *Poder Judicial*, atribuyéndose en el capítulo I algunas *facultades del Gobernador en lo contencioso*, para conocer en primera instancia de todas las "materias políticas, administrativas y económicas" (art 1), pudiendo sus sentencias apelarse ante el alto Tribunal de Justicia (art. 2). En el *Capítulo II*, se reguló a los *Alcaldes Pedáneos*, electos por los vecinos anualmente (art. 1), a cargo de conocer asunto en lo civil de menor cuantía y en lo criminal ciñéndose como ocurría en la época colonial precedente a la formación de sumario, arresto y confesión, dando cuenta en este estado a la justicia ordinaria (art. 2). En el *Capítulo II* se reguló a los *Alcaldes Ordinarios* que debía ser elegidos en cada departamentos, a cargo de decidir en primera instancia todos los asuntos contenciosos que ocurrieren en el distrito, salvo los atribuidos a los a los pedáneos. El *Tribunal de Apelaciones* se reguló en el *Capítulo IV,* para conocer en apelación de las sentencias de los alcaldes ordinarios (art. 1). En el Capítulo V se regularon *los últimos recursos,* asignándose al Senado competencia para conocer en apelación de las decisiones de Tribunal de Justicia mediante la designación de unos Conjueces de listas con la participación de las partes. En este capítulo, además, se estableció en general el régimen legal para la administración de justicia, disponiéndose que "los pleitos se sentenciarán por las leyes que nos han gobernado hasta aquí en lo que no sean contrarias a esta Constitución"(art 3); que "los jueces se ceñirán a la estricta observancia de las leyes, y en caso de no haber ley que pueda ser aplicable al caso ocurrido, lo propondrán a la Legislatura de la Provincia, para que establezca una ley que en lo sucesivo gobierne en iguales casos" (art. 4), y que "no se podrá pronunciar sentencia, sin que en ella se exprese la ley en que se funda"(art. 5). En el *Capítulo VI* se reguló el régimen de los *Jurados* para conocer de las causas civiles de mayor cuantía si así lo convinieren las partes, escogiendo "a este medio que muchos han creído el más seguro para no aventurar la justicia" (art. 1); regulándose en detalle la forma de escogencia de los mismos, así como por ejemplo el carácter irrevocable de las sentencias (art. 7).

La *Sección Cuarta* se destinó a regular el *Tesoro Público,* estableciéndose las normas de transición para la determinación de las "actuales contribuciones" que debían permanecer por el Congreso, al organizar un sistema de rentas (art.); y regulándose los cargos de Contador y Tesorero, para la recaudación, custodia y distribución del Tesoro Público (art. 3), con el régimen de las cuentas de los administradores y de las de propios de los cabildos.

En la *Sección Quinta*, se reguló a la *Fuerza Armada*, previéndose el servicio militar obligatorio (art. 1), creándose en cada pueblo de la provincia, tantas compañías de milicias, cuantas fueran posibles (art. 4), que debían ser instruidas por militares que proporcionare el Gobernador (art. 5). Se concibió a la fuerza armada como esencialmente obediente y no deliberante (art. 7).

La *Sección Sexta* se destinó a regular a la *Educación Pública,* disponiéndose que "en todos los pueblos de la provincia habrá una escuela en que se enseñe a los niños a leer, escribir, contar, los primeros rudimentos de nuestra santa Religión, y los principales derechos y deberes del hombre en sociedad" (art. 1); previéndose que en la capital habría una Universidad (art. 2). Se dispuso en forma genera, conforme al principio de la igualdad que "ni en las escuelas de los pueblos, ni en las de la capital habrá preferencias ni distinciones, entre blancos, indios, u otra clase de gente" de manera que lo que distinga "a los jóvenes, será su talento, y los progresos que hagan en su propia ilustración" (art. 3).

En la *Sección Séptima* se reguló al *Congreso Electoral,* integrado por los electores a razón de un elector por cada 2.000 habitantes (art. 5), con el régimen detallado de la elección de los mismos por los vecinos (art. 7) de los pueblos de manera que "todo pueblo, por pequeño que sea, con tal que no se halle agregado a otro, deberá nombrar su elector" (art. 6).

En la *Sección Octava*, se estableció en régimen de elección de los *representantes para el Congreso General,* que debían ser elegidos cada tres años por el Congreso Electoral (art. 1), estableciéndose como condición para ser electo el haber vivido en la provincia a lo menos cuatro años (art. 2). El mismo Congreso Electoral quedó facultado para darles instrucciones a los representantes, "siendo conformes a la Constitución de la provincia, y a la que se haya adoptado por el Congreso de las Provincias Unidas" (art. 4).

La *Sección Novena* se destinó a regular *disposiciones generales sobre empleos* de la provincia, con normas sobre el "derecho de ciudadanos" para ejercerlos que correspondía a los residentes en la provincia (art. 2); y sobre probidad en el ejercicio de los cargos públicos (art. 6). La *Sección Decima* se destinó a regular los *Juramentos* que todos los funcionarios de los tres poderes debían prestar de cumplir sus funciones conforme a la Constitución; y la *Sección Undécima*, se destinó a regular los diversos *tratamientos de las Corporaciones de la Provincia*.

Por último en la *Sección Duodécima*, se incluyó un elenco de *Leyes que el Serenísimo Colegio Electoral manda observar desde que se publique la Constitución*, que en cierta forma es un complemento de lo dispuesto en el Título preliminar sobre derechos fundamentales. En esta sección se prohibieron todo género de tormento para la inquisición de los delitos (art. 1); las penas infamantes (art. 2); la confiscación, por el delito que fuere, de más del quinto de sus bienes (art. 3), excepto en caso de asesinato, en cuyo caso, "si el agresor tuviese bienes, y no herederos forzosos, sus bienes pasarán, con la autoridad judicial, a los del muerto" (art. 4); y "la pesquisa indeterminada, y sin que se individualice el delito o delitos sobre qué se debe versar" (art. 10). Se consagró el derecho a ser juzgado en libertad, de manera que "a ninguno se reducirá a prisión, a no ser que haya semiplena prueba de su delito, o sospechas muy fundadas de fuga" (art. 6), debiendo, en los delitos que no merezcan pena corporal, excarcelarse al reo luego que diere fianza segura de estar a derecho (art. 7). Se limitó además la posibilidad de prisión por deuda civil (arts. 8, 9). Se prohibió la apertura, lectura y presentación en juicio de "cartas selladas que se hallen dentro o fuera del correo, sin expreso consentimiento de los interesados" (art. 11), considerándose que nada podía probar "en juicio una carta o papel aprehendido de esta manera," ordenándose pena de prisión para los responsables (art. 11); regulándose sin embargo los cosos en los cuales se podía registrar las correspondencias y papeles abiertos que tuviese un ciudadano dentro de su la casa (art. 12). Se prohibió a los jueces "entrar a la casa de cualquier ciudadano, ni mucho menos forzarla o quebrantarla," sin que hubiese prueba o indicio fundado de que "adentro se perpetra un delito, o se oculta un delincuente"(art 13); imponiéndose a los jueces el deber de oír demandas sólo en su Juzgado (art. 14). En fin, en la Constitución se prohibió "la fundación de mayorazgos" (art. 17).

B. La Constitución del Estado de Antioquia de 21 de marzo de 1812

La Constitución de la Provincia de Antioquia en el Nuevo Reino de Granada,[82] con 299 artículos, fue sancionada por los representantes de la Provincia, el 21 de marzo de 1812 (dos días después de la sanción de la Constitución de Cádiz) y aceptada por el pueblo el 3 de mayo de 1812, como se dis-

---

82 Véase el texto en Jorge Orlando Melo, *Documentos constitucionales colombianos, 1810-1815,* en http://www.jorgeorlandomelo.com/bajar/documentosconstitucionales1.pdf

puso en el *Título I*, Preliminares sobre las *Bases de la Constitución*, a los efectos de garantizar "a todos los ciudadanos su Libertad, Igualdad, Seguridad y Propiedad," en virtud de que por la abdicación de la Corona ocurrida en 1808 y disuelto el Gobierno que la misma mantenía, se habían devuelto "a los españoles de ambos hemisferios las prerrogativas de su libre naturaleza, y a los pueblos las del Contrato Social, incluyendo a la Provincia de Antioquia, la cual había reasumido la soberanía, y recobrado sus derechos. Por ello, los representantes declararon que el pueblo de la Provincia de Antioquia reconocía y profesaba la Religión Católica, Apostólica, Romana como la única verdadera, siendo "la Religión del Estado", y además que había sido "el olvido de los sagrados e imprescriptibles derechos del hombre y de las obligaciones del ciudadano la causa primarla y el origen del despotismo, de la tiranía y de la corrupción de los gobiernos, y que por este mismo olvido e ignorancia los pueblos sufren por muchos siglos la esclavitud y las cadenas, o cometen mil excesos contrarios al orden y a la institución de las sociedades." Como consecuencia de ello, se declararon "derechos del hombre y los deberes del ciudadano".

A tal efecto, en la *Sección Segunda* del Título preliminar en sus 33 artículos se declararon *los derechos del hombre en sociedad,* como "derechos naturales, esenciales e imprescriptibles, como son defender y conservar su vida, adquirir, gozar y proteger sus propiedades, buscar y obtener su seguridad y felicidad," se declaró que se reducían "a cuatro principales, a saber: la libertad y la igualdad legal, la seguridad y la propiedad"(art 1), definiéndose la libertad (art. 2) con la regulación específica de la libertad de imprenta y de expresión (art. 2); la igualdad, con regulaciones detalladas sobre igualdad ante la ley (art. 4), la exclusión de privilegios (art. 5), y la igualdad en los tributos (art. 6); la seguridad (art. 7), con la obligación de la ley de proteger la libertad pública e individual contra la opresión de los que gobiernan (art. 8). Se regularon, además, detalladamente diversos derechos del debido proceso como el principio *nullum crime sine legge* (art. 9), la presunción de inocencia y las limitaciones a la detención de las personas (art. 10), la prohibición de penas crueles (art. 11); el derecho a ser oído, a ser juzgado conforme a leyes preexistentes, prohibiéndose la retroactividad de la ley (art. 12). Además, se reguló el derecho de propiedad (art. 13) como derecho inviolable, estableciéndose la expropiación (art. 15); la libertad de trabajo e industria (art. 14); el régimen de las contribuciones, establecidas por la representación del pueblo (art. 17), bajo el principio de la proporcionalidad (art. 16); y el derecho a la educación (art. 18). En esta Sección, además, se reguló lo relativo a la soberanía que "reside originarla y esencialmente en el pueblo" (art. 19), constituyendo "la universalidad de los ciudadanos" al Pueblo Soberano (art. 20), de manera que ningún grupo puede atribuirse la soberanía (art. 22), la cual sólo se puede ejercer mediante "delegación legítima de los ciudadanos" (art. 23); y se definió en qué consiste la misma como "facultad de dictar leyes, en la de hacerlas ejecutar, y aplicarlas a los casos particulares que ocurran entre los ciudadanos; o en los poderes Legislativo, Ejecutivo y Judicial" (art 21). Se reguló, el régimen de elección de representantes mediante elecciones libres, con el derecho igual de los ciudadanos de concurrir a las mismas (art. 24), estableciéndose el principio de la alternabilidad republicana (art. 25), la responsabilidad de los funcionarios y representantes (art. 26), y la misión del gobierno para el bien común, teniendo el pueblo el derecho de cambiarlo (art. 27, 28). Se garantizó el derecho de petición (art 29); y se consagró el principio rector de la separación de poderes mediante la declaración de que "La garantía social no puede existir, sino se halla establecida la división de los poderes; si sus límites no están fijados, y sí la responsabilidad de los funcionarios públicos no está asegurada" (art. 31), así:

> "30. La separación de los tres poderes, Legislativo, Ejecutivo y Judicial, constituye esencialmente la libertad, y de su reunión en una sola persona, o en un solo cuerpo, resulta la tiranía. Por tanto el pueblo tiene derecho a que el Cuerpo Legislativo jamás ejerza las funciones del Ejecutivo, o Judicial, ni alguna de ellas; a que el Ejecutivo no ejercite las facultades legislativas, ni alguna de ellas; en fin, a que el Judicial tampoco tenga el Poder Ejecutivo o el Legislativo; para que manden las leyes, y no los hombres."

La declaración de los "derechos del hombre y del ciudadano" concluyó en el Título Preliminar, recordando al pueblo su atención al momento de elegir sus representantes (art. 32), proclamando que los mismos "son parte de la constitución, serán sagrados e inviolables, y no podrán alterarse por ninguno de los tres poderes, pues el pueblo los reserva en sí, y no están comprendidos en las altas facultades delegadas por la presente Constitución "(art. 33).

En la *Sección Tercera* del Título preliminar, además, se regularon los *deberes del ciudadano,* declarando que si buen "la declaración de los derechos del hombre contiene las obligaciones de los legisladores," por su parte "la conservación de la sociedad pide que los individuos que la componen, igualmente conozcan y llenen sus deberes" (art. 1). Así, se establecen los deberes de los hombres para con los demás (art. 2, 9), para con la sociedad (arts. 3, 6), declarándose que "ninguno es buen ciudadano, sino es buen padre, buen hijo, buen hermano, buen amigo y buen esposo" (art. 4), y que "ninguno es hombre de bien, sino es franco, y religiosamente observador de las leyes" (art. 5). Se reguló además, el deber de obediencia a la autoridad (art. 7), la obligación de respetar la propiedad ajena (art. 8), y el deber de servir a la patria (art. 10).

En el *Título II* sobre la *formación de Gobierno.*, se declaró que el pueblo que habita el territorio de la Provincia de Antioquia, "se erige en un Estado libre, independiente y soberano, con centrando su gobierno y administración interior, sin reconocer otra autoridad suprema, sino es aquella que expresamente delegare en el Congreso General de la Nueva Granada, o en el de las Provincias Unidas" (art. 1). El Gobierno Soberano del Estado se declaró que sería "popular y representativo" (art. 2), de manera que la representación de la provincia sólo se compondría "de los representantes nombrados por los padres de familia para ejercer el Poder Legislativo" precisándose que "a ellos está delegada la soberanía del pueblo, pues los poderes Ejecutivo y Judicial son sus emanaciones, y los que ejecutan sus leyes" (art. 3), proclamándose que "los poderes Legislativo, Ejecutivo y Judicial estarán separados e independientes; y no podrán ser a un mismo tiempo ejercidos por una sola persona ni por un solo Cuerpo" (art. 4).

En el *Título III* sobre del *Poder Legislativo*, en su sección primera sobre la Legislatura o disposiciones comunes a las dos Cámaras, se estableció que dicho Poder Legislativo como facultad de dar leyes, de reunía en un Senado y en una Cámara o Sala de Representantes, denominada "La Legislatura de Antioquia" (art. 1). En la sección se reguló en detalle el régimen de funcionamiento de la Legislatura, así como sus competencias (arts. 2–10), precisándose que "únicamente la Legislatura tendrá facultad para interpretar, ampliar, restringir, comentar y suspender las leyes" de manera que "el Poder Ejecutivo y el Judicial deberán seguirlas a la letra, y en caso de duda, consultar al Legislativo" (art. 11), teniendo además competencia para decidir "las dudas y competencias que se promuevan sobre los límites de los Poderes Ejecutivo y Judicial" y sobre "los límites del Legislativo" (art. 38). Se reguló además, en detalle, el procedimiento de formación de las leyes (arts. 12–28), reservándose a la legislatura la potestad para imponer nuevas contribuciones (art. 29), determinar la Fuerza Armada (art. 31) y su financiamiento anual (art. 33), los gastos ordinarios del Estado (art. 32, 34) y el control del Tesoro (art. 35). En la sección se reguló, además, detalladamente el régimen de funcionamiento de las Cámaras y de sus miembros (arts. 39–55). En la *Sección Segunda* se reguló al *Senado*, integrado por senadores electos por cada cabildo o departamento de la provincia (art. 1), regulándose el régimen de elección por los electores, (arts. 2–26), a cuyo efecto se dispuso que tendrían "derecho para elegir y ser elegido todo varón libre, padre o cabeza de familia, que viva de sus rentas u ocupación, sin pedir limosna, ni depender de otro; que no tenga causa criminal pendiente, ni haya sufrido pena corporal aflictiva o infamatoria; que no sea sordo, mudo, loco, mentecato, deudor moroso del tesoro público, fallido, culpable, o alzado con la hacienda ajena"(art. 7). Al Senado se la atribuyó la potestad de ser "el Tribunal privativo que juzgue a los miembros de los tres Poderes, Legislativo, Ejecutivo y Judicial, y a sus agentes inmediatos" (art. 29), y además, "siendo los miembros de los tres poderes responsables a los pueblos por su conducta oficial", se configuró al Senado como "el Tribunal de residencia de todos ellos" (art. 34). En la *Sección Tercera* se reguló el régimen de la *Cámara de Representantes,* como la segunda sala de la Legislatura, integrada por una "representación popular según la base de población, y bajo los principios de una absoluta igualdad" (art. 1), a razón de un representante por cada diez mil almas (art. 2), disponiéndose el régimen de las elecciones (arts. 4–8). Entre las atribuciones privativas de la Cámara de representantes, se dispuso que "todas las leyes sobre impuestos y contribuciones, y también las leyes y decretos en que se aplique alguna cantidad o cantidades del tesoro común," debían tener su origen en la misma (art. 9), correspondiéndole además, privativamente, "acusar y perseguir delante del Senado a todos los individuos de los Poderes Legislativo, Ejecutivo y Judicial y a sus secretarios cuando hayan delinquido por violación de la Constitución" (art. 10).

En el *Título IV* sobre el *Poder Ejecutivo*, en una Sección primera se reguló al Presidente del Estado de Antioquia, a cargo del Supremo Gobierno, o Poder Ejecutivo, asistido de dos consejeros (art. 1), nominados por las dos Cámaras del poder legislativo (art. 5), con límite para la reelección (art. 6). Se regularon, además, en detalle las funciones del Presidente (art. 8) y sus competencias (arts. 20–41), con facultad expresa de mandar a ejecutar las leyes (art. 9), con derecho a objetarlas y devolverlas si hallare graves inconvenientes (art. 11), salvo en diversos casos en los que se excluyó la posibilidad de objeción (art. 13). Al Presidente del Estado, además, se lo declaró Presidente "de la Legislatura" y Capitán General de toda su fuerza armada" (art. 22).

En el *Título V* sobre el *Poder Judicial*, se reguló en su sección primera al *Supremo Tribunal de Justicia*, donde residía Supremo Poder Judicial de la provincia (art. 2), integrado por 5 miembros designados por la Legislatura (arts. 3,4); definiéndose ampliamente al Poder Judicial como "la facultad de aplicar las leyes a los casos particulares, ya sea decidiendo las querellas y demandas que ocurran entre partes, dando a cada ciudadano lo que le pertenece, ya imponiendo a los delincuentes e infractores las penas que han establecido las mismas leyes, o administrando justicia civil y criminal en todo lo contencioso" (art. 1). Al Supremo Tribunal de Justicia se le atribuyó conocer de las segundas y terceras instancias, o en apelación y súplica, de todos los asuntos contenciosos, tanto civiles como criminales, que se susciten en el distrito de la provincia" (art. 12), no pudiendo conocer nunca de asuntos en primera instancia para evitar que los ciudadanos litiguen "lejos de sus casas (art. 13). En la *Sección Segunda*, se reguló una *Alta Corte de Justicia* para conocer de "los recursos extraordinarios" que antes se ejercían ante autoridades en España, que debía formar la Cámara de Representantes ante quien dichos recursos debían introducirse (art. 1). En la *sección tercera* Se reguló a los Jueces de primera instancia, atribuyéndose al primer consejero del poder Ejecutivo competencia para conocer en primera instancia "de todo lo contencioso en los ramos de Policía y Gobierno" (art. 1), así como "los asuntos contenciosos de Hacienda pública" (art. 2), con las apelaciones al Supremo Tribunal de Justicia." Se atribuyó a los tenientes, alcaldes, ordinarios, jueces pobladores, capitanes de guerra, alcaldes de la hermandad y jueces pedáneos, conocerán privativamente de todas las primeras instancias en los asuntos contenciosos entre partes, tanto civiles como criminales (art. 7); y a las justicias ordinarias conocer también de las primeras instancias en todos los juicios de comercio, con las apelaciones al Tribunal de Justicia (art. 8). Por último, en la *Sección Cuarta* sobre *prevenciones generales acerca del Poder Judicial,* se complementó la declaración de derechos, al prohibirse penas tormentosas e infamantes (art. 1) y las penas desiguales (art. 2), al regularse las formas de privación de la libertad en los procesos y sus límites (arts. 2–8). Se declaró, además, la inviolabilidad de la habitación de todo ciudadano, excepto por orden de un juez (art. 8). Por último, se declaró que:

> *10*. Habiendo manifestado la experiencia de muchos siglos en la Inglaterra, y últimamente en los Estados Unidos de Norteamérica, que el juicio por jurados iguales al reo, y de su misma profesión, o el tener jueces que decidan el hecho, y que otros distintos apliquen el derecho, es el antemural más fuerte contra la opresión y la tiranía, y que bajo de tales juicios el inocente no es oprimido con facilidad, ni el culpado evita el castigo: la Legislatura formará la opinión e ilustrará al pueblo sobre este punto de tanta importancia; y cuando se halle preparado suficientemente

para recibirle bien, introducirá la expresada forma de juicios, aboliendo la actual que tiene tamaños defectos" (art. 10).

En el *Título* VI sobre los *Diputados para el Congreso general de las Provincias Unidas de la Nueva Granada* se dispuso la forma de elección de los dos diputados de la provincia, entre los naturales de la misma (art. 3).

En el *Título* VII, se reguló el régimen del *Tesoro Común*, previéndose la obligación de todo ciudadano de "contribuir para el Culto Divino y subsistencia de los ministros del Santuario, para los gastos del Estado, para la defensa y seguridad de la patria, para el decoro y permanencia de su gobierno y para la administración de justicia" (art. 1); y regulándose en detalle el funcionamiento de la tesorería general, el régimen de los gastos, y la rendición de cuentas.

El *Título* VIII se destinó a regular a la *Fuerza Armada*, cuyo objeto se declaró que era "defender el Estado de todo ataque e irrupción enemiga y evitar conmociones en lo interior, manteniendo el orden y asegurando la ejecución de las leyes" (art. 1), como institución "esencialmente obediente" y no deliberante (art. 2). Se reguló en servicio militar obligatorio (art. 3, 4), las tropas para policía y tranquilidad interior de la provincia (art. 5), y las milicias que debía haber en "todos y cada uno de los lugares de la provincia" (art. 6).

El *Título* IX se destinó a regular la *Instrucción Pública*, disponiéndose que debía haber "en todas las parroquias de la provincia escuelas de primeras letras, en que se enseñen gratuitamente a los niños de cualquiera clase y condición que sean, a leer, escribir, las primeras bases de la religión, los derechos del hombre y los deberes del ciudadano, con los principios de la aritmética y la geometría"(art. 1); y que debía haber "igualmente un Colegio y Universidad en que se enseñe a los jóvenes de toda la provincia la gramática, la filosofía en todos sus ramos, la religión, la moral, el derecho patrio con el público y político de las naciones" (art. 2). Además, se dispuso que los poderes Legislativo y Ejecutivo debían formar la erección de sociedades públicas y privadas, que promuevan la agricultura, la minería, las ciencias, el comercio y la industria, perfeccionando los inventos que se conozcan e introduciendo otros nuevos que puedan ser útiles al país" (art. 3).

Por último, en el *Título* X se incluyeron una *Disposiciones Generales*, regulándose el juramento que debían prestar los empleados y agentes públicos de la provincia (arts. 1–3). Se incluyeron además, normas especificas sobre responsabilidad derivada de la libertad de prensa (Art. 11), prohibiciones de escritos contrarios al Dogma o las buenas costumbres (art 12), o dirigidos a perturbar el orden y la tranquilidad común, "o en que se combatan las bases del Gobierno, adoptadas por la provincia, cuales son las soberanía del pueblo, y el derecho que tiene y ha tenido para darse la Constitución que más le convenga, y erigirse en un Estado libre, soberano e independiente"(art. 13). Se precisó, además, que "la liberad de la imprenta no se extiende a la edición de los libros sagrados (art. 15).

C. La Constitución del Estado de Cartagena de Indias de 15 de junio de 1812

Después de haberse declarado por la Junta del cabildo de Cartagena el 11 de noviembre de 1811 que la "Provincia de Cartagena de Indias es desde hoy de hecho y de derecho Estado libre, soberano e independiente" desasociado de la Corona y Gobierno de España, la Convención general de representantes de la provincia sancionó el 15 de junio de 1812 la Constitución del Estado de Cartagena de Indias,[83] formando un cuerpo político, libre e independiente, ratificándose expresamente aquella declaración de noviembre de 1811 (Título II, art. 1).

Dicha Constitución de 380 artículos, comenzó, al igual que las anteriores Constituciones provinciales con un *Título I* sobre los *derechos naturales y sociales del hombre y sus deberes*" pero de contenido mucho más declaratorio y principista sobre las razones por las que "los hombres se juntan en sociedad con el fin de facilitar, asegurar y perfeccionar el goce de sus derechos y facultades naturales" (art. 1), y "hacerse parte de un gran todo político" (art. 2), resultando obligado a preservarlo y a la vez con derechos a "ser respetado y protegido en el uso de sus facultades por la sociedad y por cada uno de sus Miembros" (art. 3); siendo los derechos del cuerpo político "la suma de los derechos individuales consagrados a la unión" (art. 4), y los derechos de los individuos ejercidos respetando los derechos de los demás (art. 5). Así, el hombre en sociedad, no pierde su libertad, sino que usa de ella, "contribuyendo con la expresión de su voluntad particular a la formación de las mismas leyes que arreglan su ejercicio" (art. 6), renunciando sólo al "derecho de hacer mal impunemente" (art. 7), conservando, asegurando y perfeccionando "sus derechos naturales, esenciales y por lo mismo no enajenables, entre los cuales se cuentan el de gozar y defender su vida y libertad, el de adquirir, poseer y proteger su propiedad, y el de procurarse y obtener seguridad y felicidad" (art. 8). La declaración reguló específicamente la igualdad (art. 8), sin perjuicio para el Gobierno de poder conceder "distinciones personales que honren, premien y recomienden a la imitación las grandes acciones" (art. 9); y el estatuto de las autoridades, como agentes responsables de los pueblos (art. 10); precisó el objeto del Gobierno "instituido para el bien común, protección, seguridad y felicidad de los pueblos" (art. 11), y las cualidades de los empleos públicos (art. 12), el principio de la alternabilidad republicana (art. 13), el régimen de las elecciones y el derecho de los ciudadanos a elegir y a ser elegidos (art. 14). Se dispuso el derecho de los individuos a ser protegido por la sociedad "en el goce de su vida, libertad y propiedad, conforme a las leyes existentes" (art. 15); el derecho de adquirir propiedades y disponer de ellas (art 16); el derecho al trabajo e industria (art. 17), y el derecho de acceder a la justicia (art. 19). Se dispuso que el pueblo del Estado sólo podía ser gobernado por leyes adoptadas por "su cuerpo constitucional representativo" (art. 18) que no podrían ser suspendidas sino por la Legislatura (art. 22);

83 Véase el texto en Jorge Orlando Melo, *Documentos constitucionales colombianos, 1810-1815*, en http://www.jorgeorlandomelo.com/bajar/documentosconstitucionales1.pdf

correspondiendo sólo a los representantes establecer contribuciones (art 21); garantizándose "la libertad del discurso, debate y deliberación en el cuerpo legislativo" (art. 22). Se garantizó el derecho a ser castigado sólo conforme a leyes preexistentes (art. 23), y que los civiles no podían ser juzgados conforme a leyes militares (art. 24).

Por otra parte, se declaró el principio de la separación de poderes, indicándose que:

> "*Artículo 25.* Con el importante objeto de que el Gobierno del Estado sea, en cuanto pueda ser, un Gobierno de leyes y no de hombres, el departamento Legislativo jamás ejercerá los poderes ejecutivo ni judicial; ni el Ejecutivo los poderes legislativo ni judicial; ni el Judicial los poderes legislativo ni ejecutivo; excepto algún caso particular expresado en la Constitución."

En el Título, además, se declaró el derecho de reunión sin armas ni tumulto (art. 26), el derecho de petición (art. 27), la libertad de imprenta y de expresión (art. 28), el derecho a "tener y llevar armas para la defensa propia y del Estado, con igual sujeción a la ley" (art. 30). Se declaró también que "como en tiempo de paz los ejércitos son peligrosos a la libertad pública, no deberán subsistir en el Estado sin consentimiento de la Legislatura" (art. 31), disponiéndose que "el poder militar se tendrá siempre exactamente subordinado a la autoridad civil, y será dirigido por ésta" (art. 32). En materia de derechos al debido proceso, se estableció la presunción de inocencia (art. 32) y el principio *nullum crime sine legge* (art. 33); finalizando el Título regulando varios derechos ciudadanos (art 34–37).

En cuanto a los derechos, debe también mencionarse que en el Título II, se reconocieron "los derechos naturales del hombre y del ciudadano" y se garantizó "a todos los ciudadanos los sagrados derechos de la religión del Estado, propiedad y libertad individual, y la de la imprenta" (art. 12); precisándose sobre el último, que serían "los autores o editores los únicos responsables de sus producciones y no los impresores "(art 13); regulándose además, la edición de libros sagrados y sobre religión que quedaba "sujeta a la censura previa" (art. 14,II). Se granizó la inviolabilidad de la correspondencia (art. 15); y la libertad de industria (art. 16).

En el *Titulo II*, destinado a regular la *forma de gobierno y sus bases*, sobra la base de un régimen federalista, se declaró que

> "*Artículo 2*: Habiendo consentido esta Provincia en unirse en un cuerpo federativo con las demás de la Nueva Granada que ya han adoptado o en adelante adoptaren el mismo sistema, ha cedido y remitido a la totalidad de su Gobierno general los derechos y facultades propios y privativos de un solo cuerpo de nación, reservando para sí su libertad política, independencia y soberanía en lo que no es de interés común y mira a su propio gobierno, economía y administración interior, y en todo lo que especial ni generalmente no ha cedido a la Unión en el tratado federal, consentido y sancionado por la Convención general del Estado."

En la Constitución, sin embargo, se previó que si se producía la "verdadera y absoluta libertad del Rey Fernando" el Gobierno General de la Nueva Granada sería el llamado a decidir lo pertinente (art. 3); declarándose que "entretanto, el Estado de Cartagena será gobernado bajo la forma de una República representativa" (art. 4). En la Constitución, además, se declaró "la acta de federación, consentida y ratificada por la Convención general del Estado, hace y se declara parte de esta Constitución" (art. 18). También se definió en el texto constitucional los límites del territorio de la provincia (art. 5), siendo esta la primera Constitución en Colombia en regular límites territoriales.

Por otra parte, en la Constitución también se adoptó el principio de la separación de poderes conforme a estas normas:

"*Artículo 6°* Los poderes de la administración pública formarán tres departamentos separados y cada uno de ellos será confiado a un cuerpo particular de magistratura, a saber: el Poder Legislativo, a un cuerpo particular; el Ejecutivo, a otro segundo cuerpo, y el Judicial, a un tercero.

Ningún cuerpo o persona que pertenezca a uno de esos departamentos ejercerá la autoridad perteneciente a alguno de los otros dos, a menos que en algún caso se disponga lo contrario en la Constitución.

Artículo 7. Todo lo que se obrare en contravención al artículo que antecede será nulo, de ningún valor ni efecto, y el funcionario o funcionarios infractores serán castigados con la pena que asigne la ley a los perturbadores del orden y usurpadores de la autoridad.

Artículo 8. El Poder Legislativo reside en la Cámara de Representantes elegidos por el pueblo; el ejercicio del Poder Ejecutivo corresponde al Presidente Gobernador, asociado de dos consejeros; el Poder Judicial será ejercido por los tribunales del Estado.

Artículo 11. La reunión de los funcionarios de los tres poderes constituye la Convención general de poderes del Estado."

En el *Título*, igual que ocurrió en la Constitución de Cundinamarca, se estableció un "Senado conservador, compuesto de un presidente y cuatro senadores, cuyas atribuciones serán sostener la Constitución, reclamar sus infracciones, conocer de las acusaciones públicas contra los funcionarios de los tres poderes y juzgar en residencia a los que fueren sujetos a ella" (art. 9, 10); obligándose a los tres poderes a denunciar "al Senado conservador cualquiera transgresión que por alguno de los poderes o de sus funcionarios se hiciere o intentare hacer" de algún artículos de la Constitución (art. 17). Se declaró la fuerza y vigor de las leyes preconstitucionales," en cuanto no sean directa o indirectamente contrarias a esta Constitución" (art 19); y la obligación de los empleados públicos de prestar juramento de sostener la Constitución (art. 20).

El *Título III* se destinó a la *Religión,* reconociéndose la "Religión Católica, Apostólica, Romana, como la única verdadera y la Religión del Estado" (art 10), no permitiéndose "otro culto público ni privado," pero garantizándose que (art. 3), ningún extranjero podía ser molestado por el mero motivo de su creencia (art. 3). El Estado se comprometía a sostener la religión (art. 3), y a instruir a los diputados al Congreso de las Provincias Unidas de la Nueva Granada para la decisión a tomar respecto de concordatos (art. 4), regulándose sin embargo los límites de "las dos potestades, espiritual y temporal (art. 5), y de los tribunales eclesiásticos" (art 6, 7).

El *Título IV* se destinó a regular a *la Convención General de Poderes* compuesta por el Presidente Gobernador del Estado, que era su Presidente nato, y los dos consejeros del Poder Ejecutivo; el presidente del Senado conservador, que era su vicepresidente, y los cuatro senadores, de los miembros del Poder Legislativo y los que ejercían el Poder Judicial en el Supremo Tribunal de Justicia (art. 1). Su convocatoria correspondía al Poder Ejecutivo (art. 2, 5), quedando entonces la fuerza armada sometida exclusivamente a la Misma (art. 3). La Convención sin embargo, se debía abstener de "todo acto de jurisdicción" de manera que sus funciones eran protocolares (art. 4). Se regularon las condiciones para ser miembro de la Convención (art 5–9), y el régimen de sus deliberaciones (art. 9–13).

En el *Título V* se reguló *Poder Ejecutivo* a cargo de un Presidente Gobernador asociado de dos consejeros (art. 1), respecto de quienes se estableció el régimen de sus responsabilidades respectivas (art. 2–6), las condiciones de su elección y de elegibilidad (art. 26–29), y el régimen general de ejercicio de sus funciones (arts. 30–50). Se establecieron las competencias del Poder Ejecutivo respecto de las funciones relativas al Gobierno político, militar y económico del Estado (art. 7), quedando a su disposición la fuerza armada de mar y tierra, pero sin ejercer el "mando de las tropas mientras ejerciten el Poder Ejecutivo, sino que para ello nombrarán el Oficial u Oficiales de su satisfacción" (art. 11). Al Poder Ejecutivo también se le atribuyó la función de cuidar de la recaudación de los caudales públicos, su inversión y custodia (art. 15), con intervención del Cuerpo Legislativo (art. 16); la provisión de todos los empleos civiles, militares y económicos (art. 17); y la convocatoria al Cuerpo Legislativo en sesión extraordinaria (art. 20). En el Título se reguló, además, las potestades del Poder Ejecutivo para "indicar al Poder Legislativo las materias que en su concepto exigen resolución con fuerza de ley" (art. 22); y para tomar medidas extraordinarias en caso de conspiraciones (art. 24, pudiendo disponer la prisión o arresto, "pero dentro de cuarenta y ocho horas deberá poner al preso o arrestado a disposición del juez competente" (art. 25).

En el *Título VI* se destinó a regular el *Poder Legislativo*, el cual residía privativamente en la Cámara de Representantes, elegidos por el pueblo (art. 1), a razón de uno por cada 15.000 habitantes (art. 2), estableciéndose el régimen de su renovación (arts. 3,4), y el ejercicio de sus funciones. La Cámara estaba dividida en dos salas iguales, con objeto a la mejor discusión de materias y deliberación en la formación de las leyes (art. 5). Correspondía al Poder legislativo, en particular, el Tesoro público (art. 16), la facultad de asignar las contribuciones que el pueblo debe pagar (art. 17), y la asignación de sueldos de todos los empleos (art 19), así como diversas otras materias privativas (art. 21).

El *Título VII* se destinó especialmente a regular el procedimiento de *formación de las leyes y de su sanción,* regulándose la iniciativa legislativa (art.

1,2), y el régimen de las discusiones en las dos Salas (arts. 3–26), garantizándose la libertad de opinar de los representante (art. 12). Las leyes, por otra parte, debían ser revisadas por Presidente Gobernador con los dos Consejeros de Estado y dos Ministros del Supremo Tribunal de Justicia, que constituían el Consejo de Revisión, con poder para objetarlas (art. 27) y devolverla (art. 29–32). La objeción para devolverla al Poder Legislativo también podía estar basada en motivos de inconstitucionalidad (art. 33).

En el *Título VII* sobre el *Poder Judicial* se definió en qué consiste el Poder Judicial como la autoridad de oír, juzgar y fenecer las diferencias, demandas y querellas que se susciten entre los ciudadanos, pronunciando la determinación de la ley, y en la de aplicar la pena que ella impone al delincuente," correspondiendo a los Tribunales su ejercicio (art. 1). El orden y graduación de los Tribunales del Estado se estableció en la forma siguiente: el Senado conservador, el Supremo Tribunal de Apelaciones, los Jueces de primera instancia con sus municipalidades, y últimamente los pedáneos con los pequeños consejos que debe haber en toda parroquia, por pequeña que sea (art. 2), destinándose un gran número de normas a regular detalladamente dichas instancias en las diversas sesiones del Título. Entre las disposiciones de mayor interés, se destacan, las relativas al Senado Conservador, con el objeto principal de "mantener en su vigor y fuerza la Constitución, los derechos del pueblo y del ciudadano" (art. 1, 23), correspondiéndole además, el juicio de residencia de los individuos de la Convención de poderes (art. 12), siendo juez privativo de los miembros de la misma (art. 14). Entre las disposiciones relativas a las municipalidades y jueces subalternos, aparte las relativas a las funciones judiciales, debe destacarse la previsión conforme a la cual se reguló algo en relación con la organización territorial, al disponerse que:

> "*Artículo 14*. Perteneciendo al Poder Legislativo la creación de ciudades y villas en el territorio del Estado, cuidará la Legislatura de erigir en villas aquellos lugares cabezas de partido que por su población, situación, progresos y riquezas merezcan esta representación, y cuya creación contribuya a la mejor organización del Estado, economía del Gobierno, orden, policía y adelantamiento de los pueblos."

Se destaca, por último, que en la sección IV del Título sobre el Poder Judicial, se regularon algunos derechos al debido proceso, entre ellos, el de la abolición total de la tortura, la prohibición de las penas crueles, de la confiscación general de bienes, las multas ruinosas (art. 2), y las infamantes (art. 5); la exigencia de la determinación de las penas por ley (art. 3); la garantía del *non bis in idem* (art. 6); la garantía de los civiles a no ser juzgados por jueces militares, y la garantía a ser detenido sólo por orden judicial (art. 7); la garantía de los detenidos a que no se confunda en la misma prisión a los acusados y los convictos (art. 8); las garantías respecto del sometimiento a prisión, en todo caso excluida de juicios civiles excepto en casos de sospecha de fuga (art. 10); la garantía del detenido de comparecer ante el juez en un lapso de 48 horas (art. 12); la inviolabilidad de la habitación de todo ciudadano salvo allanamiento por orden judicial en caso de auxilio, como en un incendio u otra calamidad, o por reclamación que provenga de la misma casa, o cuando lo exija algún motivo urgente y de estado, expreso en mandato judicial, formal y por escrito, con precisa limitación al objeto y fin que motiva la entrada o allanamiento (art. 14); la garantía contra registros y embargos arbitrarios (art 15); la garantía de que se administre justicia sólo en la sede del tribunal (art. 16); la garantía a ser oído (art. 18) y a no declarar contra sí mismo (art. 19); la garantía de control de la prueba (art. 20); la garantía a disponer de defensor (art. 21); el derecho a formular alegatos (art. 22); el derecho a recusar a los jueces (art. 23); y el derecho a la libertad en caso de absolución (art. 27).

El *Título IX* fue dedicado a regular las *Elecciones* declarándose el derecho de todo ciudadano al sufragio (art. 1), siempre que se tratase de "hombre libre, vecino, padre o cabeza de familia, o que tenga casa poblada y viva de sus rentas o trabajo, sin dependencia de otro" (art. 2) residente del departamento o del Estado, según los casos (art. 4). El régimen electoral fue establecido en forma indirecta, de manera que "las parroquias darán su poder a los departamentos capitulares, para que éstos lo den al Colegio Electoral" (art. 3), estableciéndose en la Constitución, al detalle, el procedimiento para la elección de los apoderados de las parroquias, a razón de uno por cada quinientos habitantes (arts. 5–7), y luego, por estos apoderados parroquiales reunidos en la cabeza del departamento, la elección de los apoderados del departamento para el Colegio Electoral, en razón de uno por cada cinco mil habitantes de todo su distrito (art. 8), y además la elección de los regidores (art. 9). Los apoderados departamentales para el Colegio Electoral luego debían elegir a los funcionarios en este orden: "la del Representante de la Provincia para el Congreso general, (a raíz de uno por cada 15.000 habitantes); la del Presidente de la Convención de Poderes, Gobernador del Estado; la del Vicepresidente de la Convención, Presidente del Senado Conservador; la de los consejeros, senadores, miembros de la Legislatura; y la de los Ministros del Supremo Tribunal de Justicia en sus casos" (art. 14–15). Se dispuso también, que "antes de disolverse el Colegio Electoral se reunirán los electores del Departamento de Cartagena para nombrar los regidores que anualmente deben renovarse en su ayuntamiento" (art. 17). El voto se dispuso que sería público y la pluralidad absoluta, esto es, "un voto más de la mitad de todos se necesita y basta para que haya y se entienda legítima elección" (art. 20).

El *Título X* se destinó a regular a la *Fuerza Armada*, que tenía por objeto "defender al Estado de todo el que ataque o amenace su existencia, independencia o tranquilidad" considerándose que por ser ello de interés general, "todo ciudadano es soldado nato de la patria mientras puede serlo" debiendo en caso de peligro "dejarlo todo para volar a su defensa" (art. 1). Se reguló además, la existencia en la provincia "para los comunes de todo tiempo, el orden y seguridad interior", de un número de tropas veteranas y de milicias para su esfuerzo (art. 3). En todo caso, se precisó que la profesión militar debía ser obediente, sin "derecho de deliberar para obedecer" (art. 6). Se garantizó que en tiempo de paz en ninguna casa podía acuartelarse tropa sin consentimiento de su dueño, aún cuando "en el de guerra, la autoridad civil destinará cuarteles en el modo y forma que lo ordene la Legislatura" (art. 10).

El *Título XI,* reguló lo relativo al *Tesoro Público*, comenzando con la obligación de todo ciudadano "a contribuir para la formación del Tesoro público destinado a los gastos del Estado" (art. 1), correspondiendo a la Legislatura asignar las contribuciones (art. 2–4), designar a los funcionarios el Tesoro (art. 5), y vigilar e inquirir sobre la conducta de todos los que cobran, manejan o tienen a su cargo rentas o caudales públicos (art. 7).

En el *Título XII* se reguló la *instrucción pública*, destacándose la importancia de "la difusión de las luces y de los conocimientos útiles por todas las clases del Estado" como uno de los primeros elementos de su consistencia y felicidad, siendo inseparables de la ilustración pública "el conocimiento y aprecio de los derechos del hombre, y el odio consiguiente de la opresión y de la tiranía"; y además, siendo dicha ilustración "la que perfecciona el gobierno y la legislación" y "el fiscal más temible de los depositarios de la autoridad" (art. 1). Se dispuso la ejecución de las disposiciones dadas por la antigua Junta para el establecimiento de escuelas de primeras letras en todo los poblados (art. 2), el estímulo al funcionamiento de la "Sociedad patriótica de amigos del país" (art. 3), la subsistencia de la escuela militar y náutica fundadas por el consulado de Cartagena (art. 5), y la protección del Gobierno al Seminario de la capital (art. 6). En fin, se declaró el derecho de cualquier ciudadano de abrir escuela de enseñanza pública, con permiso del Gobierno (art. 8); y se prohibió severamente, a los jóvenes sacrificar la instrucción por el ocio, la corrupción "y el aprendizaje de los vicios por la práctica de vagar por calles y plazas de la mañana a la noche" (art. 9).

El *Título XIII* se destinó a regular *Disposiciones Varias,* entre ellas, la prohibición de "toda importación de esclavos en el Estado como objeto de comercio" (art. 2), disponiéndose sin embargo, que "ninguna autoridad podrá emancipar esclavos sin consentimiento de sus amos o sin compensarles su valor" (art. 3); y regulándose un régimen de protección y defensa de los esclavos (arts. 4–6). También se dispuso de un régimen de atención a los "hombres destituidos, los verdaderos pobres cuya existencia depende de la compasión de sus conciudadanos" (art. 7). Se permitió el ingreso de extranjeros en la provincia que profesen algún género de industria útil al país (art. 9), se prohibió la formación de corporaciones o asociaciones de cualquier género sin noticia y autorización del Gobierno (art. 10), se prohibió a estas formular colectivamente solicitudes (art. 11), garantizándose sin embargo el derecho de petición de los ciudadanos (art. 12). Se precisó que los actos emanados de autoridades reunidas en Juntas no autorizadas en la Constitución serían nulas (art. 13), y que "la reunión de gentes, ya sean armadas o sin armas, si con tumulto o desorden amenazan a la seguridad pública, será dispensada primero por una orden verbal, y no bastando, por la fuerza" (art. 14).

En esta Constitución del Estado de Cartagena se incluyó un *Título XIV* sobre *Revisión de la Constitución y suspensión de su imperio*, disponiéndose que el acto de revisar la Constitución correspondía al Colegio Electoral (art. 1), pero que la revisión nunca tendría lugar "respecto de sus bases primarias" (art. 2), ni antes del 18 de diciembre de 1814 (art. 3). Cualquier revisión extraordinaria fue sometida a un detallado procedimiento con participación de los poderes del Estado (arts. 4–10). También se reguló en la Constitución la facultad excepcional de suspender por tiempo limitado (art. 14) imperio de la Constitución o de alguno de sus artículos "en un caso urgentísimo en que peligre la seguridad y quietud del Estado, bien sea por conspiraciones interiores o por peligros de ataques externos" (art. 11) para ello el Poder Ejecutivo debía someter el asunto a Legislatura, la cual debía decidir sujeta a la revisión del Senado (art. 12). Se declaró, sin embargo, que "será traición, tratada y castigada como tal, el proponer que se suspenda a la vez toda la Constitución" (art. 15).

Por último, en el *Título XV* se reguló lo relativo a la *representación del Estado en el Congreso de la Nueva Granada*, asignándose al Colegio Electoral la elección de dichos representantes (art. 1) y asignación de instrucciones (art. 5), cuyos poderes, sin embargo, podían ser libremente revocados por la Legislatura (art. 3).

VI. ALGO SOBRE EL MUNICIPALISMO Y LAS PRIMERAS CONSTITUCIONES PROVINCIALES HISPANOAMERICANAS

La independencia de América Hispana comenzó en 1810, mediante declaraciones adoptadas por los Cabildos Metropolitanos de las Provincias, en las cuales los mismos se transformaron en Juntas Supremas de gobierno provincial; y las primeras Constituciones que se sancionaron, que fueron las Constituciones provinciales, fueron adoptadas por los antiguos Cabildos transformados en Colegios Electorales o Legislaturas provinciales.

Por tanto, en el origen de la independencia y del proceso constituyente hispanoamericano, los antiguos Cabildos, como autoridad municipal, tanto en las antiguas provincias de la Capitanía General de Venezuela como del antiguo Virreinato de Nueva Granada, jugaron un papel fundamental, y a la vez, sufrieron una transformación importante.

1. *Algo sobre el derecho indiano y el régimen municipal hispanoamericano*

Debe recordarse que en materia municipal, como en todo el orden jurídico y político del Estado, las instituciones españolas medioevales, particularmente las del Reino de Castilla que fueron las aplicables, no fueron trasladadas tal cual funcionaban en la Península, al Continente americano. Todas sufrieron de un proceso de adaptación que fue configurando el derecho indiano (el derecho español para las Indias), mediante aproximaciones sucesivas a través de las Instrucciones que se fueron dando a los Adelantados y Gobernadores con motivo de cada empresa de descubrimiento y población, y luego por reales Cédulas y Órdenes.

La primera manifestación global de este proceso particularmente en materia de poblamiento y organización de las ciudades, fueron las *Ordenanzas de Descubrimiento y Población dadas por Felipe II en el Bosque de Segovia,* el 13 de julio de 1573, donde se establecieron con precisión las reglas e instrucciones relativas al "orden que se ha de tener en descubrir y poblar," incluso en relación con la organización política de ciudades, villas y lugares. El contenido de dichas Ordenanzas, luego fue incorporado al texto de la *Recopilación de las Leyes de los Reynos de las Indias* (Libro IV, Títulos I–VII), mandada a imprimir y publicar por el Rey Carlos II en 1680, que rigió hasta después de la Independencia de los países americanos.[84]

En dichas Ordenanzas se dispuso, en cuanto a la organización política de las ciudades, que una vez fijados los lugares en que se habrían de fundar, el gobernador de la provincia que confinare con dicho territorio, era el que debía ocuparse de extender los títulos de ciudad, villa o lugar, según el caso; y además, debía designar el consejo, y los oficiales. En caso de tratarse de ciudad metropolitana, la ciudad debía de contar con un juez que ostentaría el nombre y título de adelantado, gobernador, alcalde mayor, corregidor o alcalde ordinario, con jurisdicción *in solidum*. Además, junto con el regimiento debían compartir la administración, tres oficiales de la hacienda real; doce regidores; dos fieles ejecutores; dos jurados de cada parroquia; un procurador general; un mayordomo; un escribano de consejo; dos escribanos públicos; uno de minas y registros; un pregonero mayor; un corregidor de lonja y dos porteros. Si en vez de ciudad metropolitana, se tratase de ciudad sufragánea o diocesana, entonces el gobierno se debía componer de ocho regidores y los demás oficiales perpetuos. En caso de tratarse de villa o lugar, la administración debía quedar a cargo de un alcalde ordinario; cuatro regidores; un alguacil; un escribano de consejo y público, y un mayordomo. (art. 43).

En toda esa organización, las figuras claves eran los vecinos y el Consejo o cabildo que era la instancia que detentaba el poder. Los vecinos era el poblador que debía inscribirse siempre en el libro correspondiente que existía en todos los concejos o ayuntamientos, y que le permitía ejercer los derechos vecinales, como elegir o ejercer cargo público municipal, y poder participar en los cabildos. Estos, por su parte, eran las instancias a través de las cuales el Gobernador llevaba la administración y gobierno de la provincia, además de la impartición de justicia. En esta organización municipal, en efecto, los Alcaldes ordinarios ejercían funciones judiciales, en primera instancia en cuanto a la jurisdicción ordinaria, tanto civil como criminal. Los Regidores, por su lado, eran más bien funcionarios administrativos, con atribuciones en materia de policía, al igual que los Alguaciles Mayores, que tenían las atribuciones de orden público.[85]

Para cuando se publicó la *Recopilación de las Leyes de los Reynos de Indias* en 1680, la estructura territorial para la ordenación política en América, se resumió en la siguiente forma:

---

84 Véase sobre el contenido y significado de las Ordenanzas lo que hemos expuesto en Allan R. Brewer-Carías, *La Ciudad Ordenada (Estudio sobre "el orden que se ha de tener en descubrir y poblar" o sobre el trazado regular de la ciudad hispanoamericana) (Una historia del poblamiento de la América colonial a través de la fundación ordenada de ciudades)*, Editorial Criteria, Caracas 2006; Segunda Edición, Editorial Thomson-Aranzadi, Madrid 2008.

85 Véase Enrique Orduña, *Municipios y Provincias*, Instituto Nacional de Administración Pública, Madrid 2003, Capítulo 7 (El Municipio en América), pp. 199 ss.

"Para mejor, y más fácil gobierno de las Indias Occidentales, están divididos aquellos Reynos y Señoríos en *Provincias* mayores y menores, señalando las mayores, que incluyan otras muchas por distritos a nuestras Audiencias Reales: proveyendo en las menores Gobernaciones particulares, que por estar más distantes de las Audiencias, las rijan y gobiernen en paz y justicia: y en otras partes, donde por la calidad de la tierra, y disposición de los lugares no ha parecido necesario, ni conveniente hacer Cabeza de Provincia, ni proveer en ella Gobernador, se han puesto Corregidores y Alcaldes mayores para el gobierno de las Ciudades y sus Partidos, y lo mismo se ha observado respecto de los pueblos principales de Indios, que son Cabeceras de otros".

La *Recopilación* consideraba, además, que "la distinción de los términos y territorios de las Provincias", era "uno de los medios con que más se facilita el buen gobierno". En esta forma, la organización política del Imperio español en el territorio americano que recogía la *Recopilación de leyes* en 1680, y que se había ido conformando durante casi dos siglos, estaba montada sobre una unidad territorial básica, que fue la *Provincia,* que era la circunscripción territorial donde ejercía su autoridad un Gobernador. Este ejercía el poder militar, por lo que lo era Capitán General y, además, tenía a su cargo las funciones administrativas, de gobierno y de administración de justicia.

Conforme el proceso de colonización fue avanzando, las Provincias se fueron clasificando según su importancia político–territorial, en dos categorías: las Provincias mayores, que eran aquellas en cuyos territorios se encontraban las sedes de las Audiencias, institución que presidía el respectivo Gobernador; las Provincias menores, las cuales se encontraban más alejadas de la sede de aquellas, pero cuyo gobierno también estaba a cargo de sus respectivos Gobernadores. Además, en otros casos, se establecieron Corregimientos y Alcaldías Mayores en territorios o ciudades, respectivamente, que también se encontraban alejados de las Provincias mayores, pero en los cuales no se consideraba necesario establecer una cabeza de Provincia ni un gobernador, sino un corregidor, generalmente para continuar la avanzada.

El Gobernador y Capitán General o el Gobernador, según el caso, tenía su sede en la ciudad cabeza de Provincia, la cual generalmente le daba el nombre a ésta, y que como núcleo urbano siempre jugó un papel protagónico. Las autoridades de las ciudades eran los Alcaldes (Alcaldes Mayores u Ordinario según la importancia de la villa, metropolitana o no) y los Regidores que se reunían en Ayuntamiento o Concejo, presidido por el Gobernador de Provincia y bajo su autoridad. En los casos de ciudades en las que por la disposición de los lugares o la calidad de la tierra, no resultaba conveniente establecer una Provincia, y en los casos de pueblos de indios, la autoridad sobre éstas se atribuía a un Corregidor o Alcalde Mayor.

En este esquema territorial, las Municipalidades se organizaron en torno al los Cabildo o Ayuntamiento que progresivamente se organizaron en las ciudades cabeza de Provincia, presididos por el Gobernador, los cuales por la lejanía adquirieron progresivamente un importante grado de autonomía, llegando incluso progresivamente a asumir el gobierno interino de las provincias ante la falta de los Gobernadores, con poder para designar a los gobernadores en forma interina. Ese privilegio, por ejemplo, lo reclamaron los cabildantes en Santa Ana de Coro, la primera ciudad fundada en la Provincia de Venezuela en 1528 a la muerte del Gobernador Ambrosio Alfinger en 1533, y fue ejercida sucesivamente por los Cabildos provinciales durante todo el período colonial, confirmada por Real Cédula 1560 y luego por otra Real Cédula de 1676.[86] Los Cabildos eran, además, sede de una importante fase del sistema judicial, al corresponder a los Alcaldes la administración de la justicia en el ámbito locaNo es de extrañar, entonces, porqué fueron los Cabildos coloniales los que hicieron la Independencia.

2. El régimen municipal al momento de la independencia

De manera que al momento en el cual se inicia el proceso constituyente en Hispanoamérica, el Municipio es una de las instituciones de gobierno y justicia con mayor arraigo, al punto de que, como se ha dicho, quien inicia la Revolución de Caracas fue el Ayuntamiento Capitalino que presidía el Gobernador y Capitán General, tal como lo hicieron posteriormente los Cabildos en el resto de las provincias de la antigua Capitanía General de la Venezuela y de la Nueva Granada.

Se trataba, en todo caso, de unos Cabildos o Ayuntamientos con ámbitos territoriales enormes, en muchos casos coincidentes con el de las mismas Provincias, por lo que la autonomía de la que gozaban en la Colonia, rápidamente pasó a ser una autonomía básicamente de las Provincias, lo que explica la adopción rápida del modelo federal, pero no por simple copia de la Constitución norteamericana, sino porque era el modelo que más se adaptaba a la realidad que provenía de la Colonia.[87]

Por ello, el Municipio colonial comenzó a ser cambiado, precisamente con motivo de la independencia, habiendo contribuido a ello las influencias recibidas de las reformas que ya se habían desarrollado tanto en Norteamérica como en Francia, con motivo de las Revoluciones. Las antiguas Provincias–Municipalidades, sus Gobernadores y Cabildos comenzaron a configurarse como parte de las nuevas autoridades provinciales, con sus Gobernadores y Legislaturas provinciales, con elementos del federalismo, ubicados en los mismos amplios ámbitos territoriales superiores de las provincias; y a la vez se comenzó en paralelo, en un proceso de aproximaciones sucesivas, a diseñar una organización territorial propia, de menor ámbito territorial para las ciudades, de orden administrativo, de la cual se fueron eliminando las antiguas funciones judiciales que pasaron a un Poder judicial independiente. Los Alcaldes, así pasaron de ser jueces, a ser administradores de las ciudades con

86   El privilegio sólo lo perdieron los Cabildos a partir de 1737. Véase Joaquín Gabaldón Márquez, *El Municipio..., cit.,* pp. 73-110; 125-169.

87   Véase Manuel Rachadell, "Influencia hispánica en la adopción del federalismo en Venezuela," en *Revista de Derecho Público,* Nº 121, Editorial Jurídica venezolana, caracas 2010, pp. 7 ss.; José Luis Villegas Moreno, *Doscientos Años de Municipalismo*, Universidad Católica del Táchira, FUNEDA, Caracas 2010, pp. 28. ss.

poderes de policía. En ese proceso, al inicio del proceso de independencia en las Provincias de Venezuela, en 1811, fue evidente la influencia francesa de la reforma municipal recién implementada por la Revolución, antes de que repercutiera también, luego, a partir de en 1812 en España.

En efecto, como es sabido, el régimen político del Antiguo Régimen en Francia y, en general en Europa, era altamente centralizado, en el cual no había efectivos poderes locales, salvo los que fueran establecidos por fueros o privilegios territoriales. Los Intendentes eran la fuente única de poder en las Provincias de Francia, y las autoridades locales que podía haber, eran delegados del Intendente, sometidos a su control. No existía, por tanto, un poder municipal ni nada que se le pareciera.

En la Francia anterior a la Revolución, hubo intentos de transformar el régimen municipal, pero sin mayores resultados. Primero, en 1775, había sido el Ministro Turgot, con motivo de las propuestas de reforma impositiva, el que había planteado la posibilidad de establecer Municipalidades en el territorio, pero sin lograrlo. Luego, a iniciativa de otros Ministros de Luis XVI, antes de 1787 se crearon las asambleas provinciales junto a los Intendentes, y además, en cada pueblo, se crearon cuerpos municipales electivos destinados a sustituir a las antiguas asambleas parroquiales, y en la mayoría de los casos, al síndico. Contrario a las costumbres que existían, todos los poderes que se pretendieron crear fueron colectivos, y el intendente fue disminuido en su poder. Todo ello condujo a la parálisis de la administración, y, como lo apuntó de *Tocqueville*, "Las asambleas, queriendo mejorarlo todo, acabaron por enredarlo todo", produciéndose entonces "una de las mayores perturbaciones que haya registrado jamás la historia de un gran pueblo", en la cual "Cada francés había experimentado una confusión particular. Nadie sabía ya ni a quien obedecer, ni a quién dirigirse"; [88] y terminaba señalando de *Tocqueville*, que "Perdido el equilibrio de las partes que componían la Nación, un último golpe bastó para hacerla oscilar y producir el más vasto trastorno y la más espantosa confusión que hayan tenido lugar jamás". [89]

La Revolución quiso poner fin a esta situación, y en el mismo año de 1789, la Asamblea Nacional Constituyente definió un nuevo orden municipal uniforme, fragmentado, generalizado y de carácter electivo; el cual en definitiva, si bien complicó aún más la situación de la Administración, puso las bases para el régimen municipal del constitucionalismo moderno. La reforma comenzó el 4 de agosto de 1789, con un Decreto que declaró irrevocablemente abolidos "todos los privilegios particulares de provincias, principados, cantones, ciudades y comunidades de habitantes, sean pecuniarios o de cual-

---

88 Alexis de Tocqueville, *El Antiguo Régimen y la Revolución*, Alianza Editorial, Tomo II, Madrid 1982, p. 197.

89 *Idem*, Tomo II, p. 197.

quier otra naturaleza,"[90] eliminándose así los antiguos reinos y las antiguas e históricas circunscripciones territoriales. A ello le siguieron, los Decretos de 14 y 22 de diciembre del mismo año 1789, mediante los cuales se estableció una uniformización territorial general que antes no existía, al dividir el país en Departamentos, éstos en Distritos, los Distritos en Cantones y éstos en Comunas, que fueron las municipalidades, creándose así el Poder Municipal. A tal fin, el primer Decreto dispuso la supresión y abolición que "las Municipalidades existentes en cada villa, burgo, parroquia o comunidad," con las denominaciones que tuvieren, y se agregó que serían sustituidas por "colectividades locales del reino" tanto en las ciudades como en el campo, con la misma naturaleza y situadas en el mismo plano constitucional, con el nombre común de municipalidad, que tendían en su cabeza al alcalde. En el segundo Decreto se dividió el territorio francés de manera uniforme en departamentos, distritos y cantones, suprimiéndose los intendentes, y además se dispuso que "en cada villa, burgo, parroquia y comunidad del campo habrá una municipalidad."[91] Este principio se consagró luego, expresamente, en la Constitución de 1791, al regular en su título "La división del Reino", que: "El Reino es uno e indivisible: su territorio se distribuye en 83 Departamentos, cada Departamento en Distritos, cada Distrito en Cantones". Fue esa creación de Municipios uniformes en todo el territorio de Francia, por tanto, lo que condujo a la sustitución definitiva de las cartas, fueros y privilegios locales, siendo las instituciones locales entonces, las mismas para todas las partes del territorio y para todos los ciudadanos.

De ello resultó que en 1791 en la Francia revolucionaria había 43.915 municipios, que comenzaron a llamarse comunas. Estas entidades municipales, además de las funciones propias de la Administración general que les podían ser delegadas, ejercían el "poder municipal", concepto que venía de los escritos de Benjamín Constant y de las propuestas de reforma del ministro *Turgot* (1775),[92] y que luego se arraigaría en el constitucionalismo iberoamericano, de manera que por ejemplo, aparece en Venezuela, a partir de la Constitución de 1857 (artículos 6 y 85).

Con esta división territorial, como lo percibió Edmund Burke en tiempos de la Revolución: "Es la primera vez que se ve a los hombres hacer pedazos su patria de una manera tan bárbara"; pero de *Tocqueville* acotaría años después, que en realidad, si bien "Parecía, en efecto que se desagarraban cuerpos vivos... lo único que se hacía era despedazar cuerpos muertos."[93] Sin embargo, lo cierto es que el sistema produjo la disolución del Estado al haber estallado Francia en cuarenta mil pedazos, cada uno con una especie de república

90 Luciano Vandelli, *El Poder Local. Su origen en la Francia revolucionaria y su futuro en la Europa de las regiones*, Ministerio para las Administraciones Públicas, Madrid 1992, p. 28, nota 10.

91 Albert Soboul, *La révolution française*, Gallimard, París 1981, pp. 198 y ss.

92 Eduardo García de Enterría, *Revolución Francesa y Administración contemporánea*, Taurus Ediciones, Madrid 1981, pp. 72, 76, 135.

93 Alexis de Tocqueville, *El Antiguo Régimen... cit.* Tomo I, p. 107.

soberana y anárquica que no tenían nexo alguno con el poder central en construcción.

Por ello, esta reforma sólo duró cinco años, porque al tratar la Revolución de desmontar un sistema tan centralizado como el de la Monarquía Absoluta, en un sistema de división territorial donde se crearon más de 40.000 comunas o municipios, con poderes locales propios, lo que hizo fue desquiciar el Estado, por lo que fue la propia Asamblea la que tuvo, luego, que retroceder en la creación del Poder Municipal.

De tal anarquía vinieron las reformas para tratar de controlar la acción municipal desde el poder central, como por ejemplo, al atribuírsele en la Constitución de 1791 poderes anulatorios al Rey, respecto de los actos municipales; al crearse en la Ley del 14 de frimario del año II (4 de diciembre de 1793) unos agentes nacionales directamente conectados al centro (Paris) para ejercer la vigilancia sobre los municipios; y además, al pretender reducir el número de comunas en la Constitución del año III (5 fructuoso, 22 de agosto de 1795), reagrupándoselas en entidades locales, y estableciendo la subordinación de las comunas a las Administraciones departamentales, y estas a los Ministros.

Pero el torbellino revolucionario que no había cesado, comenzó a producir su propia transformación con el golpe de Estado del 18 de brumario del año VIII (9 de noviembre de 1799), a raíz del cual Napoleón reimplantará la centralización que se había establecido en el Antiguo Régimen y que había quedado destrozada con la Revolución. Se estableció, así, un esquema de control centralizado sobre las más de 40.000 comunas que fueron restablecidas, creándose un sistema escalonado y jerarquizado de control sobre las mismas, donde serían esenciales las figuras del prefecto y subprefecto dependientes del poder central y controlando a los alcaldes, establecidos en la Ley de 28 pluvioso del año VIII (17 de febrero de 1800). [94]

La centralización administrativa por el establecimiento de esa rígida cadena institucional que unía: Ministro, Prefecto, Subprefecto y Alcalde, y que dio origen al llamado control de tutela, sin duda, fue uno de los aportes más importantes a la Administración municipal y local, y a la propia construcción del Estado centralizado. Como lo diría el Presidente François Mitterrand, casi doscientos años después, al proponer la reforma descentralizadora de 1981: "Francia tuvo que acudir a un poder fuerte y centralizado para hacerse. Hoy necesita un poder descentralizado para no deshacerse."[95] Esta, entre tantas,

---

94 Véase Luciano Vandelli, *El Poder Local..., cit.,* pp. 29 y ss.; Eduardo García de Enterría, *Revolución Francesa..., cit.,* pp. 107 y ss.; Sandra Morelli, *La Revolución Francesa y la Administración Territorial en Colombia, Perspectivas comparadas,* Universidad Externado de Colombia, 1991, pp. 31 y ss.

95 Citado por Jaime Castro, *La cuestión territorial,* Editorial Oveja Negra, Bogotá 2003, p. 26.

fue precisamente una de las motivaciones de la sanción de la conocida Ley francesa de Libertad de las Comunas de 1982. [96]

Tres principios configuraron el régimen municipal napoleónico: primero, el principio de la creación de un municipio por cada colectividad local – incluso de dimensiones mínimas– abarcando desde el pequeño pueblo rural hasta el gran centro urbano; segundo, el principio de la uniformidad e igualdad formal del régimen de los municipios a pesar de la diversidad territorial, geográfica y demográfica de los mismos a lo largo y ancho de los territorios estatales; y tercero, las reglas generales de funcionamiento de la tutela, como instrumento de control sobre las entidades locales. Todo ello configuró un modelo de régimen municipal, sin duda que se extendió por toda Europa. [97]

Hacia América, sin embargo, con la excepción del proceso inicial en la provincia de Caracas en 1812, sólo hicieron la travesía del Atlántico a comienzos del siglo XIX algunos aspectos del régimen de municipalización uniforme, pero ni el primero ni el último de los principios, es decir, el de la generalización de colectividades locales en el territorio y el del control de tutela, llegaron a nuestras costas; y al contrario, desde el inicio del Siglo XIX, el municipio si bien se arraigó en las ciudades capitales, se siguió ubicando en niveles territoriales muy alejados de los pueblos, implantándose además el principio de la autonomía municipal, inexistente en el modelo europeo napoleónico.

En cuanto al primer aspecto que es el de la creación de un municipio por cada colectividad local que existiera en un territorio, con la consecuente fragmentación territorial, puede decirse, sin embargo, que el mismo efectivamente dejó su impronta en toda Europa, cuyos países se comenzaron a identificar después de los tiempos de la revolución, por haber tenido y tener muchos municipios.[98] En España, la influencia de los postulados de la Revolución francesa en este aspecto también fue decisiva, por lo que la Constitución de Cádiz de 1812, dispuso en su artículo 310 que:

"Se pondrá Ayuntamiento en los pueblos que no lo tengan, y en que convenga le haya, no pudiendo dejar de haberle en los que por sí o con su comarca lleguen a mil almas, y también se les señalará término correspondiente."

---

96 Sobre la aplicación de la Ley del 2 de marzo de 1982, véase en general, André Terrazzoni, *La décentralisation a l'épreive des faits*, LGDJ, Paris 1987.

97 Luciano Vandelli, *El Poder Local..., cit.,* pp. 153 y ss.

98 En tiempos actuales, por ejemplo, hace pocos años todavía existían 2.539 Municipios en Bélgica, que en décadas pasadas han sido reducidos a 589 municipios; en Alemania Occidental existen 16.121 Municipios; en Italia hay 8.104 municipios y en Suiza hay 3.000 cantones. Véase Luciano Vandelli, *El Poder Local...., cit.,* pp. 179; Allan R. Brewer-Carías, *Reflexiones sobre el constitucionalismo en América*, Editorial Jurídica Venezolana, Caracas 2001, pp. 139 y ss.

Los Ayuntamientos, sin embargo, debían desempeñar sus encargos bajo la inspección de las diputaciones provinciales (Art. 323).[99] El Municipio que derivó de la influencia francesa, sustituyó así lo que quedaba del municipio de arraigo medieval, con sus fueros, privilegios y cartas–pueblas, en muchos casos con raíces en el proceso de la Reconquista.[100] Esos fueron, a pesar de su progresivo control por la Corona a partir del Siglo XVI, por su arraigo en las ciudades, los que condujeron la guerra de Independencia contra la invasión napoleónica. El precio que pagaron por ello, en todo caso, en nombre de la igualdad, fue su uniformización y su multiplicación territorial.

Este principio de la fragmentación municipal, como se dijo, penetró excepcionalmente en América latina en 1812, en la Constitución de la provincia de caracas, que se analiza más adelante

En cuanto al segundo aspecto, el del control de tutela, en América Latina no se implantó, adoptándose sin embargo el principio de autonomía, atenuado por la designación de un funcionario con funciones ejecutivas municipales, por los niveles superiores de gobierno, como fueron los llamados Corregidores.

3. *La trasformación del régimen municipal después de la independencia y las primeras manifestaciones constitucionales americanas*

El Hispanoamérica, el municipio colonial, como se dijo, también fue el factor fundamental del proceso de Independencia frente a España, de manera que sin lugar a dudas se puede afirmar que también, a comienzos del siglo XIX, la Independencia americana la hicieron los Cabildos de las Provincias, por lo que con razón se ha dicho que el Municipio, "fue la raíz de la República."[101]

Pero ese Municipio también fue transformado con el republicanismo constitucional, en forma paralela a la transformación que se estaba operando en la Península, al punto de que, por ejemplo, como hemos indicado, en la Constitución provincial "para el gobierno y administración de la Provincia de Caracas" de enero de 1812, se estableció la división del territorio de la Provincia, uniformemente, en Departamentos, Cantones y Distritos, debiendo tener estos últimos un territorio con aproximadamente 10.000 habitantes.[102]

Específicamente, en esta Constitución provincial, en el Capítulo Cuarto destinado a regular a las "Municipalidades," –lo que comentamos detallada-

99 Ello explica que en los años cincuenta todavía España tenía 9.245 Municipios. Actualmente tiene 8.056 municipios. Véase Cirilo Martín Retortillo, *El Municipio Rural*, Bosch, casa Editorial, Barcelona 1950, p. 139.

100 Véase Enrique Orduña Rebollo, *Historia del Municipalismo Español*, Iustel, Madrid 2005, pp. 131 ss.

101 Véase Joaquín Gabaldón Márquez, *El Municipio, raíz de la República*, Academia Nacional de la Historia, Caracas 1977.

102 Allan R. Brewer-Carías, "La formación del Estado venezolano," en *Revista Paramillo*, N° 14, Universidad Católica del Táchira, San Cristóbal 1996, pp. 290 y ss.

mente más adelante– se estableció el carácter electivo en cada parroquia de los miembros y de los agentes municipales (art. 24, 59, 65, 67); siendo variable el número de los miembros de las Municipalidades: 24 en la Municipalidad de Caracas, dividida en dos cámaras de 12 cada una (art. 90); 16 miembros en las Municipalidades de Barquisimeto, San Carlos, La Victoria y San Sebastián (art. 92); y luego de 12, 8 y 6 miembros según la importancia y jerarquía de las ciudades (arts. 91 a 102).

Correspondía a las Municipalidades capitales de Distrito llevar el Registro Civil (art. 70) y se les atribuían todas las competencias propias de vida local en una enumeración que cualquier régimen municipal contemporáneo envidiaría (art. 76). La Municipalidad gozaba "de una autoridad puramente legislativa" (art. 77), y elegía los Alcaldes (art. 69) que seguían siendo las autoridades para la administración de justicia, y proponían al Poder Ejecutivo los empleos de Corregidores (arts. 69 y 217) que eran los órganos ejecutivos municipales. En ellas tenían asiento, voz y voto, los agentes municipales que debían ser electos en cada parroquia (arts. 65 y 103).[103]

Por su parte, en la Constitución Fundamental de la República de Barcelona Colombiana de 12 de enero de 1812, también se destinó un Título Undécimo a regular a las "Municipalidades," indicándose que debía haber habrá "un cuerpo municipal compuesto de dos corregidores de primera y segunda nominación y seis regidores" en cada una de las cuatro ciudades "actualmente existentes en el territorio de la República" que eran Barcelona, Aragua, Pao y San Diego de Cabrutica, así como "en todas las demás ciudades y villas que en adelante se erigieren." De acuerdo con esa Constitución de Barcelona Colombiana, según la votación que se obtuviese en su elección, el Regidor que hubiere obtenido mayor número de votos era considerado como Alguacil Mayor, el que más se le acercaba, como Fiel Ejecutor y el que menos votos obtuviera se consideraba el Síndico General. Correspondía a la Municipalidad, conforme a la Constitución, el Registro Civil y la Policía. Debe mencionarse, además, que la institución municipal fue objeto de regulación extensa en el Plan de Gobierno de la provincia de Barinas de 28 de marzo de 1811, donde se regló al Cabildo, sus funcionarios y competencias (arts. 4–9). En la Constitución de la provincia de Trujillo de 2 de septiembre de 1811, se reguló el gobierno de la provincia residiendo en dos cuerpos: "el Cuerpo Superior del Gobierno y el Municipal o de cabildo" (Título Tercero, cap. 2), éste último denominado Cuerpo Municipal, compuesto por 5 Alcaldes ordinarios; 2 Magistrado denominados Juez de Policía y Juez de Vigilancia Pública y un Síndico personero (Título Quinto, cap. 1º). Igualmente en la Constitución de la provincia de Mérida de 31 de julio de 1811 se regularon los Cabildos, con funciones de policía y judiciales a cargo de los Acaldes (Capítulo VII).

En todo caso, la uniformización territorial municipal que se vislumbra de en estas primeras Constituciones provinciales, en particular de la de la Provincia de Caracas, posteriormente se fue arraigando paulatinamente, pudien-

103 Véase el texto de la Constitución provincial de la Provincia de Caracas, en *Las Constituciones Provinciales, cit.,* pp. 77 ss.

do decirse que el municipio republicano derivó de la transformación del municipio provincial colonial conforme a las influencias del constitucionalismo moderno derivado de los principios de la revolución francesa, además de los que provinieron del gobierno local y del federalismo de norteamericana, particularmente en el fortalecimiento de los antiguos Cabildos provinciales en las Legislaturas de las nuevas provincias convertidas en Estados Soberanos.

En todo caso, con la revolución de independencia se comenzó a trasformar el Municipio colonial indiano, el cual por lo demás había desarrollado cierta autonomía por la derivada de la distancia, desarrollando el municipio republicano americano, características propias. Como dijimos, en nuestros países se adoptó el principio del uniformismo napoleónico en cuanto a la organización y funcionamiento de las corporaciones locales, pero sin embargo, los otros dos principios mencionados que derivaron de la Revolución francesa y sus correcciones napoleónicas, puede decirse que no se siguieron. Por una parte, en América no se arraigó la institución del control de tutela derivada de la centralización napoleónica, que se recogió incluso en la Constitución de Cádiz de 1812, y en cambio, sí germinaron los conceptos del "poder municipal" y de la "autonomía municipal," al punto de haber adquirido por ejemplo, rango constitucional a partir de 1857. En la Constitución de Venezuela de ese año, así, se dispuso en su artículo 6º, que "El Poder público se divide para su administración en Legislativo, Ejecutivo, Judicial y Municipal", dedicando entonces un Título a regular dicho "Poder Municipal" (arts. 85–87)[104] cuyo contenido relativo a los asuntos propios de la vida local no era distinto al del Decreto de la Asamblea Constituyente en Francia, de diciembre de 1789.

El otro principio, el de la creación de un municipio por cada colectividad local, es decir, por cada caserío, por cada pueblo, por cada villa o ciudad, que se recogió en buena parte en la Constitución de la Provincia de Caracas de enero de 1812 y luego se recogió en la Constitución de Cádiz de marzo de 1812, sin embargo, no se siguió posteriormente en América, y de los viejos Municipios provinciales coloniales con territorios amplísimos, que se transformaron en las provincias y sus legislaturas, se pasó a los municipios republicanos, establecidos luego en ámbitos territoriales menores que las provincias, pero siempre alejados de los ciudadanos y de sus comunidades, con muy pocas excepciones.

---

104 Véase en Allan R. Brewer-Carías, *Las Constituciones de Venezuela, cit.,* Tomo I, p. 745.

VII. EL EXTRAORDINARIO CASO DEL RÉGIMEN MUNICIPAL EN LA CONSTITUCIÓN PARA EL GOBIERNO Y ADMINISTRACIÓN INTERIOR DE LA PROVINCIA DE CARACAS DE 31 DE ENERO DE 1812

1. *La discusión sobre el territorio de la Provincia de Caracas y su división*

De todas las provincias que conformaban la antigua Capitanía General de Venezuela, y luego de la sanción de la Constitución Federal de diciembre de 1811, la más extensa, territorialmente hablando de todas Provincia de Venezuela, era la Provincia de Caracas que comprendía lo que en la actualidad es el territorio de de los Estados Miranda, Vargas, Aragua, Carabobo, Guárico, Yaracuy, Falcón, Lara, Portuguesa, Cojedes y Trujillo de la república de Venezuela; y que en la época estaba dividida en los Partidos capitulares o Municipalidades de Caracas, San Sebastián, Villa de Cura, Valencia, San Carlos, San Felipe, Barquisimeto, Guanare, Calabozo, Carora, Araure, Ospino, Tocuyo y Nirgua.

Esta extensión y la importancia de Caracas respecto de todas las provincias, llevó a que se discutiera repetidamente sobre la división territorial de la Provincia, lo que ocurrió desde la sesión del Congreso General de Venezuela del 25 de junio de 1811 donde se propuso dividir la Provincia en dos; pero acordándose, primero pasar a constituir la Confederación, y después, que se procediera a dividir la Provincia de Caracas.[105]

El tema se volvió a tratar en la sesión del 27 de junio de 1811, donde se discutió ampliamente las razones a favor y en contra de la división,[106] particularmente conforme a lo expresado en la *Memoria* que presentó al Congreso sobre la necesidad de dividir la Provincia de Caracas y multiplicar los gobiernos territoriales que presentó el Diputado por el distrito de Valencia, Fernando de Peñalver.[107] Se consideró, contra la extensión de la Provincia y la importancia de Caracas capital, que "ningún beneficio gozan los pueblos distantes de Caracas y es nula la libertad que han adquirido, mientras tengan que venir aquí a mendigar las luces y la justicia."[108] De ello, salió la propuesta de dividir la provincia en cuatro provincias, es decir, tres nuevas mas a la capital, así: una, comprendiendo a Barquisimeto, Tocuyo, Carora y San Felipe; otra, comprendiendo a San Carlos, Araure, Ospino y Guanare; y la otra comprendiendo a Valencia, Nirgua, Puerto Cabello y los valles de Aragua. La

---

105 Véase *Libro de Actas del Segundo Congreso de Venezuela 1811-1812, cit.*, Tomo I, p. 112, 117.

106 *Id.*, Tomo I, p. 119.

107 Véase el texto en *El pensamiento constitucional hispanoamericano hasta 1830*, Biblioteca de la Academia nacional de la Historia, Caracas 1961, Tomo V, pp. 392 ss.

108 Véase *Libro de Actas del Segundo Congreso de Venezuela 1811-1812, cit.*, Tomo I, p. 122.

de Caracas, por su parte, quedaba con la capital y Calabozo, Villa de Cura, San Sebastián y el Puerto de La Guaira.[109]

Posteriormente, en la sesión del 2 de septiembre de 1811, se volvió a discutir el tema de la división de la Provincia de Caracas, y llegó a acordarse "en el día por el Congreso, que se divida en dos la Provincia de Caracas, quedando ésta compuesta de los Departamentos de la capital, Valencia, San Sebastián, Puerto Cabello, Calabozo, Villa de Cura, Nirgua y San Felipe; y la otra Provincia se compondrá de San Carlos, Barquisimeto, Carora, Tocuyo, Ospino, Araure y Guanare, con la cual división quedan a esa nueva provincia interior 150.245 almas, y la de Caracas 262.612." Se acordó dicha división, pero con la advertencia de que "no puede ni debe llevare a efecto esta medida por ahora y hasta que la Diputación General de Caracas, en quien reside la Legislatura de la Provincia, estipule, convenga y presente al Congreso para su sanción los límites y capital, que ha de tener la nueva Provincia."[110]

Luego, en la sesión del 15 de octubre de 1811 se trató de nuevo el tema de la división de las Provincias y sobre Caracas se acordó que "Las provincias convienen en confederarse sin nueva división de la de Caracas, con la precisa calidad de que ésta se dividirá cuando el Congreso de Venezuela lo juzgue oportuno y conveniente."[111]

En todo caso, en la Constitución de la Provincia de 1812, el territorio de la misma no sólo permaneció el mismo que tenía, sino que fue objeto de una regulación específica y particularizada en forma tal que no se encuentra parangón en Constitución alguna de la época

2. La división territorial uniforme de la provincia en departamentos, cantones y distritos

La Constitución de la Provincia de Caracas de 1812, en efecto, estableció la división territorial de la Provincia en una forma única, que no encuentra antecedente en ningún texto constitucional precedente, adoptando el uniformismo en la organización territorial derivado de la organización municipal adoptada en la Revolución Francesa, al cual antes nos hemos referido.

En tal forma, en el artículo 17 de la Constitución se comenzó por disponer que, en forma uniforme, "el territorio de la Provincia de Caracas se dividía en Departamentos, estos en Cantones y estos en Distritos;" agregándose que "cada Departamento constará de uno o más Cantones según la proporción de las localidades con el objeto de esta división"(art. 13); que "cada Cantón comprenderá tres Distritos, y a veces uno más en razón de las circunstancias"(art. 19); y que "cada Distrito se compondrá de una porción de territorio que tenga en su recinto diez mil almas de población de todas clases, sexos y edades" (art. 20).

---

109   *Id.,* Tomo I, pp. 126-127.

110   *Id.,* Tomo II, pp. 11-14.

111   *Id.,* Tomo II, p. 99.

Se establecieron, así, en la Constitución, los siguientes cinco (5) Departamentos en la Provincia, con sus respectivas capitales, el de Caracas, el de San Sebastián, el de los Valles de Aragua, con la ciudad de la Victoria por capital, el de Barquisimeto, y el de San Carlos. (art. 21).

A. La organización territorial del Departamento de Caracas

El Departamento de Caracas comprendía tres cantones, que fueron: el cantón del Tuy, cuya capital se fijó en la ciudad de la Sabana de Ocumare; el cantón de los Altos, cuya capital se fijó en la ciudad de Petare; y el Cantón de Caracas y sus costas vecinas, cuya capital se fijó en la misma ciudad capital. (art. 22).

a. *El cantón del Tuy*

El cantón del Tuy, conforme al artículo 27 comprendía tres (3) distritos que eran:

1. El *distrito inferior del Tuy*, que comprendía los pueblos y valles de Cupira, Guapo, Río Chico, Mamporal, Tacarigua, Curiepe, Marasma, Panaquire, Tapipa, Caucagua, Macaira y Aragüita, siendo su capital Caucagua;

2. El *distrito medio del Tuy*, que comprendía los pueblos de Santa Lucía, Santa Teresa, San Francisco de Yare, y la Sabana de Ocumare, que era su capital; y

3. El *distrito superior del Tuy*, que comprendía los pueblos de Charallave, Tácata, Cúa y Paracotos, siendo este último su capital (art. 27).

b. *El cantón de los Altos*

El cantón de los Altos, conforme al artículo 28, comprendía igualmente tres (3) distritos, que eran:

1. El *distrito de Guarenas* que comprendía los pueblos de Guatire, Guarenas y Petare, que era su capital.

2. El *distrito de Guaire*, que comprendía los pueblos de Chacao, Hatillo, Baruta, Valle, Vega y Antímano, cuya capital era el Valle, y

3. El *distrito de Los Teques*, que comprendía los pueblos de Macarao, San Pedro, Los Teques, San Antonio y San Diego, cuya capital era el pueblo de Los Teques.

c. *El cantón de Caracas*

El cantón de Caracas, conforme al artículo 29, así como sus costas vecinas en su departamento, comprendía cuatro distritos, que eran:

1. *El distrito de La Guaira* con los pueblos y valles de Caruao, Chuspa, Naiguatá, Caravalleda, Cojo, Macuto, La Guaira, Maiquetía, Tarmas y Carallaca, cuya capital era La Guaira; y

2. *Tres distritos de Caracas* que (el segundo, tercero y cuarto) que comprendían el recinto de la ciudad de Caracas, hasta donde se extendían sus parroquias.

B. La organización territorial del Departamento de San Sebastián

El Departamento de San Sebastián comprendía dos cantones, que fueron: el cantón del Norte o de San Sebastián, con su capital en la misma ciudad de San Sebastián; y el cantón del Sur o de Calabozo, que tenía por capital a la misma ciudad de Calabozo (art. 23).

a. *El cantón de San Sebastián*

El cantón del norte, o de San Sebastián, conforme al artículo 30, comprendía tres (3) distritos, que eran:

1. El *distrito de San Sebastian*, que comprendía los pueblos de San Juan de los Morros, San Sebastián, San Casimiro de Güiripa, San Francisco de Cara, Camatagua, y Cura, con San Sebastián por capital.
2. El *distrito de Orituco*, que comprendía los pueblos de Taguay, San Rafael de Orituco, Altagracia de Orituco, Lezama y Chaguaramos, con Lezama por capital; y
3. El *distrito del valle de la Pascua*, que comprendía al mismo valle de la Pascua, Tucupido, Chaguaramal, Santa María de Ypire, San Juan de Espino, Yguana, Altamira, San Fernando de Cachicamo, Santa Rita, y Cabruta, con el valle de la Pascua por capital.

b. *El cantón de Calabozo*

El cantón del sur, o de Calabozo, conforme al artículo 31, constaba de tres distritos, que eran:

1. El *distrito de Ortiz*, que comprendía los pueblos de Parapara, Ortiz, San Francisco de Tiznados, y San José de Tiznados, con Ortiz por capital.
2. El *distrito del Sombrero*, que comprendía los pueblos del Sombrero, Barbacoas, y el Calvario, con el del Sombrero por capital; y
3. El *distrito de Calabozo*, que comprendía la misma ciudad de Calabozo y los pueblos de Ángeles, Trinidad, el Rastro, Guardatinajas, Camaguán, y Guayabal, con Calabozo por capital.

C. La organización territorial del Departamento de los Valles de Aragua

El Departamento de los Valles de Aragua comprendía también de dos cantones: el cantón Oriental o de la Victoria, con su capital en la misma ciudad de la Victoria; y el cantón Occidental o de Guacara, que tenía por capital la misma ciudad de Guacara (art. 24).

a. *El cantón de la Victoria*

El cantón oriental de la Victoria, conforme al artículo 32, comprendía comprenderá cuatro distritos, que eran:

1. El *distrito de la Victoria*, que comprendía los pueblos del Buen Consejo, San Mateo, y la Victoria, que era su capital.

2. El *distrito de Turmero*, que comprendía los pueblos de Cagua, Santa Cruz, y Turmero, que era su también su capital.

3. El *distrito de Maracay*, que comprendía toda su jurisdicción y los pueblos de Chuao, Choroní, y Cuyagua, con Maracay por capital; y

4. El *distrito de la ciudad de Cura*, que comprendía el pueblo de Magdaleno, y la misma ciudad de Cura, que era su capital.

b. *El cantón de Guacara*

El cantón occidental de Guacara, conforme al artículo 33, comprendía tres distritos, que eran:(3), que eran:

1. El *distrito de Guacara*, que comprendía los pueblos de Mariara, Cata, Ocumare, Turiamo y Guacara de capital.

2. El *distrito de los Guayos*, que comprendía los pueblos de los Guayos, Güigüe, y San Diego, con los Guayos de capital; y

3. El *distrito de Puerto Cabello*, que comprendía al mismo Puerto Cabello y a los pueblos y valles de Patanemo, Borburata, Guayguasa, Agua Caliente, Morón, y Alpargatón, con Puerto Cabello por capital.

D. La organización territorial del Departamento de Barquisimeto

El Departamento de Barquisimeto comprendía tres cantones, que fueron: el cantón de San Felipe, con su capital en la misma ciudad de San Felipe; el cantón de Barquisimeto, con su capital en la ciudad de Barquisimeto, y el cantón de Tocuyo, con su capital en el Tocuyo (art. 25).

a. *El cantón de San Felipe*

El cantón de San Felipe, conforme al artículo 34, comprendía cinco (5) distritos, que eran:

1. *El distrito de Nirgua*, compuesto de esta ciudad, que era la capital y los pueblos de Temerla, Cabria, Taria, Montalbán, Canoabo, y Urama.

2. Dos *distritos en San Felipe*, en lo que era en ese momento el Partido capitular de San Felipe, formando un distrito doble bajo de una misma capital, que lo era la ciudad de San Felipe, y comprendiendo a los pueblos de Cocorote, Guama, San Francisco Javier de Agua Culebras, Cañizos, Tinajas, San Nicolás y Aroa;

3. Dos *distritos de Carora*, en el Partido capitular de Carora, del cual esta ciudad era su capital, extendiéndose a los pueblos de Aregue, Arenales, Burerito, Siquisique, Río del Tocuyo, Moroturo y Ayamanes.

b. *El cantón de Barquisimeto*

El cantón de Barquisimeto, que conforme al artículo 35 de la Constitución constaba de tres (3) distritos, que eran:

1. Dos *distritos de Barquisimeto* en la misma ciudad de Barquisimeto, con los pueblos de Santa Rosa, Buria, Altar, Bovare, y Sarare, del cual Barquisimeto era capital.

2. *El distrito de Yaritagua*, que abracaba los pueblos de Urachiche, Cuara, Chivacoa, Duaca, y Yaritagua, que era su capital.

c. *El cantón del Tocuyo*

El cantón del Tocuyo, que conforme al artículo 36 tenía tres (3) distritos, que eran:

1. *El distrito de Tocuyo*, que se extendía hasta donde alcanzaba la Parroquia de la ciudad, que era su capital.

2. *El distrito de Quíbor*, que comprendía a los pueblos de Barbacoas, Curarigua de Leal, Cubiro, y Quíbor, que era la capital; y

3. *El distrito de Humocaro*, que comprendía a los pueblos de Chabasquén, Humocaro Alto, Humocaro Bajo, que será la capital, Guarico, y Santa Ana de Sanare.

E. La organización territorial del Departamento de San Carlos

El Departamento de San Carlos comprendía dos cantones: el cantón de San Carlos y el cantón de Guanare.

a. *El cantón de San Carlos*

El cantón de San Carlos, conforme al artículo 37 de la Constitución, comprendía cuatro (4) distritos, que eran:

1. El *distrito de San Carlos*, que se extendía a la misma ciudad de San Carlos y a los pueblos de San José, y Caramacate, quedando San Carlos por capital.

2. El *distrito del Pao*, que comprendía los pueblos del Pao, Tinaco y Tinaquillo, con el Pao por capital.

3. El *distrito de de Lagunillas*, que comprendía los pueblos de Agua Blanca, San Rafael de Onoto, Cojedes, San Miguel del Baúl, y Lagunitas, que era su capital.

171

4. El *distrito de de Araure*, que comprendía la misma ciudad de Araure, que era su capital, con los pueblos de Acarigua, la Aparición de la Corteza, San Antonio de Turén y las Sabanetas de Jujure.

b. El cantón de Guanare

El cantón de Guanare, conforme al artículo 38 de la Constitución, tenía tres (3) distritos, que eran:

1. El *distrito de Ospino*, abarcaba a la misma ciudad de Ospino, que era la capital, y a San Rafael de las Guasguas.

2. El *distrito de Guanare* comprendía a la ciudad de Guanare y a los pueblos de María y de Maraca, quedando Guanare por capital; y

3. El *distrito de Tucupido* comprendía los pueblos de Tucupido, Boconó y Papelón, con Tucupido por capital.

3. El régimen municipal en la Provincia de Caracas

La Constitución Provincial de Caracas de 1812, por otra parte, es un ejemplo único en su tiempo, en cuanto a la regulación general del régimen municipal en todo el territorio de una provinica, estableciendo un régimen municipal general, con Municipalidades de diversa categoría, lo que dependía del número de miembros que integraban el cuerpo municipal, según la importancia y extensión del territorio que se les asignó. Como se verá a continuación, el detalle de regulación cosntitucional en la materia implica la realización de un estudio territoiral extraordinario, que según se lee en las actas de las sesiones del Congreso General, fue encomendado al diputado Francisco Javier Ustáriz, junto con los diputados José Vicente Unda y Juan José de Maya, en su sesión del 5 de marzo de 1811, para "examinar el estado que tenían las Municipalidades de la Provincia de Caracas."[112]

A. Algo sobre las competencias municipales

Estas Municipalidades configuran una pieza central del gobierno de la provincia, disponiéndose se existencia en materialmente todas las ciudades, villas y pueblos que se enumeran en la división territorial antes mencionada, organizadas en concejos según la importancia de las mismas.

---

112   En la despedida de la Sección Legislativa de la Provincia de Caracas al concluir sus sesiones y presentar la Constitución provincial 19 de febrero de 1812. Véase *Textos Oficiales de la primera República de Venezuela, cit.,* Tomo II, p. 216. Ustáriz volvió a explicar su concepción para la organización territorial del Estado en 1812 en el "Plan de Gobierno Provisorio para Venezuela" que presentó a Simón Bolívar en 1813. Véase en *El pensamiento constitucional hispanoamericano hasta 1830, cit.,* Tomo V, pp. 129-130.

De acuerdo con el artículo 76 de la Constitución provincial, las dichas Municipalidades tenían las siguientes facultades peculiares, que eran las materias propias de la vida local:

"la conservación de las propiedades públicas que hubiere en el distrito; todo lo concerniente a las fuentes y aguas públicas de las poblaciones; el aseo y buen orden de sus calles y plazas; la limpieza de los desaguaderos; el alumbrado, rondas y patrullas de las noches para quietud y seguridad del vecindario; la construcción y reparo de puentes y obras públicas necesarias o útiles, el establecimiento y superintendencia de las escuelas de primeras letras y otras de literatura que puedan procurarse; el alivio de los pobres, la salubridad pública, precaviendo los estragos dañosos a la salud de los ciudadanos; la seguridad y sanidad de las cárceles y prisiones, con cuyo objeto elegirán uno o dos individuos de su seno que visiten las casas de prisión y cuiden que los presos no sufran los rigores y malos tratamientos que la ley no ha prescrito; la conservación de los pesos y medidas que fije la Legislatura para las ventas; la regulación del peso y calidad del pan y de otras cosas que son de la primera necesidad para el abasto y subsistencia del pueblo; las licencias para los pulperos y revendedores, cuyo importe no podrá ceder en beneficio de ningún particular, sino de los fondos de la Municipalidad; la abolición y persecución de los juegos prohibidos que disipan el tiempo y arruinan la fortuna de los ciudadanos; la licencia, restricción, regulación y orden de los espectáculos y diversiones públicas, y de los trucos, billares y otros lugares de pasatiempo; la apertura, conservación, reparo y mejora de los caminos públicos; la navegación de los ríos; la subsistencia del fluido vacuno, y todo lo demás que fuese necesario para llevar a efecto estos objetos: bien que la Legislatura podrá ampliar y restringir por leyes particulares la jurisdicción de las Municipalidades, según lo juzgare conveniente."

El órgano de representación y gobierno de las Municipalidades era precisamente una Cámara o concejo colegiado que conforme al artículo 77 de la Constitución era "una autoridad puramente legislativa" con competencia en las materias municipales (art 76), para lo cual tenía "facultad para expedir los reglamentos y ordenanzas que fueren necesarias para el desempeño de sus deberes; para imponer penas ligeras que no sean injuriosas ni infamatorias y para ordenar otras contribuciones suaves y moderadas sobre los carruajes y bestias de servicio que transitan por los caminos y los arruinan y deterioran, o sobre las personas sin propiedad, que nada contribuyen para las cargas del Estado y gozan de todas las ventajas del orden social."

Debe mencionarse, además, que en la Constitución, las Municipalidades, los Corregidores y Alcaldes conservaban funciones judiciales en primera instancia (arts. 240 ss.).

B. Las municipalidades según el número de miembros del órgano colegiado municipal

Conforme a este esquema, en la Constitución se regularon las Municipalidades integradas en forma variable por 24, 16, 12, 8 y 6 miembros; y además, se reguló la existencia de Agentes Municipales en las parroquias. Todas estas autoridades eran electas mediante sufragio por los electores.

a. *La Municipalidad de Caracas capital con 24 miembros y dos Cámaras*

De acuerdo con el artículo 90 de la Constitución, la Municipalidad de la capital de Caracas se componía de 24 miembros o Corregidores, estando la Corporación dividida en dos Cámaras de doce personas cada una (art. 91).

b. *Las Municipalidades con 16 miembros y dos Cámaras*

El artículo 95 de la Constitución organizó siete (7) Municipalidades con 16 miembros cada una y dos Cámaras en las ciudades de *Barquisimeto, San Carlos, la Victoria, San Sebastián, Tocuyo y Guanare*.

En estas se sometió la eficacia de las resoluciones de las Municipalidades, en los recesos de la Legislatura, al sometimiento del asunto a Poder Ejecutivo de la Provincia (art. 95).

De acuerdo con lo previsto en el artículo 92 de la Constitución, se dispuso que habría Municipalidades con 16 miembros cada una en las ciudades de *Barquisimeto, San Carlos, la Victoria y la de San Sebastián*, quedando divididas en dos Cámaras de ocho miembros cada una, y con dos Alcaldes ordinarios que debían presidirlas. En cuanto a las Municipalidad de Barquisimeto debía comprender al pueblo de Bobare; la Municipalidad de San Carlos se debía extender a los de San José y Caramacate; la Municipalidad de San Sebastián se debía extender a los de San Juan de los Morros, San Casimiro de Güiripa y San Francisco de Cara; y la Municipalidad de la Victoria, comprendía su sola Parroquia (art. 93).

El artículo 94 de la Constitución también dispuso que las Municipalidades del *Tocuyo* y *Guanare* se comprendían también de 16 miembros. La primera extendía sus límites a su Parroquia; y la segunda, a los pueblos de María y de Maraca.

c. *Las Municipalidades con 12 miembros*

El artículo 96 de la Constitución reguló la existencia de Municipalidades constituidas con 12 miembros cada una, y una sola Cámara o corporación que debían presidir dos Alcaldes Ordinarios, en las ciudades "de *San Felipe*, capital del cantón de este nombre, en el departamento de Barquisimeto; en la de *Maracay*, capital del tercer distrito del cantón oriental de la Victoria; en la de *Puerto Cabello*, capital del tercer distrito del cantón occidental de Guacara; en la de *Carora*, capital del cuarto y quinto distritos del cantón de San Felipe; en la del Pao, capital del segundo distrito del cantón de San Carlos; en la de *Ospino*, capital del primer distrito del cantón de Guanare; y en la de *Quíbor*, capital del segundo distrito del cantón del Tocuyo".

Conforme al artículo 97 de la Constitución, la jurisdicción de la Municipalidad de *San Felipe* se extendía a los pueblos de Agua Culebras, Cañizos, San Nicolás, Aroa y Cocorote; las de *Puerto Cabello* y *Quíbor*, se extendían a los pueblos de su distrito; la de *Carora*, a los pueblos de Arenales, Burerito,

Aregue y Santiago del Río del Tocuyo; la de *Maracay*, a los pueblos de Chuaco, Choroní y Cuyagua; y las del *Pao* y *Ospino* a sus respectivas Parroquias.

d. *Las Municipalidades con 8 miembros*

El artículo 98 de la Constitución dispuso que había Municipalidades de ocho (8) miembros y un Alcalde, "a menos que estén en posesión de nombrar dos y quieran continuar en el mismo uso," en las ciudades de la *Sabana de Ocumare*, de *Petare*, de *Guacara*, de *Calabozo*, de *Cura*, de *Nirgua* y de *Araure*, y en las villas de *La Guaira, Siquisique*, de *Cagua, Turmero, Sombrero, Santa Rosa, San Rafael de las Guasguas* y *Tucupido* (art. 98).

La jurisdicción de la ciudad de Sabana de Ocumare, se debía extender al pueblo de San Francisco de Yare; la de Calabozo a los de Angeles, Trinidad, Rastro, Camaguán y Guayabal; la de Cura al pueblo de Magdaleno; la de Nirgua a Temerla, Cabria y Taria; la de Araure a Acarigua; la de La Guaira a su distrito; la de Siquisique a Ayamanes y Moroturo; la de Tucupido la de Boconó y las demás debían quedar reducidas a la extensión de sus Parroquias (art. 99).

e. *Las Municipalidades con 6 miembros*

El artículo 100 de la Constitución reguló los lugares donde debía haber "pequeñas" Municipalidades compuestas de seis (6) miembros y un Alcalde, "a los que se reunirán en algunas los Agentes particulares de aquellas Parroquias comprendidas en su demarcación que se designaren expresamente en la Constitución." Estos lugares fueron los siguientes a los que se asignó en el artículo 101 de la misma Constitución, la denominación de *villas*: los pueblos de los Teques, el Valle, Barata, Hatillo, Chacao, Guarenas, Curiepe, Guapo, Cancaina, Santa Lucía y Paracotos, comprendidos en el departamento de Caracas; en los de San Mateo, Buenconsejo, Santa Cruz del Escobar, Mariara, los Guayos y Güigüe, en el departamento de Aragua; en los de Camatagua, Taguay y Lezama, Altagracia de Orituco, Chaguaramas, Tucupido del Llano arriba, Valle de la Pascua, Chaguaramal, Santa María de Ipire, Ortiz, San José de Tiznados, Barbacoas y Guardatinajas, en el departamento de San Sebastián; en los de Montalbán, Guama, Sanare, Yaritagua, Urachiche, Sarare, Humocaro Bajo, en el departamento de Barquisimeto; en los del Tinaco, San Miguel del Baúl, Lagunitas, la Sabaneta de Jujure, la Aparición de la Corteza y Papelón, en el departamento de San Carlos.

Dispuso el artículo 102 de la Constitución, que la jurisdicción de la Municipalidad de los Teques, se extenderá a los pueblos de San Diego, San Antonio, San Pedro y Macarao; la del Valle, a los de la Vega y Antímano; la de Guarenas a Guatire; la de Curiepe a Mamporal, Tacarigua y Marasma; la del Guapo a Río Chico y Cupira; la de Caucagua a Aragüita, Macaira, Tapipa y Panaquire; la de Santa Luisa a Santa Teresa; la de Paracotos a Charallave, Cúa y Tácata; la de Mariara a Ocumare de la costa, Cata y Turiamo; la de los Guayos a San Diego; la de Altagracia de Orituco a San Rafael de Orituco; la de Santa María de Ipire a San Fernando, Iguana, Altamira, Espino, Santa Rita y Cabruta; la de Ortiz al pueblo de Parapara; la de San José de Tiznados al de

San Francisco de Tiznados; la de Barbacoas al del Calvario; la de Montalbán al de Canoabo y Urama; la de Sanare al de Buría y el Altar; la de Urachiche al de Cuara, Chivacoa y Duaca; la de Sarare al de Guarico; la de Humocaro Bajo, al de Humocaro Alto y Chabasquén; la del Tinaco al del Tinaquillo; la de Lagunitas al de Agua Blanca, San Rafael de Onoto y Cojede; y la de la Sabaneta de Jujure al de Turen; y las demás quedarán reducidas a su Parroquia.

C. Las Parroquias y los Agentes Municipales

En cada Parroquia, que era una división de los cantones, además, debía haber un Agente Municipal. Estos Agentes Municipales, y en su defecto los respectivos sustitutos, tenían asiento, voz y voto en las Municipalidades a que pertenecieran sus Parroquias, para acordar y representar por ellas todo lo que estuviese al alcance de sus facultades (art. 103).

En particular, los artículos 104 a 107 de la Constitución precisaron en qué pueblos y lugares debía designarse Agentes Municipales, así:

a. El pueblo de San José, comprendido en la jurisdicción de la Municipalidad de San Carlos, nombrará un Agente y su sustituto para la segunda Cámara de dicha Municipalidad. Los de María y de Maraca, comprendidos en la de Guanare, tendrán también en la segunda Cámara un agente municipal o sus sustitutos; y los de San Juan de los Morros, San Casimiro de Güiripa y San Francisco de Cara, tendrán, del mismo modo, un Agente cada uno en la segunda Cámara de la Municipalidad de San Sebastián, a quien pertenecen (art. 104).

b. Los pueblos de Cañizos y de Aroa, sujetos a la Municipalidad de San Felipe, nombrarán un Agente cada uno con sus respectivos sustitutos; el de Cocorote, dos para la misma Municipalidad de San Felipe; los de Arenales y Santiago del Río del Tocuyo, cada uno el suyo para la Municipalidad de Carora (art. 105).

c. El pueblo de Macuto dará un Agente municipal y el de Maiquetía dos para la corporación de La Guaira; el de Magdaleno dará uno para la de Cura; el de Acarigua dará dos para la de Araure; y los de Trinidad, Rastro, Camaguán Guayabal, darán el suyo cada uno para la de Calabozo (art. 106).

d. Los pueblos de San Diego, San Antonio, San Pedro y Maracao nombrarán un Agente cada uno para la Municipalidad de los Teques, a quien pertenecen; la Vega y Antímano nombrarán también el suyo para la del Valle; Guatire dará otro para la de Guarenas; Marasma otro para la de Curiepe; Río Chico y Cúpira, darán un Agente cada uno para la del Guapo; Tapipa y Panaquire, darán también los suyos para la de Caucagua; Santa Teresa dará otro para Santa Lucía; Charallave dos; Cúa dos y Tacata uno para la de Paracotos; Choroní dará uno para Maracay; Ocumare de la Costa, otro para la de Mariara; San Diego, otro para la de los Guayos; San Rafael de Orituco, dos para la de Altagracia de Orituco; Parapara, dos para la de Ortiz; San Francisco de Tiznados, otros dos para la de San José de Tiznados; el Calvario uno para la de Barbacoas; el Guárico, otros dos para la de Sanare; Humocaro Alto y Chabasquén, otros dos cada uno para la de Humocaro Bajo; y el Tinaquillo, otros dos para la del Tinaco; y San Rafael de Onoto uno, y Cojede dos para la de Lagunitas (art. 107).

D. Los Alcaldes en los sitios distantes de poblado

En la Constitución también se reguló la situación de de casos donde haya "muchos Partidos en la Provincia donde se han reunido varios habitantes en sus casas y labores," respecto de los cuales la experiencia había acreditado que no era suficiente para el gobierno local la designación de "un simple Cabo o Comisionado de justicia para mantener el orden y procurar la seguridad que exigen unos lugares semejantes que son más expuestos que cualquiera otros a la voracidad de los vagos y ociosos, por su mucha distancia de los poblados y por la falta de una administración vigorosa que corrija los vicios y desórdenes"; previendo entonces el artículo 128 que se debían remediar "estos abusos tan perjudiciales" del modo siguiente:

"Además de los Corregidores y Alcaldes que actualmente existen, o que aumente la constitución con jurisdicción ordinaria, las Municipalidades elegirán cada dos años un Alcalde, en quien se confíe la inmediata administración de justicia de los referidos lugares, al tiempo mismo que se nombren los de los pueblos; pero ellas deberán informar previamente a la Legislatura de los sitios que haya en sus jurisdicciones, donde convenga, o se necesite alguno de estos Alcaldes, para obtener su consentimiento y aprobación" (art. 129).

3. El régimen de elección de cargos representativos en la Provincia y en particular, en el ámbito municipal

Todos los altos cargos públicos en la provincia de Caracas, como correspondía a un Estado democrático, eran ocupados mediante elección popular, correspondiendo el derecho primario al sufragio (en las Asambleas primarias) conforme al artículo 27 de la Constitución, "a todo hombre libre que, siendo ciudadano de los Estados Unidos de Venezuela, con tres años de vecindad en la Provincia y uno en la Parroquia o lugar donde sufraga, fuese mayor de veintiún años, en caso de ser soltero, o menor, siendo casado y velado; y si poseyere un caudal libre del valor de seiscientos pesos en la capital de la Provincia, siendo soltero, y de cuatrocientos siendo casado, aunque pertenezcan a la mujer, o de cuatrocientos si vive en las demás ciudades, villas, pueblos o campos de lo interior en el primer caso, y de doscientos en el segundo o, no teniendo propiedad alguna, que ejerza una profesión mecánica, útil, en calidad de maestro u oficial examinado y aprobado o tenga grado o aprobación pública en una ciencia o arte liberal, o que sea arrendador de tierras para sementeras o ganado, con tal que sus productos equivalgan a las cantidades arriba mencionadas, en los respectivos casos de soltero o casado."

La votación de los sufragantes en las parroquias se estableció en forma indirecta, en general de dos grados, en el sentido de que los sufragantes elegían en cada parroquia a los "electores parroquiales" que debían formar la Congregación electoral, en un número equivalente, en general, de uno en cada parroquia por cada mil almas de población. Sin embargo, se dispuso que "la que no tuviere mil, dará uno; y la que excediere de uno o más millares, dará otro, siempre que el exceso pase de quinientas almas" (art. 31).

Los electores parroquiales agrupados en las Congregaciones electorales, debían reunirse en las capitales del distrito cada dos años (art. 32); y era a ellos a quienes correspondía realizar la elección del Representante o Representantes de la Provincia para la Cámara del Gobierno federal; de los tres individuos que habrían de componer el Poder Ejecutivo de la Unión, que era plural; de un Senador o dos cuando lo prescribiera la Constitución para la Asamblea general de la Provincia, por el cantón a que pertenece el distrito; de un Representante para la Cámara del Gobierno provincial, por el mismo distrito; y a la de un elector para la nominación del Poder Ejecutivo de la Provincia (art. 33). En este último caso, la elección era indirecta en tres grados, pues se trataba de que cada Congregación electoral nominaba un Elector para integrar una Junta electoral que era la que debía elegir el Poder Ejecutivo Provincial (art. 49). Conforme al artículo 49 de la Constitución, estas Jutas electorales se debían reunir en las capitales de los departamentos, en acto presidido por el Corregidor de la capital del departamento (art. 51).

En materia de cargos municipales, se estableció un sistema electoral de dos grados para la elección de los miembros de las Municipalidades, y un sistema de elección directa para la elección de los Agentes Municipales. Estos últimos, en efecto, se elegían directamente por los electores sufragantes en la elección en cada parroquia donde correspondiera (arts. 24, 64).

En cuanto a la elección de los miembros de las Municipalidades, la misma era indirecta, pues en este caso, los sufragantes en las parroquias debían elegir los miembros de las Juntas Electorales (art. 59), que eran los llamados a elegir a los miembros de las Municipalidades.

De acuerdo con el artículo 110 de la Constitución, para ser miembros de las Municipalidades o Agente municipal, "era preciso poseer en los pueblos del partido una propiedad territorial o una casa propia o un establecimiento de comercio o de pastorería, o que tenga arrendadas y cultivadas cuatro fanegadas de tierra, suponiendo siempre que debe ser mayor de veinticinco años."

Por otra parte, también se regularon los cargos municipales no electivos, como los Alcaldes, que se elegían por cada Municipalidad, y los Corregidores que debían proponerse por esta al Poder Ejecutivo Provincial (art. 69). Estos eran considerados "particularmente como jurisdiccionarios del Poder Ejecutivo Provincial", y también lo debían ser de las Municipalidades "en la ejecución de sus leyes" (art. 83). Se reguló también al "Corregidor Juez de Policía" como funcionario dependiente del Poder Ejecutivo, y que no tenía ni voz ni asiento en la Municipalidad, siendo sólo ejecutor de sus resoluciones (art. 118).

Las sesiones de la Municipalidad sólo podían ser presididas por sus Alcaldes "o, en defecto de éstos, por los miembros que se eligieren al efecto" (art. 83).

CAPÍTULO CUARTO

LAS PRIMERAS DECLARACIONES DE DERECHOS DEL PUEBLO Y DEL HOMBRE EN LA AMÉRICA HISPANA EN 1811*

INTRODUCCIÓN

En 1811 se sancionaron en la América Hispana dos declaraciones de derechos de singular importancia: en primer lugar, la *"Declaración de Derechos del Pueblo"* adoptada por el Supremo Congreso de Venezuela el 1° de julio de 1811, cuatro días antes de la declaración de Independencia del 5° de julio de 1811; y en segundo lugar, cinco meses después, la *"Declaración de Derechos del Hombre"* contenida en el Capítulo VIII de la Constitución Federal de los Estados de Venezuela de 21 de diciembre de 1811 que fue sancionada por el mismo Congreso, que reproduciría la anterior, ampliada y enriquecida.[1]

Estas declaraciones de derechos del pueblo y del hombre de 1811, fueron entonces la tercera serie de declaración de derechos de rango constitucional en la historia del constitucionalismo moderno, habiendo sido la primera, las que se adoptaron durante la Revolución Norteamericana de independencia

---

* Este estudio está basado en la Ponencia sobre "La Declaración de los derechos del hombre y del ciudadano de 1789 y su influencia en las primeras declaraciones de derechos en la América Hispana (Con ocasión del bicentenario de la "Declaración de derechos del pueblo" de 1 de julio de 1811 y de la "Declaración de derechos del hombre" en la Constitución Federal de los Estados de Venezuela de 21 de diciembre de 1811)," presentada al *Simposio Internacional sobre Revisión del Legado Jurídico de la revolución Francesa en las Américas,* Facultad de Derecho y Comunicación Social, Universidad Bernardo O'Higgins, Santiago de Chile, 28 de abril de 2011; publicada en el libro: *Revisión del Legado Jurídico de la Revolución Francesa en las Américas,* Facultad de Derecho y Comunicación Social, Universidad Bernardo O'Higgins, Santiago de Chile 2012, pp. 59-118.

1 Véanse estos textos y los de todas las Constituciones en Allan R. Brewer-Carías, *Las Constituciones de Venezuela,* Academia de Ciencias Políticas y Sociales, 2 Vols., Caracas 2008.

iniciada en 1776, y que se incorporaron en las Constituciones de los nuevos Estados que surgieron de las antiguas Colonias inglesas, y en el Bill of Rights (1789) contenido en las primeras diez Enmiendas a la Constitución norteamericana de 1787; y la segunda, las que se formularon con motivo de la Revolución Francesa contenidas en la Declaración de los Derechos del Hombre y del Ciudadano sancionada por la Asamblea Nacional en 1789, y en las Declaraciones que precedieron las Constituciones revolucionarias de 1791, 1793 y 1795.

Esas dos Revoluciones trastocaron el constitucionalismo de la época, repercutieron en la Revolución Hispano Americana[2] iniciada precisamente 21 años después de la Declaración Francesa, habiendo sido en Tierra Firme, es decir, en la parte septentrional de la América del Sur, en la antigua Capitanía General de Venezuela, donde a comienzos del Siglo XIX, por primera vez en la historia constitucional se recibió su influjo de los legados y consecuencias constitucionales de las mismas, precisamente cuando los próceres de la Independencia americana se encontraban en la tarea de comenzar a elaborar las bases de un nuevo sistema jurídico–estatal para nuevos Estados independientes, proceso que ocurría por segunda vez en la historia política del mundo moderno, después de los Estados Unidos de Norte América.

Iniciada la revolución de independencia en Venezuela a partir de la constitución en Caracas, el 19 de abril de 1810, en sustitución del Cabildo Metropolitano de la Provincia de Venezuela, de la Junta Conservadora de los Derechos de Fernando VII,[3] allí fue donde por primera vez puede decirse que rindieron fruto los aportes al constitucionalismo que habían dado al mundo las dos grandes Revoluciones antes mencionadas, que habían significado un cambio radical en el constitucionalismo de la época. Ellos estudiados por quien puede considerarse como el primer constitucionalista moderno, Alexis de Tocqueville, testigo además de excepción de aquellas dos Revoluciones y de sus legados, cuyas obras por lo demás, tuvieron mucha influencia en la difusión de los mismos, particularmente en América.[4] Sin embargo, aún antes

---

2   Véase en general Allan R. Brewer-Carías, *Reflexiones sobre la Revolución Americana (1776), la Revolución Francesa (1789) y la Revolución Hispanoamericana (1811-1830) y sus aportes al constitucionalismo moderno,* Universidad Externado de Colombia, Bogotá 2008.

3   Véase sobre la Revolución de Caracas lo expuesto en Allan R. Brewer-Carías, *Historia Constitucional de Venezuela,* Editorial Alfa, Tomo I, Caracas 2008, pp. 214 ss.; y en "Estudio Preliminar. La configuración político-territorial del Estado Venezolano," en *Las Constituciones de Venezuela, cit.,* Tomo I, pp. 55 ss.

4   Los estudios básicos de Alexis de Tocqueville (1805-1858) sobre las repercusiones constitucionales de estos acontecimientos fueron: sobre la Revolución Norteamérica, *De la démocracie en Amérique* (1835-1840) (hemos utilizado las ediciones *Democracy in America,* ed. J. P. Meyer y M. Lerner, Londres 1969 y *La democracia en América,* Fondo de Cultura Económica, México 1973); y sobre la Revolución Francesa, *L'Ancien Régime et la Révolution (1854-1856),* para la cual hemos utilizado la edición *El Antiguo Régimen y la Revolución,* Alianza Editorial, Madrid 1982; y la compilación de *Fragments et notes*

de que las obras de de Tocqueville comenzaran a circular, los legados consti-tucionales de las Revoluciones Norteamericana y Francesa tuvieron su primer campo de experimentación, en la tarea que asumieron las élites ilustradas de las antiguas Provincias coloniales que formaban la Capitanía General de Venezuela al declarar su Independencia, de construir nuevos Estados soberanos, y dictar en 1811, por un Congreso electo, no sólo una Declaración de Derechos del Pueblo,[5] sino una Constitución liberal moderna como fue la Constitución de los Estados de Venezuela del mismo año 1811.

I. LA ASAMBLEA NACIONAL CONSTITUYENTE FRANCESA Y LA DECLARACIÓN DE DERECHOS DEL HOMBRE Y DEL CIUDA-DANO DE 1789

La Asamblea Nacional francesa recibió el 11 de julio de 1789 un texto de una "Declaración de Derechos del Hombre y del Ciudadano", presentado por *Lafayette,* destacado noble francés que había participado en la guerra de in-dependencia de Norteamérica, la cual fue sancionada el 26–27 de agosto de 1789.

Con ella, la Asamblea aprobó los artículos de una Constitución –19 artícu-los que precedieron a la Declaración–, con lo cual se produjo la primera ma-nifestación constitucional de la Asamblea, en la cual se recogieron los princi-pios básicos de la organización del Estado: se proclamó que los poderes ema-naban esencialmente de la Nación (art. 1°); que el Gobierno francés era monárquico, pero que no había autoridad superior a la de la Ley, a través de la cual reinaba el Rey, en virtud de la cual podía exigir obediencia (art. 2°); se proclamó que el Poder Legislativo residía en la Asamblea Nacional (art. 2°) compuesta por representantes de la Nación libre y legalmente electos (art. 9°), en una sola Cámara (art. 5°) y de carácter permanente (art. 4°); se dispuso que el Poder Ejecutivo residiría exclusivamente en las manos del Rey (art. 16), pero que no podía hacer Ley alguna (art. 17); y se estableció que el Poder Judicial no podía ser ejercido en ningún caso, por el Rey ni por el Cuerpo Legislativo, por lo que la justicia sólo sería administrada en nombre del Rey por los tribunales establecidos por la Ley, conforme a los principios de la Constitución y según las formas determinadas por la Ley (art. 19).

En cuanto a la Declaración de 1789, en su texto se expusieron solemne-mente, en 17 artículos, los "derechos naturales, inalienables y sagrados" del Hombre y del Ciudadano, marcando la transformación constitucional de Francia en los años subsiguientes, al ser recogida en el texto de la Constitu-ción del 13 de septiembre de 1791; en el de la Constitución de 1793; y en la

---

inédites sur la Révolution, respecto de la cual hemos utilizado la edición *Inéditos sobre la Revolución,* Alianza Editorial, Madrid 1989.

5   Véase en particular sobre las declaraciones de derechos en la historia constitucio-nal venezolana, Allan R. Brewer-Carías, *Los derechos humanos en Venezuela: casi 200 años de historia,* Biblioteca de la Academia de Ciencias Políticas y Sociales, Serie Estu-dios, N° 38, Caracas 1990.

Constitución del año III (promulgada el 1er *Vendémiaire* del año IV, es decir, el 23 de septiembre de 1795).

En la redacción de esta Declaración, a pesar de la multiplicidad de fuentes que la originaron, puede decirse que tuvieron gran influencia los *Bill of Rights* de las Colonias americanas, particularmente en cuanto al principio mismo de la necesidad de una formal declaración de derechos. Una larga polémica se ha originado en cuanto a esa influencia americana desde comienzos de Siglo, la cual puede decirse que incluso, fue mutua entre los pensadores europeos y americanos. Los filósofos franceses, comenzando por Montesquieu y Rousseau, eran estudiados en Norteamérica; la participación de Francia en la Guerra de Independencia norteamericana fue importantísima; Lafayette fue miembro de la Comisión redactora de la Asamblea Nacional que produjo la Declaración de 1789, y sometió a consideración su propio proyecto basado en la Declaración de Independencia Americana y en la Declaración de Derechos de Virginia; el *rapporteur* de la Comisión Constitucional de la Asamblea propuso "trasplantar a Francia la noble idea concebida en Norte América"; y Jefferson estaba presente en París en 1789, habiendo sucedido a Benjamín Franklin como Ministro Americano en Francia. En todo caso, el objetivo central de ambas declaraciones fue el mismo: proteger a los ciudadanos contra el poder arbitrario y establecer el principio de la primacía de la Ley.

Por supuesto, la Declaración de 1789 fue influenciada directamente por el pensamiento de Rousseau y Montesquieu: sus redactores tomaron de Rousseau los principios que consideraban el rol de la sociedad como vinculado a la libertad natural del hombre, y la idea de que la Ley, como expresión de la voluntad general adoptada por los representantes de la Nación, no podría ser instrumento de opresión. De Montesquieu deriva su desconfianza fundamental respecto del poder y consecuencialmente, el principio de la separación de poderes.

Los derechos proclamados en la Declaración eran los derechos naturales del hombre, en consecuencia inalienables y universales. No se trataba de derechos que la sociedad política otorgaba, sino derechos que pertenecían a la naturaleza inherente del ser humano. La Declaración, por tanto, se configura como una formal adhesión a los principios de la Ley natural y a los derechos naturales con los que nace el hombre, por lo que la ley sólo los reconoce y declara, pero en realidad no los establece. Por ello, la Declaración tiene un carácter universal. No fue una declaración de los derechos de los franceses, sino el reconocimiento por la Asamblea Nacional, de la existencia de derechos fundamentales del hombre, para todos los tiempos y para todos los Estados. Por ello, de Tocqueville comparó la revolución política de 1789 con una revolución religiosa, señalando que a la manera de las grandes religiones, la Revolución estableció principios y reglas generales, y adoptó un mensaje que se propagó más allá de las fronteras de Francia. Ello derivó del hecho de que los derechos declarados eran "derechos naturales" del hombre.

Esta concepción es clara en el texto de la Declaración adoptada por los representantes del pueblo francés, constituidos en Asamblea Nacional,

"Considerando que la ignorancia, el olvido o el desprecio de los derechos del hombre son las únicas causas de las desgracias públicas y de la corrupción de los gobiernos".

La Declaración fue, entonces, un recuerdo perpetuo de los "derechos naturales, inalienables y sagrados del hombre" (Preámbulo), por lo que comenzó proclamando que "El fin de toda asociación política es la conservación de los derechos naturales e imprescriptibles del hombre", que se enumeraron como "la libertad, la propiedad, la seguridad y la resistencia a la opresión" (art. 2). Además, la Declaración postuló como derecho fundamental, la igualdad, al inscribir en su primer artículo que "los hombres nacen y permanecen libres e iguales en sus derechos" y proclamar en su artículo 6 la igualdad ante la Ley, así:

"Ella debe ser la misma para todos, sea que proteja o que castigue. Todos los ciudadanos siendo iguales ante sus ojos, son igualmente admisibles a todas las dignidades, cargos y empleos públicos, según su capacidad, y sin otra distinción que la de sus virtudes y talentos".

Esta Declaración de 1789, además de referir a los derechos naturales de todos los hombres, puede caracterizarse por otros aspectos: Primero, sin duda, por la influencia de Rousseau: se basa en la concepción de la bondad natural del hombre, lo que implícitamente es un rechazo a la idea del pecado original; por ello se señala que ha sido "la ignorancia, el olvido o el desprecio de los derechos del hombre las únicas causas de las desgracias públicas y de la corrupción de los gobiernos".

En segundo lugar, y esto es fundamental, desde el punto de vista legal y político, los poderes del Estado son limitados hasta el punto de que sólo puede actuar dentro de los límites impuestos por los derechos declarados y consecuencialmente, sometido a la soberanía de la Ley, principio recogido en la Constitución de 1791.

II. EL LEGADO FRANCÉS EN AMÉRICA HISPANA Y SU REPERCUSIÓN EN LA REVOLUCIÓN VENEZOLANA: SU PENETRACIÓN EN AMÉRICA POR OBRA DE LOS CONSPIRADORES ESPAÑOLES DEL DÍA DE SAN BLAS DE 1796 Y SU DIFUSIÓN EN VENEZUELA POR LA CONSPIRACIÓN DE GUAL Y ESPAÑA DE 1797

Dicha Declaración de Derechos del Hombre y del Ciudadano de 1789, a pesar de su desaparición del constitucionalismo francés que sólo había durado solo 12 años (1792–1804), se convirtió en la bandera más importante del liberalismo, habiendo tenido repercusión importante en la formación del constitucionalismo moderno, así como en Revoluciones importantes europeas en las primeras décadas del siglo XIX como en España, Italia y Portugal.

Sin embargo, su primera repercusión ocurrió, precisamente en la América Hispana, donde dos décadas después se reflejaría en el texto que adoptó la Sección Legislativa de la Provincia de Venezuela del Congreso General de las Provincias de Venezuela, el 1º de julio de 1811, denominada *"Declara-*

ción de Derechos del Pueblo," incluso, antes de la firma del Acta de la Independencia el 5 de julio de 1811. Se trató, como hemos dicho, de la primera declaración de derechos fundamentales con rango constitucional, adoptada luego de la Declaración francesa en la historia del constitucionalismo moderno, con lo cual se inició una tradición constitucional que ha permanecido invariable en Venezuela.

El texto de la Declaración francesa, apenas adoptada por la Asamblea Nacional, en todo caso había sido prohibido en América por el Tribunal de la Inquisición de Cartagena de Indias.[6] Debe recordarse además que al año siguiente, en 1790, ya los Virreyes del Perú, México y Santa Fe, así como el Presidente de la Audiencia de Quito, alguna vez, y varias veces el Capitán General de Venezuela, habían participado a la Corona de Madrid:

> "Que en la cabeza de los americanos comenzaban a fermentar principios de libertad e independencia peligrosísimos a la soberanía de España"[7].

Y fue precisamente en la última década del siglo XVIII cuando comenzó a desparramarse por los ilustrados criollos el fermento revolucionario e independentista, a lo cual contribuyeron diversas traducciones de la prohibida Declaración de los Derechos del Hombre y del Ciudadano, entre las cuales debe destacarse la realizada por Antonio Nariño en Santa Fe de Bogotá, en 1792, que circuló en 1794[8], y que fue objeto de una famosísima causa en la cual fue condenado a diez años de presidio en África, a la confiscación de todos sus bienes y a extrañamiento perpetuo de la América, mandándose quemar por mano del verdugo el libro de donde había sacado los Derechos del Hombre[9].

Por esa misma época, el Secretario del Real y Supremo Consejo de Indias había dirigido una nota de fecha 7 de junio de 1793 al Capitán General de Venezuela, llamando su atención sobre los designios del Gobierno de Francia y de algunos revolucionarios franceses, como también de otros promovedores de la subversión en dominios de España en el Nuevo Mundo, que –decía– "Envían allí libros y papeles perjudiciales a la pureza de la religión, quietud pública y debida subordinación de las colonias"[10].

Pero fue un hecho acaecido en España en 1796 el que iba a tener una especial significación en todo este proceso, particularmente en las Provincias de Venezuela. El 3 de febrero de 1796, en efecto, día de San Blas, debía esta-

---

6 Véase P. Grases, *La Conspiración de Gual y España y el Ideario de la Independencia,* Caracas, 1978, p. 13.

7. Véase en J. F. Blanco y R. Azpúrua, *Documentos para la historia de la vida pública del Libertador,* Ediciones de la Presidencia de la República, Caracas, 1983, Tomo I, p. 177.

8. *Idem.,* p. 286.

9. Véase los textos en *idem.,* pp. 257-259.

10. *Idem.,* p. 247.

llar en Madrid una conspiración planeada para establecer la República en sustitución de la Monarquía, al estilo de lo que había acontecido años antes en Francia. Los conjurados, capitaneados por Juan Bautista Mariano Picornell y Gomilla, mallorquín de Palma, fueron sin embargo apresados en la víspera de la Revolución. Conmutada la pena de muerte que había recaído sobre ellos por intervención del Agente francés, se les condenó a reclusión perpetua en los Castillos de Puerto Cabello, Portobelo y Panamá, en tierras americanas.[11] La fortuna revolucionaria llevó a que de paso a sus destinos finales en esos "lugares malsanos de América"[12], los condenados fueran depositados en las mazmorras del Puerto de La Guaira, donde en 1797 se encontrarían de nuevos reunidos. Allí, los conjurados de San Blas, quienes se fugarían ese mismo año de 1797,[13] entraron en contacto con los americanos de La Guaira, provocando la conspiración encabezada por Manuel Gual y José María España, de ese mismo año, considerada como "el intento de liberación más serio en Hispano América antes del de Miranda en 1806."[14]

La Conspiración, como se dió cuenta en el largo "Resumen" que sobre la misma se presentó al Gabinete de Madrid, se descubrió al llegar a las autoridades coloniales la noticia de que alguien había dicho: "Ya somos todos iguales,"[15] habiendo quedado de la misma, sin embargo, un conjunto de papeles que habrían de tener la mayor influencia en el proceso constitucional de Hispanoamérica, entre los que se destacaba una obra sobre los *Derechos del Hombre y del Ciudadano*, prohibida por la Real Audiencia de Caracas el 11 de diciembre de ese mismo año 1797, la cual la consideró que llevaba:

> "toda su intención a corromper las costumbres y hacer odioso el real nombre de su majestad y su justo gobierno; que a fin de corromper las costumbres, siguen sus autores las reglas de ánimos cubiertos de una multitud de vicios, y desfigurados con varias apariencias de humanidad...[16].

El libro, con el título *Derechos del Hombre y del Ciudadano con varias máximas Republicanas y un Discurso Preliminar dirigido a los Americanos*, probablemente impreso en Guadalupe, en 1797,[17] en realidad contenía una traducción de la Declaración francesa que procedió la Constitución de

---

11. Véase P. Grases, *La Conspiración de Gual y España...op. cit.*, p. 20.

12. *Idem*, pp. 14 y 17.

13. Véase en J.F. Blanco y R. Azpúrua, *Documentos para...*, *op. cit.*, Tomo I, p. 287; P. Grases, *op. cit.*, p. 26.

14. P. Grases, *La Conspiración de Gual y España. op. cit.*, p. 27.

50. Véase en J. F. Blanco y R. Azpúrua, *Documentos para ...*, *op. cit.*, Tomo I, p. 332.

16. P. Grases, *La Conspiración de Gual y España, op. cit.*, p. 30.

17. A pesar de que aparece con pie de imprenta en "Madrid, En la imprenta de la Verdad, año de 1797. Véase en Pedro Grases, "Estudio sobre los 'Derechos del Hombre y del Ciudadano'," en el libro *Derechos del Hombre y del Ciudadano* (Estudio Preliminar por Pablo Ruggeri Para y Estudio histórico-crítico por Pedro Grases), Academia Nacional de la Historia, Caracas 1959, pp. 147, 335.

1793.[18] Por tanto, no era una traducción de la Declaración de los Derechos del Hombre y del Ciudadano de 1789, incorporada a la Constitución Francesa de 1791, que era la que había sido la traducida por Nariño en Bogotá; sino de la Declaración del texto constitucional de 1793, mucho más amplio y violento pues correspondió a la época del Terror, constituyendo una invitación a la revolución activa.[19]

Pero después de la conspiración de Gual y España, a pesar de su fracaso y de la feroz persecución que se desató contra sus cabecillas, quienes murieron decapitados o en el exilio, y una vez ya declarada la guerra entre Inglaterra y España (1804), otro acontecimiento importante influiría también en la independencia de Venezuela, y fueron los desembarcos y proclamas de Francisco de Miranda en las costas de Venezuela (Puerto Cabello y Coro) en 1806, los que se han considerado como los más importantes acontecimientos relativos a la emancipación de América Latina antes de la abdicación de Carlos IV y los posteriores sucesos de Bayona[20]. Miranda, por ello, ha sido considerado como el Precursor de la Independencia del continente Américo–colombiano, a cuyos pueblos dirigió sus proclamas independentistas basadas en la formación de una federación de Cabildos libres,[21] imbuidos de ideas que provenían tanto de la Revolución Norteamericana como de la Revolución francesa en cuyas acciones y guerras había participado directamente.

III. LA IDEA DE LA SOBERANÍA DEL PUEBLO Y LA ELECCIÓN DE SUS REPRESENTANTES EL CONGRESO GENERAL DE 1811 QUE DECLARÓ LA INDEPENDENCIA DE VENEZUELA

Ahora bien, luego de la crisis de la Monarquía española por la abdicación de los Monarcas a favor de Napoleón y la ocupación del territorio de la península por sus Ejércitos, el proceso de independencia se inicia en Venezuela cuando el Ayuntamiento de Caracas en su sesión del 19 de abril de 1810, que se realizó al día siguiente de conocerse la situación política de la Península, depuso a la autoridad constituida y se erigió, a sí mismo, en Junta Suprema de Venezuela Conservadora de los Derechos de Fernando VII,[22] deponiendo al Gobernador Emparan del mando de la Provincia de Venezuela, con lo que asumió el "mando supremo" o "suprema autoridad" de la Provin-

18. *Idem.*, pp. 37 ss.

19. *Idem.*

20. Véase O.C. Stoetzer, *Las Raíces Escolásticas de la Emancipación de la América Española,* Madrid, 1982, p. 252.

21. Véase Francisco de Miranda, *Textos sobre la Independencia,* Biblioteca de la Academia Nacional de la Historia, Caracas, 1959, pp. 95 ss., y 115 ss.

22 Véase el libro *El 19 de abril de 1810,* Instituto Panamericano de Geografía e Historia, Caracas 1957.

cia,[23] "por consentimiento del mismo pueblo."[24] La motivación de esta Revolución se expuso en el texto del Acta, en la cual se consideró que por la disolución de la Junta Suprema Gubernativa de España, que suplía la ausencia del Monarca, el pueblo había quedado en "total orfandad", razón por la cual se estimó que:

> "El derecho natural y todos los demás dictan la necesidad de procurar los medios de conservación y defensa y de erigir en el seno mismo de estos países un sistema de gobierno que supla las enunciadas faltas, ejerciendo los derechos de la soberanía, que por el mismo hecho ha recaído en el pueblo".

Desde el inicio, por tanto, la idea de la soberanía cuyo titular era el pueblo fue un motor fundamental de la Revolución, siguiendo el enunciado francés, al punto de que al desconocer el Consejo de Regencia que la Junta Suprema Gubernativa de España había nombrado, el Ayuntamiento argumentó que:

> "No puede ejercer ningún mando ni jurisdicción sobre estos países, porque *ni ha sido* constituido *por el voto de estos fieles habitantes*, cuando han sido ya declarados, no colonos, sino partes integrantes de la corona de España, y, como tales han sido llamados al ejercicio de la *soberanía* interna y a la reforma de la Constitución Nacional." [25]

Soberanía del pueblo y ausencia de representación fueron por tanto parte de los motivos de la Revolución, como se expresó en comunicación del 3 de mayo de 1810, que la Junta Suprema de Caracas dirigió a la Junta Suprema de Cádiz y a la Regencia, cuestionando la asunción por esas corporaciones:

> "que sustituyéndose indefinidamente unas a otras, sólo se asemejan en atribuirse todas una delegación de la soberanía que, no habiendo sido hecha ni por el Monarca reconocido, ni por la gran comunidad de españoles de ambos hemisferios, no puede menos de ser absolutamente nula, ilegítima, y contraria a los principios sancionados por nuestra legislación." [26]

23 Véase el texto del Acta del Ayuntamiento de Caracas de 19 de Abril de 1810 de instalación de la Junta Suprema de Venezuela, en Allan R. Brewer-Carías, *Las Constituciones de Venezuela, op. cit.,* Tomo I, pp. 531-533.

24 Así se establece en la "Circular" enviada por el Ayuntamiento el 19 de abril de 1810 a las autoridades y corporaciones de Venezuela. Véase J. F. Blanco y R. Azpúrua, *Documentos para..., op. cit.,* Tomo II, pp. 401-402. Véase también en *Textos oficiales de la Primera República de Venezuela,* Biblioteca de la Academia Nacional de la Historia, 1959, Tomo I, p. 105.

25 Lo que afirma de nuevo, en comunicación enviada al propio Consejo de Regencia de España explicando los hechos, razones y fundamentos del establecimiento del nuevo gobierno. Véase J. F. Blanco y R. Azpúrua, *op. cit.,* Tomo II, p. 408; y *Textos oficiales, op. cit.,* Tomo I, pp. 130 y ss.

26 Véase *Textos oficiales, op. cit.* p. 130.

La Junta de Caracas en dicha comunicación agregaba que:

> "De poco se necesitará para demostrar que la Junta Central carecía de una verdadera representación nacional; porque su autoridad no emanaba originariamente de otra cosa que de la aclamación tumultuaria de algunas capitales de provincias, y porque jamás han tenido en ellas los habitantes del nuevo hemisferio la parte representativa que legítimamente les corresponde. En otras palabras, desconocemos al nuevo Consejo de Regencia." [27]

Ello precisamente es lo que había provocado en Caracas, como se expresó en el Acta de otra sesión del Ayuntamiento del mismo día 19 de abril de 1810, el "establecimiento del nuevo gobierno"[28] a cargo de "una Junta Gubernativa de estas Provincias, compuesta del Ayuntamiento de esta Capital y de los vocales nombrados por el voto del pueblo,"[29] como manifestación tanto de "la revolución de Caracas" como de "la independencia política de Caracas," a las que aludía un Manifiesto de la Junta Gubernativa en el cual prometió:

> "Dar al nuevo gobierno la forma provisional que debe tener, mientras una Constitución aprobada por la *representación nacional legítimamente constituida,* sanciona, consolida y presenta con dignidad política a la faz del universo la provincia de Venezuela organizada, y gobernada de un modo que haga felices a sus habitantes, que pueda servir de ejemplo útil y decoroso a la América"[30].

La Junta Suprema de Venezuela comenzó por asumir en forma provisional, las funciones legislativas y ejecutivas, definiendo en el Bando del 25–04–1810, los siguientes órganos del Poder Judicial: "El Tribunal Superior de apelaciones, alzadas y recursos de agravios se establecerá en las casas que antes tenía la audiencia"; y el Tribunal de Policía "encargado del fluido vacuno y la administración de justicia en todas las causas civiles y criminales estará a cargo de los corregidores"[31].

Este movimiento revolucionario iniciado en Caracas en abril de 1810, indudablemente que siguió los mismos moldes de la Revolución francesa y tuvo además la inspiración de la Revolución norteamericana,[32] de manera que

27 *Idem.*, p. 134.

28 Véase el texto en J.F. Blanco y R. Azpúrua, *Documentos para..., op. cit.,* Tomo I, p. 393.

29 Así se denomina en el manifiesto del 1° de mayo de 1810. Véase en *Textos oficiales..., cit.,* Tomo I. p. 121.

30 Véase el texto en J. F. Blanco y R. Azpúrua, *Documentos para..., op. cit.,* Tomo II, p. 406, y en *Textos oficiales..., cit.,* Tomo I, p. 129.

31 *Textos oficiales ...,* Tomo I, pp. 115-116.

32 Véase José Gil Fortoul, *Historia Constitucional de Venezuela,* Tomo primero, *Obras Completas,* Vol. I, Caracas, 1953, pp. 200, 209; Pablo Ruggeri Parra, *Historia Política y Constitucional de Venezuela,* Tomo I, Caracas, 1949, p. 31.

rápidamente, ya para junio de 1810, se comenzó a hablar oficialmente de la "Confederación de Venezuela,"[33] aún cuando la Junta de Caracas contara sólo con representantes de Cumaná, Barcelona y Margarita, sin tener representación de las otras Provincias de la Capitanía General. De allí la necesidad que había de formar un "Poder Central bien constituido" es decir, un gobierno que uniera las Provincias, por lo que la Junta Suprema estimó que había "llegado el momento de organizarlo" a cuyo efecto, convocó a "todas las clases de hombres libres al primero de los goces del ciudadano, que es el de concurrir con su voto a la delegación de los derechos personales y reales que existieron originariamente en la masa común".

En esta forma, la Junta llamó a elegir y reunir a los diputados que habían de formar "la Junta General de Diputación de las Provincias de Venezuela", para lo cual dictó, el 11 de junio de 1810, el "Reglamento para elección y reunión de diputados que han de componer el Cuerpo Conservador de los Derechos del Sr. D. Fernando VII en las Provincias de Venezuela," [34] en el cual se previó, además, la abdicación de los poderes de la Junta Suprema en el nuevo congreso (Junta General), quedando sólo como Junta Provincial de Caracas (Capítulo III, Art. 4). Este Reglamento de Elecciones, sin duda, fue el primero de todos los dictados en materia electoral en el mundo hispanoamericano, siguiendo la orientación filosófica del igualitarismo de la Revolución francesa, consagrándose el sufragio universal para todos los hombres libres.[35]

El mismo, en efecto, estuvo precedido de unas consideraciones mucho más amplias que las contenidas en la "Instrucción que deberá observarse para la elección de Diputados a Cortes"[36] y que había dictado la Suprema Junta Gubernativa de España el 1º de enero de 1810, en las cuales, la Junta Suprema de Caracas reconocía que los diputados provinciales que hasta ese momento la integraban "sólo incluía la representación del pueblo de la capital, y que aun después de admitidos en su seno los de Cumaná, Barcelona y Marga-

---

33 Véase la "refutación a los delirios políticos del Cabildo de Coro, de orden de la Junta Suprema de Caracas" de 1-6-1810 en *Textos Oficiales..., op. cit.,* Tomo I, p. 180.

34 Véase el texto en *Textos Oficiales..., op. cit.,* Tomo II, pp. 61-84; y en Allan R. Brewer-Carías, *Las Constituciones de Venezuela, op. cit.,* Tomo I, pp. 535-543.

35 Sólo se excluyeron del derecho al sufragio: "Las mujeres, los menores de 25 años, a menos que estuviesen casados y velados, los dementes los sordomudos, los que tuviesen una causa criminal abierta, los fallidos, los deudores a caudales públicos, los extranjeros, los transeúntes, los vagos públicos y notorios, los que hubiesen sufrido pena corporal aflictiva o infamatoria y todos los que tuviesen casa abierta o poblada, esto es, que viviesen en la de otro vecino particular a su salario y expensas o en actual servicio suyo, a menos que según la opinión común del vecindario fuesen propietarios por lo menos de dos mil pesos en bienes, muebles o raíces libres."

36 Véase además la "Comunicación que acompañó la Comisión de Cortes a la Instrucción que debía observarse para la elección de Diputados a Cortes al someterla a la aprobación de la Junta Central" de 8 de noviembre de 1809, en http://www.cervantesvirtual.com/servlet/SirveObras/34695175432370 530854679/p0000001.htm

rita quedaban sin voz alguna representativa las ciudades y pueblos de lo interior, tanto de ésta como de las otras provincias," considerando que "la proporción en que se hallaba el número de los delegados de Caracas con los del resto de la Capitanía General no se arreglaba, como lo exige la naturaleza de tales delegaciones, al número de los comitentes," razón por la cual consideró la necesidad de convocar al pueblo de todas las Provincias "para consultar su voto" y para que se escogiese "inmediatamente las personas que por su probidad, luces y patriotismo os parecieran dignas de vuestra confianza."

Consideró la Junta Suprema que era imperioso establecer "otra forma de Gobierno, que aunque temporal y provisorio, evitase los defectos inculpables del actual," pues los mismos defectos se habían acusado respecto de "la nulidad de carácter público de la Junta Central de España" que adolecía de la misma falta de representatividad. La determinación fue entonces provocada por "la necesidad de un poder Central bien constituido," considerándose que había llegado "el momento de organizarlo," formando "una confederación sólida," con "una representación común." A tal efecto, la Junta llamó al "ejercicio más importante de los derechos del pueblo" que era "aquel en que los transmite a un corto número de individuos, haciéndolos árbitros de la suerte de todos," convocando a "todas las clases de hombres libres ... al primero de los goces de ciudadano, que es el concurrir con su voto a la delegación de los derechos personales y reales que existieron originariamente en la masa común y que la ha restituido el actual interregno de la monarquía."

En su motivación, debe destacarse que la Junta de Caracas advirtió, que las autoridades que accidentalmente se habían encontrado a la cabeza de la nación española tras la invasión napoleónica, debieron "solicitar que los pueblos españoles de ambos hemisferios eligiesen sus representantes;" pero no fue así, resultando "demasiado evidente que la Junta Central de España no representaba otra parte de la nación que el vecindario de las capitales en que se formaban las Juntas provinciales, que enviaron sus diputados a componerla," considerándose por tanto que "la Junta Central no pudo transmitir al Consejo de Regencia un carácter de que ella misma carecía," resultando "la concentración del poder en menor número de individuos escogidos, no por el voto general de los españoles de uno y otro mundo, sino por los mismos que habían sido vocales de la Central". La Junta Suprema, además, argumentaba ante esa situación, que los habitantes de la España americana "no pueden adherirse a una forma de representación tan parcial como la que se ha prescrito para las dos porciones de nuestro imperio, y que lejos de ajustarse a la igualdad y confraternidad que se nos decantan, sólo está calculada para disminuir nuestra importancia natural y política". La Junta Suprema, sin embargo, anunciaba que las Provincias "se conservarán fieles a su augusto Soberano, prontas a reconocerle en un Gobierno legítimo y decididas a sellar con la sangre del último de sus habitantes el juramento que han pronunciado en las aras de la lealtad y del patriotismo".

Por último, debe destacarse en la larga motivación que precedió al reglamento de 1810, que la Junta Suprema, consciente de que entre "las causas de las miserias que han minado interiormente la felicidad de los pueblos y siempre" siempre ha estado "la reunión de todos los poderes," fue muy precisa en determinar el rol de la Asamblea Constituyente que se proponía elegir, precisando que no asumiría ni el poder ejecutivo ni interferiría con el poder judicial: "En una palabra, dando a todas las clases y todos los cuerpos las reglas necesarias para su conducta pública no se arrogará jamás las facultades ejecutivas que son propias de éstos, y nunca olvidará que ella es la lengua, pero no el brazo de la ley."

Fue en esta forma como la Junta, "con la preocupación de establecer una separación bien clara y pronunciada entre el ramo ejecutivo y la facultad dispositiva o fuente provisoria de la ley; con la de renovar después de un período fijo la mitad de los diputados o todos ellos, reservando a sus poderdantes el reelegirlos cuando se hallen satisfechos de su desempeño," procedió a dictar las reglas de elección de los diputados al Congreso General para que tuvieran "parte en su elección todos los vecinos libres de Venezuela," estableciendo un sistema electoral indirecto, en dos grados, conforme al cual, los electores parroquiales que eran a su vez electos por los vecinos de cada parroquia, debían elegir un número de diputados a razón de uno por cada 20.000 almas.

A tal efecto, el voto se atribuyó en cada parroquia de las ciudad, villa y pueblo, a todos los vecinos, con exclusión de

"las mujeres, los menores de veinticinco años, a menos que estén casados y velados, los dementes, los sordomudos, los que tuvieren causa criminal abierta, los fallidos, los deudores a caudales públicos, los extranjeros, los transeúntes, los vagos públicos y notorios, los que hayan sufrido pena corporal, aflictiva o infamatoria y todos los que no tuvieren casa abierta o poblada, esto es, que vivan en la de otro vecino particular a su salario y expensas, o en actual servicio suyo; a menos que, según la opinión común del vecindario, sean propietarios, por lo menos, de dos mil pesos en bienes muebles o raíces libres." (Cap. I, Art. 4).

Los vecinos eran los que debían elegir los electores parroquiales, cuyo número se determinaba de acuerdo con la población sufragante, a razón de uno por cada quinientas almas (Cap. I, Art. 6). Una vez hecho este cómputo, se debía notificar a los vecinos de la parroquia "el número de los electores que le corresponde; la naturaleza, objeto e importancia de estas elecciones y la necesidad de hacerlas recaer sobre personas idóneas, de bastante patriotismo y luces, buena opinión y fama, como que de su voto particular dependerá luego la acertada elección de los individuos que han de gobernar las provincias de Venezuela y tomar a su cargo la suerte de sus habitantes en circunstancias tan delicadas como las presentes." (Cap. I, Art. 8). El censo de los vecinos antes indicado correspondía levantarlo a los alcaldes de primera en la elección en las ciudades y villas y los tenientes justicias mayores de los pueblos, quienes debían nombrar los comisionados necesarios a tal efecto (Cap. I, Arts. 1 y 2). En el censo se debía especificar "la calidad de cada individuo, su edad, estado, patria, vecindario, oficio, condición y si es o no propietario de bienes raíces o muebles." (Cap. I, Art. 3).

Una vez efectuada la elección de los electores parroquiales de cada partido capitular, estos debían reunirse en la ciudad o villa cabeza del mismo, para proceder a la elección de los diputados, en número equivalente a uno por cada veinte mil almas de población (Cap. II, Art. 1), bastando para poder ser electos como tales, que los candidatos fueran vecinos de cualquier partido "comprendidos en las provincias de Venezuela que hayan seguido la justa causa de Caracas;" recomendándose a los electores tener "la mayor escrupulosidad en atender a las circunstancias de buena educación, acreditada conducta talento, amor patriótico, conocimiento local del país, notorio concepto y aceptación pública, y demás necesarias para sostener con decoro la diputación y ejercer las altas facultades de su instituto con el mayor honor y pureza." La elección debía verificarse en la asamblea de electores, mediante voto oral y público (Cap. II, Art. 8), en "en una sala bastante capaz, a fin de que puedan presenciarla todas las personas del vecindario que quieran y se presenten en traje decente" (Cap. II, Art 7), en un acto que debía ser presidido por los alcaldes primeros de las ciudades y villas, haciendo en ellas de secretario el que lo fuere del Ayuntamiento (Cap. II, Art. 5). La elección se hacía por mayoría de sufragios obtenidos (Cap. II, Art. 9).

Efectuada la elección, los diputados debían presentar sus credenciales a la Junta Suprema para su examen y, una vez aprobadas, "bien entendido que en llegando los dos tercios de su número total, se instalará el Cuerpo bajo el nombre de Junta general de Diputación de las provincias de Venezuela" (Cap. III, Art. 1). Se dispuso, además, que mientras la Junta General de Diputación estuviere organizando la autoridad ejecutiva, la Suprema Junta como poder ejecutivo continuaría ejerciendo "el ramo ejecutivo, la administración de las rentas y el mando de la fuerza armada" (Cap. III, Art. 3).

Conforme a estas normas y en medio de la situación de ruptura total entre las Provincias de Venezuela y la Metrópolis, se realizaron entonces las elecciones en siete de las nueve Provincias que para finales de 1810 existían en el territorio de la Capitanía General de Venezuela,[37] habiéndose elegido 44 diputados por las Provincias de Caracas (24), Barinas (9), Cumaná (4), Barcelona (3), Mérida (2), Trujillo (1) y Margarita (1).[38] Esos fueron los diputados que conformaron el Congreso General o "Junta General de Diputados de las Provincias de Venezuela"[39] la cual declinó sus poderes en un Congreso Nacional en el cual se constituyeron los representantes electos, que al año siguiente declararía formalmente la Independencia de Venezuela y constituiría al Estado de Venezuela.

Desde la instalación del Congreso General se comenzó a hablar en todas las Provincias con más fuerza de la "Confederación de las Provincias de Venezuela," las cuales conservaron sus peculiaridades políticas propias, a tal punto que al mes siguiente, en la sesión del 6 de abril de 1812, el Congreso

---

37 Participaron las provincias de Caracas, Barinas, Cumaná, Barcelona, Mérida, Trujillo y Margarita, *Cf.* José Gil Fortoul, *Historia Constitucional..., op. cit.,* Tomo primero, p. 223. *Cf.* J. F. Blanco y R. Azpúrua, *Documentos para..., op. cit.,* Tomo II, pp. 413 y 489.

38 Véase C. Parra Pérez, *Historia de la Primera República de Venezuela*, Academia de la Historia, Caracas 1959, Tomo I, p. 477.

39 Véase Gil Fortoul, *Historia Constitucional..., op. cit.,* Tomo primero, p. 224.

General resolvió exhortar a las "Legislaturas provinciales" que acelerasen la formación de sus respectivas Constituciones.[40] Por su parte, el Congreso que había sustituido a la Junta Suprema, adoptó el principio de la separación de poderes para organizar el nuevo gobierno, designando, el 5 de marzo de 1811, a tres ciudadanos para ejercer el Poder Ejecutivo Nacional, turnándose en la presidencia por períodos semanales, y constituyendo, además, una Alta Corte de Justicia.

IV. LA DECLARACIÓN DE DERECHOS DEL PUEBLO ADOPTADA EN EL CONGRESO GENERAL DE LAS PROVINCIAS DE VENEZUELA EL 1º DE JULIO DE 1811

El 28 de marzo de 1811, el Congreso nombró una comisión para redactar la Constitución de la Provincia de Caracas, la cual debía servir de modelo a las demás Provincias de la Confederación. Esta comisión tardó mucho en preparar el proyecto, por lo que algunas Provincias, procedieron a dictar las suyas para organizarse políticamente. El 5 de julio de 1811, el Congreso declaró formalmente la Independencia de Venezuela, después de haberse adoptado el 1º de julio de 1811 una declaración que se denominó como "Declaración de los Derechos del Pueblo,[41] la cual, como se ha dicho, fue la tercera declaración de derechos de rango constitucional en el constitucionalismo moderno.

Su redacción estuvo a cargo de Juan Germán Roscio[42] (1763–1821), experimentado abogado, conocido además por haber protagonizado una importante batalla legal para su aceptación en el Colegio de Abogados de Caracas luego de su rechazo por su condición de *pardo*. Roscio había sido uno de los "representantes del pueblo" que habían sido incorporados en la *Junta Suprema* en 1810, habiendo sido nombrado por la misma como Secretario de Relaciones Exteriores, por lo que se lo considera el primer Ministro de Relaciones Exteriores del país. Roscio, además, había sido el redactor del antes mencionado e importante *Reglamento para la elección y reunión de diputados que han de componer el Cuerpo Conservador de los derechos del Sr. D. Fernando CVII en las Provincias de Venezuela* de 11 de junio de 1810, conforme al cual, incluso fue electo diputado al Congreso General por el partido de la Villa de Calabozo. En tal condición, fue una de las figuras claves, junto con Francisco Isnardy, en la redacción del *Acta de la Independencia* del 5 de julio de 1811; así como en la redacción del *Manifiesto que hace al mundo la Con-*

---

40 Véase *Libro de Actas del Supremo Congreso de Venezuela 1811-1812,* Biblioteca de la Academia Nacional de la Historia, Caracas, 1959, Tomo II, p. 401.

41 Véase Allan R. Brewer-Carías, *Las Constituciones de Venezuela, op. cit.,* Tomo I, pp. 549-551.

42 Véase en Pedro Grases, "Estudio sobre los 'Derechos del Hombre y del Ciudadano'," en el libro *Derechos del Hombre y del Ciudadano* (Estudio Preliminar por Pablo Ruggeri Para y Estudio histórico-crítico por Pedro Grases), Academia Nacional de la Historia, Caracas 1959, pp. 147, 335.

federación de Venezuela en la América Meridional, explicando "las razones en que se ha fundado su absoluta independencia de España, y de cualquiera otra dominación extranjera, formado y mandado publicar por acuerdo del Congreso General de sus Provincias Unidas."[43] Roscio fue también comisionado por el Congreso junto con Gabriel de Ponte, Diputado de Caracas, y Francisco Javier Ustáriz, diputado por partido de San Sebastián, para colaborar en la redacción de la Constitución de 1811, y fue incluso miembro suplente del Ejecutivo Plural de la Confederación designado en 1812. Era fluente en inglés, e incluso fue el traductor de trabajos publicados bajo el nombre de William Burke en Caracas. Roscio, por otra parte, fue uno de los pocos venezolanos que mantuvo directa correspondencia tanto con Andrés Bello cuando ya este estaba en Londres, y con José M. Blanco White, el editor del periódico *El Español,* en Londres.[44] En agosto de 1812, apresado por Monteverde al caer la Primera República, Roscio fue enviado junto con Miranda a prisión en Cádiz, como uno de los monstruos origen "de todos los males de América." Después de ser liberado en 1815, gracias a la intervención del gobierno británico, llegó a Filadelfia donde publicó en 1817 su conocido libro *El triunfo de la libertad sobre el despotismo, En la confesión de un pecador arrepentido de sus errores políticos, y dedicado a desagraviar en esta parte a la religión ofendida con el sistema de la tiranía,* en la Imprenta de Thomas H. Palmer.[45]

Ese fue entonces el Roscio a quien también se debe la redacción de la *"Declaración de Derechos del Pueblo,"*[46] adoptada por la llamada "Sección Legislativa de la Provincia de Caracas" del Congreso General de las Provincias de Venezuela, "Sección" que se instaló por acuerdo de dicho Congreso General, el 1° de junio de 1811. Para ese momento, todas las Provincias que formaban la Capitanía General de Venezuela tenían sus propias Legislaturas, menos la Provincia de Caracas, por residir en su capital el Congreso General. Este cuerpo, sin embargo, dada la necesidad de que la Provincia tuviera su Asamblea Legislativa para que, entre otros aspectos se "declararán los derechos del ciudadano", decretó que se formara una "Sección Legislativa" del

43 Véase Luis Ugalde s.j., *El pensamiento teológico-político de Juan Germán Roscio,* Universidad Católica Andrés Bello, bid & co. Editor, Caracas 2007, p. 39.

44 Andrés Bello y López Méndez entregaron a Blanco White la carta de Roscio de 28 de enero de 1811, la cual fue contestada por éste último el 11 de julio de 1811. Ambas cartas se publicaron en *El Español,* y reimpresas en José Félix Blanco y Ramón Azpúrua, *Documentos para..., op. cit.,* Tomo III, pp. 14-19.

45 La segunda edición de 1821 fue hecha también en Filadelfia en la Imprenta de M. Carey e hijos.

46 El texto que seguramente usó Roscio fue básicamente, la edición del libro de Picornell, que apareció publicado de nuevo en Caracas en 1811, en la Imprenta de J. Baillio. Pedro Grases catalogó este libro como "digno candidato a 'primer libro venezolano'." Véase en Pedro Grases, "Estudio sobre los 'Derechos del Hombre y del Ciudadano'," en el libro *Derechos del Hombre y del Ciudadano* (Estudio Preliminar por Pablo Ruggeri Parra y Estudio histórico-crítico por Pedro Grases), Academia Nacional de la Historia, Caracas 1959, p. 162.

Congreso para la Provincia, compuesta de los diputados de la Provincia que se hallaban en el Congreso.[47]

Instalada esta Sección Legislativa, materialmente, el primer acto que adoptó fue la declaración de "Derechos del Pueblo,"[48] el 1° de julio de 1811, considerada por Pedro Grases, como "la declaración filosófica de la Independencia."[49]

El texto de los "Derechos del Pueblo" contiene 43 artículos divididos en cuatro secciones: "Soberanía del pueblo", "Derechos del Hombre en Sociedad", "Deberes del Hombre en Sociedad", y "Deberes del Cuerpo Social", precedidos de un *Preámbulo*. En términos generales los derechos declarados en el documento fueron los siguientes:

Sección Primera: Soberanía del pueblo: La soberanía (arts. 1–3); usurpación de la soberanía (art. 4); temporalidad de los empleos públicos (art. 5); proscripción de la impunidad y castigo de los delitos de los representantes (art. 6); igualdad ante la ley (art. 7).

Sección Segunda: Derechos del Hombre en Sociedad: Fin de la sociedad y el gobierno (art. 1); derechos del hombre (art. 2); la ley como expresión de la voluntad general (art. 3); libertad de expresión del pensamiento (art. 4); objetivo de la ley (art. 5); obediencia de la ley (art. 6); derecho a la participación política (art. 7); derecho al sufragio (arts. 8–10); debido proceso (art. 11); proscripción de actos arbitrarios, responsabilidad funcionarial, y protección ciudadana (art. 12–14); presunción de inocencia (art. 15); derecho a ser oído, art. 16; proporcionalidad de las penas (art. 17); seguridad, art. 18; propiedad, art. 19; libertad de trabajo e industria (art. 20); garantía de la propiedad y contribuciones solo mediante representantes (art. 21); derecho de petición (art. 22); derecho a resistencia (art. 23); inviolabilidad del hogar (art. 24); derechos de los extranjeros (art. 25–27).

Sección Tercera: Deberes del Hombre en Sociedad: los límites a los derechos de otros (art. 1); deberes de los ciudadanos (art. 2); el enemigo de la sociedad (art. 3); el buen ciudadano (art. 4) el hombre de bien (art. 5).

Sección Cuarta: Deberes del Cuerpo Social: la garantía social (art. 1); límites de los poderes y responsabilidad funcionarial (art. 2); seguridad social y socorros públicos (art. 3); instrucción pública (art. 4).

---

47 Véase P. Grases, *La Conspiración de Gual y España y el Ideario de la Independencia,* Caracas, 1978, p. 81, nota 3.

48 Véase el texto en Allan R. Brewer-Carías, *Las Constituciones de Venezuela, cit,* Tomo I, pp. 549-551. En las páginas siguientes de este libro, en cursivas y negritas, puede leerse el texto íntegro de la Declaración.

49 Véase P. Grases, *La Conspiración de Gual y España..., cit,* p. 81. En otra obra dice Grases que la declaración "Constituye una verdadera declaración de independencia, anticipada al 5 de julio". Véase en en Pedro Grases, "Estudio sobre los 'Derechos del Hombre y del Ciudadano'," en el libro *Derechos del Hombre y del Ciudadano* (Estudio Preliminar por Pablo Ruggeri Parra y Estudio histórico-crítico por Pedro Grases), Academia Nacional de la Historia, Caracas 1959, p. 165.

Este texto, sin duda, está básica y directamente inspirado en los textos franceses comenzando con la *"Déclaration des Droits de l'Homme et du Citoyen"* votada por la Asamblea Nacional Francesa los días 20–26 de agosto de 1789, la cual se incorporó íntegramente al Título Preliminar de la Constitución francesa de 1791, la primera de las Constituciones europeas en la historia del Constitucionalismo, con el agregado de varias garantías constitucionales. Sin embargo, en cuanto a redacción, la mayor influencia para su redacción se recibió del texto de la *"Déclaration des Droits de l'Homme et du Citoyen"* que precede la Constitución Francesa de 1793 en el texto publicado en español como *Derechos del Hombre y del Ciudadano con varias máximas republicanas, y un discurso preliminar dirigido a los americanos* de 1797, vinculado a la Conspiración de Gual y España.[50] En adición, sin embargo, también se pueden encontrar la influencia directa del texto de la *"Déclaration des Droits et Devoirs de l'Homme et du Citoyen"* que precede el texto de la Constitución de 1795,[51] particularmente en la sección de los Deberes del Hombre en Sociedad.

Por otra parte, el orden dado a los artículos y la sistematización de la Declaración de 1811, es distinta a los textos franceses; siendo la subdivisión de su articulado en 4 secciones original del texto venezolano de 1811, en algún caso inspirada en los trabajos de William Burke, como por ejemplo el título de la sección sobre "Derechos del hombre en Sociedad."[52] En todo caso, las Declaraciones francesa de 1789 y de 1793 no tenían subdivisiones, y sólo fue en la Declaración de 1795 en la cual se incluyó una subdivisión en sólo dos secciones: Deberes y Derechos.

Una observación adicional debe formularse y es que si bien la influencia fundamental en la redacción de la Declaración de 1 de julio de 1811 provino de texto de las Declaraciones francesas, ello no ocurrió con el propio *título* del documento que no se refiere a los "Derechos del Hombre y del Ciudadano," sino a los "Derechos del Pueblo," expresión que no se encuentra en los textos franceses. Esta expresión en realidad, puede decirse que proviene de los textos firmados por William Burke publicados en la *Gaceta de Caracas* en 1811 y de Thomas Paine traducidos en el libro de Manuel García de Sena, igualmente en 1811.

---

50 Véase P. Grases, *La Conspiración...*, *cit.*, p. 147. En dicha obra puede consultarse el texto del Documento, comparándolo con el de la Declaración de 1811 y la Constitución de 1811. Igualmente en Pedro Grases, "Estudio sobre los 'Derechos del Hombre y del Ciudadano'," en el libro *Derechos del Hombre y del Ciudadano* (Estudio Preliminar por Pablo Ruggeri Para y Estudio histórico-crítico por Pedro Grases), Academia Nacional de la Historia, Caracas 1959, pp. 168 ss.

51 Véase los textos en J. M. Roberts y J. Hardman, *French Revolution Documents,* Oxford, 1973, 2 vols.

52 William Burke utilizó en uno de sus escritos en la *Gaceta de Caracas* en 1811, la expresión "Derechos del Hombre en Sociedad" que recogió la Declaración de 1811. Véase en *Derechos de la América del Sur y México,* Academia Nacional de la Historia, Caracas 1959, Vol. I., p. 107.

En los trabajos firmados por William Burke, recogidos luego en el libro *Derechos de la América del Sur y México,* al argumentarse sobre los derechos del hombre en la Constitución norteamericana también se utilizó constantemente la expresión "derechos del pueblo,"[53] refiriendo que "El pueblo es, en todos los tiempos, el verdadero y legítimo soberano. En él residen y de él traen su origen todos los elementos de supremacía."[54] Refiriéndose a las constituciones de los Estados Unidos, indicó que "declaran positiva y particularmente, que la soberanía reside esencial y constantemente en el pueblo;" que "por medio del sistema de *representación* asegura el pueblo real y eficientemente su derecho de soberanía;... principio que forma la principal distinción entre los gobiernos autoritarios y libres, tanto que se puede decir que el pueblo goza de libertad a proporción del uso que hace de la representación."[55]

Por otra parte, en el libro de Paine *La Independencia de la Costa Firme justificada por Thomas Paine Treinta años ha,* traducido por García de Sena, la expresión "derechos del pueblo"" también fue utilizada en su argumentación destinada a distinguir las dos formas de gobierno posibles: "el Gobierno por sucesión hereditaria" y "el Gobierno por elección y representación," y que optando por el representativo basado en la soberanía del pueblo, argumentó lo siguiente:

"Las Revoluciones que se van extendiendo ahora en el Mundo tienen su origen en el estado de este caso; la presente guerra es un conflicto entre el sistema representativo fundado en los derechos del pueblo; y el hereditario, fundado en la usurpación."[56]

Seguía su argumentación Paine indicando que "El carácter pues de las Revoluciones del día se distingue muy definitivamente por fundarse en el sistema del Gobierno Representativo en oposición al hereditario. Ninguna otra distinción abraza más completamente sus principios;" y concluía señalando que: "El sistema Representativo es la invención del Mundo moderno."[57] Además, al referirse al gobierno representativo, Paine lo identificaba como aquél en el cual el poder soberano estaba en el Pueblo. Partía para ello de la consideración de que:

---

53 Véase, William Burke, *Derechos de la América del Sur y México,* Academia Nacional de la Historia, Caracas 1959, Vol. I, pp. 118, 123, 127, 141, 157, 162, 182, 202, 205, 241

54 *Idem*, p. 113.

55 *Idem*, pp. 119, 120.

56 Expresado por Paine en su "Disertación sobre los Primeros principios del Gobierno" que escribió en los tiempos de la Revolución Francesa. Véase en Manuel García de Sena, *La Independencia de Costa Firme justificada por Thomas Paine treinta años ha,* Edición del Ministerio de Relaciones Exteriores, Caracas 1987, p. 90. La expresión la utilizó también en otros Discursos, pp. 111, 112.

57 *Idem*, p. 90.

"Todo Gobierno (sea cual fuere su forma) contiene dentro de si mismo un principio común a todos, que es, el de un poder soberano, o un poder sobre el cual no hay autoridad alguna, y que gobierna a todos los otros... En las Monarquías despóticas [ese poder] está colocado en una sola persona, o Soberano;... En las Repúblicas semejantes a la que se halla establecida en América, el poder soberano, o el poder sobre el cual no hay otra autoridad, y que gobierna a todos los demás, está donde la naturaleza lo ha colocado, en el Pueblo; porque el Pueblo en América es el origen del poder. Él está allí como un principio de derecho reconocido en las Constituciones del país, y el ejercicio de él es Constitucional, y legal. Esta Soberanía es ejercitada eligiendo y diputando un cierto número de personas para representar y obrar por él todo, las cuales no obrando con rectitud, pueden ser depuestas por el mismo poder que las colocó allí, y ser otras elegidas y disputadas en su lugar."[58]

De estos conceptos de Paine, que sin duda influyeron en la concepción de la declaración de los "Derechos del Pueblo" de 1811, se comprende porque la misma se inicia en la Sección Primera con las previsiones sobre la soberanía como poder que radica en el pueblo, el cual la ejerce mediante representantes, apartándose así del orden de las Declaraciones francesas donde los artículos sobre la soberanía no están al inicio de las mismas.

V. LAS FUENTES DE INSPIRACIÓN DE LA "DECLARACIÓN DE LOS DERECHOS DEL PUEBLO" DE 1º DE JULIO DE 1811

En todo caso, apartando el orden de los artículos y la sistemática de su división en Secciones, así como la variación en su denominación, el contenido del articulado de la Declaración de Derechos del Pueblo, tuvo su inspiración básica en los textos franceses, como explicamos a continuación, transcribiendo después de cada artículo de la Declaración los textos originales que los inspiraron:

PREÁMBULO

La Declaración de los Derechos del Pueblo fue precedida de un Preámbulo, siguiendo la orientación de las Declaraciones Francesas, en el cual la representación popular después de atribuir al olvido y desprecio de los derechos del hombre, denominados en la misma como "Derechos del Pueblo" las causas de la opresión durante los tres siglos de la colonia, resolvió declararlos formalmente como derechos inalienables a fin de que los ciudadanos, confrontándola con los mismos, pudiesen juzgar la conducta de los gobernantes; y que estos no confundieran su misión. El texto del Preámbulo de la Declaración de 1811 fue el siguiente:

---

58 *Idem,* pp. 118, 119.

El Supremo Congreso de Venezuela en su sección legislativa, establecida para la Provincia de Caracas, ha creído que el olvido y desprecio de los Derechos del Pueblo, ha sido hasta ahora la causa de los males que ha sufrido por tres siglos: y queriendo empezar a precaverlos radicalmente, ha resuelto, conformándose con la voluntad general, declarar, como declara solemnemente ante el universo, todos estos mismos Derechos inenajenables, a fin de que todos los ciudadanos puedan comparar continuamente los actos del Gobierno con los fines de la institución social: que el magistrado no pierda jamás de vista la norma de su conducta y el legislador no confunda, en ningún caso, el objeto de su misión.

Como se dijo, este Preámbulo de la Declaración de 1811 estuvo directamente inspirado en el Preámbulo que precedió la Declaración francesa de 1793, texto que, sin embargo, no fue incluido en la traducción incorporada en el libro de Picornell de 1797, y que fue el siguiente tenor:

Le peuple français, convaincu que l'oubli, le mépris des droits naturels de l'homme, sont les seules causes des malheurs du monde, a résolu d'exposer dans une déclaration s'solennelle ces droits sacrés et inaliénables, afin que tous les citoyens, pouvant comparer sans cesse les actes du gouvernement avec le but de toute institution sociale, ne se laissent jamais opprimer et avilir par la tyrannie; afin que le peuple ait toujours devant les yeux les bases de sa liberté et de son bonheur; le magistrat, la règle de ses devoirs; le législateur, l'objet de sa mission. En conséquence, il proclame, en présence de l'Être Suprême, la déclaration suivante des droits de l'homme et du citoyen.

Este texto de 1793, a su vez, se había inspirado en el Preámbulo de la Declaración francesa de 1789:

Les représentants du peuple français, constitués en Assemblée nationale, considérant que l'ignorance, l'oubli ou le mépris des droits de l'homme sont les seules causes des malheurs public et de la corruption des gouvernements ont résolu d'exposer dans une déclaration solennelle les droits naturels, inaliénables et sacrés de l'homme, afin que cette déclaration, constamment présente á tous les membres du corps social, leur rappelle s'ans cesse leurs droits et leurs devoirs; afin que les actes du pouvoir législatif et ceux du pouvoir exécutif, pouvant être à chaque instant comparés avec le but de toute institution politique, en soient plus respectés; afin que les réclamations des citoyens, fondées désormais sur des principes simples et incontestables, tournent toujours au maintien de la Constitution et au bonheur de tous.

SECCIÓN PRIMERA: LA SOBERANÍA DEL PUEBLO

La Sección Primera de la Declaración de 1811 está destinada a regular en 7 artículos, la soberanía y las condiciones para su ejercicio mediante representantes (arts. 1–3); la proscripción de la usurpación de la soberanía (art. 4); la temporalidad de los empleos públicos (art. 5); la proscripción de la impunidad y castigo de los delitos de los representantes (art. 6); y el principio de igualdad ante la ley (art. 7).

1. *La soberanía y la representación*

La soberanía se concibió en la Declaración de 1811 como un poder imprescriptible, inalienable e indivisible que sólo residía en el pueblo, y que éste sólo podía ejercer mediante representantes, prohibiéndose, por tanto, que cualquier parcela del pueblo, cualquiera que ella fuese, se pudiera arrogar el ejercicio de la misma.

Se trató por tanto, de una declaración del derecho a la democracia representativa, asegurándole a todos el derecho a expresar su voluntad con entera libertad, principio que se declaraba como el único "que hace legítima y legal la constitución" del Gobierno. El derecho ciudadano a ejercer su soberanía, consistía, por tanto, en el derecho de concurrir con su voto a la escogencia de sus representantes para formar el Cuerpo representativo.

Estos principios se expresaron en los siguientes tres artículos de la Sección Primera (I):

> *Artículo 1. La soberanía reside en el pueblo; y, el ejercicio de ella en los Ciudadanos con derecho a sufragio, por medio de sus apoderados legalmente constituidos.*

> *Artículo 2. La Soberanía es, por su naturaleza y esencia, imprescriptible, inenajenable e indivisible.*

> *Artículo 3. Una parte de los ciudadanos con derecho a sufragio, no podrá ejercer la soberanía. Todos deben concurrir con su voto a la formación del Cuerpo que la ha de representar, porque todos tienen derecho a expresar su voluntad con entera libertad, único principio que hace legítima y legal la constitución de su Gobierno.*

La redacción de estos tres artículos está inspirada en el texto de la Declaración francesa de 1793, aún cuando expresados, los conceptos, con mucha mayor precisión y amplitud, sin duda, también por la influencia del libro de Thomas Paine traducido por García de Sena, y de los escritos de William Burke.

Los artículos pertinentes de la Declaración francesa de 1793, fueron los siguientes:

> *Article 25. La souveraineté réside dans le peuple. Elle est une et indivisible, imprescriptible et inaliénable.*

> *Article 26. Aucune portion du peuple ne peut exercer la puissance du peuple entier; mais chaque section du souverain assemblée doit jouir du droit d'exprimer sa volonté avec une entière liberté.*

La traducción contenida en el libro de Picornell de 1797, fue la siguiente:

> *XXV.* La soberanía reside en el pueblo; es una e indivisible, imprescriptible e inalienable.

XXVI. Ninguna porción del pueblo puede ejercer el poder del pueblo entero; pero cada parte de la soberanía en junta, debe gozar del derecho de manifestar su voluntad, con una libertad entera.

Y por supuesto, el origen de todos estos principios estaba en el artículo III de la Declaración francesa de 1789, en el cual se declaró:

III. Le principe de toute souveraineté réside essentiellement dans la nation. Nul corps, nul individu ne peut exercer d'autorité qui n'en émane expressément.

2. La usurpación de la soberanía como delito

La consecuencia de establecer la soberanía como derecho del pueblo y proscribir que cualquier grupo de ciudadanos pudiera arrogarse su ejercicio, fue la tipificación del delito de "lesa Nación" para quienes usurparan la soberanía.

En tal sentido en el artículo (I) 4 de la Declaración de 1811, se dispuso que:

Artículo. 4. Todo individuo, corporación o ciudad que usurpe la soberanía, incurrirá en el delito de lesa Nación.

Este artículo, se inspiró en parte el texto de la Declaración francesa de 1793 en el sentido de sancionar la usurpación de la soberanía, pero con la gran diferencia de que en aquella, la usurpación de la soberanía se sancionaba directamente declarando que todo hombre libre podía matar al instante al usurpador. En cambio en la Declaración de 1811 la usurpación de la soberanía se la consideraba como un delito grave, de "lesa Nación" el cual, por tanto, debía ser juzgado. El artículo 27 de la Declaración francesa de 1793, de la época del Terror, que no tenía antecedentes en la Declaración francesa de 1789, establecía en efecto:

27. Que tout individu qui usurperait la souveraineté soit á l'instant mis à mort par les hommes libres.

La traducción de este texto contenida en el libro de Picornell de 1797, fue la siguiente:

XXVII. Todo individuo que usurpe la soberanía, sea al instante muerto por los hombres libres.

3. La temporalidad de los empleos públicos

Habiendo sido establecido el principio de la democracia representativa y del ejercicio de la soberanía mediante representantes, en la Declaración de 1811 se precisó que los empleos públicos, incluyendo los de los representantes, eran esencialmente temporales, de manera que nadie podía considerar que tenía derecho a ejercer permanentemente dichos cargos, como distinción o recompensa personal. Al contrario los empleados públicos no podían tener

otra consideración que no fuera la que adquieran en el concepto de sus conciudadanos por el desempeño de sus cargos al servicio de la República.

El artículo (I) 5 de la Declaración de 1811 estableció, en efecto:

> **Artículo 5. Los empleados públicos serán por tiempo determinado;
> no deben tener otra consideración que la que adquieran en el concepto
> de sus conciudadanos por las virtudes que ejercieren en el tiempo que
> estuvieren ocupados por la República.**

Este artículo estuvo inspirado en el texto del artículo 30 de la Declaración
francesa de 1793, el cual por lo demás, no tuvo antecedentes en el de la Declaración de 1789, en el cual se dispuso que:

> *Article 30. Les fonctions publiques sont essentiellement temporaires;
> elles ne peuvent être considérées comme des distinctions ni comme des
> récompenses, mais comme des devoirs.*

La traducción de este texto contenida en el libro de Picornell de 1797, fue
la siguiente:

> *XXX.* Los empleos públicos son esencialmente temporales, nunca de-
> ben ser considerados como distinciones, ni como recompensas, sino co-
> mo obligaciones.

4. La proscripción de la impunidad en el ejercicio de la función pública

La Declaración de 1811 consagró, además, el principio general de que los
representantes del pueblo electos en ejercicio de la soberanía y, en general,
todos los funcionarios públicos, eran responsables de sus acciones, precisando que los delitos que pudieran cometer nunca podían quedar impunes.

A tal efecto, el artículo (I) 6 de la Declaración de 1811 dispuso así:

> **Artículo 6. Los delitos de los representantes y agentes de la Repúbli-
> ca no deben quedar nunca impunes, pues ninguno tiene derecho a
> hacerse más inviolable que otro.**

Este artículo fue inspirado en el texto del artículo 31 de la Declaración
francesa de de 1793, sin antecedentes en el Declaración de 1789, que estableció:

> **Art. 31. Les délits des mandataires du peuple et de ses agents ne doi-
> vent jamais être impunis. Nul n'a le droit de se prétendre plus invio-
> lable que les autres citoyens.**

La traducción de este texto contenida en el libro de Picornell de 1797, fue
la siguiente:

> *XXXI.* Los delitos de los diputados del pueblo y de sus agentes jamás
> deben quedar sin castigo; ninguno tiene el derecho de pretender ser más
> impune que los demás individuos.

5. *La igualdad ante la ley*

La Declaración de 1811 también consagró el principio general de igualdad ante la ley, sin discriminación por razón de nacimiento o de herencia, de manera que la ley fuera igual para todos, "castigando los vicios y premiando las virtudes. "

A tal efecto, el artículo (I) 7 de la Declaración de 1811 establece:

Artículo 7. La Ley debe ser igual para todos, castigando los vicios y premiando las virtudes, sin admitir distinción de nacimiento ni poder hereditario.

Este artículo se inspiró en el texto de la Declaración francesa de 1795, cuyo artículo 3° de la Sección "Derechos," estableció el sentido de la igualdad, así:

Art. 3. L'égalité consiste en ce que la loi est la même pour tous soit qu'elle protège, soit qu'elle punisse. L'égalité n'admet aucune distinction de naissance, aucune hérédité de pouvoirs.

La Declaración de 1811, en este punto, sin embargo, no llegó a declarar la proscripción de la esclavitud conforme al principio que ya se había expresado en la Declaración francesa de 1793, y que estaba en la traducción del libro de Picornell de 1797, en la cual se estableció que:

Art. 18. Tout homme peut engager ses services, son temps, mais il ne peut se vendre ni être vendu. Sa personne n'est pas une propriété aliénable. La loi ne reconnaît point de domesticité; il ne peut exister qu'un engagement de soins et de reconnaissance entre l'homme qui travaille et celui qui l'emploie.

SECCIÓN SEGUNDA: DERECHOS DEL HOMBRE EN SOCIEDAD

En la Sección Segunda sobre "Derechos del Hombre en Sociedad," la Declaración de 1811, en los 27 artículos que contiene, como se dijo, se regularon los siguientes principios y derechos: el fin de la sociedad y el gobierno (art. 1); derechos del hombre (art. 2); la ley como expresión de la voluntad general (art. 3); libertad de expresión del pensamiento (art. 4); objetivo de la ley (art. 5); obediencia de la ley (art. 6); derecho a la participación política (art. 7); derecho al sufragio (arts. 8–10); debido proceso, art. 11; proscripción de actos arbitrarios, responsabilidad funcionarial, y protección ciudadana (art. 12–14); presunción de inocencia (art. 15); derecho a ser oído (art. 16); proporcionalidad de las penas (art. 17); seguridad (art. 18); propiedad (art. 19); libertad de trabajo e industria (art. 20); garantía de la propiedad y de contribuciones solo establecidas mediante representantes (art. 21); derecho de petición (art. 22); derecho a resistencia (art. 23); inviolabilidad del hogar (art. 24); y derechos de los extranjeros (art. 25–27).

1. El fin de la Sociedad y de los Gobiernos: asegurar el goce de los derechos

En los artículos (II) 1 y (II) 2 de la Declaración de 1811, se establecieron los principios fundamentales sobre el fin de la Sociedad y de los Gobiernos, esencialmente vinculados a la garantía de los derechos, así:

Artículo 1. El fin de la sociedad es la felicidad común, y el Gobierno se instituye al asegurarla.

Artículo 2. Consiste esta felicidad en el goce de la libertad, de la seguridad, de la propiedad y de la igualdad de derechos ante la Ley.

Estos artículos se inspiraron en el texto de la Declaración francesa de 1793, que comenzaba precisamente con los artículos Primero y 2 donde se estableció:

Art. 1er. Le but de la société est le bonheur commun. Le gouvernement est institué pour garantir á l'homme la jouissance de ses droits naturels et imprescriptibles.

Art. 2. Ces droits sont l'égalité, la liberté, la sûreté, la propriété.

La traducción de estos textos contenida en el libro de Picornell de 1797, fue la siguiente:

Artículo Primero. El objeto de la sociedad, es el bien común: todo gobierno es instituido para asegurar al hombre el goce de sus derechos naturales e imprescriptibles.

Artículo II. Estos derechos son, la igualdad, la libertad, la seguridad y la propiedad.

2. La ley como expresión de la voluntad general

El artículo 3 de la Declaración de 1811, Sección "Derechos del Hombre en Sociedad," estableció sobre la ley lo siguiente:

Artículo 3. La ley se forma por la expresión libre y solemne de la voluntad general, y ésta se expresa por los apoderados que el pueblo elige para que representen sus derechos.

Esta norma se inspiró en el texto del artículo 4 de la Declaración de 1793, pero con un contenido más desarrollado. Estas normas decían:

Art. 4. La loi est l'expression libre est solennelle de la volonté générale; elle est la même pour tous, soit qu'elle protège, soit qu'elle punisse: elle ne peut ordonner que ce qui est juste et utile á la société: elle ne peut défendre que ce qui lui est nuisible.

La traducción de estas normas en el libro de Picornell de 1797, artículo IV fue la siguiente:

IV. La ley, es la declaración libre y solemne de la voluntad general: ella es igual para todos, ya sea que proteja, ya que castigue; no puede ordenar sino aquello que es justo y útil a la sociedad, ni prohibir sino lo que es perjudicial.

En este contexto de la ley, en relación con su objeto, además, el artículo 5 de la misma esta Sección estableció:

> *Art. 5. El objeto de la ley es arreglar el modo con que los ciudadanos deben obrar en las ocasiones en que la razón exige que ellos se conduzcan no por su opinión o su voluntad, sino por una regla común.*

Una definición similar no se encuentra ni en las Declaraciones francesas ni en las Declaraciones norteamericanas.

3. *La obligatoriedad de la ley*

El artículo 6 de la Sección sobre "Derechos del Hombre en Sociedad," adicionalmente definió el sentido del carácter obligatorio de la ley, así:

> *Art. 6. Cuando un ciudadano somete sus acciones a una ley, que no aprueba, no compromete su razón; pero la obedece porque su razón particular no debe guiarle, sino la razón común, a quien debe someterse, y así la ley no exige un sacrificio de la razón y de la libertad de los que no la aprueban, porque ella nunca atenta contra la libertad, sino cuando se aparta de la naturaleza y de los objetos, que deben estar sujetos a una regla común.*

No hemos encontrado ninguna previsión similar a esta ni en las Declaraciones francesas ni en las Declaraciones norteamericanas.

4. *La libertad de expresión del pensamiento*

La libertad de expresión del pensamiento, y las responsabilidades derivadas de su ejercicio se establecieron en el artículo 4 de la Declaración de 1811, Sección "Derechos del Hombre en Sociedad", así:

> *Artículo 4. El derecho de manifestar sus pensamientos y opiniones por voz de la imprenta debe ser libre, haciéndose responsable a la ley si en ellos se trata de perturbar la tranquilidad pública o el dogma, la propiedad y honor del ciudadano.*

Solo la primera parte de este texto encuentra su antecedente en el artículo 7 de la Declaración de 1793, donde además de la libertad de expresión del pensamiento, se consagró la libertad de reunión y el derecho al libre ejercicio de cultos que no podían ser prohibidos, aspectos que no se incorporaron en la Declaración de 1811. Dicho artículo 7 de la Declaración de 1793, en efecto, estaba redactado así:

Article 7. Le droit de manifester sa pensée et ses opinions, soit par la voie de la presse, soit de toute autre manière, le droit de s'assembler paisiblement, le libre exercice des cultes ne peuvent être interdits. La nécessité d'énoncer ces droits suppose ou la présence ou le souvenir récent du despotisme.

El texto, por tanto, es su previsión de dejar a la ley el establecimiento de las responsabilidades en los casos de expresiones que pudieren perturbar la tranquilidad pública o el dogma, la propiedad y honor del ciudadano, no tiene antecedentes en las declaraciones francesas. Más bien, puede considerarse que influyó en su concepción las apreciaciones de William Burke en la *Gaceta de Caracas* en el sentido de que la libertad de prensa solo debía estar "cuidadosamente restringida por distintas y adecuadas leyes para que no degenere en licencia," de manera que "todo hombre es libre de publicar lo que quiera; pero queda personalmente responsable de todo lo que haya publicado."[59]

5. *La participación en el proceso de formación de la ley y en el nombramiento de representantes*

En la Declaración de 1811 se estableció el derecho de los ciudadanos a participar en el proceso de formación de las leyes y a nombrar para tales efectos a sus representantes, con la previsión expresa que este derecho sólo correspondía a los que fueran ciudadanos con residencia permanente, excluidos los transeúntes o quienes no tuviesen la propiedad exigida en la Constitución; previsiones que sin embargo no se encuentran en las declaraciones francesas. En efecto, en los artículos 7 a 10 de la Sección "Derechos del Hombre en Sociedad" se estableció lo siguiente:

Artículo 7. Todos los ciudadanos no pueden tener igual parte en la formación de la ley, porque todos no contribuyen igualmente a la conservación del Estado, seguridad y tranquilidad de la sociedad.

Artículo 8. Los ciudadanos se dividirán en dos clases: unos con derecho a sufragio, otros sin él.

Artículo 9. Los sufragantes son los que están establecidos en Venezuela, sean de la nación que fueren: éstos solos forman el soberano.

Artículo 10. Los que no tienen derecho a sufragio son los transeúntes, los que no tengan la propiedad que establece la Constitución; y éstos gozarán de los beneficios de la ley, sin tomar parte en su institución.

En esta materia, el texto de la Declaración de 1793 se limitaba a disponer que:

Art. 29. Chaque citoyen a un droit égal de concourir á la formation de la loi et á la nomination de s es mandataires ou de ses agent.

59 Véase William Burke, *Derechos de la América...*, *op. cit.*, Tomo I, p. 192.

En la Declaración de 1811, en cambio, se precisó que entre los ciudadanos, sólo los residenciados o "establecidos" en el país tenían el derecho al sufragio independientemente de la nacionalidad, "sean de la nación que fuesen," excluyéndose entonces del sufragio a los transeúntes. Con ello, la declaración de derechos del pueblo de 1811 estaba imbuida del ejemplo Norteamericano, expresado por Burke en la *Gaceta de Caracas*, como aliciente a la inmigración, conforme al cual al declarar "que todo hombre libre de la edad de 21 años y que pague tributos gozará del derecho al sufragio," se estaba "facilitando el ingreso y establecimiento de extranjeros útiles... que posean capitales, espíritu de empresa, industria y conocimientos útiles" que "vengan a "establecerse en el país. "[60]

6. *La garantía de la libertad personal*

La garantía de la libertad personal se estableció en el artículo 11 de la Declaración de 1811, al exigirse que la privación de la misma sólo pudiera hacerse en los casos determinados por la ley. Además, se enunció un aspecto del debido proceso al exigirse también que la acusación contra una persona también se hiciese sólo en los casos determinados por la ley. El texto fue el siguiente:

> *Artículo 11. Ninguno debe ser acusado, preso, ni detenido, sino en los casos determinados por la ley.*

Aún con enunciados similares pero más amplios en la Declaración de 1793 (art. 10) y en la declaración de 1789 (art. VII), el texto de la Declaración de 1811 proviene del texto del artículo 8 de la declaración de la Constitución francesa de 1795, que dispuso:

> *Article 8. Nul ne peut étre appelé en justice, accusé arrété ni détenu que dans les cas déterminés par la loi, et selon les formes qu'elle a prescrites.*

7. *La proscripción de actos arbitrarios*

En la Declaración de 1811, Sección "Derechos del Hombre en Sociedad", artículos 12 y 13 se establecieron los siguientes principios sobre los actos arbitrarios:

> *Art. 12. Todo acto ejercido contra un ciudadano sin las formalidades de la ley, es arbitrario y tiránico.*
>
> *Art. 13. El magistrado que decrete y haga ejecutar actos arbitrarios será castigado con la severidad de la ley.*

---

60 Véase William Burke, *Derechos de la América...*, *op. cit.*, Tomo I, p. 133, 145, 146.

Estos textos tienen su origen en los artículos 11 y 12 de la Declaración francesa de 1793 en la cual se indicó lo siguiente:

Art. 11. Tout acte exercé contre un homme hors des cas et sans les formes que la loi détermine est arbitraire et tyrannique; celui contre lequel on voudrait l'exécuter par la violence a le droit de le repousser par la forcé.

Art. 12. Ceux qui solliciteraient, expédieraient, signeraient, exécuteraient ou feraient exécuter des actes arbitraires sont coupables et doivent être punis.

La traducción de estos artículos en el libro de Picornell de 1797, era la siguiente:

Art. XI. Todo acto ejecutado contra un hombre fuera de los casos y sin las fórmulas que la ley determina, es arbitrario y tiránico; aquel contra quien se quiera ejecutar, tiene derecho para resistirse.

Art. XII. Aquellos que solicitasen, expidiesen, firmasen, ejecutasen, o hiciesen ejecutar actos arbitrarios, son culpables y deben ser castigados.

8. La protección frente a la opresión

En la Declaración de 1811, Sección "Derechos del Hombre en Sociedad", se estableció el principio de la protección de la libertad contra la opresión, lo que correspondía a la Ley.

En tal sentido, el artículo 14 de la Sección "De los Derechos del Pueblo" estableció:

Art. 14. Esta [la ley] debe proteger la libertad pública e individual contra la opresión y tiranía.

La norma proviene del artículo 9 de la Declaración de 1793 que dispuso:

Art. 9. La loi doit protéger la liberté publique et individuelle contre l'oppression de ceux qui gouvernent.

El texto fue traducido en el libro de Picornell de 1797, en la forma siguiente:

Art. IX. La Ley debe proteger, así la libertad pública como la de cada individuo en particular, contra la opresión de los que gobiernan.

9. La presunción de inocencia

El principio de la presunción de inocencia como pieza fundamental de del debido proceso, fue establecido en el artículo 15 de la Declaración de 1811, Sección "Derechos del Hombre en Sociedad", en la siguiente forma:

Art. 15. Todo ciudadano deberá ser tenido por inocente mientras no se le declare culpable. Si se cree indispensable asegurar su persona, todo rigor que no sea necesario para ello debe ser reprimido por la ley.

La norma proviene del artículo 13 de la Declaración de 1793 que dispuso:

Art. 13. Tout homme étant présumé innocent jusqu'á ce qu'il ait été déclaré coupable, s'il est jugé indispensable de l'arrêter, toute rigueur qui ne serait pas nécessaire pour s'assurer de sa personne doit être sévèrement réprimée par la loi.

El texto fue traducido en el libro de Picornell de 1797, en la forma siguiente:

Art. XIII. Todo hombre debe ser tenido por inocente, hasta tanto que haya sido declarado culpable: si se juzga indispensable su prisión, todo rigor que no sea necesario para asegurarse de su persona, debe prohibirse severamente por ley.

10. *El principio nulla pena sine legge, el derecho a ser oído y el principio de la irretroactividad de la ley*

Como parte esencial del debido proceso, en el artículo 16 de la Declaración de 1811, Sección "Derechos del Hombre en Sociedad", se regula el principio de que sólo se puede ser juzgado y castigado en virtud de previsión legislativa preexistente, y además, el derecho a ser oído y la prohibición de leyes retroactivas (leyes *ex post facto*), en la siguiente forma:

Art. 16. Ninguno debe ser juzgado ni castigado, sino después de haber sido oído legalmente, y en virtud de una ley promulgada anterior al delito. La ley que castigue delitos cometidos antes que ella exista será tiránica. El efecto retroactivo dado a la ley es un crimen.

La norma proviene del artículo 14 de la Declaración de 1793 que dispuso:

Art. 14. Nul ne doit être jugé et puni qu'après avoir être entendu ou légalement appelé et qu'en vertu d'une loi promulguée antérieurement au délit; la loi qui punirait des délits commis avant qu'elle existât serait une tyrannie; l'effet rétroactif donné á la loi serait un crime.

El texto fue traducido en el libro de Picornell de 1797, en la forma siguiente:

Art. XIV. Ninguno debe ser juzgado ni castigado antes de haber sido oído, o llamado legalmente, y en virtud de una ley promulgada antes de haber cometido el delito. La ley que castiga delitos cometidos antes de su publicación, es tiránica: el efecto retroactivo dado a la ley es un crimen.

11. *El principio de la necesidad y proporcionalidad de las penas*

El artículo 17, Sección "Derechos del Hombre en Sociedad" de la Declaración de 1811, estableció en materia de sanciones penales el principio de la proporcionalidad y necesidad, así:

> *Art. 17. La Ley no debe decretar sino penas muy necesarias, y éstas deben ser proporcionadas al delito y útiles a la sociedad.*

La norma proviene del artículo 15 de la Declaración de 1793 que dispuso:

> *Art. 15.* La loi ne doit décerner que des peines strictement et nécessaires; les peines doivent être proportionnées au délit et utiles á la société.

El texto fue traducido en el libro de Picornell de 1797, en la forma siguiente:

> *Art. XV.* La Ley no debe imponer sino penas absoluta y evidentemente necesarias: las penas deben ser proporcionadas al delito, y útiles a la sociedad.

12. *La seguridad*

La seguridad fue definida en el artículo 18, Sección "Derechos del Hombre en Sociedad" de la Declaración de 1811, así:

> *Art. 18. La seguridad consiste en la protección que da la sociedad a cada uno de sus miembros para la conservación de su persona, de sus derechos y de sus propiedades.*

La norma proviene del artículo 8 de la Declaración de 1793 que dispuso:

> *Art. 8. La sûreté consiste dans la protection accordée par la société á chacun de ses membres pour la conservation de sa personne, de ses droits et de ses propriétés.*

Este texto fue traducido en el libro de Picornell de 1797, en la forma siguiente:

> *Art. VIII.* La seguridad consiste en la protección acordada por la sociedad a cada uno de sus miembros, para la conservación de su persona, de sus derechos y de sus propiedades.

13. *El derecho de propiedad*

Sobre la propiedad privada, el artículo 19 de la Sección "Derechos del Hombre en Sociedad" de la Declaración de 1811 estableció el siguiente principio:

> *Art. 19. Todo ciudadano tiene derecho a adquirir propiedades y a disponer de ellas a su arbitrio, si no contraría el pacto o la ley.*

La fuente de inspiración de esta norma fue el artículo 16 de la Declaración francesa de 1793, aún cuando esta era más descriptiva en relación con los bienes sobre los cuales se podía ejercer la propiedad, en la siguiente forma:

Art. 16. Le droit de propriété est celui qui appartient á tout citoyen de jouir et de disposer á son gré de ses biens, de ses revenus, du fruit de son travail e de son industrie.

El texto de esta norma fue traducido en el libro de Picornell de 1797, en la forma siguiente:

Art. XVI. El derecho de propiedad, es aquel que pertenece a todo ciudadano de gozar y de disponer a su gusto, de sus bienes, de sus adquisiciones, del fruto de su trabajo, y de su industria.

Fue sólo la Declaración de 1789 la que inicialmente declaró la propiedad en su artículo XVII como un "derecho inviolable y sagrado."

14. *La libertad de trabajo e industria y la intervención estatal*

El artículo 20 de la Sección "Derechos del Hombre en Sociedad" de la Declaración de 1811 estableció además la libertad de trabajo e industria, con limitaciones en relación con la posibilidad de intervención del Estado, en la siguiente forma:

Art. 20. Ningún género de trabajo, de cultura, ni industria o comercio puede ser prohibido a los ciudadanos, excepto aquellos que forman o pueden servir a la subsistencia del Estado.

La fuente de inspiración de esta norma fue el artículo 17 de la Declaración francesa de 1793, en la cual sin embargo, nada se establecía sobre la potestad del Estado de limitarla, así:

Art. 17. Nul genre de travail, de culture, de commerce, ne peut être interdit á l'industrie des citoyens.

El texto de esta norma fue traducido en el libro de Picornell de 1797, en la forma siguiente:

Art. XVII. Ningún género de trabajo, de cultura, ni de comercio, se puede prohibir a los ciudadanos.

15. *La garantía del derecho de propiedad y el establecimiento de las contribuciones mediante representantes*

El artículo 21 de la Sección "Derechos del Hombre en Sociedad" de la Declaración de 1811 estableció dos principios fundamentales: por una parte, la garantía de la propiedad privada que no podía ser expropiada sino por causa de "necesidad pública" y mediante "justa compensación"; y por la otra, el principio de que las contribuciones sólo podían ser adoptadas por la representación popular y para fines de "utilidad general," así:

Art. 21. Ninguno puede ser privado de la menor porción de su propiedad sin su consentimiento, sino cuando la necesidad pública lo exige y bajo una justa compensación. Ninguna contribución puede ser establecida sino para la utilidad general. Todos los ciudadanos sufragantes tienen derecho de concurrir, por medio de sus representantes al establecimiento de las contribuciones, de vigilar sobre su inversión y de hacerse dar cuenta.

La norma proviene de los artículos 19 y 20 de la Declaración de 1793 que dispuso:

Art. 19. Nul ne peut être prive de la moindre portion de sa propriété sans son consentement, si ce n'est lorsque la nécessité publique légale ment constatée l'exige, et sous condition d'une juste et préalable indemnité.

Art. 20. Nulle contribution ne peut être établie que pour l'utilité générale. Tous les citoyens ont droit de concourir á l'établissement des contributions, d'en surveiller l'emploi et de s'en faire rendre compte.

El texto de estas normas fue traducido en el libro de Picornell de 1797, en la forma siguiente:

Art. XIX. Ninguno puede ser privado de la menor porción de su propiedad sin su consentimiento, si no es en el caso de que una necesidad pública legalmente probada lo exija, y bajo la condición de una justa y anticipada indemnización.

Art. XX. Ninguna contribución puede ser impuesta con otro fin que el de la utilidad general: todos los ciudadanos tienen derecho de concurrir a su establecimiento, de vigilar sobre su empleo, y de hacerse dar cuenta.

16. *El derecho de petición*

El derecho de petición fue declarado en el artículo 22 de la Sección "Derechos del Hombre en Sociedad" de la Declaración de 1811 en la siguiente forma:

Art. 22. La libertad de reclamar sus derechos ante los depositarios de la pública autoridad, en ningún caso puede ser impedida ni limitada a ningún ciudadano.

La norma proviene del artículo 32 de la Declaración de 1793 que dispuso:

Art. 32. Le droit de présenter des pétitions aux dépositaires de l'autorité publique ne peut en aucun cas être interdit, suspendu ni limité.

El texto de esta norma fue traducido en el libro de Picornell de 1797, en la forma siguiente:

Art. XXXII. El derecho de presentar peticiones a los depositarios de la autoridad pública, no puede en ningún caso ser prohibido, suspendido, ni limitado.

17. *El derecho ciudadano a reclamar contra la opresión*

El artículo 23 de la Sección "Derechos del Hombre en Sociedad" de la Declaración de 1811 estableció el derecho ciudadano a reclamar contra la opresión, definiéndola, en la siguiente forma:

Art. 23. Hay opresión individual cuando un solo miembro de la sociedad está oprimido y hay opresión contra cada miembro cuando el Cuerpo social está oprimido. En estos casos las leyes son vulneradas y los ciudadanos tienen derecho a pedir su observancia.

La fuente de inspiración de esta norma fueron los artículos 33 a 35 de la Declaración francesa de 1793, en los cuales, sin embargo, se estableció el derecho de los ciudadanos a la resistencia contra la opresión y a la insurrección en los casos en los cuales el gobierno viola los derechos del pueblo, aspectos que no se recogieron en la Declaración de 1811. El texto de las normas francesas era el siguiente:

Art. 33. La résistance á l'oppression est la conséquence des autres droits de l'homme.

Art. 34. Il y a oppression contre le corps social, lorsqu'un seul de ses membres est opprimé. Il y a oppression contre chaque membre, lorsque le corps social est opprimé.

Art. 35. Quand le gouvernement viole les droits du peuple, l'insurrection est pour le peuple et pour chaque portion du peuple le plus sacré des droits et le plus indispensable des devoirs.

Estos artículos fueron traducidos en el libro de Picornell de 1797, en la forma siguiente:

Art. XXXIII. La resistencia a la opresión, es la consecuencia de los otros derechos del hombre.

Art. XXXIV. Hay opresión contra el cuerpo social, al punto que uno solo de sus miembros es oprimido, y hay opresión contra cada miembro en particular, a la hora que la sociedad es oprimida.

Art. XXXV. Cuando el gobierno viola los derechos del Pueblo, la *insurrección* es para éste, y para cada uno de sus individuos, el más sagrado e indispensable de sus deberes.

18. *La inviolabilidad del hogar doméstico*

La inviolabilidad del hogar doméstico se estableció en el 24 de la Declaración de 1811, Sección "Derechos del Hombre en Sociedad", en la siguiente forma:

Art. 24. La casa de todo ciudadano es un asilo inviolable. Ninguno tiene derecho de entrar en ella, sino en los casos de incendio, inundación o reclamación, que provenga de la misma casa o para los objetos de procedimiento criminal en los casos, y con los requisitos determinados por la ley, y bajo la responsabilidad de las autoridades constituidas que hubieren expedido el decreto. Las visitas domiciliarias, exenciones civiles, sólo podrán hacerse durante el día, en virtud de la ley y con respecto a la persona y objeto expresamente indicados en el acto que ordena la visita y ejecución

Esta previsión, con un detalle destacadamente garantísta, no tiene equivalente en las Declaraciones francesas de 1793, 1795 y 1789, ni en la Constitución de 1791; y tampoco está, por supuesto, en el libro de Picornell de 1797.

La redacción de la norma debe haber estado influida por los escritos firmados por William Burke en la *Gaceta de Caracas* en 1811, donde expresó lo siguiente:

"Es una máxima en las leyes inglesas y americanas "que la casa de cada hombre es su fortaleza." No se puede entrar en ella y ser registrada; ni se pueden tomar los papeles ni ninguna otra cosa que su dueño tenga en ella, sino por un procedimiento legal (by legal process) en virtud de una orden o decreto firmado por un magistrado y ejecutada por el correspondiente oficial y durante el día, desde el amanecer hasta ponerse el sol.[61]

El texto de la misma, por tanto, estuvo inspirado en las disposiciones de las Declaraciones de derechos de las Colonias independientes de Norteamérica, y en la tradición del derecho inglés que había expuesto Edward Coke en el *Semayne's case*, en 1604, al decir que "La casa de cada quien es para él como su castillo y fortaleza, así como para su defensa contra ataques y violencia, así como para su descanso" considerando que el Rey no tenía autoridad para introducirse en la casa de sus súbditos, reconociendo, sin embargo, que los agentes del gobierno estaban permitidos realizar visitas y allanamientos bajo ciertas circunstancias cuando el propósito fuese legal y una orden judicial hubiera sido emitida."[62]

Esta doctrina, por otra parte, estaba a la base de la IV Enmienda a la Constitución de los Estados Unidos de América, que a su vez había tenido como antecedente las previsiones iniciales de las Constituciones de las antiguas Colonias, y que estuvieron a la mano de los redactores de la Declaración de 1811, a través de la traducción de la Constitución de los Estados Unidos de Norteamérica realizada por Joseph Villavicencio, así como de la contenida en el libro de Manuel García de Sena, *La independencia de Costa Firme justificada por Tomás Paine Treinta años ha*, ambos publicados en 1811.[63]
Así, la IV Enmienda de la Constitución de 1789, dispone:

61 Véase William Burke, *Derechos de la América...*, *op. cit.,* tomo I, p. 151.

62 Coke's Rep. 91a, 77 Eng. Rep. 194 (K.B. 1604).

63 Véase en la Edición del Ministerio de Relaciones Exteriores, Caracas 1987.

IV. The right of the people to be secure in their persons, houses, papers, and effects, against unreasonable searches and seizures, shall not be violated, and no Warrants shall issue, but upon probable cause, supported by Oath or affirmation, and particularly describing the place to be searched, and the persons or things to be seized.

La traducción de García de Sena de esta norma era como sigue:

IV. El derecho del pueblo para ser asegurado en sus personas, casas, papeles y efectos, libre de pesquisas y sorpresas, no podrá ser violado; y ninguna orden de arresto se expedirá, sino con causa probable y apoyada por juramento o afirmación describiendo particularmente el lugar que ha de ser pesquisado y las personas que se han de sorprender.

Esta disposición, a su vez, estuvo inspirada en las previsiones de las Constituciones coloniales, como por ejemplo, la de Massachusetts de 1779, contenida igualmente en el libro de García de Sena, que disponía:

Article XIV. Every subject has a right to be secure from all unreasonable searches, and seizures, of his person, his houses, his papers, and all his possessions. All warrants, therefore, are contrary to this right, if the cause or foundation of them be not previously supported by oath or affirmation; and if the order in the warrant to a civil officer, to make search in suspected places, or to arrest one or more suspected persons, or to seize their property, be not accompanied with a special designation of the persons or objects of search, arrest, or seizure: and no warrant ought to be issued but in cases, and with the formalities prescribed by the laws.

La traducción de esta previsión en el libro de García de Sena[64] es como sigue:

XIV: Toda persona tiene derecho para estar segura de pesquisas injustas, y de violencias en su persona, sus casas, sus papeles, y todas sus posesiones. Por tanto toda orden de arresto es contraria a este derecho, si la causa o fundamento de ella no está apoyada previamente por juramento o afirmación; y si la orden, comunicada a un Oficial Civil, para hacer pesquisa en algún lugar sospechoso, o arrestar a una o más personas sospechosas, o embargar sus propiedades, no embargar sus propiedades, no está acompañada con una especial designación de las personas, u objetos de pesquisas, arresto, o captura. Y ninguna orden de arresto debe ser expedid, sino en los casos y con las formalidades que prescriben las leyes.

---

64 Véase Pedro Grases, "Estudio sobre los 'Derechos del Hombre y del Ciudadano'," en el libro *Derechos del Hombre y del Ciudadano* (Estudio Preliminar por Pablo Ruggeri Para y Estudio histórico-crítico por Pedro Grases), Academia Nacional de la Historia, Caracas 1959, p. 237.

19. Derechos de los extranjeros

En los artículos 25 a 27 de la Sección "Derechos del Hombre en Sociedad" de la Declaración de 1811, se establecieron previsiones relativas a asegurar el estatus de los extranjeros, y establecer, además, el principio general de la igualdad entre extranjeros y venezolanos, en la siguiente forma:

Art. 25. Todos los extranjeros de cualquiera nación serán recibidos en la Provincia de Caracas.

Art. 26. Las personas y las propiedades de los extranjeros gozarán de la misma seguridad que las de los demás ciudadanos, con tal que reconozcan la soberanía e independencia y respeten la Religión Católica, única en el país.

Art. 27. Los extranjeros que residan en la Provincia de Caracas, habiéndose naturalizado y siendo propietarios, gozaran de todos los derechos de ciudadanos.

Estas normas no tienen antecedentes ni en las Declaraciones francesas, ni en el libro de Picornell de 1797, ni en el libro de García de Sena y los textos constitucionales de la independencia Norteamericana en él publicados. El punto de inspiración de las normas debió haber estado en los escritos firmados por William Burke que fueron publicados en la *Gaceta de Caracas* en 1811,[65] como se ha comentado antes, al hablar del derecho al sufragio. Burke le atribuyó especial importancia a abrir las puertas a la inmigración que consideraba lo más beneficioso para el desarrollo del país, lo cual se arraigó, por lo demás, en la tradición de Venezuela habiendo marcado el desarrollo del país en los siglos sucesivos. Debe mencionarse, incluso, que en el libro oficial *Interesting Official Documents Relating to the United Provinces of Venezuela*,[66] publicado en 1812 contentivo de los documentos oficiales de la Primera república, los artículos que se reproducen de la declaración de derechos del pueblo fueron solo los relativos precisamente a los extranjeros y la inmigración.

SECCIÓN TERCERA: LOS DEBERES DEL HOMBRE EN SOCIEDAD

La Sección Tercera de la Declaración de 1811, relativa a los "Deberes del Hombre en Sociedad," contiene las declaraciones sobre el límite de los derechos (art. 1); los deberes de los ciudadanos (art. 2); sobre el enemigo de la sociedad (art. 3); sobre el buen ciudadano (art. 4) y sobre el hombre de bien (art. 5). En esta Sección se aprecia más la influencia del texto de la declaración francesa de 1795.

---

65 Véase William Burke, *Derechos de la América...*, Tomo I, pp. 132, 144, 189.

66 Publicado por *W. Gliddon, Rupert-Street, Haymarket, para Longman and Co. Paternoster-Row; Durlau, Soho-Square; Hartding, St. Jame's Street; y W. Mason, Nº 6, Holywell Street, Strand, &c. &c, London 1812.*

1. El límite de los derechos

En el artículo 1° de la Sección "Deberes del Hombre en Sociedad" de la Declaración de 1811 se establece el límite esencial de los mismos en los derechos de los demás, en la siguiente forma:

Art. 1° Los derechos de los otros son el límite moral y el principio de los derechos, cuyo cumplimiento resulta del respeto debido a estos mismos derechos. Ellos reposan sobre esta máxima: haz siempre a los otros el bien que querrías recibir de ellos, no hagas a otro lo que no quieras que te hagan a ti.

Este texto tiene su origen tanto en los textos respectivos de la Declaración francesa de 1793 como en la de 1795. En efecto, el texto del artículo 6 de la Declaración de 1793 establece:

Art. 6. La liberté est le pouvoir qui appartient á l'homme de faire ce qui ne nuit pas aux droits d'autrui: elle a pour principe la nature; pour règle la justice; pour sauvegarde, la loi: sa limite morale est dans cette maxime: Ne fais pas a un autre ce que tu ne veux pas qu'il te soit fait.

La traducción de este texto que circuló en el libro de Picornell de 1793 fue la siguiente:

Art. VI. La libertad consiste en poder hacer todo lo que no perjudica a los derechos* de otro; tiene por principio la naturaleza, por regla la justicia, y por salvaguarda la ley: sus límites morales se contienen en esta máxima: no hagas a otro lo que no quieres que se te haga a ti.

Sin embargo, en el texto de la Declaración de 1811, además de la máxima indicada, se incluyó otra que proviene de la Declaración francesa de 1795, en cuyo artículo 2 de la Sección "Deberes"[67] se dispuso:

Art. 2. Tous les devoirs de l'homme et du citoyen dérivent de ces deux principes, gravés par la nature dans tous les cœurs: Ne faites pas a autrui ce que vous ne voudriez pas qu'on vous fit. Faites constamment aux autres le bien que vous voudriez en recevoir.

2. Los deberes de los ciudadanos

En cuanto a los deberes de los ciudadanos, el artículo 2 de la Sección "Deberes del Hombre en Sociedad" de la Declaración de 1811 establece:

Art. 2. Los deberes de cada ciudadano para con la sociedad son: vivir con absoluta sumisión a las leyes; obedecer y respetar a las autori-

---

67 En una fórmula, que se ha dicho proviene directamente de los textos de T. Hobbes Véase el comentario en J. J. Chevalier, *Los grandes textos políticos desde Maquiavelo a nuestros días*, Madrid 1955, p. 51.

dades constituidas; mantener la libertad y la igualdad; contribuir a los gastos públicos; servir a la Patria cuando ella lo exige y hacerle, si es necesario, el sacrificio de los bienes y de la vida; y en el ejercicio de estas virtudes consiste el verdadero patriotismo.

Los antecedentes de este artículo pueden ubicarse en el texto de los artículos 3 y 9 de la Sección de "Deberes" de la Declaración d 1795, en los cuales se dispuso:

Art. 3. Les obligations de chacun envers la société consistent á la défendre, á la servir, á vivre soumis aux lois, et á respecter ceux qui en sont les organes.

Art. 9. Tout citoyen doit ses services á la patrie et au maintien de la liberté, de l'égalité et de la propriété, toutes les fois que la loi 1'appelle á les défendre

3. *Sobre los enemigos de la sociedad*

Conforme al artículo 3 de la Sección "Deberes del Hombre en Sociedad" de la Declaración de 1811,

Art. 3. El que viola abiertamente las leyes, el que procura eludirlas, se declara enemigo de la sociedad.

El antecedente de esta norma se encuentra en el texto de los artículos 6 y 7 de la Sección "Deberes" de la Declaración de 1795, que establecieron:

Art. 6. Celui qui viole ouvertement les lois se déclare en état de guerre avec la société.

Art. 7. Celui qui, sans enfreindre ouvertement les lois, les élude par ruse ou par adresse, blesse les intérêts de tous; il se rend indigne de leur bienveillance et de leur estime.

4. *Sobre el buen ciudadano*

El artículo 4 de la Sección "Deberes del Hombre en Sociedad" de la Declaración de 1811, definía al buen ciudadano así:

Art. 4. Ninguno será buen ciudadano si no es buen padre, buen hijo, buen hermano, buen amigo y buen esposo.

El antecedente de esta norma está en el artículo 4 de la Sección de "Deberes" de la Declaración de 1795, que estableció:

Art. 4. Nul n'est bon citoyen s'il n'est bon fils, bon père, bon frère, bon ami, bon époux.

5. Sobre el hombre de bien

Sobre el hombre de bien, se definía en el artículo 5 de la Sección "Deberes del Hombre en Sociedad" de la Declaración de 1811, así:

Art. 5. Ninguno es hombre de bien si no es franco, fiel y religioso observador de las leyes. La práctica de las virtudes privadas y domésticas es la base de las virtudes públicas.

Esta norma tiene su antecedente en el artículo 5 de la Sección de "Deberes" de la Declaración de 1795, que estableció:

Art. 5. Nul n'est homme de bien s'il n'est franchement et religieusement observateur des lois.

SECCIÓN CUARTA: LOS DEBERES DEL CUERPO SOCIAL

1. La garantía social

El artículo 1 de la Sección de "Deberes del Cuerpo Social" de la Declaración de 1811 establece el deber general de solidaridad y garantía social, al disponer:

Art. 1. El deber de la sociedad para con los individuos que la componen es la garantía social. Esta consiste en la acción de todos para asegurar a cada uno el goce y la conservación de sus derechos, y ella descansa sobre la soberanía nacional.

Esta norma proviene del 23 de la Declaración de 1793 que estableció:

Art. 23. La garantie sociale consiste dans l'action de tous pour assurer á chacun la jouissance et la conservation de ses droits; cette garantie repose sur la souveraineté nationale.

La traducción de esta norma en el libro de Picornell de 1797, fue la siguiente:

Art. XXIII. La seguridad consiste en la unión de todos, para asegurar a cada uno el goce, y la conservación de sus derechos. Esta seguridad está fundada sobre la soberanía del Pueblo.

2. La responsabilidad de los funcionarios y la limitación de los poderes

El artículo 2 de la Sección "Deberes del Cuerpo Social" de la Declaración de 1811 estableció lo siguiente en cuanto a la separación de poderes y la responsabilidad de los funcionarios:

Art. 2. La garantía social no puede existir sin que la ley determine claramente los límites de los poderes, ni cuando no se ha establecido la responsabilidad de los públicos funcionarios.

Esta norma proviene del texto del artículo 24 de la Declaración de 1793 que estableció:

Art. 24. Elle ne peut exister si les limites des fonctions publiques ne sont pas clairement déterminées par la loi, et si la responsabilité de tous les fonctionnaires n'est pas assurée.

La traducción de esta norma en el libro de Picornell fue la siguiente:

Art. XXIV. Ella [la garantía social] no puede subsistir, si los límites de las funciones públicas no están claramente determinados por la ley, y si la responsabilidad de todos los funcionarios no está asegurada.

Debe destacarse que en la Declaración de 1795, la norma equivalente (art. 22) agregaba la referencia a la división de poderes así:

Art. 22. La garantie sociale ne peut exister si la division des pouvoirs n'est pas établie, si leurs limites ne sont par fixées, et si la responsabilité des fonctionnaires publics n'est pas assurée.

En el artículo XVI de la Declaración de 1789, por lo demás, el principio de la separación de poderes se establecía con toda claridad así:

XVI. Toute société dans laquelle la garantie des droits n'est pas assu-rée, ni la séparation des pouvoirs déterminée, n'a point de Constitution.

3. Los socorros públicos

El artículo 3 de la Sección de "Deberes del Cuerpo Social" de la Declara-ción de 1811 estableció el principio de la solidaridad social y los socorros públicos así:

Art. 3. Los socorros públicos son una deuda sagrada a la sociedad: ella debe proveer a la subsistencia de los ciudadanos desgraciados, ya asegurándoles trabajo a los que puedan hacerlo, ya proporcionando medios de existir a los que no están en este caso.

El antecedente de esta norma está en el artículo 21 de la Declaración de 1793, que estableció:

Art. 21. Les secours publics sont une dette sacrée. La société doit la subsistance aux citoyens malheureux, soit en leur procurant du travail, soit en assurant les moyens d'exister á ceux qui sont hors d'état de tra-vailler.

La traducción de esta norma en el libro de Picornell, fue como sigue:

Art. XXI. Los socorros públicos son una obligación sagrada: la socie-dad debe mantener a los ciudadanos desgraciados, ya sea procurándoles ocupación, ya asegurando modos de existir a aquellos que no están en estado de trabajar.

4. *La instrucción publica*

En el artículo 4 de la Sección de "Deberes del Cuerpo Social" de la Declaración de 1811 se estableció sobre la instrucción pública, lo siguiente:

> *Art. 4. La instrucción es necesaria a todos. La sociedad debe favorecer con todo su poder los progresos de la razón pública y poner la instrucción al alcance de todos.*

El texto, sin duda, proviene del artículo 22 de la Declaración de 1793 que dispuso:

> *Art. 22. L'instruction est le besoin de tous. La société doit favoriser de tout son pouvoir les progrès de la raison publique, et mettre l'instruction á la portée de tous les citoyens.*

La traducción de la norma, en el libro de Picornell de 1793 fue la siguiente:

> *Art. XXII.* La instrucción es necesaria a todos: la sociedad debe proteger con todas sus fuerzas los progresos del entendimiento humano, y proporcionar la educación conveniente a todos sus individuos.

VIII. INFLUENCIA DE LA DECLARACIÓN DE LOS DERECHOS DEL PUEBLO DE 1º DE JULIO DE 1811 EN LA CONSTITUCIÓN DEL 21 DE DICIEMBRE DE 1811

Cuatro días después de haberse adoptado la declaración de Derechos del Pueblo del 1 de julio de 1811, como se dijo, el 5 de julio de ese mismo año de 1811, el Congreso General de las Provincias de Venezuela integrado por los representantes electos de las Provincias de Margarita, Mérida, Cumaná, Barinas, Barcelona, Trujillo y Caracas, aprobó la Declaración de Independencia de las provincias de Venezuela, pasando a denominarse la nueva nación, como Confederación Americana de Venezuela[68]; y en los meses siguientes, bajo la inspiración de los principios básicos del constitucionalismo moderno que habían sido moldeados en la Constitución norteamericana y las Declaraciones francesas de los Derechos del Hombre y del Ciudadano,[69] el 21 de diciembre de 1811 sancionó la primera Constitución de Venezuela y la de todos los países latinoamericanos.[70]

---

68 Véase el texto Acta de la Declaración de la Independencia, cuya formación se encomendó a Juan Germán Roscio, en Francisco González Guinán, *Historia Contemporánea de Venezuela,* Caracas, 1954, Tomo I, pp. 26 y ss.; y el Allan R. Brewer-Carías, *Las Constituciones de Venezuela, cit.,* Tomo I, pp. 545-548.

69 *Cf.* José Gil Fortoul, *Historia Constitucional…, op. cit.,* Tomo Primero, pp. 254 y 267.

70 Véase el texto de la Constitución de 1811, en *La Constitución Federal de Venezuela de 1811 y Documentos afines* (Estudio Preliminar de C. Parra Pérez), Caracas, 1959,

Esta Constitución fue el resultado de un proceso de discusión efectuada por el Congreso General, que culminó en un texto de 228 artículos, agrupados en 9 capítulos, destinados a regular el Poder Legislativo (Arts. 3 a 71), el Poder Ejecutivo (Arts. 72 a 109), el Poder Judicial (Arts. 110 a 118), y las Provincias (Arts. 119 a 134) concluyendo con el relativo a los "Derechos del Hombre que se respetarán en toda la extensión del Estado" (Arts. 141 a 199). Con dicho texto se conformó la Unión de las Provincias que venían siendo parte de la Confederación de Venezuela y que habían formado parte de la Capitanía General de Venezuela[71].

Con este texto puede decirse entonces que culminó el proceso constituyente en el país que se había iniciado el 19 de abril de 1810, organizándose el Estado conforme a los principios básicos del constitucionalismo moderno derivado de las Revoluciones norteamericana y francesa. De ella, dijo Pablo Ruggeri Parra: "Su parte orgánica es hecha a imitación de la Constitución de Filadelfia; su parte dogmática viene de la Francia de la Revolución, aunque ésta a su vez viene del mundo inglés."[72] En la misma, en cambio, habiéndose sancionado en diciembre de 1811, al contrario de lo que sucedió en muchas Constituciones latinoamericanas, particularmente posteriores a 1820, no pueden encontrar influencias del constitucionalismo de Cádiz derivados de la Constitución de la Monarquía Española de marzo de 1812.[73]

En cuanto a las fuentes de influyeron en su redacción, la Constitución de 1811 recibió de la Constitución americana la forma federal del Estado, del presidencialismo como sistema de gobierno dentro del esquema de la separación de poderes, y el principio de la garantía objetiva de la Constitución. Pero en cuanto a la redacción del texto constitucional de 1811, la influencia directa de la Constitución francesa es evidente, particularmente en la regulación detallada de la forma de elección indirecta de los representantes, en el reforzamiento de la separación de poderes, y en la extensa Declaración de Derechos fundamentales que contiene.[74]

pp. 151 y ss., y en Allan R. Brewer-Carías, *Las Constituciones de Venezuela, cit.*, Tomo I, pp. 553-579.

71 Véase Allan R. Brewer-Carías, *Evolución Histórica del Estado,* Tomo I, *Instituciones Políticas y Constitucionales,* Caracas 1996, pp. 268 y ss.

72 Véase Pablo Ruggeri Parra. "Estudio Preliminar", al libro *Derechos del Hombre y del Ciudadano* (Estudio Preliminar por Pablo Ruggeri Para y Estudio histórico-crítico por Pedro Grases), Academia Nacional de la Historia, Caracas 1959, p. 27.

73 Véase Allan R. Brewer-Carías, "El paralelismo entre el constitucionalismo venezolano y el constitucionalismo de Cádiz (o de cómo el de Cádiz no influyó en el venezolano)" en *Libro Homenaje a Tomás Polanco Alcántara*, Estudios de Derecho Público, Universidad Central de Venezuela, Caracas 2005, pp. 101-189.

74 Véase en general Allan R. Brewer-Carías, *Reflexiones sobre la Revolución Americana (1776) y la Revolución Francesa (1789) y sus aportes al constitucionalismo moderno,* Editorial Jurídica Venezolana, Caracas 1991. Las consideraciones que se hacen en las páginas siguientes siguen lo expuesto en dicho libro. *Cf.* Allan R. Brewer-Carías, *La for-*

Pero de ambos procesos revolucionarios, el francés y el norteamericano, la Constitución de 1811 fue el producto del principio básico del constitucionalismo moderno que los mismos aportaron, que el de la democracia y el republicanismo basado en el concepto de soberanía del pueblo. Con la Revolución norteamericana, el principio tradicional de la legitimidad monárquica del Estado fue sustituido definitivamente. La soberanía no correspondió más a un Monarca, sino al pueblo y, por ende, con la Revolución americana, puede decirse que la práctica del gobierno democrático fue iniciada en el mundo moderno. El mismo principio fue luego recogido por la Revolución francesa, pero duró en la práctica constitucional muy poco, debido a la restauración de la Monarquía a partir de 1815.

Estos principios, recogidos como hemos visto en los dos primeros artículos de la Sección "Soberanía del Pueblo," de la Declaración de Derechos del Pueblo de 1811, se recogieron con la misma orientación en la Constitución de 1811, precisándose sin embargo, más ampliamente que "Una sociedad de hombres reunidos bajo unas mismas leyes, costumbres y gobiernos forma una soberanía" (Art. 143); siendo "La soberanía de un país o supremo poder de reglar o dirigir equitativamente los intereses de la comunidad, reside, pues esencial y originalmente en la masa general de sus habitantes y se ejercita por medio de apoderados o representantes de estos, nombrados y establecidos conforme a la Constitución" (Art. 144).

Había sido sin duda, conforme a la orientación del contenido de estas normas, que en las antiguas Provincias coloniales de España que formaron Venezuela, la soberanía del Monarca español había cesado. Incluso, desde el 19 de abril de 1810, la soberanía había comenzado a ejercerse por el pueblo, que se dio a sí mismo una Constitución a través de sus representantes electos. Por ello, la Constitución de 1811, comenzó señalando:

"En nombre de Dios Todopoderoso, Nosotros, el pueblo de los Estados de Venezuela, usando de nuestra soberanía...hemos resuelto confederarnos solemnemente para formar y establecer la siguiente Constitución, por la cual se han de gobernar y administrar estos Estados".

La idea del pueblo soberano, por tanto, que no sólo provino de la Revolución francesa sino, antes, de la Revolución americana, y se arraigó en el constitucionalismo venezolano desde 1811, en contra precisamente de la idea de la soberanía monárquica que aún imperaba en España en ese momento. La idea de representatividad republicana, por supuesto, también se recogió en la Constitución venezolana de 1811, en la cual, se estableció que la soberanía se ejercitaba sólo "por medio de apoderados o representantes de éstos, nombrados y establecidos conforme a la Constitución" (Art. 144); lo que conllevó a la previsión de que "Ningún individuo, ninguna familia, ninguna porción o

mación del Estado venezolano, separata de la Revista Paramillo, Universidad Católica del Táchira, San Cristóbal 1996, pp. 201 a 359.

reunión de ciudadanos, ninguna corporación particular, ningún pueblo, ciudad o partido, puede atribuirse la soberanía de la sociedad que es imprescindible, inajenable e indivisible, en su esencia y origen, ni persona alguna podrá ejercer cualquier función pública del gobierno si no la ha obtenido por la constitución" (Art. 146).

En definitiva, siendo el sistema de gobierno netamente republicano y representativo, conforme a la más exacta expresión francesa de la Declaración de 1789 (Art. 6), la Constitución de 1811 estableció que: "La Ley es la expresión libre de la voluntad general de la mayoría de los ciudadanos, indicada por el órgano de sus representantes legalmente constituidos" (Art. 149).

En todo caso, la democracia como sistema político buscada, lograda o mantenida, es una tendencia en el constitucionalismo moderno y contemporáneo, inspirada por el proceso constitucional norteamericano y el proceso de la Revolución francesa. Todas las constituciones en el mundo la establecieron como un componente básico de sus sistemas políticos, y es el símbolo de nuestro tiempo, aún cuando su mantenimiento no ha sido siempre asegurado. Por supuesto, este dogma de la soberanía del pueblo y de la democracia republicana fue recogido de inmediato en América Latina, a raíz de la Independencia, y basta para darse cuenta, leer los motivos de la Junta Suprema de Venezuela en 1810 para convocar a elecciones, al adoptar el Reglamento de las mismas, constatando la falta de representatividad de las Provincias en el gobierno de Caracas, lo que debía remediarse constituyéndose un poder central[75]. La Junta, así, al dirigirse a los habitantes de Venezuela señaló: "Sin una representación común, vuestra concordia es precaria, y vuestra salud peligra. Contribuid a ella como debéis y como desea el gobierno actual. El ejercicio más importante de los derechos del pueblo es aquel en que los transmite a un corto número de individuos, haciéndolos árbitros de la suerte de todos." De allí, el llamamiento de la Junta a todas las clases de hombres libres al primero de los goces de ciudadano, "que es el concurrir con su voto a la delegación de los derechos personales y reales que existieron originariamente en la masa común y que le ha restituido el actual interregno de la Monarquía."

El Congreso formado por los diputados electos, e instalado a comienzos de 1811, entonces, como se dijo, no sólo declaró los Derechos del Pueblo (1º de julio) y la Independencia (5 julio), sino que sancionó la Constitución que a la usanza del texto de la Constitución norteamericana de 1787, está precedida por la siguiente declaración:

"Nosotros, el pueblo de los Estados Unidos de Venezuela, usando de nuestra soberanía y deseando establecer entre nosotros la mejor administración de justicia, procurar el bien general, asegurar la tranquilidad interior, proveer en común la defensa exterior, sostener nuestra libertad e independencia política, conservar pura e ilesa la sagrada reli-

---

75 Véase el texto en J.F. Blanco y R. Azpúrua, *Documentos para ..., op. cit.,* Tomo II, pp. 504 y ss.

gión de nuestros mayores, asegurar perpetuamente a nuestra posteri-
dad el goce de estos bienes y estrechados mutuamente con la más inal-
terable unión y sincera amistad, hemos resuelto confederarnos solem-
nemente para formar y establecer la siguiente Constitución, por la cual
se han de gobernar y administrar estos estados... "

El republicanismo y asambleísmo, en todo caso, fue una constante en toda la evolución constitucional de la naciente República, por lo que desde las campañas por la independencia de Simón Bolívar, el empeño por legitimar el poder por el pueblo reunido o a través de elecciones, fue permanente en nuestra historia política[76].

El otro principio fundamental que se acogió en el texto de la Constitución de 1811, fue el que se había consagrado en la Constitución de los Estados Unidos de 1787, y previamente, en las distintas Constituciones de las antiguas colonias, que fue el de la separación orgánica de poderes, el cual fue expresado formalmente por primera vez dentro de la más ortodoxa doctrina de la época, en la Constitución de *Virginia* en 1776 (Art. III).

La separación de poderes y el sistema presidencialista de gobierno, en todo caso, fue seguido posteriormente en todas las Repúblicas latinoamericanas, después de la Independencia o después de la experiencia de gobiernos monárquicos, como los que hubo en algunos países; y en todo caso, fue bajo la inspiración de estos principios que se redactó la Constitución de 1811, en la cual se consagró expresamente la división del Poder Supremo en tres: Legislativo, Ejecutivo y Judicial "confiado a distintos cuerpos independientes entre sí y en sus respectivas facultades" (Preámbulo), configurándose un sistema de gobierno presidencial. De allí la siguiente expresión del Preliminar de la Constitución de 1811:

El ejercicio de la autoridad confiada a la Confederación no podrá jamás hallarse reunido en sus diversas funciones. El Poder Supremo debe estar dividido en Legislativo, Ejecutivo y Judicial, y confiado a distintos Cuerpos independientes entre sí y en sus respectivas faculta-des. Los individuos que fueren llamados a ejercerlas se sujetarán in-viablemente al modo y reglas que en esta Constitución se les rescriben para el cumplimiento y desempeño de sus destinos.

A tal efecto, toda la estructura de la Constitución está montada sobre el principio, el cual se repite en el artículo 189, como se indica más adelante.

Por otra parte, como se ha dicho, entre las contribuciones más importante del constitucionalismo norteamericano al derecho constitucional moderno, fue la práctica de establecer declaraciones formales y escritas de derechos y libertades fundamentales del hombre, habiendo sido las primeras declaraciones modernas de este tipo, las dictadas en las Colonias norteamericanas el

---

76 Véase Allan R. Brewer-Carías, "Ideas centrales sobre la organización del Estado en la obra del Libertador y sus proyecciones contemporáneas," en *Boletín de la Academia de Ciencias Políticas y Sociales,* Nº 95-96, Caracas 1984, pp. 137 y ss.

mismo año de la Declaración de la Independencia, siendo en ese sentido famosa, la Declaración de Derechos de *Virginia* de 1776; y que fueron seguidas por la Declaración de Derechos del Hombre y del Ciudadano de Francia (1789).

En Venezuela, precisamente, luego de la adopción el 1º de julio de 1811, de la *"Declaración de Derechos del Pueblo,"* que antes hemos comentado, su texto fue luego recogido y ampliado en el Capítulo *VIII* sobre los "Derechos del Hombre que se reconocerán y respetarán en toda la extensión del Estado", que se subdividió también en los mismos cuatro secciones de la Declaración de 1811: *Soberanía del pueblo* (Arts. 141 a 159), *Derechos del hombre en sociedad* (Arts. 151 a 191), *Derechos del hombre en sociedad* (Arts. 192 a 196) y *Deberes del cuerpo social* (Arts. 197 a 199). Dichos derechos, se complementan, por otra parte, con diversas previsiones incorporadas en el Capítulo IX sobre Disposiciones Generales.

En este Capítulo VIII se recogieron, enriquecidos, los artículos de la Declaración de los Derechos del Pueblo de 1811, y en su redacción se recibió la influencia directa del texto de las Declaraciones de las antiguas colonias norteamericanas, de las Enmiendas a la Constitución de los Estados Unidos de América y de la Declaración Francesa de los Derechos del Hombre y del Ciudadano, y en relación con esta última, de los documentos de la conspiración de Gual y España de 1797.[77]

En la Primera Sección sobre "Soberanía del pueblo," se precisan los conceptos básicos que en la época originaban una república, comenzando por el sentido del "pacto social" (artículos 141 y 142)

La Sección continúa con el concepto de soberanía (art. 143) y de de su ejercicio mediante representación (art. 144–146), el derecho al desempeño de empleos públicos en forma igualitaria (art. 147), con la proscripción de privilegios o títulos hereditarios (art. 148), la noción de la ley como expresión de la voluntad general (art. 149) y la nulidad de los actos dictados en usurpación de autoridad (art. 150).

En la Segunda Sección sobre "Derechos del hombre en sociedad," al definirse la finalidad del gobierno republicano (art. 151), se enumeran como tales derechos a la libertad, la igualdad, la propiedad y la seguridad (art. 152), y a continuación se detalla el contenido de cada uno: se define la libertad y sus límites solo mediante ley (art. 153–156), la igualdad (art. 154), la propiedad (art. 155) y la seguridad (art. 156). Además, en esta sección se regulan los derechos al debido proceso: el derecho a ser procesado solo por causas establecidas en la ley (art. 158), el derecho a la presunción de inocencia (art. 159), el derecho a ser oído (art. 160), el derecho a juicio por jurados (art. 161). Además, se regula el derecho a no ser objeto de registro (art. 162), a la inviolabilidad del hogar (art. 163) y los límites de las visitas autorizadas (art. 165), el derecho a la seguridad personal y a ser protegido por la autoridad en su vida, libertad y propiedades (art. 165), el derecho a que los impuestos sólo

---

77 Véase Allan R. Brewer-Carías, *Los Derechos Humanos en Venezuela: casi 200 años de Historia,* Academia de Ciencias Políticas y Sociales, Caracas 1990, pp. 101 ss.

se establezcan mediante ley dictada por los representantes (art. 166), el derecho al trabajo y a la industria (art. 167), el derecho de reclamo y petición (art. 168), el derecho a la igualdad respecto de los extranjeros (art. 168), la proscripción de la irretroactividad de la ley (art. 169), la limitación a las penas y castigos (art. 170) y la prohibición respecto de los tratos excesivo y la tortura (arts. 171–172), el derecho a la libertad bajo fianza (art. 174), la prohibición de penas infamantes (art. 175), la limitación del uso de la jurisdicción militar respecto de los civiles (art. 176), la limitación a las requisiciones militares (art. 177), el régimen de las milicias (art. 178), el derecho a portar armas (art. 179), la eliminación de fueros (180) y la libertad de expresión de pensamiento (art. 181). La Sección concluye con la enumeración del derecho de petición de las Legislaturas provinciales (art. 182) y el derecho de reunión y petición de los ciudadanos (art. 183–184), el poder exclusivo de las Legislaturas de suspender las leyes o detener su ejecución (art. 185), el poder de legislar atribuido al Poder Legislativo (art. 186), el derecho del pueblo a participar en la legislatura (art. 187), el principio de la alternabilidad republicana (art. 188), el principio de la separación de poderes entre el Legislativo, el Ejecutivo y el Judicial (art. 189), el derecho al libre tránsito entre las provincias (art. 190), el fin de los gobiernos y el derecho ciudadano de abolirlos y cambiarlos (art. 191).

En la Sección Tercera sobre "Deberes del hombre en sociedad", donde se establece la interrelación entre derechos y deberes (art. 192), la interrelación y limitación entre los derechos (art. 193), los deberes de respetar las leyes, mantener la igualdad, contribuir a los gastos públicos y servir a la patria (art. 194), con precisión de lo que significa ser buen ciudadano (art. 195), y de lo que significa violar las leyes (art. 196).

En la Sección Cuarta sobre "Deberes del Cuerpo Social," donde se precisa las relaciones y los deberes de solidaridad social (art. 197–198), y se establece en el artículo 199, la declaración general sobre la supremacía y constitucional y vigencia de estos derechos, y la nulidad de las leyes contrarias a los mismos.

Como se dijo, en la redacción de este articulado tuvo, sin duda, influencia, el texto de la Declaración de Derechos del Pueblo de 1º de julio de 1811, pero también la tuvieron directamente, el texto del la traducción de la declaración francesa contenida en el libro de Picornell de 1797 de la Conspiración de Gual y España, *Derechos del Hombre y del Ciudadano con varias máximas republicanas y un discurso preliminar dirigido a los americanos*, así como los textos de las Declaraciones francesas de 1789, 1791, 1793 y 1795.

En el texto de la Constitución de 1811, además del legado francés, se encuentra la influencia del texto de la Constitución de los Estados Unidos de América de 1787, de sus Enmiendas de 1789 y de varias de las Constituciones de las antiguas Colonias de Norteamérica, como la de Massachusetts de 1776 que llegaron traducidas a Caracas en los libros de Joseph Villavicencio, *La Constitución de los Estados Unidos de América* de 1811 y de Manuel García de Sena, *La Independencia de Costa Firme justificada por Thomas Paine Treinta años ha* de 1811. Sin duda, a través de esos documentos, también se recibió en Caracas la influencia de la *Constitution or form of Go-*

vernment, agreed to and resolved upon by the Delegates and Representatives of the several Counties and Corporation of Virginia de 29 de junio de 1776; y del texto de la *Declaration of Rights* de Virginia de 12 de junio de 1776.

CAPÍTULO QUINTO

CRÓNICA DE UN DESENCUENTRO: LAS PROVINCIAS DE VENEZUELA Y LAS CORTES DE CÁDIZ (1810–1812)*

Entre las Provincias coloniales del Imperio español que conformaban la Capitanía General de Venezuela en la parte septentrional de América del Sur, y las autoridades que funcionaban en la Metrópolis, luego del secuestro de Carlos IV y Fernando VII en 1808 por parte del Emperador de los franceses, Napoleón Bonaparte, y la invasión por sus tropas de la Península ibérica; puede decirse que se comenzó a gestar lo que sería un gran desencuentro entre las nuevas autoridades que en paralelo se conformaron en ambas partes del Atlántico.

Ello, además, se reflejó en los procesos constituyentes que se desarrollaron a partir de 1810 en Venezuela y en España. El tiempo hizo que en ambas partes coincidieran, por un lado, el inicio del proceso de independencia de las Provincias Americanas respecto del Imperio Español, lo que condujo a la lucha de las autoridades españolas contra las nuevas autoridades constituidas en América que proclamaban su independencia; y por el otro, la lucha que las precarias autoridades de la Península, sin Rey presente e invadida por los franceses, también llevaban a cabo para lograr su propia independencia del Imperio francés. Esos dos hechos produjeron al desarrollo de sendos procesos constituyentes, que en América desembocó en el establecimiento de nuevos Estados republicanos independientes, y en España, en el establecimiento de una Monarquía constitucional, aún cuando en ambos casos con vicisitudes y rupturas; habiendo reflejado sido el resultado del proceso constituyente, en

* Texto preparado para el Congreso sobre *La Constitución de 1812. La participación de los Diputados de América,* organizado por la Universidad Interamericana, Puerto Rico y el Consulado General de España en Puerto Rico, San Juan, 19 al 21 de octubre de 2011; publicado en *Revista de Derecho Político,* Nº 84, Universidad Nacional de Educación a Distancia, Madrid, mayo-agosto 2012, pp. 195-230.

ambos casos, la sanción de Constituciones en el sentido del constitucionalismo moderno.[1]

Ello produjo, al contrario de lo que sucedió en el resto de la América Hispana, que en el proceso constituyente inicial desarrollado en las antiguas Provincias de Venezuela se hubiese sancionado la Constitución Federal para los Estados de Venezuela de 21 de diciembre de 1811, así como de otras diversas Constituciones provinciales en dichas Provincias de Venezuela y en las de la Nueva Granada entre 1810–1812; y que en el proceso constituyente de Cádiz se hubiese sancionado la Constitución de la Monarquía Española de 19 de marzo de 1812, sin influencia alguna en la primera.

Estas notas están destinadas a ilustrar, brevemente, la crónica de ese desencuentro.

I. UN PUNTO DE CONVERGENCIA EN EL ORIGEN DEL DESENCUENTRO: LA CRISIS DEL ANTIGUO RÉGIMEN ESPAÑOL

En 1808 y en 1810, tanto en España como en Caracas se produjo una ruptura del orden político gubernativo existente, lo que se materializó en el hecho político de que el poder de gobernar tanto el Reino de España como las provincias de la América meridional, lo asumieron órganos que se formaron *ex novo* para tales efectos, y que no estaban previstos en el ordenamiento constitucional del Antiguo Régimen ni del régimen colonial. Técnicamente, en esos años y en ambos confines de la península y americanos, se produjo un golpe de Estado, que sería el inicio de sendos procesos constituyentes.

En 25 de septiembre de 1808, en efecto, luego de los sucesos de Aranjuez y de las abdicaciones de Bayona, en Aranjuez se instaló una *Junta Suprema Central y Gubernativa del Reino*, también llamada Junta Suprema o Junta Central Suprema, que fue el órgano que asumió el poder del Estado en ausencia del Rey Fernando VII y durante la ocupación por los ejércitos napoleónicos de España lo que se había iniciado desde marzo de 1808. Su constitución se produjo tras la victoria lograda por los ejércitos españoles en la batalla de Bailén en 19 de julio de 1808, en lo que sería la primera derrota en la historia que tuvo el ejército napoleónico, y después de que el Consejo de Castilla hubiese declarado nulas las abdicaciones a la Corona de España a favor de Napoleón que se habían efectuado en Bayona, en mayo de ese mismo año, tanto de parte del Rey Carlos IV como de su hijo el Rey Fernando VII. Esa Junta Central, formada inicialmente por representantes de las Juntas Provinciales, también constituidas durante la guerra de independencia, ejerció el poder político del reino hasta el 30 de enero de 1810, cuando la Junta Central al disolverse y convocar a la elección de las Cortes, decidió trasladarlo a un Consejo de Regencia.

Ante las noticias de los acontecimientos de Bayona, cuando unos meses después las mismas llegaron a Caracas, el Capitán General de Venezuela

---

1 Véase en general Allan R. Brewer-Carías, *Los inicios del proceso constituyente Hispano y Americano: Caracas 1811-Cádiz 1812*, Ed. bid & co. Editor, Caracas 2011.

formuló una declaración solemne, el 18 de julio de 1808, expresando que en virtud de que "ningún gobierno intruso e ilegítimo puede aniquilar la potestad legítima y verdadera" por los hechos acaecidos en la Península "en nada se altera la forma de gobierno ni el Reinado del Señor Don Fernando VII en este Distrito."[2] A ello se sumó, el 27 de julio, el Ayuntamiento de Caracas, al expresar que "no reconocen ni reconocerán otra Soberanía que la suya (Fernando VII), y la de los legítimos sucesores de la Casa de Borbón."[3]

En esa misma fecha, incluso, el Capitán General se dirigió al Ayuntamiento exhortándolo a que se erigiese en esta Ciudad "una Junta a ejemplo de la de Sevilla,"[4] para cuyo efecto, el Ayuntamiento tomó conocimiento del acto del establecimiento de aquélla[5] y acordó estudiar un "Prospecto" cuya redacción encomendó a dos de sus miembros, el cual llegó a ser aprobado el 29 de julio de 1808, pasándolo para su aprobación al "Presidente, Gobernador y Capitán General."[6] Este, sin embargo, nunca llegó a considerar la propuesta, a pesar de la representación que el 22 de noviembre de 1808 le habían enviado las primeras notabilidades de Caracas designadas para tratar con él sobre "la formación y organización de la Junta Suprema."

En todo caso, y siempre en medio de la incertidumbre acrecentada por la distancia, el 12 de enero de 1809, el Ayuntamiento de Caracas reconoció en Venezuela a la Junta Central, como el gobierno supremo del Imperio.[7]

Días después, fue que la Junta Suprema Central de España por Real Orden de 22 de enero de 1809, dispondría que:

> "Los vastos y preciosos dominios que la España posee en las Indias no son propiamente colonias o factorías, como los de otras naciones, sino una parte esencial e integrante de la monarquía española."[8]

2   Véase en José Félix Blanco y Ramón Azpúrua, *Documentos para la Historia de la Vida Pública del Libertador de Colombia, Perú y Bolivia. Puestos por orden cronológico y con adiciones y notas que la ilustran*, La Opinión Nacional, Vol. III, Caracas 1877, Edición facsimilar: Ediciones de la Presidencia de la República, Caracas 1977, 1983, Tomo II, p. 169.

3   *Idem.*, p. 169.

4   *Idem.*, pp. 170-174. Caracciolo Parra Pérez, *Historia de la Primera República de Venezuela*, Biblioteca de la Academia Nacional de la Historia, Caracas, 1959, Tomo I. pp. 311 y ss., y 318.

5   Véase el acta del Ayuntamiento del 28-7-1808 en J.F. Blanco y R. Azpúrua, *Documentos para la Historia....*, Tomo II, p. 171. Debe señalarse que en la misma línea de acción, Francisco de Miranda en carta enviada al Marqués del Toro el 20 de julio de 1808 expresaba la necesidad de que en Caracas, "reuniéndose en un cuerpo municipal representativo, tomen a su cargo el gobierno de esa provincia." Véase Giovanni Meza Dorta, Miranda y Bolívar, bid&co. Editor, Caracas 2007 p. 43

6   Véase el texto del prospecto y su aprobación de 29-7-1809, en .F. Blanco y R. Azpúrua, *Documentos para la Historia....*, Tomo II, pp. 172-174. Véase C. Parra Pérez, *Historia de la Primera República....*, p. 318.

7   *Idem.*, Tomo II, p. 305.

Posteriormente, el 19 de abril de 1810, ante la noticia recibida el día anterior en el Ayuntamiento de Caracas sobre la material desaparición del Gobierno Supremo en España y el confinamiento en la ciudad de Cádiz, del para ese momento recién constituido Consejo de Regencia por la disolución de la Junta Central, por la invasión napoleónica; en Caracas se consideró necesario constituir un gobierno que se hiciese cargo de las Provincias de Venezuela para asegurarlas contra los designios del Emperador francés. Fue así que el propio Cabildo de Caracas, contra la voluntad del Gobernador, al fin se erigió en *Junta Suprema de Venezuela Conservadora de los Derechos de Fernando VII*, la cual, asumiendo el "mando supremo" o "suprema autoridad" de la Provincia, procedió a constituir "un nuevo gobierno," deponiendo al Gobernador y Capitán General del mando. La motivación inmediata de este hecho político había sido la "total orfandad" en la cual se consideró había quedado el pueblo después de la abdicación de los reyes y luego por la disolución de la Junta Suprema Gubernativa de España, que suplía la ausencia del Monarca, ya que la Junta Suprema que se había establecido en Caracas había desconocido la autoridad misma del Consejo de Regencia, considerando que el mismo no había "*sido* constituido *por el voto de estos fieles habitantes*, cuando han sido ya declarados, no colonos, sino partes integrantes de la corona de España, y, como tales han sido llamados al ejercicio de la *soberanía* interna y a la reforma de la Constitución Nacional."[9] Ello lo reiteraría la Junta Suprema el 5 de mayo de 1810 al dirigirse a la Regencia cuestionándole su autoridad y representatividad, así como la de los eventuales diputados que pudieran elegirse para las Cortes por los cabildos americanos, señalándole "en una palabra, desconocemos el nuevo Consejo de Regencia"[10]

Con esos hechos, por tanto, en 1808 y 1810, tanto en España como en Hispanoamérica, se dio inicio a sendos procesos constituyentes que como se dijo, desembocaron en la sanción en Caracas, de la "Constitución Federal para los Estados de Venezuela" en 21 de diciembre de 1811, y unos meses después, el 19 de marzo de 1812 en la sanción en Cádiz, de la "Constitución de la Monarquía Española"; ambas producto de lo que puede denominarse como la Revolución Hispano–Americana, iniciada veintidós años después de la Revolución Francesa y treinta y cinco años después de la Revolución Nor-

8 Véase el texto en J.F. Blanco y R. Azpúrua, *Documentos para la Historia….,* Tomo II, pp. 230-231. Véase O. C. Stoetzer, *Las Raíces Escolásticas de la Emancipación de la América Española,* Madrid, 1982., p. 271. En esa disposición se encargaba a los Ayuntamientos a designar representantes ante la Junta central, y en Venezuela, el Ayuntamiento designó a Joaquín Mosquera y Figueroa, regente de la Audiencia de caracas; nombramiento que luego fue anulado por no ser nativo de la provincia e incompatibilidad de cargos. Véase Juan Garrido Rovira, *La Revolución de 1810*, Universidad Monteávila, Caracas 2009, p. 79.

9 Véase el texto del Acta del 19-04-1810 en Allan R. Brewer-Carías, *Las Constituciones de Venezuela*, Academia de Ciencias Políticas y Sociales, Caracas 2008, Tomo I, pp. 531-533.

10 Véase *Textos Oficiales de la primera República de Venezuela,* Biblioteca de la Academia de Ciencias Políticas y Sociales, Caracas 1982, Tomo I, p. 134.

teamericana. Junto con estas, esa Revolución pasó a formar parte de los procesos políticos más importantes del mundo moderno en materia constitucional, con los cuales se inició la transformación radical del orden político constitucional que hasta entonces era el imperante en el Antiguo Régimen español y en las Colonias españolas de América.

Puede decirse entonces que Venezuela y España, a comienzos del Siglo XIX, fueron los primeros países en el mundo que recibieron directamente las influencias del constitucionalismo moderno derivadas de las mencionadas Revoluciones del Siglo XVIII,[11] lo que ocurrió en forma paralela, precisamente cuando los próceres del proceso de Independencia de Venezuela, después del 19 de abril de 1810 se encontraban en la tarea de elaborar las bases del sistema jurídico–estatal que habría de regir un nuevo Estado independiente, que era el segundo en su género en la historia política del mundo moderno después de los Estados Unidos de Norte América; y cuando los constituyentes de Cádiz, después del proceso de recomposición del régimen monárquico que se había iniciado con los sucesos de Aranjuez y Bayona en 1808, llevaban a cabo la tarea de transformar una Monarquía absoluta en una Monarquía constitucional, lo que antes había ocurrido precisamente en Francia, como consecuencia de la Revolución. Por ello fue que la Constitución de Cádiz de 1812, no tuvo influencia en el proceso constituyente venezolano y neogranadino; lo que ciertamente, fue un hecho único en la América Hispana, pues al contrario, en la mayoría de las otras antiguas Colonias americanas españolas que lograron su independencia particularmente después de 1820, las mismas recibieron las influencias del naciente constitucionalismo español plasmado en la Constitución de Cádiz de 1812, con motivo de su puesta en vigencia, de nuevo en 1820.[12]

Esos procesos constituyentes que originaron la sanción de las Constituciones de Venezuela y de Cádiz, en todo caso, estuvieron a cargo de Asambleas Constituyentes que se concibieron y constituyeron al efecto, como instituciones representativas de la soberanía nacional, la cual ya se consideraba había sido trasladada al pueblo, integradas por diputados electos en elecciones indirectas en las diversas demarcaciones territoriales de las provincias tanto del reino de España como de la antigua Capitanía General de Venezue-

---

11 Véase en general Allan R. Brewer-Carías, *Reflexiones sobre la Revolución Americana (1776) y la Revolución Francesa (1789) y sus aportes al constitucionalismo moderno*, Caracas, 1991. Una segunda edición ampliada de este libro se publicó como *Reflexiones sobre la Revolución Norteamericana (1776), la Revolución Francesa (1789) y la Revolución Hispanoamericana (1810-1830) y sus aportes al Constitucionalismo Moderno*, Serie Derecho Administrativo Nº 2, Universidad Externado de Colombia, Editorial Jurídica Venezolana, Bogotá 2008.

12 Véase por ejemplo, Jorge Mario García Laguardia, Carlos Meléndez Chaverri, Marina Volio, *La Constitución de Cádiz y su influencia en América (175 años 1812-1987)*, San José, 1987; Manuel Ferrer Muñoz, *La Constitución de Cádiz y su aplicación en la Nueva España*, UNAM México, 1993; Ernesto de la Torre Villas y Jorge Mario García Laguardia, *Desarrollo histórico del constitucionalismo hispanoamericano*, UNAM, México 1976.

la. Esas fueron, por un lado, las Cortes de Cádiz en España, y por la otra, la Junta o Congreso General de Diputación de las Provincias en Venezuela.

Con ello, en ambos casos, se buscó salir de la crisis política en la cual se encontraban los países: en España, como hemos dicho, provocada, desde 1808, por el secuestro del Rey y la invasión de la Península Ibérica por las tropas de Napoleón, lo cual en medio de la dura guerra de independencia desarrollada por las diversas provincias, había originado la constitución de Juntas Supremas conservadoras de los derechos de Fernando VII en las Provincias más importantes, que luego formarían, entre ellas, la Junta Central de Gobierno para atender los asuntos del Reino. Fue esa Suprema Junta Central de España, precisamente, la que el 30 de enero de 1810 pondría término a su función, delegándola en un Consejo de Regencia nombrado por la misma, no sin antes disponer la convocatoria a Cortes para recomponer el Estado, estableciendo la forma de elección de los diputados.

En Caracas, como también se dijo, la crisis fue provocada igualmente desde 1808, por el sentimiento sostenido de orfandad política que acusaban las Provincias debido al secuestro del Monarca español en manos de un invasor extranjero que no era querido, y la constitución en 1810 de una Junta Suprema que había sustituido al cabildo de Caracas, convocando a su vez a elecciones de una Junta o Congreso General de diputados. Por ello, Roscio diría en alguna ocasión que "La abdicación fue el principio de nuestra independencia."[13]

En ese contexto, ambos procesos constituyentes tenían objetivos precisos: En España, se trataba de la reconstitución política de un Estado preexistente como era el Estado Monárquico, y lograr su transformación en un Estado Monárquico constitucional; y en Venezuela, se trataba de la constitución de un nuevo Estado sobre la que habían sido antiguas Colonias españolas americanas que se habían declarado independientes. En ambos caso, el proceso constituyente tuvo, como común denominador inicial, la adopción del principio de la soberanía popular y la necesidad de reconstituir o constituir los gobiernos de los Estado sobre la base de la representación de sus habitantes, a cuyo efecto, tanto en la Península como en las Provincias de Venezuela, se procedió a dictar en el mismo año 1810, sendos cuerpos normativos o reglamentos para convocar al pueblo para la elección de los diputados a Cortes, en España, y de los diputados a un Congreso o Junta General, en Venezuela.

II. LAS RUTAS DEMOCRÁTICO REPRESENTATIVAS QUE CONDUJERON AL DESENCUENTRO

Se dio inicio así, en cada extremo del Imperio Español, de uno y otro lado del Atlántico, a sendos procesos constituyentes que partieron de similares principios: primero, la ubicación de la soberanía en el pueblo, y segundo, el

13 En la sesión del Congreso General del 25 de junio de 1811. Véase *Libro de Actas del Segundo Congreso de Venezuela 1811-1812*, Academia Nacional de la Historia, Caracas 1959, Tomo I, p. 82.

principio democrático representativo a los efectos de elegir un cuerpo político que redefiniera, o definiera, el régimen político a raíz de la crisis política existente. Para ello, en ambos casos, el primer acto político que se adoptó para culminar esos procesos constituyentes fue la emisión de sendos cuerpos normativos destinados a establecer el sistema y procedimiento para la elección de los diputados, lo que en España hizo la Suprema Junta Gubernativa del Reino el 1° de enero de 1810, y en Venezuela, seis meses más tarde, la Junta Suprema Conservadora de los derechos de Fernando VII, el 11 de junio del mismo año 1810.

Ello condujo, en España, a la convocatoria a Cortes para darle legitimación a la representación nacional, lo que la Junta Central hizo por Decretos de 22 de mayo y 15 de junio de 1809, fijándose la reunión de las Cortes para el 1° de marzo de 1810, en la Isla de León.[14] A tal efecto, como se dijo, la Suprema Junta Gubernativa dictó, el 1° de enero de 1810 una Instrucción que deberá observarse para la elección de Diputados a Cortes,[15] en la cual se convocaba a la integración de las Cortes como cuerpo representativo del Reino, a los efectos de que fuera el órgano que tomase "las resoluciones y medidas para salvar la Patria, para restituir al Trono a nuestro deseado Monarca, y para restablecer y mejorar una Constitución que sea digna de la Nación española." Para ello se estableció un sistema electoral indirecto a ser desarrollado en las Provincias de la Península, sin que se previera nada sobre la posible elección de diputados por las Provincias americanas. Fue posteriormente, en la Instrucción del Consejo de Regencia de España e Indias de 14 de febrero de 1810, cuando se declaró que las mismas habrían dejado de ser Colonias y que "eran parte integrante y esencial de la Monarquía española." Con base en ello, el Consejo de Regencia en la misma fecha 14 de febrero de 1810, dirigió a los "españoles americanos" una "alocución" acompañada de un Real Decreto, disponiendo la concurrencia a las Cortes Extraordinarias, al mismo tiempo que de diputados de la Península, de diputados de los dominios españoles de América y de Asia.[16]

La implementación de ese Real Decreto de la misma Junta Suprema Central, sin embargo, sólo se logró de manera parcial e insuficiente y después de mucho debate, mediante el acuerdo del Consejo de Regencia adoptado sólo 15 días antes de la instalación de las Cortes, el día 8 de septiembre de 1810, en el cual se regularon unas normas para la designación de diputados "suplentes" tanto de las provincias peninsulares ocupadas por los franceses como

14 Véase el texto en J.F. Blanco y R. Azpúrua, *Documentos para la Historia....*, Tomo II, pp. 234-235.

15 Véase además la "Comunicación que acompañó la Comisión de Cortes a la Instrucción que debía observarse para la elección de Diputados a Cortes al someterla a la aprobación de la Junta Central" de 08-09-1809, en Biblioteca Virtual Miguel de Cervantes, en http://www.cervantesvirtual.com/servlet/SirveObras/34695175432370 530854679/p0000001.htm.

16 Véase el texto en J. F. Blanco R. Azpúrua, *Documentos para la Historia...*, Tomo II, pp. 272-275.

de las provincias americanas, lo que, en estas últimas, provocó protestas, entre ellas, precisamente de Caracas.

En todo caso, conforme a la Instrucción, y a pesar del complejo proceso electoral que se preveía y de la situación política general del Reino, se eligieron los diputados a las Cortes y se designaron los 30 diputados suplentes americanos, con americanos residentes en Cádiz, así: 7 por el Virreinato de México, 2 por la Capitanía General de Guatemala, 1 por la Isla de Santo Domingo, 1 por la Isla de Cuba, 1 por la Isla de Puerto Rico, 2 por Filipinas, 5 por el Virreinato de Lima, 2 por la Capitanía General de Chile, 3 por el Virreinato de Buenos Aires, 3 por el Virreinato de Santafé, y 2 por la Capitanía General de Caracas. [17]

Con posterioridad, en los días antes de la instalación de las Cortes, el 20 de septiembre de 1810, el Consejo de Regencia cambió las reglas históricas de su constitución, eliminando los "brazos de nobleza y clero," tal como las había convocado el Decreto inicial de la Junta Central. De ello resultó que el 24 de septiembre de 1811, las Cortes se instalaron en la Isla de León formando un solo cuerpo,[18] prescindiendo de la antigua división en estamentos, con 207 diputados. El primero de sus decretos (Decreto Nº 1) fue para declarar "nula, de ningún valor ni efecto la cesión de la Corona que se dice hecha en favor de Napoleón," reconociendo a Fernando VII como Rey.[19] Además, "no conviniendo queden reunidos el Poder Legislativo, el Ejecutivo y el Judiciario," las Cortes Generales se reservaron el Poder Legislativo, y atribuyeron al Consejo de Regencia el ejercicio del Poder ejecutivo.[20]

Pero, como se dijo, la designación de "suplentes americanos" a las Cortes, al contrario de lo que ocurrió en muchas otras provincias americanas, no fue aceptada en las Provincias de Venezuela, las cuales ya se habían declarado independientes de España y desconocían la Regencia. Por ello, si bien en la sesión de instalación de las Cortes en la Isla de León el 24 de septiembre de 1810 concurrieron 207 diputados, entre ellos 62 americanos, y entre ellos, dos suplentes por la Provincia de Caracas, los señores Esteban Palacios y Fermín de Clemente que habían sido también reclutados en la Península,[21] lo cierto es que los mismos no habían sido designados por Venezuela, a pesar de que desde el 1º de agosto de 1810, el Consejo de Regencia ya había declarado en estado de riguroso bloqueo a la Provincia de Caracas, por haber sus habitantes "Cometido el desacato de declararse independientes de la metrópo-

17 Véase en Rafael M. de Labra y Martínez, *Los presidentes americanos de las Cortes de Cádiz*, Madrid 1912 (Reedición Congreso de Diputados), Madrid, pp. 30-33.

18 *Idem*, p. 31.

19 Véase J. F. Blanco y R. Azpúrua, *Documentos para la Historia ...*, *op. cit.*, Tomo II, pp. 657.

20 Véase en Eduardo Roca Roca, *América en el Ordenamiento Jurídico de las Cortes de Cádiz*, Granada, 1986, p. 193.

21 Véase J. F. Blanco y R. Azpúrua, *Documentos para la Historia... op. cit.*, Tomo II, pp. 656. Véase además, Eduardo Roca Roca, *América en el Ordenamiento Jurídico...*, *op. cit.*, pp. 22 y 136.

li, y creando una junta de gobierno para ejercer la pretendida autoridad independiente."[22].

Por tanto, ya que ya en Venezuela se había declarado la independencia, los diputados pidieron instrucciones a la Junta Suprema de Caracas, siendo la respuesta de ésta, el 1º de febrero de 1811, que la reunión de las Cortes "tan ilegal como la formación del Consejo de Regencia" y, por tanto, que "los señores Palacios y Clemente carecían de mandato alguno para representar las Provincias de Venezuela," por lo que "sus actos como diputados eran y serían considerados nulos."[23] Ya el 23 de enero de 1811, además, la Junta Suprema se había dirigido a los ciudadanos de la Provincia rechazando el nombramiento de tales diputados suplentes, calificando a las Cortes como "las Cortes cómicas de España."[24]

Con posterioridad a esa fecha, sin embargo, con la excepción de las Provincias de la antigua Capitanía General de Venezuela y de las de la Nueva Granada, lo cierto fue que en el resto de las Provincias americanas fueron electos "diputados propietarios" a las Cortes. En ese proceso, sin embargo, en 1810 sólo habían sido electos tres diputados propietarios por las provincias americanas, por Tlaxcala, Puebla de los Ángeles y Puerto Rico. Además, por lo que respecta a las antiguas provincias de la Capitanía General de Venezuela, se destaca que el 5 de mayo de 1812 se llegó a elegir un diputado por la Provincia de Maracaibo, la cual había sido de las pocas que había permanecido leal al lado realista.[25]

Ahora bien, sólo cinco meses después de la convocatoria a las Cortes en España, el día 11 de junio de 1810, y apenas transcurridos dos meses desde que se constituyera en Caracas la Junta Suprema Conservadora de los derechos de Fernando VII (19 de abril de 1810), la misma, en virtud del carácter

---

22 Véase en J. F. Blanco y R. Azpúrua, *op. cit.,* Tomo II, p. 571. El bloqueo lo ejecutó el Comisionado Regio Cortabarría desde Puerto Rico, a partir del 21 de enero de 1811, *Cfr.* en J. F. Blanco y R. Azpúrua, *op. cit.,* Tomo III, p. 8; C. Parra Pérez, *op. cit.,* Tomo I, p. 484.

23 Véase el texto en *Gaceta de Caracas,* martes 05-02-1811, Caracas, 1959, Tomo II, p. 17. Véase además, C. Parra Pérez, *Historia de la Primera República..., op. cit.,* Tomo I, p. 484.

24 "Nuestros antiguos tiranos tienden nuevos lazos para prendernos. Una misión vergonzosa y despreciable nos manda que ratifiquemos el nombramiento de los diputados suplentes que ellos aplicaron a Venezuela. Las Cortes cómicas de España siguen los mismos pasos que su madre la Regencia: ellas, más bien en estado de solicitar nuestro perdón por los innumerables ultrajes y vilipendios con que nos han perseguido, y reducidas a implorar nuestra protección generosa por la situación impotente y débil en que se encuentran, sostienen, por el contrario, las hostilidades contra la América y apuran, impía y bárbaramente, todos los medios para esclavizarnos." Véase *Textos oficiales de la Primera República de Venezuela,* Biblioteca de la Academia Nacional de la Historia, 1959, Tomo II, p. 17.

25 Véase en Rafael M de Labra y Martínez, *Los presidentes americanos de las Cortes de Cádiz, cit.,* p. 34.

poco representativo que tenía en relación con las otras Provincias de la Capitanía General de Venezuela, también procedió a dictar un "Reglamento para elección y reunión de diputados que han de componer el Cuerpo Conservador de los Derechos del Sr. D. Fernando VII en las Provincias de Venezuela"[26] que se configuró como un Congreso General de diputados de las Provincias de Venezuela, para lo cual también se estableció un sistema de elección indirecta. Este reglamento, sin duda, debe haberse inspirado en la Instrucción para la elección de los diputados a las Cortes de 1810.[27]

Mediante este Reglamento se procedió a convocar al pueblo de todas las Provincias "para consultar su voto" y para que se escogiese "inmediatamente las personas que por su probidad, luces y patriotismo os parecieran dignas de vuestra confianza" para constituir un cuerpo representativo que "evitase los defectos inculpables del actual" y además evitase "la nulidad de carácter público de la Junta Central de España" que adolecía de la misma falta de representatividad. La convocatoria tenía entonces por objeto la necesidad de establecer "un poder Central bien constituido," considerándose que había llegado "el momento de organizarlo," formando "una confederación sólida," con "una representación común." A tal efecto, la Junta llamó al "ejercicio más importante de los derechos del pueblo" que era "aquel en que los transmite a un corto número de individuos, haciéndolos árbitros de la suerte de todos," convocando a "todas las clases de hombres libres ... al primero de los goces de ciudadano, que es el concurrir con su voto a la delegación de los derechos personales y reales que existieron originariamente en la masa común y que la ha restituido el actual interregno de la monarquía."[28]

Esta convocatoria a elecciones en las Provincias de Venezuela, en ese momento, por supuesto se realizó contra de las autoridades que existían en España. Si bien, como se dijo, el 12 de enero de 1809, el Ayuntamiento de Caracas había reconocido a la Junta Central como el gobierno supremo del Imperio, ello cambió después de la Revolución de 19 de abril de 1810, de manera que establecida la Junta Suprema de Venezuela, al convocarse la elección de diputados al Congreso General de Diputados en junio de 1810, la misma ya declaraba que era "demasiado evidente que la Junta Central de España no representaba otra parte de la nación que el vecindario de las capitales en que se formaban las Juntas provinciales, que enviaron sus diputados a componerla," y además, que "la Junta Central no pudo transmitir al Consejo de Regencia un carácter de que ella misma carecía," resultando, lo que se denunciaba, como "la concentración del poder en menor número de individuos escogidos, no por el voto general de los españoles de uno y otro mundo, sino por los mismos que habían sido vocales de la Central."[29]

26 Véase en *Textos Oficiales...*, tomo II, pp. 61 a 84; y en Allan R. Brewer-Carías, *Las Constituciones de Venezuela, cit.,* Tomo I, pp. 535-543.

27 Véase en igual sentido Juan Garrido Rovira, *La revolución de 1810*, Universidad Monteávila, Caracas 2009, p. 218-219.

28 *Idem.*

29 *Idem.*

Conforme al mencionado Reglamento, en todo caso, se realizaron elecciones en siete de las nueve Provincias de la Capitanía General de Venezuela,[30] habiéndose elegido los 44 diputados en las Provincias que integraron el Congreso General por las provincias de Caracas, Barinas, Cumaná, Barcelona, Mérida, Trujillo, y Margarita.[31] Las provincias de Guayana y Maracaibo, sin embargo, no participaron en dicho proceso y permanecieron controladas por las autoridades coloniales, y más bien, como se dijo, en 1812, en la provincia de Maracaibo se llegó a elegir un diputado propietario pero para las Cortes de Cádiz.

A partir del 25 de junio de 1811, cuando comenzaron las sesiones del Congreso, quedó además claro que el objetivo del mismo era la redacción de una Constitución democrática, republicana y representativa, la cual en definitiva se sancionó el 21 de diciembre de 1811. La misma fue precedida, además, por la formal declaración de los Derechos del Pueblo el 1° de julio de 1811 y de la también formal declaración de la Independencia el 5 de julio de 1811.[32] Seguidamente, además, se sancionaron textos constitucionales en las diversas Provincias (Constituciones Provinciales), en algunos casos antes de la sanción de la Constitución Federal de diciembre de 1811, como el Plan de Gobierno Provisional de la Provincia de Barinas de 26 de marzo de 1811, la Constitución Provisional de la Provincia de Mérida de 31 de julio de 1811 y el Plan de Constitución Provisional Gubernativo de la Provincia de Trujillo de 2 de septiembre de 1811; y en otros casos, después de sancionarse la Constitución Federal, como la Constitución Fundamental de la República de Barcelona Colombiana de 12 de enero de 1812 y la Constitución para el gobierno y administración interior de la Provincia de Caracas del 31 de enero de 1812.[33]

Todo lo anterior ocurría antes de que incluso se hubiese promulgado la Constitución de Cádiz el 19 de marzo de 1812, y en paralelo a las reuniones de las Cortes de Cádiz que como se dijo, se habían instalado el 24 de septiembre de 1810, y en las cuales también se había comenzado a delinear una Constitución Monárquica de democracia representativa.

---

30 Participaron las provincias de Caracas, Barinas, Cumaná, Barcelona, Mérida, Trujillo y Margarita. Véase José Gil Fortoul, *Historia Constitucional de Venezuela*, Tomo primero, Berlín 1908, p. 223. Véase J. F. Blanco y R. Azpúrua, J.F. Blanco y R. Azpúrua, *Documentos para la historia ...*, Tomo II, pp. 413 y 489.

31 Véase C. Parra Pérez, *Historia de la Primera República ..., cit.*, Tomo I, p. 477.

32 Véase los textos en Allan R. Brewer-Carías, *Las Constituciones de Venezuela cit.*, Tomo I, pp. 545 ss.

33 Véase los textos en *Las Constituciones Provinciales* ("Estudio Preliminar" por Ángel Bernardo Brices), Academia Nacional de la Historia, Caracas 1959, pp. 334 ss.

III. LA CONSOLIDACIÓN DEL DESENCUENTRO: LA GUERRA DECRETADA POR LA REGENCIA Y CONTINUADA POR LAS CORTES DE CÁDIZ, CONTRA LAS PROVINCIAS DE VENE-ZUELA

Como se dijo, la Constitución Federal para los Estados de Venezuela se sancionó el 21 de diciembre 1811 con la cual se constituyó definitivamente en lo que fueron las Provincias de la Capitanía General de Venezuela, un Estado nuevo e independiente de España, donde se había desconocido a las propias Cortes de Cádiz muchos meses antes de la sanción de la Constitución gaditana de 1812. Con la nueva constitución del Estado, en todo caso, las antiguas formas institucionales de la Colonia comenzaron a ser sustituidas por las nuevas instituciones republicanas establecidas en cada una de las Provincias, que se fueron incluso regulando en las Constituciones Provinciales y, todas, bajo una organización nacional conforme a la Constitución Federal de diciembre de 1811.

Como se dijo, aún antes de sancionarse la Constitución Federal, ante la Orden de bloqueo de las costas de Venezuela decidido el 1 de agosto de 1810,[34] y la guerra declarada por España contra las Provincias, el Congreso General no sólo ya había denunciado al Consejo de Regencia, sino a las propias Cortes de Cádiz. Es decir, la ruptura constitucional derivada de la declaración de Independencia de las provincias de Venezuela no sólo se había operado de parte de la Junta Suprema de Caracas en relación con el Consejo de Regencia, sino que continuó con respecto de las Cortes de Cádiz, las cuales, integradas como ya estaban con diputados suplentes y luego principales americanos, además, se involucraron directamente en el conflicto contra Venezuela. Por ello, en Venezuela se las consideraron, como se dijo, como "ilegítimas y cómicas," rechazándose en ellas toda representación de las Provincias de Venezuela que se pudiera atribuir a cualquiera, comenzando por los dos "suplentes" que habían sido designados en Cádiz.

El Congreso General, en efecto, dejó muy clara su posición en un excepcional documento titulado "Manifiesto que hizo al mundo la Confederación de Venezuela en la América Meridional" de fecha 30 de julio de 1811 (en lo adelante, el *Manifiesto que hizo al mundo* de 1811),[35] al expresar que irritaba

34 La Orden de Bloqueo de 1 de agosto de 1810 decía: "declarar como declara en estado de rigoroso bloqueo la provincia de caracas: mandando que ningún buque nacional ni extranjero pueda arribar a sus puertos, so pena de ser detenido por los cruceros y buques de S.M.". Véase en Garrido Rovira, *La Revolución de 1810*, Universidad Monteávila, Caracas 2009, p. 199-200.

35 Publicado en 1812 en el libro (edición bilingüe), *Interesting Official Documents Relating to the United Provinces of Venezuela*, W. Glidon, Rupert-Street, Haymarket, para Longman and Co. Paternoster-Row; Durlau, Soho-Square; Hartding, St. Jame's Street; y W. Mason, Nº 6, Holywell Street, Strand, &c. &c, London 1812. Véase el texto en español, en el libro *La Constitución Federal de Venezuela de 1811 y Documentos Afines* ("Estudio Preliminar" por Caracciolo Parra-Pérez), Biblioteca de la Academia Nacional de la Historia, Sesquicentenario de la Independencia, Caracas 1952, pp. 105-148. Véase los

"ver tanta liberalidad, tanto civismo y tanto desprendimiento en las Cortes con respecto a la España desorganizada, exhausta y casi conquistada; y tanta mezquindad, tanta suspicacia, tanta preocupación y tanto orgullo con América, pacífica, fiel, generosa, decidida a auxiliar a sus hermanos y la única que puede no dejar ilusorios, en lo esencial, los planes teóricos y brillantes que tanto valor dan el Congreso español;" denunciando que "a ninguna de las provincias rendidas o contentas con la dominación francesa se le ha tratado como a Venezuela;" "ninguna de ellas ha sido hasta ahora declarada traidora, rebelde y desnaturalizada como Venezuela, y para ninguna de ellas se ha creado una comisión pública de amotinadores diplomáticos para armar españoles contra españoles, encender la guerra civil e incendiar todo lo que no se puede poseer o dilapidar a nombre de Fernando VII." [36]

En el conflicto abierto, por ejemplo, las Cortes llegaron incluso a comienzos de 1812, "premiar" formalmente a las Provincias de la antigua Capitanía General de Venezuela que no se habían sumado al movimiento independentista (Maracaibo, Guayana y la ciudad de Coro), ni habían elegido diputados al Congreso General de Venezuela de 1811. Así fue que por ejemplo, las Cortes ya integradas incluso con "diputados principales" americanos, mediante el Decreto CXXXIII de 6 de febrero de 1812, concedieron a la ciudad de Guayana el adorno de su escudo de armas con trofeos de cañones, balas, fusiles, bandera y demás insignias militares, como premio por haber apresado a los rebeldes de Nueva Barcelona en la acción del 5 de septiembre de 1811 y por Decreto CCXII de 8 de diciembre de 1812, le concedieron el título de "muy noble y muy leal, con motivo de los sucesos de Venezuela ocurridos del 15 al 16 de marzo de 1812; mediante Decreto CCXXXVVII de 21 de marzo de 1813, distinguieron a la ciudad de Coro con el título de "muy noble y leal" y escudo alusivo, otorgándose la distinción de "Constancia de Coro" a favor de los Capitulares por el comportamiento de la ciudad en las turbulencias que habían "infligido a varias provincias de Venezuela" y su defensa frente a los insurgentes de Caracas en 28 de noviembre de 1812; y que mediante Decreto CCXXXVIII de 21 de marzo de 1813 la ciudad de Maracaibo recibiera el título de "muy noble y leal" por las mismas razones de Coro, otorgándose a los miembros del Ayuntamiento la "Constancia de Maracaibo." [37]

Sobre esas Cortes de Cádiz, el *Manifiesto que hizo al mundo* del Congreso General de 1811 explicó que luego de los "rápidos y raros gobiernos" que se habían sucedido en España desde la Junta de Sevilla, "se apeló a una aparente liberalidad," y "se aceleraron y congregaron tumultuariamente las Cortes que deseaba la nación, que resistía el gobierno comercial de Cádiz y que se creyeron al fin necesarias para contener el torrente de la libertad y la justicia, que

comentarios al *Manifiesto que hizo al mundo* en Ángel Francisco Brice, *El Constituyente de Venezuela durante el año 1812*, Ediciones de la Presidencia, Caracas 1970, pp. 17-30.

36 Véase en *La Constitución Federal de Venezuela de 1811...*, cit., pp. 105-148.

37 Véase el texto de los Decretos en Eduardo Roca Roca, *América en el Ordenamiento Jurídico ...*, op. cit., pp. 79–80.

rompía por todas partes los diques de la opresión y la iniquidad en el nuevo mundo."[38] Sin embargo, al analizar su composición, el Congreso General, en el *Manifiesto que hizo al mundo*, se preguntó incrédulo sobre "por qué especie de prestigio funesto para España se cree que la parte de la nación que pasa el océano o nace entre los trópicos adquiere una constitución para la servidumbre, incapaz de ceder a los conatos de la libertad;" afirmando como harto estaban demostrados en los papeles públicos de la Provincia de Venezuela, todos:

> "los vicios de que adolecen las Cortes con respecto a la América y el ilegítimo e insultante arbitrio adoptado por ellas para darnos una representación que resistiríamos, aunque fuésemos, como vociferó la Regencia, partes integrantes de la nación y no tuviésemos otra queja que alegar contra su gobierno sino la escandalosa usurpación que hace de nuestros derechos, cuando más necesita de nuestros auxilios".[39]

El Congreso General destacó en el *Manifiesto que hizo al mundo* que a las Cortes habría llegado la noticia de las razones que había dado la Junta de Caracas "a su pérfido enviado," [40] cuando "frustradas las misiones anteriores, inutilizadas las cuantiosas remesas de gacetas llenas de triunfos, reformas, heroicidades y lamentos, y conocida la ineficacia de los bloqueos, pacificadores, escuadras y expediciones," en la Península:

> "se creyó que era necesario deslumbrar el amor propio de los americanos, sentando bajo el solio de las Cortes a los que ellos no habían nombrado, ni podían nombrar los que crearon suplentes con los de las provincias ocupadas, sometidas y contentas con la dominación francesa."[41]

Así, denunció el *Manifiesto que hizo al mundo* del Congreso General de 1811, que:

> "se escribió el elocuente manifiesto que asestaron las Cortes en 9 de enero de este año [1811] a la América,[42] con una locución digna de me-

38 Véase en *La Constitución Federal de Venezuela de 1811..., cit.*, pp. 105-148.

39 *Idem*, pp. 105-148.

40 Se refirió al Congreso General en el *Manifiesto que hizo al mundo* a la "conducta execrable y notoria de Montenegro, desnaturalizado por el Gobierno Español." En *Idem*, pp. 105-148.

41 Véase en *La Constitución Federal de Venezuela de 1811..., cit.*, pp. 105-148.

42 Se refería al "Manifiesto de las Cortes generales y extraordinarias a la Nación" de 09-01-1811, donde se daban las razones para la independencia de España frente a las pretensiones de Napoleón. Véase el texto publicado en *El Mercurio Venezolano*, Vol. I, Caracas, febrero 1811. Véase el texto del periódico en versión facsimilar en http://cic1.ucab.edu.ve/hmdg/bases/hmdg/textos/Mercurio/Mer_Febrero1811.pdf. Debe destacarse que el redactor de *El Mercurio* en 1811 era precisamente Francisco Isnardy, Secretario del Congreso General, quien como tal firmó el *Manifiesto* del Congreso de

jor objeto; bajo la brillantez del discurso, se descubría el fondo de la perspectiva presentada para alucinarnos. Temiendo que nos anticipásemos a protestar todas estas nulidades, se empezó a calcular sobre lo que se sabía, para no aventurar lo que se ocultaba. Fernando, desgraciado, fue el pretexto que atrajo a sus pseudo–representantes los tesoros, la sumisión y la esclavitud de la América, después de la jornada de Bayona; y Fernando, seducido, engañado y prostituido a los designios del Emperador de los franceses, es ya lo último a que apelan para apagar la llama de la libertad que Venezuela ha prendido en el continente meridional." [43]

Pero a pesar de tal manifestación de las Cortes "destinada a conmover la América," el Congreso General indicó en el *Manifiesto que hizo al mundo* que era del convencimiento "que entre las cuatro paredes de las Cortes se desatienden de nuestra justicia, se eluden nuestros esfuerzos, se desprecian nuestras resoluciones, se sostienen a nuestros enemigos, se sofoca la voz de nuestros imaginarios representantes, se renueva para ellos la Inquisición,[44] al paso que se publica la libertad de imprenta y se controvierte si la Regencia pudo declararnos libres y parte integrante de la nación."[45]

El conflicto, en todo caso, fue mutuo, y era evidente que en el mismo, las autoridades españolas no renunciaron junto con los realistas locales, al control político de la antigua Capitanía General de Venezuela, por lo que como se dijo, para agosto de 1810, el Consejo de Regencia había decretado el bloqueo de las costas de Venezuela, y en enero de 1811, el mismo Consejo había designado a Antonio Ignacio de Cortavarría como Comisionado Real para

1811. En la nota que precede el texto del Manifiesto de las Cortes generales, sin duda de la pluma de Isnardy, se redactó el siguiente texto parodiando lo que podría haber dicho Napoleón, y cuyo texto se recoge en el *Manifiesto* del Congreso General, al decirse que: "En uno de nuestros periódicos ("*Mercurio Venezolano*", de febrero de 1811), hemos descubierto el verdadero espíritu del Manifiesto en cuestión, reducido al siguiente raciocinio que puede mirarse como su exacto comentario "La América se ve amenazada de ser víctima de una nación extraña o de continuar esclava nuestra; para recobrar sus derechos y no depender de nadie, ha creído necesario no romper violentamente los vínculos que la ligaban a estos pueblos; Fernando ha sido la señal de reunión que ha adoptado el Nuevo Mundo, y hemos seguido nosotros; él está sospechado de connivencia con el Emperador de los franceses y si nos abandonamos ciegamente a reconocerlo demos un pretexto a los americanos que nos crean aún sus representantes para negarnos abiertamente esta representación; puesto que ya empiezan a traslucirse en algunos puntos de América estos designios, manifestemos de antemano nuestra intención de no reconocer a Fernando sino con ciertas condiciones; éstas no se verificarán jamás y mientras que Fernando, ni de hecho ni de derecho, es nuestro Rey, lo seremos nosotros de la América, y este país tan codiciado de nosotros y tan difícil de mantener en la esclavitud, no se nos irá tan pronto de las manos."

43 Véase en *La Constitución Federal de Venezuela de 1811..., cit.,* pp. 105-148.

44 En el *Manifiesto que hizo al mundo* se indicó que había "noticias positivas de que el Sr. Mejía, Suplente de Santa Fe, ha sido encerrado en la Inquisición por su liberalidad de ideas." *Idem.*

45 *Id*

"pacificar" a los venezolanos, estableciéndose en Puerto Rico, lo que la Junta Suprema denunciaba en una Proclama del 25 de enero de 1811, como un "Club de la tiranía y del despotismo." [46] Antes, incluso, la Suprema Junta de Caracas el 25 de diciembre de 1811, ya había contestado al mismo Comisionado regio Cortavarría, la nota que este había enviado desde Puerto Arico el 7 de diciembre de 1810, cuestionando su misión de "pacificación de las provincias de Venezuela y restablecimiento del orden," indicándole que:

> "los mismos fundamentos que hemos tenido para desconocer a la Regencia de Cádiz como reina o emperatriz de estas provincias, nos obligan ahora a desconocer la comisión de V.S, sus cédulas, sus despachos, sus proclamas y demás papeles que está expidiendo en esa isla, como si fuese Fernando VII, pero contra la voluntad de este desgraciado Monarca," [47]

La Junta denunciaba, además "el indigno tratamiento de insurgentes o rebeldes, la fuerza, las amenazas, el decreto de bloqueo" como respuesta a los partes oficiales dirigidos sobre las ocurrencias del 19 de abril; que "la Regencia, estimulada con los sucesos de Venezuela forma Cortes Extraordinarias en la Isla de león, semejantes a las de Bayona, nombra diputados a su arbitrio, escoge dos suplentes por estas provincias cuando ya tenía declarados a sus puertos en estado de bloqueo;" y que se pretendiera que las Provincias dependieran de Fernando Miyares "que se dice Capitán general de Venezuela" y cuyo nombramiento se denunciaba como nulo "hechura del favorito de Carlos IV." [48]

Sobre la persecución contra la Provincia que se desató "desde la isla de Puerto Rico" y que no cesó con la integración de las Cortes, en el *Manifiesto* que hizo al mundo del Congreso General de 1811 se dio cuenta de que "Meléndez, nombrado Rey de Puerto Rico por la Regencia," quedó:

> "por un decreto de las Cortes con la investidura equivalente de gobernador, nombres sinónimos en América, porque ya parecía demasiado monstruoso que hubiese dos reyes en una pequeña isla de las Antillas españolas. Cortabarria solo bastaba para eludir los efectos del decreto, dictado sólo por un involuntario sentimiento de decencia. Así fue que cuando se declaraba inicua, arbitraria y tiránica la investidura concedida por la Regencia a Meléndez y se ampliaba la revocación a todos los países de América que se hallasen en el mismo caso que Puerto Rico, nada se decía del plenipotenciario Cortabarria, autorizado por la misma Re-

---

46 Véase *Textos Oficiales de la primera República de Venezuela,* Biblioteca de la Academia de Ciencias Políticas y Sociales, Caracas 1982, Tomo II, p. 18.

47 *Id.* Tomo I, pp. 259-269.

48 Véase *Textos Oficiales de la primera República de Venezuela,* Biblioteca de la Academia de Ciencias Políticas y Sociales, Caracas 1982, Tomo I, pp. 259-269.

gencia contra Venezuela, con las facultades más raras y escandalosas de que hay memoria en los fastos del despotismo orgánico. [49]

Y precisamente, después del decreto de las Cortes, como se denunció en el Manifiesto que hizo al mundo del Congreso General de 1811, fue que se sintieron "más los efectos de la discordia, promovida, sostenida y calculada desde el fatal observatorio de Puerto Rico;" denunciándose que habían sido "asesinados inhumanamente los pescadores y costaneros en Ocumare por los piratas de Cortabarria"; que habían "sido bloqueadas, amenazadas e intimadas Cumaná y Barcelona"; que se habían "organizado y tramado una nueva y sanguinaria conjuración contra Venezuela, por el vil emisario introducido pérfidamente en el seno pacífico de su patria para devorarla"; que se había "alucinado a la clase más sencilla y laboriosa de los alienígenas de Venezuela"; y que "por las sugestiones del pacificador de las Cortes, después del decreto de éstas," se había turbado e interrumpido "la unidad política de nuestra Constitución," promoviéndose la discordia entre las Provincias:

> "para que en un mismo día quedase sumergida Venezuela en la sangre, el llanto y la desolación, asaltada hostilmente por cuantos puntos han estado al alcance de los agitadores, que tiene esparcidos contra nosotros el mismo Gobierno que expidió el decreto a favor de Puerto Rico y de toda la América. El nombre de Fernando VII es el pretexto con que va a devorarse el Nuevo Mundo; si el ejemplo de Venezuela no hace que se distingan, de hoy más, las banderas de la libertad clara y decidida, de las de la fidelidad maliciosa y simulada." [50]

En todo caso, la invasión de Venezuela desde el Cuartel General colonial que se había instalado en Puerto Rico, se materializó en febrero de 1812, cuando dos meses después de sancionada la Constitución Federal de diciembre 1811, Domingo de Monteverde, designado Comandante General del Ejercito de Su Majestad Católica y quien luego asumiría de hecho el título de Capitán General de las Provincias de Venezuela, desembarcó en Coro e inició la campaña de recuperación realista de la República; desembarco que se produjo en las mismas costas donde seis años antes habría tocado tierra brevemente Francisco de Miranda (1806).

Con ello, todo el proceso de estructuración del nuevo orden constitucional republicano quedó a medio hacer, pues apenas se había instalado el nuevo gobierno de la Federación en la capital Valencia, el 1 de marzo de 1812, la reacción realista se comenzó a sentir con Monteverde a la cabeza, lo que fue facilitado por los efectos devastadores del terremoto que desoló a Caracas el 24 del mismo mes de marzo de 1812, que los Frailes y el Arzobispo de Caracas atribuyeron a un castigo de Dios por los hechos de la Revolución de Caracas.[51] En todo caso, lo cierto fue que a la devastación física y moral de las

---

49 *Idem.*

50 *Idem.*

51 Véase J.F. Blanco y R. Azpúrua, *Documentos para la Historia.....,* Tomo III, pp. 614 y ss.

Provincias, con la invasión de las tropas españolas se le agregó la total devastación institucional de las mismas.

La amenaza de Monteverde y la necesidad de defender la República, en efecto, llevaron al Congreso el 4 de abril de 1812, a delegar en el Poder Ejecutivo todas las facultades necesarias,[52] y éste, el 23 de abril de 1812, nombró como Generalísimo a Francisco de Miranda, con poderes dictatoriales.

En esta forma, la guerra de independencia obligó, con razón, a dejar de un lado la Constitución, y fue el Secretario de Guerra José de Sata y Bussy, quien le comunicó al Teniente General Francisco de Miranda, en correspondencia dirigida ese mismo día 23 de abril de 1812, que:

> "Acaba de nombraros el Poder Ejecutivo de la Unión, General en Jefe de las armas de toda la Confederación Venezolana, con absolutas facultades para tomar cuantas providencias juzguéis necesarias a salvar nuestro territorio invadido por los enemigos de la libertad colombiana; y bajo este concepto, no os sujeta ley alguna ni reglamento de los que hasta ahora rigen estas Repúblicas, sino que al contrario, no consultaréis más que la Ley suprema de salvar la patria; y a este efecto os delega el Poder de la Unión sus facultades naturales y las extraordinarias que le confirió la representación nacional por decreto de 4 de este mes, bajo vuestra responsabilidad."[53]

En la sesión del Congreso del 4 de abril de 1812, se había acordado que "la medida y regla" de las facultades concedidas al Poder Ejecutivo fuera la salud de la Patria; y que siendo esa la suprema ley, "debe hacer callar las demás"[54]; pero a la vez, se acordó participar a las "Legislaturas Provinciales" la vigencia de la Constitución Federal sin perjuicio de las facultades extraordinarias al Poder Ejecutivo[55].

El Congreso, el mismo 4 de abril de 1812, además, había exhortado a las mismas "Legislaturas provinciales" que obligaran y apremiasen a los diputados de sus provincias a que sin excusa ni tardanza alguna se hallaren en la ciudad de Valencia para el 5 de julio de 1812, para determinar lo que fuera más conveniente a la causa pública[56]. Esta reunión nunca se pudo realizar.

En esta forma, a los pocos meses de sancionada la Constitución Federal de 1811, por la necesidad de salvar la República, se produjo la primera ruptura del hilo constitucional. La dictadura duró poco, pues el 25 de julio de 1812 se firmó la Capitulación de Miranda y la aceptación por parte del Gobierno y

---

52 Véase *Libro de Actas del Congreso de Venezuela 1811-1812,* Biblioteca de la Academia Nacional de la Historia, Tomo II, Caracas, 1959, pp. 397 a 399.

53 Ver *Archivo del General Miranda,* Tomo XXIX, La Habana, 1950, pp. 396 y 397. Véase el texto en Allan R. Brewer-Carías, *Las Constituciones de Venezuela, cit.,* Tomo I, p. 581.

54 Véase *Libro de Actas del Congreso de Venezuela..., op. cit.,* p. 398.

55 *Idem,* p. 400.

56 *Ibídem,* pp. 398-399.

todos los poderes del Estado, mediante un Armisticio, de la ocupación del territorio de la provincia de Caracas por Monteverde.[57] El coronel Simón Bolívar, quien había tenido a su cargo la plaza militar de Puerto Cabello, la perdió y, a mediados de julio, antes de la Capitulación, comunicó los sucesos a Miranda. Entre las múltiples causas de la caída de la Primera República estuvo, sin duda, la pérdida de Puerto Cabello.

Monteverde, en todo caso, desconoció los términos del Armisticio, siendo una de las consecuencias de esto que Miranda hubiera sido detenido en La Guaira y entregado por sus subalternos, entre ellos Bolívar, la noche del 30 de julio de 1812, en la víspera de su salida de la Provincia, habiendo sido enviado a la prisión, primero en Puerto Rico y luego en La Carraca en San Fernando, Cádiz, donde moriría en 1816. Bolívar, por su parte, a fines de agosto, logró salir de La Guaira con un salvoconducto emitido por las nuevas autoridades, hacia Curazao y luego a Cartagena.[58]

La caída de la primera República de Venezuela se materializó, sin duda, con la Capitulación del General Francisco de Miranda el 25 de julio de 1812, con lo que el orden republicano que se había comenzado a construir fue totalmente demolido, abrogándose por supuesto la Constitución Federal de 1811, e ignorándose además incluso el texto de la misma Constitución de Cádiz que debía jurarse en las provincias ocupadas. Había recomenzado así, en la Provincia, trescientos años después del Descubrimiento, la aplicación de la "ley de la conquista," destruyéndose además, la memoria historia del país con el saqueo de los Archivos de la Provincia, y la destrucción y desaparición de los propios documentos de la independencia.

Una vez abrogada la Constitución de 1811 por la fuerza militar, las autoridades invasoras debían en cambio procurar que en Venezuela se publicase la recién sancionada Constitución de Cádiz, para lo cual el Capitán General Fernando Mijares, quién había sido recién nombrado Gobernador de la antigua Provincia de Venezuela, cargo que no llegó a ejercer efectiva y materialmente jamás, el 13 de agosto de 1812 le remitió a Monteverde desde Puerto Cabello, veinte ejemplares del texto constitucional monárquico, con las correspondientes órdenes y disposiciones que habían dado las Cortes para su publicación y observancia.[59] Monteverde diría a la Audiencia que si se había diferido la publicación de la Constitución ello no había sido por descuido, ni omisión ni capricho, sino por circunstancias muy graves, considerando que la Constitución de Cádiz era una "ley sabia, liberal" concebida para "lugares pacificados, súbditos leales, poblaciones quietas" siendo muy distinto el caso

---

57 Véase los documentos en J.F. Blanco y R. Azpúrua, *Documentos para la Historia....*, pp. 679 y ss. Además, en José de Austria, *Bosquejo de la Historia Militar de Venezuela*, Biblioteca de la Academia Nacional de la Historia, Tomo I, Caracas 1960, pp. 340 y ss. (José de Austria fue contemporáneo del proceso de Independencia; había nacido en Caracas en 1791).

58 Véase Giovanni Meza Dorta, *Miranda y Bolívar. Dos visiones*, Ed. Bid & co. Editor, Caracas 2007, p. 152 ss.

59 Véase José de Austria, *Bosquejo de la Historia militar...*, *op. cit.*, Tomo I, p. 364.

en el cual se hallaban las provincias de Venezuela: "humeando todavía el fuego de la rebelión más atroz y escandalosa", concluyendo:

"Querer gobernar una sociedad de bandoleros, alevosos y traidores, por las reglas en que se manda una compuesta por fieles vasallos de honor y de bien es un error, es un delirio…Si publico la Constitución y le doy todo su cumplimiento no respondo por la seguridad y tranquilidad del país; y si lo hago y solo cumplo con aquellos capítulos que son adaptables a las circunstancias me expongo a que se levante por segunda vez el grito o que por lo menos difundan descontento con el dichete que tienen siempre en la boca que son unos déspotas los que gobiernan que cumplen lo que les tiene en cuenta y dejan sin observancia lo que les agrada."[60]

De manera que Monteverde solo publicó y juró la Constitución de Cádiz "a la manera militar" el 21 de noviembre de 1812, y luego, en Caracas, el 3 de diciembre de 1812, asumiendo sin embargo un poder omnímodo contrario al texto constitucional gaditano.[61] Sobre la Constitución de Cádiz, o más bien, sobre su no aplicación en Venezuela, el mismo Monteverde informaría con toda hostilidad al gobierno de la Metrópoli, diciéndole que si había llegado a publicar la Constitución de Cádiz, ello había sido "por un efecto de respeto y obediencia, no porque consideré a la provincia de Venezuela merecedora todavía de que participase de los efectos de tan benigno código."[62]

Por ello, durante toda su campaña en Venezuela entre 1812 y 1813, Monteverde desconoció la exhortación de amnistía que habían hecho las propias Cortes de Cádiz en octubre de 1810; desconoció, como se dijo, los términos de la Capitulación que había firmado con Francisco de Miranda el 25 de julio de 1812; desconoció las previsiones de la propia Constitución de 1812; y desconoció las decisiones judiciales adoptadas por la Audiencia de Caracas con motivo de la persecución política que aquél desarrolló. Monteverde aplicó, en fin, "la ley de la conquista,"[63] y ello fue lo que en definitiva premiaron las Cortes de Cádiz al haberlo felicitado mediante Orden de 21 de octubre de 1812, a él y a las tropas bajo su mando, "por los importantes y

---

60 Véase carta de Monteverde a la Audiencia de 29 de octubre de 1812. Citada en Alí Enrique López y Robinzon Meza, "Las Cortes españolas y la Constitución de Cádiz en la Independencia de Venezuela (1810-1823)," en José Antonio Escudero (Dir.), *Cortes y Constitución de Cádiz. 200 Años*, Espasa Libros, Madrid 2011, Tomo III, pp. 613, 623.

61 Véase Manuel Hernández González, "La Fiesta Patriótica. La Jura de la Constitución de Cádiz en los territorios no ocupados (Canarias y América) 1812-1814," en Alberto Ramos Santana y Alberto Romero Ferrer (eds.), *1808-1812: Los emblemas de la libertad*, Universidad de Cádiz, Cádiz 2009, pp. 104 ss.

62 Véase José de Austria, *Bosquejo de la Historia militar…, op. cit.,* Tomo I, p. 370.

63 *Idem.*

distinguidos servicios prestados en la pacificación de la Provincia de Caracas."[64]

De estos acontecimientos, por lo demás, dio cuenta Simón Bolívar en su "Exposición sucinta de los hechos del Comandante español Monteverde, durante el año de su dominación en las Provincias de Venezuela" de fecha 20 de septiembre de 1813:

"Pero hay un hecho, que comprueba mejor que ninguno la complicidad del Gobierno de Cádiz. Forman las Cortes la constitución del Reino, obra por cierto de la ilustración, conocimiento y experiencia de los que la compusieron. La tuvo guardada Monteverde como cosa que no importaba, o como opuesta a sus ideas y las de sus consejeros. Al fin resuelve publicarla en Caracas. La publica ¿y para qué? No sólo para burlarse de ella, sino para insultarla y contradecirla con hechos enteramente contrarios. Convida a todos, les anuncia tranquilidad, les indica que se ha presentado el arca de paz, concurren los inocentes vecinos, saliendo muchos de las cavernas en que se ocultaban, le creen de buena fe y, como el fin era sorprender a los que se le habían escapado, por una parte se publicaba la Constitución española, fundada en los santos derechos de libertad, propiedad y seguridad, y por otra, el mismo día, andaban partidas de españoles y canarios, prendiendo y conduciendo ignominiosamente a las bóvedas, a los incautos que habían concurrido a presenciar y celebrar la publicación.

Es esto un hecho tan notorio, como lo son todos los que se han indicado en este papel, y se explanarán en el manifiesto que se ofrece. En la provincia de Caracas, de nada vale la Constitución española; los mismos españoles se burlan de ella y la insultan. Después de ella, se hacen prisiones sin sumaria información; se ponen grillos y cadenas al arbitrio de los Comandantes y Jueces; se quita la vida sin formalidad, sin proceso..."[65]

En Venezuela, por tanto, la situación era de orden fáctico pues el derrumbamiento del gobierno constitucional fue seguido en paralelo, por el desmembramiento de las instituciones coloniales. Por ello, durante toda su campaña en Venezuela en 1812 y 1813, Monteverde desconoció la exhortación que habían hecho las Cortes de Cádiz, en octubre de 1810, sobre la necesidad de que en las provincias de Ultramar donde se hubiesen manifestado conmociones (sólo era el caso de Caracas), si se producía el "reconocimiento a la legítima autoridad soberana" establecida en España, debía haber "un general olvido de cuanto hubiese ocurrido indebidamente"[66]. La reacción de los patriotas contra la violación por Monteverde de la Capitulación de Miranda,

64 Véase en Eduardo Roca Roca, *América en el Ordenamiento Jurídico...*, op. cit., p. 81.

65 Véase José de Austria, *Bosquejo de la Historia militar...*, Tomo II, pp. 111 a 113.

66 Véase el Decreto V, 15-10-10, en Eduardo Roca Roca, *América en el Ordenamiento Jurídico...*, p. 199.

llevó al mismo Monteverde a constatar, en representación dirigida a la Regencia el 17 de enero de 1813, que:

"desde que entré en esta Capital y me fui imponiendo del carácter de sus habitantes, conocí que la indulgencia era un delito y que la tolerancia y el disimulo hacían insolentes y audaces a los hombres criminales."[67]

Agregaba su apreciación sobre "la frialdad que advertí el día de publicación de la Constitución y la falta de concurrencia a actos públicos de alegría", lo que lo apartaron de sus intentos de gobernar con dulzura y afabilidad. Convocó a una Junta que, en consecuencia, ordenó "la prisión de los que se conocían adictos a la revolución de 1810," rebelándose contra la propia Real Audiencia que "había puesto en libertad algunos mal vistos del pueblo que irritaban demasiado mi fueros", ordenando a los Comandantes militares que no liberaran los reos a la justicia.[68]

Por ello, el 30 de diciembre de 1812, en oficio dirigido al Comandante Militar de Puerto Cabello, Monteverde, en desprecio del Tribunal, le ordenaba:

"Por ningún motivo pondrá usted en libertad hombre alguno de los que estén presos en esa plaza por resulta de la causa de infidencia, sin que preceda orden mía, aún cuando la Real Audiencia determine la soltura, en cuyo caso me lo participará Ud. para la resolución que corresponde."[69]

La Real Audiencia acusó a Monteverde de infractor de las leyes, por lo que decía en una representación, que "se me imputa que perturbo estos territorios, los inquieto y pongo en conmoción, violando las leyes que establecen su quietud."[70]

Monteverde concluyó su representación declarando su incapacidad de gobernar la Provincia, señalando que:

"así como Coro, Maracaibo y Guayana merecen estar bajo la protección de la Constitución de la Monarquía, Caracas y demás que componían su Capitanía General, no deben por ahora participar de su beneficio hasta dar pruebas de haber detestado su maldad, y bajo este concepto deben ser tratadas por la ley de la conquista; es decir, por la dureza y obras

---

67 Véase el texto en J.F. Blanco y R. Azpúrua, *Documentos para la Historia....*, Tomo IV, pp. 623-625.

68 *Idem.*

69 Véase el texto en José de Austria, *Documentos para la Historia....*, Tomo I, pp. 365 y 366.

70 Véase en J.F. Blanco y R. Azpúrua, *Documentos para la Historia...*, Tomo IV, pp. 623-625.

según las circunstancias; pues de otro modo, todo lo adquirido se perderá."[71]

En Venezuela, por tanto, los años de 1813 y 1814, fueron de guerra total, de guerra a muerte, durante los cuales Monteverde comandó una dictadura militar[72] represiva y despiadada contra los que habían tomado partido por la Revolución de 1810. Eso explica las palabras de Bolívar, desde Mérida, el 8 de julio de 1813:

> "Las víctimas serán vengadas: los verdugos exterminados. Nuestra bondad se agotó ya, y puesto que nuestros opresores nos fuerzan a una guerra mortal, ellos desaparecerán de América, y nuestra tierra será purgada de los monstruos que la infestan. Nuestro odio será implacable, y la guerra será a muerte."[73]

En las Provincias de Venezuela, en consecuencia, instalado Monteverde en el poder, dejó de aplicarse la Constitución Federal de 1811 ni no tuvo aplicación la Constitución de Cádiz; es decir, no había Constitución alguna que no fuera el mando militar de realistas y patriotas. Conforme la guerra corría por todo el territorio, Monteverde, Boves y sus seguidores gobernaron con la más brutal *ley de la conquista;* y Bolívar y los patriotas, por su parte, gobernaron con la ley dictatorial del "plan enérgico" del "poder soberano" de quien había sido proclamado Libertador, y que, como decía el propio Bolívar, "tan buenos sucesos me ha proporcionado."[74] Esta ausencia de régimen constitucional era así, a pesar de lo que decía el Arzobispo de Caracas, Narciso Colly y Prat en un Edicto Circular de 18 de diciembre de 1813, al recomendar la observancia de la *"ley de la Independencia"* adoptada el 5 de julio de 1811:

> "Esta ley estuvo sin vigor, mientras las armas Españolas ocuparon estas mismas Provincias, más al momento que vencieron las de la República, y a su triunfo se unió la aquiescencia de los pueblos, ella recobró todo su imperio, y ella es la que hoy preside en el Estado venezolano."[75]

En medio del conflicto, en todo caso, las Cortes de Cádiz, habían felicitado mediante Orden de 21–10–12, a Domingo Monteverde y a las tropas bajo su mando, "por los importantes y distinguidos servicios prestados en la pacificación de la Provincia de Caracas"[76]. Meses después el 15 de diciembre del mismo año 1812, Bolívar dio al público su "Memoria dirigida a los ciudadanos de la Nueva Granada por un caraqueño" conocida como el "Manifiesto

---

71 *Idem.*
72 Véase J. Gil Fortoul, *Historia Constitucional...,* Tomo I, p. 214.
73 *Idem,* Tomo I, p. 216.
74 *Idem,* Tomo I, p. 221.
75 J.F. Blanco y R. Azpúrua, Tomo IV, p. 726.
76 Véase en Eduardo Roca Roca, *op. cit.,* p. 81.

de Cartagena"[77], en la cual expuso las causas de la pérdida de Venezuela, entre ellas, la debilidad del régimen político adoptado en la Constitución de 1811.

En 1813, Bolívar inició en Cartagena, con el apoyo del Congreso de Nueva Granada, la "Campaña Admirable"; en mayo ya estaba en Mérida; el Decreto de "Guerra a Muerte" lo dictó en Trujillo en julio[78] y entró a Caracas en agosto de 1813.

En su primera comunicación enviada al Congreso de la Nueva Granada el 8 de agosto de 1813 con el informe de la liberación de la capital de Venezuela, Simón Bolívar, General en Jefe del Ejército Libertador, señaló:

"Interin se organiza el Gobierno legal y permanente, me hallo ejerciendo la autoridad suprema, que depondré en manos de una Asamblea de notables de esta capital, que debe convocarse para erigir un gobierno conforme a la naturaleza de las circunstancias y de las instrucciones que he recibido de ese augusto Congreso."[79]

En el Manifiesto del día siguiente, 9 de agosto de 1813, que dirigió a sus conciudadanos, resumió los planes para la organización del Estado, insistiendo en la misma idea anterior de legitimar el poder:

"Una asamblea de notables, de hombres virtuosos y sabios, debe convocarse solemnemente para discutir y sancionar la naturaleza del gobierno, y los funcionarios que hayan de ejercerla en las críticas y extraordinarias circunstancias que rodean a la República. El Libertador de Venezuela renuncia para siempre, y protesta formalmente, no aceptar autoridad alguna que no sea la que conduzca a nuestros soldados a los peligros para la salvación de la Patria."[80]

Ello la reiteró en una nueva comunicación al Presidente del Congreso de Nueva Granada, el 14 de agosto de 1813; en la cual le indicó "la próxima convocatoria de una Asamblea popular, para determinar la naturaleza del gobierno y la Constitución del Estado", anunciándole la organización de los Departamentos Supremos de la Administración[81]. El Libertador tuvo, sin duda, en 1813, una obsesión por reorganizar el Estado y legitimar el poder

---

77 Véase el texto en Simón Bolívar, *Escritos Fundamentales,* Monte Avila Editores, Caracas, 1982, pp. 57 y ss.; y en *Proclamas y Discursos del Libertador,* Caracas, 1939, pp. 11 y ss.

78 Véase el texto en *Proclamas y Discursos del Libertador, cit.,* pp. 33 a 35.

79 Véase en *Escritos del Libertador,* Sociedad Bolivariana de Venezuela, Tomo V, Caracas, 1969, p. 5.

80 *Idem*, p. 10.

81 *Ibídem*, p. 30.

supremo que había conquistado con las armas, a cuyo efecto pidió asesoramientos diversos sobre un Plan de Gobierno Provisorio[82].

La liberación de la Provincia de Caracas, sin embargo, no significó la liberación de Venezuela. En todo el país la guerra continuó, y la figura de Boves, caudillo al servicio de los realistas, está en el centro de la tragedia de Venezuela en 1814[83].

Coincidiendo con la brutal guerra que se sucedió en Venezuela, Fernando VII en cuyo nombre se había producido la independencia de Venezuela, el 4 de mayo de 1814 anuló la Constitución de Cádiz, y los demás actos constitucionales dictados a su amparo, declarándolos "nulos y de ningún valor ni efecto, ahora ni en tiempo alguno, como si no hubiesen pasado jamás".

En esta forma, puede decirse que por que las bases del constitucionalismo venezolano ya habían sido sentadas antes de la sanción de la Constitución de Cádiz, y porque esta no tuvo aplicación en Venezuela, la misma no tuvo influencia alguna en el constitucionalismo de Venezuela. Después de su anulación, en todo caso, siguió la guerra brutal de independencia de las Provincias de Venezuela, por lo que dicho texto no pudo haber tenido influencia alguna en el constitucionalismo posterior. Era demasiado español, y Venezuela había declarado la guerra a todo lo español; y por su parte, España le había declarado la guerra a los venezolanos, lo que se materializó en el hecho del envío en 1815, de la mayor expedición armada hacia América, compuesta por 15.000 hombres al mando del Mariscal de Campo Pablo Morillo, para pacificar a las Provincias de Venezuela; la cual llegó en abril de ese año 1815 a las costas orientales del país[84]

En todo caso, en las mismas filas patrióticas también se habían producido bandos, y el Libertador fue expulsado de Venezuela, en Oriente, en septiembre de 1814, luego de la emigración que dirigió de Caracas a Barcelona, con destino a Cartagena, donde llegó por segunda vez. El Congreso de la Nueva Granada lo nombró "Capitán General de los Ejércitos de la Confederación", pero los conflictos internos en Cartagena, lo obligaron a renunciar al mando, por lo cual, en mayo de 1815, salió para Jamaica.

El 6 de septiembre de 1815 escribió la célebre "Carta de Jamaica" (Contestación de un americano meridional a un caballero de esta isla)[85], donde entre otros aspectos, expuso sus ideas políticas sobre el gobierno que requería Venezuela. Pasó a Haití, en 1816, donde lo acogió el Presidente Alejandro Petión; y desde Haití, realizó la "Expedición de Los Cayos" con destino a Venezuela, llegando a Margarita donde proclamó, de nuevo, "el gobierno

---

82 Véase los documentos más notables en este sentido en *Simón Bolívar y la Ordenación del Estado,* en 1813 (Estudios preliminares de Pedro Grases y Tomás Polanco), Caracas, 1979.

83 Véase Juan Uslar Pietri, *Historia de la Rebelión Popular del año 1814,* Caracas 1962.

84 Véase José Gil Fortoul, *op. cit.,* Tomo I, p. 237.

85 Véase en Simón Bolívar, *Escritos Fundamentales, cit.,* pp. 82 y ss.

independiente de Venezuela"; ratificándole una Asamblea, al Libertador, la Jefatura Suprema del Estado y de los Ejércitos de Venezuela.

En una Proclama a los venezolanos el 8 de mayo de 1816, ya había afirmado:

"El Congreso de Venezuela será nuevamente instalado donde y cuando sea vuestra voluntad. Como los pueblos independientes me han hecho el honor de encargarme de la autoridad suprema, yo os autorizo para que nombréis vuestros diputados en Congreso, sin otra convocación que la presente; confiándoles las mismas facultades soberanas que en la primera época de la República."[86]

Como muestra de las continuas disensiones entre los jefes patriotas, el General Mariño, segundo jefe de la expedición de Los Cayos y del Ejército, ratificado en la Asamblea de Margarita, junto con otros jefes militares reunidos en San Felipe de Cariaco el 8 de mayo de 1817, desconocieron la autoridad de Bolívar, y estableciendo un gobierno federal, nombrándose un Ejecutivo plural[87].

Bolívar, quien de nuevo había ido a Haití en agosto de 1816, en 1817 regresó a Venezuela, conquistó la libertad de Guayana, y en operaciones sucesivas logró el reconocimiento de su jefatura suprema que había sido desconocida de nuevo en el mencionado Congreso de Cariaco que se había reunido en mayo de 1817.

A partir de octubre de 1817 se declaró a Angostura, como capital del Gobierno de Venezuela y residencia provisional de las autoridades, y entre las primeras decisiones del Libertador deben citarse las destinadas a establecer las bases del sistema provisional de Gobierno. Ello lo resume en el Discurso de instalación del Consejo de Estado en Angostura, el 1º de noviembre de 1817, en el cual, entre otros aspectos, señaló:

Cuando el pueblo de Venezuela rompió los lazos opresivos que lo unían a la nación española, fue su primer objeto establecer una Constitución sobre las bases de la política moderna, cuyos principios capitales son la división de poderes y el equilibrio de las autoridades. Entonces, proscribiendo la tiránica institución de la monarquía española, adoptó el sistema republicano más conforme a la justicia; y entre las formas republicanas escogió la más liberal de todas, la federal. Las vicisitudes de la guerra, que fueron tan contrarias a las armas venezolanas, hicieron desaparecer la República y con ella todas sus instituciones.

En dicho Discurso, el Libertador argumentó el porqué la guerra había impedido "dar al gobierno de la República la regularidad constitucional que las actas del Congreso habían decretado en la primera época", precisando, al

---

86 Véase en *Proclamas y Decretos del Libertador*, *cit.*, p. 146. Véase los comentarios en José Gil Fortoul, *op. cit.*, Tomo I, p. 244.

87 Véase José Gil Fortoul, *op. cit.*, Tomo I, pp. 246-247.

referirse al tercer período de la República iniciado en Margarita, luego de la expedición de Los Cayos en 1816, lo siguiente:

"En la isla de Margarita volvió a tomar una forma regular la marcha de la República; pero siempre con el carácter militar desgraciadamente anexo al estado de guerra. El tercer período de Venezuela no había presentado hasta aquí, un momento favorable, en que se pudiese colocar al abrigo de las tempestades el arca de nuestra Constitución."

Reseñó el Libertador, en ese Discurso, que por la Asamblea de Margarita del 6 de mayo de 1816 se había creado y nombrado "un poder ejecutivo bajo el título de Jefe Supremo de Venezuela. Así, sólo faltaba la institución del cuerpo legislativo y del poder judicial", por lo que agregaba, que: "La creación del Consejo de Estado debía llenar las funciones del poder legislativo, correspondiendo a una Alta Corte de Justicia el tercer poder del cuerpo soberano"[88].

El Libertador además, en ese excepcional documento sobre organización constitucional, daba cuenta de la organización regular de las Provincias libres de Venezuela, mencionando a los diversos gobernadores civiles y militares de las mismas, y entre ellos al General Páez en las Provincias de Barinas y Casanare, y Monagas en la Provincia de Barcelona. Ambos ejercerían la Presidencia de la República décadas después.

Al año siguiente (1818) se realizó la campaña del Centro, enfrentándose los ejércitos Republicanos a los del General Morillo. El Libertador, en la sesión del Consejo de Estado del 1 de octubre de 1818, propuso la convocatoria del Congreso de Venezuela a fin de acelerar "la marcha de la restauración de nuestras instituciones republicanas", manifestando "la necesidad y la importancia de la creación de un cuerpo constituyente que dé al Gobierno una forma y un carácter de legalidad y permanencia"[89].

El Consejo de Estado aprobó un "Reglamento para la segunda convocación del Congreso de Venezuela" que debía instalarse en enero de 1819, y que entre otras tareas tendría la de "Tratar de Gobierno y Constitución"[90]. Realizadas las elecciones durante 1818, el Congreso de Angostura se instaló el 15 de febrero de 1819, y en esa oportunidad el Libertador leyó su hermoso Discurso de Angostura en el cual expuso sus ideas sobre el Estado y su organización, configurándose como la exposición de motivos del Proyecto de Constitución que sometió a la consideración de dicha Asamblea[91].

88. *Proclamas y Decretos del Libertador, cit.,* pp. 173 y 174. Véase el Decreto de creación del Consejo de Estado y los otros actos constitucionales de esos años, en Allan R. Brewer-Carías, *Las Constituciones de Venezuela, cit.,* pp. 223 y ss.

89. Véase Pedro Grases "Notas Editorial", en *El Libertador y la Constitución de Angostura de 1819,* Caracas, 1969, p. 7.

90. Véase el texto del Reglamento en Allan R. Brewer-Carías, *Las Constituciones de Venezuela, cit.,* pp. 229 y ss.

91. Véase Ángel Francisco Brice, Prólogo a las *Actas del Congreso de Angostura,* Instituto de Derecho Público, Caracas, 1969, pp. 9 y ss.

Se adoptó, así, la Constitución de Angostura de 1819, influida por los principios del constitucionalismo moderno que se habían incorporado en la Constitución de 1811 y las propias ideas del Libertador[92], en cuya elaboración como es fácil deducir, no hubo influencia alguna de la Constitución de Cádiz.

Coincidiendo con la brutal guerra que se sucedió en Venezuela en 1813 y 1814, Fernando VII en cuyo nombre se había adoptado la Constitución de Cádiz de 1812, una vez que el 22 de marzo de 1814 entró a España luego de la firma del Tratado de Valençay de 1813 mediante el cual Napoleón lo reconoció como Rey, por Real Decreto de 4 de mayo de 1814 expedido en Valencia, restauró la Monarquía Absoluta, negándose a jurar la Constitución de Cádiz que durante dos años le había mantenido su Monarquía, anulándola junto con los demás actos constitucionales que las Cortes habían dictado a su amparo, diciendo que quedaban "nulos y de ningún valor ni efecto, ahora ni en tiempo alguno, como si no hubiesen pasado jamás tales actos, y se quitasen de en medio del tiempo." Para hacer esto, Fernando VII reaccionó contra las propias Cortes, denunciando que se habían constituido "de un modo jamás usado en España aun en los tiempos más arduos" al no haber participado en la misma "los Estados de la Nobleza y Clero, aunque la Junta Central lo había mandado," y además, considerando que los diputados a las Cortes, desde el mismo día de su instalación, lo habían "despojado de su soberanía" al haberla atribuido "nominalmente a la Nación, para apropiársela así ellos mismos, y dar a ésta después, sobrc tal usurpación, las Leyes que quisieron."[93]

En esta forma, habiéndose sentado las bases del constitucionalismo venezolano antes de la sanción de la Constitución de Cádiz, la cual no tuvo efectiva aplicación en Venezuela, salvo formalmente por imposición en medio de la guerra, la misma no tuvo ni pudo tener influencia alguna, ni siquiera en constitucionalismo posterior. Era demasiado española, y Venezuela había declarado la guerra a todo lo español; y por su parte, España le había declarado la guerra a los venezolanos, comandada por la Regencia y las propias Cortes, guerra que, además, una vez reinstaurada la Monarquía, se materializó físicamente en 1815 con el envío de la mayor expedición armada jamás antes enviada a América desde España, la compuesta por más de 15.000 hombres al mando del Mariscal de Campo Pablo Morillo, precisamente para pacificar a las Provincias de Venezuela.[94]

92 *El Libertador y la Constitución de Angostura de 1819,* (ed: Pedro Grases), Prólogo: Tomás Polanco, Caracas 1970. Véase en general, *Los Proyectos Constitucionales de Simón Bolívar, El Libertador 1813-1830,* Caracas 1999.

93 Véase el texto en: http://www.historiasiglo20.org/HE/texto-decretovalenciafernandoVII.htm.

94 Véase José Gil Fortoul, *Historia Constitucional...,* Tomo I, p. 237.

IV. LA CONVERGENCIA CONSTITUCIONAL ENTRE CARACAS (1811) Y CÁDIZ (1812), A PESAR DEL DESENCUENTRO, POR LA RECEPCIÓN DE LOS MISMOS PRINCIPIOS DEL CONSTITUCIONALISMO MODERNO

A pesar de todo el desencuentro que acompañó el proceso constituyente venezolano y gaditano, sin embargo, lo cierto fue que estuvieron influidos por los mismos principios del constitucionalismo moderno que habían derivado de las Revoluciones francesa y americana, y fueron incorporados en la Constitución Federal de los Estados de Venezuela de 1811 y en la Constitución de Cádiz de 1812. Y ello, por supuesto, a pesar de que para cuando se iniciaron dichos procesos constituyentes en Cádiz y en Venezuela, a partir de 1810, ya la República francesa había dejado de existir, pues había sido suprimida en 1808; la Declaración de Derechos no tenía rango constitucional, que había perdido en 1799; y la propia Revolución había cesado en 1795. Del caos institucional que surgió de la misma, vino la dictadura napoleónica, primero a través del Consulado provisorio (1799) y vitalicio (1802), y luego como Emperador (1804); y posteriormente, cuando fue encarcelado, a partir de 1814, ocurrió la restauración de la Monarquía habiendo perdurado el régimen monárquico durante buena parte del siglo XIX.

Sin embargo, aquellos principios del constitucionalismo moderno que de ella derivaron, y que junto con los que aportó la Revolución Norteamericana entre 1810 y 1812 moldearon los procesos constituyentes de Venezuela y de España, en resumen, fueron los siguientes:[95]

En *primer lugar*, la idea de la existencia de una Constitución como carta política escrita, emanación de la soberanía popular, de carácter rígida, permanente, contentiva de normas de rango superior, inmutable en ciertos aspectos y que no sólo organiza al Estado, es decir, no sólo tiene una parte orgánica, sino que también tiene una parte dogmática, donde se declaran los valores fundamentales de la sociedad y los derechos y garantías de los ciudadanos. Hasta el tiempo de las Revoluciones, esta idea de Constitución no existía, y las Constituciones, a lo sumo, era cartas otorgadas por los Monarcas a sus súbditos. La primera Constitución del mundo moderno, por tanto, después de las que adoptaron las antiguas colonias norteamericanas en 1776 fue la de los Estados Unidos de América de 1787, seguida de la de Francia de 1791. La tercera Constitución moderna, republicana, fue la de Venezuela de 1811; y la cuarta, la de la Monarquía parlamentaria de Cádiz de 1812.

En *segundo lugar*, de esos dos acontecimientos surgió también la idea política derivada del nuevo papel que a partir de esos momentos históricos se confirió al pueblo, es decir, el papel protagónico del pueblo en la constitucionalización de la organización del Estado. Con esas Revoluciones la Constitu-

---

95   Véase Allan R. Brewer-Carías, *Reflexiones sobre la Revolución Norteamericana (1776), la Revolución Francesa (1789) y la Revolución Hispanoamericana (1810-1830) y sus aportes al Constitucionalismo Moderno*, Serie Derecho Administrativo Nº 2, Universidad Externado de Colombia, Editorial Jurídica Venezolana, Bogotá 2008.

ción comenzó a ser producto del pueblo, dejando de ser una mera emanación de un Monarca. Por ello, en los Estados Unidos de América, las Asambleas coloniales asumieron la soberanía, y en Francia, la soberanía se trasladó del Monarca al pueblo y a la Nación; y a través de la idea de la soberanía del pueblo, surgieron todas las bases de la democracia y el republicanismo.

Por ello, en España, la Junta Central Gubernativa del Reino estableció un régimen de elecciones para la formación de las Cortes de Cádiz en 1810 las cuales sancionaron la Constitución de 18 de marzo de 1812; y en Venezuela, la Junta Suprema conservadora de los derechos de Fernando VII constituida en 1810, entre los primeros actos constitucionales que adoptó, también estuvo la convocatoria a elecciones de un Congreso General con representantes de las Provincias que conformaban la antigua Capitanía General de Venezuela, cuyos diputados (de siete de las nueve Provincias), en representación del pueblo, sancionaron la Constitución de 21 de diciembre de 1811, luego de haber declarado solemnemente la Independencia el 5 de Julio del mismo año.

En *tercer lugar*, de esos dos acontecimientos políticos resultó el reconocimiento y declaración formal de la existencia de derechos naturales del hombre y de los ciudadanos, con rango constitucional, y por tanto, que debían ser respetados por el Estado. La libertad se constituyó, con esos derechos como un freno al Estado y a sus poderes, produciéndose, así, el fin del Estado absoluto e irresponsable. En esta forma, a las Declaraciones de Derechos que precedieron a las Constituciones de las Colonias norteamericanas al independizarse en 1776, siguieron la Declaración de Derechos del Hombre y del Ciudadano de Francia de 1789, y las Enmiendas a la Constitución de los Estados Unidos del mismo año.

La tercera de las declaraciones de derechos fundamentales en la historia del constitucionalismo moderno, fue la Declaración de Derechos del Pueblo adoptada el 1º de julio de 1811 por la sección de Caracas del Congreso General de Venezuela, texto que meses después se recogió ampliado, en el Capítulo VII de la Constitución de diciembre de 1811.

En *cuarto lugar*, además, dentro de la misma línea de limitación al Poder Público para garantizar la libertad de los ciudadanos, las Revoluciones francesa y americana aportaron al constitucionalismo la idea fundamental de la separación de poderes. Esta se formuló, en primer lugar, en la Revolución americana, razón por la cual la estructura constitucional de los Estados Unidos se montó, en 1787 sobre la base de la separación orgánica de poderes. El principio, por supuesto, se recogió aún con mayor fuerza en el sistema constitucional que resultó del proceso revolucionario francés, donde se le agregaron como elementos adicionales, el principio de la supremacía del Legislador resultado de la consideración de la ley como expresión de voluntad general; y el de la prohibición a los jueces de interferir en cualquier forma en el ejercicio de las funciones legislativas y administrativas.

La Constitución venezolana de diciembre de 1811, en esta forma, fue el tercer texto constitucional del mundo moderno, en establecer expresa y precisamente el principio de la separación de poderes, aun cuando más dentro de la línea del balance norteamericano que de la concepción extrema francesa; siendo la Constitución de Cádiz de 1812, la cuarta Constitución que adoptó el principio de separación de poderes, siguiendo más el esquema francés de la Monarquía parlamentaria.

En *quinto lugar,* de esos dos acontecimientos políticos puede decirse que resultaron los sistemas de gobierno que han dominado en el mundo moderno: el presidencialismo, producto de la Revolución americana; y el parlamentarismo, como sistema de gobierno que dominó en Europa después de la Revolución francesa, aplicado en las Monarquías parlamentarias.

El presidencialismo se instaló en Venezuela a partir de 1811, inicialmente como un ejecutivo triunviral, y luego unipersonal a partir de 1819; y el parlamentarismo se instauró en España en 1812.

En *sexto lugar*, las Revoluciones americana y francesa trastocaron la idea misma de la función de impartir justicia, la cual dejaría de ser administrada por el Monarca y comenzaría a ser impartida en nombre de la Nación por funcionarios independientes. Además, con motivo de los aportes de la Revolución americana, los jueces asumieron la función fundamental en el constitucionalismo moderno, de controlar la constitucionalidad de las leyes; es decir, la idea de que la Constitución, como norma suprema, tenía que tener algún control, como garantía de su supremacía, y ese control se atribuyó al Poder Judicial. De allí, incluso, el papel político que en los Estados Unidos de Norteamérica, adquirió la Corte Suprema de Justicia. En Francia, sin embargo, dada la desconfianza revolucionaria respecto de los jueces, frente a la separación absoluta de poderes, sólo sería cien años después que se originaría la consolidación de la justicia administrativa, que aún cuando separada del Poder Judicial, controlaría a la Administración; y sería doscientos años después que se establecería un control de constitucionalidad de las leyes a cargo del Consejo Constitucional, creado también fuera del Poder Judicial. Tanto en la Constitución de Venezuela de 1811 como en la Constitución de Cádiz de 1812 se reguló un Poder Judicial autónomo e independiente, habiéndose desarrollado en Venezuela a partir de 1858 un control judicial de la constitucionalidad de las leyes que sólo se instauró en España, efectivamente, a partir de 1978.

En *séptimo lugar*, de esos dos acontecimientos revolucionarios surgió una nueva organización territorial del Estado, antes desconocida. En efecto, frente a las Monarquías absolutas organizadas conforme al principio del centralismo político y a la falta de uniformismo político y administrativo, esas Revoluciones dieron origen a nuevas formas de organización territorial del Estado, antes desconocidas, que originaron, por una parte, el federalismo, particularmente derivado de la Revolución americana con sus bases esenciales de gobierno local, y por la otra, el municipalismo, originado particularmente como consecuencia de la Revolución francesa.

Venezuela, así, fue el primer país del mundo, 1811, en seguir el esquema norteamericano y adoptar la forma federal en la organización del Estado, sobre la base de la división provincial colonial; y a la vez, fue el primer país del mundo, en 1812, en haber adoptado la organización territorial municipal que legó la Revolución francesa. En España, la división provincial siguió en parte la influencia de la división territorial departamental de la post Revolución francesa; y se adoptaron los principios del municipalismo que también derivaron de la Revolución francesa.

Estos siete principios o aportes que resultan de la Revolución americana y de la Revolución francesa significaron, por supuesto, un cambio radical en el constitucionalismo, producto de una transición que no fue lenta sino violenta, aún cuando desarrollada en circunstancias y situaciones distintas. De allí que, por supuesto, la contribución de la Revolución americana y de la Revolución francesa al derecho constitucional, aún en estas siete ideas comunes, hayan tenido raíces diferentes: en los Estados Unidos de Norte América se trataba de construir un Estado nuevo sobre la base de lo que eran antiguas Colonias inglesas, situadas muy lejos de la Metrópoli y de su Parlamento soberano, y que durante más de un siglo se habían desarrollado independientes entre sí, por sus propios medios y gozando de cierta autonomía. En el caso de Francia, en cambio, no se trataba de construir un nuevo Estado, sino dentro del mismo Estado unitario y centralizado, sustituir un sistema político constitucional monárquico, propio de una Monarquía absoluta, por un régimen totalmente distinto, de carácter constitucional y parlamentario, e incluso luego, republicano. Puede decirse que, *mutatis mutandi,* en Venezuela ocurrió un fenómeno político similar al de Norteamérica; y en España ocurrió también un fenómeno político similar al de Francia.

V. ALGUNAS SECUELAS CONSTITUCIONALES DEL DESENCUENTRO

Seis años después de la restauración de la Monarquía y de la anulación de la Constitución de Cádiz, es decir, a partir de 1820, puede decirse que fue cuando su texto efectivamente comenzaría a tener repercusión en el constitucionalismo moderno. Ello ocurrió como consecuencia de una Revolución de origen militar, y que esa ocasión impuso al rey Fernando VII el juramento de Constitución de Cádiz, la cual entonces volvió a entrar en vigencia, aún cuando por otro corto período de tres años y medio, desde el 10 de marzo de 1820 al primero de octubre de 1823.[96]

En efecto, el 1º de enero de 1820 estalló en el pueblo de Cabezas de San Juan, una rebelión militar del cuerpo de expedicionarios que se había conformado y que debía partir para América para sofocar las rebeliones que ya para esa fecha se habían generalizado en todo el Continente. La voz de la Revolución se expresó con el pronunciamiento de coronel Rafael del Riego, quien, como se ha dicho, consideró "más importante proclamar la Constitución de 1812 que conservar el imperio español."[97] Para ese momento en Europa, la Constitución de Cádiz era el símbolo de las ideas liberales, más que

---

96 Véase José F. Merino Merchán, *Regímenes históricos españoles*, Tecnos, Madrid 1988, pp. 60 y 61.

97 Véase Juan Ferrando Badía, "Proyección exterior de la Constitución de Cádiz" en M. Artola (ed), *Las Cortes de Cádiz, Ayer, 1-1991*, Marcial Pons, Madrid 1991, p. 207.

las que habían derivado de la Revolución Francesa cuyas secuelas habían sumido a toda Europa en unas guerras sucesivas de varias décadas.

Por tanto, entre embarcarse para América para luchar contra un proceso independentista ya bastante generalizado donde las nuevas naciones con sus ejércitos ya habían derrotado a las fuerzas españolas, tal y como por ejemplo, había ocurrido en Venezuela y Nueva Granada respecto de la expedición de Morillo de 1815; y realizar una sublevación militar en la propia España, el Ejercito, con la connivencia de sociedades secretas como la masonería, optó por lo segundo[98] e hizo la Revolución, imponiendo al Rey la Constitución de 1812, quien la juró el 2 de marzo de 1820.

En este nuevo período de vigencia, a partir de 1820, fue entonces que la influencia de la Constitución se manifestó incluso en América, en algunas provisiones de los textos Constitucionales de los países en los cuales, para esa fecha, aún no se había proclamado la independencia, que eran la mayoría.[99]

Sin embargo, la mayor repercusión de la Constitución española ocurrió en Europa, donde puede decirse que su influencia derivó, más que del texto estricto de las previsiones contenidas en la Constitución, del hecho de que en su nombre se había realizado una revolución que había impuso por la fuerza la Constitución al Monarca en 1820. Así, la decisión del Rey de jurar la Constitución como consecuencia de esa Revolución, fue realmente lo que consolidó al movimiento como la primera Revolución liberal europea. La consecuencia de ello fue, entonces, que los movimientos revolucionarios que en esas mismas fechas se iniciaron tanto en Portugal como en Nápoles y en el Piamonte italiano, vieron en la Revolución española el ejemplo a seguir, imponiendo también a los Monarcas su producto, que había sido, precisamente, la Constitución de Cádiz.

En los Estados de Venezuela, en cambio, el desencuentro continuó, y aún antes de haber concluido las guerras de independencia con la Batalla de Carabobo de 1821, y antes de que se hubiese vuelto a poner en vigencia la Constitución de Cádiz en 1820, luego de efectuadas las elecciones para la conformación del Congreso de Venezuela,[100] el 15 de agosto de 1819 se sancionó en Angostura, capital de la provincia de Guayana, la segunda Constitución política de Venezuela,[101] la cual por supuesto, tuvo como antecedente inmediato el texto de la Constitución Federal de los Estados de Venezuela de 1811, de la cual tomó muchas disposiciones, entre ellas, la declaración de

98 Véase F. Suárez, *La crisis política del Antiguo Régimen en España (1800-1840)*, Madrid, 1950, p. 38. Citado por Juan Ferrando Badía, *Idem*, p. 177.

99 Véase por ejemplo, Manuel Ferrer Muñoz, *La Constitución de Cádiz y su aplicación en la Nueva España*, UNAM, México 1993.

100 Véase el texto del Reglamento para elecciones de representantes al Congreso de Venezuela de 17-10-1818 aprobado por el Consejo de Estado constituido por el Libertador como jefe Supremo, en Allan R. Brewer-Carías, *Las Constituciones de Venezuela, cit.,* Tomo I, pp. 603-611. El Consejo de Estado lo había creado el Libertador el 5 de noviembre de 1817. Véase en *Idem*, p. 599.

101 *Idem,* Tomo I, p. 599.

derechos, los principios democráticos representativos y la separación de poderes. Esta Constitución tuvo, además, la influencia directa de las ideas de Simón Bolívar, para entonces jefe supremo de la República, quien las había expresado tanto en el Proyecto de texto constitucional que elaboró para el Congreso, como en su Discurso de presentación del mismo[102]; los cuales además, seguían la línea de pensamiento que había delineado en el Manifiesto de Cartagena (1812) y en la Carta de Jamaica (1815)[103]. La Constitución de 1819, sin embargo, tuvo una importante disidencia respecto del texto de la Constitución de 1811, al establecer, conforme a la orientación de Bolívar, un Estado unitario en contraste con la forma federal inicial.

Esta organización constitucional del Estado de Venezuela en la Constitución de Angostura, como la guerra de independencia no había concluido, y la mira del Libertador apuntaba además, hacia la Nueva Granada, a finales el 17 de diciembre de ese año 1819, el propio Congreso de Venezuela, en virtud de que a su autoridad habían querido sujetarse los pueblos de la nueva Granada recientemente liberados, sancionó la Ley Fundamental de la República de Colombia en 1819,[104] reuniendo "las Repúblicas de Venezuela y la Nueva Granada"... en una sola bajo el título glorioso de república de Colombia" (art. 1), cuyo territorio comprendía al antiguo reino de Quito (art. 2).[105] Por ello, a comienzos de 1820 Bolívar regresó a la Nueva Granada y luego de volver a Venezuela en marzo de ese año –cuando los rebeles militares en España imponían a Fernando VII la Constitución de Cádiz– , en la continuación de la guerra a la cual los militares españoles se habían negado a participar, derrotando los ejércitos españoles los días 25 y 26 de noviembre de 1820, Bolívar y Morillo suscribieron un Armisticio y un Tratado de Regularización de la Guerra con Pablo Morillo, entrevistándose en Santa Ana, el 27 de noviembre de 1820. Todo esto, como se dijo, ocurría en las provincias americanas mientras en España se producía y se comenzaba a consolidar la revolución de Riego. Luego del armisticio, Morillo encargó del ejército español a Miguel de la Torre y se embarcó para España, pero al poco tiempo, el Armisticio se rompió por el pronunciamiento del gobierno de la Provincia de Maracaibo, que había permanecido leal a la Monarquía, a favor de una República democrática, incorporándose a Colombia. Finalmente el 24 de junio de 1821

---

102 Véase los textos en *El Libertador y la Constitución de Angostura*, (ed. Pedro Grases), Publicaciones del Congreso de la República, Caracas, 1969.

103 El Manifiesto de Cartagena (1812) y la Carta de Jamaica (1815) pueden consultarse, entre otros, en Simón Bolívar, *Escritos Fundamentales,* Caracas, 1982 y en *Itinerario Documental de Simón Bolívar. Escritos selectos*, Ediciones de la Presidencia de la República, Caracas 1970, pp. 30 y ss. y 115 y ss. Véase además, Simón Bolívar, *Carta de Jamaica*, Ediciones del Ministerio de Educación, Caracas 1965 y Ediciones de la Presidencia de la República, Caracas 1972.

104 Véase el texto en Allan R. Brewer-Carías, *Las Constituciones de Venezuela, cit.,* Tomo I, pp. 645-646; y en Pedro Grases (ed), *Actas del Congreso de Angostura, cit.,* pp. 356 y ss.

105 Véase la Ley Fundamental de la República de Colombia de 17-12-1819 en Allan R. Brewer-Carías, *Las Constituciones de Venezuela, cit.,* Tomo I, pp. 643-644.

se libró la Batalla de Carabobo, y con ello se selló definitivamente la independencia de Venezuela.

La independencia, constitucionalmente se materializó en la Constitución de la República de Colombia sancionada por el Congreso General de Colombia reunido en la Villa del Rosario de Cúcuta el 30 de agosto de 1821,[106] una vez que el mismo Congreso había sancionado la Ley Fundamental de la Unión de los Pueblos de Colombia del 15 de agosto de 1821,[107] estuvo signada igualmente por el centralismo de Estado que continuó y se acentuó, al integrarse en un solo Estado todas las provincias de Cundinamarca, Venezuela y Ecuador.

Esa República, obra de Bolívar, sin embargo, desapareció tres meses antes de su muerte, con el desmembramiento de la llamada Gran Colombia y por lo que respecta a Venezuela, con la sanción de la Constitución del 24 de septiembre de 1830 mediante la cual se restableció la República de Venezuela.[108] Su texto fue uno de los que más influencia tuvo en el proceso constitucional venezolano, dado los largos años de vigencia de los que gozó hasta 1857. Fue un texto que siguió la misma línea constitucional que se había iniciado en Venezuela con la Constitución Federal de 1811, de cuyo texto recibió la influencia fundamental, así como de las Constituciones de 1819 y 1821, aún cuando mitigando el centralismo que Bolívar le había propugnada en ellas.

Así, de la divergencia política inicial entre Caracas y Cádiz durante los cruciales años de 1810 a 1812, sin duda derivaron procesos constituyentes propios y distintos que se desarrollaron en paralelo en ambas partes del Atlántico, pero que, con todas sus vicisitudes políticas, encontraron puntos de convergencia por el hecho de haber recibido, en ambas partes del Atlántico, la influencia de los mismos principios del constitucionalismo moderno provenientes de las Revoluciones Francesa y Norteamericana del siglo XVIII.

---

106   *Idem,* Tomo I, pp. 647-665.

107   La cual se sancionó ratificando la Ley Fundamental de la República de Colombia de 17-12-1819. Véase en *Idem,* Tomo I, pp. 645-646.

108   *Idem,* Tomo I, pp. 707 ss.

CAPÍTULO SEXTO

LA CONSTITUCIÓN DE CÁDIZ DE 1812 Y LOS PRINCIPIOS DEL CONSTITUCIONALISMO MODERNO: SU VIGENCIA EN EUROPA Y EN AMÉRICA*

Treinta y cinco (35) años después de que tuvo lugar la Revolución Americana de 1776 y veintidós (22) años después de que se produjera la Revolución Francesa de 1789, en España y en sus colonias americanas se comenzaron a producir los sucesos que, en conjunto, conformarían lo que se puede denominar la "Revolución Hispano Americana"[1], que se inició, constitucionalmente hablando, en paralelo, con la sanción de la "Constitución Federal para los Estados de Venezuela" de 21 de diciembre de 1811, y tres meses después con la sanción de la "Constitución de la Monarquía Española" de Cádiz, de 19 de marzo de 1812.

Las dos primeras Revoluciones transformaron radicalmente el orden político constitucional que existía a finales del siglo XVIII, que era el del Antiguo Régimen, habiendo sido sus principios constitucionales los que sirvieron de fuente de inspiración para las siguientes. De los mismos se nutrieron, entre 1808 y 1812, tanto los precursores y próceres de la Independencia de Venezuela en la tarea de elaborar las bases para la creación de un nuevo Estado independiente, que era el segundo en su género en la historia política del

* Texto de la Conferencia Magistral dictada en el *IV Simposio Internacional sobre la Constitución de Cádiz de 1812: Fuente del derecho europeo y americano. Relectura de sus principios fundamentales*, Ayuntamiento de Cádiz, Cádiz, 11 al 13 de junio de 2008. Publicado en Asdrúbal Aguiar (Coordinador), *La Constitución de Cádiz de 1812, fuente del derecho Europeo y Americano. Relectura de sus principios fundamentales. Actas del IV Simposio Internacional Unión Latina*, Ayuntamiento de Cádiz, Cádiz 2010, pp. 35-55; y en *Anuario Jurídico Villanueva*, III, Año 2009, Villanueva Centro Universitario, Universidad Complutense de Madrid, Madrid 2009, pp. 107-127.

1 Véase Allan R. Brewer-Carías, *Reflexiones sobre la Revolución Americana (1776), la Revolución Francesa (1789) y la Revolución Hispanoamericana (1811-1830) y sus aportes al constitucionalismo moderno*, Universidad Externado de Colombia, Bogotá 2008.

mundo moderno después de los Estados Unidos de Norte América; como los miembros del Consejo de Regencia que derivó de la guerra de independencia contra Francia que convocarían las Cortes de Cádiz para transformar una Monarquía absoluta en una Monarquía constitucional, lo que antes sólo había ocurrido en Francia como consecuencia de la Revolución Francesa.

La Constitución de Cádiz, sin duda, puede decirse que tuvo influencia en la gran mayoría de las antiguas Colonias españolas que lograron su independencia después de 1820[2]. Incluso, en algunos casos, la propia Constitución de Cádiz que ya en 1824 había cesado en su vigencia en España, llegó a ser aplicada provisionalmente en las nacientes Repúblicas, como por ejemplo ocurrió en México donde los Alcaldes juraron en 1824 "guardar la Constitución española, mientras se concluye la de la Nación mexicana".[3] Sin embargo, esa influencia no se produjo en los iniciales movimientos de independencia, y en particular, en los que tuvieron lugar en las antiguas Provincias de Venezuela[4], contra las cuales, desde el 1 de agosto de 1810, el Consejo de Regencia de España e Indias había decretado el total bloqueo de sus costas y territorios, a lo que siguió un estado de guerra y beligerancia que no cesó durante todo el período de funcionamiento de las Cortes y que éstas no se atrevieron a anular[5]. En aquellas colonias, en realidad, dicha Constitución de Cádiz, en lugar de ser un modelo a seguir, era el símbolo de la Monarquía contra la cual se luchaba.

Pero dejando aparte esta particular situación histórica constitucional de las antiguas Provincias de Venezuela, la Constitución de Cádiz fue un texto fundamental para el desarrollo de los principios del constitucionalismo moderno, habiendo servido, a pesar de su corta vigencia inicial (1812–1814), de modelo a muchos movimientos constitucionales en Europa y América.

Fue en dicho texto constitucional donde por primera vez en Europa se recogieron los principios del constitucionalismo moderno que habían legado las Revoluciones norteamericana y francesa, lo que implicó que con motivo de su nueva puesta en vigencia entre 1820 y 1824 a raíz del golpe de Estado que

2   Véase por ejemplo, Jorge Mario García Laguardia, Carlos Meléndez Chaverri, Marina Volio, *La Constitución de Cádiz y su influencia en América (175 años 1812-1987),* San José, 1987; Manuel Ferrer Muñoz, *La Constitución de Cádiz y su aplicación en la Nueva España,* UNAM México, 1993; Ernesto de la Torre Villas y Jorge Mario García Laguardia, *Desarrollo histórico del constitucionalismo hispanoamericano,* UNAM, México 1976.

3   Véase Diario de sesiones del Congreso (México), 2 de mayo de 1824, p. 586. Citado por Demetrio Ramos, "Las Cortes de Cádiz y América" en *Revista de Estudios Políticos,* N° 126, Instituto de Estudios Políticos, Madrid 1962, nota 422, p. 631.

4   Véase Allan R. Brewer-Carías, "El paralelismo entre el constitucionalismo venezolano y el constitucionalismo de Cádiz (o de cómo el de Cádiz no influyó en el venezolano" en *Libro Homenaje a Tomás Polanco Alcántara,* Estudios de Derecho Público, Universidad Central de Venezuela, Caracas 2005, pp. 101-189.

5   Véase Demetrio Ramos, "Las Cortes de Cádiz y América", en *Revista de Estudios Políticos,* N° 126, Instituto de Estudios Políticos, Madrid, 1962, p. 467.

obligó al Rey a jurarla, la Constitución de Cádiz adquiriera una importante connotación, particularmente porque en ese momento, en el mundo latino no había otro modelo constitucional que pudiera servir de fuente de inspiración para las ideas democrático liberales. No debe olvidarse que en 1812 y luego, en 1820, las Constituciones francesas iniciales (1791, 1793) ya habían caído en un olvido histórico con el consiguiente desdibujamiento de su contenido, entre otros factores, por el régimen revolucionario del Terror y de su producto inmediato, el Directorio, que se había constituido de acuerdo a la Constitución de 1795 (Año III); por el golpe de Estado que ya Bonaparte había dado en 1799 que, entre otros aspectos, condujo a la eliminación de la misma Declaración de los Derechos del Hombre y el Ciudadano de 1789, símbolo fundamental de la Revolución, del contenido de la Constitución de 1799 (Año VIII); por la creación del Consulado vitalicio, a cargo de Napoleón, con la Constitución de 1802 (Año X); por la formación del Imperio y la consagración de Napoleón Bonaparte como Emperador vitalicio con la Constitución de 1804 (Año XII) y la posterior eliminación de la República (1808); y finalmente, por la restauración de la Monarquía a partir de 1814, con la coronación de Luís XVIII, luego de la derrota de Napoleón por los aliados europeos, que veían en la Revolución francesa la fuente de todos los males políticos del momento.

Ante el vacío conceptual revolucionario que había resultado de todos esos factores, puede decirse que fue entonces la Constitución de Cádiz de 1812 la que sustituyó a las francesas como fuente de inspiración para los movimientos liberales, al haber incorporado en su texto, desde 1812, los principios del constitucionalismo que se había iniciado tanto en Norteamérica como en Francia.

I. LOS PRINCIPIOS DEL CONSTITUCIONALISMO MODERNO DERIVADOS DE LAS REVOLUCIONES DEL SIGLO XVIII Y SU INCORPORACIÓN EN LA CONSTITUCIÓN DE CÁDIZ DE 1812

Esos principios del constitucionalismo moderno son los que giran en torno a la idea de Constitución; de la soberanía nacional y del gobierno representativo; de la declaración de derechos del hombre y del ciudadano; de la separación de poderes y de las formas de gobierno; del rol del Poder Judicial, y de la nueva organización territorial del Estado, y que han sido los que han condicionado toda la historia constitucional del mundo moderno a partir del siglo XIX. Los mismos se comenzaron a arraigar en España precisamente a raíz de la convocatoria de las Cortes de Cádiz y desde su instalación, el 24 de septiembre de 1810, y fueron los que posteriormente se recogieron en el texto de la Constitución de la Monarquía Española de 19 de marzo de 1812[6].

6   El texto de la Constitución de 1812 y de los diversos Decretos de las Cortes de Cádiz los hemos consultado en *Constituciones Españolas y Extranjeras,* Tomo I, Ediciones de Jorge de Esteban, Taurus, Madrid 1977, pp. 73 y ss.; *Constitución Política de la Monarquía Española promulgada en Cádiz de 19 de marzo de 1812,* Prólogo de Eduardo García de Enterría, Civitas, Madrid, 1999.

Como todos sabemos, la Constitución sólo tuvo un corto período inicial de vigencia de dos años hasta su anulación el 4 de mayo de 1814[7], período en el cual, además, tuvo una dificultosa o casi nula aplicación, al menos en las Colonias Americanas. Sin embargo, su texto fue el vehículo para que todos esos principios adoptados en la misma, influyeran en el constitucionalismo de muchos países hispanoamericanos y europeos, contribuyendo a la quiebra del Antiguo Régimen en Europa.[8]

1. *La Constitución como ley suprema producto de la soberanía popular*

El primero de esos principios fue la noción misma de Constitución como carta política escrita, emanación de la soberanía popular, de carácter rígida y permanente, contentiva de normas de rango superior, inmutables en ciertos aspectos, y que no sólo organiza al Estado sino también una parte dogmática donde se declaran los valores fundamentales de la sociedad y los derechos y garantías de los ciudadanos.

Hasta el momento de producirse las Revoluciones norteamericana y francesa, esa idea de Constitución no existía, y las Constituciones, a lo sumo, era cartas otorgadas por los Monarcas a sus súbditos. Por tanto, la práctica de Constituciones escritas producto de la voluntad popular fue iniciada en las Colonias inglesas de Norteamérica cuando se convirtieron en Estados independientes en 1776, dando nacimiento al concepto racional–normativo de Constitución como un documento escrito y sistemático que emana de la soberanía popular, referido a la organización política de la sociedad, estableciendo los poderes de los diferentes cuerpos estatales y generalmente precedidos por una lista de derechos inherentes al hombre.

Después de las Constituciones que adoptaron las antiguas colonias norteamericanas en 1776, la primera Constitución nacional del mundo moderno fue la de los Estados Unidos de América de 1787, la cual, sin embargo, no contuvo una declaración de derechos, la cual sólo se incorporó a la misma en

---

7   En pleno proceso de configuración política de Venezuela y en plena guerra de independencia, el 11 de diciembre de 1813, España firmó el Tratado con Francia en el que se reconoció a Fernando VII como Rey, y éste, cinco meses después, el 4 de mayo de 1814 adoptó su célebre manifiesto sobre abrogación del Régimen Constitucional mediante el cual se restableció la autoridad absoluta del Monarca, declarando "nulos y de ningún valor ni efecto, ahora, ni en tiempo alguno, como si no hubiesen pasado jamás..., y se quitasen de en medio del tiempo" la Constitución y los actos y leyes dictados durante el período de gobierno constitucional. Véase en *Constituciones Españolas y Extranjeras, op. cit.,* pp. 125 y ss.

8   Véase en general, M. Artola (ed), *Las Cortes de Cádiz,* Madrid 1991; Rafael Jiménez Asensio, *Introducción a una historia del constitucionalismo español,* Valencia 1993; J.F. Merino Merchán, *Regímenes históricos españoles,* Tecnos, Madrid 1988; Jorge Mario García Laguardia "Las Cortes de Cádiz y la Constitución de 1812. Un aporte americano" en Jorge Mario García Laguardia, Carlos Meléndez Chaverri, Marina Volio, *La Constitución de Cádiz y su influencia..., op. cit.,* pp. 13 y ss.

1789, al sancionarse las primeras diez Enmiendas que entraron en vigencia en 1791.

La Constitución norteamericana fue seguida por la de Francia de ese mismo año de 1791, y luego, por el texto constitucional revolucionario de 1793, luego de que Luís XVI fuera condenado por la Convención y ejecutado, y finalmente por la Constitución de 1795 (Año III), que conformó el Directorio. Estos textos se configuraron no sólo como Constituciones orgánicas sino como Constituciones dogmáticas, precedidas, todas, de una Declaración de Derechos, la cual con rango constitucional puede considerarse como el gran aporte de la Revolución francesa a la idea de Constitución moderna, que luego desapareció de las Constituciones históricas francesas a partir de la Constitución de 1799 (Año VIII) producto del golpe de Estado de Napoleón.

La tercera Constitución moderna nacional, fue la republicana de Venezuela de 1811; y la cuarta, precisamente, la de la Monarquía Española adoptada por las Cortes de Cádiz en 1812, incluso en ausencia del Monarca Fernando VII que estaba confinado en Francia.

La Constitución de Cádiz estuvo imbuida de este principio de la Constitución como Ley superior a la cual deben someterse los órganos del Estado, concebida como texto escrito y rígido para limitar el poder, producto de la soberanía nacional, por lo que con ella, se inicio constitucionalismo moderno en España.

En particular, en cuanto a la rigidez de la Constitución, la misma resultó de los procedimientos dispuestos para su reforma (arts. 376 a 384), así como por el principio general de su inmodificabilidad por un período de 8 años, durante los cuales, se dispuso, no podía proponerse "alteración, adición ni reforma en ninguno de sus artículos" (art. 375).

Este carácter de la Constitución como norma suprema y de obligatorio cumplimiento se plasmó, además, en el Título X de la misma que estableció el régimen de "la observancia de la Constitución", en el cual se incorporaron normas como el derecho general de todos los españoles de peticionar ante las Cortes o ante el Rey, en una especie de acción popular, "para reclamar la observancia de la Constitución"(art. 373); y además, la obligación general de todas toda persona que fuera a ejercer cargos públicos, civiles, militares o eclesiásticos, de prestar juramento, al tomar posesión de su destino, de guardar la Constitución" (art. 374). Igual obligación se previó para los individuos integrantes de los ayuntamientos y de las diputaciones Provinciales (art. 337).

Además, la Constitución dispuso, en cuanto al plan general de enseñanza que el Estado debía concebir, que se debía establecer la obligación de que "la Constitución política de la Monarquía [se debía explicar] en todas las universidades y establecimientos literarios, donde se enseñen las ciencias eclesiásticas y políticas" (art. 368).

2. *La soberanía y representación popular*

El segundo de los principios del constitucionalismo moderno producto de los acontecimientos políticos de Norteamérica y Francia del siglo XVIII, fue la también nueva idea política del papel que a partir de esos momentos históricos se le confirió al pueblo en la constitucionalización del Estado, el cual se convirtió en soberano. Con esas Revoluciones, la Constitución comenzó a ser producto de la voluntad popular, dejando de ser una mera carta otorgada por un Monarca, trasladándose la soberanía al pueblo.

Por ello, en los Estados Unidos de América, las Asambleas coloniales asumieron la soberanía, y fueron los representantes de los nuevos Estados los que adoptaron la Constitución de 1787.[9] En Francia, en cambio, la soberanía se trasladó del Monarca al pueblo y a la Nación; y a través de la idea de la soberanía del pueblo, surgieron todas las bases de la democracia y el republicanismo. Por ello, todas las Constituciones revolucionarias francesas de 1791, 1793, 1795, 1799 e incluso, las reformas imperiales de 1802 y 1804, fueron todas sometidas a aprobación popular, hasta que con la Restauración de la Monarquía en 1814, la Constitución pasó a ser de nuevo una Carta otorgada por el Monarca, en ese caso por Luis XVIII.

La revolución francesa, por tanto, ante todo había despojado al Monarca de su soberanía; y como consecuencia de ello, el Rey dejó de ser Rey de Francia y otorgarle su Constitución; de manera que al serle trasladada la soberanía al pueblo, en 1791 había comenzado a ser sólo Rey de los franceses aún cuando efectivamente sólo por escasos meses, hasta que fue suspendido al año siguiente. El concepto Nación surgió así, entonces, para privar al Rey

---

9   Deba destacarse que a partir de la Constitución de 1787, la representación nacional se concentró en el Senado y la Cámara de representantes, integrados por senadores electos en representación de los Estados, dado en régimen federal adoptado, y por representantes también electos, en un sistema electoral de dos grados. El bicameralismo, por tanto, se adoptó desde el inicio en Norteamérica, pero con representantes electos en ambas cámaras, a diferencia del sistema inglés, donde la nobleza siguió acaparando la Cámara de los Lores. Ese fue también el modelo que se siguió en Venezuela por la Junta Suprema conservadora de los derechos de Fernando VII que se constituyó en 1810, al prever entre los primeros actos constitucionales que adoptó como fue el Reglamento General de Elecciones del 11 de junio de 1810, para la conformación del Congreso General, que este sería un cuerpo unicameral con representantes de las Provincias que conformaban la antigua Capitanía General de Venezuela. Fueron los diputados de siete de las nueve Provincias, los que en representación del pueblo, sancionaron la Constitución de 21 de diciembre de 1811, luego de haber declarado solemnemente la Independencia el 5 de Julio del mismo año. Ese Congreso General, hasta 1999, fue el único órgano legislativo nacional de carácter unicameral en toda la historia constitucional de Venezuela, ya que en virtud del sistema federal que se adoptó desde 1811, la representación popular se atribuyó tanto a un Senado como a una Cámara de diputados, ambos cuerpos electos en un sistema electoral de dos grados conforme al modelo norteamericano. En la Constitución de 1999, sin embargo, se eliminó el Senado en Venezuela.

de su soberanía la cual como personificación del pueblo, comenzó a reemplazar al Rey en su ejercicio.

De allí el principio de la soberanía atribuida a la Nación y no al Rey o a los gobernantes, que surgió del texto de la Declaración de los Derecho del Hombre y del Ciudadano, según la cual "El principio de toda soberanía reside esencialmente en la Nación. Ningún cuerpo, ningún individuo puede ejercer autoridad alguna que no emane de ella expresamente" (Art. 3).[10]

De acuerdo con esos mismos principios, la soberanía nacional, como poder supremo de una comunidad, también pasó en España del Monarca, quién antes la ejercía por la gracia de Dios, a la Nación española, con lo que se puso fin al principio de la soberanía absoluta del Monarca que había sido lo característico del Antiguo Régimen.

Por ello, España entró en la corriente del constitucionalismo moderno, no con el Estatuto o Constitución de Bayona de 1808, la cual sólo había sido una Carta otorgada por Napoleón para ocupar los territorios de España, luego de haber supuestamente oído una Junta Nacional, sino con la Constitución de Cádiz que fue emanación de la soberanía nacional, expresada por los diputa-

---

10 La Declaración de Derechos que precedió la Constitución de 1793, en igual sentido señaló que "La soberanía reside en el pueblo. Ella es una e indivisible, imprescindible e inalienable" (Art. 25). Para ese momento, además, ya la Convención que se había instalado en 1792, el 21 de enero de 1793 había condenado y ejecutado al Rey (Luís XVI), quien, por tanto, había dejado de ser representante de la Nación, quedando la conducción del Estado en manos de un gobierno revolucionario hasta que el poder ejecutivo fue delegado en el Directorio que se estableció en la Constitución de 1795. En ésta, en la Declaración que la precedió, también se indicó que "La soberanía reside esencialmente en la universalidad de los ciudadanos. Ningún individuo, ninguna reunión parcial de ciudadanos puede atribuirse la soberanía". Con la Revolución, una Asamblea Nacional unicameral asumió la representación popular, incluso como poder constituyente, por lo que en la Constitución que dictó, que fue la de 1791, también se dispuso que correspondía a la Asamblea Nacional, igualmente unicameral, ser el órgano de la representación popular. Con ello, se consolidó el principio del unicameralismo que fue considerado como el más democrático al excluir cualquier otro tipo de representación y en particular, la de las órdenes estamentales (nobleza y clero, por ejemplo), el cual sin embargo, sólo estaría vigente en Francia por pocos años, ya que en la Constitución de 1795 comenzó a ser cambiado por un régimen de Parlamento bicameral (Consejo de los Quinientos y Consejo de los Ancianos) el cual se consolidó a partir de la Constitución de 1799 (Senado y Asamblea Nacional), configurándose paulatinamente el Senado en un cuerpo no electo en el cual la nobleza comenzó a readquirir representación. En la Constitución de 1814, con la restauración de la Monarquía, por ello, el Senado fue configurado como un cuerpo no electo popularmente, integrado por miembros con cargos hereditarios. En España, al contrario de la evolución hacia el bicameralismo francés que se había establecido a partir de 1795, la Constitución de Cádiz de 1812, para asegurar la representación popular, siguió el esquema inicial francés y configuró a las Cortes conforme a la fórmula unicameral, lo cual ya se había dispuesto en el Reglamento de elecciones dictado por la Junta Central Gubernativa del Reino el 6 de octubre de 1809 para la elección misma de las Cortes, en las cuales la nobleza no encontró representación alguna.

dos de las Cortes que habían sido electos mediante sufragio a dos niveles. La Constitución de 1812 fue así decretada por "las Cortes generales y extraordinarias de la Nación española", es decir, por el cuerpo representativo de la Nación, declarándose expresamente en ella que "la soberanía reside esencialmente en la Nación" (art. 3). De ello derivó, entonces, que el Rey tuviera un poder delegado, por la nación conforme a la Constitución, habiendo dejado de ser sólo Rey "por la gracia de Dios", comenzando además a serlo por "la Constitución" (art. 173).

Este principio de la soberanía nacional, en todo caso, ya antes se había esbozado en el Decreto de las Cortes de Cádiz dictado el día de su constitución, el 24 de septiembre de 1810, al disponer la atribución del Poder Ejecutivo al Consejo de Regencia, para lo cual se llamó a sus miembros a prestar el siguiente juramento ante las Cortes:

> ¿Reconocéis la soberanía de la nación representada por los diputados de estas Cortes generales y extraordinarias? ¿Juráis obedecer sus decretos, leyes y constitución que se establezca según los santos fines para que se han reunido, y mandar observarlos y hacerlos executar?[11]

Correspondiendo la soberanía a la Nación, la forma de ejercerla fue, por supuesto, mediante representantes electos, por lo que, los diputados electos popularmente a las Cortes fueron "representantes de toda la Nación, nombrados por los ciudadanos" (art. 27). Con ello se rompió la configuración estamental de la representación propia del Antiguo Régimen, conforme al cual se aseguraba la participación del clero, la nobleza y la burguesía, actuando cada estamento por separarlo, conforme a las instrucciones que recibían. El carácter unicameral de las Cortes eliminó toda posibilidad de representación de los estamentos en alguna otra cámara. La Constitución, sin embargo, incorporó la figura del Consejo de Estado que había sido creada por la Constitución francesa de 1795, en el cual, en cierta forma, quedó asegurada alguna representación a la nobleza.

En todo caso, como consecuencia del principio de la representación, la Constitución de Cádiz incorporó por primera vez en la historia constitucional de España un completo sistema de elecciones libres para la elección de los diputados a las Cortes, con una regulación detallada del sistema electoral. Se estableció, para ello, un procedimiento electoral indirecto, en cuatro fases de elección de compromisarios de parroquias, de partido y de provincia; conforme al cual estos últimos elegían los diputados a Cortes. El sufragio fue limitado, reservado a los hombres y censitario respecto de los elegidos.

3. *La declaración constitucional de derechos*

El tercer principio del constitucionalismo que derivó de las Revoluciones norteamericana y francesa fue el reconocimiento y declaración formal de la

---

11 Rafael Flaquer Martequi, "El Ejecutivo en la revolución liberal", en M. Artola (ed), *Las Cortes de Cádiz, op. cit.,* p. 47.

existencia de derechos naturales del hombre y de los ciudadanos, con rango constitucional que, por tanto, debían ser respetados por el Estado. La libertad se constituyó con esos derechos como un freno a los poderes del Estado, con lo que se ponía fin al Estado absoluto e irresponsable. En esta forma, a las Declaraciones de Derechos que precedieron a las Constituciones de las Colonias norteamericanas cuando se independizaron en 1776, les siguió la Declaración de Derechos del Hombre y del Ciudadano de Francia de 1789. En ese mismo año, la ausencia en la Constitución de los Estados Unidos de Norteamérica de 1787 de una declaración de derechos, se suplió con la sanción de diez Enmiendas, en las cuales se formuló el *Bill of Rights*.

En Francia, sin embrago, como antes advertimos, el texto de la Declaración de Derechos que había permanecido en los textos constitucionales de 1791, 1793 y 1795, desapareció de las Constituciones a partir de la Constitución de 1799, que se dictó después del golpe de Estado de Bonaparte que originó el Consulado provisorio.

La tercera de las declaraciones de derechos fundamentales en la historia del constitucionalismo moderno, fue la Declaración de Derechos del Pueblo adoptada el 1° de julio de 1811 por la sección de Caracas del Congreso General de Venezuela, texto que meses después se recogió ampliado, en el Capítulo VII de la Constitución de diciembre de 1811.

En la Constitución de Cádiz, sin embargo, contrariamente a la fórmula de las Constituciones coloniales norteamericanas y de la Constituciones francesas, no se incorporó una declaración de derechos del hombre y el ciudadano pero se dispuso, sin embargo, como obligación general de la Nación, "conservar y proteger por leyes sabias y justas, la libertad civil, la propiedad y los demás derechos legítimos de todos los individuos que la componen" (art. 4).

En virtud de esta declaración general, y en ausencia de otra declaración enumerativa de derechos, la Constitución, a lo largo de su articulado específicamente reguló muchos derechos de las personas, entre ellos, el derecho la igualdad y prohibición de privilegios (art. 172.9); el derecho a la libertad personal (art. 172.11), de manera que solo podía decretarse la prisión por orden judicial luego de una información sumaria (art. 287), agregándose la exigencia de motivación de los autos de detención (art. 293), la limitación a la privación preventiva de libertad (art. 295), y la protección frente a detenciones arbitrarias (art. 299); el derecho de propiedad (art. 172.10); el derecho de las personas a terminar sus diferencias mediante árbitros elegidos por ambas partes (art. 280); el derecho a ser juzgado por los jueces naturales, es decir, "por ninguna comisión, sino por el tribunal competente determinado con anterioridad por la ley' (art. 247); con la garantía del derecho a ser oído (art. 290) mediante declaración sin juramento (art. 291), salvo en caso de haber sido arrestado in fraganti (art. 292), así como a ser informado de los cargos (art. 300, 301); el derecho a no ser sometido a tormento (art. 303); el derecho a no ser sancionado con pena de confiscación de bienes (art. 304); y el derecho a la inviolabilidad de la casa, la cual sólo podía ser allanada "en los casos que determine la ley para el buen orden y seguridad del Estado" (art. 306).

Además, la Constitución de 1812 estableció la libertad de todos los españoles "de escribir, imprimir y publicar sus ideas políticas sin necesidad de licencia, revisión o aprobación alguna anterior a la publicación, bajo las restricciones y responsabilidad que establezcan las leyes" (art. 371); en particular las derivadas de la declaración del artículo 12 en el sentido de que "la religión de la nación española es y será perpetuamente la Católica Apostólica Romana, y la nación la protege por leyes sabias y justas y prohíbe el ejercicio de cualquier otra".

Por otra parte, en materia de impuestos se estableció el principio de la reserva legal (art 172.8).

Por último, deben destacarse las previsiones de la Constitución en materia de derechos sociales, al disponer que "en todos los pueblos de la Monarquía se establecerán escuelas de primeras letras, en las que se enseñará a los niños a leer, escribir y contar, y el catecismo de la religión católica, que comprenderá también una breve exposición de las obligaciones civiles"(art. 366); y se "arreglará y creará el número competente de universidades y de otros establecimientos de instrucción, que se juzguen convenientes para la enseñanza de todas las ciencias, literatura y bellas artes" (art. 367).

4. *La separación de poderes*

El cuarto principio del constitucionalismo moderno, dentro de la misma línea de limitación al poder del Estado para garantizar la libertad de los ciudadanos, y que derivó de las Revoluciones francesa y americana fue la idea fundamental de la separación de poderes, la cual se formuló inicialmente en las Constituciones provinciales norteamericanas, como la de *Virginia* en 1776, en la cual se dispuso que:

"Los Departamentos Legislativo, Ejecutivo y Judicial, deberán estar separados y distintos, de manera que ninguno ejerza los poderes pertenecientes a otro; ni persona alguna debe ejercer más de uno de esos poderes al mismo tiempo" (art. III).

Es cierto que en el articulado de la Constitución de los Estados Unidos de 1787 nada similar se estableció, sin embargo, ello no era necesario ya que su principal objetivo y contenido fue precisamente organizar la forma de gobierno dentro del principio de separación de poderes, pero permitiendo diversas interferencias entre ellos, en un sistema de frenos y contrapesos y, particularmente, regulando los poderes del Ejecutivo en el Presidente de la Unión, lo que dio origen a una nueva forma de gobierno, el presidencialismo, como opuesto al parlamentarismo, y a una configuración particular del Poder Judicial como instrumento de control y balance entre el Legislador y el Ejecutivo, nunca antes conocida en la práctica constitucional.

El principio, por supuesto, se recogió aún con mayor fuerza en el sistema constitucional que resultó del proceso revolucionario francés, donde se le agregaron, como elementos adicionales, el principio de la supremacía del Legislador resultado de la consideración de la ley como expresión de voluntad general; y el de la prohibición a los jueces de interferir en cualquier forma en el ejercicio de las funciones legislativas y administrativas. En cierta forma, incluso, puede decirse que el principio de la separación de poderes en Francia, fue materialmente el motivo fundamental de la Revolución, al punto de que en la Declaración de Derechos del Hombre y del Ciudadano en 1789 se incluyó, en el artículo XVI, la famosa proposición de que "Toda sociedad en la cual la garantía de los derechos no esté asegurada, ni la separación de poderes determinada, no tiene Constitución". La consecuencia de ello fue que en los artículos de la Constitución de 1791 que siguieron a la Declaración, como primer acto constitucional revolucionario, se establecieron expresamente las consecuencias del principio, al disponerse que "El Poder Legislativo reside en la Asamblea Nacional" (art. 8); que "El Poder Ejecutivo supremo reside exclusivamente en el Rey" (art. 16), no pudiendo este poder "hacer ninguna ley" (art. 17); y que "El Poder Judicial no podrá en ningún caso, ser ejercido por el Rey, ni por el cuerpo legislativo" (art. 17). Después de condenado y ejecutado el Rey en enero de 1793, la Constitución de ese año atribuyó el Poder Ejecutivo a un Consejo Ejecutivo que en la Constitución de 1795 se convirtió en un Directorio. En 1814, con la restauración de la Monarquía, el Poder Ejecutivo volvió al Rey, y sólo será en 1848 cuando aparece un gobierno de Asamblea, y que a partir de 1870 con la III República cuando se consolidó en Francia el sistema parlamentario.

El principio de la separación de poderes comenzó a tener aplicación en España, en el Decreto dictado por las Cortes de Cádiz el mismo día de su constitución, el 24 de septiembre de 1810, que partía del supuesto de que no convenía "queden reunidos el Poder Legislativo, el Ejecutivo y el Judiciario", declarando entonces que las propias Cortes, que venían de arrogarse la soberanía nacional, "se reservan el ejercicio del poder legislativo en toda su extensión". En cuanto al Poder Ejecutivo, el mismo, en ausencia del Rey, se delegó al Consejo de Regencia; y en cuanto al Poder Judicial, las Cortes declararon que confirmaban "por ahora a todos los tribunales y justicias establecidas en el reino, para que continúen administrando justicia según las leyes".

La secuela de ello fue que en la Constitución de Cádiz de 1812, también se adoptó el principio de separación de poderes, siguiendo más el esquema francés inicial, de la Monarquía constitucional, al atribuirle el Poder Ejecutivo al Monarca. Se trataba, por supuesto, de una Constitución de la Monarquía, para lo cual declaró que "el Gobierno de la Nación española es una Monarquía moderada hereditaria" (art. 14), posibilitando entonces la configuración del Estado conforme al principio de la separación de poderes y su limitación.

Conforme al mismo, las potestades estatales se distribuyeron así: la potestad de hacer las leyes se atribuyó a las Cortes con el Rey (art. 15); la potestad de hacer ejecutar las leyes, al Rey (art. 16); y la potestad de aplicar las leyes en las causas civiles y criminales, a los tribunales (art. 17). Esto último se ratificó en el artículo 242, al disponer que "La potestad de aplicar las leyes en las causas civiles y criminales pertenece exclusivamente a los tribunales."

En cuanto al Rey, como poder ejecutivo, la Constitución de Cádiz estableció el principio de la inviolabilidad del Rey disponiendo que 'no estaba sujeto a responsabilidad (art. 168). Ello motivó la regulación de los Secretarios de Estado y del despacho (art. 222), que debían firmar todas las órdenes del Rey (art. 225), de las cuales eran responsables ante las Cortes "sin que sirva de excusa hacerlo manado el Rey" (art. 226). Este "refrendo" de los Secretarios de Estado era condición de validez de las órdenes del Rey (art. 225)[12].

En cuanto a las Cortes, estas se configuraron como un parlamento unicameral, con independencia respecto de los otros poderes del Estado, cuyos diputados eran inviolables por sus opiniones (art. 128), sin que el Rey las pudiera disolver. Las Cortes, además, eran autónomas en cuanto a dictar sus propias normas y reglamentos internos (art. 127). Para asegurar la continuidad del trabajo legislativo, la Constitución creó la Diputación Permanente de Cortes que debía funcionar en el período entre las sesiones ordinarias de las Cortes (art. 159).

5. *El rol de la justicia*

El quinto principio del constitucionalismo que derivó de las Revoluciones americana y francesa se refirió al Poder Judicial y a la idea misma de la función de impartir justicia, la cual a partir de esos acontecimientos dejaría de ser administrada por el Monarca y comenzaría a ser impartida, en nombre de la Nación, por funcionarios con alguna independencia. Además, con motivo de los aportes de la Revolución americana, los jueces asumieron la función fundamental en el constitucionalismo moderno de controlar la constitucionalidad de las leyes; es decir, la idea de que la Constitución, como norma suprema, tenía que tener algún control, como garantía de su supremacía, y ese control se atribuyó al Poder Judicial. De allí, incluso, el rol político que en los Estados Unidos de Norteamérica adquirió la Corte Suprema de Justicia. En Francia, sin embargo, dada la desconfianza revolucionaria respecto de los jueces, frente a la separación absoluta de poderes, sólo sería cien años después que se originaría la consolidación de la justicia administrativa, la cual aún cuando separada del Poder Judicial, controlaría a la Administración; y sería doscientos años después cuando se establecería un control de constitucionalidad de las leyes a cargo del Consejo Constitucional, creado también fuera del Poder Judicial.

En cuanto al Poder Judicial, conforme al principio de la separación de poderes, la Constitución de Cádiz estableció específicamente su autonomía al garantizarse a los magistrados y jueces que "no podrán ser depuestos de sus destinos, sean temporales o perpetuos, sino por causa legalmente probada y sentenciada; ni suspendidos, sino por acusación legalmente intentada" (art. 252). Por otra parte, la Constitución dispuso que "ni las Cortes ni el Rey

---

12 Debe mencionarse como antecedente de esta previsión en España, la disposición de la Constitución de Bayona (1808) respecto del Secretario de Estado, quien con la calidad de Ministro, debía refrendar todos los decretos (art. 28); siendo además, los Ministros, responsables de la ejecución de las leyes y ordenes del Rey (art. 31).

podrán ejercer en ningún caso las funciones judiciales, avocar causas pendientes, ni mandar abrir los juicios fenecidos" (art. 243); y los tribunales "no podrán ejercer otras funciones que las de juzgar y hacer que se ejecute lo juzgado (art. 245). Ello conllevaba la prohibición a los tribunales de "suspender la ejecución de las leyes, ni hacer reglamento alguno para la administración de justicia" (art. 246).

Por otra parte, en relación con las funciones del Tribunal Supremo de Justicia (art. 259) para garantizar la Constitución, solo se le atribuyó competencia en el artículo 261, para "oír las dudas de los demás tribunales sobre la inteligencia de alguna ley, y consultar sobre ellas al Rey con los fundamentos que hubiere, para que promueva la conveniente declaración en las Cortes".

6. *La organización territorial del Estado*

El sexto principio del constitucionalismo que derivó de los acontecimientos revolucionarios de Norteamérica y Francia se refirió a la configuración de una nueva organización territorial del Estado, antes desconocida, basada en principios de descentralización del poder.

Frente a las Monarquías absolutas organizadas conforme al principio del centralismo político y a la falta de uniformismo político y administrativo, esas Revoluciones dieron origen a nuevas formas de organización territorial del Estado que originaron, por una parte, el federalismo, particularmente derivado de la Revolución americana con sus bases esenciales de gobierno local; y por la otra, el municipalismo, originado particularmente como consecuencia de la Revolución francesa.[13] Esos principios de organización territorial también penetraron en España, tanto a nivel provincial como municipal.

En cuanto a la división provincial, la Constitución de Cádiz la enunció y posteriormente, en particular a partir de 1833, la organización de las provincias siguió en parte la influencia de la división territorial departamental de la post Revolución francesa. En cuanto al régimen municipal, desde 1812 se adoptaron los principios del municipalismo que derivaron de la Revolución francesa.

En efecto, en materia de organización territorial del poder, la Constitución de Cádiz reguló en cierta forma un Estado Unitario descentralizado[14], conforme a la cual la Constitución reguló el gobierno de las provincias y pueblos mediante la creación de Diputaciones Provinciales y Ayuntamientos.

En esta forma, cuando el artículo 16 enumeró los ámbitos territoriales que comprendían el territorio español tanto en la Península como en la América

13 Venezuela fue el primer país del mundo, 1811, en seguir el esquema norteamericano y adoptar la forma federal en la organización del Estado, sobre la base de la división provincial que había quedado como legado colonial; y a la vez, fue el primer país del mundo, en 1812, en haber adoptado la organización territorial municipal que había legado la Revolución francesa.

14 Véase Alfredo Gallego Anabitarte, "España 1812, Cádiz. Estado Unitario, en perspectiva histórica" en M. Artola (ed), *Las Cortes de Cádiz, op. cit.* p. 140 y ss.

septentrional y meridional, estaba enumerando las "provincias" las cuales, en cuanto a su gobierno interior, se regularon en los artículos 324 y siguientes de la Constitución. Allí se estableció que si bien el gobierno político de las Provincias residía en un jefe superior nombrado por el Rey (art. 324); en cada una de ellas habría una Diputación llamada provincial para promover su prosperidad, presidida por el jefe superior (art. 325) pero integrada por siete individuos elegidos (art. 326) por los mismos electores de partido que debían nombrar los diputados de Cortes (art. 328). Esas provincias tenían amplísimas facultades atribuidas a las diputaciones en el artículo 335.[15]

En realidad, las Cortes, al regular las Diputaciones Provinciales lo que hicieron fue institucionalizar la figura de las Juntas Provinciales que habían surgido al calor de la guerra de independencia frente a Francia, transformándolas en tales Diputaciones a las cuales se atribuyó el rol de representar el vínculo de unión intermedio, entre los ayuntamientos y el gobierno central, asumiendo tales diputaciones el control de tutela de éstos (art. 323).

La división del territorio en estas Provincias, se comenzó a concretar en España mediante el Decreto de las Cortes de 23 de mayo de 1812, con el cual se restablecieron en diversas partes del territorio, Diputaciones Provinciales, mientras se llegaba "el caso de hacerse la conveniente división del territorio

15 Dicha norma enumera las siguientes: "1) Intervenir y aprobar el repartimiento hecho a los pueblos de las contribuciones que hubieren cabido a la provincia. 2) Velar sobre la buena inversión de los fondos públicos de los pueblos y examinar sus cuentas, para que con su visto bueno recaiga la aprobación superior, cuidando de que en todo se observen las leyes y reglamentos. 3) Cuidar de que se establezcan ayuntamientos donde corresponda los haya, conforme a lo prevenido en el artículo 310. 4) Si se ofrecieren obras nuevas de utilidad común de la provincia, o la reparación de las antiguas, proponer al Gobierno los arbitrios que crean más convenientes para su ejecución, a fin de obtener el correspondiente permiso de las Cortes. En Ultramar, si la urgencia de las obras públicas no permitiese esperar la solución de las Cortes, podrá la diputación con expreso asenso del jefe de la provincia usar desde luego de los arbitrios, dando inmediatamente cuenta al Gobierno para la aprobación de las Cortes. Para la recaudación de los arbitrios la diputación, bajo su responsabilidad, nombrará depositario, y las cuentas de la inversión, examinadas por la diputación, se remitirán al Gobierno para que las haga reconocer y glosar y, finalmente, las pase a las Cortes para su aprobación. 5) Promover la educación de la juventud conforme a los planes aprobados, y fomentar la agricultura, la industria y el comercio, protegiendo a los inventores de nuevos descubrimientos en cualquiera de estos ramos. 6) Dar parte al Gobierno de los abusos que noten en la administración de las rentas públicas. 7) Formar el censo y la estadística de las provincias. 8) Cuidar de que los establecimientos piadosos y de beneficencia llenen su respectivo objeto, proponiendo al Gobierno las reglas que estimen conducentes para la reforma de los abusos que observaren. 9) Dar parte a las Cortes de las infracciones de la Constitución que se noten en la provincia. 10) Las diputaciones de las provincias de Ultramar velarán sobre la economía, orden y progresos de las misiones para la conversión de los indios infieles, cuyos encargados les darán razón de sus operaciones en este ramo, para que se eviten los abusos: todo lo que las diputaciones pondrán en noticia del Gobierno.

español"[16]. En esta forma, al regular las Diputaciones Provinciales, lo que habían hecho era conservar la figura de las Juntas Provinciales que habían surgido al calor de la guerra de independencia frente a Francia, transformándolas en tales Diputaciones a las cuales se atribuyó el rol de representar el vínculo de unión intermedio entre los ayuntamientos y el gobierno central, asumiendo tales Diputaciones el control de tutela de aquellos (art. 323).

El esquema territorial provincial de Cádiz, en todo caso, fue efímero y sólo fue por Decreto de 22 de enero de 1822 cuando se intentó dar a la Provincia una concreción territorial definida, estableciéndose lo que puede considerarse como la primera división regular del territorio español, en cierto número de provincias. Fue luego, por Real Decreto de 30 de noviembre de 1833, cuando se estableció en forma definitiva a la Provincia como circunscripción administrativa del Estado unitario español[17].

En cuanto al régimen local, la Constitución dispuso la existencia de Ayuntamientos en los pueblos, para su gobierno interior, compuestos por alcaldes, regidores y el procurador síndico (art. 309); todos electos (art. 312, 313, 314). A tal efecto, el artículo 310 dispuso que ""se pondrá ayuntamiento en los pueblos que no le tengan, y en que convenga le haya, no pudiendo dejar de haberle en los que por sí o con su comarca lleguen a mil almas, y también se les señalará término correspondiente". Se siguió en este aspecto la municipalización del territorio que había caracterizado al proceso francés después de la Revolución.[18]

16 Véase A. Posada, *Escritos Municipalistas y de la Vida Local,* IEAL, Madrid, 1979, p. 180; y *Evolución Legislativa del Régimen Local en España 1812-1909,* Madrid 1982, p. 69.

17 Véase Antonio María Calero Amor, *La División Provincial de 1833. Bases y Antecedentes,* IEAL, Madrid 1987; Luis Morell Ocaño, "Raíces históricas de la concepción constitucional de las Provincias", *Revista Española de Derecho Administrativo,* N° 42, Civitas, Madrid 1984, pp. 349 a 365.

18 En el artículo 321 se enumeraron ampliamente las competencias de los ayuntamiento así: 1) La policía de salubridad y comodidad. 2) Auxiliar al alcalde en todo lo que pertenezca a la seguridad de las personas y bienes de los vecinos, y a la conservación del orden público. 3) La administración e inversión de los caudales de propios y arbitrios conforme a las leyes y reglamentos, con el cargo de nombrar depositario bajo responsabilidad de los que le nombran. 4) Hacer el repartimiento y recaudación de las contribuciones, y remitirías a la tesorería respectiva. 5) Cuidar de todas las escuelas de primeras letras, y de los demás establecimientos que se paguen de los fondos del común. 6) Cuidar de los hospitales, hospicios, casas de expósitos y demás establecimientos de beneficencia, bajo las reglas que se prescriban. 7) Cuidar de la construcción y reparación de los caminos, calzadas, puentes y cárceles, de los montes y plantíos del común, y de todas las obras públicas de necesidad, utilidad y ornato. 8) Formar las ordenanzas municipales del pueblo, y presentarlas a las Cortes para su aprobación por medio de la diputación provincial, que las acompañará con su informe. 9) Promover la agricultura, la industria y el comercio según la localidad y circunstancias de los pueblos, y cuanto les sea útil y beneficioso.

II. LA INFLUENCIA DE LA CONSTITUCIÓN DE CÁDIZ EN EURO-PA E HISPANOAMÉRICA, PARTICULARMENTE COMO CONSECUENCIA DE LA REVOLUCIÓN ESPAÑOLA DE 1820

Los anteriores principios o aportes al constitucionalismo que resultaron de la Revolución americana y de la Revolución francesa y que recogió la Constitución de Cádiz significaron, por supuesto, un cambio radical en el constitucionalismo moderno, producto de una transición que no fue lenta sino violenta, desarrollada en circunstancias y situaciones distintas. No hay que olvidar que aún en las mencionadas ideas o principios comunes, la contribución de la Revolución americana y de la Revolución francesa al derecho constitucional tuvo raíces diferentes: en los Estados Unidos de Norte América se trataba de construir un Estado nuevo sobre la base de lo que eran antiguas Colonias inglesas, situadas muy lejos de la Metrópoli y de su Parlamento soberano, las cuales durante más de un siglo se habían desarrollado como entidades independientes entre sí, por sus propios medios y gozando de cierta autonomía. Esta fue la orientación que se siguió, luego, por ejemplo, en Venezuela en 1811 y luego en todo el continente americano.

En el caso de Francia, en cambio, no se trataba de construir un nuevo Estado, sino dentro del mismo Estado unitario y centralizado, sustituir un sistema político constitucional monárquico, propio de una Monarquía absoluta, por un régimen totalmente distinto, de carácter constitucional e, incluso luego, republicano. Esta fue, por tanto, la orientación que se siguió en España a partir del constitucionalismo de Cádiz.

Los procesos post revolucionarios norteamericano y francés, por otra parte, siguieron cursos diferentes, con influencias también diferentes en el mundo. Norteamérica siguió un proceso continuo de consolidación del nuevo Estado como Estado federal de régimen presidencial que sin solución de continuidad ha durado hasta nuestros días, y donde históricamente, en ausencia de un Monarca y con la elección de los gobernantes asegurada democráticamente una vez estabilizado el sistema presidencial de gobierno, la lucha por el poder fue más bien de carácter vertical (federal, estadual, local) que horizontal, hasta la consolidación del federalismo cooperativo.

En cambio, en el caso de Francia, la lucha por el poder en el Estado, una vez que se había consolidado el municipalismo, fue más bien de carácter horizontal (Ejecutivo/Legislativo) hasta que se consolidó el régimen parlamentario a finales del siglo XIX.

En todo caso, para 1810, cuando se inició el proceso constituyente en Cádiz, como antes recordamos, ya la República francesa no existía, pues había sido suprimida en 1808; ni la Declaración de Derechos tenía rango constitucional, que había perdido en 1799; y la propia Revolución había cesado en 1795. Del caos institucional que surgió de la misma, vino la dictadura napoleónica, primero a través del Consulado provisional (1799) y vitalicio (1802) y luego como Emperador (1804); y posteriormente a partir de 1814, ocurrió la restauración de la Monarquía habiendo perdurado el régimen monárquico durante buena parte del siglo XIX.

La Constitución de Cádiz, por su parte, sólo estuvo en vigencia en España y sus dominios durante dos escasos años, desde el 19 de marzo de 1812 hasta el 4 de mayo de 1814, cuando también fue anulada por el mismo Fernando VII, al restaurarse la Monarquía absoluta, iniciándose la persecución política contra todos aquellos que habían colaborado en su sanción y ejecución.

Sin embargo, sus principios iniciaron en España el tránsito hacia el constitucionalismo e influyeron en el diseño constitucional de buena parte de los países latinoamericanos que declararon su independencia con posterioridad.

En cuanto a Europa, durante ese breve tiempo de vigencia, en todo caso, la Constitución fue tácitamente aceptada en los otros Estados, como un código constitucional que había sido sancionado en un momento de aguda crisis política luego de la guerra de independencia contra Francia, y que si bien se había concebido sin la Monarquía, no la destruyó, sino más bien la constitucionalizó en un régimen democrático basado en la soberanía popular que representaban las Cortes y el Monarca. La Constitución fue, en particular, reconocida como legítima por algunas potencias como Rusia (1812) y Prusia (1814), aún cuando no dejó de ser vista con recelo por los teóricos constitucionales monárquicos europeos, por su carácter democrático y limitativo de las prerrogativas reales[19].

En cuanto a las provincias de Ultramar, durante sus cortos años de vigencia inicial, la repercusión de la Constitución de 1812 fue muy limitada. En aquellas provincias que para 1812 ya habían declarado su independencia e, incluso, ya habían sancionado mediante congreso de representantes una Constitución, como fue la Constitución Federal para los Estados de Venezuela de 1811, la vigencia e influencia de la Constitución de Cádiz fue completamente nula. Es más, los intentos de publicarla en plena guerra de independencia en las Provincias de Venezuela por Domingo Monteverde, no tuvieron repercusión alguna. Otro tanto debe decirse respecto de las provincias de Cundinamarca, donde el proceso independentista para esas fechas estaba también en marcha. No se olvide que durante el primer período de vigencia de la Constitución de Cádiz (1812–1814), en primer lugar, que desde 1810 ya se había declarado la independencia tanto en las Provincias de Venezuela[20], como en las Provincias de Nueva Granada[21]; en segundo lugar, que entre 1811 y 1812 ya se habían sancionado, en Venezuela, las Constituciones Provinciales de los Estados de Barinas (26–3–1811), Mérida (31–7–1811), Truji-

---

19 Fue el caso por ejemplo de Carlos Luis de Haller, en *Sulla Costituzione* (1814-1820). Véase las referencias en Juan Ferrando Badía, "Proyección exterior de la Constitución de 1812", en M. Artola (ed), *Las Cortes de Cádiz, Ayer,* N° 1-1991, Marcial Pons, Madrid 1991, pp. 218-219.

20 Caracas, 19-04-1810; Cumaná, 27-04-1810; Barinas, 05-05-1810; Mérida 16-09-1810; Trujillo 09-10-1810; La Grita 11-10-1810; Barcelona 12-10-1810 y San Cristóbal 28-10-1810.

21 Cartagena, 22-5-1810; Cali, 3-7-1810; Pamplona, 4-7-1810; Socorro, 11-7-1810; Santafé, 20-7-1810.

llo (2–9–1811), Barcelona (2–1–1812) y Caracas (31–1–1812) ,[22] y que a partir de 1811, en Colombia se sancionaron las Constituciones Provinciales de Cundinamarca (4–4–1811);[23] Tunja (23–11–1811), Antioquia (24–3–1811), Cartagena de Indias (14–6–1812), Popayán (17–7–1814), Pamplona de Indias (17–5–1815), Mariquita (24–6–1815) y Neiva (31–8–1815)[24]; y en tercer lugar, que el 21 de diciembre de 1811 se había sancionado la Constitución Federal de los Estados de Venezuela,[25] y que el 27 de noviembre de 1811 se había constituido la Confederación de las Provincias Unidas de la Nueva Granada.

En las otras provincias de América, sin embargo, es cierto que la Constitución comenzó a ser publicada y jurada a partir de septiembre de 1812, como por ejemplo ocurrió en la Nueva España. Sin embargo, su texto en verdad influyó muy poco en la administración de las Colonias, y si bien en muchas de ellas se eligieron diputados para integrar las Cortes ordinarias de 1813, en las cuales efectivamente hubo representantes americanos, ese derecho duró pocos meses, al anularse la Constitución en 1814 y restaurarse la Monarquía, de manera que a partir de ese año, las colonias españolas en América siguieron gobernadas desde la Metrópolis a través de las autoridades coloniales como si la Constitución de Cádiz jamás se hubiese sancionado. Solo fue en la Constitución de Apatzingán, proclamada en octubre de 1814 por insurgentes de la Nueva España, donde puede encontrarse algún influjo del texto de la Constitución de Cádiz[26], la cual para esa fecha, sin embargo, ya no estaba en vigencia,

Fue en realidad seis años después de la anulación de la Constitución de Cádiz, en 1820, cuando su texto efectivamente comenzaría a tener repercusión como consecuencia de una revolución de origen militar que se desarrolló en España, y que impuso a Fernando VII el juramento de Constitución de Cádiz, la cual entonces volvió a entrar en vigencia, aún cuando por otro corto período de tres años y medio, desde el 10 de marzo de 1820 al primero de octubre de 1823[27].

Recordemos que fue el 1 de enero de 1820 cuando estalló en el pueblo de Cabezas de San Juan una rebelión militar del cuerpo de expedicionarios que se había conformado y que debía partir para América para sofocar las rebeliones que ya para esa fecha se habían generalizado en todo el Continente. La

---

22 Véase en el libro *Las Constituciones provinciales,* Biblioteca de la Academia Nacional de la Historial, Caracas 1959, pp. 151 y ss.

23 Aún cuando esta fuera inicialmente una Constitución Monárquica.

24 Véase Carlos Restrepo Piedrahita, *Primeras Constituciones de Colombia y Venezuela 1811-1830,* Universidad Externado de Colombia, Bogotá 1996.

25 Véase en Allan R. Brewer-Carías, *Las Constituciones de Venezuela, cit.,* pp. 285 y ss.

26 Véase Juan Ferrando Badía, "Proyección exterior de la Constitución de Cádiz" en M. Artola (ed), *Las Cortes de Cádiz, Ayer, 1-1991,* Marcial Pons, Madrid 1991, p. 185

27 Véase José F. Merino Merchán, *Regímenes históricos españoles*, Tecnos, Madrid 1988, pp. 60 y 61.

voz de la revolución se expresó con el pronunciamiento de coronel Rafael del Riego, quien, como dijo Juan Ferrando Badía, consideró "más importante proclamar la Constitución de 1812 que conservar el imperio español"[28].

En efecto, entre, por una parte, embarcarse para América para luchar contra un proceso independentista cuyos ejércitos ya habían derrotado, por ejemplo, a la expedición de Morillo de 1815 la cual había sido las más grande fuerza militar enviada a las Colonias en toda su historia colonial; y por otra parte, la sublevación, el Ejercito con la connivencia de sociedades secretas como la masonería, optó por lo segundo[29] e hizo la revolución, imponiendo al Rey la Constitución de 1812, quien la juró el 2 de marzo de 1820.

En este nuevo período de vigencia, a partir de 1820, la influencia de la Constitución se manifestó en América, en algunas provisiones de los textos Constitucionales de los países en los cuales, para esa fecha, aún no se había proclamado la independencia, que eran la mayoría[30].

Sin embargo, la mayor repercusión de la Constitución española, ocurrió en Europa, donde puede decirse que su influencia tuvo su origen, más en la revolución que la había impuso al Monarca en 1820, que por su texto aislado. Fue por tanto la decisión del Rey de jurar la Constitución como consecuencia de la revolución, lo que consolidó a este movimiento como la primera revolución liberal europea.

La consecuencia de ello fue que los movimientos revolucionarios de Portugal y de Italia, en Nápoles y en el Piamonte, vieron en la Revolución española el ejemplo a seguir, imponiendo también a los Monarcas su producto, que había sido, precisamente, la Constitución de Cádiz.

Los cambios que se habían producido en el gobierno de España por la revolución, como era lo usual, también se comunicaron a las potencias europeas, pero en esta oportunidad, contrario a lo que había sucedido en 1812, los gobiernos no la aceptaron y más bien reaccionaron adversamente, porque de lo que se trataba, más que de reconocer una nueva Constitución, era de reconocer una revolución de origen militar y liberal, lo que luego de la Restauración era materialmente inaceptable para las Monarquías europeas.

28 Véase Juan Ferrando Badía, "Proyección exterior de la Constitución de Cádiz" en M. Artola (ed), *Las Cortes de Cádiz, Ayer, 1-1991*, Marcial Pons, Madrid 1991, p. 207.

29 Véase F. Suárez, *La crisis política del Antiguo Régimen en España (1800-1840)*, Madrid, 1950, p. 38. Citado por Juan Ferrando Badía, *Idem*, p. 177.

30 Véase por ejemplo, Manuel Ferrer Muñoz, *La Constitución de Cádiz y su aplicación en la Nueva España*, UNAM, México 1993. La excepción, como se dijo, la constituyeron las provincias de Venezuela y de Colombia, donde meses antes, en 1819, ya se había adoptado la Constitución política de Venezuela de Angostura, la cual rigió también en las antiguas provincias de Cundinamarca; y en el mismo se dictó, en 1821, la Ley constitucional de la Unión de los pueblos de Colombia, en la cual se dispuso que el Congreso de Colombia debía formar la constitución conforme a "los principios liberales que ha consagrado la sabia práctica de otras naciones"(art. 7); y como consecuencia, se sancionó la Constitución de Cúcuta de 1821 con la que se conformó la República de Colombia, comprendiendo las provincias de Venezuela, Cundinamarca y Ecuador.

Así, por ejemplo, Rusia pidió a los demás países que no reconocieran a Fernando VII como Rey constitucional de España, y condenasen la sedición militar que había originado el juramento que el Monarca había hecho de la Constitución[31].

Pero lo cierto es que la revolución española y la Constitución de Cádiz, las cuales se basaron en el principio de la soberanía nacional limitando las potestades del Rey y del estamento aristocrático, en todo caso, se convirtieron en un mito político que movilizó a las élites europeas contra los Monarcas. Por ello, el hecho político de que mediante una revolución se hubiera impuesto a un Monarca una Constitución que limitaba sus poderes y prerrogativas, fue lo que provocó, en definitiva, la reacción de las potencias europeas contra España y la convocatoria de la Santa Alianza para condenar la revolución y buscar restablecer el orden institucional en la Península, todo lo cual se precipitó por la repercusiones que la revolución española tuvo a partir del mismo año 1820, en el inicio de los movimientos revolucionarios en Portugal e Italia, los cuales tomaron la Constitución de Cádiz como modelo para los mismos, en sustitución de la Constitución francesa de 1791.

La chispa se propagó por el trabajo de las sociedades secretas, específicamente la masonería, produciéndose pronunciamientos en diversos países. Por una parte, fue el caso de Portugal, donde seis meses después de los acontecimientos españoles, el 24 de agosto de 1820, y como consecuencia de una revolución militar iniciada en Oporto con apoyo de sociedades secretas, se constituyó una Junta de Gobierno que veinte días más tarde se juntaría con la Junta de Lisboa. De ello resultó la constitución, con apoyo español, de la Junta Provisional del Supremo Gobierno del Reyno, la cual convocó a elecciones de diputados a las Cortes Generales Extraordinarias y Constituyentes de la nación Portuguesa, precisamente conforme al modelo de la Constitución de Cádiz. De ello resultó la promulgación de una nueva Constitución de Portugal, dos años después, el 22 de septiembre de 1822, siguiendo la línea de la Constitución española, aún cuando más democratizadora[32]. Esa Constitución fue jurada el 1 de octubre de ese mismo año por el Rey Juan VI luego de que éste regresara desde el Brasil donde desde 1807 se había refugiado como consecuencia de la invasión napoleónica.[33]

31 Véase Juan Ferrando Badía, "Proyección exterior de la Constitución de Cádiz" en M. Artola (ed), *Las Cortes de Cádiz, Ayer, 1-1991*, Marcial Pons, Madrid 1991, p. 208.

32 *Idem*, p. 228. Véase además, Jorge Martíns Ribeiro, "La importancia de la ideología y de los artículos de la Constitución de Cádiz para la eclosión de la revolución de 1820 en Oporto y la Constitución Portuguesa de 1822", en Alberto Ramos Santana y Alberto Romero Ferrer (ed.), *Cambio Político y Cultural en la España de Entre siglos*, Universidad de Cádiz, Cádiz 2008, pp. 79 ss.

33 Antes de que llegaran las tropas francesas que desde noviembre de 1807 ya habían invadido España, a la frontera con Portugal, el Príncipe Juan de Braganza, quien era regente del reino de Portugal por enfermedad de su madre la Reina María, y su Corte, se refugiaron en Brasil, instalándose el gobierno real el Río de Janeiro en marzo de 1808. Ocho años después, en 1816, el príncipe Juan asumió la Corona del Reino Unido de Por-

Los gobiernos europeos, por supuesto, destacaron la influencia de España en la revolución de Portugal, y dada las presiones de la Santa Alianza, luego de que la Reina de Portugal se negara a jurar la Constitución y los movimientos contrarrevolucionarios prevalecieran, el Rey Juan VI, el 4 de junio de 1824, derogaría la Constitución de 1822.

Para esa fecha, por otra parte, ya España había sido invadida de nuevo por los ejércitos franceses (los llamados Cien Mil Hijos de San Luís) pero esta vez por cuenta de la Santa Alianza, tal y como se había acordado en el Congreso de Verona (1823), ejército que amenazaba llegar a Portugal. El ensayo revolucionario fracasó y la nueva Constitución portuguesa sólo tendría dos años de vigencia, aun cuando luego, en 1836, entraría de nuevo en vigor.

En Italia, la revolución española y la Constitución de Cádiz también serían la bandera que adoptarían las sociedades secretas, La Carbonaria y los Federados, tanto en el sur como en el norte de la Península[34]. En el Reino de las dos Sicilias, los Carbonarios napolitanos no sólo tenían a la revolución de Riego, en España como el ejemplo a seguir, sino que consideraban a la Constitución de Cádiz como la más democrática de todos los Estados europeos, que mostraba un punto de equilibrio entre los derechos del pueblo y las prerrogativas de los Monarcas.

En esta forma, un mes antes que se hubieran desencadenado los acontecimientos revolucionarios de Portugal, en julio de 1820, en una alianza de Los Carbonarios con el Ejército y la burguesía, obligaron al Rey Fernando I a otorgar la Constitución de Cádiz, lo cual hizo por Edicto de 7 de julio de ese año, pasando a ser dicha Constitución, la del Reino de las Dos Sicilias "salvo las modificaciones que la representación nacional, constitucionalmente convocada, creará oportuno adoptar para adaptarla a las circunstancias particulares de los reales dominios"[35].

tugal, Brasil y Algaves (con capital en Río de Janeiro), como Juan VI. En la península, Portugal quedaba gobernado por una Junta de regencia que estaba dominada por el comandante de las fuerzas británicas. Una vez vencido Napoleón en Europa, Juan VI regresó a Portugal dejando como regente del Brasil a su hijo Pedro. A pesar de que las Cortes devolvieron al territorio del Brasil a su status anterior y requirieron el regreso a la Península al regente Pedro, este, en paralelo a las Cortes portuguesas, convocó también a una Asamblea Constituyente en Brasil, proclamando la independencia del Brasil en septiembre de 1822, donde el 12 de octubre de ese mismo año fue proclamado Emperador del Brasil (Pedro I de Braganza y Borbón). En 1824 se sancionó la Constitución Política Imperial del Brasil. Dos años después, en 1826, el Emperador brasileño regresaría a Portugal a raíz de la muerte de su padre Juan VI, para asumir el reino portugués como Pedro IV, aún cuando por corto tiempo. Véase, Félix A. Montilla Zavalía, "La experiencia monárquica americana: Brasil y México", en *Debates de Actualidad*, Asociación argentina de derecho constitucional, Año XXIII, N° 199, enero/abril 2008, pp. 52 ss.

34 Véase Juan Ferrando Badía, "Proyección exterior de la Constitución de Cádiz" en M. Artola (ed), *Las Cortes de Cádiz, Ayer, 1-1991*, Marcial Pons, Madrid 1991, p. 241.

35 *Idem*, p. 237.

La reacción de la Santa Alianza, en este caso, tampoco se hizo esperar, y en el mismo año de 1820, en octubre, en el Congreso de Troppau las Potencias condenaron la revolución napolitana que amenazaba el principio monárquico, y además, en dicho Congreso, particularmente Austria, Rusia y Prusia también condenaron a la revolución portuguesa, y a la que había inspirado a todas, que no era otra que la revolución española.

Las potencias europeas decidieron reunirse nuevamente en enero de 1821 en el Congreso de Laybach, resolviendo esta vez anular el régimen constitucional napolitano, autorizando la invasión del Reino de las Dos Sicilias para la restauración del principio monárquico, quedando en este caso, Austria, encargada de ejecutar las resoluciones. Para abril de 1821, ya la Santa Alianza triunfaba en Italia.

Pero en esos mismos días, la Constitución de Cádiz también sería el estandarte que junto con los carbonarios, los revolucionarios piamonteses utilizarían en el Reino de Cerdeña para obligar por la fuerza el Príncipe Carlos Alberto a otorgar la Constitución de Cádiz, lo que ocurrió el 13 de marzo de 1821. Sin embargo, dos días después, el 15 de marzo el rey Víctor Manuel, quien había abdicado por la revolución, proclamó la anulación de lo actuado por la Regencia y apeló al auxilio de las potencias europeas que aún estaban reunidas en el Congreso de Laybach. El Congreso también envió en auxilio del Rey a las tropas austriacas, de manera que para el 8 de abril, la rebelión había sido apaciguada y el ejército constitucional piamontés había sido derrotado. La Constitución, en definitiva, sólo había tenido menos de un mes de vigencia[36].

Finalmente, como se dijo, la Santa Alianza se había vuelto a reunir en el Congreso de Verona en octubre de 1822, agrupando a Austria, Prusia y Rusia, el reino de las dos Sicilias y de Modena y representantes de Francia e Inglaterra, en el cual, entre los asuntos fundamentales a considerar, estuvo no sólo la situación de Italia sino la de la revolución española.

Sobre lo primero se autorizó la permanencia de los ejércitos austriacos en Italia hasta 1823 y respecto de España, se condenó la imposición que mediante una revolución se había hecho a Fernando VII de la Constitución de 1812, solicitándole al gobierno español cambiar su régimen político y reponer al Fernando VII como Monarca absoluto, bajo amenaza de guerra.

Este Congreso de Verona concluyó sus sesiones el 4 de diciembre de 1822 con la resolución de la Santa Alianza de formularle a España un ultimátum, encargando a Francia el asegurar la restitución del régimen monárquico que se reclamaba; y así fue que en abril de 1823, como se dijo, el ejército francés de nuevo invadió a España, esta vez con los Cien Mil Hijos de San Luís, acción que por supuesto fue rechazada por las Cortes.

Ante la invasión, las Cortes, como había ocurrido diez años atrás, pero esta vez junto con el Rey, se retiraron a Andalucía, y luego, en junio de 1823, de nuevo, a Cádiz. Aquí sesionaron hasta agosto de ese año, de manera que la

---

36 *Idem,* p. 242.

Constitución de Cádiz y sus Cortes, no sólo nacieron en esta ciudad suelo de hombres libres, sino que fue aquí que también cesaron.

Luego de la derrota del ejército constitucional en la batalla de Trocadero, cerca de Cádiz (agosto 1823), el Rey se plegó a las exigencias francesas, y el 1 de octubre de 1823, nuevamente, por segunda vez, anuló la Constitución de Cádiz, restaurando la Monarquía. Fue así como "los Congresos de Troppau, Laibach y Verona dieron muerte oficial a la Constitución de 1812 en España y en Italia"[37] y, además, en Portugal.

Quedó, en todo caso, como el primer texto constitucional latino europeo que a comienzos del siglo XIX había recogido los principios del constitucionalismo moderno que habían llegado las Revoluciones norteamericana y francesa del siglo XVIII, de lo que deriva su importancia singular, y la influencia directa que tuvo, tanto en los nuevos movimientos revolucionarios liberales europeos, como en la conformación de las Constituciones de muchas naciones latinoamericanas. Como tal, sin duda, sus principios tuvieron importante vigencia en Europa y en América, tanta que doscientos años después seguimos estudiándola.

---

37 Como lo destacó Juan Ferrando Badía, *Idem*, p. 247.

CAPÍTULO SÉPTIMO:

EL DESARROLLO DEL CONSTITUCIONALISMO EN VENEZUELA DESPUÉS DE CARACAS (1811): AN-GOSTURA (1819), CÚCUTA (1821) Y VALENCIA (1830)*

Los orígenes del constitucionalismo venezolano se sitúan, en primer lugar, en las discusiones y actos adoptados por el antiguo Cabildo de Caracas, convertido el 19 de abril de 1810, en Junta Suprema de las Provincias de Venezuela, conservadora a de los derechos de Fernando VII, quien ya se encontraba en Francia luego de haber abdicado al Trono de la Corona española.

En dicha Junta se planteó el desconocimiento de la supuesta autoridad de la Regencia de Cádiz en estas provincias, entre otros factores, por no haber sido constituida por el voto de los habitantes de las mismas, las cuales, como todas las americanas, habían dejado de ser colonia y habían sido declarada como parte de la Corona de España.

La idea de constituir un gobierno propio y darse una constitución propia derivó del proceso de la independencia que continuó al convocarse, un año después, un Congreso o Junta General de Diputados de las Provincias de Venezuela para establecer un gobierno democrático representativo, a cuyo efecto se dictó el Reglamento de elección y reunión de diputados de 11 de junio de 1810, quizás la primera ley electoral del Continente latinoamericano.

Por ello, en segundo lugar, los orígenes del constitucionalismo también se sitúan en las discusiones de este Cuerpo representativo, compuesto de diputados provinciales electos en siete de las nueve Provincias de la antigua Capitanía General de Venezuela, mediante elecciones relativamente universales e

---

* Trabajo presentado en el Congreso: *1812: fra Cadice e Palermo - entre Cádiz y Palermo. Nazione, rivoluzione, constituzione, representanza politica, libertà garantite, autonomie"*, Università degli Strudi di Messina, Palermo-Messina, 5-12 Diciembre 2005. El libro con las Ponencias del Congreso fue publicado bajo la dirección del profesor Andrea Romano en 2013.

indirectas, los cuales se constituyeron en Congreso General de las Provincias de Venezuela.

Este Congreso se instaló el 2 de marzo de 1811, y a partir del 25 de junio de 1811, cuando comenzaron sus sesiones, el objetivo que lo guió fue la redacción de una Constitución democrática, republicana y representativa, la cual se sancionó el 21 de diciembre de 1811. La misma fue precedida, además, por la formal declaración de los Derechos del Pueblo el 1º de julio de 1811 y de la también formal declaración de la Independencia el 5 de julio de 1811[1].

Todo lo anterior ocurría antes de que se hubiese promulgado la Constitución de Cádiz el 19 de marzo de 1812, y en paralelo a las reuniones de las Cortes de Cádiz que se habían instalado el 24 de septiembre de 1810, y en las cuales también se había comenzado a delinear una Constitución Monárquica de democracia representativa. Ya en otro lugar nos hemos referido a la ausencia de influencia del constitucionalismo de Cádiz en los orígenes del constitucionalismo venezolano en 1811[2]; por lo que ahora queremos referirnos al proceso constitucional venezolano posterior reflejado en las Constituciones de 1819 (Angostura), 1821 (Cúcuta) y 1830 (Valencia), y la también ausencia de influencia de la Constitución de Cádiz en el mismo, la cual por lo demás, para 1814 ya había sido anulada.

I. LA INFLUENCIA DE LA CONSTITUCIÓN DE CÁDIZ DESPUÉS DE 1820

En efecto, la Constitución de Cádiz sólo estuvo en vigencia en España y sus dominios escasos dos años (19–03–1812/04–05–1814), pues fue anulada por el mismo Fernando VII en 1814. Debe recordarse que el 8 de diciembre de 1813, Napoleón firmó en Valençay un Tratado de Paz con Fernando VII, reconociéndolo como Rey. Meses después, los Aliados europeos entrarían en Paris (31 de marzo de 1814), imponiendo la constitución de un gobierno

---

1 Véase los textos en Allan R. Brewer-Carías, *Las Constituciones de Venezuela*, Academia de Ciencias Políticas y Sociales, Caracas 1997, pp. 361-281; y *Libro de Actas del Supremo Congreso de Venezuela 1811-1812*, (Estudio Preliminar: Ramón Díaz Sánchez), Biblioteca de la Academia Nacional de la Historia, 2 Vols., Caracas 1959.

2 Véase Allan R. Brewer-Carías, "El paralelismo entre el constitucionalismo venezolano y el constitucionalismo de Cádiz (o de cómo el de Cádiz no influyó en el venezolano)" Ponencia al I Simposio Internacional La Constitución de Cádiz de 1812. *Hacia los orígenes del constitucionalismo iberoamericano y latino*, Unión Latina, Centro de Estudios Constitucionales 1812, Centro de Estudios Políticos y Constitucionales, Fundación Histórica Tavera, Cádiz, España, 24 al 27/04/02, publicada en *La Constitución de Cádiz. Hacia los orígenes del Constitucionalismo Iberoamericano y Latino*, Unión Latina-Universidad Católica Andrés Bello, Caracas 2004, pp. 223-331; y en *El Estado Constitucional y el derecho administrativo en Venezuela, Libro Homenaje a Tomás Polanco Alcántara*, Universidad Central de Venezuela, Caracas 2005, pp. 101-189. Forma la primera Parte de este libro.

transitorio, y tres días después, el 3 de abril de 1814, el Senado pronunciaría el fin del Imperio, removiendo a Napoleón quien fue exilio a la isla de Elba, comenzando la restauración de la Monarquía en Francia con Luis XVIII.

En España, el mes siguiente, el 4 de mayo de 1814, Fernando VII también iniciaría la restauración monárquica, adoptando su célebre Manifiesto sobre abrogación del Régimen Constitucional mediante el cual restableció el abso-lutismo, declarando "nulos y de ningún valor ni efecto, ahora, ni en tiempo alguno, como si no hubiesen pasado jamás..., y se quitasen de en medio del tiempo" la Constitución y los actos y leyes dictados durante el período de gobierno constitucional[3]. Se extinguió, así, por Reales Cédulas de junio y julio de 1814, la nueva concepción del Estado que los constituyentes de Cádiz habían concebido como Monarquía constitucional, con un nuevo régi-men municipal y provincial, todo lo cual se eliminó, restableciéndose el sis-tema a la condición que tenía en marzo de 1808.

Sin embargo, seis años después, en marzo de 1820, después del pronun-ciamiento de Riego, Fernando VII manifestaría su decisión de jurar de nuevo la Constitución, la cual permanecería en vigencia otros tres años y medio (10–03–1820/01–10–1823)[4].

A pesar de estas vicisitudes, sin embargo y sin duda, la Constitución de la Monarquía española de Cádiz de 1812, tuvo un impacto importantísimo en el constitucionalismo del mundo latino. Había sido la segunda Constitución europea en recoger los principios del constitucionalismo moderno que se generaron en las Revoluciones Norteamericana (Constitución de 1787) y Francesa (Constitución de 1791), por lo que su influencia no sólo se mani-festó en las antiguas colonias americanas, con excepción de Venezuela y Colombia, sino en Europa misma; particularmente luego de su restauración en 1820.

En esta forma, fue precisamente la entrada en vigencia de la Constitución (de 1812) el 19 de marzo de 1820, la que condujo a que hubiera tenido una influencia inmediata en algunos procesos revolucionarios que se desarrolla-ban en Europa, como por ejemplo en Italia[5], donde los revolucionarios napo-litanos comandados por la sociedad secreta la Carbonara, no sólo tuvieran a España como el ejemplo a seguir, sino que consideraban a la Constitución de Cádiz como la más democrática de todos los Estados europeos. Por ello, a los pocos meses del pronunciamiento de Riego en España, en julio de 1820, los carbonarios serían los que obligarían al rey Fernando I a otorgar la Constitu-ción de Cádiz, la cual por Edicto de 7 de julio pasó a ser la Constitución del Reino de las Dos Sicilias "salvo las modificaciones que la representación nacional, constitucionalmente convocada, creerá oportuno adoptar para adap-

3   Véase en *Constituciones Españolas y Extranjeras,* Tomo I, Ediciones de Jorge de Esteban, Ed. Taurus, Madrid 1977, pp. 125 ss.

4   Véase José F. Merino Merchán, *Regímenes históricos españoles*, Tecnos, Madrid 1988, pp. 60 y 61.

5   Véase Juan Ferrando Badía, "Proyección exterior de la Constitución de Cádiz" en M. Artola (ed), *Las Cortes de Cádiz, Ayer, 1-1991*, Marcial Pons, Madrid 1991, p. 241.

tarla a las circunstancias particulares de los reales dominios"[6]. La Constitución de Cádiz, además sería el estandarte que también tendrían, junto con los carbonarios, los revolucionarios piamonteses que en el Reino de Cerdeña también obligarían por la fuerza a que se otorgara la Constitución española.

Pero la mayor influencia de la Constitución de Cádiz después de 1820, sin duda se produciría en Hispanoamérica, particularmente en los países en los cuales para esa fecha aún no se había proclamado la independencia, que eran la mayoría[7]. La excepción, como se dijo, la constituyeron Venezuela y Colombia, donde las bases constitucionales de sus Estados se comenzaron a echar antes de que se promulgara la Constitución de Cádiz.

No se olvide, como antes hemos indicado y ahora recapitulamos por lo que se refiere al primer período de vigencia de la Constitución de Cádiz (1812–1814), que desde 1810, ya se había declarado la independencia en las Provincias de Venezuela (Caracas 19–04–1810; Cumaná 27–04–1810; Barinas, 05–05–1810; Mérida 16–09–1810; Trujillo 09–10–1810; La Grita 11–10–1810; Barcelona 12–10–1810 y San Cristóbal 28–10–1810) y Colombia; que en 1811 ya se había sancionado la Constitución Federal de los Estados de Venezuela[8]; y que entre 1811 y 1812 ya se habían dictado muchas Constituciones provinciales tanto en Venezuela[9] como en Colombia[10].

Por lo que se refiere al segundo período de vigencia de la Constitución de Cádiz (1820–1823), debe recordarse que desde meses antes, en 1819, ya se había adoptado la Constitución política de Venezuela de Angostura, la cual rigió también en las antiguas provincias de Cundinamarca; y que ya se había dictado la Ley constitucional de la Unión de los pueblos de Colombia, como consecuencia de lo cual se sancionó la Constitución de Cúcuta de 1821 con la que se conformó la República de Colombia; inspirada, sin duda, en la de Angostura.

Habiéndonos referido extensamente a cómo el constitucionalismo de Cádiz de 1812, a diferencia de lo que ocurrió en casi toda América latina, no influyó en el constitucionalismo venezolano que se había iniciado un año antes en 1811[11], ahora queremos referirnos, a cómo el constitucionalismo de Cádiz tampoco influyó en el constitucionalismo de Angostura de 1819, ya

---

6   *Idem*, p. 237.

7   Véase por ejemplo, Manuel Ferrer Muñoz, *La Constitución de Cádiz y su aplicación en la Nueva España*, UNAM, México 1993.

8   Véase en Allan R. Brewer-Carías, *Las Constituciones de Venezuela, cit.*, pp. 285 y ss.

9   Barcelona 12-01-1811; Barinas 26-03-1811. Véase en el libro *Las Constituciones provinciales*, Biblioteca de la Academia Nacional de la Historial, Caracas 1959, pp. 151 y ss.

10   Véase Carlos Restrepo Piedrahita, *Primeras Constituciones de Colombia y Venezuela 1811-1830,* Universidad Externado de Colombia, Bogotá 1996.

11   Véase Allan R. Brewer-Carías, "El paralelismo entre el constitucionalismo venezolano y el constitucionalismo de Cádiz (o de cómo el de Cádiz no influyó en el venezolano)", *cit.*

que la Constitución de Venezuela de ese año ya estaba sancionada para cuando la Constitución de Cádiz volvió a entrar en vigor en 1820; ni tampoco influyó en el constitucionalismo de la unión de Venezuela, Cundinamarca y Ecuador en la República de Colombia de 1821, la cual fue continuación del de Angostura, ni en el de la reconstitución de la República de Venezuela en 1830.

II. LA CONSTITUCIÓN DE ANGOSTURA (1819) Y LA UNIÓN DE LOS PUEBLOS DE COLOMBIA (1819–1821)

1. *Los antecedentes de la Constitución de Angostura de 1819*

La Constitución política de Venezuela, sancionada en Angostura, la capital de Guayana, de 15 de agosto de 1819,[12] tuvo como antecedente el texto de la Constitución de 1811, de la cual tomó muchas disposiciones, entre ellas, la declaración de derechos, los principios democráticos representativos y la separación de poderes; y además, tuvo la influencia directa de las ideas del general Simón Bolívar, para entonces jefe supremo de la República, quien las había expresado tanto en el Proyecto que elaboró para presentarlo en el Congreso de Angostura, como en su Discurso de presentación ante en el mismo[13]; los cuales además, seguían la línea de pensamiento que había delineado en el Manifiesto de Cartagena (1812) y en la Carta de Jamaica (1815)[14]. La Constitución de 1819, sin embargo, tuvo una importante disidencia respecto del texto de la Constitución de 1811, al establecer conforme a la orientación de Bolívar, un Estado unitario en contraste con la forma federal inicial.

En efecto, el Estado Federal en 1811 había estado dividido en Provincias, precisamente delimitadas sobre las antiguas provincias coloniales, en las cuales existían Legislaturas Provinciales (la denominación de "Diputaciones provinciales", que fueron su equivalente, apareció en la Constitución de Cádiz del año siguiente), a las cuales correspondía dictar la Constitución propia de cada Provincia, siendo el ejemplo más acabado la Constitución de la Provincia de Caracas de 31 de enero de 1812 (sancionada dos meses antes que la de Cádiz), con 328 artículos[15]. En cada Provincia, el Gobernador era electo en la forma establecida en la Constitución provincial. Además, cada

12 Véase el texto en Allan R. Brewer-Carías, *Las Constituciones de Venezuela, cit.,* pp. 351-367.

13 Véase los textos en *El Libertador y la Constitución de Angostura*, (ed. Pedro Grases), Publicaciones del Congreso de la República, Caracas, 1969.

14 El Manifiesto de Cartagena (1812) y la Carta de Jamaica (1815) pueden consultarse, entre otros, en Simón Bolívar, *Escritos Fundamentales,* Caracas, 1982 y en *Itinerario Documental de Simón Bolívar. Escritos selectos*, Ediciones de la Presidencia de la República, Caracas 1970, pp. 30 y ss. y 115 y ss. Véase además, Simón Bolívar, *Carta de Jamaica*, Ediciones del Ministerio de Educación, Caracas 1965 y Ediciones de la Presidencia de la República, Caracas 1972.

15 Véase en *Las Constituciones provinciales, cit.,* pp. 61 y ss.

Provincia regulaba su propia división territorial, por lo que por ejemplo, el territorio de la Provincia de Caracas se dividió en Departamentos, Cantones y Distritos conforme a la terminología francesa (art. 2).

Frente a esta forma federal del Estado que había privado en la concepción de la Constitución de 1811, y que sin duda había conducido al imperio del caudillismo local y regional alentado por las guerras de independencia, la oposición del Libertador fue pertinaz, lo que en definitiva provocó que el texto constitucional de 1819 organizara una República "unitaria y centralista"[16], tal como lo dice el texto constitucional en el Titulo II: "una e indivisible" (art. 1°), aún cuando con una división territorial de diez Provincias (Barcelona, Barinas, Caracas, Coro, Cumaná, Guayana, Maracaibo, Margarita, Mérida y Trujillo) (Art. 2°), todas bajo la autoridad de un gobernador sujeto inmediatamente al Presidente de la República (Título IX, Sección Primera, Art. 1°), sin prever regulación alguna respecto de órgano legislativos en las provincias.

La organización constitucional del Estado en la Constitución de Angostura, en todo caso, solo tendría aplicación escasos años, no sólo porque la guerra continuó, sino porque en 1821 Venezuela se integraría a la República de Colombia[17]. En la Constitución de la República de Colombia de Cúcuta de 1821[18], por tanto, puede decirse que el centralismo de Estado continuó y se acentuó al integrarse las provincias de Cundinamarca, Venezuela y Ecuador, por lo cual el territorio de la República de Colombia que estableció, se lo dividió en Departamentos, los cuales quedaron bajo el mando político de Intendentes. Estos eran nombrados por el Presidente de la República con acuerdo del Senado, y le estaban sujetos (art. 121, 122, 151 y 152). Los Departamentos se dividían en Provincias, y en cada una de ellas había un Gobernador con subordinación al Intendente del departamento respectivo, nombrado también por el Presidente de la República (art. 153). El Intendente, en todo caso, era a la vez gobernador de la provincia en cuya capital residía (art. 154); y las provincias se subdividían en cantones, donde existían cabildos o municipalidades (art. 155).

Por otra parte, en cuanto a la organización del Estado, las ideas de Bolívar sobre la Presidencia Vitalicia, el Senado Hereditario y el original Poder Moral[19], si bien absolutamente novedosas para el constitucionalismo de la época,

16 Para un análisis de la labor del Congreso de Angostura, véase Pedro Grases (ed.), *Actas del Congreso de Angostura*, Instituto de Derecho Público, Universidad Central de Venezuela, Caracas, 1969.

17 Véase la Ley Fundamental de la República de Colombia de 1819 y la Ley Fundamental de la Unión de los Pueblos de Colombia de 1821, en Allan R. Brewer-Carías, *Las Constituciones de Venezuela, cit.,* pp. 373-376.

18 Véase el texto en Allan R. Brewer-Carías, *Las Constituciones de Venezuela, cit.,* pp. 379-395.

19 En anexo a la Constitución de 1819, sin embargo, se publicó el Título correspondiente al Poder Moral. Véase en Allan R. Brewer-Carías, *Las Constituciones de Venezuela, cit.,* pp. 367-371.

sin embargo, en Angostura fueron dejadas aparte, y el texto constitucional, siguiendo la base de la Constitución de 1811, estableció un sistema de gobierno presidencial, pero esta vez abandonando el esquema triunviral y optando por el unipersonal, que aún tiene el país; siguió con el sistema de separación de poderes y previó el elenco de los derechos y garantías del hombre ya establecido en el texto de 1811.

2. La unión de las provincias de Cundinamarca y Venezuela y la desaparición de la República de Venezuela

La Constitución de 1819, por otra parte, no sólo rigió en las provincias de Venezuela, pues durante el mismo año de 1819, Bolívar, quien había participado en la Campaña de Apure y a mediados de ese año había pasado la Cordillera hacia Nueva Granada y en agosto ya había triunfado en la Batalla de Boyacá; había declarado a las provincias de Cundinamarca como sujetas al Congreso y al Gobierno de Angostura. Así consta en su Proclama del 8 de septiembre de 1819 en la cual, además, abogaba por la "reunión de la Nueva Granada y Venezuela en una República", precisando que una Asamblea Nacional así debía decidirlo[20]. Por ello, a su regreso a Angostura desde la Nueva Granada, el 14 de diciembre de 1819 propuso la creación de la República de Colombia, señalando: "La reunión de la Nueva Granada y Venezuela es el objeto único que me he propuesto desde mis primeras armas: es el voto de los ciudadanos de ambos países, y es la garantía de la libertad de la América del Sur"[21].

En esta forma, el 17 de diciembre de 1819, conforme a la propuesta del Libertador, el mismo Congreso de Angostura sancionó la Ley Fundamental de la República de Colombia, conforme a la cual las Repúblicas de Venezuela y Colombia "quedaban desde ese día reunidas en una sola, bajo el título glorioso de la República de Colombia"[22].

De acuerdo a esta Ley, "el Poder Ejecutivo sería ejercido por un Presidente, y en su defecto por un Vicepresidente, nombrados interiormente por el actual Congreso" (Art. 4), y se dividió la República de Colombia, en tres grandes Departamentos: Venezuela, Quito y Cundinamarca (Art. 6), los cuales debían ser Administrados por un Jefe cada uno, con el título de Vicepresidente (Art. 6). En tal virtud, la Ley Fundamental prescribió que el Congreso debía ponerse en receso el 15 de agosto de 1820, debiendo procederse a nuevas elecciones para el Congreso General de Colombia (Art. 11), que debía reunirse en la Villa del Rosario de Cúcuta el 1º de enero de 1821. En la misma sesión del 17 de diciembre de 1819, el Congreso, de nuevo eligió al Ge-

---

20 Véase Vicente Lecuna (ed.), *Proclamas y Discursos del Libertador*, Edición ordenada por el gobierno de Eleazar López Contreras, caracas 1939, p. 240.

21 Véase en Pedro Grases (ed.), *Actas del Congreso de Angostura, cit.*, pp. 349 y ss., y en V. Lecuna (ed), *Proclamas y Decretos del Libertador, op. cit.*, p. 245.

22 Véase el texto en Allan R. Brewer-Carías, *Las Constituciones de Venezuela, cit.*, pp. 373-374; y en Pedro Grases (ed), *Actas del Congreso de Angostura, cit.*, pp. 356 y ss.

neral Bolívar como Presidente del Estado de Colombia y Vicepresidente a Francisco Zea; y como Vicepresidente de los Departamentos de Cundinamarca y Venezuela, al General Santander y Juan G. Roscio, respectivamente.

El Libertador regresó a la Nueva Granada y entró en Bogotá en marzo de 1820. Regresó a Venezuela a fines de ese mismo mes, y hacia fines de ese año suscribió el Armisticio y el Tratado de Regularización de la guerra con Pablo Morillo el 25 y 26 de noviembre, entrevistándose ambos jefes en Santa Ana, el 27 de noviembre. Morillo encargó del ejército español a Miguel de la Torre y se embarcó para España. Al poco tiempo, el Armisticio se rompió, por el pronunciamiento del gobierno de la Provincia de Maracaibo a favor de una República democrática, incorporándose a Colombia.

El 24 de junio de 1821 se libró la Batalla de Carabobo, y con ello se selló definitivamente la independencia de Venezuela. El 30 de Junio de 1821 el Libertador, en una proclama dirigida a los habitantes de Caracas, además de anunciar que: "Una victoria final ha terminado la guerra en Venezuela", les precisó la integración "la unión de Venezuela, Cundinamarca y Quito" anunciando que con ello se "ha dado un nuevo realce a vuestra existencia política y cimentado para siempre vuestra estabilidad. No será Caracas la capital de una República será sí, la capital de un vasto departamento gobernado de un modo digno de su importancia. El Vicepresidente de Venezuela goza de las atribuciones que corresponden a un gran Magistrado"[23].

El Congreso General de Colombia se reunió en la villa del Rosario de Cúcuta en mayo de 1821 y el 12 de julio ratificó la Ley Fundamental de la Unión de los pueblos de Colombia[24]. El 30 de agosto, el Congreso sancionó la Constitución de 1821, y a comienzos de octubre el Libertador aceptó la Presidencia de Colombia que el Congreso le ofreció, siempre que se le autorizara a continuar a la cabeza del ejército dejando todo el gobierno del Estado al General Santander, elegido Vicepresidente[25]. Con tal carácter de Presidente Bolívar le puso el ejecútese a la Constitución, el 6 de octubre de 1821[26], ejerciendo la Presidencia de Colombia hasta 1830.

---

23 Véase en Vicente Lecuna (ed.), *Proclamas y Decretos del Libertador*, cit., p. 263.

24 Véase el texto en Allan R. Brewer-Carías, *Las Constituciones de Venezuela*, cit., pp. 375-376.

25 Véase en Vicente Lecuna (ed.), *Proclamas y Decretos del Libertador*, cit., p. 266.

26 Véase en Allan R. Brewer-Carías, *Las Constituciones de Venezuela*, cit., pp. 379-395.

III. PRINCIPIOS DEL CONSTITUCIONALISMO Y ALGUNAS IDE-AS DE BOLÍVAR SOBRE LA ORGANIZACIÓN DEL ESTADO EN LA CONSTITUCIÓN DE ANGOSTURA (1819) Y SUS SECUE-LAS EN LA CONSTITUCIÓN DE CÚCUTA (1821)

Simón Bolívar fue, sin duda, un hombre de Poder. Lo ejerció militarmente, lo condujo civilmente, y además, lo concibió institucionalmente.

Por ello, si bien es cierto que no llegó a participar activamente en la concepción constitucional del primigenio Estado venezolano en 1811,[27] su intensa labor política y militar posterior no se redujo a comandar las guerras de independencia y a ejercer la conducción política de nuestro país en momentos de total desorganización, sino que además, desarrolló ideas para la reconstrucción del Estado[28], adaptada a la convulsa sociedad que quedó en estas tierras después de la Independencia.

1. *El republicanismo y la representatividad: el sistema electoral*

Ese Estado de acuerdo a las modernas corrientes del constitucionalismo que comenzaban a formularse en esa época, debía conciliar el Poder con las libertades, de manera que el Estado fuera, como debe ser, la organización política de la sociedad para garantizar la libertad, basado en la soberanía popular y en el republicanismo.

Por ello, la Constitución de 1819, además de contener una extensa declaración de Derechos y deberes del hombre y del ciudadano (34 artículos, Título I), en su Título 5º, siguiendo los principios de la de 1811 dispuso que "La soberanía de la nación reside en la universidad de los ciudadanos. Es imprescriptible e inseparable del pueblo"; y que "El pueblo de Venezuela no puede ejercer por sí otras atribuciones de la soberanía que la de las elecciones ni puede depositarla toda en unas solas manos" (art. 2). A tal efecto, se reguló un sistema democrático representativo republicano de gobierno.

---

27 Bolívar, después de cumplir su misión en Londres en 1810, al regresar a Caracas participó en las discusiones de la Sociedad Patriótica que se celebraban en paralelo a las sesiones del Congreso General, y en ella, el 3 de julio de 1811, en la víspera de la declaración de Independencia, exigió al Congreso que debía "oír a la Junta Patriótica, centro de las luces y de todos los intereses revolucionarios", clamando por la necesidad de declarar la Independencia de España, diciendo: "Pongamos sin temor la piedra fundamental de la libertad suramericana: vacilar es perdernos". Véase en Sociedad Bolivariana de Venezuela, *Escritos del libertador,* Tomo IV, Ediciones Cuatricentenario de la Ciudad de Caracas 1968, p. 81.

28 Véase lo expuesto en Allan R. Brewer-Carías. "Ideas centrales sobre la organización del Estado en la obra del Libertador y sus proyecciones contemporáneas", en *Boletín de la Academia de Ciencias Políticas y Sociales* enero-junio 1984, Nos 95-96, pp. 137 y ss.

A. El sistema electoral en la Constitución de Angostura: Asambleas parroquiales y asambleas electorales en los departamentos

En cuanto al sistema electoral en la Constitución de Angostura, el mismo siguió exactamente la orientación de la Constitución de 1811, de Asambleas parroquiales y Departamentales (que a la vez había seguido la orientación del Reglamento de elección y reunión de diputados de 11 de junio de 1810), con las mismas atribuciones. (Título 4º). En efecto, el sistema representativo en la Constitución de 1819, se reguló en el Título 4º relativo las Asambleas parroquiales y departamentales; estableciéndose un sistema de elección indirecta para los representantes ante la Cámara de Representantes, con la precisión de que "Pasados diez años, las elecciones se harán inmediatamente por el pueblo, y no por medio de electores" (art. 8, Sección Segunda).

A tal efecto, conforme a la división territorial del país (Provincias, Departamentos y Parroquias) se regularon elecciones en dos niveles, en las Parroquias y en los Departamentos.

En cuanto a las elecciones parroquiales, se dispuso que en cada Parroquia, los ciudadanos activos no suspensos vecinos y con determinadas rentas, conformaban la Asamblea parroquial (cuerpo de electores de cada parroquia), la cual debía ser convocada por el agente departamental, y tenía las siguientes funciones, en elecciones que debían ser públicas y por tanto, con la presencia indispensable de los votantes:

1. Nombrar el elector o electores que correspondan a la parroquia, lo cual dependía de la población a razón de un elector por 500 almas. Estos electores debían en la Asamblea departamental elegir a los representantes de la Cámara de Representantes.

2. Elegir el juez del departamento.

3. Elegir los miembros municipales del departamento.

4. Nombrar el juez de paz de la parroquia y los jurados.

Es de destacar, que estas Asambleas parroquiales, por tanto, no se convocaban sólo para elegir a los electores de segundo grado, sino que tenían funciones electivas directas respecto de los jueces y los miembros de los cabildos y municipalidades.

Concluidas las elecciones en una sesión, que debía durar no más de cuatro días, la asamblea debía disolverse indicándose que "cualquier otro acto más allá de lo que previene la Constitución no solamente es nulo, sino atentado contra la seguridad pública" (art. 9).

El agente departamental, presidente de la asamblea, debía remitir a la municipalidad de la capital del departamento los registros de las elecciones para archivarlos y participar a los electores que corresponden a la parroquia sus nombramientos, señalándoles el día en que debían hallarse en la misma capital.

Efectuadas las elecciones parroquiales, se pasaba a las elecciones departamentales mediante la constitución de la asamblea electoral en la capital de cada departamento, presidida por el prefecto y compuesta de los electores parroquiales electos en las Asambleas parroquiales que estuviesen presentes. La Asamblea debía realizar sus funciones en una sola sesión de ocho días a lo más, indicándose que "Ni antes ni después de las elecciones podrá ocuparse de otros objetos que los que le previene la presente Constitución. Cualquier otro acto es un atentado contra la seguridad pública y es nulo" (art. 2).

Las funciones de las Asambleas departamentales (electores de segundo grado elegidos en las parroquias) eran:

1. Elegir al Presidente de la República y al Vicepresidente.

2. Nombrar el representante o representantes ante la Cámara de Diputados que correspondieran al departamento y un número igual de suplentes que debían reemplazarlos en caso de muerte, dimisión, destitución, grave enfermedad y ausencia necesaria. El número de representantes de cada departamento dependía de su población, a razón de uno por cada 20.000 mil almas. Se observa que la figura del suplente, prevista en la Constitución de Cádiz (no así en la Constitución de 1811) se reguló en la Constitución de 1819.

3. Examinar el registro de las elecciones parroquiales para los miembros de los cuerpos municipales; hacer el escrutinio de todos los sufragios de las parroquias y declarar legítimo el nombramiento del número constitucional de vecinos que reúnan la mayoría absoluta de votos. El número de los miembros municipales dependía también de la población del departamento con esta proporción: 6 municipales si la población no pasa de 30.000 almas; 8 si pasaba de 30.000 mil; pero no excedía de 60.000, y 12 si pasare de este número

4. Declarar juez de paz de cada parroquia al ciudadano que haya reunido la mayoría absoluta de sufragios de su respectiva parroquia o elegirlo entre los tres que hayan obtenido mayor número de votos.

5. Hacer la misma declaratoria o la misma elección respecto al juez departamental.

6. Formar la lista de jurados de cada parroquia, inscribiendo en ella los nombramientos de los veinticuatro vecinos que hayan obtenido una mayoría de sufragios en sus respectivas parroquias.

Como se ha dicho, este sistema electoral de un grado y dos grados que se estableció en la Constitución de 1811 y que antes se había establecido en el reglamento de elecciones y reunión de diputados de 1810, precedió al sistema electoral establecido en la Constitución de Cádiz de 1812, el cual consistía básicamente en un sistema indirecto pero en tres niveles.

B. El sistema electoral en la Constitución de Cádiz: Juntas electorales parroquiales, de partidos y de provincias

En efecto, recordemos que en la Constitución de Cádiz[29], en primer lugar estaban las Juntas Electorales de parroquia integradas por todos los ciudadanos avecindados y residentes en el territorio de la parroquia respectiva (art. 35), las cuales debían nombrar un elector parroquial por cada 200 vecinos (art. 38). La junta parroquial debía elegir "à pluralidad de votos once compromisarios", para que estos nombrasen el elector o electores de la parroquia" (arts. 41 y 53). A diferencia con la Constitución de Venezuela de 1811, en la cual las asambleas parroquiales, además de elegir electores de segundo grado, elegían por ejemplo a los jueces de departamento y de paz y a los miembros municipales, en la Constitución de Cádiz las Juntas parroquiales sólo tenían por función elegir a los electores de segundo grado. Por otra parte, al igual que en la Constitución venezolana de 1811, en la de Cádiz se dispuso que "verificado el nombramiento de electores, se disolverá inmediatamente la junta, y cualquiera otro acto en que intente mezclarse será nulo" (art. 57).

En segundo lugar estaban las Juntas electorales de partido, compuestas por los electores parroquiales que se debían congregar en la cabeza de cada partido, a fin de nombrar el elector o electores que debían concurrir a la capital de la provincia para elegir los diputados de Cortes (art. 59). Eran presididas por el jefe político o el alcalde primero del pueblo cabeza de partido (art. 67).

Y en tercer lugar, estaban las juntas electorales de provincia, que se componían con los electores de todos los partidos de cada provincia a fin de nombrar los diputados que le correspondían asistir a Cortes, "como representantes de la nación" (art. 78), y además, en votación separada, a los suplentes (art. 90).

La diferencia fundamental entre ambos sistemas, radicaba que en Cádiz era una elección indirecta de tres grados en tanto que en Caracas era directa e indirecta de dos grados; y en ambas Constituciones, los electores del último grado eran los que elegían a los representantes, sea a Cortes o a la Cámara de Representantes. En la Constitución de 1811, además, los electores de segundo grado también elegían al Presidente de la República.

El mismo esquema de las Constituciones de 1811 y 1819 se siguió en la Constitución de Angostura de 1821 (arts. 12 y ss.), con la única diferencia de que las asambleas electorales de segundo grado dejaron de ser departamentales y se convirtieron en provinciales, por el cambio en la organización territorial al comprender la República de Colombia, a Cundinamarca, Venezuela y Ecuador; y que las mismas, como asambleas provinciales, además de elegir a los representantes que debían integrar la Cámara de Representantes, y al Presidente y Vicepresidente, también elegían a los senadores (art. 34), superán-

---

29 Véase el texto en *Constitución Política de la Monarquía Española promulgada en Cádiz a 19 de marzo de 1812*, (Prólogo de Eduardo García de Enterría), (edición facsimilar de la Imprenta Nacional de Madrid, 1820), Civitas Madrid, 1999.

dose el concepto de Senador Vitalicio que estaba plasmado en la Constitución de 1819.

2. La separación de poderes y el sistema presidencial

A. El principio constitucional de la separación de poderes

Por otra parte, en cuanto al principio de la distribución del Poder, o separación horizontal de los poderes, el mismo había penetrado desde 1811 en el constitucionalismo venezolano. Desde el origen, se tenía claro que la concentración del poder era un atentado a la libertad; y al contrario, que la mejor forma de garantizar la libertad en una Nación, era mediante un sistema de distribución del poder en la organización del Estado.

Para el momento de la independencia, este principio de la distribución del poder ya se había plasmado en dos vertientes: la distribución horizontal y la distribución vertical del poder. La primera ya había conducido a los sistemas de gobierno, y de allí el sistema presidencial del constitucionalismo norteamericano (en contraste con los sistemas parlamentarios monárquicos europeos) que se había adoptado en la Constitución de 1811, aún cuando el Poder Ejecutivo había quedado a cargo de un triunvirato; y la segunda, también había dado origen a la forma de los Estados, unitarios o federales, es decir, más o menos descentralizados, y que luego del invento norteamericano de la federación, la Constitución de 1811 había optado precisamente por la forma federal (en contraste con los Estados unitarios europeos).

Ambos principios, por supuesto, aparecen en la concepción del Estado en la obra de Simón Bolívar, con reflejos en la Constitución de 1819: un sistema de separación horizontal de poderes, con un sistema presidencial reforzado, de carácter unipersonal; y un sistema de Estado unitario, centralizado, con el abandono de todo vestigio federal.

La Constitución de 1811, sin duda, se había adoptado bajo el principio de la separación de poderes, como distribución horizontal del poder público, lo que había sido un acabado producto de los ideólogos del absolutismo, al propugnar la limitación del poder político ilimitado Monarca absoluto, en cuya base estaba la consideración del estado natural del hombre y del contrato original de la sociedad, origen del Estado, para la preservación de sus vidas, libertades y posesiones. El Estado surgió entonces para proteger los derechos "naturales" que no desaparecieron con el contrato social; y ello guió a nuestros constituyentes de 1811, para lo cual en la Constitución se estableció expresamente la división del Poder Supremo en tres categorías: Legislativo, Ejecutivo y Judicial, señalando expresamente que: "El ejercicio de esta autoridad confiada a la Confederación no podrá hallarse reunida en sus diversas funciones", siendo preciso que se conserven "tan separados e independientes el uno del otro cuanto exija la naturaleza de un gobierno libre".

Pero en el texto de 1811, el mecanismo de separación de poderes se configuró con una hegemonía del Poder Legislativo, lo que dio origen a todo un sistema de contrapeso de poderes para evitar la formación de un poder fuerte, que fue una de las causas de la caída de la Primera República.

Contra esta debilidad del Poder Ejecutivo constitucionalmente consagrada, el cual además era tripartito, reaccionó de inmediato Simón Bolívar en su Manifiesto de Cartagena en 1812 y luego en su Discurso de Angostura en 1819, en el cual propuso al Congreso, al contrario, la adopción de una fórmula de gobierno con un Ejecutivo fuerte.

Decía en su Discurso de Angostura, refiriéndose a la Constitución de 1811: "el Congreso ha ligado las manos y hasta la cabeza a los Magistrados. Este cuerpo deliberante ha asumido una parte de las funciones Ejecutivas, contra la máxima de Montesquieu, que dice que un Cuerpo Representativo no debe tomar ninguna resolución activa: debe hacer Leyes, y ver si se ejecutan las que hace. Nada es tan contrario a la armonía de los Poderes, como su mezcla. Nada es tan peligroso con respecto al pueblo como la debilidad del Ejecutivo". Y agregaba: "En las Repúblicas el Ejecutivo debe ser el más fuerte porque todo conspira contra él; en tanto que en las Monarquías el más fuerte debe ser el Legislativo, porque todo conspira en favor del Monarca...". Y concluía diciendo: "Por lo mismo que ninguna forma de Gobierno es tan débil como la democrática, su estructura debe ser de la mayor solidez; y sus instituciones consultarse para la estabilidad. Si no es así, contemos con que se establece un ensayo de Gobierno, y no un sistema permanente: contemos con una Sociedad díscola, tumultuaria, anárquica, y no con un establecimiento social, donde tengan su imperio la felicidad, la paz y la justicia"...[30].

Insistió además, en su Discurso de Angostura: "Cuando deseo atribuir al Ejecutivo una suma de facultades superiores a la que antes gozaba, no he deseado autorizar a un déspota para que tiranice la República, sino impedir que el despotismo deliberante sea la causa inmediata de un círculo de vicisitudes despóticas en que alternativamente la anarquía sea reemplazada por la oligarquía y por la monocracia[31].

La Constitución de 1819, en consecuencia, estableció un sistema de separación de poderes, con un presidencialismo reforzado, insistiendo en el Titulo 5°, art. 2, que: "El poder soberano estará dividido para su ejercicio en legislativo, ejecutivo y judicial" (art. 2).

B. El Poder Legislativo: el Congreso General de Venezuela

El Título 6° de la Constitución de 1819, siguiendo la orientación de la de 1811, dispuso que el poder legislativo debía ser ejercido por el Congreso General de Venezuela, dividido en dos Cámaras, la de Representantes y el Senado. La Cámara de representantes se integraba por los representantes electos en segundo grado, por las Asambleas departamentales; y el Senado, integrado por igual número que los representantes, se lo reguló de carácter vitalicio, cuyos miembros (después de que fueron elegidos por el Congreso de Angostura por primera vez) serían designados en caso de muerte o destitu-

---

30 Véase el texto en Simón Bolívar, *Escritos Fundamentales,* Caracas, 1982, pp. 132 y ss.

31 *Idem.,* p. 139.

ción, por la Cámara de Representantes para presentarlos al Senado, "a pluralidad de votos tres candidatos entre los ciudadanos más beneméritos por sus servicios a la República, por su sabiduría y virtudes".

La Constitución de 1819, sin embargo, a diferencia de la Constitución de 1811, enumeró las siguientes atribuciones exclusivamente propias del Congreso:

1. Proponer y decretar todas las leyes de cualquier naturaleza que sea. El poder ejecutivo sólo podrá presentarle alguna materia para que la tome en consideración, pero nunca bajo la fórmula de ley.

2. Fijar los gastos públicos.

3. Establecer toda suerte de impuestos, derechos o contribuciones; velar sobre la inversión y tomar cuenta de ella al poder ejecutivo, sus ministros o agentes.

4. Contraer deudas sobre el crédito del Estado.

5. Establecer un Banco nacional.

6. Determinar el valor, peso, tipo y nombre de la moneda que será uniforme en toda la República.

7. Fijar los pesos y medidas que también serán uniformes.

8. Establecer los tribunales de justicia.

9. Decretar la creación o suspensión de todos los empleos públicos y señalarles rentas, disminuirlas o aumentarlas.

10. Librar cartas de naturaleza a los extranjeros que las hayan merecido por servicios muy importantes a la República.

11. Conceder honores y decoraciones personales a los ciudadanos que hayan hecho grandes servicios al Estado.

12. Decretar honores públicos a la memoria de los grandes hombres.

13. Decretar la recluta y organización de los ejércitos de tierra, determinar su fuerza en paz y guerra y señalar el tiempo que deben existir según las proposiciones que le haga el poder ejecutivo.

14. Decretar la construcción y equipamiento de una marina, aumentarla y disminuirla según las proposiciones del mismo poder ejecutivo.

15. Formar las ordenanzas que deben regir a las fuerzas de mar y tierra.

16. Decretar la guerra según la proposición formal del poder ejecutivo.

17. Requerir al poder ejecutivo para que negocie la paz.

18. Ratificar y confirmar los tratados de paz, de alianza, de amistad, de comercio y de neutralidad.

19. Elegir la ciudad, capital de la República, que debe ser su residencia ordinaria, pero puede variarla cuando lo juzgue conveniente.

20. Decretar el número y especie de tropas que deben formar su guardia y nombrar el jefe de ella.

21. Permitir o no el paso de tropas extranjeras por el territorio de la República.

22. Permitir o no el paso o residencia de tropas en el círculo constitucional. Este tendrá quince leguas de radio.

23. Permitir o no la estación de escuadras navales extranjeras en los puertos de la República por más de un mes. Siendo por menos tiempo el poder ejecutivo podrá conceder la licencia.

Muchas de estas atribuciones tienen una redacción similar a las reguladas en la Constitución de Cádiz para las Cortes.

En cuanto a las leyes, el artículo 11 dispuso que "Ningún proyecto de ley se entenderá sancionado ni será ley del Estado hasta que no haya sido firmado por el poder ejecutivo", habiéndose previsto la posibilidad de devolución así: "Si éste no creyere conveniente hacerlo, devolverá el proyecto a la cámara de su origen, acompañándole sus reparos, sea sobre faltas en las fórmulas o en lo sustancial, dentro del término de diez días, contado desde su recibo.

C. El Poder Ejecutivo: el Presidente de la República

El Presidente de la República, electo en las Asambleas electorales departamentales, ejercía el Poder Ejecutivo. Para la elección, el voto de cada elector debía contener los nombres de dos ciudadanos de Venezuela, de manera que el que obtenía las dos terceras partes de votos de electores departamentales era elegido presidente de la República; y el que le siguiere inmediatamente en el número de votos con mayoría absoluta se declaraba vicepresidente de la República.

Conforme se regula detalladamente en el Título 7° de la Constitución de 1819, el Presidente era el comandante en jefe de todas las fuerzas de mar y tierra y está exclusivamente encargado de su dirección, pero no podrá mandarlas en persona. (art. 1); y declaraba la guerra a nombre de la República después que el Congreso la hubiera decretado (art. 7). Celebraba treguas y hacía la paz, pero ningún tratado tenía fuerza hasta que no fuera ratificado por el Congreso (art. 8). También, celebraba todos los tratados de alianza, amistad, comercio y naturalidad con los príncipes, naciones o pueblos extranjeros, sometiéndolos todos a la sanción y ratificación del Congreso, sin la cual no tendrán fuerza (art. 9).

El Presidente nombraba todos los empleos civiles y militares que la Constitución no reservare (art. 2); era jefe de la administración general de la República (art. 4), y tenía a su cargo la conservación del orden y tranquilidad interior y exterior (art. 5).

El Presidente convocaba al Congreso en los períodos señalados por la Constitución y lo presidía en la apertura de sus sesiones; también podía convocarlo extraordinariamente, siempre que la gravedad de alguna ocurrencia lo exigiera (art. 11). Igualmente, convocaba las asambleas primarias o parroquiales por medio de las municipalidades en los períodos señalados por la Constitución (art. 12).

Las leyes, como se dijo, debían ser promulgadas por el Presidente, quien las mandaba a ejecutar y cumplir (art. 13); y además, mandaba a cumplir y hace ejecutar las sentencias pronunciadas por el Senado en los casos determinados por la Constitución y las que sean dadas por el poder judicial de la República (art. 14). Se destaca, sin embargo, una atribución específica de intervención ejecutiva en la función judicial, y es que conforme al artículo 15 del Título, "En los casos de injusticia notoria que irrogue perjuicio irreparable puede rechazar la sentencia del poder judicial, fundando su oposición. Si éste la confirma de nuevo y el Senado no está reunido, suspende su ejecución hasta que, reunido, le consulte si deba o no cumplirse". El Presidente también podía otorgar indultos (arts. 17, 19).

Por último, se destaca entre las atribuciones del Presidente que en caso de conmoción interior a mano armada que amenazare la seguridad del Estado, podía "suspender el imperio de la Constitución en los lugares conmovidos o insurrectos por un tiempo determinado si el Congreso estuviere en receso. Las mismas facultades se le conceden en los casos de una invasión exterior y repentina, en los cuales podrá también hacer la guerra, pero ambos decretos contendrán un artículo convocando el Congreso para que confirme o revoque la suspensión" (art. 20).

En cuanto a la Constitución de 1821, debe señalarse que si bien siguiendo la orientación centralista de la anterior, dividió la República en Departamentos y Provincias[32], en la misma se descartaron los principios del Ejecutivo fuerte que había propugnado Bolívar, debilitando aún más su posición en relación a la que consagraba el texto de 1819, con grandes controles por parte del Senado y del Consejo de Gobierno que estableció[33].

D. El Poder Judicial

En cuanto al Poder Judicial, de acuerdo con el Título 8º de la Constitución de 1819, estaba depositado en una Corte Suprema de Justicia compuesta por 5 miembros, que residía en la capital, y en los demás tribunales (art. 1). Para el nombramiento de los magistrados de la Corte Suprema se debía proceder así: Eran propuestos por el presidente de la República a la Cámara de Representantes en número triple; esta Cámara los reducía al doble y lo presentaba al Senado para que éste nombrase los que debían componerla (art. 4). Los empleos de ministros de la alta corte de Justicia eran vitalicios (art. 5).

---

32 Véase artículo 6º de la Ley Fundamental y artículo 150 de la Constitución. En 1821 a Venezuela se le señalaron tres Departamentos: Orinoco formado por las Provincias de Guayana, Cumaná, Barcelona y Margarita el Departamento de Venezuela, con las Provincias de Caracas y Barinas y el Zulia, con las de Coro, Trujillo, Mérida y Maracaibo. En 1824 se creó un nuevo Departamento en Venezuela, el de Apure y en 1826, se creó el de Maturín. *Cfr.* los datos en Augusto Mijares, "La Evolución Política de Venezuela" (1810-1960)", en M. Picón Salas y otros, *Venezuela Independiente 1810-1960*, Caracas, 1962, p. 67.

33 Véase Pablo Ruggeri Parra, *Historia Política y Constitucional de Venezuela*, Tomo I, Editorial Universitaria, Caracas 1949, pp. 68, 62 y 64; José Gil Fortoul, *Historia Constitucional de Venezuela*, Berlín, 1909, Tomo I, p. 622.

La Corte Suprema de Justicia conocía y determinaba en el último grado las causas de su resorte, no exceptuadas en la Constitución; pero también ejercía las funciones de tribunal de primera instancia, en los casos concernientes a embajadores, ministros, cónsules o agentes diplomáticos con noticia del presidente de la República; conflictos de competencias suscitadas entre los tribunales superiores; controversias que resultaren de los tratados y negociaciones que hiciera el poder ejecutivo; y en las diferencias o pleitos que se suscitaren entre una o muchas provincias o entre un individuo y una o más provincias.

Por otra parte, en cada capital de provincia debía haber un tribunal superior de apelaciones, compuesto de tres letrados, nombrados por el presidente de la República a propuesta de la alta corte; el cual debía conocer de las causas que se elevaren en apelación de los juzgados inferiores de la provincia y de las competencias promovidas entre ellos.

3. La organización territorial del Estado: centralismo y federalismo

A. El federalismo de 1811

Pero la estructuración del Estado, como organización política de la sociedad para garantizar la libertad, no sólo se fundamenta en un sistema de distribución horizontal del Poder, sino también en un sistema de distribución vertical del poder en el territorio, sea en niveles locales, municipales, como ocurrió en la Revolución francesa, sea en niveles intermedios federales, como ocurrió en la revolución norteamericana, con la implantación de la forma federal, la cual Alexis de Tocqueville, consideraba como el "más funesto todos los vicios", como inherente al sistema federal mismo...la debilidad relativa del gobierno de la Unión", pues estimaba que "una soberanía fraccionada será siempre más débil que una soberanía completa"[34].

Sin embargo, los constituyentes de 1811, dada la configuración territorial provincial de Venezuela, precisamente adoptaron la forma federal del Estado, a la cual el Libertador le atribuyó también parte de la culpa de la caída de la Primera República. De allí su rotunda afirmación en la comunicación que dirigió el 12 de agosto de 1813 al Gobernador Barinas en la cual le expuso sus ideas fundamentales para la organización y buena marcha del Estado: "Jamás la división del poder ha establecido y perpetuado gobiernos, sólo su concentración ha infundido respeto para una nación"[35].

Debe tenerse en cuenta que al momento de la independencia, el sistema español había dejado en el territorio de las nuevas repúblicas un sistema de poderes autónomos Provinciales y citadinos, hasta el punto de que la declara-

---

34 Véase Alexis de Tocqueville, *La democracia en América,* Fondo de Cultura Económica, México, 1973.

35 Véase el texto en *Escritos del Libertador,* Tomo V, Sociedad Bolivariana de Venezuela, *cit.* p. 24.

ción de independencia la realizan los Cabildos en las respectivas Provincias, iniciándose el proceso en el Cabildo de Caracas el 19 de abril de 1810. En 1811 se trataba, por tanto, de construir un Estado en territorios disgregados en autonomías territoriales descentralizadas en manos de Cabildos o Ayuntamientos coloniales. La federación, sin duda, fue entonces la fórmula sacada de la Constitución norteamericana para integrar pueblos habituados a un sistema de poderes descentralizados, y ella fue adoptada en nuestra República, pues era lo único que se conocía para unir políticamente territorios que nunca antes habían estado unidos. En esta forma, como hemos dicho, la Constitución de 1811 recibió la influencia directa de la Constitución norteamericana en la configuración del Estado, como un Estado Federal, y a partir de ese momento, a pesar de la crítica de Bolívar, del interregno de Angostura y de la República de Colombia (1819–1830), la idea federal en una forma u otra ha sido una constante en la historia política de Venezuela.

Por la adopción del esquema federal, hemos destacado cómo en 1811 el Estado se dividió en Provincias, cada una de las cuales debía dictarse su propia Constitución en relación con la organización de sus propios poderes públicos, pero indicándose en la Constitución federal, la necesaria existencia de Legislaturas provinciales en las diversas provincias, a cargo del Poder Legislativo provincial (arts. 25, 48, 124, 130, 134, 135). Estas Legislaturas provinciales, precedieron, sin duda a las Diputaciones provinciales de Cádiz.

B. El centralismo en el pensamiento de Bolívar

El Libertador, como se dijo, fue un crítico feroz de la forma federal, y por tanto, de todo esquema de distribución vertical del poder en nuestras nacientes repúblicas, y a todo lo largo de su vida política no cesó de condenar el federalismo y alabar el centralismo como la forma de Estado adecuada a nuestras necesidades.

Así, en el Manifiesto de Cartagena, en 1812, al año siguiente de la sanción de la Constitución y caída la Primera República, escribía... "lo que debilitó más al Gobierno de Venezuela fue la forma federal que adoptó, siguiendo las máximas exageradas de los derechos del hombre, que autorizándolo para que se rija por sí mismo, rompe los pactos sociales y constituye a las naciones en anarquía". "Tal era el verdadero estado de la Confederación. Cada Provincia se gobernaba independientemente: y a ejemplo de éstas cada ciudad pretendía iguales facultades alegando la práctica de aquéllas, y la teoría de que todos los hombres y todos los pueblos gozan de la prerrogativa de instituir a su antojo el gobierno que les acomode". "El sistema federal, bien que sea el más perfecto y más capaz de proporcionar la felicidad humana en sociedad, es, no obstante, el más opuesto a los intereses de nuestros nacientes Estados"[36].

Coincidía el Libertador con Alexis de Tocqueville, quien como hemos señalado, afirmaba respecto de la Constitución de los Estados Unidos que, "se

---

36 Véase el texto en Simón Bolívar, *Escritos Fundamentales, cit.,* pp. 61 y 62.

parece a esas bellas creaciones de la industria humana que colman de gloria y de bienes a aquellos que las inventan pero permanecen estériles en otras manos"[37].

Ahora bien, frente al esquema federal, el Libertador propugnaba una forma de Estado centralizado. Por ello afirmaba, en el mismo Manifiesto de Cartagena: "Yo soy de sentir que mientras no centralicemos nuestros gobiernos americanos, los enemigos obtendrán las más completas ventajas; seremos indefectiblemente envueltos en los horrores de las disensiones civiles y, conquistados vilipendiosamente por ese puñado de bandidos que infestan nuestras comarcas[38]. Esto mismo lo repitió al año siguiente, en la comunicación que dirigió en 1813 al Gobernador de Barinas, en la cual expuso ideas fundamentales para la organización y buena marcha del Estado, en la cual afirmo "...no son naciones poderosas y respetadas sino las que tienen un gobierno central y enérgico"[39].

Posteriormente, en 1815, en su famosa Carta de Jamaica, insistió el Libertador en sus críticas al sistema federal al constatar que: ...así como Venezuela ha sido la República americana que más se ha adelantado en instituciones políticas, también ha sido el más claro ejemplo de la ineficacia de la forma democrática y federal para nuestros nacientes Estados"[40]; y posteriormente, en 1819, expresaba en su Discurso de Angostura; "Cuanto más admiro la excelencia de la Constitución Federal de Venezuela, tanto más persuado de la imposibilidad de su aplicación a nuestro Estado"[41].

"El magnífico sistema Federativo –decía– no era dado a los venezolanos ganarlo repentinamente al salir de las cadenas. No estábamos preparados para tanto bien; el bien como el mal, da la muerte cuando es súbito y excesivo". Y agregaba: "Horrorizado de la divergencia que ha reinado y debe reinar entre nosotros por el espíritu sutil que caracteriza al gobierno federativo, he sido arrastrado a rogaros para que adoptéis el Centralismo y la reunión de todos los Estados de Venezuela en una República sola, e indivisible..."[42].

C. El Estado centralizado de 1819

Precisamente bajo la influencia de Bolívar, como se ha dicho, la Constitución de 1819 (Título 2°) reguló a la República de Venezuela como "una e indivisible" (art. 1); dividiendo sin embargo su territorio en 10 provincias cuyos límites y demarcaciones debían ser fijadas por el Congreso. A su vez, cada provincia se dividía en Departamentos y Parroquias, cuyos límites y

---

37 Véase en Alexis de Tocqueville, *La Democracia en América, cit.,* p. 159.

38 Véase en Simón Bolívar, *Escritos Fundamentales, op. cit.,* 63.

39 Véase en *Escritos del Libertador*, Tomo V, Sociedad Bolivariana de Venezuela, *cit.,* p. 24.

40 *Idem,* p. 97.

41 *Ibidem,* p. 120.

42 *Ibidem,* p. 140.

demarcaciones también se debían fijar por el Congreso, "observándose, entre tanto, los conocidos al tiempo de la Constitución Federal" (art. 3). Se precisó, sin embargo, que se haría "una división más natural del territorio en Departamentos, Distritos y Partidos dentro de diez años, cuando se revea la Constitución" (art. 4).

En el Título 9° de la Constitución de 1819 sobre la organización interior del Estado, se reguló lo concerniente a la administración de las provincias, estableciéndose que en cada capital de provincia debía haber un gobernador sujeto inmediatamente al Presidente de la República, el cual sin embargo, no mandaba las armas que estaban a cargo de un comandante militar. (art. 1). Estos gobernadores de las provincias tenían las siguientes funciones (art. 20): ejercer la alta policía en toda ella y presidir las municipalidades; velar sobre el cumplimiento de las leyes; proponer al presidente los prefectos departamentales; y ser intendente de las rentas de la provincia.

En cada uno de los departamentos, que era la división territorial interna de las provincias, había un prefecto y una municipalidad. Sin embargo, el gobernador era a la vez prefecto del departamento de la capital de la provincia. (art. 2). El prefecto en cada departamento era a la vez teniente del gobernador de la provincia en todas sus atribuciones y confirmaba los agentes departamentales que nombrase la municipalidad (art. 3).

En cuanto a la municipalidad que debía existir en cada departamento (art. 4), la misma ejercía la policía municipal; nombraba los agentes departamentales; estaba especialmente encargada del cumplimiento de la Constitución en su departamento; proponía al gobernador de la provincia por conducto del prefecto o por diputaciones las reformas y mejoras que podían hacerse en la administración de su departamento para que las pasase al presidente de la República; formaba y llevaba un registro de los censos de la población del departamento por parroquias con expresión de estado, domicilio, edad, caudal y profesión de cada vecino; formaba y llevaba un registro de todos los niños que nacían en el departamento, conforme a las partidas que había asentado en cada parroquia el agente, con expresión del día de su nacimiento, del nombre de sus padres y padrinos, de su condición; es decir, si es legítimo o natural; Formaba y llevaba otro registro de los que morían en el departamento, con expresión de su edad, estado y vecindario.

Los departamentos, como se ha dicho, se dividieron en parroquias, y en cada una de ellas había un agente departamental, que era a la vez, el teniente del prefecto en todas sus atribuciones. En la capital de departamento, la municipalidad debía elegir entre su seno el agente que debe presidir la asamblea primaria o parroquial; y en las demás funciones de agente eran ejercidas por el prefecto en la parroquia capital del departamento (art. 5).

La estructura del gobierno interior en la Constitución de Angostura, por tanto, respondió a la orientación centralista que impuso el Libertador, la cual lo acompañaría hasta el fin de sus días. Así la vemos expuesta en 1829 en una carta que envía desde Guayaquil a su antiguo edecán general Daniel Florencio O'Leary, al calificar al sistema federal, como; "...una anarquía regularizada, o más bien es la Ley que prescribe implícitamente la obligación de disociarse y arruinar el Estado con todos sus individuos", lo que llevó a afirmar rotundamente: "Yo pienso que mejor sería para la América adoptar el Corán que el gobierno de los Estados Unidos, aunque es el mejor del mundo..."[43].

Sin embargo, a pesar de la clara posición del Libertador sobre el sistema federal, este no sólo se volvió a reflejar en Venezuela en la Constitución de 1830, sino que después de las Guerras Federales se consolidó en la Constitución de 1864. Otros países latinoamericanos siguieron también el modelo federal y otros optaron, sin embargo, por el modelo unitario.

IV. LA RECONSTITUCIÓN DEL ESTADO DE VENEZUELA EN LA CONSTITUCIÓN DE VALENCIA DE 1830

1. *Las vicisitudes de la destrucción de la República de Colombia y la reconstitución del Estado de Venezuela*

Bolívar fue electo Presidente de la República de Colombia en 1821, pero su ausencia del ejercicio de la Presidencia de esta vasta República, por encontrarse comandando los ejércitos en el Sur, aunado entre otros factores al desarrollado carácter localista y regional de las autoridades de los diversos Departamentos, particularmente los que habían sido creados en lo que había sido Venezuela[44], provocaron desconocimiento paulatino de la unidad de la Gran Colombia y de la autoridad del Gobierno de Bogotá, donde se había situado desde 1821 la capital provisional. El caudillismo militar y regional que tanto se desarrolló con motivo de las guerras de independencia, y la anarquía personalista que implico, indudablemente que provocaron la destrucción de la Gran Colombia.

No debe olvidarse que las guerras de independencia, que se extienden hasta 1824, si bien hicieron inaplicables formalmente los textos constitucionales de 1811, 1819 y 1821, consolidaron los poderes de los caudillos militares regionales y locales bajo cuyas tropas se habían ganado y perdido batallas. La Provincia–Ciudad–Estado que había quedado como legado de la época colonial se consolidaría con el agregado militar fáctico, que no sólo permitió desconocer Constituciones, como sucedió respecto al texto de 1821 por la Municipalidad de Caracas y el poder militar de Páez, sino que inclusi-

---

43 *Ibídem*, pp. 200 y 201.

44 El historiador R. M. Baralt resume así los sentimientos de Venezuela, respecto de la Constitución de Cúcuta de 1821. "No fue recibida en Venezuela la Constitución de Cúcuta ni incondicionalmente ni con grandes muestras de alegría. Destruida la soberanía del país, dividido éste en departamentos minados de leyes propias y colocado al centro del Gobierno en la distante Bogotá, no podían los venezolanos vivir contentos bajo aquel pacto de unión, por más que la guerra lo hiciese necesario". *Cit.*, por Augusto Mijares, "La Evolución Política de Venezuela" (1810-1960)", *cit.*, p. 69.

ve en plena guerra de independencia llegó a poner en duda y discusión la autoridad del Libertador[45].

En la Constitución de 1819, si bien como se ha dicho, su tendencia teórica, por las presiones del Libertador, fue por el establecimiento de un sólido poder central[46], la división de la República en Provincias[47], a cargo de "un Gobernador sujeto inmediatamente al Presidente de la República", y el establecimiento de "municipalidades" en los Departamentos (divisiones de las Provincias) con atribuciones propias, inclusive la de proponer el nombramiento del Gobernador de la Provincia que correspondía a los "miembros municipales" electos por votación (Artículos 1, 2 y 4 de la Sección Segunda del Título IX), indudablemente que contribuyó a consolidar el poder regional–local de los caudillos militares, quienes sustituyeron a la aristocracia criolla colonial en el control de los organismos locales.

La Constitución 1821, al unir los territorios de Ecuador, Cundinamarca (Nueva Granada) y Venezuela en la República de Colombia, formalmente centralizó aun más el gobierno del nuevo Estado, el cual se dividió en Departamentos pero con "una administración, subalterna dependiente del gobierno nacional."[48] Sin embargo la situación de guerra que todavía continuaba, el poder de los caudillos militares regionales y los poderes de las autoridades municipales, desde el primer momento conspiraron contra este texto y su pretendida centralización, hasta que lograron por sobre los deseos del Libertador e inclusive expulsándolo de Venezuela, la separación de ésta de la República de la Gran Colombia y la formación, en 1830, de la República de Venezuela.

En todo caso, en el proceso de destrucción de la Gran Colombia, varios hechos pueden destacarse. En primer lugar, el Gobierno de Bogotá, ejercido por el Vicepresidente Santander en ausencia de Bolívar, no tuvo nunca poder real sobre los jefes militares en guerra de Venezuela, y particularmente, sobre el general Páez.[49] En segundo lugar, la reacción localista de la Municipalidad

45   Como sucedió en el denominado *Congreso de Cariaco*, que provocó el fusilamiento de Piar. Véase el Acta del Congreso en Allan R. Brewer-Carías, *Las Constituciones de Venezuela, cit.,* pp. 323 y ss.

46   De allí la declaración antes mencionada del artículo 1° (Título II) de la Constitución de 1819: "La República de Venezuela es una e indivisible".

47   Las Provincias en que se dividía el territorio de la República en la Constitución de 1819 fueron básicamente las mismas referidas en la Constitución de 1811: Barcelona, Barinas, Caracas, Coro, Cumaná, Guayana, Maracaibo, Margarita, Mérida y Trujillo. Véase artículo 2, Título I, Sección Primera.

48   Artículo 6 de la Ley Fundamental de la Unión de los Pueblos de Colombia, de 1821.

49   El mismo Soublette, Jefe Superior del Departamento de Venezuela, reconocía que no tenía ningún poder sobre los jefes militares venezolanos (Páez y Mariño) y que sólo Bolívar podía controlarlos. Véase la carta dirigida por Soublette al Libertador en Noviembre de 1821 en las *Memorias de O'Leary,* Tomo VIII, Ediciones Ministerio de la defensa,

de Caracas contra el régimen constitucional de 1821, que inclusive condujo a que dicha Municipalidad se negase a jurar fidelidad completa al texto constitucional, institucionalizó la tendencia separatista de los venezolanos de la Gran Colombia.[50] En tercer lugar, los conflictos entre las autoridades civiles y militares en Venezuela, que condujeron en 1826 a la separación temporal de Páez de la Comandancia General de las tropas, y que posteriormente, en los sucesos denominados La Cosiata condujeron a que se reconociera su jefatura militar en contra de las decisiones del gobierno de Bogotá[51]; y por último, después de 1826 el inicio del predominio absoluto del general Páez en Venezuela, con la anuencia del Libertador para evitar una nueva guerra civil, y su renuncia a hacerse "jefe de facciones" de carácter caudillesco.[52]

Por otra parte, debe destacarse que los caudillos militares y regionales venezolanos, se habían constituido en los herederos directos del poder económico de la aristocracia criolla aniquilada, y en los años posteriores a 1830, en los principales aliados de ésta. Tal como lo destacó Vallenilla Lanz, "el latifundio colonial pasó sin modificación alguna a las manos de Páez, Monagas y otros caudillos, quienes habiendo entrado a la guerra sin bienes algunos de fortuna, eran a poco de constituida Venezuela los más ricos propietarios del país."[53]

Caracas, p. 26, *cit.*, por Augusto Mijares, "La Evolución Política de Venezuela" (1810-1960)", *loc. cit.*, p. 70.

50 Véase, Augusto Mijares, "La Evolución Política de Venezuela" (1810-1960)", *loc. cit.*, p. 68; José A. Páez, *Autobiografía*, Tomo I, Nueva York, 1870, pp. 292 y ss.; en particular, p. 371; José Gil Fortoul, *Historia Constitucional de Venezuela, cit.*, Tomo I, pp. 470 y ss., y 585.

51 Véase Augusto Mijares, "La Evolución Política de Venezuela" (1810-1960)", *loc. cit.*, pp. 75 y ss.; José Gil Fortoul, *Historia Constitucional de Venezuela, cit.*, Tomo I, pp. 587 y ss. El mismo General Páez consideró la época de los años posteriores al año 1826, como dolorosa y "la más funesta" de su vida. Véase J. A. Páez, *Autobiografía*, Tomo I, *cit.*, pp. 286 y 292 y ss. Véase los documentos relativos a los sucesos del año 1826, en pp. 313 a 363.

52 *Cfr.* José Gil Fortoul, *Historia Constitucional de Venezuela, cit.*, Tomo I, p. 616. Bolívar escribía, en efecto: "Mas vale estar con él que conmigo, porque yo tengo enemigos y Páez goza de opinión popular". "La República se va a dividir en partidos; en cualquier parte que me halle me buscarán por caudillo del que se levante allí; y ni mi dignidad ni mi puesto me permiten hacerme jefe de facciones". Véase las citas en Augusto Mijares, "La Evolución Política de Venezuela" (1810-1960)", *loc. cit.*, pp. 78 y 80. *Cfr.* J. A. Páez, *Autobiografía*, Tomo I, *cit.*, p. 375.

53 Véase L. Vallenilla Lanz, *Cesarismo Democrático. Estudios sobre las bases sociológicas de la Constitución efectiva de Venezuela*, Caracas, 1952, p. 107. *Cfr.* John Duncan Powell, *Political mobilization of the Venezuela Peasant*, Cambridge (Mass.) 1971, p. 16. En 1840 el diario *El Venezolano*, decía que Páez, quien era Presidente en ese momento, era "el más rico propietario del país, el de más pingues y seguras rentas". *Cit.*, por F. González Guinán, *Historia Contemporánea de Venezuela*, Caracas, 1954., Tomo III, p. 156.

A ello contribuyeron los Tribunales de Secuestros y las Leyes de Reparto de los bienes confiscados en las guerras de independencia a los extranjeros y a los criollos, por ambos lados (realistas y patriotas) entre 1817 y 1824, y que repartidos entre los guerreros fueron paulatinamente adquiridos a precios irrisorios por los caudillos militares.[54] En esta forma, "el latifundio colonial se integró como elemento fundamental de la estructura económica (monopolio individual o familiar, monocultivo, técnicas rudimentarias) y en las relaciones de producción basadas en la esclavitud y en la servidumbre de la población rural, jurídicamente libre."[55] Por ello, los caudillos militares y regionales, de origen popular, posteriormente como propietarios y terratenientes, se convirtieron paulatinamente en conservadores, y de la alianza entre la oligarquía local y aquellos, no solo se producirá la separación definitiva de Venezuela de la Gran Colombia[56] sino que se constituirá la República de Venezuela, autónoma con un gobierno netamente oligárquico y conservador.[57]

En todo caso, el proceso formal de la separación definitiva de Venezuela de la Gran Colombia se inició en 1829, como consecuencia de la circular expedida por el Libertador el 31 de agosto de 1829, confirmada el 16 de octubre de ese año, en la cual excitó a los pueblos manifestar sus opiniones sobre la forma de gobierno que debía adoptar Colombia, sobre la Constitución que debía adoptar el Congreso, y sobre la elección del Jefe del Estado.[58]

En efecto, a pesar de que en julio de ese año el colegio electoral de Venezuela, reunido en Caracas, había aprobado por unanimidad un proyecto de instrucciones para los diputados que irían al Congreso constituyente, en las cuales se planteaba la necesidad de sostener la Constitución de Cúcuta[59], en la ciudad de Valencia, reunida una Asamblea Popular el 23 de noviembre de 1829, convocada por el Gobernador de la Provincia de Carabobo, "convinieron todos unánimemente en que Venezuela no debe estar unida a la Nueva Granada y Quito, porque las leyes que convienen a aquellos territorios, no son a propósito para éste, enteramente distinto por costumbres, clima y producciones", y acordaron también que se dirigiese "esta petición al Congreso constituyente, para que teniéndola en consideración provea los medios más justos, equitativos y pacíficos, a fin de conseguir la separación sin necesidad

---

54 Cfr. L. Vallenilla Lanz, Cesarismo democrático, cit., pp. 104 y ss.; F. Brito Figueroa, Historia Económica y Social de Venezuela. Una estructura para su estudio, Caracas, 1966. Tomo I, pp. 192 y ss.; P. Ruggeri Parra, Historia Política y Constitucional de Venezuela, Tomo I, Caracas, 1949, p. 48; José Gil Fortoul, Historia Constitucional de Venezuela, cit., Tomo segundo, p. 187.

55 Véase F. Brito Figueroa, Historia Económica y Social de Venezuela, cit., p. 220.

56 Cfr. Gil Fortoul, Historia Constitucional de Venezuela, Tomo I, pp. 612 y 614.

57 De ahí, quizás, el calificativo de "Oligarquía Conservadora" que J. Gil Fortoul dió al Gobierno de Venezuela después de 1830. Véase J. Gil Fortoul, Historia Constitucional de Venezuela, cit., Tomo II, pp. 7 y ss. y 186.

58 Véase José Gil Fortoul, Historia Constitucional de Venezuela, cit., Tomo I, p. 468.

59 Idem., Tomo I, p. 470.

de ocurrir a vías de hecho; antes bien proporcionando a este país una reunión en que sus habitantes, congregados legítimamente, expresen su voluntad; y que en todo caso ella sea definitiva, sin que los otros Estados tengan derecho de intervención en sus resoluciones". La remisión de esa Acta se acordó hacerla por conducto del "Jefe Superior Civil y Militar, General en Jefe benemérito J. A. Páez."[60]

Una reunión similar se realizó en Caracas, en el edificio de San Francisco, en los días siguientes, el 25 y 26 de noviembre de 1829 y allí se acordó la "Separación del Gobierno de Bogotá y desconocimiento de la autoridad del General Bolívar y que S.E. el benemérito General José Antonio Páez sea jefe de estos Departamentos y que reuniendo como reúne la confianza de los pueblos, mantenga el orden público y todos los ramos de la Administración, bajo las formas existentes, mientras se instala la convención."[61]

La reacción antibolivariana de estos acuerdos, sin embargo, fue mitigada por el propio Páez, quien luego de convocar otra asamblea en Caracas, el 24 de diciembre de 1829, reconoció el papel del Libertador en la independencia, y se dirigió a él encareciéndole "ejerza su poderosa influencia para que nuestra separación y organización se haga en paz."[62]

El 2 de enero de 1830 comenzaron en Bogotá, las sesiones preparatorias del Congreso constituyente que había convocado el Libertador el año anterior, pero once días después, el 13 de enero, J. A. Páez convocó por Decreto la realización de elecciones para un Congreso Constituyente venezolano, en Valencia, que debía instalarse el 30 de abril[63], lo cual solo ocurrió el 6 de mayo de 1830. Entre febrero y abril, a instancias de Bolívar en el Congreso de Bogotá, se reunieron en Cúcuta comisionados de Colombia y Venezuela para tratar de llegar a un acuerdo pacífico, esfuerzos que a pesar de la labor del Mariscal Sucre, fracasaron.

Bolívar, que tenía la resolución de abandonar el poder, manifestó al Congreso de Bogotá que no aceptaría la Presidencia de la República, y el 1° de marzo, éste encargó del Ejecutivo al Presidente interino del Consejo de Estado, General Domingo Caicedo. El Congreso de Bogotá adoptó la Constitución de Colombia el 29 de abril de 1830[64], y por Decreto separado acordó ofrecérsela a Venezuela para su adopción.

El Congreso Constituyente de Valencia, reunido desde mayo de 1830, el 10 de julio había dictado un Reglamento de Organización Provisional del " Estado de Venezuela", conforme al cual, el Poder Ejecutivo provisional se depositó en una persona con la denominación de Presidente del Estado de

60 Véase el texto en *idem*, Tomo I, pp. 470 y 471.

61 Véase el texto en *idem, cit.*, Tomo I, p. 472.

62 Véase *idem., cit.*, Tomo I, p. 473.

63 Véase el texto en Allan R. Brewer-Carías, *Las Constituciones de Venezuela, cit.*, pp. 415 y ss.

64 Véase el texto en Carlos Restrepo Piedrahita, *Constituciones Políticas Nacionales de Colombia*, Universidad Externado de Colombia, Bogotá, 1995, pp. 101 y ss.

Venezuela, teniendo un Consejo de Gobierno compuesto del Vicepresidente de la República, de un Ministro de la Corte Suprema de Justicia nombrado por ella, de dos Secretarios del Despacho y de dos Consejeros elegidos por el Congreso. José Antonio Páez (1790–1873) fue nombrado Presidente provisional y Diego Bautista Urbaneja, Vicepresidente.[65]

El Congreso, además, el 6 de agosto de 1830 expidió un Decreto sobre garantías de los venezolanos para el gobierno provisorio,[66] y consideró la propuesta del Congreso de Bogotá sobre la Constitución adoptada por el mismo, el 29 de abril. Sobre ello, el 17 de agosto de 1830, decretó: "Que Venezuela ocupada de su propia Constitución conforme a la voluntad unánime de los pueblos, no admite la Constitución que se le ofrece, ni como existe, ni con reformas cualesquiera que sean; pero que está dispuesta a entrar en pactos recíprocos de federación que unan, arreglen y representen las altas relaciones nacionales de Colombia, luego que ambos Estados estén perfectamente constituidos y que el General Bolívar haya evacuado el territorio de Colombia."[67]

El Congreso de Valencia sancionó la Constitución del Estado de Venezuela el 22 de septiembre de 1830, a la cual puso el ejecútese el General Páez, Presidente del Estado, el 24 de septiembre de 1830, fecha en la cual el Congreso dictó un nuevo Decreto sobre la publicación y el juramento del texto constitucional.[68]

El 17 de diciembre de 1830 murió el Libertador Simón Bolívar: el mismo día, once años después que se había sancionado en Angostura la Ley Fundamental de la República de Colombia, y el mismo año en el cual aquella gran nación desapareció, por la separación de Venezuela, y su constitución como República autónoma.

2. *El republicanismo y la democracia representativa*

La Constitución del 24 de septiembre de 1830, que consolidó la República autónoma de Venezuela[69] es, quizás uno de los textos que más influencia

---

65 Véase el texto en Allan R. Brewer-Carías, *Las Constituciones de Venezuela, cit.,* pp. 427 y ss.

66 Véase el texto en *Leyes y Decretos de Venezuela,* Tomo I, 1830-1840, Biblioteca de la Academia de Ciencias Políticas y Sociales, Caracas, 1982, pp. 30 y 31.

67 Véase el texto en *Leyes y Decretos de Venezuela,* Tomo I, 1830-1840, *cit.,* p. 33; y en Allan R. Brewer-Carías, *Las Constituciones de Venezuela, cit.,* pp. 439-460.

68 Véase los textos en Allan R. Brewer-Carías, *Las Constituciones de Venezuela, cit.,* pp. 461 y ss.

69 Véase los comentarios de Páez sobre las causas que motivaron a Venezuela a separarse de la Unión Colombiana, en J. A. Páez, *Autobiografía,* Nueva York, 1870, Tomo II, *cit.,* pp. 1 y ss. Debe señalarse, que la elección de diputados que formaron el Congreso de Venezuela se hizo en base a un Decreto expedido por el General Páez, que estableció el sufragio restringido por razones económicas. *Cfr.* F. González Guinán, *Historia Contemporánea de Venezuela, cit.,* Tomo II, p. 11. Véase el texto del Decreto en Allan R. Brewer-Carías, *Las Constituciones de Venezuela, cit.,* pp. 411 y ss.

tuvo en el proceso constitucional venezolano, dado los largos años de vigencia que tuvo hasta 1857. Fue un Texto que siguió la misma línea constitucional que se había iniciado en Venezuela con la Constitución de 181, de cuyo texto recibió una influencia fundamental así como de las Constituciones de 1819 y 1821, aún cuando mitigando el centralismo que Bolívar le había propugnada en ellas.

La Constitución declaró que la soberanía residía esencialmente en la nación y no podía ejercerse sino por los poderes políticos que establecía (art. 3), cuyos titulares debían ser electos. Por ello, la Constitución dispuso que el pueblo no podía ejercer por sí mismo otras atribuciones de la soberanía que no fueran las elecciones primarias "ni depositará el ejercicio de ella en una sola persona" (art. 7). A tal efecto, se declaró que el gobierno sería "siempre republicano, popular, representativo, responsable y alternativo" (art. 6). Incluso, en esta materia la Constitución de 1830 incluyó una cláusula pétrea al disponer en el artículo 228 que "la autoridad que tiene el Congreso para reformar la Constitución no se extiende a la forma del Gobierno, que será siempre republicano, popular, representativo, responsable y alternativo".

Todos los venezolanos podían elegir y ser elegidos para los destinos públicos, siempre que fueran ciudadanos (art. 13), condición que sólo tenían los dueños de propiedad raíz con renta anual fuera de 50 pesos o tener una profesión, oficio o industria útil que produjera 100 pesos anuales, sin dependencia de otro en clase de sirviente doméstico, o que gozaran de un sueldo anual de 150 pesos (art. 14). Se siguió así, con la condición censitaria del sistema electoral que se había establecido desde la Constitución de 1811 (art. 26)[70]. La Constitución exhortaba a los ciudadanos a tener presente que "del interés que todos toen en las elecciones nace el espíritu nacional que, sofocando los partidos, asegura la manifestación de la voluntad general y que del acierto de las elecciones en las asambleas primarias y electorales es que principalmente dependen la duración, la conservación y el bien de la República" (art. 17).

Una vez que la primera autoridad civil de cada parroquia, asociándose con 2 vecinos notables designados por el concejo municipal del cantón, formase la lista de los electores o sufragantes parroquiales (art. 18), se procedía a realizar el proceso electoral en dos niveles:

En primer lugar, en el nivel parroquial donde en asambleas parroquiales, que presidía el primer juez de cada parroquia, elegían al elector o electores que correspondan al cantón respectivo (arts. 21–23). En las provincias que hubieran de dar un solo representante se nombraban 10 electores, distribuyéndolos entre los cantones a proporción de la población de cada uno; y en las provincias que hubieran de nombrar 2 o más representantes, se elegirían

---

70 *Cfr.* las apreciaciones de L. Vallenilla Lanz. *Cesarismo Democrático, cit.,* p. 193, y de P. Ruggeri Parra, *Historia Política y Constitucional de Venezuela, cit.,* Tomo II, p. 17. "Bueno malo este régimen -dice Gil Fortoul, al referirse a la oligarquía conservadora (1830-1848)-, su existencia dependía por necesidad de la limitación del sufragio a la clase rica o ilustrada", en *Historia Constitucional de Venezuela, cit.,* Tomo II, p. 311.

tantos electores cuantos correspondieran a los cantones de que se componían, debiendo elegir todo cantón un elector por cada 4.000 almas y uno más por un residuo de 2000. Todo cantón, aunque no alcanzare a 4.000 mil almas, debía nombrar un elector (art. 25).

El escrutinio de las votaciones parroquiales se debía hacer por la autoridad civil del cantón en asociación con el concejo municipal (art. 29), correspondiéndole declarar constitucionalmente electos a quienes resultaren con mayor número de votos (art. 30), a quienes se debía dar aviso inmediatamente para que concurrieran a la misma capital el día designado al efecto.

Se procedía entonces a la elección en el segundo grado, en las asambleas o colegios electorales compuesto de los electores nombrados por los cantones (art. 32), para cuya constitución debían participar al menos las dos terceras partes de todos los electores (art. 34). Reunidos los colegios electorales, conforme al artículo 36 de la Constitución, debían proceder a elegir por mayoría absoluta de votos (art. 41) a los siguientes funcionarios: Presidente del Estado; Vicepresidente; Senadores de la provincia y suplentes; Representantes de la misma y de otros tantos para suplir sus faltas; y miembros para las Diputaciones provinciales y de igual número de individuos en clase de suplentes. En los casos en los cuales ningún candidato hubiere alcanzado la mayoría absoluta, se debía concretar la votación a los dos individuos que hayan obtenido mayor número de sufragios y se debía proceder a un segundo escrutinio, del cual debía resultar la mayoría, debiendo, en casos de empate, decidirse por la suerte.

En cuanto al sistema de derechos políticos y garantías individuales enumeradas ampliamente en los artículos 188 a 219, el texto siguió la orientación de las Constituciones precedentes, y de la Declaración de los derechos del pueblo de 1811.

3. *La fórmula mixta (centro–federal) de 1830 en el proceso de reconstitución de Venezuela*

En cuanto a la forma de Estado, la Constitución de 1830 estableció una fórmula mixta, transaccional, entre centralismo y federación, pues las discusiones que precedieron su sanción en 1830, habían estado signadas por la misma discusión sobre la estructura federal o centralista del nuevo Estado venezolano. No hay que olvidar que la misma constitución del Estado de Venezuela, separado de Colombia, había sido producto de las fuerzas centrífugas del regionalismo.

De ello se optó, en definitiva, por una fórmula "centro federal o mixta", como la denominó el Congreso,[71] según la cual el Estado era unitario pero las Provincias en las cuales se lo dividió, que eran las que conformaban el territorio que tenía la antigua Capitanía General de Venezuela antes de la trans-

---

71 Véase en J. Gil Fortoul, *Historia Constitucional de Venezuela*, Tomo II, *cit.*, pp. 19 y 20. *Cfr.* P. Ruggeri Parra, *Historia Política y Constitucional de Venezuela*, Tomo II, *cit.*, p. 17.

formación política de 1810 (art. 5),[72] gozaban de amplia autonomía e, inclusive, contaban además de con un gobernador designado por el Presidente del Estado, del cual eran "agente natural e inmediato"(art. 170); con una Diputación Provincial compuesta por diputados electos en segundo grado. La denominación de "diputación" provincial ciertamente que se había adoptado en la Constitución de Cádiz,[73] pero la concepción de las mismas en realidad, reflejaba el sistema eleccionario de diputados a las "Asambleas provinciales" establecidas en la Constitución de 1811.

Estas Diputaciones intervenían en la designación de los Gobernadores de Provincia mediante la presentación de ternas al Presidente del Estado (art. 161.4). También podían solicitar la remoción de los mismos. Por tanto, si bien los gobernadores dependían del Poder Ejecutivo, significaban el "equilibrio" entre el centralismo y federación que los constituyentes buscaron.[74]

Las Diputaciones provinciales tenían amplísimas competencias, que contrastaban con las que se habían previsto para las Asambleas provinciales en las Constituciones anteriores, y que evidencian el proceso de distribución territorial del poder que marcó la concepción del Estado. Entre dichas competencias se destacan, conforme al artículo 161 de la Constitución, las siguientes:

1. Informar a la Cámara de Representantes las infracciones y abusos que se hayan cometido contra la Constitución y las leyes y velar en el exacto cumplimiento de éstas.

2. Denunciar al Poder Ejecutivo o a la Cámara de Representantes con los datos necesarios los abusos y mala conducta del gobernador y demás empleados de la provincia, los abusos, malversación y poca eficacia en la recaudación, inversión y manejo de las rentas del Estado.

3. Presentar a la Corte Suprema de Justicia tantos letrados con las cualidades necesarias cuantas sean la plazas que hayan de proveerse en la Corte Superior del distrito a que cada provincia correspon-

---

72 Los Diputados que conformaron el Congreso Constituyente de Valencia provenían de las siguientes Provincias 11 Provincias: Apure, Barcelona, Barinas, Caracas, Carabobo, Coro, Cumaná, Guayana, Maracaibo, Margarita y Mérida. Véase en Allan R. Brewer-Carías, *Las Constituciones de Venezuela, cit.,* p. 460.

73 *Cfr.* J. M. Casal Montbrún, "Estudio Preliminar", *La Constitución de 1961 y la Evolución Constitucional de Venezuela,* Tomo II, Vol. I, Caracas, 1972, pp. 23 y 32; Jesús M. casal, h, "La Constitución de Cádiz como fuente del Derecho Constitucional Venezolano" en Asdrúbal Aguiar (Coordinador), *La Constitución de Cádiz de 1812, fuente del derecho Europeo y Americano,* Ayuntamiento de Cádiz, Cádiz 2010, p. 220.

74 Artículo 156 y siguientes de la Constitución de 1830 y particularmente los artículos 164,4 y 170. Véase los comentarios sobre esta Constitución en J. Gil Fortoul, *Historia Constitucional de Venezuela, cit.,* Tomo II, pp. 77 y ss. F. González Guinán, *Historia Contemporánea de Venezuela, cit.,* Tomo II, pp. 135 y ss.; y Ruggeri Parra, *Historia Política y Constitucional de Venezuela, cit.,* Tomo II, pp. 17 y ss.

da a fin de que la Corte Suprema forme de entre los presentados una terna para el nombramiento de cada ministro.

4. Presentar al Poder Ejecutivo ternas para el nombramiento de gobernadores y pedir la remoción de estos empleados cuando falten a sus deberes y su continuación sea perjudicial al bien de la provincia.

5. Pedir a la autoridad eclesiástica con los datos necesarios la remoción de los párrocos que observen una conducta notoriamente reprensible y perjudicial al bien de sus feligreses.

6. Presentar al gobernador ternas para el nombramiento de jefes de cantón y de los empleados en la administración de las rentas provinciales.

7. Recibir de las Corporaciones y ciudadanos de la provincia las peticiones, representaciones e informes que se dirijan para hacer uso de ellas si son de su inspección o darles el curso conveniente.

8. Supervigilar en el cumplimiento de la ley de manumisión y ejercer las demás atribuciones que ella le designe.

9. Hacer con proporción el repartimiento de las contribuciones que decrete el Congreso entre los cantones de cada provincia.

10. Hacer, según la ley, el reparto de reemplazos para el ejército y armada con que deba contribuir la provincia.

11. Establecer impuestos provinciales o municipales en sus respectivas provincias para proveer a sus gastos y arreglar el sistema de su recaudación e inversión; determinar el número y dotación de los empleados en este ramo y los demás de la misma clase que estén bajo su inspección; liquidar y fenecer sus cuentas respectivas.

12. Contratar empréstitos sobre los fondos provinciales o municipales para las obras de sus respectivos territorios.

13. Resolver sobre la adquisición, enajenación o cambio de edificios, tierras o cualesquiera otros bienes que pertenezcan a los fondos provinciales o municipales.

14. Establecer bancos provinciales.

15. Fijar y aprobar anualmente el presupuesto de los gastos ordinarios y extraordinarios que demanda el servicio municipal en cada provincia.

16. Formar los reglamentos que sean necesarios para el arreglo y mejora de la policía urbana y rural, según lo disponga la ley, y velar sobre su ejecución.

17. Promover y establecer por todos los medios que estén a su alcance escuelas primarias y casas de educación en todos los lugares de la provincia, y al efecto podrá disponer y arreglar del modo que sea más conveniente la recaudación y administración de los fondos afectos a este objeto, cualquiera que sea su origen.

18. Promover y decretar la apertura de caminos, canales y posadas y la construcción de puentes, calzadas, hospitales y demás establecimientos de beneficencia y utilidad pública que se consideren necesarios para el bien y prosperidad de la provincia, pudiendo a este fin aceptar y aprobar definitivamente las propuestas que se hagan por compañías o particulares, siempre que no sean opuestas a alguna ley de la República.

19. Procurar la más fácil y pronta comunicación de los lugares de la provincia entre sí y la de éstos con los de las vecinas, la navegación interior, el fomento de la agricultura y comercio por los medios que estén a su alcance, no siendo contrarios a alguna ley

20. Favorecer por todos los medios posibles los proyectos de inmigración y colonización de extranjeros industriosos.

21. Acordar el establecimiento de nuevas poblaciones y la traslación de las antiguas a lugares más convenientes y promover la creación, suspensión o reunión de cantones en la respectiva provincia.

22. Conceder temporalmente y bajo determinadas condiciones privilegios exclusivos en favor del autor o autores de algún invento útil e ingenioso y a los empresarios de obras públicas con tal que se consideren indispensables para su ejecución y no sean contrarios a los intereses de la comunidad.

23. Pedir al Congreso o al Poder Ejecutivo, según la naturaleza de las peticiones, cuanto juzguen conveniente a la mejora de la provincia y no esté en las atribuciones de las diputaciones.

Las ordenanzas o resoluciones de las Diputaciones provinciales se debían pasar para su ejecución al gobernador, quien tenía el derecho de objetarlas (art. 162). Las Diputaciones, conforme se establecía en el artículo 167, no podrán deliberar sobre ninguno de los negocios comprendidos en las atribuciones del Congreso y del Poder Ejecutivo ni dictar órdenes o celebrar acuerdos contrarios a la Constitución o a las leyes.

Las Provincias se dividieron en cantones y parroquias, y en cada cantón la Ley atribuyó la autoridad gubernativa y económica a los "jefes políticos" designados por el Gobernador (art. 176), quienes presidían los "Consejos municipales" integrados, a su vez, por alcaldes y concejales designados por las Diputaciones Provinciales (art. 179).

En esta forma, el pacto centro–federal, disminuyó la autonomía municipal que el texto constitucional de 1819 había consagrado, en beneficio de las Diputaciones Provinciales, donde se alojó el poder de los caudillos regionales para, inclusive, discutir el poder central[75].

75 En la *Memoria* de la Secretaría de Interior y Justicia de 1832 se denunció en efecto, cómo las Diputaciones de Caracas y Mérida traspasaron los límites establecidos por la Constitución en "escandalosa infracción", arrogándose funciones atribuidas al Poder Legislativo Nacional. Véase las referencias en J. M. Casal Montbrún, "Estudio Preliminar",

Este federalismo–centralista que se previó en el texto de 1830, en todo caso, es el que de hecho o de derecho hemos tenido hasta la actualidad en nuestra historia político–constitucional.

4. *La separación horizontal del poder y el sistema presidencial de gobierno*

Por otra parte, la Constitución siguió el esquema del constitucionalismo venezolano anterior, estableciendo un sistema de separación de poderes, así: "El Poder Supremo se dividirá para su administración en Legislativo, Ejecutivo y Judicial. Cada Poder ejercerá las atribuciones que le señala esta Constitución, sin excederse de sus límites respectivos" (art. 8).

A. El Poder Legislativo: el Congreso

El poder legislativo, se atribuyó al Congreso, compuesto por dos Cámaras: la de Representantes y la de Senadores (Art. 48), cuyos miembros se elegían en segundo grado por las asambleas provinciales de electores. La cámara del Senado estaba compuesta por dos Senadores por cada una de las Provincias que hubiera en la República (Art. 60). Tanto los senadores como los representantes tenían "este carácter por la nación y no por la provincia que los nombraba", y no podían "recibir órdenes ni instrucciones particulares de las asambleas electorales ni de las Diputaciones provinciales" (art. 80).

Cada Cámara tenía algunas atribuciones privativas (arts. 57 y 65); y en general, al Congreso correspondía, conforme al artículo 87, las siguientes atribuciones:

1. Dictar las leyes y decretos necesarios en los diferentes ramos de la administración pública, interpretar, reformar, derogar y abrogar las establecidas y formar los códigos nacionales.

2. Establecer impuestos, derechos y contribuciones, velar sobre su inversión y tomar cuenta de ella al Poder Ejecutivo y demás empleados de la República.

3. Determinar y uniformar la ley, valor, tipo y denominación de la moneda.

4. Fijar y uniformar los pesos y medidas.

5. Crear los tribunales y juzgados que sean necesarios.

6. Decretar la creación y supresión de los empleos públicos y señalarles sueldos, disminuirlos o aumentarlos.

7. Decretar en cada año la fuerza de mar y tierra, determinando la que deba haber en tiempo de paz, y arreglar por leyes particulares el modo de levantar y reclutar la fuerza permanente y la de milicia nacional y su organización.

La Constitución de 1961 y la Evolución Constitucional de Venezuela, cit., Tomo II, Vol. I, anexo 13, p. 117.

8. Decretar el servicio de la milicia nacional cuando lo juzgue necesario.

9. Decretar la guerra en vista de los fundamentos que le presente el Presidente de la República y requerirle para que negocie la paz.

10. Decretar la enajenación, adquisición o cambio de territorio.

11. Prestar o no su consentimiento y aprobación a los tratados de paz, tregua, amistad, alianza ofensiva y defensiva, neutralidad y los de comercio concluidos por el jefe de la República.

12. Decretar los gastos públicos en vista de los presupuestos que le presente el Ejecutivo por las respectivas secretarías y una suma extraordinaria para los gastos imprevistos.

13. Decretar lo conveniente para la administración, conservación y enajenación de los bienes nacionales.

14. Contraer deudas sobre el crédito del Estado.

15. Establecer un Banco nacional.

16. Celebrar contratos con ciudadanos o compañías de nacionales o extranjeros para la navegación de ríos, apertura de caminos y otros objetos de utilidad general.

17. Promover por leyes la educación pública en las universidades y colegios, el progreso de las ciencias y artes y los establecimientos de utilidad general y conceder por tiempo limitado privilegios exclusivos para su estímulo y fomento.

18. Conceder premios y recompensas personales a los que hayan hecho grandes servicios a Venezuela.

19. Establecer las reglas de naturalización.

20. Decretar honores públicos a la memoria de los grandes hombres.

21. Conceder amnistías e indultos generales cuando lo exija algún grave motivo de conveniencia pública.

22. Elegir el lugar en que deba residir el Gobierno y variarlo cuando lo estime conveniente.

23. Crear nuevas provincias y cantones, suprimirlos, formar otros de los establecidos y fijar sus límites según crea más conveniente para la mejor administración previo el informe del Poder Ejecutivo y de la Diputación de la provincia a que corresponda el territorio de que se trata.

24. Permitir o no el tránsito de tropas extranjeras por el territorio del Estado.

25. Admitir o no extranjeros al servicio de las armas de la República.

26. Permitir o no la estación de escuadra de otra nación en los puertos de Venezuela por más de un mes.

27. Hacer el escrutinio y perfeccionar la elección de Presidente y Vicepresidente de la República y admitir o no sus renuncias.

B. El Poder Ejecutivo: el Presidente y Vicepresidente

El Poder Ejecutivo, conforme al sistema presidencial de gobierno, estaba a cargo del Presidente de la República (art. 103), pero con la figura de un Vicepresidente (art. 109); ambos electos en segundo grado. El Presidente de la República debía ser electo por las dos terceras partes de los votos de los electores que hubieran sufragado en los colegios electorales (art. 105), yo no podía ser reelecto inmediatamente (art. 108), con lo cual se estableció el principio de la no reelección inmediata que perduró en nuestro sistema constitucional hasta 1999.

La Constitución estableció tres secretarías para el despacho de los negocios correspondientes al Poder Ejecutivo: una del Interior y Justicia, otra de Hacienda y otra de Guerra y Marina, debiendo el Ejecutivo agregar a cualquiera de ellas el Despacho de las Relaciones Exteriores (art. 134). Los Secretarios se configuraron en la Constitución, como "los órganos precisos e indispensables del Gobierno" y, como tales, debían autorizar todos los decretos, reglamentos, órdenes y providencias que expidiere", de manera que las que no estuviesen autorizadas por el respectivo Secretario no debían ser ejecutadas por ningún tribunal ni persona pública o privada, aunque aparecieran firmadas por el Presidente de la República (art. 136). Los Secretarios del Despacho, además, debían dar cuenta a cada Cámara en sus primeras sesiones del estado de sus respectivos ramos y además, cuantos informes se les pidieran por escrito o de palabra, reservando solamente lo que no convenga publicar (art. 137).

Conforme al artículo 117 de la Constitución, el Presidente era el Jefe de la administración general de la República y como tal tenía las atribuciones siguientes:

1. Conservar el orden y tranquilidad interior y asegurar el Estado contra todo ataque exterior.

2. Mandar ejecutar y cuidar de que se promulguen y ejecuten las leyes, decretos y actos del Congreso.

3. Convocar el Congreso en los períodos ordinarios y también extraordinariamente con previo consentimiento o a petición del Consejo de Gobierno cuando lo exija la gravedad de alguna ocurrencia.

4. Tiene el mando supremo de las fuerzas de mar y tierra para la defensa de la República.

5. Llamar las milicias al servicio cuando lo haya decretado el Congreso.

6. Declarar la guerra a nombre de la República previo decreto del Congreso.

7. Dirigir las negociaciones diplomáticas, celebrar tratados de tregua, paz, amistad, alianza ofensiva y defensiva, neutralidad y comercio, debiendo proceder la aprobación del Congreso para prestar o denegar su ratificación a ellos.

8. Nombrar y remover los secretarios del Despacho.

9. Nombrar, con acuerdo del Consejo de Gobierno, los Ministros plenipotenciarios enviados y cualesquiera otros Agentes diplomáticos, Cónsules, Vicecónsules y Agentes comerciales.

10. Nombrar, con previo acuerdo y consentimiento del Senado, para todos los empleos militares, desde coronel y capitán de navío inclusive arriba, y a propuesta de los jefes respectivos, para todos los inferiores, con calidad de que estos últimos nombramientos tengan siempre anexo el mando efectivo, pues quedan abolidos de ahora en adelante todos los grados militares sin mando.

11. Conceder retiros y licencias a los militares y a otros empleados, según lo determine la ley.

12. Expedir patentes de navegación y también de corso y represalias cuando el Congreso lo determine o, en su receso, con el consentimiento del Consejo de Gobierno.

13. Conceder cartas de naturaleza conforme a la ley.

14. Nombrar a propuesta en terna la Corte Suprema de Justicia los Ministros de las Cortes Superiores.

15. Nombrar los gobernadores de las provincias a propuesta en terna de la respectiva Diputación provincial.

16. Nombrar para todos los empleos civiles, militares– y de hacienda cuyo nombramiento no se reserve a alguna otra autoridad en los términos que prescriba la ley.

17. Suspender de sus destinos a los empleados en los ramos dependientes del Poder Ejecutivo cuando infrinjan las leyes o sus decretos u órdenes, con calidad de ponerlos a disposición de la autoridad competente, dentro de tres días, con el sumario o documentos que hayan dado lugar a la suspensión para que los juzgue.

18. Separar a los mismos empleados cuando por incapacidad o negligencia desempeñen mal sus funciones, procediendo para ello el acuerdo del Consejo de Gobierno.

19. Cuidar de la recaudación e inversión de las contribuciones y rentas públicas con arreglo a las leyes.

20. Cuidar de que la justicia se administre pronta y cumplidamente por los Tribunales y Juzgados y que sus sentencias se cumplan y ejecuten.

21. En favor de la humanidad puede conmutar las penas capitales, con previo acuerdo y consentimiento del Consejo de Gobierno, a propuesta del tribunal que conozca de la causa en última instancia o a excitación del mismo Ejecutivo, siempre que ocurran graves y poderosos motivos, excluyéndose de esta atribución los que hayan sido sentenciados por el Senado.

La Constitución creó un Consejo de Gobierno compuesto del Vicepresidente de la República que lo presidía de cinco Consejeros y de los Secretarios del Despacho (art. 123), que tenía a su cargo, básicamente, funciones consultivas (art. 127). Uno de los cinco Consejeros era un miembro de la Corte Suprema de Justicia nombrado por ella cada dos años, y los otros cuatro eran nombrados por las dos Cámaras del Congreso reunidas en una de sus primeras sesiones cada cuatro años y serán reemplazados por mitad cada dos años (art. 124). El Consejo debía elegir cada dos años un Vicepresidente de entre los miembros que no fueran nombrados por el Ejecutivo para que reemplazase las faltas del Vicepresidente del Estado.

C. El Poder Judicial: la Corte Suprema

El Poder Judicial, se asignó a la Corte Suprema, de Cortes superiores, de Juzgados de primera instancia y de los demás Tribunales creados por la ley (art. 144), previéndose que en las causas criminales la justicia se debía administrar por jurados (art. 142)

Para el nombramiento de los ministros de la Corte Suprema, los candidatos debían ser propuestos por el Presidente de la República a la Cámara de Representantes en número triple; la Cámara debía reducir este número al doble y lo debía presentar al Senado para que éste nombrara los que debían componer la Corte (art. 147).

Entre las atribuciones de la Corte Suprema, además de las relativas a juzgar y sentenciar en las causas que se formasen contra el Presidente de la República y Vicepresidente encargado del Poder Ejecutivo; de las causas de responsabilidad que por mal desempeño en el ejercicio de sus funciones se formasen a los secretarios del Despacho, y de las otras causas contenciosas respecto de latos funcionarios, se destaca la competencia para "Oír las dudas de los demás Tribunales sobre la inteligencia de alguna ley y consultar sobre ellas al Congreso por el conducto del Poder Ejecutivo si las considerase fundadas para la conveniente declaratoria" (ord. 10), lo que abría la posibilidad del control de constitucionalidad de las leyes. A tal efecto, la propia Constitución dispuso que "Ningún funcionario público expedirá, obedecerá ni ejecutará órdenes manifiestamente contrarías a la Constitución o las leyes o que violen de alguna manera las formalidades esenciales prescritas por éstas o que sean expedidas por autoridades manifiestamente incompetentes" (art. 186).

REFLEXIÓN FINAL

Lo anterior es sólo una muestra de los importantes aportes al constitucionalismo latinoamericano que dieron los constituyentes venezolanos, en paralelo con lo que fueron los aportes de la Constitución de Cádiz. De ello deriva que todas las bases del constitucionalismo venezolano de los últimos casi 200 años, sin duda, surgieron de la Constitución de 1811 (Caracas), y luego, de las Constituciones de 1819 (Angostura), de 1821 (Cúcuta) y de 1830 (Valencia).

Sin embargo, al repasar comenzando el Siglo XXI, todas aquellas bases o principios, no podemos menos que lamentarnos, pues no hemos logrado, los propios venezolanos, aprender de nosotros mismos y de nuestras propias experiencias. En 2006, en efecto, después de haber tenido durante casi medio siglo un período de democracia representativa, alternativa, responsable y liberal, con un desarrollo constitucional envidiable en el resto de América Latina que de desenvolvió al amparo de la Constitución de 1961, con la Constitución de 1999 hemos pasado a un régimen signado por el autoritarismo–populismo, con forma seudo electoral, caracterizado por la antítesis de lo que es un constitucionalismo democrático; es decir, por tener una Constitución impuesta, que no fue fruto de consenso o negociación alguna; por la mediatización de una amplia declaración de derechos constitucionales, dada la ausencia de garantías judiciales y la existencia de un poder judicial dependiente, compuesto en su mayoría por jueces provisorios; por haberse producido, con base constitucional, una concentración del poder como no se había visto en cien años, que con una formal penta división del mismo, atribuye la totalidad del control del poder a la Asamblea Nacional la cual a su vez ha estado controlada totalmente por el Presidente de la República (Recuérdese, además, que el 4 de diciembre de 2005, luego del retiro de las candidaturas para la elección de diputados que habían presentado los partidos de oposición, con una participación electoral que no superó el 25%, es decir, con un 75% de abstención, los candidatos oficialistas acapararon todos los escaños en la Asamblea Nacional); por la existencia de un juez constitucional que lejos de garantizar el Estado de derecho, se ha puesto al servicio de la consolidación del autoritarismo; por el desarrollo de un sistema electoral elaborado para facilitar la concentración del poder y de un órgano electoral no confiable, al estar controlado por el Presidente de la República; por un centralismo de Estado propio de una Federación centralizada, que se ha caracterizado por un ahogamiento progresivo de la precaria autonomía de Estados y Municipios; y como consecuencia de todo ello, por la persecución política que se ha desatado contra los opositores, con vanos intentos de matar las ideas, como no se veía en el país desde los tiempos de las dictaduras militares.

La historia nos enseña que todo ello pasará, y de nuevo se reabrirá el ciclo democrático. Lo lamentable, sin embargo, es que en este caso, todo ese esquema autoritario propio de un autoritarismo rico y destructor, hará más difícil la reconstrucción, lo que no elimina las esperanzas que los venezolanos todos tenemos en que ello ocurrirá.

CAPÍTULO OCTAVO

LAS CAUSAS DE LA INDEPENDENCIA DE VENEZUELA EXPLICADAS EN LONDRES EN 1812, CUANDO LA CONSTITUCIÓN DE CÁDIZ COMENZABA A CONOCERSE Y LA REPUBLICA COMENZABA A DERRUMBARSE*

INTRODUCCIÓN

En 1812, durante los mismos meses en los cuales las Cortes Generales del Reino de España se reunían en Cádiz y las autoridades españolas estaban en el proceso de dar a conocer la Constitución de la Monarquía Española de 18 de marzo de 1812, en Londres salía publicado un libro intitulado *Interesting Official Documents Relating to the United Provinces of Venezuela, W. Glidon,* Rupert–Street, Haymarket, para Longman and Co. Paternoster–Row; Durlau, Soho–Square; Hartding, St. Jame's Street; y W. Mason, N° 6, Holywell Street, Strand, &c. &c, London 1812.[1]

---

* Ponencia presentada en el V Simposio Internacional Cádiz, hacia el Bicentenario. *El pensamiento político y las ideas en Hispanoamérica antes y durante las Cortes de 1812,* Unión Latina, Ayuntamiento de Cádiz, Cádiz, 25 de noviembre de 2010.

1   Véase la edición facsimilar que hemos hecho de esta obra en 2012 en Allan R. Brewer-Carías, *Documentos Constitucionales de la Independencia/ Constitucional Documents of The Independence 1811,* Colección Textos Legislativos N° 52, Editorial Jurídica Venezolana, Caracas 2012, 644 pp. En las páginas 301 a 644 es reproduce el libro: *"Interesting Documents relating to Caracas/ Documentos Interesantes relativos a Caracas; Interesting Official Documents relating to the United Provinces of Caracas, viz. Preliminary Remarks, The Act of Independence. Proclamation, Manifesto to the World of the Causes which have compelled the said provinces to separate from the Mother Country; together with the Constitution framed for the Administration of their Government. In Spanish and English,"* con una Introducción General del autor sobre el significado y la importancia de dicho libro. Se trató de una obra con doble texto, en castellano y en ingles,

En esta obra se recopilaron, precedidos de unas *Observaciones Preliminares*, los más importantes *documentos oficiales* que habían sido adoptados y sancionados durante el año precedente (1811) por el Congreso General de la Confederación de Venezuela. Se trató de la primera Asamblea constituyente integrada por diputados electos, representantes de las primeras siete provincias que en la América Hispana se habían declarado independientes de España, desconociendo expresamente no sólo a la Regencia de la Monarquía española sino a las propias Cortes Generales de Cádiz.[2] La misma, como dice Juan Garrido Rovira,

> "asumió el reto de los tiempos y marcó los ideales político–culturales de los siglos, entre otros: Independencia política; especial consagración de la libertad de pensamiento; separación de poderes; sufragio, representación y participación de los ciudadanos en el gobierno; equidad social; consagración y respeto de los derechos y deberes del hombre; limitación y control del poder; igualdad política y civil de los hombres libres; reconocimiento y protección de los derechos de los pueblos indígenas; prohibición del tráfico de esclavos; gobierno popular, responsable y alternativo; autonomía del poder judicial sobre bases morales; la nación por encima de las facciones."[3]

Se trataba, por tanto de los documentos más importantes que podían contribuir, en 1812, a explicar la situación de Venezuela en la lucha por su independencia ya declarada respecto de España. Allí estaban incluidas, no sólo el *Acta de Independencia* de 5 de julio de 1811, es decir de "la declaración solemne que hizo el Congreso General de Venezuela de la independencia absoluta de esta parte de la América Meridional;" sino el texto de la *Constitución de la Confederación de los Estados de Venezuela* de 21 de diciembre de 1811; algunos artículos de la *Declaración de los Derechos del Pueblo* adoptada por la Sección Legislativa de la provincia de Caracas del Congreso Ge

que se siguen paralelamente a lo largo de sus páginas, con el texto en español en las páginas pares, y el inglés en las impares. Su presentación editorial la describió exactamente Carlos Pi Sunyer señalando que: "Forma la anteportada un grabado de T. Wogeman; una alegoría al gusto de la época, con una figura femenina que representa América, otra que simboliza la república, y lleva una tablilla en la que está escrita la palabra "Colombia", y un querubín con un rollo de pergamino con el título "Constitución de Venezuela." En la portada figura el título completo de la obra, en inglés, con numerosas viñetas de buen gusto. Una obra de agradable presentación e interesante contenido." Véase Carlos Pi Sunyer. *Patriotas Americanos en Londres (Miranda, Bello y otras figuras),* (Ed. y prólogo de Pedro Grases), Monteávila Editores, Caracas 1978, p. 211.

2   Sobre los aspectos constitucionales del proceso de independencia de Venezuela a partir de 1810, véase Allan R. Brewer-Carías, *Historia Constitucional de Venezuela*, Tomo I, Editorial Alfa, Caracas 2008, pp. 195-278.

3   Véase Juan Garrido Rovira, *El Congreso Constituyente de Venezuela*, Bicentenario del 5 de julio de 1811, Universidad Monteávila, Caracas 2010, p. 12.

neral de 1º de julio de 1811;[4] y el *"Manifiesto* que hizo al mundo la Confederación de Venezuela en la América Meridional" de fecha 30 de julio de 1811, "formado y mandado publicar por acuerdo del Congreso General de sus Provincias Unidas," y firmado en el "Palacio Federal de Caracas," en el cual se explicaron "las razones en que se ha fundado su absoluta independencia de España, y de cualquiera otra dominación extranjera." El libro, en edición bilingüe, además, como se dijo, estaba precedido de un texto "oficial" (sin firma) del nuevo Estado, como *Observaciones Preliminares*, en el cual se resumían y sintetizaban las mencionadas razones, ampliándoselas. Con todos estos documentos, como lo decía en el *Manifiesto*, se buscaba que los "¡Hombres libres, compañeros de nuestra suerte!" dieran una "mirada imparcial y desinteresada" sobre lo que estaba ocurriendo en Venezuela.[5]

Con dicha publicación, dada la ausencia de textos en inglés que ofrecieran datos sobre el proceso de independencia que se había iniciado formalmente en Hispano América con los sucesos de Caracas, se pretendía, como se afirmó en las *Observaciones Preliminares*, ilustrar sobre la situación de Venezuela, que había sido la primera provincia:

> "en romper las cadenas que la ligaban á la Madre Patria, al cabo de dos años empleados en vanos esfuerzos para obtener reformas y desagravios, después de haber sufrido quantos oprobios é indignidades pudieron acumularse sobre ella, ha proclamado por fin aquel sagrado é incontestable derecho que tiene todo pueblo para adoptar las medidas mas conducentes á su bienestar interno, y mas eficaces para repeler los ataques del enemigo exterior."

A tal efecto, se informaba que "la urgencia de las causas qua la han compelido a esta medida extrema aparece en el *Manifiesto* que dirige al mundo imparcial; y la justicia, de las miras de sus representantes, dirigidas a la salud de sus constituyentes, se echa también de ver en la Constitución formada para la formación y administración de las leyes, como en el resultado de sus declaraciones solemnes," textos conforme a los cuales "los habitantes de Venezuela han visto por la primera vez definidos sus derechos y aseguradas sus libertades."

En fin, se afirmaba en las *Observaciones Preliminares,* además, que "en los documentos que componen este volumen, no se hallarán ni principios menos grandes, ni consecuencias menos justas, que en las mas celebres medidas de las Cortes, cuya liberalidad y filantropía es harto inferior á la de los Americanos;" y se indicaba que "el ejemplo que da Venezuela al resto de la

---

4   Véase el texto de estos documentos en Allan R. Brewer-Carías, *Las Constituciones de Venezuela*, Academia de Ciencias Políticas y Sociales, Caracas 2008, Tomo I, pp. 545-579.

5   En las citas que se hacemos de los documentos, se utilizan las siguientes abreviaturas: **OP**: *Observaciones Preliminares*; **AI**: *Acta de la Independencia* de 5 de julio de 1811; **M**: *Manifiesto que hace al mundo la Confederación de Venezuela en la América Meridional*, de 30 de julio de 1811.

América Española" era "como la Aurora de un día sereno," exclamándose que "¡Ojala que ninguna ocurrencia siniestra retarde ó impida los progresos" de dicha causa americana.

Las ironías políticas del destino de los pueblos quisieron, sin embargo, que esas "siniestras ocurrencias" acaecieran, y que para el momento en el cual el libro que explicaba la independencia de unas provincias americanas comenzó efectivamente a circular en Inglaterra, momento coincidente con la época en la cual la propia Constitución de Cádiz comenzaba a conocerse tanto en la Península como América, aquel gobierno de la Venezuela independiente, producto del primigenio proceso político de emancipación Hispanoamericana cuyas causas eran precisamente las que en el libro se buscaba explicar al mundo, ya fuera cosa del pasado.

La caída de la primera República de Venezuela se había materializado con la Capitulación del General Francisco de Miranda el 25 de julio de 1812, para cuando el libro estaba saliendo de la imprenta, lo que había provocado la ocupación militar de la Provincia de Caracas por parte de Comandante General del Ejército de S.M. Católica, Domingo de Monteverde, quien había sido destinado por las Cortes de Cádiz para la pacificación de Venezuela.

Este había llegado a las costas de Venezuela por Coro en febrero de ese mismo año 1812 desde Puerto Rico,[6] por las mismas costas en la cuales seis años antes también había desembarcado Francisco de Miranda en una fallida expedición independentista desde Nueva York. Con Monteverde en Venezuela, a partir del mes siguiente, luego del terrible terremoto de Caracas 23 de marzo de 1812 que devastó física y moralmente a la Provincia, se produjo la total devastación institucional de la misma.[7] El orden republicano que se

6 Véase los documentos en *Archivo del General Miranda*, La Habana, 1950, tomo XXIV, pp. 509 a 530. Además, en José Félix Blanco y Ramón Azpúrua, *Documentos para la Historia de la Vida Pública del Libertador de Colombia, Perú y Bolivia. Puestos por orden cronológico y con adiciones y notas que la ilustran*, La Opinión Nacional, Vol. III, Caracas 1877, Edición facsimilar: Ediciones de la Presidencia de la República, Caracas 1977, 1983, pp. 679 y ss. Además, en José de Austria, *Bosquejo de la Historia Militar de Venezuela*, Biblioteca de la Academia Nacional de la Historia, Tomo I, Caracas 1960, pp. 340 y ss. (José de Austria fue contemporáneo del proceso de Independencia; había nacido en Caracas en 1791).

7 El arte final del libro, sin duda, se terminó de componer después de la fecha de la sanción de la Constitución de Cádiz (18 de marzo de 1812), lo que se evidencia de la nota que se colocó al pie de página del texto en inglés al artículo 67 de la Constitución de 1811 (que establecía que el día 15 de febrero de cada año el Congreso se debía instalar en la ciudad Federal, que era Caracas), en la cual se expresó que "con motivo del último terremoto de Caracas" (que había sido el 23 de marzo de 1811, y cuya noticia sólo habría llegado a Inglaterra varias semanas después), "mediante una reciente ley del Congreso, Valencia ha sido hecha capital Federal, donde se reunieron los diputados". Por la misma razón, en cambio, es de suponer que la composición final del libro tuvo lugar antes de que se conocieran en Londres las noticias de la Capitulación de Francisco de Miranda (que fue el 25 de julio de 1811), pues de lo contrario alguna nota también se hubiese agregado al texto, salvo que deliberadamente no se hubiese hecho para no desmoronar el proyecto

había comenzado a construir fue totalmente demolido, abrogándose por supuesto la Constitución Federal de 1811, e ignorándose además el texto de la misma Constitución de Cádiz que debía jurarse en las provincias ocupadas, recomenzando así en la Provincia, trescientos años después del Descubrimiento, la aplicación de la "ley de la conquista;" y además, buscándose la destrucción de la memoria historia con el saqueo de los Archivos de la Provincia, y la destrucción y desaparición de los propios documentos de la independencia.

Abrogada la Constitución de 1811 por la fuerza militar, las autoridades invasoras debían procurar la publicación en Venezuela de la Constitución de Cádiz, recién sancionada cuando estos acontecimientos ocurrían, para lo cual el Capitán General Fernando Mijares recién nombrado Gobernador de la antigua Provincia de Venezuela, cargo que materialmente no llegó a ejercer efectivamente jamás, el 13 de agosto de 1812 le remitió a Monteverde, desde Puerto Cabello, veinte ejemplares del texto constitucional monárquico, con las correspondientes órdenes y disposiciones que habían dado las Cortes para su publicación y observancia[8]. Y así lo hizo Monteverde, pero "a la manera militar" el 21 de noviembre de 1812, asumiendo sin embargo un poder omnímodo contrario al texto constitucional gaditano.[9] .Sobre la Constitución de Cádiz, o más bien, sobre su no aplicación en Venezuela, el mismo Monteverde informaría al gobierno de la Metrópoli con toda hostilidad diciéndole que si había llegado a publicar la Constitución de Cádiz, había sido "por un efecto de respeto y obediencia, no porque consideré a la provincia de Venezuela merecedora todavía de que participase de los efectos de tan benigno código."[10] Durante toda su campaña en Venezuela entre 1812 y 1813, desconoció la exhortación de amnistía que habían hecho las propias Cortes de Cádiz en octubre de 1810, desconoció los términos de la Capitulación que había firmado con Francisco de Miranda el 25 de julio de 1812, desconoció las previsiones de la propia Constitución de 1812 y desconoció las decisiones judiciales adoptadas por la Audiencia con motivo de la persecución política que desarrolló. Aplicó, en fin "la ley de la conquista,"[11] y ello fue lo que en

---

editorial. En tal sentido, Carlos Pi Sunyer presumiendo que el libro debió salir de la imprenta hacia finales de 1812, expresó que: "Es probable que en el momento de aparecer, Bello ya conociese los acontecimientos que motivaron la caída de la primera República de Venezuela; ya que, el 12 de octubre, López Méndez dirige una comunicación a Lord Castlereagh, refiriéndose a los mismos, escrita en letra de Bello, fecha en que es de creer que aún no hubiese salido en libro, o acababa de salir." Véase Carlos Pi Sunyer. *Patriotas Americanos en Londres... op. cit.,* p. 222.

8 Véase José de Austria, *Bosquejo de la Historia militar...*, *op. cit.,* Tomo I, p. 364.

9 Véase Manuel Hernández González, "La Fiesta Patriótica. La Jura de la Constitución de Cádiz en los territorios no ocupados (Canarias y América) 1812-1814," en Alberto Ramos Santana y Alberto Romero Ferrer (eds), *1808-1812: Los emblemas de la libertad,* Universidad de Cádiz, Cádiz 2009, pp. 104 ss.

10 Véase José de Austria, *Bosquejo de la Historia militar...*, *op. cit.,* Tomo I, p. 370.

11 *Idem.*

definitiva premiaron las Cortes de Cádiz al haber felicitado mediante Orden de 21 de octubre de 1812, a Domingo Monteverde y a las tropas bajo su mando, "por los importantes y distinguidos servicios prestados en la pacificación de la Provincia de Caracas."[12]

Todo esto ocurría en Venezuela, mientras en Londres comenzaba a circular en 1812, el libro *Interesting Official Documents Relating to the United Provinces of Venezuela*, que daba de una realidad distinta, cuya implementación había sido forzosamente pospuesta.

I. ALGO SOBRE EL LIBRO EN INGLÉS DE 1812 Y LAS RAZONES DE SU PUBLICACIÓN EN LONDRES

Este libro, por lo antes dicho, en realidad resultó ser una especie de publicación oficial "post mortem" que, "en vida," había mandado a editar la República a través del Gobierno del entonces recién creado Estado de Venezuela, el cual costeó la edición. La misma, además, fue coordinada por la recién designada Delegación Oficial de la Venezuela republicana ante el Gobierno británico que para ese momento estaba instalada en Londres, precisamente en la casa de Francisco de Miranda, una de las más destacadas víctimas de traición de sus subalternos[13] y, por ello, de la ley de la conquista de Monteverde, quien murió precisamente en Cádiz, en la prisión de la carraca en 1816. La intención del libro era, en todo caso, explicar a los ingleses las razones y las causas de las decisiones políticas que entre 1808 y 1811 se habían adoptado antes del movimiento de Cádiz, en las antiguas colonias españolas ubicadas en la parte meridional del Continente Americano, las Provincias que conformaban la antigua capitanía General de Venezuela y que habían conducido al inicio del proceso de independencia de la América Española.

La importancia del libro, a pesar de haber aparecido en medio de una situación de guerra, era, por tanto, bastante singular, a lo que se suma su extraordinario valor documental, incluso en tiempos actuales. Como se dijo, para el momento de su publicación, muchos de los originales de los documentos en él publicados, incluyendo el *Acta de la Independencia* de 5 de julio de 1811, habían desaparecido en el saqueo de Caracas durante la ocupación realista, de lo que resultó que el único texto "auténtico y oficial" de tan preciado documento era precisamente el que se había publicado en el libro de Londres en 1812. Por ello, noventa años después de la publicación del libro, en 1903, la Academia Venezolana de la Historia consideró y declaró formalmente que la versión del *Acta de la Independencia* publicada en dicho libro londinense de 1812, era la única considerada como auténtica; criterio que fue incluso adoptado oficialmente por el Gobierno de Venezuela, al ordenar el

---

12 Véase en Eduardo Roca Roca, *América en el Ordenamiento Jurídico...*, *op. cit.*, p. 81.

13 Véase Giovanni Meza Dorta, *Miranda y Bolívar. Dos visiones*, Ed. Bid & co. Editor, Caracas 2007, p. 152 ss.

Presidente Cipriano Castro en 1903, la publicación en español[14] de aquellos *Interesting Official Documents*.[15]

En todo caso, los documentos publicados en el libro de Londres eran, para ese momento, los más importantes documentos publicados en ingles en relación con el proceso de la revolución de independencia de Hispano América que había comenzado precisamente con la independencia de las provincias de Venezuela en 1810,[16] en el cual por primera vez tuvieron aplicación práctica, de campo y en conjunto, todos los principios del constitucionalismo moderno que solo unas décadas antes se habían materializado en los documentos de la Revolución Norteamericana (1776) y de la Revolución Francesa (1789).[17]

Como es sabido, ese proceso se encendió cuando en Caracas se supieron las noticias sobre la ocupación del territorio español por los ejércitos de Napoleón y sobre la adopción de la Constitución de Bayona el 6 de julio de 1808 que había sido otorgada por el Emperador al tener secuestrados en la misma ciudad, al rey Carlos IV y a su hijo Fernando VII; hechos que fueron considerados formalmente en la sesión del Cabildo de Caracas del 15 de agosto de 1808. En dicha sesión, incluso, se llegó a formular por algunos de

14 En el Decreto publicado en *Gaceta Oficial* N° 8.863 de 28 de mayo de 1903, declaró que en virtud de que el libro estaba agotado, existiendo en Venezuela solo una copia que había sido adquirida por la Academia Nacional de la Historia, se ordenaba la publicación de la edición original con sólo la versión en castellano de los documentos, había sido también publicada en Londres en 1812, manteniendo el orden y la ortografía de dicha primera edición.

15 Véase en *Prólogo a los Anales de Venezuela,* Academia Nacional de la Historia, Caracas, 1903. La versión en castellano de las *Observaciones Preliminares* que preceden los diversos documentos del libro, se publicó en J.F. Blanco y R. Azpúrua, *Documentos para la Historia de la Vida Pública del Libertador...,* op. cit., Tomo III, pp. 391-395. El texto completo de la versión en español de los documentos se publicaron en 1959 por la Academia Nacional de la Historia, en el libro intitulado: *La Constitución Federal de Venezuela de 1811 y Documentos Afines* ("Estudio Preliminar" por Caracciolo Parra-Pérez), Biblioteca de la Academia Nacional de la Historia, Sesquicentenario de la Independencia, Caracas 1952, 238 pp.; reeditado por Fundación Polar, Caracas 2009.

16 Debe recordarse que unos meses antes, el 10 de agosto de 1809, en Quito tuvo lugar una insurrección en la cual un grupo de criollos bajo el mando de Juan Pío Montúfar, Marqués de Selva Alegre, depusieron las autoridades coloniales y establecieron una *Junta Suprema* jurando lealtad a Fernando VII, en lo que se ha considerado como el primer grito de independencia en las colonias hispanoamericanas. Sin embargo, el movimiento no llegó a cristalizar, y tres meses después las tropas del Virrey del Perú y habían ocupado la capital y restablecido el gobierno español. Véase los documentos de Montúfar y de Rodríguez de Quiroga, Secretario de Gracia y Justicia de la *Junta Suprema* de Quito, en José Luis Romero y Luis Alberto Romero (Coordinadores), *Pensamiento Político de la Emancipación*, Biblioteca Ayacucho, Tomo I, Caracas 1985, pp. 47–50.

17 Véase Allan R. Brewer-Carías, *Reflexiones sobre la Revolución Norteamericana (1776), la Revolución Francesa (1789) y la Revolución Hispanoamericana (1810-1830) y sus aportes al Constitucionalismo Moderno,* 2ª Edición Ampliada Universidad Externado de Colombia, Editorial Jurídica Venezolana, Bogotá 2008.

sus miembros la propuesta de establecer en Caracas una Junta conservadora de los derechos de Fernando VII, como las que se habían venido estableciendo en las diferentes ciudades españolas de la Península para sostener los derechos del Rey depuesto, y quien ya para esa fecha había sido sustituido por Napoleón, quien había nombrado a su hermano José Bonaparte, Rey de España. La propuesta, sin embargo, fue firmemente objetada por el entonces Gobernador Juan de Casas, quien como Teniente Rey y Auditor de Guerra durante el gobierno del Capital General Manuel de Guevara y Vasconcelos (1799–1807) había asumido en año anterior (1807) como Capitán General. Había sido precisamente durante el Gobierno de Guevara y Vasconcelos y de este su Teniente Rey, Casas, cuando, por ejemplo, José María España, uno de los cabecillas de la llamada Conspiración de Gual y España (1797),[18] la primera de las víctimas de la idea republicana en Venezuela, había sido ahorcado con gran despliegue de terror en la Plaza Mayor de Caracas (1799); y cuando Francisco de Miranda desembarcaría en la Vela de Coro en 1806 con su pequeña expedición independentista, permaneciendo en Coro por sólo cinco días.

Si bien los agitadores criollos no lograron hacer que el Cabildo se constituyese en Junta Suprema conservadora de los derechos de Fernando VII, en sus sesiones si se impuso la solemne proclamación del heredero de Carlos IV como Rey de las Españas, a partir de lo cual nada pudo detener el desarrollo de la revolución en medio de la agitación general de la provincia, particularmente por las noticias que seguían llegando, aún cuando tardíamente durante el año siguiente (1809), sobre la invasión general de España por los ejércitos franceses. Dicha invasión había llegado a abarcar casi todo el territorio peninsular, habiendo quedado reducido el funcionamiento del gobierno provisional de la *Junta Central*, a la Isla de León en Cádiz.

Todos estos hechos continuaron alarmando a las colonias españolas y a sus Cabildos, llegando a provocar en Caracas, el 19 de abril de 1810, la expulsión del nuevo Gobernador y Capitán General, Mariscal de Campo Vicente de Emparan y Orbe, quien había tomado posesión del cargo el año anterior, en mayo de 1809. Emparan era conocido en las provincias de Venezuela, pues había servido como Gobernador General de Cumaná, entre 1792 y 1804, con ideas liberales, al punto de que se le atribuye haber ayudado a embarcar clandestinamente a Manuel Gual, el otro responsable de la Conspiración de 1797, para Trinidad. Lo cierto fue que no pudo detener la conspiración, de manera que en aquél 19 de abril, luego de rechazar la propuesta de constituir una Junta y dar por terminada la sesión del Cabildo, al salir para asistir a los oficios propios del jueves santo en la Catedral de Caracas, fue obligado por la muchedumbre a volver al mismo ("A Cabildo, señor, el pueblo os llama a

---

18 Véase Pedro Grases, *La Conspiración de Gual y España y el Ideario de la Independencia*, Caracas 1978; Allan R. Brewer-Carías, *Los Derechos Humanos en Venezuela: Casi 200 años de Historia,* Academia de Ciencias Políticas y Sociales, Caracas 1990, pp. 53 ss.

cabildo para manifestar su deseo"),[19] en cuya sesión se resolvió sustituir al propio Cabildo por un nuevo gobierno provincial y local que se creó el mismo 19 de abril de 1810, a cargo de una *Junta Suprema Conservadora de los Derechos de Fernando VII*.

Los efectos de estos hechos, con los que inició el propio proceso de independencia de Hispanoamérica, se extendieron rápidamente, y siguiendo "el ejemplo que Caracas dio," durante el mismo año de 1810, en siete de las nueve provincias que formaban la Capitanía General de Venezuela, se produjeron similares movimientos,[20] al igual que los que ocurrieron, por ejemplo, en otras jurisdicciones, como en Buenos Aires, el 25 de mayo de 1810, y en Bogotá, en la Nueva Granada el 20 de julio de 1810.

Expulsado el Capitán General Emparan, y después de la consolidación del nuevo gobierno en la Provincia de Caracas, la *Junta Suprema* de Caracas decidió convocar, en enero de 1811 y conforme al Reglamento de elecciones y reunión de diputados que había sido adoptado el 11 de junio de 1810,[21] a la elección de los diputados representantes de todas las Provincias que integraban la antigua Capitanía General de Venezuela para formar un Congreso General con el objeto establecer instrumentos comunes de defensa y de gobierno. Una vez electos los diputados, e instalado el Congreso General en marzo de 1811, sus deliberaciones condujeron a la adopción, entre otros documentos, de la primera declaración formal de derechos humanos en Hispano América (1° de julio de 1811), la tercera del mundo moderno,[22] algunos de cuyos artículos se publicaron en el libro; de la primera Declaración formal de Independencia política de una antigua colonia española (5 de julio de 1811);[23] y de la primera de las Constituciones de un país independiente producto de la revolución Hispanoamericana, la Constitución federal de los Estados de Venezuela (21 de diciembre de 1811), que fue la tercera Constitución republicana del mundo moderno,[24] luego de la Norteamericana (1787) y de la Francesa (1791), en la cual, además, después de la Constitución Norteamericana, por primera vez en el constitucionalismo moderno se adoptó la forma federal de gobierno. Todos estos eventos tuvieron lugar durante tres largos años (1808–1811), incorporando a Venezuela en las corrientes del

---

19 Véase sobre estos sucesos, Juan Garrido Rovira, *La Revolución de 1810*, Universidad Monteávila, Caracas 2009, pp. 97 ss.

20 Véase por ejemplo, *Actas de Independencia. Mérida, Trujillo y Táchira en 1810*, Halladas y publicadas por Tulio Febres Cordero, 450 Años de la Fundación de Mérida, 1558-2008, Mérida 2007.

21 Véase en Allan R. Brewer-Carías, *Las Constituciones de Venezuela*, Academia de Ciencias Políticas y Sociales, Tomo I, Caracas 2008, pp. 535-543.

22 *Idem*, pp. 549-551 ss.

23 *Idem*, pp. 545-548.

24 *Idem*, pp. 555-579.

constitucionalismo moderno, incluso antes que en España, proceso que allí se inició con la Constitución de la Monarquía Española de Cádiz de 1812.[25]

Todos estos actos estatales sancionados en 1811 en las provincias de Venezuela, fueron precisamente los que traducidos al inglés, formaron el cuerpo documental más significativo del libro *Interesting Official Documents* publicado al año siguiente en Londres, lo que sin duda fue posible debido a las importantes relaciones que a comienzos del siglo XIX ya estaban establecidas entre muchos destacados hispanoamericanos y el mundo político e intelectual inglés. La presencia en Londres de Francisco de Miranda, quien era el más destacado exilado venezolano de entonces y quizás el más perseguido y buscado de todos los americanos por la Corona, y uno de los más importantes promotores y precursores del movimiento independentista de América Hispana, fue sin duda fundamental en el establecimiento de esas relaciones. Tenía allí su residencia desde 1799, después de haber servido en los Ejércitos napoleónicos y haber viajado extensamente por toda Europa e incluso a los Estados Unidos, desde donde lideró, en 1806, una importante expedición con propósitos independentistas hasta a las costas de Venezuela, donde llegó a desembarcar proclamando ideas libertarias y de independencia. Sobre Miranda, con razón, William Spence Robertson, dijo que había sido "Precursor, Caballero Errante y Promotor de la libertad hispanoamericana. Fue el primer sudamericano ilustrado que realizó un viaje por los Estados Unidos y por Europa. Su vida ofrece un interés incomparable, porque fue el único personaje de su tiempo que participó en la lucha por la independencia de las Trece Colonias, la Revolución Francesa y la guerra de liberación de la América hispana."[26]

El libro *Interesting Official Documents*, por tanto, puede decirse que fue la última manifestación respecto de Venezuela, aunque indirecta, de las empresas editoriales que desde 1799 Francisco de Miranda había iniciado en Londres a favor de la independencia hispanoamericana, y que comenzaron con la publicación de la *Carta a los Españoles Americanos* del ex–jesuita Juan Pablo Viscardo y Guzmán, notable precursor intelectual de la independencia hispanoamericana. Este, al fallecer en Londres en 1798, unas semanas antes del regreso de Miranda a esa ciudad luego de terminar su periplo en la Francia revolucionaria, había legado sus papeles al Ministro norteamericano en Londres, Rufus King, quien para preservar las ideas del destacado peruano

---

25 Véase Allan R. Brewer-Carías, "La Constitución de Cádiz de 1812 y los principios del constitucionalismo moderno: su vigencia en Europa y en América," en *Anuario Jurídico Villanueva*, III, Año 2009, Villanueva Centro Universitario, Universidad Complutense de Madrid, Madrid 2009, pp. 107-127; "El paralelismo entre el constitucionalismo venezolano y el constitucionalismo de Cádiz (o de cómo el de Cádiz no influyó en el venezolano)," en *Libro Homenaje a Tomás Polanco Alcántara*, Estudios de Derecho Público, Universidad Central de Venezuela, Caracas 2005, pp. 101-189, y en *La Constitución de Cádiz. Hacia los orígenes del Constitucionalismo Iberoamericano y Latino,* Unión Latina-UCAB, Caracas 2004, pp. 223-331.

26 Véase Robertson, William Spence (1929), *The Life of Miranda*. The University of North Carolina Press, Chapel Hill 1929, Vol. 1.

entregó algunos de los manuscritos a Miranda, amigo de ambos.[27] Entre esos papeles estaba la famosa *Carta* que había escrito unos años antes en París, en 1791, y que apareció publicada en Londres en 1799, por iniciativa de Miranda y King, como libro sin nombre de autor en la portada y con pie de imprenta en Filadelfia, con el título *Lettre aux espagnols américaines par un de leurs compatriotes*," Philadelphie, MDCCXCXIX, indicándose sin embargo en la "Advertisment" que su autor había sido Viscardo y Guzmán. Dos años después en 1801, Miranda hizo traducir la carta al castellano y de nuevo la publicó, esta vez con pie de imprenta en Londres, como *Carta dirigida a los españoles americanos por uno de sus compatriotas,* P. Boyle, London 1801. La Carta, gracias a la difusión que le dio Miranda tendrá una enorme influencia en el movimiento independentista de América Hispana, reflejándose su contenido, por ejemplo, en el Acta de Independencia y la Constitución de Venezuela de 1811, y en la Carta de Jamaica del Libertador Simón Bolívar de 1815.[28]

Después de estas primeras traducciones y ediciones, durante la primera década del Siglo XIX, Miranda, sin duda, fue el punto de atracción y de atención en Londres sobre todo lo que tuviera que ver con los asuntos relativos a la independencia hispanoamericana. A él acudían todos los que de Hispanoamérica llegaban o pasaban por Londres, y él a su vez mantenía contacto con prominentes personas del gobierno británico, principalmente con quien había sido destacado primer Ministro, William Pitt, buscando el apoyo británico para el proceso hispanoamericano. En las labores editoriales en favor de la difusión de las ideas independentistas, en las cuales contó con financiamientos importantes de hispanoamericanos exiliados,[29] desarrolló una estrecha

27 Miranda habría utilizado sólo algunos de los papeles, pues la casi totalidad de los mismos que nunca estuvieron en los Archivos de Miranda, se encontraron en los archivos del mismo destacado político norteamericano quien los había recibido originalmente, Rufus King. Véase Merle E. Simmons, *Los escritos de Juan Pablo Viscardo y Guzmán. Precursor de la Independencia Hispanoamericana*, Universidad Católica Andrés Bello, Caracas, pp. 15-19.

28 Véase Georges L. Bastin, "Francisco de Miranda, "precursor" de traducciones," en *Boletín de la Academia Nacional de Historia de Venezuela,* N° 354, Caracas 2006, pp. 167-197, y también en http://www.histal.umontreal.ca/pdfs/FranciscoMirandaPrecursorDeTraducciones.pdf

29 Se destaca, por ejemplo, las contribuciones a las actividades editoriales de Miranda de la prominente familia Fagoaga, de México, desde la llegada a Londres en 1809 del segundo marqués del Apartado, José Francisco Fagoaga y Villaurrutia, su hermano Francisco y su primo Wenceslao de Villaurrutia, luego del movimiento autonomista que encabezó el Ayuntamiento de Ciudad de México en 1808. Entre los amigos comunes de los Fagoaga y Miranda se encontraba José María Antepara, quien se asoció a los proyectos editoriales de Miranda, en libros, como la republicación de la carta de Viscado y Guzmán, y en el periódico *El Colombiano*, que apareció en Londres cada quince días, entre marzo y mayo de 1810. En la concepción y publicación del mismo, con el financiamiento de los Fagoaga, colaboraron Manuel Cortés Campomanes, Gould Francis Leckie, James Mill y José Blanco White antes de fundar su propio periódico *El Español*. Véase Salvador

amistad con el destacado escritor y editorialista escocés James Mill,[30] quien entre el universo de temas de su atención se interesó por los asuntos hispanoamericanos. Esa alianza entre Miranda y Mill quizás es la clave para identificar al "escritor," o más bien, al seudónimo "William Burke" cuya obra tendría una especial importancia en la promoción del proceso de independencia de Hispanoamérica y de la figura de Miranda personalmente.

La primera obra publicada con la autoría atribuida a William Burke en Inglaterra fue el libro *History of the Campaign of 1805 in Germany, Italy, Tyrol, by William Burke, Late Army Surgon, London, Printed for James Ridgway, N° 170, Opposite Bond Street, Picadilly, 1806*,[31] relativo a las guerras que desarrollaron las potencias aliadas europeas contra Francia después de que Napoleón había ocupado casi toda Europa y amenazaba con invadir a Inglaterra.[32] Se trata de una detallada crónica política militar de las guerras napoleónicas de ese año y de las reacción de las grandes potencias Europeas contra Francia, con referencia particular a la Batalla de Trafalgar de octubre de 1805 entre la Flota combinada de Francia y España y la Armada británica, que podría fin a los intentos napoleónicos de invadir Inglaterra. En el Apéndice del libro se incluyen importantes documentos y tratados entre las potencias aliadas, así como diversas proclamas de Napoleón. En la portada del libro se identificaba a Burke como "Late Army Surgeon."

Méndez Reyes, "La familia Fagoaga y la Independencia," Ponencia al 49 Congreso Internacional de Americanistas, Quito 1997, publicado en http://www.naya.org.ar/congresos/contenido/49CAI/Reyes.htmen

30 James Mill, destacado filósofo e historiador escocés (1773-1836), padre a su vez de John Stuart Mill, fue un escritor prolífico, siendo sus obras más conocidas: *History of Bristish India* (1818), *Elements of Political Economy* (1821), *Essay on Government* (1828) y *Analysis of the Phenomena of the Human Mind* (1829). Como editorialista, antes de la publicación de esas obras, tocó todos los temas imaginables, y en muchas ocasiones se refirió a temas relativos a la independencia hispanoamericana, citando por ejemplo, documentos de Juan Pablo Viscardo y Guzmán. El estudio "Pensamientos de un inglés sobre el estado y crisis presente de los asuntos en Sudamérica, publicado en 1810 en *El Colombiano*, que fue el periódico que editó Miranda en Londres ese año, debió ser de Mill, lo que se evidencia de las referencias que en él se hacen a trabajos suyos sobre Hispanoamérica publicados años antes en la *Edimburgh Review* (enero y julio de 1809). Dicho trabajo fue además reproducido en la *Gazeta de Caracas* del 25 de enero de 1811, llevado a Venezuela, junto con tantos otros papeles por Miranda, en diciembre de 1810. Véase Mario Rodríguez, *"William Burke" and Francisco de Miranda. The Word and the Deed in Spanish America's Emancipation*, University Press of America, Lanham, New York, London 1994, pp. 267-268.

31 Véase las referencias en Joseph Sabin, *Bibliotheca Americana. A Dictionary of Books relating to America, from its Discovery to the Present Time* (continued by Wilberforce Eames, and completed by Robert William Glenroie Vail, New York, 1868-1976.

32 En este libro se identifica a Burke como antiguo médico militar. Véase la referencia en *Annual Review and History of Literature for 1086*, Arthur Aikin, Ed., Longman etc, Ridgway, London 1807, p. 162

Seguidamente también apareció publicada en Londres bajo la autoría del mismo William Burke, otra obra completamente distinta y sobre un tema que no tenía relación alguna con la anterior, titulada *South American Independence: or the Emancipation of South America, the Glory and Interest of England, by William Burke, the author of the Campaign of 1805,* F. Ridgway, London 1806. Lo cierto sin embargo, es que en la propia portada del libro se evidencia la intención de vincular al autor de este libro con la obra anterior, al indicarse que es el mismo autor del libro sobre la *Campaign of 1805,* es decir, el mismo "antiguo cirujano militar." Con ello, sin duda, se buscaba consolidar la construcción de un nombre en el mundo editorial, con una continuidad publicista, pero que en realidad no correspondía a persona alguna conocida en el Reino Unido en esa época.[33] La continuidad de la autoría atribuida a Burke se seguirá consolidando en obras posteriores hasta 1812, en ninguna de las cuales, sin embargo, se lo identifica como médico militar o ni como veterinario. En esta obra de 1806 sobre Sur América, que aparece en Londres mientras Miranda está comandando la expedición para invadir a Venezuela, sin embargo, se aprecia la clara intervención del mismo, sin duda conforme a los papeles que seguramente habría dejado listos antes de su viaje, concluyendo el libro con una solicitud de ayuda monetaria al gobierno británico "con cifras precisas que correspondían a los proyectos de Miranda."[34]

Después de la edición de este libro sobre la independencia hispanoamericana, ocurrieron dos acontecimientos importantes en las relaciones de Inglaterra con Hispanoamérica: en primer lugar, la expedición, desembarco y retirada del General Francisco de Miranda en 1806 en las costas de Coro en la provincia de Venezuela; y la expedición, desembarco y rendición del general John Whitelock, Comandante en Jefe de las fuerzas británicas en el Río de la

33 Sobre el William Burke que supuestamente escribió entre 1805 y 1810 no hay referencias biográficas algunas en el Reino Unido; por lo que puede decirse que no existió como persona, salvo en las carátulas de los libros que llevan el nombre. El William Burke conocido décadas anteriores (1729-1797) fue el autor, junto con su primo Edmund Burke (quien a su vez fue el autor del conocido libro *Reflections on the Revolution in France. And on the Proceeding in Certain Societies in London Relative to That Event in a Letter Intended to Have Been Sent to a Gentleman in Paris,* 1790) del libro: *An Account of the European Settlements in America, in six Parts,* Rand J. Dodsey, London 1760. Años después a los de la publicación de los libros del supuesto William Burke de comienzos del siglo XIX, el otro William Burke conocido fue un célebre criminal (1792-1829) quien junto con William Hare, ambos irlandeses, se dedicó a saquear tumbas y comerciar con cadáveres, por lo que fue juzgado y ahorcado en 1829. Su cadáver fue disecado ante 2000 estudiantes de medicina en la Universidad de Edimburgo, y su esqueleto puede aún verse en el Edinburgh University Museum. Véase la referencia en R Richardson, *Death, Dissection and the Destitute,* Routledge & Kegan Paul, London 1987, y en http://www.sciencemuseum.org.uk/broughttolife/people/burkehare.aspx

34 Véase Georges L. Bastin, "Francisco de Miranda, "precursor" de traducciones," en *Boletín de la Academia Nacional de Historia de Venezuela,* N° 354, Caracas 2006, pp. 167-197, y también en http://www.histal.umontreal.ca/pdfs/FranciscoMiranda Precursor-DeTraducciones.pdf

Plata, en Buenos Aires en 1807. Al análisis de estos dos importantes acontecimientos se dedicó otra obra, como complemento de la anterior, publicada también bajo el nombre del mismo William Burke, titulada: *Additional Reasons for our Immediately Emancipating Spanish America: deducted from the New and Extraordinary Circumstances of the Present Crisis: and containing valuable information respecting the Important Events, both at Buenos Ayres and Caraccas: as well as with respect to the Present Disposition and Views of the Spanish Americans: being intended to Supplement to "South American Independence," by William Burke, Author of that work,* F. Ridgway, London 1807.[35] Se destaca, de Nuevo, en esta obra, el lazo de unión que se continúa haciendo en cadena, entre el autor de esta obra y la anterior de 1806.

La primera parte de esta obra se destinó a analizar y criticar el último de los acontecimientos mencionados, es decir, la fracasada invasión británica a la ciudad de Buenos Aires en junio de 1807, con un ejército de cerca de 10.000 hombres, después de haber ocupado a Montevideo en abril de ese año. La resistencia de los bonaerenses fue definitiva, batiendo a las fuerzas británicas, de lo que resultó la capitulación en condiciones humillante para Whitelocke, ratificada en julio 1807, quedando obligado a evacuar en 48 horas la frontera meridional del río de la Plata, y a liberar la ciudad de Montevideo en los 2 meses subsiguientes, lo que efectivamente ocurrió el 1 de septiembre cuando Whitelocke abandonó el estuario junto con todo su ejército. Al llegar a Inglaterra en enero de 1808 a Inglaterra, fue sometido a un consejo de guerra que lo encontró culpable de todos los cargos que se le formularon, dándolo de baja y declarándolo "inepto e indigno de servir a S.M. en ninguna clase militar." Con esos hechos, como se dice en el libro, los Generales y Almirantes británicos quedaron convencidos que Sur América nunca sería británica."[36]

La segunda parte de la obra se destinó a analizar la expedición de Miranda el año anterior de 1806, quien con el conocimiento de las autoridades británicas y de los Estados Unidos, aún cuando sin su apoyo oficial, zarpó el 3 de febrero con uno grupo de hombres desde Nueva York, para invadir la provincia de Venezuela. Luego de tocar puerto en Haití, el 17 de febrero, donde el Emperador Jean Jacques Dessalines había sido recién asesinado y el líder Petion estaba en proceso de consolidar su poder, llegó a las islas de Curacao, Aruba y Bonaire, desde donde desembarcó en Puerto Cabello el 25 de abril,

---

35 En la "Second Edition Enlarged, Ridoway, London 1808," se le agregó al libro la "Letter to the Spanish Americans" de Juan Pablo Viscardo y Guzmán, que Miranda había publicado en Londres en francés, en 1799, y en español, en 1801, pp. 95-124.

36 Véase William Burke, *Additional Reasons for our Immediately Emancipating Spanish America: deducted from the New and Extraordinary Circumstances of the Present Crisis: and containing valuable information respecting the Important Events, both at Buenos Ayres and Caraccas: as well as with respect to the Present Disposition and Views of the Spanish Americans: being intended to Supplement to "South American Independence," By William Burke, Author of that work,* F. Ridgway, London 1808, p. 407.

fracasando en su empresa invasora. Luego de tocar puerto en Grenada el 27 de mayo, donde se entrevistó con el Almirante Alexander Cochrane, comandante de la flota británica en el Caribe, obteniendo su ayuda con barcos y suministros, llegó a Trinidad el 2 de junio, desde donde el 23 de julio zarpó hacia la Vela de Coro, donde desembarcó Miranda a comienzos de Agosto de 1806. La expedición tenía propósitos independentistas, pero no encontró eco en la población ya advertida por las autoridades coloniales, quedando los resultados de la expedición en las Proclamas escritas por Miranda en Trinidad y en Coro, en su carácter de "Comandante General del Ejército Colombiano, a los pueblos habitantes del Continente Américo–Colombiano."[37] Por el fracaso de la expedición, Miranda sacó sus tropas el 14 de agosto hacia Aruba. De esa empresa, además del relato del libro de Burke, se publicó en Nueva York un libro crítico: *The History of Don Francisco de Miranda's Attempt to Effect a revolution in South America in a Series of Letters*, Boston 1808, London 1809, probablemente escrito por uno de los norteamericanos participantes en la empresa.[38] De Aruba Miranda pasó a Trinidad en noviembre de 1806, y luego a Barbados donde se reunió con el Almirante Cochrane y el Coronel Gabriel de Rouvray, quien viajó a Londres como su representante personal, con toda la documentación de la expedición para buscar el apoyo británico para una nueva invasión, donde llegó en diciembre de 1806. El Conde de Rouvray, sin duda, antes de que llegara Miranda a Londres, entró en contacto con James Mill, y fue cuando William Burke pudo producir este libro *Additional Reasons*. Miranda permaneció en Barbados hasta comienzos de 1808, cuando regresó a Londres, no sin antes haberse reunido en Barbados con Rouvray, quedando en Londres James Mill como su representante.[39]

Se argüía finalmente en el libro *Additional Reasons* de Burke de 1807, que si Gran Bretaña le hubiese dado efectivo apoyo, la expedición de Miranda no hubiese fracasado, destinándose entonces la segunda mitad del texto a promocionar al General Miranda como la persona más indicada para llevar la tarea de independizar Hispanoamérica con el apoyo inglés. Para ello, se incluyó en el libro una sucinta biografía de Miranda, sin duda escrita por él mismo o bajo su inmediata dirección, donde se resume su vida desde su nacimiento en Caracas en 1754 (1750), y que completándose con datos adicionales, permite describirla desde su viaje a España a los 17 años "rechazando el fanatismo y opresiones" que privaban en la Provincia; su incorporación a un Regimiento militar de la Corona española en Cádiz, época en la cual conoció a John Turnbull (1776), quien luego sería uno de sus importantes apoyos financieros futuros; sus actuaciones militares en el Norte de África y en Norte América, en la toma de Pensacola y las Bahamas (1781); su decisión de

37 Véase Francisco de Miranda, *Textos sobre la Independencia,* Academia Nacional de la Historia, Caracas 1959, pp. 93-99.

38 Véase Mario Rodríguez, *"William Burke" and Francisco de Miranda. The Word and the Deed in Spanish America's Emancipation*, University Press of America, Lanham, New York, London 1994, p. 108.

39 *Idem*, p. 153.

viajar y acrecentar conocimientos, lo que lo llevó a Norte América (1783–1784) donde se relacionó con los líderes de la Revolución Norteamericana (Washington, Hamilton, entre otros) con quienes discutió ya sus planes de liberación de "Colombia;" y a Londres (1785), donde conoció al Coronel William Steuben Smith, quien había sido Ayuda de Campo de George Washington, y con quien inició su viaje de observación militar hacia Prusia (1785). Publicaciones en Londres sobre Miranda, alertaron a las autoridades españolas de su presencia en Europa, lo que le impidió regresar a Londres de inmediato, recibiendo noticias del peligro de ser secuestrado. Viajó entonces Miranda a Sajonia, Austria, Italia, Egipto, Trieste, Constantinopla, el Mar Negro y Crimea (1786), donde, después de conocer al Príncipe Gregory Potemkin de Rusia, viajó con él a Kiev como huésped del gobierno ruso, donde fue recibido por la Emperatriz Caterina de Rusia, de quien recibió apoyo efectivo a sus proyectos. Con pasaporte Ruso, Petersburgo fue a Suecia, Noruega y Dinamarca, donde de nuevo supo de las intenciones del gobierno español de detenerlo en Estocolmo. Pasó luego a los Países Bajos y Suiza desde donde vía Paris y Marsella, donde llegó usando otro nombre (M. de Meroff), regresó a Inglaterra en la víspera de la Revolución, en junio de 1789, esperando encontrar apoyo a sus proyectos de independizar Hispanoamérica. Allí se entrevistó con el primer Ministro William Pitt (1790), no encontrando los apoyos que esperaba. Ello lo llevó a viajar a Paris, con las mismas ideas, con la intención de ir a Rusia (1792). En París la Revolución ya se había instalado, de manera que la invasión de la Champaña por las fuerzas prusianas, lo llevaron a aceptar un puesto de comando militar en las fuerzas francesas bajo las órdenes del General Charles Dumouriez, con el rango de Mariscal de Campo (1792). Por sus ejecutorias militares fue nombrado Comandante en Jefe del Ejército del Norte. El desastre militar de Neerwinden, que obligó al ejército francés a evacuar los Países Bajos, resultando en acusaciones contra Dumouriez de querer reinstaurar la Monarquía, originó un proceso contra éste, quien quiso involucrar a Miranda en sus actuaciones. Este, a pesar de que pudo salir inocente del proceso que se desarrolló en su contra ante el Tribunal Revolucionario de Paris, regresó a Londres donde el entonces Primer Ministro William Pitt (1798), comenzó a atender sus planes sobre la independencia de Hispanoamérica.

Hasta aquí llegan las referencias a la corta biografía de Miranda contenida en el libro,[40] a las que habría que agregar su retorno a Francia entre 1800 y 1801, donde de nuevo estuvo preso, y su regreso a Londres donde se encerró a estudiar los Clásicos y a concebir su expedición libertaria hacia Venezuela, con el apoyo inglés, pero comandada por americanos y no por los británicos, con lo que Estados Unidos estaba de acuerdo. De allí si viaje a Nueva York en noviembre de 1805, donde su amigo William Steuben Smith lo ayudó a montar la expedición, y donde el Presidente Thomas Jefferson y el secretario de Estado James Madison fueron debidamente informados.

---

40 Véase William Burke, *Additional Reasons for our Immediately Emancipating Spanish America:...., cit.*, pp. 64-74.

En el libro *Additional Reasons,* luego de la breve biografía de Miranda, se pasa de seguidas a formular una defensa del Precursor ante las calumnias que se habían difundido contra él respecto de sus intenciones en la expedición a Venezuela, calificándose a Miranda como el "Washington de Sur América," para luego formular la propuesta de que el General Miranda fuera inmediatamente ayudado por una fuerza militar de seis a ocho mil hombres para lograr la independencia de su propio país, Caracas, y desde allí del resto de Hispanoamérica. Miranda, se argumentaba, podía lograr en esa forma lo que ningún ejército británico podría pretender directamente, pues sería rechazado tal como había precisamente ocurrido en Buenos Aires. La empresa de la independencia de Hispanoamérica, en la forma que se planteaba, se decía en el libro, no debía demorarse ni un día más.

La concepción de estos libros de Burke sobre la independencia de Hispanoamérica y la promoción que en ellos se hacía del General Miranda, e incluso, tomando en cuenta el relativo a las guerras napoleónicas de 1805 donde se identifica a su autor como un antiguo médico militar que habría participado en las mismas, dada la ausencia, como hemos dicho, de toda referencia sobre una persona alguna con ese nombre en la Inglaterra de comienzos del Siglo XIX, permiten pensar que los mismos fueron libros de "orden colaborativo,"[41] publicados en realidad con la participación de Francisco de Miranda y de sus amigos londinenses, entre ellos, por supuesto, James Mill, la principal pluma detrás del mismo, para promover el proceso de independencia de Hispanoamérica y exigir una acción rápida de parte de Inglaterra.[42] Ello es lo que ha llevado a confirmar, como hemos dicho, que "William Burke" solo fuera un seudónimo utilizado para publicar en Londres trabajos relativos a la inde-

41 Véase Eugenia Roldán Vera, *The British Book Trade and Spanish American Independence. Education and Knowledge Transmission in Transcontinental Perspective,* Ashgate Publishing, London 2003, p. 47.

42 Por ejemplo, Georges Bastin, en su trabajo "Francisco de Miranda, 'precursor' de traducciones," explica que es muy clara la intervención de Miranda en la publicación del libro de Burke: *South American Independence: or the Emancipation of South America, the Glory and Interest of England,* de 1807, diciendo además de que –como antes indicamos– en este documento "en su última parte solicita al gobierno una ayuda monetaria con cifras precisas que correspondían a los proyectos de Miranda," que "En 1808, Miranda de nuevo prepara buena parte del otro libro de Burke titulado *Additional Reasons for our immediately emancipating Spanish America...* del que se hacen dos ediciones en Londres. En la segunda edición ampliada, como se dijo, Miranda incluye su traducción al inglés de la *Lettre aux Espagnols Américains* de Viscardo y Guzmán así como cinco documentos con el título "Cartas y Proclamas del General Miranda". Luego, colaborando Miranda y Mill, siguieron como William Burke, escribiendo artículos en el *Annual Register* y en *The Edinburgh Review.*" En particular, en enero de 1809, James Mill con la colaboración de Miranda publica un artículo sobre la "Emancipation of Spanish America," en *Edinburgh Review,* 1809, N° 13, pp. 277-311. Véase Georges Bastin, "Francisco de Miranda, 'precursor' de traducciones," en *Boletín de la Academia Nacional de Historia de Venezuela,* N° 354, Caracas 2006, pp. 167-197; y también en http://www.histal.umontreal.ca/pdfs/FranciscoMirandaPrecursorDeTraducciones.pdf

pendencia Hispanoamericana,[43] seudónimo que "viajaría" igualmente a Caracas en las valijas de Miranda para seguir siendo usado para publicar trabajos de Mill sobre las bondades de la experiencia del gobierno y Constitución de los Estados Unidos, así como trabajos de Miranda y de Juan Germán Roscio.[44]

Lo cierto, en todo caso, es que bajo el nombre de William Burke, sobre todo después que Miranda viajó a Caracas, se comenzaron a publicar en la *Gazeta de Caracas,* entre noviembre de 1810 y marzo de 1812, editoriales y artículos varios con el título de "Derechos de la América del Sur y México," algunos de los cuales, incluso, originaron importantes polémicas como por ejemplo sobre la tolerancia religiosa en España,[45] y que fueron traducidos al castellano algunos y otros más bien escritos por Miranda, por James Mill y por Juan Germán Roscio. Setenta de esos escritos fueron recopilados en un libro publicado en Caracas en 1812, con el mismo título *Derechos de la América del Sur y México, por William Burke, autor de "La Independencia del Sur de América, la gloria e interés de Inglaterra,"* Caracas, *en la imprenta de Gallager y Lamb, impresores del Supremo Gobierno, 1811.*[46]

---

43 Mario Rodríguez es quien ha estudiado más precisa y exhaustivamente a "William Burke" como el seudónimo bajo el cual James Mill habría escrito varios artículos sobre Hispanoamérica. Véase Mario Rodríguez, *"William Burke" and Francisco de Miranda: The World and Deed in Spanish America's Emancipation,* University Press of America, Lanham, New York, London 1994, pp. 123 ss.; 510 ss.. Véase igualmente Ivan Jasksic, *Andrés Bello. La pasión por el orden,* Editorial Universitaria, Imagen de Chile, Santiago de Chile 2001, p. 96, p. 133.

44 No es de extrañar que Augusto Mijares diga que las recomendaciones de Burke "recuerdan inmediatamente algunos de los proyectos de Miranda, cuya terminología sigue a veces Burke." Véase Augusto Mijares, "Estudio Preliminar," William Burke, *Derechos de la América del Sur y México,* Vol. 1, Academia de la Historia, Caracas 1959, p. 21. Por otra parte, en la carta de Roscio a Bello de 9 de junio de 1811, se acusa a Miranda de haber disculpado Burke ante el Arzobispo, en la polémica sobre el trema religioso, afirmando que el escrito en concreto que la había originado, había sido de la autoría de "Ustáriz, Tovar y Roscio," *Idem,* p. 26.

45 Véase el texto del escrito de Burke en la *Gaceta de Caracas* N° 20, de 19 de febrero de 1811, en Pedro Grases (Compilador), *Pensamiento Político de la Emancipación Venezolana,* Biblioteca Ayacucho, Caracas 1988, pp. 90 ss. Debe mencionarse, por otra parte, que John Mill se había ocupado específicamente del tema de la tolerancia religiosa entre 1807 y 1809, en colaboración con Jeremy Bentham.

46 Véase en la edición de la Academia de la Historia, William Burke, *Derechos de la América del Sur y México,* 2 vols., Caracas 1959. Quizás por ello, José M. Portillo Valdés, señaló que "William Burke" más bien habría sido, al menos por los escritos publicados en Caracas, una "pluma colectiva" usada por James Mill, Francisco de Miranda y Juan Germán Roscio. Véase José M. Portillo Valdés, *Crisis Atlántica: Autonomía e Independencia en la crisis de la Monarquía Española,* Marcial Pons 2006, p 272, nota 60. En contra véase Karen Racine, *Francisco de Miranda: A Transatlantic Life in the Age of Revolution,* SRBooks, Wilmington, 2003, p. 318.

En este último libro, donde se encuentra la misma vinculación del autor con el del libro anterior, en todo caso, se pueden encontrar las mismas raíces del movimiento editorial iniciado en 1799 en Londres con la participación de Miranda, y de los escritos de James Mill, enriquecidos, al pasar el Atlántico, con las ideas y propuestas de los ideólogos venezolanos de la independencia, en particular de Juan Germán Roscio. En algunas de las entregas de Burke en la *Gaceta de Caracas* que se publican en esta obra, incluso se disiente de las opiniones del mismo Miranda. Sólo la leyenda histórica cuenta que supuestamente Burke, "publicista irlandés," "amigo" de Miranda, habría viajado de Londres a Nueva York y luego a Caracas a finales de 1810, "posiblemente animado por patriotas residentes en Londres;"[47] que durante su estadía en Caracas habría participado como uno de los "agitadores importantes del momento"[48] junto con los otros patriotas, en el proceso de independencia; y que incluso, por haber disentido con Miranda, este "le impidió salir del país, aunque al parecer llevaba pliegos del Gobierno para los Estados Unidos del Norte."[49] Debe señalarse, en todo caso, que los datos sobre el "choque entre Miranda y Burke" donde fueron detallados contemporáneamente fue en la carta que el 9 de junio de 1811, Juan Germán Roscio dirigió a Andrés Bello quien estaba en Londres, donde expuso toda su inquina contra el Precursor. Sin duda, si en ese año crucial Roscio estaba en contra de las posiciones de Miranda, también tenía que estar "Burke," pues era el nombre con el cual Roscio, como Editor de la *Gaceta de Caracas*, también escribía en la misma, a veces traduciendo los trabajos de Mill, a veces directamente. La leyenda histórica cuenta, en todo caso, que al final de la República, Burke habría supuestamente escapado hacia Curazao en julio de 1812, y que habría fallecido a fines de ese mismo año en Jamaica.

Pero antes de que William Burke hiciera acto de presencia en Caracas de la mano de Miranda donde este llegó el 10 de diciembre de 1810, con todos los antecedentes editoriales que tenía en Londres, fue él quien recibió en Londres cinco meses antes, en Julio de ese mismo año a los miembros de la Delegación Oficial que había sido enviada por el nuevo Gobierno de la Provincia de Venezuela que conformaba la Junta Conservadora de los Derechos de Fernando VII formada el 19 de abril del mismo año 1810, introduciéndolos en su importante circulo de influencias inglesas, españolas e hispanoamericanas. La Delegación tenía la delicada misión de buscar la intervención del gobierno británico a los efectos de procurar evitar la ruptura total del gobierno español con las provincias venezolanas que el proceso de independencia

---

47 Véase la "Nota de la Comisión Editora," William Burke, *Derechos de la América del Sur y México,* Vol. 1, Academia de la Historia, Caracas 1959, p. xi.

48 Véase Elías Pino Iturrieta, *Simón Bolívar,* Colección Biografías de El Nacional N° 100, Editora El Nacional, Caracas, 2009, p. 34.

49 Véase las referencias en Augusto Mijares, "Estudio Preliminar," William Burke, *Derechos de la América del Sur y México,* Vol. 1, Academia de la Historia, Caracas 1959, pp. 25, 3.

estaba a punto de provocar, y a la vez, a los efectos de buscar protección de las provincias frente a Francia.

Los Miembros de tal Delegación eran nada menos que Simón Bolívar, quien luego sería a partir de 1813 el líder indiscutido de la independencia y liberación de Hispano América; Luis López Méndez, destacado patriota venezolano, y Andrés Bello, quien fungía como secretario de la Delegación, y quien años después sería el más destacado intelectual de Hispano América o como lo llamo Pedro Grases, "el primer humanista de América."[50] Miranda los introdujo ante las autoridades británicas y fue el vehículo para ponerlos en contacto con la comunidad de intelectuales y políticos británicos, entre ellos James Mill y Jeremy Bertham, y los Hispanos y Americanos que desde Gran Bretaña disentían del proceso de Cádiz, y apoyaban la revolución Hispanoamericana, como José María Blanco y Crespo, mejor conocido como Blanco–White, y habían conformado un importante círculo editorial para difundir sus ideas.

En esos mismos días en los que los visitantes venezolanos estaban aclimatándose a la vida londinense, en septiembre de 1810, incluso, en la misma línea de los libros de William Burke, aparecería publicado otro importante libro, esta vez con el apoyo financiero de la familia Fagoaga de México, y editado por José María Antepara, titulado *South American Emancipation. Documents, Historical and Explanatory Showing the Designs which have been in Progress and the Exertions made by General Miranda for the South American Emancipation, during the last twenty five years,* R. Juigné, London 1810.[51] El libro es una recopilación de documentos, la mayoría de Miranda o sobre Miranda y todos provenientes del Archivo del Miranda, incluyendo la *Carta* de Viscardo y Guzmán, y el artículo de James Mill sobre la "Emancipación de Sur América"[52] que era un comentario y glosa sobre dicha *Carta*. Todos los documentos fueron suministrados, sin duda, por el mismo Miranda para su edición, en la cual debió colaborar el mismo Mill, con un prólogo de Jesús María Antepara fechado el 1° de septiembre de 1810. Se trató, por tanto, de la última actividad editorial londinense de Miranda, cuyo producto, incluso, es posible que nunca hubiera llegado a tener en sus manos al salir de la imprenta, pues al mes siguiente, en octubre de 1810, viajaría hacia Venezuela.

50 Véase Pedro Grases, *Andrés Bello: El primer Humanista de América*, Ediciones El Tridente, Buenos Aires 1946; *Escritos Selectos*, Biblioteca Ayacucho, Caracas 1988, p. 119.

51 Véase la primera edición en español en el libro: José María Antepara, *Miranda y la emancipación suramericana, Documentos, históricos y explicativos, que muestran los proyectos que están en curso y los esfuerzos hechos por el general Miranda durante los últimos veinticinco años para la consecución de este objetivo* (Carmen Bohórquez, Prólogo; Amelia Hernández y Andrés Cardinale, Traducción y Notas), Biblioteca Ayacucho, Caracas 2009.

52 Véase James Mill, "Emancipation of Spanish America," en *Edinburgh Review*, 1809, N° 13, pp. 277-311.

El objetivo de esta obra, de nuevo, era tratar de presionar al Gobierno británico, persuadiendo a la opinión pública sobre la necesidad de apoyar a Francisco de Miranda en el proceso de liberación de Hispanoamérica, y sobre el gran potencial que ello significaba para la prosperidad inglesa a largo plazo. Posiblemente Miranda, para esta empresa editorial, habría obtenido financiamiento importante de los Fagoaga, consintiendo que apareciera el nombre de José María Antepara como editor, y que éste hiciese el prólogo al libro.[53]

Fue, por tanto, en ese efervescente entorno hispanoamericano británico en el cual se movió la delegación venezolana en Londres, donde Bolívar sólo permaneció unos meses, regresando a Venezuela en diciembre del mismo año 1810. Miranda, por su parte, también salió de Londres en octubre de 1810 llegando a Caracas, igualmente, en diciembre del mismo año, después de haber permanecido treinta años fuera de Venezuela. Una vez en Caracas, Miranda participó activamente en el proceso de independencia, como miembro de la Junta Patriótica y diputado por el Pao al Congreso General de 1811.

La vuelta de los viajeros a Caracas, en todo caso, coincidió con un momento crucial en la historia de Hispanoamérica, cuando la rebelión de Caracas ya estaba siendo fuertemente repelida por las autoridades españolas, por más precarias que estas fueran, dada la situación de desbandada provocada por la invasión napoleónica. Debe recordarse que entando Bolívar, López Méndez y Bello ya en Londres, en agosto de 1810, el Consejo de Regencia, que había sido recién creado por la Junta Central al convocar las Cortes Generales, había decretado el bloqueo de las costas de Venezuela. En enero de 1811, al mes de regresar Bolívar y Miranda a Caracas, el mismo Consejo de Regencia había designado a Antonio Ignacio de Cortavarría como Comisionado Real para "pacificar" a los venezolanos, quien tuvo a su cargo la organización de la invasión de Venezuela desde el cuartel general colonial que se había ubicado en la isla de Puerto Rico. Conforme a ello, como se dijo, al año siguiente, en febrero de 1812, el designado Comandante General de los Ejércitos de la Corona, Domingo de Monteverde, desembarcaría en Coro, en las mismas costas donde seis años antes habría desembarcado brevemente Francisco de Miranda (1806).

Con Caracas devastada por el terremoto de 24 de marzo de 1812, Monteverde venció al ejercito republicano comandado por Francisco de Miranda, a quien el Congreso General había delegado en abril de 1812 la totalidad de los poderes del Estado. Miranda sin duda era un militar experimentado, quien como se dijo había sido Comandante en Jefe del Ejército del Norte de la República Francesa, participando en las guerras napoleónicas (1792–1799). También había participado, al servicio de la Armada española, en el sitio de Pensacola, en América del Norte, en 1781, y en 1782, en la expedición naval que intentó conquistar las Bahamas británica, lo que provocó su ascenso a Teniente Coronel y Ayudante de Campo de Juan Manuel Cajigal, nombrado

---

53 Véase Salvador Méndez Reyes, "La familia Fagoaga y la Independencia," Ponencia al 49 Congreso Internacional de Americanistas, Quito 1997, publicado en http://www.naya.org.ar/congresos/contenido/49CAI/Reyes.htmen.

también Gobernador de Cuba y quien había sido Coronel en el regimiento de Cádiz donde Miranda inició su vida militar. Ambos fueron acusados por participar en alguna conspiración relativa a intereses de Jamaica, y aunque fueron exonerados en 1977, pues Cajigal había ido a pelear su caso en España, Miranda había optado por escapar de Cuba hacia los Estados Unidos donde permaneció entre 1783 y 1784. Sin duda, Miranda, formado militarmente en Europa, creía en el honor del Código militar, de manera que confiando en el mismo, vencidos los ejércitos republicanos, el 25 de julio de 1812 firmó el Armisticio con Monteverde. Desafortunadamente para la libertad, para su vida, y la historia de la independencia de Hispanoamérica, Monteverde ignoró y violó el Armisticio, y asumiendo, como se ha dicho, la "ley de la conquista" como la única ley a ser aplicada, encarceló y envió a prisión a Cádiz a muchos de los líderes de la república, incluyendo Miranda, quien falleció años después en la prisión de La Carraca. Monteverde los consideró a todos ellos como los "monstruos" "origen y raíz primitiva de todos los males de América." De la persecución, Bolívar logró escapar a Cartagena, en la Nueva Granada desde donde escribió en 1813, como antes se dijo, su famoso Manifiesto de Cartagena, organizando un Ejercito con el cual invadió Venezuela, iniciando la más sangrienta de las guerras de independencia de toda América Hispana, las cuales concluyeron con la restauración de la República en diciembre de 1819, y la definitiva derrota de los ejércitos realista en la Batalla de Carabobo en 1821.

Por consiguiente, como antes se dijo, para el momento en el cual comenzaron a circular las copias del libro *Interesting Official Documents*, el gobierno de la Confederación de las Provincias Unidas de Venezuela había desaparecido, sus dependencias y archivos habían sido saqueados, sus territorios habían sido ocupados por los ejércitos españoles, y sus líderes habían sido encarcelados o exilados, iniciándose un largo período de guerra que duró una larga década. De todo ello, sin embargo, quedaba el libro, como publicación oficial que había sido ordenada por aquél gobierno a los efectos de explicar en inglés y en Europa, las causas de la independencia. Por ello, las *Observaciones Preliminares* que lo preceden aparecieron sin indicación de su autor. En todo caso, a pesar de que el proceso de independencia que el libro explicaba y justificaba hubiese sido interrumpido por la guerra, su importancia fue sin duda singular, al punto de que su contenido de inmediato fue objeto de citas y comentarios.[54]

Sobre el proceso de edición de la obra, sin duda, hay que pensar que Andrés Bello habría tenido el papel principal, pues para cuando esos documentos llegan a Londres a comienzos de 1812 (donde estaba el texto de la Constitución de 21 de diciembre de 1811), Miranda ya tenía dos años en

---

54 Véase por ejemplo, la cita al "Manifiesto de Venezuela" en José Guerra (seudónimo de Fray Servando Teresa de Mier), *Historia de la revolución de Nueva España o antiguamente Anahuac o Verdadero origen y causas con la relación de sus progresos hasta el presenta año 1813*, Guillermo Glindon, Londres 1813, Vol. II, p. 241, nota. Véase la cita en Carlos Pi Sunyer. *Patriotas Americanos en Londres (Miranda, Bello y otras figuras)*, (Ed. y prólogo de Pedro Grases), Monteávila Editores, Caracas 1978, p. 218.

Caracas. Recuérdese por otra parte, que Bello había sido redactor de la *Gaceta de Caracas* desde 1808 a 1810, habiendo sido la primera publicación periódica a raíz de la introducción de la imprenta en Venezuela en 1808, en forma por demás, más que tardía.[55] Bello, por otra parte, había sido Oficial Mayor de la Capitanía General de Venezuela, y en los meses antes de su viaje a Londres, había sido colaborador de la Secretaria de Relaciones Exteriores de la *Junta Suprema* que estaba a cargo de Juan Germán Roscio. Además, antes de su viaje a Londres, ya Bello contaba con una obra publicada en Caracas, en el mismo año 1808, que fue su conocido *Resumen de la Historia de Venezuela.*

Bello tenía, por tanto, la formación necesaria para ocuparse de la edición de tan importante testimonio. A la partida de Miranda y Bolívar, Bello se había quedado instalado en Londres en la propia casa de Miranda, en su condición de Secretario de la Delegación venezolana ante el gobierno británico, posición que le permitió entrar en contacto y establecer relaciones con la comunidad de habla hispana londinense. Sin duda, por todo ello, fue el relevo de Miranda en las empresas editoriales en Londres, habiendo revisado la edición y quizás corregido la traducción al inglés de los documentos del libro, a pesar de que su segunda lengua, al llegar a Londres en julio de 1810, era el francés. Entre los miembros prominentes de la comunidad hispana y americana en Londres estaba, por ejemplo, José María Blanco–White, distinguido exilado español disidente del proceso de Cádiz, editor del periódico *El Español,* que publicaba el Librero francés Durlau.[56] Se trataba de uno de los primeros europeos en haber defendido el proceso de independencia de Hispanoamérica,[57] por lo que estando vinculado al mundo editorial londinense, sin duda, fue el vehículo a través del cual Bello, quien había permanecido en estrecho contacto epistolar con Roscio, tuviera a su cargo el cuidado de la

---

55 En el Taller de Mateo Gallagher y Jaime Lamb, habiendo sido la primera publicación, la *Gaceta de Caracas* el 24 de octubre de 1808. La imprenta la había llevado a América Francisco de Miranda en su expedición de 1806, habiéndola dejado en Trinidad cuando decidió retirarse de las costas de Venezuela. La imprenta la compró Mateo Gallagher, quien era el editor del *Trinidad Weekly Courant,* y con su socio Jaime Lamb, ambos ingleses, la llevaron a Caracas en 1808, junto con Francisco González de Linares, por encargo del Capitán General Juan de Casas. La Real Hacienda concedió un préstamo con hipoteca para el funcionamiento de la imprenta, siendo la Gobernación su principal cliente. En ella, como se dijo, se editó la *Gaceta de Caracas,* cuyo redactor era Andrés bello, funcionario de la Gobernación y Capitanía General. Véase "Introducción de la imprenta en Venezuela," en Pedro Grases, *Escritos Selectos,* Biblioteca Ayacucho, Caracas 1988, pp. 97 ss.

56 Véase *The Life of the Reverend Joseph Blanco White, written by himself with portions of his correspondence,* John Hamilton Thom, London 1845 (Sevilla 1988), p. 228.

57 El Acta de la Independencia fue publicada en *El Español,* N° XVI, Londres 30 de octubre de 1811, p. 44. Por ello, entre otras razones, el Consejo de Regencia prohibió su circulación en América.

edición del libro,[58] por el mismo librero francés Durlau, con sede en Soho Square de Londres.

El libro londinense, como se ha dicho, contenía todos los documentos que fundamentaron el primer movimiento independentista de América Hispana desarrollado en las Provincias de Venezuela en los mismos meses y años en los que se desarrolló el proceso constituyente de Cádiz, en los que se explicaban las razones de la independencia, las cuales se pueden agrupar conforme a las siguientes líneas de argumentación:

Primero, mediante la explicación de la situación general de América en relación con España, "condenada por más de tres siglos a no tener otra existencia que la de servir a aumentar la preponderancia política de España" (M);

Segundo, con la precisión de cómo, entre las causas que en forma inmediata originaron la independencia de Venezuela, estuvo la crisis política de la Corona española desde los hechos de El Escorial en 1807, con la traición de Fernando a su padre Carlos IV, materializada en los sucesos de Aranjuez de 1808, hasta los de Bayona en 1811, con la abdicación de la Corona española en el Emperador de los franceses, y el traslado de la misma a su hermano, como rey de España y las Américas;

Tercero, con la explicación de cómo el proceso de independencia se gestó durante tres años, desde 1808, cuando en la Provincia de Venezuela, al conocerse las noticias de los sucesos de Aranjuez y de Bayona, se quiso establecer una Junta Suprema para la conservación de los derechos de Fernando VII, a la usanza de las que proliferaron en la Península, lo cual fue rechazado por las autoridades coloniales, hasta que se declaró la independencia en 1811;

Cuarto, mediante la explicación de la miopía de la Regencia, primero en la reacción tardía y mal concebida respecto del reconocimiento de la existencia política de América en el marco de la Monarquía española, y luego, en declararle la guerra a la Provincia de Venezuela, lo cual fue secundado por las Cortes de Cádiz y ejecutado a través de autoridades para la "pacificación" establecidas en Puerto Rico;

Quinto, con la explicación, igualmente, de la miopía de las Cortes de Cádiz en haber continuado con el estado de guerra y el bloqueo contra las Provincias de Venezuela, lo que originó una situación particular en Venezuela, que disiente del resto de los países de América Latina, y que fue que al haber concebido ya su propia Constitución en 1811 conforme a todos los principios liberales imaginados y siguiendo los moldes del constitucionalismo norteamericano y francés del siglo XVIII, la reacción de las provincias fue contra las propias Cortes de Cádiz y la Constitución de 1812, que se quiso imponer militarmente, pero para no cumplirse;

Sexto, con la explicación de la justificación que existía y que podían haberse esgrimido para desconocer el Juramento que se había prestado el 19 de abril de 1810 para la conservación de los derechos de Fernando VI, consi-

---

58 Esta es la misma apreciación de Carlos Pi Sunyer, *Patriotas Americanos en Londres. Miranda, Bello y otras figuras*, Monteavila Editores, Caracas 1978, pp. 217-218.

derado "Rey presuntivo, inhábil para reinar" (M), cuando debió declararse la independencia.

Séptimo, con el cuestionamiento de raíz de la supuesta pertenencia de América al territorio español.

Y finalmente *octavo*, mediante la explicación del significado del derecho de insurrección de los pueblos ante gobiernos tiránicos como base del proceso de independencia de Venezuela.

Estas páginas están destinadas a comentar, con base a lo expresado en los documentos contenidos en el libro *Interesting Official Documents Relating to the United Provinces of Venezuela*, sobre estos aspectos.

II. LAS REFERENCIAS A LA SITUACIÓN GENERAL DE HISPANO AMÉRICA EN RELACIÓN CON ESPAÑA Y LA AUSENCIA DE REFORMAS

En el *Acta de la Independencia* se aclaró expresamente que sus redactores no querían empezar "alegando los derechos que tiene todo país conquistado, para recuperar su estado de propiedad e independencia, y procedieron a olvidar "la larga serie de males, agravios y privaciones que el derecho funesto de conquista" había causado "indistintamente a todos los descendientes de los descubridores, conquistadores y pobladores de estos países," por lo que "corriendo un velo sobre los trescientos años de dominación española en América," procedieron a presentar los hechos "auténticos y notorios que han debido desprender y han desprendido de derecho a un mundo de otro, en el trastorno, desorden y conquista que tiene ya disuelta la nación española" (AI).

Fue el *Manifiesto* de 1811, por tanto, el que sí se refirió abundantemente a esa situación general de América en relación con España, comenzando por destacar que había sido el "instinto de la propia seguridad" el que al fin había dictado a los americanos "que había llegado el momento de obrar, para coger el fruto de trescientos años de inacción y de paciencia;" considerando que si bien "el descubrimiento del Nuevo Mundo" había sido "uno de los acontecimientos más interesantes a la especie humana," no iba a ser "menos la regeneración de este mismo mundo degradado desde entonces por la opresión y la servidumbre," de manera que "levantándose del polvo y las cadenas," la revolución de América iba a ser la "más útil al género humano"…"cuando, constituida y gobernada por sí misma, abra los brazos para recibir a los pueblos de Europa,"…"como amigos, y no como tiranos: como menesterosos, y no como señores; no para destruir, sino para edificar; no como tigres, sino como hombres." (M).

"Escrito estaba," se explicó en el *Manifiesto*, "que no debía gemir la mitad de la especie humana bajo la tiranía de la otra mitad," constatándose sin embargo que lo que había ocurrido en Europa y en América durante esos trescientos años, mostraba que "todo, todo aceleraba los progresos del mal en un mundo, y los progresos del bien en el otro." Se destacó, por ejemplo, "la injusticia" de la "dependencia y degradación" de América "cuando todas las naciones han mirado como un insulto a la equidad política, el que la España despoblada, corrompida y sumergida en la inacción y la pereza por un gobierno despótico, tuviese usurpados exclusivamente a la industria y actividad del continente los preciosos e incalculables recursos de un mundo constituido en el feudo y monopolio de una pequeña porción del otro" (M). América, por ello, era una alternativa para la España agobiada por el desgobierno, y era una "ventajosa alternativa que la América esclava presentaba a través del océano a su señora la España, cuando agobiada por el peso de todos los males y minada por todos los principios destructores de las sociedades, le pedía que la quitase las cadenas para poder volar a su socorro." No fueron sin embargo atendidos los clamores de la América, y en particular de Venezuela, como se afirmó en el *Manifiesto*, habiendo sido Venezuela "la primera" que había jurado "a la España los auxilios generosos que ella creía homenaje necesario;" "que había conocido "los desórdenes que amenazaban la destrucción de la España;" que había proveído "a su propia conservación, sin romper los vínculos que la ligaban con ella; "que sintió los efectos de su ambiciosa ingratitud;" y que había sido "hostilizada por sus hermanos." De allí se concluyó en el *Manifiesto* que Venezuela entonces iba "a ser la primera" que iba a recobrar "su independencia y dignidad civil en el Nuevo Mundo" (M).

"Para justificar esta medida de necesidad y de justicia," fue precisamente que se elaboró el *Manifiesto* para "presentar al Universo las razones" de la independencia, y llamar la atención de que "los intereses de Europa no pueden estar en contraposición con la libertad de la cuarta parte del mundo que se descubre ahora a la felicidad de las otras tres;" y de que "sólo una Península Meridional puede oponer los intereses de su gobierno a los de su nación para amotinar el antiguo hemisferio contra el nuevo, ya que se ve en la impotencia de oprimirlo por más tiempo." La conducta represiva de España frente a Venezuela, se consideraba en el *Manifiesto* suficiente para justificar "no sólo nuestra independencia, sino hasta la declaración de una enemistad irreconciliable con los que, directa o indirectamente, hubiesen contribuido al desnaturalizado sistema adoptado contra nosotros;" conscientes sus redactores de que "no podemos salir de la condición de siervos, sin pasar por la calumniosa nota de ingratos, rebeldes y desagradecidos" (M).

III. LA CRISIS POLÍTICA DE LA CORONA ESPAÑOLA A PARTIR DE 1808 Y LA REVOLUCIÓN DE CARACAS

La razón principal que como detonante originó el proceso de independencia en las provincias de Venezuela fue, sin duda, la crisis política de la Corona Española, tal como se da cuenta explicativa en los documentos publicados en el libro londinense de 1812. Así, por ejemplo, en el *Acta de la Independencia* se declara, que ella fue producto de la "plena y absoluta posesión" de los derechos de "las provincias unidas de Caracas, Cumaná, Barinas, Margarita, Barcelona, Mérida y Trujillo, que forman la Confederación Americana de Venezuela en el Continente Meridional, reunidos en Congreso," que recobraron:

> "justa y legítimamente desde el 19 de abril de 1810, en consecuencia de la jornada de Bayona y la ocupación del Trono español por la con-

quista y sucesión de otra nueva dinastía constituida sin nuestro consentimiento."

Y en la misma *Acta de la Independencia* se afirmó que:

"Las cesiones y abdicaciones de Bayona; las jornadas de El Escorial y de Aranjuez, y las órdenes del lugarteniente Duque de Berg, a la América, debieron poner en uso los derechos que hasta entonces habían sacrificado los americanos a la unidad e integridad de la nación española."

Por tanto, la historia política de Venezuela como nación independiente,[59] al igual que en general, la historia política de la América Hispana independiente efectivamente comenzó hace doscientos años, el 19 de abril de 1810, cuando el Cabildo de Caracas se transformó en la *Suprema Junta Conservadora de los Derechos de Fernando VII en las Provincias de Venezuela*, desconociendo la autoridad del Consejo de Regencia, aun cuando reconociendo la autoridad del Rey entonces depuesto, y en todo caso asumiendo el gobierno de la Provincia.[60] Esto ocurría sólo seis meses después de que se hubiera dictado el reglamento para la elección de los constituyentes de las Cortes de Cádiz (6 de octubre de 1809) pero cinco meses antes de la instalación de las mismas el 24 de septiembre de 1810. Con el golpe de Estado que se había dado, se inició un proceso constituyente que concluyó con la sanción de la Constitución Federal para los Estados de Venezuela del 21 de diciembre de 1811, dictada también, tres meses antes de la sanción de la Constitución de Cádiz el 18 de marzo de 1812.

Lo que aparentemente era el inicio de una reacción local de una entidad municipal de una de las provincias españolas en América, contra la invasión napoleónica en la península ibérica, rápidamente se transformó en la primera expresión exitosa de independencia respecto de España, lo cual días después (27 de abril de 1810) se ordenaría fuese informado a todos los Ayuntamientos de América, invitándolos a participar en "el gran trabajo de la Confederación Hispanoamericana."[61]

En ese proceso, sin duda, la situación política de la Corona Española a comienzos del siglo XIX, así como la lucha por la independencia desarrollada en la propia Península española contra los franceses, fueron determinantes.

---

59 Véase en general sobre la historia política de Venezuela, véase, Rafael Arráiz Lucca, *Venezuela: 1830 a nuestros días. Breve historia Política*, Editorial Alfa, Caracas 2007; y Allan R. Brewer-Carías, *Historia Constitucional de Venezuela*, 2 Tomos, Editorial Alfa, Caracas 2008; *Pensamiento Político Venezolano del Siglo XIX* (Colección dirigida por Ramón J. Velásquez), 12 tomos, Presidencia de la República, Caracas, 1961.

60 Véase el Acta del Cabildo de Caracas del 19 de abril de 1810 en *El 19 de Abril de 1810*, Instituto Panamericano de Geografía e Historia, Caracas, 1957, pp. 11 y ss.; y Allan R. Brewer-Carías, *Las Constituciones de Venezuela, op. cit.*, Tomo I, pp. 531-533.

61 Véase la relación detallada de los acontecimientos y los escritos de Rafael Seijas, Arístides Rojas, L. Vallenilla Lanz, Cristóbal L. Mendoza y otros, en *El 19 de abril de 1810, op. cit.*, pp. 63 ss.

Como se dijo en las *Observaciones Preliminares* del libro londinense, no se necesitaban pruebas

"para conocer con evidencia, que las ideas que se esparcieron en las colonias sobre la desesperada situación de la España a la entrada de los franceses en la Andalucía, y el temor de ser arrastrados a caer en manos de los usurpadores, fueron las causas principales de la resolución tomada por los Americanos de no confiar más tiempo su seguridad á la administración de los Europeos, y de poner sus negocios al cuidado de Juntas ó Asambleas Provinciales, formadas al ejemplo y por los mismos medios que las de España."

Debe recordarse, en efecto, que a comienzos del Siglo XIX, en Francia, la Revolución ya había concluido después del Terror, y la República había sido eclipsada y secuestrada por un régimen autoritario que en 1802 había hecho de Napoleón Cónsul vitalicio, en 1804 lo había proclamado Emperador, por supuesto, también vitalicio conforme al principio hereditario, y que en 1808 había suprimido a la propia República. Toda Europa estaba amenazada y buena parte de ella había sido ocupada o sometida por el Emperador, quien conducía un Estado en guerra. España, fronteriza, no escapó a las garras de Napoleón y al juego de su diplomacia continental[62]. En esta forma, como consecuencia del Tratado de *Fontainebleau* del 27 de octubre de 1807 suscrito entre representantes de la Corona española y del Imperio napoleónico, ambos Estados se habían acordado el reparto de Portugal, cuyos príncipes habían huido a América, previéndose incluso el otorgamiento a título hereditario del territorio del Algarve a Manuel Godoy, Ministro favorito de Carlos IV. En una cláusula secreta del Tratado se disponía la invasión de Portugal por las tropas napoleónicas a través de España.

Pero la verdad es que las tropas napoleónicas ya se encontraban en España y habían atravesado la frontera portuguesa diez días antes de la firma del Tratado, lo que implicó que para marzo de 1808, más de 100.000 hombres de los ejércitos napoleónicos ya se encontraban en España. El Rey Carlos IV habría conocido de la conjura de su hijo para arrebatarle el Trono y apresar a Godoy, y supuestamente lo habría perdonado. Por otra parte, desde febrero de 1808 ya había un regente en Portugal (*Junot*), que actuaba en nombre del Embajador, con lo que el Tratado de *Fontainebleau* y el reparto de Portugal había quedado invalidado. Napoleón, primero apostó a que la familia real española hubiera podido seguir el ejemplo de la de Portugal[63] y huyera a

---

62 Véase Joseph Fontana, *La crisis del antiguo Régimen 1808–1833,* Barcelona 1992.

63 Antes de que llegaran las tropas francesas que desde noviembre de 1807 ya habían invadido España, a la frontera con Portugal, el Príncipe Juan de Braganza, quien era regente del reino de Portugal por enfermedad de su madre la Reina María, y su Corte, se refugiaron en Brasil, instalándose el gobierno real el Río de Janeiro en marzo de 1808. Ocho años después, en 1816, el príncipe Juan asumió la Corona del Reino Unido de Portugal, Brasil y Algaves (con capital en Río de Janeiro), como Juan VI. En la península, Portugal quedaba gobernado por una Junta de regencia que estaba dominada por el comandante de las fuerzas británicas. Una vez vencido Napoleón en Europa, Juan VI regresó

Cádiz y de allí a América; pero luego cambió de parecer, e impuso como condición para el reparto del centro del Reino portugués a España, la entrega a Francia de todo el territorio de España al norte del Ebro, incluyendo los Pirineos.

La presencia de las tropas francesas en España y la concentración de las españolas en Aranjuez, originaron toda suerte de rumores, incluso, la posible huída del Monarca hacia Andalucía y América, lo que se había descartado. Sin embargo, tales rumores tuvieron que ser aclarados por el Monarca manifestando en proclama a los españoles, que la concentración de tropas en Aranjuez no tenía que defender a su persona ni acompañarle a un viaje "que la malicia os ha hecho suponer como preciso". La concentración de tropas en Aranjuez, sin embargo, lo cierto es que era parte de una conspiración en marcha contra el gobierno de Godoy, que tenía como protagonistas, entre otros, al mismo Príncipe de Asturias, Fernando (futuro Fernando VII), quien buscaba también la abdicación de su padre Carlos IV, con la complacencia de los agentes franceses y la ayuda del odio popular que se había generado contra Godoy, por la ocupación francesa del reino.

En la noche del 18 de marzo de 1808 estalló el motín de Aranjuez[64], revuelta popular que condujo a la aprehensión de Godoy y el destrozo de sus dependencias por la turba y en fin, a la abdicación de Carlos IV en su hijo Fernando tal y como fue anunciada el 19 de marzo de 1808, como parte de las intrigas de este. En la misma noche, Carlos IV ya hablaba con sus criados de que no había abdicado, y a los dos días, el 21 de marzo de 1808 se arrepintió de su abdicación, aclarando en un manifiesto lo siguiente:

"Protesto y declaro que todo lo manifestado en mi decreto del 19 de marzo abdicando la Corona en mi hijo, fue forzado, por precaverse mayores males, y la efusión de sangre de mis queridos vasallos, y por tanto, de ningún valor".

También escribió a Napoleón, aclarándole la situación, diciéndole:

a Portugal dejando como regente del Brasil a su hijo Pedro. A pesar de que las Cortes devolvieron al territorio del Brasil a su status anterior y requirieron el regreso a la Península al regente Pedro, este, en paralelo a las Cortes portuguesas, convocó también a una Asamblea Constituyente en Brasil, proclamando la independencia del Brasil en septiembre de 1822, donde el 12 de octubre de ese mismo año fue proclamado Emperador del Brasil (Pedro I de Braganza y Borbón). En 1824 se sancionó la Constitución Política Imperial del Brasil. Dos años después, en 1826, el Emperador brasileño regresaría a Portugal a raíz de la muerte de su padre Juan VI, para asumir el reino portugués como Pedro IV, aún cuando por corto tiempo. Véase, Félix A. Montilla Zavalía, "La experiencia monárquica americana: Brasil y México", en *Debates de Actualidad*, Asociación argentina de derecho constitucional, Año XXIII, N° 199, enero/abril 2008, pp. 52 ss.

64 Véase un recuento de los sucesos de marzo en Madrid y Aranjuez y todos los documentos concernientes a la abdicación de Carlos IV en J.F. Blanco y R. Azpúrua, *Documentos para la Historia de la Vida Pública del Libertador...*, op. cit., Tomo II, pp. 91 a 153.

"Yo no cedí a favor de mi hijo. Lo hice por la fuerza de las circunstancias, cuando el estruendo de las armas y los clamores de la guarnición sublevada me hacían reconocer la necesidad de escoger la vida o la muerte, pues esta última habría sido seguida por la de la reina"

A pesar de estas manifestaciones, Carlos IV no solo jamás recuperaría la Corona, sino que los tres días Fernando VII entraría triunfante en Madrid, iniciando un corto reinado de días, en el cual, mediante uno de sus primeros decretos, ordenaba la requisa de los bienes de Godoy contra los cuales se volcó la saña popular en todo el territorio del Reino. Pero a las pocas horas de la entrada del nuevo Rey, en Madrid también había llegado a la ciudad, 23 de marzo de 1808, el general Joaquín Murat, Capitán general de las tropas francesas en España, quien ordenó salvar a Godoy de un seguro linchamiento al que se lo pretendía dejar someter. Murat, además, materialmente desconoció la presencia misma del nuevo Rey en la ciudad que ya estaba ocupada por los franceses.

Por orden de Murat, además, el anterior monarca Carlos IV y su familia, el 9 de abril de 1808 fueron trasladados a El Escorial para luego ir a Bayona el 30 de abril de 1808 donde los esperaba Napoleón. A Bayona ya había llegado Fernando VII el 20 de abril, y el mismo Godoy lo hizo el 26 de abril de 1808. Todos habían recurrido al Emperador en busca de apoyo y reconocimiento, con lo cual éste había quedado convertido en el árbitro de la crisis política de la Monarquía española.

Estando el reino en sus manos, decidió apropiárselo: primero el 5 de mayo de 1808 obtuvo una nueva abdicación de Carlos IV, esta vez, en el mismo Napoleón; segundo, al día siguiente, el 6 de mayo de 1808, hizo que Fernando VII abdicara de la Corona en su padre Carlos IV,[65] sin informarle lo que ya este había hecho; y tercero, unos días después, el 10 de mayo de 1808, la firma de los Tratados de Bayona mediante los cuales Carlos IV y Fernando VII cedieron solemnemente todos sus derechos al Trono de España e Indias al Emperador Napoleón[66] "como el único que, en el Estado a que han llegado las cosas, puede restablecer el orden" a cambio de asilo, pensiones y propiedades en territorio francés[67]. Desde el 25 de mayo de 1808, además, Napoleón también había nombrado a Joachim Murat, Gran Duque de Berg y de Cléves, como Lugar–teniente general del Reyno,[68] y manifestaba a los españoles:

"Vuestra Monarquía es vieja: mi misión se dirige a renovarla: mejorará vuestras instituciones; y os haré gozar de los beneficios de una reforma, sin que experimentéis quebrantos, desórdenes ni convulsiones". Prome-

65 *Idem*, Tomo II, p. 133.

66 *Idem*, Tomo II, p. 142.

67 *Idem*, Tomo II, pp. 142 a 148.

68 *Idem*, Tomo II, p. 153.

tía, además, "una Constitución que concilie la santa y saludable autoridad del soberano con las libertades y el privilegio del Pueblo"[69].

El hermano del Emperador, José Bonaparte, a su vez, fue instalado en Madrid como Rey de España, guardándose las formas políticas mediante el otorgamiento de un Estatuto constitucional, conocido como la Constitución de Bayona de julio 1808, la cual sin embargo, no dio estabilidad institucional alguna al Reino, pues antes de su otorgamiento, en el mes de mayo de 1808, ya España había iniciado su guerra de Independencia contra Francia, en la cual los Ayuntamientos tuvieron un papel protagónico al asumir la representación popular por fuerza de las iniciativas populares[70]. El fáctico secuestro de los Monarcas españoles en territorio francés, en efecto había provocado una rebelión popular que estalló en Madrid el 2 de mayo de 1808, que originaron sangrientos hechos por la represión desatada por la guarnición francesa.[71] El Emperador juró vengar a los muertos franceses, y sin duda, el apoderamiento del reino de España fue parte de esa venganza; pero los muertos españoles por los trágicos fusilamientos del 3 de mayo, fue el pueblo español el que los vengó, al propagarse la rebelión por toda España, con el común denominador de la reacción contra las tropas francesas. Por ello, a medida que se generalizó el alzamiento, en las villas y ciudades, se fueron constituyendo Juntas de Armamento y Defensa, que asumieron el poder popular, integradas por los notables de cada lugar, y encargadas de la suprema dirección de los asuntos locales y de sostener y organizar la resistencia frente a los franceses, iniciándose la guerra de independencia.

Esas Juntas, aun cuando constituidas por individuos nombrados por aclamación popular, tuvieron como programa común la defensa de la Monarquía simbolizada en la persona de Fernando VII, por lo que siempre obraron en nombre del Rey. Sin embargo, con ello puede decirse que se produjo una revolución política, al sustituirse el sistema absolutista de gobierno por un sistema municipal, popular y democrático, completamente autónomo[72]. La organización de tal gobierno provocó la estructuración de Juntas Municipales las cuales a la vez concurrieron, mediante delegados, a la formación de las Juntas Provinciales, las cuales representaron a los Municipios agrupados en un determinado territorio.

De todo lo antes dicho, por tanto, era claro que la crisis política de España, que precedió el proceso de independencia, había sido, sin duda, una de las causas principales de la misma. Ello se afirmó y argumentó extensamente en el *Manifiesto* de 1811, al señalar que cuando "Caracas supo las escandalosas

---

69 *Idem*, Tomo II, p. 154.

70 Véase A. Sacristán y Martínez, *Municipalidades de Castilla y León,* Madrid, 1981, p. 490.

71 Véase F. Blanco y R. Azpúrua, *Documentos para la Historia de la Vida Pública del Libertador..., op. cit.,* Tomo II, p. 153.

72 Véase O. C. Stoetzer, *Las Raíces Escolásticas de la Emancipación de la América Española,* Madrid, 1982, p. 270.

escenas de El Escorial y Aranjuez," ya "presentía cuáles eran sus derechos y el estado en que los ponían aquellos grandes sucesos;" y que si bien "todos conocen el suceso del Escorial en 1807," sin embargo, "quizá habrá quien ignore los efectos naturales de semejante suceso." Por ello, en el *Manifiesto* se hizo el siguiente resumen de los aspectos más relevantes del mismo, con la debida aclaratoria, sin embargo, de que no era el ánimo del Congreso "entrar a averiguar el origen de la discordia introducida en la casa y familia de Carlos IV;" que se atribuían "recíprocamente la Inglaterra y la Francia, y ambos gobiernos tienen acusadores y defensores." Incluso, en el *Manifiesto* se hacía referencia a que tampoco era el propósito hacer referencia al "casamiento ajustado entre Fernando y la entenada de Bonaparte, la paz de Tilsit, las conferencias de Erfuhrt, el tratado secreto de S. Cloud y la emigración de la casa de Braganza al Brasil" (M).

En cambio, lo que se consideró "cierto y lo propio" de los venezolanos, fue que "por la jornada del Escorial quedó Fernando VII declarado traidor contra su padre Carlos IV." Sobre ello, se afirmó:

"Cien plumas y cien prensas publicaron a un tiempo por ambos mundos su perfidia y el perdón que a sus ruegos le concedió su padre; pero este perdón como atributo de la soberanía y de la autoridad paterna relevó al hijo únicamente de la pena corporal; el Rey, su padre, no tuvo facultad para dispensarle la infamia y la inhabilidad que las leyes constitucionales de España imponen al traidor, no sólo para obtener la dignidad real, pero ni aun el último de los cargos y empleos civiles. Fernando no pudo ser jamás Rey de España ni de las Indias" (M).El recuento de los sucesos posteriores se hizo de la siguiente manera:

"A esta condición quedó reducido el heredero de la Corona, hasta el mes de marzo de 1808 que, hallándose la Corte en Aranjuez, se redujo por los parciales de Fernando a insurrección y motín el proyecto frustrado en El Escorial. La exasperación pública contra el ministerio de Godoy sirvió de pretexto a la facción de Femando para convertir indirectamente en provecho de la nación lo que se calculó, tal vez, bajo otros designios. El haber usado de la fuerza contra su padre, el no haberse valido de la súplica y el convencimiento, el haber amotinado el pueblo, el haberlo reunido al frente del palacio para sorprenderlo, arrastrar al ministro y forzar al Rey a abdicar la Corona, lejos de darle derecho a ella, no hizo más que aumentar su crimen, agravar su traición y consumar su inhabilidad para subir a un trono desocupado por la violencia, la perfidia y las facciones. Carlos IV, ultrajado, desobedecido y amenazado con la fuerza, no tuvo otro partido favorable a su decoro y su venganza que emigrar a Francia para implorar la protección de Bonaparte a favor de su dignidad real ofendida. Bajo la nulidad de la renuncia de Aranjuez, se juntan en Bayona todos los Borbones, atraídos contra la voluntad de los pueblos a cuya salud prefirieron sus resentimientos particulares; aprovechóse de ellos el Emperador de los franceses, y cuando tuvo bajo sus armas y su influjo a toda la familia de Femando, con varios próceres españoles y suplentes por diputados en Cortes, hizo que aquél restituyese la Corona a su padre y que éste la renunciase en el Emperador, para trasladarla en seguida a su hermano José Bonaparte" (M).

Todo esto –se afirma en el *Manifiesto* de 1811– se ignoraba o se sabía "muy por encima" en Venezuela, "cuando llegaron a Caracas los emisarios del nuevo Rey," sosteniendo que "la inocencia de Fernando, en contraposición de la insolencia y despotismo del favorito Godoy," había sido "el móvil de su conducta, y la norma de las autoridades vacilantes el 15 de julio de 1808;" de manera que ante "la alternativa de entregarse a una potencia extraña o de ser fiel a un Rey que aparecía desgraciado y perseguido," el Congreso General afirmó que:

"triunfó la ignorancia de los sucesos del verdadero interés de la Patria y fue reconocido Fernando, creyendo que mantenida por este medio la unidad de la nación, se salvaría de la opresión que la amenazaba y se rescataría un Rey de cuyas virtudes, sabiduría y derechos estábamos falsamente preocupados" (M).

El resultado fue que:

"Fernando, inhábil para obtener la corona, imposibilitado de ceñirla, anunciado ya sin derechos a la sucesión por los próceres de España, incapaz de gobernar la América y bajo las cadenas y el influjo de una potencia enemiga, se volvió desde entonces, por una ilusión, un príncipe legítimo, pero desgraciado, se fingió un deber el reconocerlo, se volvieron sus herederos y apoderados cuantos tuvieron audacia para decirlo, y aprovechando la innata fidelidad de los españoles de ambos mundos empezaron a tiranizarlos nuevamente los intrusos gobiernos que se apropiaron la soberanía del pueblo a nombre de un Rey quimérico, y hasta la junta Mercantil de Cádiz quiso ejercer dominio sobre la América" (M).

El tema también fue objeto de consideraciones en el Acta de Independencia, donde se observó que:

"Cuantos Borbones concurrieron a las inválidas estipulaciones de Bayona, abandonando el territorio español, contra la voluntad de los pueblos, faltaron, despreciaron y hollaron el deber sagrado que contrajeron con los españoles de ambos mundos, cuando, con su sangre y sus tesoros, los colocaron en el Trono a despecho de la casa de Austria; por esta conducta quedaron inhábiles e incapaces de gobernar a un pueblo libre, a quien entregaron como un rebaño de esclavos.

Los intrusos gobiernos que se abrogaron la representación nacional aprovecharon pérfidamente las disposiciones que la buena fe, la distancia, la opresión y la ignorancia daban a los americanos contra la nueva dinastía que se introdujo en España por la fuerza; y contra sus mismos principios, sostuvieron entre nosotros la ilusión a favor de Fernando, para devorarnos y vejarnos impunemente cuando más nos prometían la libertad, la igualdad y la fraternidad, en discursos pomposos y frases estudiadas, para encubrir el lazo de una representación amañada, inútil y degradante.

Luego que se disolvieron, sustituyeron y destruyeron entre sí las varias formas de gobierno de España, y que la ley imperiosa de la necesidad dictó a Venezuela el conservarse a sí misma para ventilar y conservar los derechos de su Rey y ofrecer un asilo a sus hermanos de Europa contra los males que les amenazaban, se desconoció toda su anterior conducta, se variaron los principios, y se llamó insurrección, perfidia e ingratitud, a lo mismo que sirvió de norma a los gobiernos de España, porque ya se les cerraba la puerta al monopolio de administración que querían perpetuara nombré de un Rey imaginario."

Estas ideas se retomaron en las *Observaciones Preliminares* al libro londinense, aún con otro lenguaje, insistiendo en que "reforma ha sido el grito general," considerando que en Europa, se habían "visto naciones enteras combatir animosamente por extirpación de abusos envejecidos" de manera que "aquellos mismos que más acostumbrados estaban á arrastrar las cadenas del despotismo, se han acordado de sus derechos largo tiempo olvidados, y se han reconocido todavía hombres;" de manera que no podía esperarse que la América Española,

"cuyos habitantes habían sido tanto tiempo hollados y esclavizados, y donde mas que en otra parte alguna era indispensable una reforma, fuese la única que permaneciese tranquila, la única que resignada con su triste destino viese indolentemente, que quando los Gobiernos de la Península se ocupaban en mejorar la condición del Español Europeo, á ella sola se cerraba toda perspectiva de mejor suerte" (OP)

Al contrario, la América española también había sentido el "choque eléctrico" de los contrastes de manera que "penetrados los Americanos de la justicia de sus demandas," comenzaron a reclamarlas, particularmente frente a la "doble opresión de la Corona y del monopolio" y las "gravosas é irracionales restricciones que agobiaban a todas las clases, y sofocaban en ellas toda especie de actividad y de industria," con "leyes, extraviadas de su benéfico objeto, que no servían ya para el castigo del culpable, ni para la protección del inocente." En esa situación, se argumentaba en dichas *Observaciones Preliminares*, lo que se veían a cada paso eran "actos de la mas bárbara arbitrariedad" careciendo los "nativos de una equitativa participación en los empleos de confianza ó de lucro," prevaleciendo un sistema de gobierno ignominioso "contrario á los mas esenciales derechos del género humano, y opuesto á los dictados de la justicia y de la razón." En una palabra, concluía las *Observaciones Preliminares*, la condición de los americanos no podía considerarse sino como la de un "oscuro" "vasallaje feudal de la España." En las Provincias, por otra parte, existían "vacíos inmensos en todos los ramos de industria, ocasionados "por la grosera ignorancia de los mas comunes inventos," sometidas como estaban a "un sistema de monopolio, dictado por el injusto principio de preferencia á los pocos, y tan hostil á la fecundidad de las artes," denunciándose en particular que en la Provincia de Caracas no se permitió "ensenar matemáticas, tener imprenta, escuela de pilotaje, ni clase de derecho público, ni se toleró que hubiese Universidad en Mérida;" (OP) todo lo cual no podía "contradecirse por los mal descarados panegiristas del poder arbitrario, ni paliarse por las especiosas producciones de las prensas de Cádiz, empeñadas en probar las ventajas de la dependencia y del monopolio."

En fin, se argumentó en las *Observaciones Preliminares* que no se podía pretender que sólo a las provincias de las Américas se les negasen sus derechos, y el poder "velar sobre su integridad," se les exigiera "que para la distribución de justicia" tuvieran que "atravesar un océano de dos mil leguas," y que en "momentos tan críticos como el actual, subsistan desnudos de todas las atribuciones de los seres políticos, y dependan de otra nación, que un enemigo poderoso amenaza aniquilar;" y que quedasen "como una nave sin timón," expuestos "a los rudos embates dé la mas furiosa tempestad política, y prontas a ser la presa de la primera nación ambiciosa que tenga bastante fuerza para apoderarse de ellas."

IV. EL PROCESO DE INDEPENDENCIA GESTADO DURANTE LOS AÑOS 1808 A 1811, PRODUCTO DE LA INCOMPRENSIÓN DE LA REGENCIA Y SUS AGENTES LOCALES

Después de los sucesos de El Escorial, Aranjuez y Bayona, el proceso de la independencia de Venezuela se enmarcó en el curso de tres épocas, como se dijo en el *Manifiesto*, cuando "desde el 15 de julio de 1808" se arrancaron a los venezolanos "las resoluciones del 19 de abril de 1810 y 5 de julio de 1811," cuyas tres épocas –se afirmó– "formarán el primer período de los fastos de Venezuela regenerada, cuando el buril imparcial de la historia trace las primeras líneas de la existencia política de la América del Sur." Ese tiempo de "tres años" que transcurrieron "desde que debimos ser libres e independientes y hasta que resolvimos serlo" y, en particular, "desde el 19 de abril de 1810 hasta el 5 de julio de 1811," si bien estuvo signado por "una amarga y penosa alternativa de ingratitudes, insultos y hostilidades por parte de España," se consideró en el *Manifiesto* como la época "más interesante de la historia de nuestra revolución" (M).

Sobre ello, en el *Manifiesto* se comienza por dar cuenta de que cómo en Caracas las autoridades locales aceptaron "los despachos del lugarteniente Reino, Murat," y "apoyando" sus órdenes exigían a los venezolanos "el reconocimiento del nuevo Rey" (M). Ello, hizo estallar la revolución.

En efecto, la primera de las fechas que se menciona en el *Manifiesto*, como el inicio del proceso de independencia, es la del 15 de julio de 1808, que fue precisamente cuando formalmente llegaron al Cabildo de Caracas las noticias sobre la asunción de la Corona por Fernando VII el 20 de marzo de 1808, después de los sucesos de Aranjuez. Tales hechos se participaron a la Capitán General de Venezuela mediante Reales Cédulas, entre las cuales estaba la de 20 de abril de 1808 (Real Cédula de proclamación de Fernando VII),[73] la cual fue precisamente la que fue abierta por el Ayuntamiento de

---

73 Véase en J. F. Blanco y R. Azpúrua, *Documentos para la Historia de la Vida Pública del Libertador..., op. cit.,* Tomo II, pp. 126, 127.

Caracas el 15 de julio de 1808,[74] cuatro meses después de haber sido expedida.

Por supuesto, para ese momento, dos meses antes, en mayo de 1808 también habían ocurrido otros gravísimos hechos, ya mencionados, como fueron la renuncia de la Corona, por parte de Fernando VII en su padre y de la cesión de la Corona por parte de Carlos IV a Napoleón; hechos que hacían totalmente inútil la noticia inicial, pues además, una semana antes de recibirla, como se dijo, ya José Napoleón, proclamándose "Rey de las Españas y de las Indias", había decretado la Constitución de Bayona, el 6 de julio de 1808. No es de extrañar, por tanto, los devastadores efectos políticos que tuvieron en Venezuela las tardías noticias sobre las disputas políticas reales entre padre a hijo; sobre la abdicación forzosa del Trono provocada por la violencia de Napoleón, y sobre la ocupación del territorio español por los ejércitos del Emperador; y peor aún, cuando el correo utilizado para el conocimiento tardío de estas noticias había correspondido a sendos emisarios franceses que habían llegado a Caracas, lo que contribuyó a agravar la incertidumbre.

Ante las noticias recibidas, el Capitán General de Venezuela Juan de Casas formuló la declaración solemne del 18 de julio de 1808, expresando que en virtud de que "ningún gobierno intruso e ilegítimo puede aniquilar la potestad legítima y verdadera... en nada se altera la forma de gobierno ni el Reinado del Señor Don Fernando VII en este Distrito."[75] A ello se sumó, el 27 de julio, el Ayuntamiento de Caracas al expresar que "no reconocen ni reconocerán otra Soberanía que la suya (Fernando VII), y la de los legítimos sucesores de la Casa de Borbón."[76]

En esa misma fecha, el Capitán General Casas se dirigió al Ayuntamiento de Caracas exhortándolo a que se erigiese en esta Ciudad "una Junta a ejemplo de la de Sevilla,"[77] para cuyo efecto, el Ayuntamiento tomó conocimiento

---

74 *Idem,* Tomo II, pp. 127 y 160.

75 *Idem,* Tomo II, p. 169.

76 *Idem.,* Tomo II, p. 169.

77 El 17 de junio de 1808, por ejemplo, la Junta Suprema de Sevilla explicaba a los dominios españoles en América los "principales hechos que han motivado la creación de la Junta Suprema de Sevilla que en nombre de Fernando VII gobierna los reinos de Sevilla, Córdoba, Granada, Jaén, provincias de Extremadura, Castilla la Nueva y las demás que vayan sacudiendo el yugo del Emperador de los franceses". Véase el texto de la manifestación "de los principales hechos que han motivado la creación de la Junta Suprema de Sevilla que en nombre de Fernando VII gobierna los reinos de Sevilla, Córdoba, Granada, Jaén, provincias de Extremadura, Castilla la Nueva y las demás que vayan sacudiendo el yuyo del Emperador de los franceses" del 17 de junio de 1808 en J. F. Blanco y R. Azpúrua, *Documentos para la Historia de la Vida Pública del Libertador...*, *op. cit.,* Tomo II, pp. 154–157, y 170-174. Véase C. Parra Pérez, *Historia de la Primera República de Venezuela,* Biblioteca de la Academia Nacional de la Historia, Caracas, 1959, Tomo I. pp. 311 y ss., y 318

del acto del establecimiento de aquélla[78] y acordó estudiar un "Prospecto" cuya redacción encomendó a dos de sus miembros, y que fue aprobado el 29 de julio de 1808, pasándolo para su aprobación al "Presidente, Gobernador y Capitán General."[79]

Este, sin embargo, nunca llegó a considerar la propuesta, incluso a pesar de la representación que el 22 de noviembre de 1808 le habían enviado las primeras notabilidades de Caracas designadas para tratar con él sobre "la formación y organización de la Junta Suprema".

Sobre este proyecto de 1808 de crear una Junta Suprema de Gobierno, en el *Manifiesto* de 1811 se indicó sobre la reacción del Capitán General Emparan ante la Audiencia, declarando "que no había en Caracas otra ley ni otra voluntad que la suya," haciéndose recuento de "su capricho y arbitrariedad" y de los varios excesos y violencias cometidos, entre los que se destacó el haber arrojado fuera de las Provincias "al Capitán D. Francisco Rodríguez y al Asesor del Consulado D. Miguel José Sanz," quienes fueron "confinados a Cádiz y Puerto Rico;" el encadenamiento y condena al trabajo de obras públicas, sin forma ni figura de juicio, "a una muchedumbre de hombres buenos arrancados de sus hogares con el pretexto de vagos;" todo ello, para "después de sostener a todo trance su ignorancia y su orgullo; después de mil disputas escandalosas con la Audiencia y el Ayuntamiento; después de reconciliarse, al fin, con estos déspotas todos los togados para hacerse más impunes e inexpugnables contra nosotros," convenir "en organizar y llevar a cabo el proyecto, a la sombra de la falacia, del espionaje y la ambigüedad"[80] (M). En el *Manifiesto* de 1811, por ello, se hizo específica referencia a órdenes como la expedida el 30 de abril de 1810, para que, "so color de no atender sino a la guerra, se embruteciesen más España y América, se cerrasen las escuelas, no se hablase de derechos ni premios, ni se hiciese más que enviar a España dinero, hombres americanos, víveres, frutos preciosos, sumisión y obediencia." Además, se daba cuenta de que "bajo las más severas conminaciones se restablecía la Inquisición política con todos sus horrores, contra los que leyesen, tuviesen o recibiesen otros papeles, no sólo extranjeros, sino aun españoles, que no fuesen de la fábrica de la Regencia." Incluso se denunció en el *Manifiesto* que se habían mandado "abrir sin excepción alguna todas las correspondencias de estos países, atentado desconocido hasta en el despotismo de Godoy, y adoptado sólo para hacer más tiránico el espionaje contra la América" (M).

---

78 Véase el acta del Ayuntamiento del 28 de julio de 1808 en J.F. Blanco y R. Azpúrua, *Documentos para la Historia de la Vida Pública del Libertador...*, *op. cit.*, Tomo II, p. 171.

79 Véase el texto del prospecto y su aprobación de 29 de julio de 1809, *Idem.*, pp. 172–174; y C. Parra Pérez, *Historia de la Primera República...*, *op. cit.*, p. 318.

80 En el *Manifiesto* se indica que lo expuesto resulta de testimonios auténticos que reposaban en los archivos "a pesar de la vigilancia con que se saquearon" por las autoridades españolas.

En todo caso, luego de los hechos de 1808, se había comenzado a afianzar el sentimiento popular de que el gobierno de la Provincia era pro–bonapartidista lo cual se achacó también al Mariscal de Campo, Vicente de Emparan y Orbe, quien había sido nombrado por la Junta Suprema Gubernativa como Gobernador de la Provincia de Venezuela, en marzo de 1809[81]. Esta Junta Suprema Central y Gubernativa del Reyno se había constituido en Aranjuez el 25 de septiembre de 1808, y se había trasladado luego a Sevilla el 27 de diciembre de 1809, integrada por mandatarios de las diversas provincias del Reino, la cual tomó la dirección de los asuntos nacionales[82]. Fue por ello que el 12 de enero de 1809, el Ayuntamiento de Caracas reconoció en Venezuela a dicha Junta Central, como gobierno supremo del imperio[83].

Días después, la Junta Suprema Central dispondría por Real Orden de 22 de enero de 1809, que las Provincias americanas habían cesado de ser "colonias o factorías," formando "parte esencial e integrante de la monarquía española,[84] disponiendo entonces que las mismas debían tener representación y constituir parte de la Junta Suprema Central, previéndose sin embargo una exigua representación si se la comparaba con la que tenían los representantes peninsulares.[85]

En todo caso, para comienzos de 1809, ya habían aparecido en la Península manifestaciones adversas a la Junta Suprema Central y Gubernativa, a la cual se había acusado de usurpadora de autoridad. Ello condujo, en definitiva, a la convocatoria a Cortes para darle legitimación a la representación nacional, lo que la Junta hizo por Decretos de 22 de mayo y 15 de junio de 1809, fijándose la reunión de las Cortes para el 1° de marzo de 1810, en la Isla de León[86]. En dichas Cortes, en todo caso, debían estar representadas las Juntas Provinciales del Reino y representantes de las Provincias de Indias, que debían ser electos conforme al reglamento dictado el 6 de octubre de 1809. En cuanto a los representantes de América, después de interminables discusiones sobre su número y la forma de elección al final efectivamente fueron designados, pero en forma supletoria por americanos residentes en

---

81 Véase en L. A. Sucre, *Gobernadores y Capitanes Generales...*, *op. cit.*, p. 314.

82 Véase el texto en J. F. Blanco y R. Azpúrua, *Documentos para la Historia de la Vida Pública del Libertador...*, *op. cit.*, Tomo II, pp. 174 y 179.

83 Véase Parra Pérez, *Historia de la Primera República ...*, *op. cit.*, Tomo II, p. 305.

84 Véase el texto en J.F. Blanco y R. Azpúrua, *Documentos para la Historia de la Vida Pública del Libertador...*, *op. cit.*, Tomo II, pp. 230–231; O. C. Stoetzer, *Las Raíces Escolásticas de la Emancipación...*, *op. cit.*, p. 271.

85 Sobre ello véase el "Memorial de Agrarios" de C. Torres de 20 de noviembre de 1809 en J. F. Blanco y R. Azpúrua, *Documentos para la Historia de la Vida Pública del Libertador...*, *op. cit.*, Tomo II, pp. 243–246; y O.C. Stoetzer, *Las Raíces Escolásticas de la Emancipación...*, *op. cit.*, p. 272.

86 Véase el texto en J.F. Blanco y R. Azpúrua, *Documentos para la Historia de la Vida Pública del Libertador...*, *op. cit.*, Tomo II, pp. 234–235.

Cádiz, por una Junta regulada por Decreto del 1º de enero de 1810.[87] Sobre la representación que se ofreció a los americanos, la misma se resintió en el *Manifiesto* de 1811, en el cual se destacó al contrario, la falta de representación que se pretendió dar a las provincias americanas en las Cortes, al punto de afirmar que

"si los trescientos años de nuestra anterior servidumbre no hubieran bastado para autorizar nuestra emancipación, habría sobrada causa en la conducta de los gobiernos que se arrogaron la soberanía de una nación conquistada, que jamás pudo tener la menor propiedad en América, declarada parte integrante de ella; cuando se quiso envolverla en la conquista."

Se agregó en el *Manifiesto* que "si los gobernantes de España hubiesen estado pagados por sus enemigos no habrían podido hacer más contra la felicidad de la nación vinculada en su estrecha unión y buena correspondencia con la América," destacándose cómo "con el mayor desprecio a nuestra importancia y a la justicia de nuestros reclamos, cuando no pudieron negarnos una apariencia de representación, la sujetaron a la influencia despótica de sus agentes sobre los Ayuntamientos a quienes se sometió la elección." Y peor aún, cuando los americanos comparaban la situación de la representación en España, donde "se concedía hasta a las provincias ocupadas por los franceses y a las Islas Canarias y Baleares un representante a cada 50.000 almas, elegido libremente por el pueblo," pero en América "apenas bastaba un millón para tener derecho a un representante, nombrado por el Virrey o Capitán General bajo la firma del Ayuntamiento."

Ahora bien, en mayo de 1809, como se dijo, ya había llegado a Caracas el nuevo Presidente, Gobernador y Capitán General de Venezuela, Vicente Emparan y Orbe; y en ese mismo mes, la Junta Suprema Gubernativa advertía a las Provincias de América sobre los peligros de la extensión de las maquinaciones del Emperador a las Américas.[88] Como se indicó en las *Observaciones Preliminares* del libro londinense, que "había motivo para desconfiar de los Virreyes y Capitanes Generales" se comprobó por los sucesos posteriores, pues los mismos no tuvieron "reparo en proclamar la doctrina de que la América debe correr igual suerte que la Península, y que si la una es conquistada, debe someterse la otra al mismo señor. Los jefes coloniales estaban preparados para esta ocurrencia, y habiendo sido escogidos por el Príncipe de Paz, nada era mas natural que el que volviesen á sus antiguas miras."

Ese temor que surgió en Caracas respecto del subyugamiento completo de la Península, sin duda, fue el que provocó que comenzara la conspiración por la independencia de la Provincia de Venezuela de lo cual, incluso, estaba en

---

87 Véase E. Roca Roca, *América en el Ordenamiento Jurídico...*, *op. cit.*, p. 21; J. F. Blanco y R. Azpúrua, *Documentos para la Historia de la Vida Pública del Libertador...*, *op. cit.*, Tomo II, pp. 267–268.

88 Véase el texto en J.F. Blanco y R. Azpúrua, *Documentos para la Historia de la Vida Pública del Libertador...*, *op. cit.*, Tomo II, pp. 250–254.

conocimiento Emparan antes de que llegara a Caracas[89]. Su acción de gobierno, por otra parte lo llevó a enemistarse incluso con el clero y con el Ayuntamiento, lo que contribuyó a acelerar la reacción criolla. Así, ya para fines de 1809 en la Provincia había un plan para derribar el gobierno en el cual participaban los más destacados jóvenes caraqueños, entre ellos, Simón Bolívar, quien había regresado de España en 1807, todos amigos del Capitán General[90]. Este adoptó diversas providencias al descubrir el plan, pero fueron débiles, provocando protestas del Ayuntamiento[91].

En la Península, el 29 de enero de 1810, después de haber convocado la elección de los diputados a Cortes, la Junta Central Gubernativa del Reino resolvió reconcentrar la autoridad del mismo, cesando en sus funciones y nombrando un Consejo de Regencia al cual asignó el poder supremo. Pero en las Provincias de América se carecía de noticias sobre los sucesos de España, cuyo territorio, con excepción de Cádiz y la Isla de León, estaba en poder de los franceses. Estas noticias y la de la disolución de la Junta Suprema Central y Gubernativa por la constitución del Consejo de Regencia, sólo se llegaron a confirmar en Caracas el 18 de abril de 1810,[92] y fueron esas noticias el último detonante del inicio de la revolución de independencia de América. Fue así como el Ayuntamiento de Caracas, en su sesión del 19 de abril de 1810, al día siguiente de conocerse la situación política de la Península, depuso a la autoridad constituida y se erigió, a sí mismo, en Junta Suprema de Venezuela Conservadora de los Derechos de Fernando VII[93]. Con este acto, sin duda, se dió un golpe de Estado en la Provincia, habiendo recogido el Acta de la sesión del Ayuntamiento de Caracas, el primer acto constitucional de un nuevo gobierno y el inicio de la conformación jurídica de un nuevo Estado,[94] y además, la deposición del Gobernador Emparan del mando de la Provincia de Venezuela. El Cabildo, así, asumió el "mando supremo" o "suprema autoridad" de la Provincia,[95] respaldado "por consentimiento del mismo pueblo"[96].

89 Véase G. Morón, *Historia de Venezuela,* Caracas, 1971, Tomo III, p. 205.

90 C. Parra Pérez, *Historia de la Primera República ..., op. cit.,* Tomo I, pp. 368–371.

91 *Idem.,* p. 371.

92 Véase *Idem,* Tomo II, pp. 380 y 383.

93 Véase el libro *El 19 de abril de 1810, op. cit.,* Caracas 1957.

94 Véase en general T. Polanco, "Interpretación jurídica de la Independencia" en *El Movimiento Emancipador de Hispanoamérica, Actas y Ponencias,* Caracas, 1961, Tomo IV, pp. 323 y ss.

95 Véase el texto del Acta del Ayuntamiento de Caracas de 19 de Abril de 1810 en Allan R. Brewer-Carías, *Las Constituciones de Venezuela, op. cit.,* pp. 531-533.

96 Así se establece en la "Circular" enviada por el Ayuntamiento el 19 de abril de 1810 a las autoridades y corporaciones de Venezuela. Véase J. F. Blanco y R. Azpúrua, *Documentos para la Historia de la Vida Pública del Libertador..., op. cit.,* Tomo II, pp. 401–402. Véase también en *Textos Oficiales de la Primera República de Venezuela,* Biblioteca de la Academia Nacional de la Historia, 1959, Tomo I, p. 105.

Se estableció, así, un "nuevo gobierno" a cargo de "una Junta Gubernativa de estas Provincias, compuesta del Ayuntamiento de esta Capital y de los vocales nombrados por el voto del pueblo,"[97] al cual quedaron subordinados "todos los empleados del ramo militar, político y demás"[98]. El Ayuntamiento, además, procedió a destituir las antiguas autoridades del país y a proveer a la seguridad pública y conservación de los derechos del Monarca cautivo, y ello lo hizo "reasumiendo en sí el poder soberano,"[99] desconociendo la autoridad del Consejo de Regencia.

Sobre estos hechos del día jueves Santo 19 de abril de 1811, se expresó en el *Manifiesto* de 1811, que en el mismo "se desplomó en Venezuela el coloso del despotismo, se proclamó el imperio de las leyes y se expulsaron los tiranos con toda la felicidad, moderación y tranquilidad que ellos mismos han confesado y ha llenado de admiración y afecto hacia nosotros a todo el mundo imparcial." Ese día, cuando la independencia debió declararse, Venezuela, con "una mano firme y generosa" depuso "a los agentes de su miseria y su esclavitud," y colocando

"el nombre de Fernando VII a la frente de su nuevo gobierno, juraba conservar sus derechos, prometía reconocer la unidad e integridad política de la nación española, abrazaba a sus hermanos de Europa, les ofrecía un asilo en sus infortunios y calamidades, detestaba a los enemigos del nombre español, procuraba la alianza generosa de la nación inglesa y se prestaba a tomar parte en la felicidad y en la desgracia de la nación de quien pudo y debió separarse para siempre" (M).

Los venezolanos, se dijo en el *Manifiesto*, reconocieron "los *imaginarios derechos* del hijo de María Luisa," y respetando la desgracia de la nación, dieron dando parte de la "resolución a la misma *Regencia que desconocíamos*, le ofrecimos no separarnos de la España siempre que hubiese en ella un *gobierno legal*, establecido por *la voluntad de la nación* y en el cual tuviese la *América la parte* que le da la justicia, la necesidad y la importancia política de su territorio" (M).

En todo caso, la Junta Suprema de Venezuela comenzó por asumir en forma provisional, las funciones legislativas y ejecutivas, definiendo en el Bando del 25 de abril de 1810, los siguientes órganos del Poder Judicial: "El Tribunal Superior de apelaciones, alzadas y recursos de agravios se establecerá en las casas que antes tenía la audiencia"; y el Tribunal de Policía "en-

---

97 Así se denomina en el Manifiesto del 1° de mayo de 1810. Véase en *Textos Oficiales..., cit.,* Tomo I. p. 121.

98 *Idem.*

99 Así se indica en el oficio de la Junta Suprema al Inspector General Fernando Toro el 20 de abril de 1810. Véase en J.F. Blanco y R. Azpúrua, *Documentos para la Historia de la Vida Pública del Libertador..., op. cit.,* Tomo II, p. 403 y Tomo I, p. 106, respectivamente.

ALLAN R. BREWER-CARÍAS

cargado del fluido vacuno y la administración de justicia en todas las causas civiles y criminales estará a cargo de los corregidores"[100].

En todo caso, este movimiento revolucionario iniciado en Caracas en abril de 1810, meses antes de la instalación de las Cortes de Cádiz, indudablemente que siguió los mismos moldes de la Revolución francesa y tuvo además la inspiración de la Revolución norteamericana[101], de manera que incluso, puede considerarse que fue una Revolución de la burguesía, de la nobleza u oligarquía criolla, la cual, al igual que el tercer estado en Francia, constituía la única fuerza activa nacional[102]. Inicialmente entonces, la revolución de independencia en Venezuela fue el instrumento de la aristocracia colonial, es decir, de los blancos o mantuanos, para reaccionar contra la autoridad colonial y asumir el gobierno de las tierras que habían sido descubiertas, conquistadas, colonizadas y cultivadas por sus antepasados.[103] No se trató, por tanto, inicialmente, de una revolución popular, pues los pardos, a pesar de constituir la mayoría de la población, apenas comenzaban a ser admitidos en los niveles civiles y sociales como consecuencia de la Cédula de "Gracias, al Sacar", vigente a partir de 1795 y que, con toda la protesta de los blancos, les permitía a aquellos adquirir mediante el pago de una cantidad de dinero, los derechos reservados hasta entonces a los blancos notables.[104] Por ello, teniendo

100 *Textos oficiales...*, *op. cit.*, Tomo I, pp. 115–116.

101 Véase José Gil Fortoul, *Historia Constitucional de Venezuela*, Tomo primero, *Obras Completas*, Vol. I, Caracas, 1953, p. 209.

102 Véase José Gil Fortoul, *Historia Constitucional de Venezuela*, *op. cit.*, Tomo primero, p. 200; Pablo Ruggeri Parra, *Historia Política y Constitucional de Venezuela*, Tomo I, Caracas, 1949, p. 31.

103 En este sentido, por ejemplo, L. Vallenilla Lanz es categórico, al considerar que "en todo proceso justificativo de la Revolución (de independencia) no debe verse sino la pugna de los nobles contra las autoridades españolas, la lucha de los propietarios territoriales contra el monopolio comercial, la brega por la denominación absoluta entablada de mucho tiempo atrás por aquella clase social poderosa y absorbente, que con razón se creía dueña exclusiva de esta tierra descubierta, conquistada, colonizada y cultivada por sus antepasados. En todas estas causas se fundaba no sólo el predominio y la influencia de que gozaba la nobleza criolla, sino el legítimo derecho al gobierno propio, sin la necesidad de apelar a principios exóticos tan en pugna con sus exclusividades y prejuicios de casta". Véase Laureano Vallenilla Lanz, *Cesarismo Democrático*. Estudio sobre las bases sociológicas de la Constitución efectiva en Venezuela, Caracas 1952, pp. 54 y 55.

104 Véase sobre la Real Cédula de 10–2–1795 sobre gracias al sacar en J. F. Blanco y R. Azpúrua, *Documentos para la Historia de la Vida Pública del Libertador...*, *op. cit.*, Tomo I, pp. 263 a 275. *Cf.* Federico Brito Figueroa, *Historia Económica y Social de Venezuela. Una estructura para su estudio*, Tomo I, Caracas, 1966, p. 167; y L. Vallenilla Lanz, *Cesarismo Democrático, op. cit.*, pp. 13 y ss. En este sentido, debe destacarse que en la situación social pre-independentista había manifestaciones de luchas de clase entre los blancos o mantuanos que constituían el 20 por 100 de la población y los pardos y negros 61 por 100, que luego van a aflorar en la rebelión de 1814. *Cf.* F. Brito Figueroa, *op. cit.*, tomo I, pp. 160 y 173. *Cf.* Ramón Díaz Sánchez, "Evolución social de Venezuela

en cuenta la situación social preindependentista, sin duda que puede calificarse de "insólito" el hecho de que en el Ayuntamiento de Caracas, transformado en Junta Suprema, se le hubiera dado representación no sólo a estratos sociales extraños al Cabildo, como los representantes del clero y los denominados del pueblo, sino a un representante de los pardos.[105] Estos actos políticos fueron criticados públicamente en *Manifiesto* publicado en Filadelfia por el antiguo Capitán General Emparan el 6 de julio de 1810,[106] los cuales fueron refutados en la "Refutación á la Proclama del Excapitán General Emparan," la cual como "contestación del Gobierno de Venezuela" se mandó a publicar y la cual fue redactada por Ramón García de Sena[107] (hermano de Manuel García de Sena, el traductor de las obras de Paine), quien fue redactor de *El Publicista Venezolano* (órgano del Congreso General de 1811), y después sería destacado oficial del Ejercito de Venezuela, Secretario de Guerra y marina en 1812 y, además, aparece firmando la extensísima "Constitución de la República de Barcelona Colombiana," de 12 de enero de 1812. [108]

Luego de la Revolución de Caracas del 19 de abril de 1811, la Junta Suprema de Venezuela se dirigió con fecha 3 de mayo de 1810 a la Junta de Regencia de España, en respuesta a los papeles que se habían recibido de la Junta Suprema de Cádiz y del Consejo de Regencia requiriendo el "reconocimiento" de la última como "legítima depositaria de la soberanía española," no solo informándole sobre los acontecimientos y decisiones del nuevo go-

(hasta 1960)", en M. Picón Salas y otros, *Venezuela Independiente 1810–1960,* Caracas, 1962, p. 193.

105   Véase Gil Fortoul, *Historia Constitucional de Venezuela, op. cit.,* Tomo primero, pp. 203, 208 y 254. Es de tener en cuenta, como señala A. Grisanti, que "El Cabildo estaba representado por las oligarquías provinciales extremadamente celosas de sus prerrogativas políticas, administrativas y sociales, y que detentaban el Poder por el predominio de contadas familias nobles o ennoblecidas, acaparadoras de los cargos ediliceos...". Véase Angel Grisanti, Prólogo al libro *Toma de Razón, 1810 a 1812,* Caracas, 1955. El cambio de actitud del Cabildo caraqueño, por tanto, indudablemente que se debe a la influencia que sus miembros ilustrados recibían del igualitarismo de la Revolución Francesa: *Cf.* L. Vallenilla Lanz, *Cesarismo Democrático, op. cit.,* p. 36. Este autor insiste en relación a esto de la manera siguiente: "Es en nombre de la Enciclopedia, en nombre de la filosofía racionalista, en nombre del optimismo humanitario de Condorcet y de Rousseau como los revolucionarios de 1810 y los constituyentes de 1811, surgidos en su totalidad de las altas clases sociales, decretan la igualdad política y civil de todos los hombres libres", *op. cit.,* p. 75.

106   En el N° I de *El Mercurio Venezolano,* de enero de 1811, se glosó el dicho Manifiesto de Emparan, y se prometía sería respondido en el número siguiente del periódico. Véase la edición facsimilar en http://cic1.ucab.edu.ve/hmdg/bases/hmdg/textos/Mercurio/Mer_Enero1811.pdf.

107   Véase el texto en *El Mercurio Venezolano,* N° II, Febrero 1811, pp. 1-21, edición facsimilar publicada en http://cic1.ucab.edu.ve/hmdg/bases/hmdg/textos/Mercurio/Mer_Febrero1811.pdf.

108   Véase *Las Constituciones Provinciales* (Estudio Preliminar por Ángel Francisco Brice), Biblioteca de la Academia Nacional de la Historia, Caracas 1959, p. 249.

bierno de Caracas, sino a los efectos de comunicarle formalmente que el gobierno de Venezuela "desconocía" a tal Regencia como gobierno de España.[109] Sobre la Regencia, cuyo gobierno se calificó en el *Manifiesto* como "intruso e ilegítimo," se indicaba que a la vez que declaraba libres a los americanos "en la teoría de sus planes," los "sujetaba en la práctica a una *representación diminuta e insignificante,* creyendo que a quien nada se le debía, estaba en el caso de contentarse con lo que le diesen sus señores." Pretendía la Regencia mantener la ilusión de los americanos quienes ya conocían "lo poco que debíamos esperar de la política de los *intrusos apoderados de Fernando*: no ignorábamos que si no debíamos depender de los virreyes, ministros y gobernadores, con mayor razón no podíamos estar sujetos a un *Rey cautivo y sin derechos ni autoridad, ni a un gobierno nulo e ilegítimo*, ni a una nación incapaz de tener derecho sobre otra, ni a un ángulo peninsular de la Europa, *ocupado casi todo* por una fuerza extraña" (M).

Por otra parte, la Junta Suprema de Caracas, envió emisarios a las principales ciudades de las otras Provincias que conformaban la Capitanía General de Venezuela para invitarlas a adherirse al movimiento de Caracas. En todas esas Provincias con excepción de Coro y Maracaibo,[110] y ante la creencia de que la Metrópoli estaba gobernada por Napoleón y había sido disuelto el Gobierno Supremo, se desarrolló un proceso revolucionario provincial con manifiestas tendencias autonomistas, en muchos casos mediante la creación de Juntas Supremas provinciales.[111] En consecuencia, el 27 de abril de 1810, en Cumaná, el Ayuntamiento asumió la representación de Fernando VII, y "su legítima sucesión". El 5 de julio de 1810, el Ayuntamiento de Barinas decidió proceder a formar "una Junta Superior que recibiese la autoridad de este pueblo que la constituye mediante ser una provincia separada". El 16 de septiembre de 1810, el Ayuntamiento de Mérida decidió "en representación del pueblo", adherirse a la causa común que defendían las Juntas Supremas y Superiores que ya se habían constituido en Santa Fé, Caracas, Barinas, Pamplona y Socorro, y resolvió, con representación del pueblo, se erigiese una Junta "que asumiese la autoridad soberana". El Ayuntamiento de Trujillo convino en instalar "una Junta Superior conservadora de nuestra Santa Religión, de los derechos de nuestro amadísimo, legítimo, soberano Don Fernando VII y su Dinastía y de las derechos de la Patria". El 12 de octubre de 1811, en la Sala Consistorial de la Nueva Barcelona se reunieron "las personas visibles y honradas del pueblo de Barcelona" y resolvieron declarar la inde-

109 Véase el texto, redactado por José de Las LLamosas y Martín Tovar Ponte, quien luego fue Diputado de San Sebastián en el Congreso general, en *El Mercurio Venezolano*, Nº I, Enero de 1811, pp. 7-14, edición facsimilar publicada en http://cic1.ucab.edu.ve/hmdg/bases/hmdg/textos/Mercurio/Mer_Enero1811.pdf

110 Véase las comunicaciones de la Junta Suprema respecto de la actitud del Cabildo de Coro y del Gobernador de Maracaibo, en *Textos Oficiales...*, cit., Tomo I, pp. 157 a 191. Véase además los textos que publican J. F. Blanco y R. Azpúrua, *Documentos para la Historia de la Vida Pública del Libertador..., op. cit.,* Tomo II, p. 248 a 442, y 474 a 483.

111 Véase en *Las Constituciones Provinciales, op. cit.,* pp. 339 y ss.

pendencia con España de la Provincia y unirse con Caracas y Cumaná, creándose al día siguiente, una Junta Provincial para que representara los derechos del pueblo[112].

La secuela del rápido y expansivo proceso revolucionario de las Provincias de Venezuela, fue que para junio de 1810 ya se había comenzado a hablar oficialmente de la "Confederación de Venezuela"[113], y la Junta de Caracas con representantes de Cumaná, Barcelona y Margarita, ya venía actuando como Junta Suprema pero, por supuesto, sin ejercer plenamente el gobierno en toda la extensión territorial de la Capitanía General. De allí la necesidad que había de formar un "Poder Central bien constituido" es decir, un gobierno que uniera las Provincias, por lo que la Junta Suprema estimó que había "llegado el momento de organizarlo" convocando a elecciones de diputados para conformar el Congreso General de las Provincias.

A tal efecto, se en junio de 1810 la Junta aprobó el Reglamento de Elecciones de dicho cuerpo[114], y envió a Londres, continuando la política exterior iniciada al instalarse, a los comisionados Simón Bolívar y Luis López Méndez, con Andrés Bello de Secretario, para estrechar las relaciones con Inglaterra, y solicitar auxilios inmediatos para resistir la amenaza de Francia. Los comisionados lograron, básicamente, esto último; concretizado en el compromiso de Inglaterra de defender al gobierno de Caracas "contra los ataques o intrigas del tirano de Francia"[115]. Los comisionados venezolanos, como lo señaló Francisco de Miranda con quien se relacionaron en Londres, habían continuado lo que el Precursor había iniciado "desde veinte años a esta parte... en favor de nuestra emancipación o independencia"[116]. En todo caso, Bolívar y Miranda regresaron a Caracas en diciembre de 1810, y habiendo sido electo Francisco de Miranda como diputado por el Pao para

---

112   Véase las Actas de la Independencia de las diversas ciudades de la Capitanía General de Venezuela en *Las Constituciones Provinciales,* Academia Nacional de la Historia, 1959, pp. 339 y ss.

113   Véase la "refutación a los delirios políticos del Cabildo de Coro, de orden de la Junta Suprema de Caracas" de 1º de junio de 1810 en *Textos Oficiales...,* op. cit., Tomo I, p. 180.

114   Véase el texto en *Textos Oficiales...,* op. cit., Tomo II, pp. 61–84; y en Allan R. Brewer–Carías, *Las Constituciones de Venezuela, op. cit.,* Tomo I, pp. 535-543.

115   Véase la circular dirigida el 7 de diciembre de 1810 por el Ministro Colonial de la Gran Bretaña a los jefes de las Antillas Inglesas, en J. F. Blanco y R. Azpúrua, *Documentos para la Historia de la Vida Pública del Libertador..., op. cit.* Tomo II, p. 519. Asimismo, la nota publicada en la *Gaceta de Caracas* del viernes 26 de octubre de 1810 sobre las negociaciones de los comisionados. Véase en J. F. Blanco y R. Azpúrua, *Documentos para la Historia de la Vida Pública del Libertador..., op. cit.,* Tomo II, p. 514.

116   Véase la Carta de Miranda a la Junta Suprema de 3 de agosto de 1810 en J. F. Blanco y R. Azpúrua, *Documentos para la Historia de la Vida Pública del Libertador...,* op. cit., Tomo II, p. 580.

formar el "Congreso General de Venezuela", el cual se instaló el 2 de marzo de 1811.[117]

El 1º de julio de 1811, el Congreso ya había proclamado los *Derechos del Pueblo*[118], declaración que puede considerarse como la tercera declaración de derechos de rango constitucional en el constitucionalismo moderno.

El 5 de julio de 1811, el Congreso integrado por los representantes de las provincias de Margarita, de Mérida, de Cumaná, de Barinas, de Barcelona, de Trujillo y de Caracas, aprobó la Declaración de Independencia, pasando a denominarse la nueva nación, como Confederación Americana de Venezuela[119]; y en los meses siguientes, bajo la inspiración de la Constitución norteamericana y la Declaración francesa de los Derechos del Hombre[120], redactó la primera Constitución Federal para los Estados de Venezuela y la de todos los países latinoamericanos, la cual fue sancionada el 21 de diciembre de 1811,[121] con clara inspiración en los aportes revolucionarios de Norteamérica y Francia. En ella, se consagró expresamente la división del Poder Supremo en tres categorías: Legislativo, Ejecutivo y Judicial,[122] con un sistema de gobierno presidencial; estableciéndose la supremacía de la Ley como "la

117   Véase C. Parra Pérez, *Historia de la Primera República...*, *op. cit.*, Tomo I, Caracas 1959, pp. 15 y 18.

118   Véase Allan R. Brewer–Carías, *Las Constituciones de Venezuela, op. cit.*, pp. 549-551. Véase las referencias en el libro de Pedro Grases, *La conspiración de Gual y España y el ideario de la Independencia*, Caracas 1978.

119   Véase el texto de las sesiones del 5 de julio de 1811 en *Libro de Actas... cit.*, pp. 171 a 202. Véase el texto Acta de la Declaración de la Independencia, en Allan R. Brewer–Carías, *Las Constituciones de Venezuela, cit.*, pp. 545-548.

120   Véase José Gil Fortoul, *Historia Constitucional de Venezuela, op. cit.*, Tomo Primero, pp. 254 y 267.

121   Véase *Libro de Actas del Supremo Congreso de Venezuela 1811–1812*, (Estudio Preliminar: Ramón Díaz Sánchez), Biblioteca de la Academia Nacional de la Historia, 2 vols. Caracas 1959. Véase el texto en Allan R. Brewer–Carías *Las Constituciones de Venezuela, op. cit.*, pp. 555-579. Además, en *La Constitución Federal de Venezuela de 1811 y documentos afines*, Biblioteca de la Academia Nacional de la Historia, Caracas 1959, pp. Véase además, Juan Garrido Rovira, "La legitimación de Venezuela (El Congreso Constituyente de 1811)", en Elena Plaza y Ricardo Combellas (Coordinadores), *Procesos Constituyentes y Reformas Constitucionales en la Historia de Venezuela: 1811–1999*, Universidad Central de Venezuela, Caracas 2005, tomo I, pp. 13–74.

122   En el *Preliminar* de la Constitución se señala expresamente, que "El ejercicio de esta autoridad confiada a la Confederación no podrá jamás hallarse reunido en sus diversas funciones. El Poder Supremo debe estar dividido en Legislativo, Ejecutivo y Judicial, y confiado a distintos Cuerpos independientes entre sí, y en sus respectivas facultades...". Además, el artículo 189 insistía en que "los tres Departamentos esenciales del Gobierno, a saber: el Legislativo, el Ejecutivo y el Judicial, es preciso que se conserven tan separados e independientes el uno del otro cuanto lo exija la naturaleza de un gobierno libre lo que es conveniente con la cadena de conexión que liga toda fábrica de la Constitución en un modo indisoluble de Amistad y Unión".

expresión libre de la voluntad general,"[123], y la soberanía que residiendo en los habitantes del país, se ejercía por los representantes.[124] Sus 228 Artículos estuvieron destinados a regular el Poder Legislativo (arts. 3 a 71), el Poder Ejecutivo (arts. 72 a 109), el Poder Judicial (arts. 110 a 118), las Provincias (arts. 119 a 134) y los Derechos del Hombre a ser respetados en toda la extensión del Estado (arts. 141 a 199).

Dicha Constitución, que fue promulgada antes de que se hubiese promulgado la de Cádiz el 19 de marzo de 1812 y, en paralelo, a las reuniones de las Cortes de Cádiz que se habían instalado el 24 de septiembre de 1810, y en las cuales también se había comenzado a delinear una Constitución Monárquica de democracia representativa; aún cuando no tuvo vigencia real superior a un año debido a las guerras de independencia, indudablemente que condicionó la evolución de las instituciones políticas y constitucionales venezolanas hasta nuestros días. En el momento, sin embargo, la labor de construcción del Estado independiente quedó a medio hacer, pues apenas se instaló el gobierno republicano en la capital Valencia, el 1 de marzo de 1812, la reacción realista se comenzó a sentir con el Capitán de fragata Domingo de Monteverde a la cabeza, lo que fue facilitado, como se dijo, por los efectos devastadores del terremoto que desoló a Caracas el 24 del mismo mes de marzo de 1812, que los Frailes y el Arzobispo de Caracas atribuyeron a un castigo de Dios por la revolución de Caracas[125].

La amenaza de Monteverde y la necesidad de defender la República llevaron al Congreso, el 4 de Abril de 1812, a delegar en el Poder Ejecutivo todas las facultades necesarias[126], y éste, el 23 de abril de 1812, nombró Generalísimo a Francisco de Miranda, con poderes dictatoriales. En esta forma, la guerra de independencia, obligó, con razón, a dejar de un lado la Constitu-

123 "La Ley es la expresión libre de la voluntad general o de la mayoría de los ciudadanos, indicada por el órgano de sus representantes legalmente constituidos. Ella se funda sobre la justicia y la utilidad común, y ha de proteger la libertad pública e individualidad contra toda opresión o violencia". "Los actos ejercidos contra cualquier persona fuera de los casos y contra las formas que la Ley determina son inicuos, y si por ellos se usurpa la autoridad constitucional o la libertad del pueblo serán tiránicos" (Arts. 149 y 150).

124 "Una sociedad de hombres reunidos bajo unas mismas Leyes, costumbres y Gobierno forma una soberanía". La soberanía de un país, o supremo poder de reglar o dirigir equitativamente los intereses de la comunidad reside pues, esencial y originalmente, en la masa general de sus habitantes y se ejercita por medio de apoderados o representantes de éstos, nombrados y establecidos conforme a la Constitución". "Ningún individuo, ninguna familia particular, ningún pueblo, ciudad o partido puede atribuirse la soberanía de la sociedad, que es imprescindible, inalienable e indivisible en su esencia y origen, ni persona alguna podrá ejercer cualquier función pública del Gobierno, si no lo ha obtenido por la Constitución" (Art. 143, 144 y 145).

125 Véase J.F. Blanco y R. Azpúrua, *Documentos para la Historia de la Vida Pública del Libertador...*, *op. cit.*, Tomo III, pp. 614 y ss.

126 Véase *Libro de Actas del Congreso de Venezuela 1811–1812*, Biblioteca de la Academia Nacional de la Historia, tomo II, Caracas, 1959, pp. 397 a 399.

ción. Como el Secretario de Guerra, José de Sata y Bussy (quien había sido Diputado de San Fernando de Apure en el Congreso General) le comunico en correspondencia dirigida al Teniente General Francisco de Miranda ese mismo día 23 de abril de 1812:

"Acaba de nombraros el Poder Ejecutivo de la Unión, General en Jefe de las armas de toda la Confederación Venezolana con absolutas facultades para tomar cuantas providencias juzguéis necesarias a salvar nuestro territorio invadido por los enemigos de la libertad Colombiana; y bajo este concepto no os sujeta ley alguna ni reglamento de los que hasta ahora rigen estas Repúblicas, sino que al contrario no consultareis mas que la Ley suprema de salvar la patria; y a este efecto os delega el Poder de la Unión sus facultades naturales y las extraordinarias que le confirió la representación nacional por decreto de 4 de este mes, bajo vuestra responsabilidad"[127].

En la sesión del 4 de abril de 1812, se había acordado que "la medida y regla" de las facultades concedidas al Poder Ejecutivo fuera la salud de la Patria; y que siendo esa la suprema ley, "debe hacer callar las demás"[128]; pero a la vez, se acordó participar a las "Legislaturas Provinciales" la vigencia de la Constitución Federal sin perjuicio de las facultades extraordinarias al Poder Ejecutivo.[129]

El Congreso, el 4 de abril de 1812, además, había exhortado a las mismas "Legislaturas provinciales" que obligaran y apremiasen a los diputados de sus provincias a que sin excusa ni tardanza alguna se hallaren en la ciudad de Valencia para el 5 de julio de 1812, para determinar lo que fuera más conveniente a la causa pública[130]. Esta reunión nunca se pudo realizar.

En esta forma, en la historia constitucional venezolana, a los pocos meses de sancionada la Constitución de 1811 se produjo, por la necesidad de salvar la República, la primera ruptura del hilo constitucional. La dictadura sin embargo, duró poco, pues el 25 de julio de 1812 se produjo la Capitulación de Miranda y la aceptación de la ocupación del territorio de la provincia de Caracas por Monteverde.[131] El coronel Simón Bolívar (1783–1830), quien tenía a su cargo la plaza militar de Puerto Cabello, la perdió y a mediados de Julio, antes de la Capitulación, comunicó los sucesos a Miranda.[132] Entre las múltiples causas de la caída de la Primera República está, sin duda la pérdida de Puerto Cabello. Monteverde desconoció los términos del Armisticio, Miranda

---

127 Véase *Archivo del General Miranda, op. cit.*, Tomo XXIX, pp. 396 y 397.

128 Véase *Libro de Actas del Congreso de Venezuela..., op. cit.,* p. 398.

129 *Idem,* p. 400.

130 *Ibídem,* pp. 398–399.

131 Véase los documentos en *Archivo del General Miranda*, tomo XXIV, *op, cit.,* pp. 509 a 530. Además, en J.F. Blanco y R. Azpúrua, *Documentos para la Historia de la Vida Pública del Libertador..., op. cit.,* pp. 679 y ss.

132 *Idem.* pp. 415 a 430.

fue detenido a comienzos de agosto, y Bolívar logró salir de La Guaira a fines de agosto hacia Curazao y luego a Cartagena.

Fue entonces el 3 de diciembre de 1812 cuando se publicó en Caracas la Constitución de Cádiz, la cual sin embargo tampoco tuvo aplicación alguna. La misma, como es sabido, incluso en la Península había tenido aplicación limitada pues el país seguía en gran parte ocupado por los franceses y el Rey permanecía ausente; y cuando regresó, en 1814, fue para desconocer la soberanía de las Cortes de Cádiz y terminar derogando el texto constitucional.

En todo caso, toda esta evolución institucional en Venezuela había ocurrido en el corto período de tres años entre 1808 y 1811, desde cuando en la Provincia de Venezuela se recibieron las noticias de los sucesos de Aranjuez y de Bayona, y se quiso establecer en vano una Junta Suprema para la conservación de los derechos de Fernando VII, a la usanza de las que proliferaron en la Península. El *Manifiesto* de 1811 publicado en el libro londinense, expresó, por tanto, que había sido en vano el hecho de que se hubiese declarado y publicado en España que ésta "había empezado a existir de nuevo desde el abandono de sus autoridades, desde las cesiones de los Borbones e introducción de otra dinastía," y que recobrando "su absoluta independencia y libertad," "daban este ejemplo a las Américas para que ellas recuperasen los mismos derechos que allí se proclamaban.[133] (M). Se consideró así, que la Junta Central aún cuando variando el lenguaje de la liberalidad y la franqueza, "adoptó la perfidia el talismán de Fernando, inventado por la buena fe;" sofocando, "aunque con maña y suavidad, el proyecto sencillo y legal de Caracas, para imitar la conducta representativa de los gobiernos de España," haciendo referencia al "Proyecto del año de 1808, para hacer una Junta de Gobierno y conservación como las de España," con lo que se entabló "un nuevo género de despotismo, bajo el nombre facticio de un Rey reconocido por generosidad y destinado a nuestro mal y desastre, por los que usurpaban la soberanía" (M).

El *Manifiesto* dio entonces cuenta de cómo durante esos años "se ocultaban las derrotas y desgracias de las armas en España; se forjaban y divulgaban triunfos pomposos e imaginarios contra los franceses en la Península y en el Danubio;" y a la vez "se figuraban conspiraciones, se inventaban partidos y facciones, se calumniaba a todo el que no se prestaba a iniciarse en los misterios de la perfidia, se inventaban escuadras y emisarios franceses en nuestros mares y nuestro seno, se limitaban y constreñían nuestras relaciones con las Colonias vecinas, se ponían trabas a nuestro comercio; todo con el fin de tenernos en una continua agitación, para que no fijásemos la atención en nuestros verdaderos intereses." Sin embargo, a pesar de ello, los venezolanos empezaron "a desconfiar de los Gobiernos de España y sus agentes;" y comenzaron a descubrir "todo el horroroso porvenir" que los amenazaba, to-

---

133   En el Manifiesto se citan en apoyo, "Varios impresos que salieron en el primer ímpetu de la revolución de España. El Conde de Floridablanca, contestando por la Junta Central al Consejo de Castilla. Manifiesto de la misma junta. Y la Universidad de Sevilla, respondiendo la consulta de ésta".

mando conocimiento de "la verdadera suerte de la Península, el desorden de su Gobierno, la energía de sus habitantes, el formidable poder de sus enemigos y la ninguna esperanza de su salvación" (M). Los venezolanos, decía el *Manifiesto* "encerrados en nuestras casas, rodeados de espías, amenazados de infamia y deportación, apenas podíamos lamentar nuestra situación, ni hacer otra cosa que murmurar en secreto contra nuestros vigilantes y astutos enemigos." Sin embargo, "exhalados en la amargura y la opresión," "encerrados en las cuatro paredes de su casa e incomunicados entre sí," se afirma que "apenas hubo un ciudadano de Caracas que no pensase que había llegado el momento de ser libre para siempre, o de sancionar irrevocablemente una nueva y horrorosa servidumbre" (M).

Y así fueron comenzando todos a:

"descubrir la nulidad de los actos de Bayona, la invalidación de los derechos de Fernando y de todos los Borbones que concurrieron a aquellas ilegítimas estipulaciones: la ignominia con que habían entregado como esclavos a los que los habían colocado en el trono contra las pretensiones de la Casa de Austria; la connivencia de los intrusos mandatarios de España a los planes de la nueva dinastía; la suerte que estos planes preparaban a la América, y la necesidad de tomar un partido que pusiese a cubierto al Nuevo Mundo de los males que le acarreaba el estado de sus relaciones con el antiguo" (M).

Y en España, se dijo en el mismo *Manifiesto*, "nada veían más que desorden, corrupción, facciones, derrotas, infortunios, traiciones, ejércitos dispersos, provincias ocupadas, falanges enemigas y un gobierno imbécil y tumultuario, formado de tan raros elementos." Y así decía:

"Tal era la impresión uniforme y general que advertían en el rostro de todos los venezolanos los agentes de la opresión, destacados a sostener a toda costa la infame causa de sus constituyentes: cada palabra producía una proscripción; cada discurso costaba una deportación a su autor, y cada esfuerzo o tentativa para hacer, en América lo mismo que en España, si no hacía derramar la sangre de los americanos era, sin duda, una causa suficiente para la ruina, infamia y desolación de muchas familias."[134]

Hubo en España, como lo dice el *Manifiesto*, un "errado cálculo:" al momento en el cual, "menesterosa y desolada, pendiente su suerte de la generosidad americana, y casi en el momento de ser borrada del catálogo de las naciones," sin embargo, "parecía que, trasladada al siglo XVI y XVII, empezaba a conquistar de nuevo a la América con armas más terribles que el hierro y el plomo." Y los americanos, por su parte, cada día captaban nuevas pruebas de la suerte que los amenazaba, "colocados en la horrorosa disyuntiva de

---

134   En el *Manifiesto* se cita la "Deportación de varios oficiales de concepto y ciudadanos de rango y probidad, decretada en 20 de marzo de 1810 por Emparan."

ser vendidos a una nación extraña o tener que gemir para siempre en una nueva e irrevocable servidumbre."

Había resonado en los oídos de Caracas, en todo caso, el ruido de "la irrupción de los franceses en las Andalucías, la disolución de la Junta Central, a impulsos de la execración pública y la abortiva institución de otro nuevo proteo gubernativo, bajo el nombre de Regencia." Esta, se dijo, anunciaba "con ideas más liberales," que "cualquiera otra época hubiera ésta deslumbrado a los americanos," procurando reforzar la ilusión en los americanos "con promesas brillantes, teorías estériles y reformas y anuncios" de que su suerte no estaba "en las manos de los virreyes, de los ministros, ni de los gobernadores." Pero al mismo tiempo, sus agentes "recibían las más estrechas órdenes para velar sobre nuestra conducta, sobre nuestras opiniones y no permitir que éstas saliesen de la esfera trazada por la elocuencia que doraba los hierros preparados en la capciosa y amañada carta de emancipación."

En fin, durante ese tiempo, se dijo en el *Manifiesto,*

"antes de las resultas de nuestra transformación política, llegaban cada día a nuestras manos nuevos motivos para hacer, por cada uno de ellos, lo que hicimos después de tres siglos de miseria y degradación. En todos los buques que llegaban de España venían nuevos agentes a reforzar con nuevas instrucciones a los que sostenían la causa de la ambición y la perfidia, con el mismo objeto se negaba el permiso de regreso a España a los militares y demás empleados europeos, aunque lo pidiesen para hacer la guerra contra los franceses" (M).

V. LA GUERRA Y EL BLOQUEO ORDENADO POR LA REGENCIA CONTRA VENEZUELA A PARTIR DE 1810, Y LA NUEVA CONQUISTA

Durante esos mismos años 1808 a 1811, cuando en las antiguas colonias americanas de Venezuela se desarrollaba un proceso de construcción institucional de un Estado independiente, en España la situación institucional también era precaria. Luego de los alzamientos generalizados contra la invasión francesa a partir de mayo de 1808, y la sucesiva y espontánea constitución de Juntas Provisionales en los pueblos y ciudades para la defensa de la nación, para septiembre de 1808, la necesidad de conformar una unidad de dirección a la guerra y a la política era imperiosa, lo que condujo a la formación de una Junta Central integrada por personalidades ilustradas, algunas de las cuales, incluso, habían formado parte del gobierno de Carlos IV.

La opción entre constituir una Regencia o una Junta Central que se ocupara de la conducción de los asuntos del Reino en ausencia de Fernando VII, terminó imponiendo la necesidad de la convocatoria a las Cortes generales, lo que se consultó al país en 1809. La Junta Central que funcionaba en Sevilla, ante el avance de las tropas francesas, tuvo que retirarse hacia la Isla de León (San Fernando), donde terminó por designar una Junta de Regencia el 29 de enero de 1810, poniendo fin a sus funciones y convocando paralelamente a la Nación a Cortes Generales, mediante elección de representantes conforme al Reglamento que luego dictaría el Consejo de Regencia el 6 de octubre de

1810, que incluía también a representantes de los territorios de las colonias americanas, a las cuales se las quería integrar al Reino.

Antes, sin embargo, el 1º de agosto de 1810, el Consejo de Regencia había declarado en estado de riguroso bloqueo a la Provincia de Caracas, por haber sus habitantes "cometido el desacato de declararse *independientes* de la metrópoli, y creando una junta de gobierno para ejercer la pretendida *autoridad independiente.*"[135] Sin duda, los acontecimientos de Caracas habían sido los de una auténtica revolución política, con un golpe de Estado dado contra las autoridades españolas por el Cabildo Metropolitano, el cual había asumido el poder supremo de la Provincia, desconociendo toda autoridad en la Península, incluyendo el Consejo de Regencia.

Esta situación de confrontación entre España y Venezuela, quedó destacada con gran profusión en el *Manifiesto* de 1811, con el cual el Congreso General de Venezuela explicó al mundo las razones de la Independencia. En el mismo, en efecto, se denunció que no sólo habían sido "los mandones de nuestro territorio los que estaban autorizados para sostener la horrorosa trama de sus constituyentes" sino que "desde los funestos y ominosos reinados de las juntas de Sevilla, Central y Regencia y con un sistema de francmasonería política bajo un pacto maquiavélico, estaban todos de acuerdo en sustituirse, reemplazarse y auxiliarse mutuamente en los planes combinados contra la felicidad y existencia política del Nuevo Mundo."

En el *Manifiesto* se denunció la conducta de los dirigentes de la Península con respecto a la América, considerándose que había sido "mucho más dura e insultante" "comparada con la que aparece respecto de la Francia;" y los "gobiernos intrusos, ilegítimos, imbéciles y tumultuarios" que en la Península se habían llamado hasta ese momento "apoderados del Rey o representantes de la nación." En fin, se denunció que la "América sola es la que está condenada a sufrir la inaudita condición de ser hostilizada, destruida y esclavizada," pues "parece que la independencia de América causa más furor a España que la opresión extranjera que la amenaza, al ver que contra ella se emplean con preferencia recursos que no han merecido aún las provincias que han aclamado al nuevo Rey."

Los mismos sentimientos se expresaron en el *Acta de Independencia* en la cual se explicó que a pesar de la moderación y generosidad mostrada por las Provincias hacia España, "se nos declara en estado de rebelión, se nos bloquea, se nos hostiliza, se nos envían agentes a amotinarnos unos contra otros, y se procura desacreditarnos entre las naciones de Europa implorando sus auxilios para oprimirnos;" "se nos condena a una dolorosa incomunicación con nuestros hermanos; y para añadir el desprecio a la calumnia se nos nom-

---

135 Véase en J. F. Blanco y R. Azpúrua, *Documentos para la Historia de la Vida Pública del Libertador...op. cit.,* Tomo II, p. 571. El bloqueo lo ejecutó el Comisionado Regio Cortabarria desde Puerto Rico, a partir del 21 de enero de 1811. Véase en J. F. Blanco y R. Azpúrua, *Documentos para la Historia de la Vida Pública del Libertador...*, *op. cit.,* Tomo III, p. 8; C. Parra Pérez, *Historia de la Primera República...*, *op. cit.,* Tomo I, p. 484.

bran apoderados, contra nuestra expresa voluntad, para que en sus Cortes dispongan arbitrariamente de nuestros intereses bajo el influjo y la fuerza de nuestros enemigos" y finalmente se dijo que

"para sofocar y anonadar los efectos de nuestra representación, cuando se vieron obligados a concedérnosla, nos sometieron a una tarifa mezquina y diminuta y sujetaron a la voz pasiva de los Ayuntamientos, degradados por el despotismo de los gobernadores, la forma de la elección: lo que era un insulto a nuestra sencillez y buena fe, más bien que una consideración a nuestra incontestable importancia política."

Y se agregó en el Acta de la Independencia que sordos siempre a los gritos de justicia que se expresaban desde América, los gobiernos de España lo que procuraron fue "desacreditar todos nuestros esfuerzos declarando criminales y sellando con la infamia, el cadalso y la confiscación," todas las tentativas que, en diversas épocas, habían hecho algunos americanos para la felicidad de su país."

Según el *Manifiesto*, la reacción del Consejo de Indias contra Venezuela equivalía a pretender "conquistar de nuevo a Venezuela con las armas de los Alfingers y Weslers,"[136] los factores alemanes a quienes Carlos V había "arrendado estos países," a los efectos de continuar el sistema de dominación española en América," con lo que en definitiva se afirmaba que "el nombre de Fernando" había perdido "toda consideración entre nosotros y debe ser abandonado para siempre."

Debe observarse que el centro de operaciones para la lucha contra Venezuela lo ubicó la Regencia en la isla de Puerto Rico, que constituyó, como se dijo en el *Manifiesto,*

"la guarida de todos los agentes de la Regencia, el astillero de todas las expediciones, el cuartel general de todas las fuerzas antiamericanas, el taller de todas las imposturas, calumnias, triunfos y amenazas de los Regentes; el refugio de todos los malvados y el surgidero de una nueva compañía de filibusteros, para que no faltase ninguna de las calamidades del siglo XVI a la nueva conquista de la América en el XIX."

A cargo de las operaciones contra la Provincia estaría el Gobernador de Puerto Rico, Salvador Meléndez y Bruna, calificado en el *Manifiesto* como el "Bajá Meléndez" o "el tirano de Borriquen" a quien se le acusó de declarar la guerra a las Provincias, constituyéndose además, en "carcelero gratuito de los emisarios de paz y confederación," y de haber robado "con la última impudencia más de 100.000 pesos de los caudales públicos de Caracas, que se habían embarcado en la fragata Fernando VII para comprar armamento y ropa militar en Londres."

En la Provincia, en cambio, "aun a pesar de tanto insulto, de tanto robo y de tanta ingratitud," los asuntos de gobierno continuaban sin variar conforme

---

136 Se refirió el *Manifiesto* a los "Primeros tiranos de Venezuela, autorizados por Carlos V y promovedores de la guerra civil entre sus primitivos habitantes".

al juramento de la conservación de los derechos de Fernando VII, de manera que "el acto sublime de su representación nacional, se publicó a nombre de Fernando VII"; bajo su "autoridad fantástica" se sostuvieron "todos los actos de nuestro gobierno y administración, que ninguna necesidad tenía ya de otro origen que el del pueblo que la había constituido;" y conforme a "las leyes y los códigos de España," se juzgó una "horrible y sanguinaria conspiración de los europeos" e incluso las mismas se infringieron "para perdonarles la vida," y no manchar con la sangre la memoria de nuestra revolución;" e incluso, "bajo el nombre de Fernando" se buscó unir a la Confederación a las provincias de Coro y Maracaibo que y se anunciaba en el *Manifiesto* "reconquistaremos a Guayana, arrancada dos veces de nuestra confederación, como lo está Maracaibo, contra el voto general de sus vecinos."

De todos estos acontecimientos, parecía "que ya no quedaba nada que hacer para la reconciliación de España o para la entera y absoluta separación de la América" y a pesar de que "Venezuela quiso agotar todos los medios que estuviesen a su alcance, para que la justicia y la necesidad no le dejasen otro partido de salud que el de la independencia que debió declarar desde el 19 de abril de 1810," dada la repercusión que los principios de la revolución habían tenido en toda América, y en particular "desde el Orinoco hasta el Magdalena y desde el Cabo Codera hasta los Andes," tuvo "que endurar nuevos insultos antes que tomar el partido doloroso de romper para siempre con sus hermanos." Así, se expresó en el *Manifiesto* de 1811 que:

> "sin haber hecho Caracas otra cosa que imitar a muchas provincias de España y usar de los mismos derechos que había declarado en favor de ella y de toda la América, el Consejo de Regencia; sin haber tenido en esta conducta otros designios que los que le inspiraba la suprema ley de la necesidad para no ser envueltos en una suerte desconocida y relevar a los Regentes del trabajo de atender al gobierno de países tan extensos como remotos, cuando ellos protestaban no atender sino a la guerra; sin haber roto la unidad e integridad política con la España; sin haber desconocido como podía y debía, los caducos derechos de Fernando; lejos de aplaudir por conveniencia, ya que no por generosidad, tan justa, necesaria y modesta resolución, y sin dignarse contestar siquiera o someter al juicio de la nación nuestras quejas y reclamaciones, se la declara en estado de guerra, se anuncia a sus habitantes como rebeldes y desnaturalizados; se corta toda comunicación con sus hermanos; se priva de nuestro comercio a la Inglaterra; se aprueban los excesos de Meléndez, y se le autoriza para cometer cuanto le sugiriese la malignidad de corazón, por más opuesto que fuese a la razón y justicia, como lo demuestra la orden de 4 de septiembre de 1810, desconocida por su monstruosidad aun entre los déspotas de Constantinopla y del Indostán; y por no faltar un ápice a los trámites de la conquista, se envía bajo el nombre de pacificador un nuevo Encomendero, que con muchas más prerrogativas que los conquistadores y pobladores se apostase en Puerto Rico para amenazar, robar, piratear, alucinar y amotinar a unos contra otros, a nombre de Fernando VII" (M).

Se refería el *Manifiesto* a la decisión de la Regencia de nombrar a Antonio Ignacio de Cortavarría o Cortabarría como Comisionado Regio a cargo de la pacificación de las Provincias de Venezuela, con sede en Puerto Rico. Hasta entonces, como se observó en el *Manifiesto*, a pesar de las ordenes que se habían dado al gobernador Meléndez de Puerto Rico, "los progresos del sistema de subversión, anarquía y depredación que se propuso la Regencia luego que supo los movimientos de Caracas," habían sido lentos; pero "trasladado ya el foco principal de la guerra civil" más cerca de las Provincias, adquirieron más intensidad capitaneados por "los caudillos asalariados por Cortabarría y Meléndez," con la "discordia soplada de nuevo por Mijares, hinchado y ensoberbecido con la imaginaria Capitanía General de Venezuela."[137] De ello resultó, no sólo el derramamiento de sangre americana en las costas de Coro, sino "los robos y asesinatos" cometidos en dichas costas "por los piratas de la Regencia;" "el miserable bloqueo destinado a seducir y conmover nuestras poblaciones litorales;" "los insultos hechos al pabellón inglés;" "la decadencia de nuestro comercio;" "la horrorosa perfidia de Guayana y la deportación insultante de sus próceres a las mazmorras de Puerto Rico;" y "los generosos e imparciales oficios de reconciliación, interpuestos sinceramente por un representante del Gobierno británico en las Antillas[138] y despreciados por el pseudo pacificador." De todo ello, se denunció en el *Manifiesto*, derivaban

"todos los males, todas las atrocidades y todos los crímenes que son y serán eternamente inseparables de los nombres de Cortabarría y Meléndez en Venezuela y que han impelido a su gobierno a ir más allá de lo que se propuso al tomar a su cargo la suerte de los que lo honraron con su confianza."

El *Manifiesto* denunció con énfasis lo que llamó "la misión de Cortabarría en el siglo XIX, comparado el estado de la España que la decretó y el de la América a quien se dirigía," lo cual demostró "hasta qué punto ciega el prestigio de la ambición a los que fundan en el embrutecimiento de los pueblos todo el origen de su autoridad." Con el sólo hecho del nombramiento del mencionado pacificador Cortabarría, –se dijo en el *Manifiesto*–, "habría bastante para autorizar nuestra conducta" reproduciéndose con ello involuntariamente en la imaginación de los redactores del *Manifiesto*, "el espíritu de Carlos V, la memoria de Cortés y Pizarro y los males de Moctezuma y Atahualpa" "al ver renovados los adelantados, pesquisidores y encomenderos" pero después de "trescientos años de sumisión y sacrificios." Sobre la misión de Cortabarría, se concluía señalando que

"La plenipotencia escandalosa de un hombre autorizado por un gobierno intruso e ilegítimo, para que con el nombre insultante de pacifica-

---

137 Se refería el documento a Fernando Mijares designado Capitán General de Venezuela en sustitución de Emparan, pero quien nunca llegó a ejercer el cargo en la capital.

138 El *Manifiesto* se refería al Oficio del Excmo. Sr. Almirante Cochrane, en la Secretaría de Estado.

dor despotizase, amotinase, robase y (para colmo del ultraje) perdonase a un pueblo noble, inocente, pacífico, generoso y dueño de sus derechos solo puede creerse en el delirio impotente de un gobierno que tiraniza a una nación desorganizada y aturdida con la horrorosa tempestad que descarga sobre ella" (M).

VI. LA CONTINUACIÓN DE LA GUERRA CONTRA VENEZUELA POR LAS CORTES DE CÁDIZ, Y SU FALTA DE REPRESENTACIÓN RESPECTO DE AMÉRICA

Las Cortes de Cádiz una vez instaladas, nada variaron respecto de la guerra declarada contra las provincias de Venezuela por la Regencia. Las mismas, convocadas por el Consejo de Regencia, se conformaron con representantes electos y con muchos suplentes designados en la propia Isla de León, de americanos residentes en la Península. Se reunieron el 24 de septiembre de 1810 y cinco meses después, se trasladaron a Cádiz, reuniéndose en el oratorio de San Felipe Neri, donde se desarrollaron sus sesiones.

El trabajo constituyente de las Cortes de Cádiz concluyó con la sanción de la Constitución de la Monarquía española de 18 de marzo de 1812, cuyo texto revolucionó a España, sentando las bases para el derrumbamiento del Antiguo Régimen y para el inicio del constitucionalismo moderno en España, plasmado en los principios de soberanía nacional, división de poderes, libertad de imprenta y en la abolición de los privilegios y de la inquisición. Pero al igual que la Constitución de Venezuela de 1811 que tuvo corta vida, la Constitución de Cádiz también tuvo corta vigencia. No debe olvidarse que luego de celebrado en Valençay un Tratado secreto entre Napoleón y Fernando VII el 8 de diciembre de 1813, el primero renunció al trono de España, con lo cual Fernando VII pudo entrar a España el 29 de marzo de 1814 con el propósito de jurar la Constitución que le había impuesto el Consejo de Regencia. Había pasado 6 años en el exilio, y regresó, lamentablemente, no para seguir la obra de los constituyentes de Cádiz, sino para acabar con ella. El 4 de mayo de 1814 derogó las Cortes de Cádiz y anuló la Constitución de 1812, reinstaurando el absolutismo, y declarando reos de muerte a todos los que defendieran la Constitución anulada. El 1º de octubre de 1814 Carlos IV de nuevo, abdicaría por segunda vez en su hijo los derechos al Trono de España y al Imperio de las Indias.

Sin embargo, las bases del constitucionalismo habían quedado sentadas. Debe recordarse que una vez instaladas las Cortes en 1810, el primero de sus decretos (Decreto Nº 1) fue para declarar "nula, de ningún valor ni efecto la cesión de la Corona que se dice hecha en favor de Napoleón" reconociendo a Fernando VII como Rey.[139] Además, "no conviniendo queden reunidos el Poder Legislativo, el Ejecutivo y el Judiciario", se reservaron las Cortes Generales el Poder Legislativo y atribuyeron al Consejo de Regencia el ejercicio

---

139 Véase J. F. Blanco y R. Azpúrua, *Documentos para la Historia de la Vida Pública del Libertador..., op. cit.,* Tomo II, pp. 657.

del Poder ejecutivo[140]. En esa sesión de instalación de las Cortes en la Isla de León concurrieron 207 diputados, entre ellos 62 americanos, suplentes, y entre ellos, supuestamente dos por la Provincia de Caracas, los señores Esteban Palacios y Fermín de Clemente, quienes también habían sido designados como suplentes, reclutados en la Península[141]. Debe recordarse que sólo 15 días antes, el 8 de septiembre de 1810, el Consejo de Regencia había dictado normas para la elección de dichos diputados suplentes.

Es cierto que los diputados suplentes que habían sido designados por Venezuela pidieron instrucciones a la Junta Suprema de Caracas, la cual sin embargo respondió, el 1º de febrero de 1811, que consideraba la reunión de las Cortes "tan ilegal como la formación del Consejo de Regencia" y, por tanto, que "los señores Palacios y Clemente carecían de mandato alguno para representar las Provincias de Venezuela", por lo que "sus actos como diputados eran y serían considerados nulos."[142] Ya el 23 de enero de 1811, la Junta Suprema se había dirigido a los ciudadanos rechazando el nombramiento de tales diputados suplentes, calificando a las Cortes como "las Cortes cómicas de España."[143]

Por ello, la ruptura constitucional derivada de la Independencia de Venezuela no sólo se había operado de parte de la Junta Suprema de Caracas en relación con la Regencia sino que continuó con respecto de las Cortes, las cuales además, se involucraron directamente en el conflicto. Por ello, en Venezuela se las consideraron como "ilegítimas y cómicas," rechazándose en ellas toda representación de las Provincias de Venezuela, que se pudiera atribuir a cualquiera.

Se afirmó entonces en el *Manifiesto* incluido en el libro londinense, que irritaba "ver tanta liberalidad, tanto civismo y tanto desprendimiento en las Cortes con respecto a la España desorganizada, exhausta y casi conquistada; y tanta mezquindad, tanta suspicacia, tanta preocupación y tanto orgullo con América, pacífica, fiel, generosa, decidida a auxiliar a sus hermanos y la

---

140   Véase en E. Roca Roca, *América en el Ordenamiento Jurídico...*, *op. cit.*, p. 193.

141   Véase J. F. Blanco y R. Azpúrua, *Documentos para la Historia de la Vida Pública del Libertador...*, *op. cit.*, Tomo II, pp. 656. Véase además, Eduardo Roca Roca, *América en el Ordenamiento Jurídico...*, *op. cit.*, pp. 22 y 136.

142   Véase el texto en *Gaceta de Caracas,* martes 5 de febrero de 1811, Caracas, 1959, Tomo II, p. 17. Véase además, C. Parra Pérez, *Historia de la Primera República...*, *op. cit.*, Tomo I, p. 484.

143   "Nuestros antiguos tiranos tienden nuevos lazos para prendernos. Una misión vergonzosa y despreciable nos manda que ratifiquemos el nombramiento de los diputados suplentes que ellos aplicaron a Venezuela. Las Cortes cómicas de España siguen los mismos pasos que su madre la Regencia: ellas, más bien en estado de solicitar nuestro perdón por los innumerables ultrajes y vilipendios con que nos han perseguido, y reducidas a implorar nuestra protección generosa por la situación impotente y débil en que se encuentran, sostienen, por el contrario, las hostilidades contra la América y apuran, impía y bárbaramente, todos los medios para esclavizarnos." Véase *Textos Oficiales...*, *op. cit.*, Tomo II, p. 17.

única que puede no dejar ilusorios, en lo esencial, los planes teóricos y brillantes que tanto valor dan el Congreso español;" denunciándose que "a ninguna de las provincias rendidas o contentas con la dominación francesa se le ha tratado como a Venezuela;" "ninguna de ellas ha sido hasta ahora declarada traidora, rebelde y desnaturalizada como Venezuela, y para ninguna de ellas se ha creado una comisión pública de amotinadores diplomáticos para armar españoles contra españoles, encender la guerra civil e incendiar todo lo que no se puede poseer o dilapidar a nombre de Fernando VII" (M).

En el conflicto abierto, por ejemplo, las Cortes llegaron incluso a "premiar" formalmente a comienzos de 1812 a las Provincias de la antigua Capitanía General de Venezuela que no se habían sumado al movimiento independentista (Maracaibo, Coro, Guayana), ni habían elegido diputados al Congreso General que en 1811.[144]

Sobre las Cortes, el *Manifiesto* de 1811 explicó que luego de los "rápidos y raros gobiernos" que se habían sucedido en España desde la Junta de Sevilla, "se apeló a una aparente liberalidad," y "se aceleraron y congregaron tumultuariamente las Cortes que deseaba la nación, que resistía el gobierno comercial de Cádiz y que se creyeron al fin necesarias para contener el torrente de la libertad y la justicia, que rompía por todas partes los diques de la opresión y la iniquidad en el nuevo mundo." Sin embargo, al analizar su composición, el Congreso General en el *Manifiesto*, se preguntó incrédulo sobre "por qué especie de prestigio funesto para España se cree que la parte de la nación que pasa el océano o nace entre los trópicos adquiere una constitución para la servidumbre, incapaz de ceder a los conatos de la libertad;" afirmando como harto estaban demostrados en los papeles públicos de la Provincia de Venezuela, todos:

"los vicios de que adolecen las Cortes con respecto a la América y el ilegítimo e insultante arbitrio adoptado por ellas para darnos una representación que resistiríamos, aunque fuésemos, como vociferó la Regencia, partes integrantes de la nación y no tuviésemos otra queja que alegar contra su gobierno sino la escandalosa usurpación que hace de nuestros derechos, cuando más necesita de nuestros auxilios."

El Congreso General destacó en el *Manifiesto* que estaba efuso de que a las Cortes habría llegado la noticia de las razones que había dado la Junta de Caracas "a su pérfido enviado,"[145] cuando "frustradas las misiones anteriores, inutilizadas las cuantiosas remesas de gacetas llenas de triunfos, reformas, heroicidades y lamentos, y conocida la ineficacia de los bloqueos, pacificadores, escuadras y expediciones," en la Península:

"se creyó que era necesario deslumbrar el amor propio de los americanos, sentando bajo el solio de las Cortes a los que ellos no habían nom-

144 Véase el texto de los Decretos en Eduardo Roca Roca, *América en el Ordenamiento Jurídico...*, op. cit., pp. 79–80.

145 Se refirió al Congreso General a la "conducta execrable y notoria de Montenegro, desnaturalizado por el Gobierno Español."

brado, ni podían nombrar los que crearon suplentes con los de las provincias ocupadas, sometidas y contentas con la dominación francesa."

Así, denunció el *Manifiesto* del Congreso General de 1811, que

"se escribió el elocuente manifiesto que asestaron las Cortes en 9 de enero de este año [1811] a la América,[146] con una locución digna de mejor objeto; bajo la brillantez del discurso, se descubría el fondo de la perspectiva presentada para alucinarnos. Temiendo que nos anticipásemos a protestar todas estas nulidades, se empezó a calcular sobre lo que se sabía, para no aventurar lo que se ocultaba. Fernando, desgraciado, fue el pretexto que atrajo a sus pseudo representantes los tesoros, la sumisión y la esclavitud de la América, después de la jornada de Bayona; y Fernando, seducido, engañado y prostituido a los designios del Emperador de los franceses, es ya lo último a que apelan para apagar la llama de la libertad que Venezuela ha prendido en el continente meridional."

Pero a pesar de tal manifestación de las Cortes "destinada a conmover la América," el Congreso General indicó en el *Manifiesto* que era del convencimiento "que entre las cuatro paredes de las Cortes se desatienden de nuestra justicia, se eluden nuestros esfuerzos, se desprecian nuestras resoluciones, se sostienen a nuestros enemigos, se sofoca la voz de nuestros imaginarios re-

---

146   Se refería al "Manifiesto de las Cortes generales y extraordinarias a la Nación" de 9 de enero de 1811, donde se daban las razones para la independencia de España frente a las pretensiones de Napoleón. Véase el texto publicado en *El Mercurio Venezolano*, Vol. I, Caracas, febrero 1811. Véase el texto del periódico en versión facsimilar en http://cic1.ucab.edu.ve/hmdg/bases/hmdg/textos/Mercurio/Mer_Febrero 1811.pdf. Debe destacarse que el redactor de *El Mercurio* en 1811 era precisamente Francisco Isnardy, Secretario del Congreso General, quien como tal firmó el *Manifiesto* del Congreso de 1811. En la nota que precede el texto del Manifiesto de las Cortes generales, sin duda de la pluma de Isnardy, se redactó el siguiente texto parodiando lo que podría haber dicho Napoleón, y cuyo texto se recoge en el *Manifiesto* del Congreso General, al decirse que: "En uno de nuestros periódicos ("*Mercurio Venezolano*", de febrero de 1811), hemos descubierto el verdadero espíritu del manifiesto en cuestión, reducido al siguiente raciocinio que puede mirarse como su exacto comentario "La América se ve amenazada de ser víctima de una nación extraña o de continuar esclava nuestra; para recobrar sus derechos y no depender de nadie, ha creído necesario no romper violentamente los vínculos que la ligaban a estos pueblos; Fernando ha sido la señal de reunión que ha adoptado el Nuevo Mundo, y hemos seguido nosotros; él está sospechado de connivencia con el Emperador de los franceses y si nos abandonamos ciegamente a reconocerlo demos un pretexto a los americanos que nos crean aún sus representantes para negarnos abiertamente esta representación; puesto que ya empiezan a traslucirse en algunos puntos de América estos designios, manifestemos de antemano nuestra intención de no reconocer a Fernando sino con ciertas condiciones; éstas no se verificarán jamás y mientras que Fernando, ni de hecho ni de derecho, es nuestro Rey, lo seremos nosotros de la América, y este país tan codiciado de nosotros y tan difícil de mantener en la esclavitud, no se nos irá tan pronto de las manos."

presentantes, se renueva para ellos la Inquisición,[147] al paso que se publica la libertad de imprenta y se controvierte si la Regencia pudo declararnos libres y parte integrante de la nación."

Por otra parte, la persecución contra la Provincia "desde la isla de Puerto Rico" no cesó con la integración de las Cortes, por lo que en el *Manifiesto* del Congreso General se dio cuenta de que:

"Meléndez, nombrado Rey de Puerto Rico por la Regencia," quedó "por un decreto de las Cortes con la investidura equivalente de gobernador, nombres sinónimos en América, porque ya parecía demasiado monstruoso que hubiese dos reyes en una pequeña isla de las Antillas españolas. Cortabarria solo bastaba para eludir los efectos del decreto, dictado sólo por un involuntario sentimiento de decencia. Así fue que cuando se declaraba inicua, arbitraria y tiránica la investidura concedida por la Regencia a Meléndez y se ampliaba la revocación a todos los países de América que se hallasen en el mismo caso que Puerto Rico, nada se decía del plenipotenciario Cortabarria, autorizado por la misma Regencia contra Venezuela, con las facultades más raras y escandalosas de que hay memoria en los fastos del despotismo orgánico."

Y precisamente, después del decreto de las Cortes, se denunció en el *Manifiesto* del Congreso General de 1811, fue que se habían sentido "más los efectos de la discordia, promovida, sostenida y calculada desde el fatal observatorio de Puerto Rico;" que se habían "asesinados inhumanamente los pescadores y costaneros en Ocumare por los piratas de Cortabarria;" que habían "sido bloqueadas, amenazadas e intimadas Cumaná y Barcelona;" que se habían "organizado y tramado una nueva y sanguinaria conjuración contra Venezuela, por el vil emisario introducido pérfidamente en el seno pacífico de su patria para devorarla; que se había "alucinado a la clase más sencilla y laboriosa de los alienígenas de Venezuela; y que "por las sugestiones del pacificador de las Cortes, después del decreto de éstas," se había turbado e interrumpido "la unidad política de nuestra Constitución," promoviéndose la discordia entre las Provincias:

"para que en un mismo día quedase sumergida Venezuela en la sangre, el llanto y la desolación, asaltada hostilmente por cuantos puntos han estado al alcance de los agitadores, que tiene esparcidos contra nosotros el mismo Gobierno que expidió el decreto a favor de Puerto Rico y de toda la América. El nombre de Fernando Vil es el pretexto con que va a devorarse el Nuevo Mundo; si el ejemplo de Venezuela no hace que se distingan, de hoy más, las banderas de la libertad clara y decidida, de las de la fidelidad maliciosa y simulada" (M).

---

147 En el *Manifiesto* se indicó que había "noticias positivas de que el Sr. Mejía, Suplente de Santa Fe, ha sido encerrado en la Inquisición por su liberalidad de ideas."

VII. LA JUSTIFICACIÓN DEL DESCONOCIMIENTO DEL JURA-MENTO DADO EN 1811 POR LA PROVINCIA DE CARACAS PARA LA CONSERVACIÓN DE LOS DERECHOS DE FERNANDO VII

Como la revolución de Caracas iniciada el 19 de abril de 1810 se había realizado mediante la deposición de las autoridades coloniales españolas, nombrándose en su lugar una Junta Suprema Conservadora de los Derechos de Fernando VII, a la usanza de las Juntas peninsulares, la misma que el Gobernador se había negado a aceptar en 1808, en los documentos que se publicaron en el libro londinense, muchos párrafos se destinaron a justificar y explicar las razones de la ruptura del juramento prestado.

Así, en el *Manifiesto* de 1811, en efecto, se expresó que aún cuando todos "los males de este desorden y los abusos de aquella usurpación podrían creerse no imputables a Fernando," quien había sido "reconocido ya en Venezuela cuando estaba impedido de remediar tanto insulto, tanto atentado y tanta violencia cometida en su nombre," se consideró:

"necesario remontar al origen de sus derechos para descender a la nulidad e invalidación del generoso juramento con que los hemos reconocido condicionalmente, aunque tengamos que violar, a nuestro pesar, el espontáneo silencio que nos hemos impuesto, sobre todo lo que sea anterior a las jornadas del Escorial y de Aranjuez."

El tema era considerado como de orden moral y jurídico, por lo que en el *Manifiesto* se consideró necesario no "dejar nada al escrúpulo de las conciencias, a los prestigios de la ignorancia y a la malicia de la ambición resentida," afrontando el tema explicando las razones de Venezuela para haberse desprendido del "juramento condicional con que reconoció a Femando VII," en abril de 1810, al haber "declarado su independencia de toda soberanía extraña" en julio de 1811. A tal efecto se explicó, que dicho "juramento promisorio" no había sido "otra cosa que un vínculo accesorio que supone siempre la validación y legitimidad del contrato que por él se rectifica," por lo que de no haber habido "vicio que lo haga nulo o ilegítimo," "la obligación de cumplirlas está fundada sobre una máxima evidente de la ley natural." Y en cuanto al "Juramento" ante Dios, se afirmó que "jamás podrá Dios ser garante de nada que no sea obligatorio en el orden natural, ni puede suponerse que acepte contrato alguno que se oponga a las leyes que él mismo ha establecido para la felicidad del género humano."

En todo caso, se argumentó que "aun cuando el juramento añadiese nueva obligación a la del contrato solemnizado por él, siempre sería la nulidad del uno inseparable de la nulidad del otro," de manera que "si el que viola un contrato jurado es criminal y digno de castigo, es porque ha quebrantado la buena fe, único lazo de la sociedad, sin que el perjurio haga otra cosa que aumentar el delito y agravar la pena." Se agregó que "la ley natural que nos obliga a cumplir nuestras promesas y la divina que nos prohíbe invocar el nombre de Dios en vano, no alteran en nada la naturaleza de las obligaciones contraídas bajo los efectos simultáneos e inseparables de ambas leyes, de modo que la infracción de la una supone siempre la infracción de la otra."

Bajo estos principios, sin duda expuestos de la mano de los juristas que integraban el Congreso General, en el *Manifiesto* se procedió a analizar "el juramento incondicional con que el Congreso de Venezuela ha prometido conservar los derechos que legítimamente tuviese Fernando VII, sin atribuirle ninguno que, siendo contrario a la libertad de sus pueblos, invalidase por lo mismo el contrato y anulase el juramento," para lo cual se comenzó por constatar que, al fin, "a impulsos de la conducta de los gobiernos de España han llegado los venezolanos a conocer la nulidad en que cayeron los tolerados derechos de Fernando por las jornadas del Escorial y Aranjuez, y los de toda su casa por las cesiones y abdicaciones de Bayona;" concluyéndose que

"de la demostración de esta verdad nace como un corolario la nulidad de un juramento que, además de condicional, no pudo jamás subsistir más allá del contrato a que fue añadido como vinculo accesorio. Conservar los derechos de Fernando, fue lo único que prometió Caracas el 19 de abril, cuando ignoraba aún si los había perdido; y cuando aunque los conservase con respecto a la España, quedaba todavía por demostrar si podía ceder por ellos la América a otra dinastía, sin su consentimiento."

En todo caso, fueron "las noticias que a pesar de la opresión y suspicacia de los intrusos gobiernos de España" se llegaron a saber en Venezuela sobre "la conducta de los Borbones y los efectos funestos que iba a tener en América esta conducta," lo que permitió que se formaran

"un cuerpo de pruebas irrefragables de que no teniendo Fernando ningún derecho, debió caducar, y caducó, la conservaduría que le prometió Venezuela y el juramento que solemnizó esta promesa (Jurabis in veritate, et in judicio, et in justitia, Jerem. Cap. 4). De la primera parte del aserto es consecuencia legítima la nulidad de la segunda."

Pero el *Manifiesto* de 1811 fue más allá afirmándose en él que "Ni el Escorial, ni Aranjuez, ni Bayona fueron los primeros teatros de las transacciones que despojaron a los Borbones de sus derechos sobre la América. Ya se habían quebrantado en Basilea[148] y en la Corte de España las leyes fundamentales de la dominación española en estos países," habiendo Carlos IV cedido "contra una de ellas[149] la isla de Santo Domingo a Francia" y enajenado "la Luisiana en obsequio de esta nación extranjera."

Por ello, se afirmó en el *Manifiesto*, que

"estas inauditas y escandalosas infracciones autorizaron a los americanos contra quienes se cometieron y a toda la posteridad del pueblo colombiano, para separarse de la obediencia y juramento que tenía prestado a la Corona de Castilla, como tuvo derecho para protestar contra el peligro inminente que amenazaba a la integridad de la monarquía en ambos mundos, la introducción de las tropas francesas en España antes de la

---

148 Se cita el *Tratado de Basilea* de 15 de julio de 1795.
149 Se cita *Ley 1, tít. 1 de la Recopil. de Indias.*

jornada de Bayona, llamadas sin duda por alguna de las facciones borbónicas para usurpar la soberanía nacional a favor de un intruso, de un extranjero, o de un traidor."

Volviendo a las acciones en Venezuela que se produjeron desde el 15 de julio de 1808 hasta el 5 de julio de 1811, y ante las pretensiones de que se pudiera oponer a los venezolanos el juramento dado para la conservación de los derechos de Fernando VII "para perpetuar los males que la costosa experiencia de tres años nos ha demostrado como inseparables de tan funesto y ruinoso compromiso," el Congreso General indicó en el *Manifiesto* que ya era tiempo de abandonar dicho "talismán que, inventado por la ignorancia y adoptado por la fidelidad, está desde entonces amontonando sobre nosotros todos los males de la ambigüedad, la suspicacia y la discordia," considerando que "Fernando VII es la contraseña universal de la tiranía en España y en América."

El desconocimiento de Fernando VII, como supuesto rey, y por tanto, del juramento que se había dado en 1810 para conservar sus derechos, eran pues evidentes en la mente del Congreso General de Venezuela en 1811, cuyos miembros, en el *Manifiesto*, oponiendo "tres siglos de agravios contra ella, por tres años de esfuerzos lícitos," además protestaron, de pasada, que si "la hiel y el veneno" hubiesen sido los agentes de la "solemne, veraz y sencilla manifestación," de protesta ante el Juramento de conservar los derechos de Fernando VII, hubieran:

"empezado a destruir los derechos de Fernando por la ilegitimidad de su origen, declarada en Bayona por su madre y publicada en los periódicos franceses y españoles; haríamos valer los defectos personales de Fernando, su ineptitud para reinar, su débil y degradada conducta en las Cortes de Bayona, su nula e insignificante educación y las ningunas señales que dio para fundar las gigantescas esperanzas de los gobiernos de España, que no tuvieron otro origen que la ilusión de la América ni otro apoyo que el interés político de Inglaterra, muy distante de los derechos de los Borbones."[150]

Pero, se proclamó en el *Manifiesto*, que como "la decencia es la norma de nuestra conducta," sus redactores estaban "prontos a sacrificar" las "mejores razones," particularmente considerando que hartas eran "las alegadas para demostrar la justicia, necesidad y utilidad de nuestra resolución, a cuyo apoyo sólo faltan los ejemplos con que vamos a sellar el juicio de nuestra independencia." De manera que se declaraba en el *Manifiesto* que "aun cuando hubiesen sido incontestables los derechos de los Borbones e indestructible el juramento que hemos desvanecido, bastaría solo la injusticia, la fuerza y el

---

150 Se acotó en el *Manifiesto* que "la opinión pública de España y la experiencia de la revolución del Reino, nos suministrarían bastantes pruebas de la conducta de la madre y de las cualidades del hijo, sin recurrir al manifiesto del ministro Azanza (Publicado después de la jornada de Bayona y circulado en esta Capital, a pesar de la anterior opresión), y a las memorias secretas de María Luisa".

engaño con que se nos arrancó para que fuese nulo e inválido, desde que empezó a conocerse que era opuesto a nuestra libertad, gravoso a nuestros derechos, perjudicial a nuestros intereses y funesto a nuestra tranquilidad."

En fin, el en el *Manifiesto* se afirmó en general que:

"Tres distintas oligarquías nos han declarado la guerra, han despreciado nuestros reclamos, han amotinado a nuestros hermanos, han sembrado la desconfianza y el rencor entre nuestra gran familia, han tramado tres horribles conjuraciones contra nuestra libertad, han interrumpido nuestro comercio, han desalentado nuestra agricultura, han denigrado nuestra conducta y han concitado contra nosotros las fuerzas de la Europa, implorando, en vano, su auxilio para oprimirnos. Una misma bandera, una misma lengua, una misma religión y unas mismas leyes han confundido, hasta ahora, el partido de la libertad con el de la tiranía. Fernando VII libertador ha peleado contra Fernando VII opresor, y si no hubiésemos resuelto abandonar un nombre sinónimo del crimen y la virtud, sería al fin esclavizada la América con lo mismo que sirve a la independencia de la España."

Los mismos sentimientos se expresaron en el *Acta de la Independencia*, indicando que cuando los venezolanos "fieles a nuestras promesas, sacrificábamos nuestra seguridad y dignidad civil por no abandonar los derechos que generosamente conservamos a Fernando de Borbón, hemos visto que a las relaciones de la fuerza que le ligaban con el emperador de los franceses ha añadido los vínculos de sangre y amistad, por los que hasta los gobiernos de España han declarado ya su resolución de no reconocerle sino condicionalmente." Se declaró entonces en el *Acta* que en "esta dolorosa alternativa" habían "permanecido tres años en una indecisión y ambigüedad política, tan funesta y peligrosa," "hasta que la necesidad nos ha obligado a ir más allá de lo que nos propusimos, impelidos por la conducta hostil y desnaturalizada de los gobiernos de España, que nos ha relevado del juramento condicional con que hemos sido llamados a la augusta representación que ejercemos."

VIII. EL CUESTIONAMIENTO DE LA PERTENENCIA DE LOS TERRITORIOS DE LA AMÉRICA HISPANA A LA CORONA ESPAÑOLA

En otro aspecto sobre las causas de la independencia, en el *Manifiesto*, se entró a considerar y cuestionar los títulos que pudo haber tenido España sobre las Américas, y a afirmar los derechos que sobre esas tierras más bien tenían los Americanos descendientes de los conquistadores.

A tal efecto, se partió del principio constante "que América no pertenece, ni puede pertenecer al territorio español;" y que si bien

"los derechos que justa o injustamente tenían a ella los Borbones, aunque fuesen hereditarios, no podían ser enajenados sin el consentimiento de los pueblos y particularmente de los de América, que al elegir entre la dinastía francesa y austríaca pudieron hacer en el siglo XVII lo que han hecho en el XIX."

En cuanto a "la Bula de Alejandro VI y los justos títulos que alegó la Casa de Austria en el Código Americano, – se dijo en el *Manifiesto*– no tuvieron otro origen que el derecho de conquista, cedido parcialmente a los conquistadores y pobladores por la ayuda que prestaban a la Corona para extender su dominación en América."

En todo caso, parecía:

"que, acabado el furor de conquista, satisfecha la sed de oro, declarado el equilibrio continental a favor de la España con la ventajosa adquisición de la América, destruido y aniquilado el Gobierno feudal desde el reinado de los Borbones en España y sofocado todo derecho que no tuviese origen en las concesiones o rescriptos del Príncipe, quedaron suspensos de los suyos los conquistadores y pobladores."

Por lo que en estricta lógica jurídica, "demostrada que sea la caducidad e invalidación de los que se arrogaron los Borbones," entonces debían

"revivir los títulos con que poseyeron estos países los americanos descendientes de los conquistadores, no es perjuicio de los naturales y primitivos propietarios, sino para igualarlos en el goce de la libertad, propiedad e independencia que han adquirido, con más derecho que los Borbones y cualquier otro a quien ellos hayan cedido la América sin consentimiento de los americanos, señores naturales de ella."

En el *Manifiesto* se insistió en esto, además, señalando considerar "que la América no pertenece al territorio español es un principio de derecho natural y una ley del derecho positivo," pues "ninguno de los títulos, justos o injustos, que existen de su servidumbre, puede aplicarse a los españoles de Europa;" de manera que "toda la liberalidad de Alejandro VI, no pudo hacer otra cosa, que declarar a los reyes austríacos promovedores de la fe, para hallar un derecho preternatural con que hacerlos señores de la América." Pero:

"Ni el título de Metrópoli, ni la prerrogativa de Madre Patria pudo ser jamás un origen de señorío para la península de España: el primero lo perdió desde que salió de ella y renunció sus derechos el monarca tolerado por los americanos, y la segunda fue siempre un abuso escandaloso de voces, como el de llamar felicidad a nuestra esclavitud, protectores de indios a los fiscales e hijos a los americanos sin derecho ni dignidad civil."

El *Manifiesto*, constataba además, que "por el sólo hecho de pasar los hombres de un país a otro para poblarlo, no adquieren propiedad los que no abandonan sus hogares ni se exponen a las fatigas inseparables de la emigración;" en cambio,

"los que conquistan y adquieren la posesión del país con su trabajo, industria, cultivo y enlace con los naturales de él, son los que tienen un derecho preferente a conservarlo y transmitirlo a su posteridad nacida en aquel territorio, y si el suelo donde nace el hombre fuese un origen de la soberanía o un título de adquisición, seria la voluntad general de los pueblos y la suerte del género humano, una cosa apegada a la tierra como los árboles, montes, ríos y lagos."

Y con cierta ironía, para reforzar el aserto, se afirmó en el *Manifiesto* que: "jamás pudo ser tampoco un título de propiedad para el resto de un pueblo el haber pasado a otro una parte de él para probarlo;" ya que

> "por este derecho pertenecería la España a los fenicios o sus descendientes, y a los cartagineses donde quiera que se hallasen; y todas las naciones de Europa tendrían que mudar de domicilio para restablecer el raro derecho territorial, tan precario como las necesidades y el capricho de los hombres."

En fin, de todo ello, resultaba, como se afirmó en el Acta de Independencia, que "es contrario al orden, imposible al Gobierno de España, y funesto a la América, el que, teniendo ésta un territorio infinitamente más extenso, y una población incomparablemente más numerosa, dependa y esté sujeta aun ángulo peninsular del continente europeo."

IX. SOBRE EL DERECHO A LA REBELIÓN DE LOS PUEBLOS Y EL CARÁCTER REPRESENTATIVO DE LOS GOBIERNOS

En atención a todas las "sólidas, públicas e incontestables razones de política" para justificar las causas de la independencia, a las cuales por lo demás se destinan todos los documentos publicados en el libro londinense, y que se expresaron sumariamente en el *Acta de Independencia*, la conclusión fue que los venezolanos "en uso de los imprescriptibles derechos que tienen los pueblos para destruir todo pacto convenio o asociación que no llena los fines para que fueron instituidos los gobiernos, creemos que no podemos ni debemos conservar los lazos que nos ligaban al gobierno de España, y que, como todos los pueblos del mundo, estamos libres y autorizados, para no depender de otra autoridad que la nuestra." Ello fue precisamente lo que llevó a que, cumpliendo a la vez el "indispensable deber" de "proveer a nuestra conservación, seguridad y felicidad, variando esencialmente todas las formas de nuestra anterior constitución" hubiesen declarado:

> "solemnemente al mundo que sus Provincias unidas son, y deben ser desde hoy, de hecho y de derecho, Estados libres, soberanos e independientes y que están absueltos de toda sumisión y dependencia de la corona de España o de los que se dicen o dijeren sus apoderados o representantes, y que como tal Estado libre e independiente tiene un pleno poder para darse la forma de gobierno que sea conforme a la voluntad general de sus pueblos" (AI).

Se trataba, sin duda a la manifestación más clara del ejercicio del derecho de rebelión o de insurrección, como un "indispensable deber proveer a nuestra conservación, seguridad y felicidad, variando esencialmente todas las formas de nuestra anterior constitución" (AI), el cual se expresó con más detalle en los otros documentos publicados en el libro londinense.

En efecto, en el *Manifiesto* de 1811, entre las justificaciones de la independencia de Venezuela, se recurrió al "derecho de insurrección de los pueblos" frente a los gobiernos despóticos. A tal efecto, se partió de la afirmación de que "los gobiernos no tienen, no han tenido, ni pueden tener otra duración que la utilidad y felicidad del género humano;" y "que los reyes no son de una naturaleza privilegiada, ni de un orden superior a los demás hombres; que su autoridad emana de la voluntad de los pueblos." De manera que luego largas y razonadas citas sobre la rebelión de los pueblos de Israel en la Historia antigua, que no un habrían sido "protestados por Dios," se concluyó en el *Manifiesto* con la pregunta de si acaso debía ser "peor condición el pueblo cristiano de Venezuela para que, declarado libre por el Gobierno de España, después de trescientos años de cautiverio, pechos, vejaciones e injusticias, no pueda hacer lo mismo que el Dios de Israel que adora, permitió en otro tiempo a su pueblo, sin indignarse ni argüido en su furor."

La respuesta en el *Manifiesto* no fue otra que "Su dedo divino es el norte de nuestra conducta y a sus eternos juicios quedará sometida nuestra resolución," afirmándose que "si la independencia del pueblo hebreo no fue un pecado contra la ley escrita, no podrá serlo la del pueblo cristiano contra la ley de gracia," argumentándose que "jamás ha excomulgado la Silla Apostólica a ninguna nación que se ha levantado contra la tiranía de los reyes o los gobiernos que violaban el pacto social," de manera que:

"Los suizos, los holandeses, los franceses y los americanos del Norte proclamaron su independencia, trastornaron su constitución y variaron la forma de su gobierno, sin haber incurrido en otras censuras que las que pudo haber fulminado la Iglesia por los atentados contra el dogma, la disciplina o la piedad y sin que éstas trascendiesen a la política ni al orden civil de los pueblos."

En las *Observaciones Preliminares* al libro también se insistió sobre el tema del derecho de los pueblos a la rebelión y a la representación, partiéndose del "principio invariable, que las sociedades deben gobernarse por si mismas." A tal efecto, en las *Observaciones Preliminares* se hizo referencia a la obra de John Locke para quien, se dijo,

"todo gobierno legitimo se deriva del consentimiento del pueblo, porque siendo los hombres naturalmente iguales, no tiene ninguno de ellos derecho de injuriar á los otros en la vida, salud, libertad ó propiedades, y ninguno de quantos componen la sociedad civil está obligado ó sujeto al capricho de otros, sino solamente á leyes fixas y conocidas hechas para el beneficio de todos: no deben establecerse impuestos, sin el consentimiento de la mayoridad, expresado por él; pueblo mismo ó por sus apoderados: los Reyes y Príncipes, los Magistrados y Funcionarios de todas clases, no exercen otra autoridad legítima, que la que les ha sido delegada por la nación; y por tanto, cuando esta autoridad no emplea en el pro comunal, tiene el pueblo el derecho de reasumirla, sean cuales fueres las manos en que estuviere colocada."

Concluyéndose en las *Observaciones Preliminares* que precisamente "estos inenagenables derechos" fueron los que ejerció Venezuela, cuando "sus habitantes han tomado la resolución de administrar por si mismos sus intereses, y no depender mas tiempo de gobernantes, que contaban con entregarlos á la Francia;[151] estando seguros de que

> "las páginas de la historia no podrán menos de recordar con aprobación, el uso que en tales circunstancias ha hecho aquel pueblo de sus derechos: derechos, cuya existencia ha sido reconocida por los Españoles más ilustrados, y entre otros por Don Gaspar Jovellanos, quien en el famoso dictamen presentado á la Junta Central el 7 de Octubre de 1808, dice expresamente: "que quando un pueblo descubre la sociedad de que es miembro en inminente peligro, y conoce que los administradores de aquella autoridad que debe gobernarle y defenderle están sobornados y esclavizados, entra naturalmente en la necesidad de defenderse á si mismo, y de consiguiente adquiere un legitimo aunque extraordinario derecho de insurrección." ¿Se dirá pues que tales máximas, solo son fundadas para los Españoles Europeos, y no para los Americanos?".

En las *Observaciones Preliminares* se recurrió por una segunda vez al pensamiento de John Locke,[152] refiriéndolo como "nuestro inimitable Locke,"[153] indicando que el mismo observaba justamente "que las revoluciones no son nunca ocasionadas por pequeños vicios en el manejo de los negocios públicos." Al contrario,

> "Grandes desaciertos en los que administran, muchas leyes injustas y perniciosas, y todos los deslices de la fragilidad humana son todavía poca parte para que el pueblo se amotine ó murmure; pero si una larga serie de abusos, prevaricaciones y artificios, que todos llevan un mismo camino, hacen visible al pueblo un designio, de manera que todos resientan el peso que los oprime, y vean el término, á que son conducidos, no será de extrañar que se levanten y depositen el poder en manos que les aseguren los objetos para que fué instituido el Gobierno."

Por último, en las *Observaciones Preliminares* también se recurrió a Montesquieu a quien se atribuyó la una "máxima" o "ley inmutable," de que "las naciones solo pueden salvarse por la restauración de sus principios perdidos," concluyéndose entonces que:

---

151 Se hizo referencia a "las ordenes de Joseph Napoleón a los diferentes gobiernos de América".

152 Se hizo referencia a *Tratado sobre el Gobierno civil*, Lib. 3 § 225.

153 Carlos Pi Sunyer expresó que esta frase podría abonar la tesis de que las *Observaciones Preliminares* pudieran haber sido escritas por un inglés, lo cual sin embargo descartó, atribuyendo el uso de la misma más al hecho de que el texto estaba dirigido al público inglés. Carlos Pi Sunyer. *Patriotas Americanos en Londres..., op. cit.*, p. 216.

"El único modo de efectuarlo que quedaba á los Americanos, era el de tener gobernantes de su propia elección, y responsables á ellos por su conducta: con tales condiciones hubieran accedido gustosos á formar una parte igual y constitutiva de la nación Española. Solo, pues, el importante fin de su seguridad, y el de libertarse de los males de una orfandad política, induxeron el pueblo de Venezuela á colocar su confianza en un cuerpo de Representantes de su propia elección. El suceso feliz de sus trabajos aparece en las declaraciones del pueblo, mismo, y en el contraste del que era el país; y de lo que ya comienza á ser".

A MANERA DE CONCLUSIÓN

Como se puede apreciar de lo anterior, el libro *Interesting Official Documents Relating to the United Provinces of Venezuela* contenía todos los documentos fundamentales que sostenían y justificaban el proceso de independencia de Venezuela desarrollado en aquéllos tres fundamentales años entre 1808 y 1811, constituyendo un conjunto documental de primera importancia política y constitucional, que reflejan todas las circunstancias y vicisitudes de lo que fue el primer movimiento independentista de América Hispana desarrollado en siete provincias de la antigua Capitanía General de Venezuela, y que dio origen a la revolución Hispanoamericana.

El movimiento, en todo caso, siguió algunos de los actos y pasos que se habían dado treinta años antes en los Estados Unidos y veinte años antes en Francia. Los documentos del libro también reflejaron los detalles del primer proceso constituyente que se desarrolló en Hispanoamérica después que la independencia fue declarada formalmente, evidenciando el tremendo esfuerzo constitucional desarrollado, entre otros, por destacados juristas que participaron en su redacción a los efectos de edificar un nuevo Estado federal y republicano independiente en territorios de antiguas colonias españolas, desligado del poder monárquico. Esas provincias se habían declarado Estados soberanos adoptando cada una de ellas su propia Constitución o forma de gobierno (Constituciones Provinciales), siguiendo los principios del constitucionalismo moderno, solo unas décadas después que habían emergido de las revoluciones norteamericana y francesa. [154]

El libro, en su conjunto, tenía por objeto explicar al mundo, documentalmente, las razones que tuvieron esas antiguas provincias para declararse independientes; y en particular como se dijo, estaban destinados a Inglaterra, donde según se indicó en las *Observaciones Preliminares*, hasta entonces, las "prensas Británicas no han hecho 'hasta ahora' otra cosa, que estampar sobre las revoluciones Americanas una señal de reprobación, presentándonos sola-

---

154 Véase *Las Constituciones Provinciales* (Estudio Preliminar por Ángel Francisco Bice), Biblioteca de la Academia Nacional de la Historia, Caracas 1959; Allan R. Brewer-Carías, *Historia Constitucional de Venezuela*, Tomo I, Editorial Alfa, Caracas 2008, pp. 239 ss.

mente miras superficiales y hechos alterados, y esto casi siempre con el colorido de la preocupación ó de la malignidad: de modo que aun las causas y la tendencia de las revoluciones han sido groseramente desconocidas ó desfiguradas" (OP). En las *Observaciones Preliminares*, por ello, se manifestó que Venezuela, con "la resolución de hacerse independiente," sabía que provocaría "toda la cólera de sus enemigos," por lo que con la publicación de los documentos del libro, se esperaba "de la ilustración y liberalidad" de Inglaterra, "que tan mezquinos sentimientos no tendrán cabida en sus habitantes, y que no faltan entre ellos hombres que miren con el placer más vivo y puro los progresos de la libertad general, y la extensión de la felicidad del género humano."

Por ello, incluso, en la propia *Acta de Independencia*, sus redactores declararon que "antes de usar de los derechos de que nos tuvo privados la fuerza, por más de tres siglos, y nos ha restituido el orden político de los acontecimientos humanos," procedieron a "patentizar al Universo las razones que han emanado de estos mismos acontecimientos y autorizan el libre uso que vamos a hacer de nuestra Soberanía."

Todos los documentos contenidos en el libro, por otra parte, fueron producto de la pluma de un formidable equipo de juristas venezolanos que participó desde el inicio en el proceso de independencia. A ellos también, sin duda, se debe su participación en la concepción y confección del libro. Por ejemplo, en cuanto a las *Observaciones Preliminares* que lo preceden, aún cuando su autoría se ha atribuido a Andrés Bello, entre otros factores, por una referencia que sobre ello hizo contemporáneamente Fray Servando Maria de Mier, en el sentido de que el texto sobre "la insurrección de Venezuela" habría sido "un sólido y elocuente opúsculo del Secretario de la Legación,"[155] de su lectura estimamos que sin descartar la presencia de la pluma de Bello, lo más probable es que su texto haya sido obra, al igual que todos los documentos que contiene el libro, de un colectivo donde tomaron parte en aproximaciones sucesivas los más destacados juristas que en Caracas habían participado en el Congreso General, y en el gobierno republicano. Ellos habían sido quienes entre 1810 y 1812 fueron confeccionando y participando directamente en la redacción de los textos de los *Interesting Officials Documents* mismos, y en particular del *Manifiesto* que se incluye en el libro. Es decir, tratándose de un libro publicado por iniciativa del Gobierno, expresando la posición oficial del mismo sobre el proceso de independencia, es imposible pensar que no hubieran participado en alguna forma en la redacción de las *Observaciones Preliminares* los mismos autores de los documentos, en las que se resumían sus propios puntos de vista.[156] Ellos

155 Es el criterio del mismo Carlos Pi Sunyer, *Patriotas Americanos en Londres...*, *op. cit.*, pp. 211-223. Véase el comentario en Ivan Jasksic, *Andrés Bello. La pasión por el orden*, Editorial Universitaria, Imagen de Chile, Santiago de Chile 2001.

156 Incluso, de la lectura las *Observaciones Preliminares* y del *Manifiesto*, se evidencia la presencia de la misma pluma que participó en la redacción de algunos escritos de William Burke, por ejemplo, en las consideraciones en torno al significado del Juramento a Fernando VII o de la expresión "Madre Patria" en relación a España. Véase William

fueron, como se analiza en el Capíulo siguiente, fundamentalmente: Juan Gerán Roscio, Francisco Isnardy, Francisco Javier Ustáriz, Miguel José Sanz y Francisco de Miranda.

Burke, *Derechos de la América del Sur y México,* Vol. 1, Academia de la Historia, Caracas 1959, pp. 239 y 243.

CAPÍTULO NOVENO

LA INDEPENDENCIA DE VENEZUELA Y EL INICIO DEL CONSTITUCIONALISMO HISPANO AMERICANO EN 1810–1811, COMO OBRA DE CIVILES, Y EL DESARROLLO DEL MILITARISMO A PARTIR DE 1812, EN AUSENCIA DE RÉGIMEN CONSTITUCIONAL*

I. LA INDEPENDENCIA

La independencia de las Provincias que conformaban el territorio de lo que desde 1777 había sido la Capitanía General de Venezuela, y la estructuración en dicho territorio de un nuevo Estado con forma federal, se materializó entre 1810 y 1811, antes de que las Cortes de Cádiz sancionaran la Constitución de la Monarquía española de marzo de 1812.

* Texto de la Ponencia presentada ante el *VI Simposio Internacional sobre la Constitución de Cádiz, "Los hombres de Cádiz y de las Américas. Bases de la identidad social y política hispanoamericana"*, Ayuntamiento de Cádiz, Cádiz 23 de noviembre de 2012. El historiador Guillermo Morón, Decano de la Academia Nacional de la Historia y de los historiadores del país, me ha honrado en haber leído esta Ponencia, formulándome el siguiente comentario: *"Pero lo que deseo dejar aquí como testimonio es el agrado, y admiración, con que releí anoche su Ponencia. Si ya algunos historiadores jóvenes comienzan a darse cuenta de su tesis central, la Independencia fue obra de héroes civiles, la República fue creada con constitución por civiles, no se había, que yo sepa, razonado, explicitado, aclarado, tan lúcida y documentalmente, como Usted lo hace. / Tengo sus libros, los he leído. Y agradecido su honestidad como historiador al citar las fuentes y a quienes le precedieron en algunos puntos cardinales de nuestro pasado. / No me sorprende la claridad de sus conclusiones, el conocimiento de lo ocurrido (19 de abril, 5 de julio, primera Constitución) y la filosofía de la Historia que caracterizan toda su obra."* (email de 1º de noviembre de 2012).

Dicho nuevo Estado se organizó conforme a los principios del constitucionalismo moderno que a comienzos del siglo XIX se estaban consolidando, producto de las ideas que se habían venido expandiendo en el mundo occidental luego de las revoluciones Norte Americana y Francesa de finales del siglo XVIII.[1]

El inicio de todo ese proceso constituyente venezolano se sitúa en los sucesos del 19 de abril de 1810, cuando el Cabildo de Caracas, trasformado en "Junta Conservadora de los Derechos de Fernando VII," asumió el gobierno de la Provincia de Caracas, deponiendo del mando a las autoridades españolas; es decir, cuando en el territorio de la Provincia se constituyó un nuevo gobierno independiente de la Corona Española que, además, desconoció, sucesivamente a la Junta Suprema de España, al Consejo de Regencia y a las propias Cortes que ya se habían instalado en Cádiz.[2] Dicho proceso constituyente culminó, luego de que se efectuaron elecciones para elegir los diputados de las diversas provincias conforme al reglamento adoptado en 1810, para constituir el Congreso General de las Provincias Unidas de Venezuela, el cual adoptó, el 1º de julio de 1811, la Declaración de Derechos del Pueblo; el 5 de julio de 1811, la declaración formal de Independencia, procediendo a la creación formal del nuevo Estado de Venezuela con la sanción el 21 de diciembre de 1811, de la Constitución Federal de los Estados de Venezuela. Dicho proceso constituyente, además, se completó después de la aprobación de varias Constituciones provinciales, con la sanción el 31 de enero de 1812 de la Constitución para el Gobierno y Administración de la Provincia de Caracas, que era la Provincia más importante del nuevo Estado federal.[3]

II. LOS HOMBRES DE AMÉRICA

Los hombres de América, próceres de la independencia venezolana, por tanto, no fueron otros que los que entre 1810 y 1811 tuvieron a su cargo la conducción del proceso constituyente del nuevo Estado independiente, es decir, los abogados y políticos que como hombres de ideas, la mayoría de ellos egresados del Colegio Santa Rosa, origen de la actual Universidad Central de Venezuela, participaron en todos los actos políticos que siguieron a la rebelión de Caracas y que concibieron y redactaron los actos y documentos constitutivos del nuevo Estado. Como ideólogos y, además, como hombres de

1 Véase Allan R. Brewer-Carías, *Reflexiones sobre la Revolución Norteamericana (1776), la Revolución Francesa (1789) y la Revolución Hispanoamericana (1810-1830) y sus aportes al constitucionalismo moderno*, 2ª Edición Ampliada, Universidad Externado de Colombia, Editorial Jurídica Venezolana, Bogotá 2008.

2 Véase Enrique Viloria V. y Allan R. Brewer-Carías, *La revolución de Caracas de 1810* (con prólogo de Guillermo Morón), Colección Salamanca, Historia, Educación y Geografía (Biblioteca Guillermo Morón) 44, Centro de Estudios Ibéricos y Americanos de Salamanca, Caracas 2011.

3 Véase Allan R. Brewer-Carías, *Los inicios del proceso constituyente hispano y americano. Caracas 1811 – Cádiz 1812*, bid & co. Editor, Caracas 2011, pp. 75 ss.

acción, esos creadores estuvieron presentes y participaron en todos los acontecimientos políticos que ocurrieron en esas fechas, comprometiéndose personalmente con los mismos, habiendo suscrito todos los actos constituyentes subsiguientes. Fueron, en fin, los hombres que en Venezuela tuvieron un rol histórico equivalente al que en la historia de los Estados Unidos de América se conocen como los "padres fundadores" (G. Washington, J. Adams, T. Jefferson, J. Madison, B. Franklin, S. Adams, T. Paine, P. Henry, A. Hamilton, G. Morris, entre otros).[4]

En Venezuela, esos próceres o padres fundadores de la República, todos civiles ilustrados, fueron hombres de la talla de Juan Germán Roscio, Francisco Javier Ustáriz, Francisco Iznardi y Miguel José Sanz; y quienes junto con Lino de Clemente, Isidoro Antonio López Méndez, Martín Tovar y Ponce, invariablemente participaron en los más importantes actos de la independencia. La mayoría de ellos, en efecto, formaron parte de la Junta Conservadora de los Derechos de Fernando VII el 19 de abril de 1810, como funcionarios que eran del Cabildo o como diputados por el pueblo que se incorporaron al mismo (Roscio); fueron miembros como Vocales de la Junta Suprema de gobierno que se organizó días después, por el Bando del 23 de abril de 1810, y en la misma Roscio fue quien redactó el Reglamento para la elección de los diputados al Congreso General; fueron electos como diputados al Congreso General, conforme al Reglamento de Elecciones dictado por la Junta Suprema el 11 de junio de 1810; participaron en el acto de instalación del Congreso General de diputados el día 3 de marzo de 1811; suscribieron la Ley sobre los Derechos del Pueblo sancionada por el Congreso General en la Sección Legislativa para la Provincia de Caracas el 1º de julio de 1811; suscribieron el Acta de la Independencia del 5 de julio de 1811; suscribieron la Constitución Federal de los Estados de Venezuela de 21 de diciembre de 1811; y suscribieron la Constitución de la Provincia de Caracas del 31 de enero de 1812.

Por haber sido parte de ese grupo de fundadores del Estado, buena parte de ellos pasaron a engrosar el grupo a quienes Domingo Monteverde, el jefe español invasor del territorio a comienzos de 1812, calificó como los "monstruos, origen y raíz primitiva de todos los males de América,"[5] grupo en el cual también estaban otros ilustres diputados que fueron apresados por Monteverde, entre quienes destacaron Juan Paz del Castillo y Díaz, Juan Pablo Ayala, José Cortés de Madariaga; José Mires, Manuel Ruiz y Antonio Barona.

III. LOS PRÓCERES CIVILES EN 1810–1811

Entre todos ellos, sin embargo, hay un pequeño grupo que deben recordarse específicamente, al cual correspondió el peso de concebir la República. Entre ellos destaca, ante todo, Juan Germán Roscio (1763–1821), experimen-

---

4 Véase Joseph J. Ellis, *Founding Brothers. The Revolutionary Generation*, Vintage Books, New York, 2000.

5 *Idem*

tado abogado, conocido en la Provincia por haber protagonizado una importante batalla legal para su aceptación en el Colegio de Abogados de Caracas, luego de haber sido rechazado por su condición de *pardo*. Roscio, además, había sido Fiscal en la Administración colonial, y en tal carácter incluso, perseguidor judicial de los miembros de la expedición de Francisco de Miranda en 1806, que fueron infortunadamente apresados en el intento de desembarco en las costas de Ocumare.

Como abogado, sin embargo, Roscio fue uno de los que en abril de 1810 se rebeló contra la autoridad colonial, habiendo sido uno de los "representantes del pueblo" incorporados en la Junta Suprema el 19 de abril de 1810. En la Junta fue luego designado como Secretario de Relaciones Exteriores, por lo que se lo considera como el primer Ministro de Relaciones Exteriores del país. En la misma Junta, como secretario de Estado, Roscio fue quien el 14 de agosto de 1810 firmó la orden de la Junta Suprema de constitución de la "Sociedad Patriótica de Agricultura y Economía"[6] o la Junta patriótica de la cual Miranda llegó a ser su Presidente. Posteriormente, en momentos del funcionamiento del Congreso General, Roscio además, fue nombrado como Ministro de Gracia, Justicia y Hacienda.[7]

Roscio, por otra parte, fue el redactor del muy importante *Reglamento para la elección y reunión de diputados que han de componer el Cuerpo Conservador de los derechos del Sr. D. Fernando VII en las Provincias de Venezuela* de 11 de junio de 1810, considerado como el primer Código Electoral de América Latina,[8] y conforme al mismo, fue electo diputado al Congreso General por el partido de la Villa de Calabozo. Roscio, por tanto, fue redactor de la importante Alocución que presidió a dicho Reglamento, donde se sentaron las bases del sistema republicano representativo.[9]

Junto con Francisco Isnardi, Secretario del Congreso, Roscio fue figura clave en la redacción del *Acta de la Independencia* del 5 de julio de 1811; así como en la redacción del *Manifiesto que hace al mundo la Confederación de Venezuela en la América Meridional*, que se adoptó en el Congreso General el 30 de julio de 1811, explicando "las razones en que se ha fundado su abso-

6   Véase *Textos Oficiales de la Primera República de Venezuela*, Biblioteca de la Academia de Ciencias Políticas y Sociales, Caracas 1982, Tomo I, pp. 215-216.

7   De ello se da cuenta en la sesión del Congreso del 17 de julio de 1811. Véase Ramón Díaz Sánchez, "Estudio Preliminar," *Libro de Actas del Segundo Congreso de Venezuela 1811-1812*, Academia nacional de la Historia, Caracas 1959, Tomo I, p. 220.

8   Véase sobre la primera manifestación de representatividad democrática en España e Hispanoamérica en 1810, es decir, la elección de diputados a las Cortes de Cádiz conforme a la *Instrucción* de la Junta Central Gubernativa del Reino de enero de 1810, y la elección de diputados al Congreso General de Venezuela conforme al *Reglamento* de la Junta Suprema de Venezuela de junio de 1810, en Allan R. Brewer-Carías, Los *inicios del proceso constituyente Hispano y Americano Caracas 1811- Cádiz 1812*, Bid & Co. Editores, Caracas 2011, pp. 9 ss.

9   Véase Ramón Díaz Sánchez, "Estudio Preliminar", *Libro de Actas del Segundo Congreso de Venezuela 1811-1812, op. cit*, Tomo I, p. 91.

luta independencia de España, y de cualquiera otra dominación extranjera, formado y mandado publicar por acuerdo del Congreso General de sus Provincias Unidas."[10]

Roscio fue también comisionado por el Congreso, junto con Gabriel de Ponte, Diputado de Caracas, y Francisco Javier Ustáriz, diputado por partido de San Sebastián, para colaborar en la redacción de la *Constitución Federal de las Provincias de Venezuela* de 21 de diciembre de 1811, y fue incluso miembro suplente del Ejecutivo Plural de la Confederación designado en 1812. Era fluente en inglés, e incluso fue el traductor de trabajos bajo el nombre de William Burke publicados en la *Gaceta de Caracas*, de la cual fue Redactor en sustitución de Andrés Bello. Roscio, además, fue uno de los pocos venezolanos que mantuvo a partir de 1810 directa correspondencia con Andrés Bello cuando ya este estaba en Londres, y con José M. Blanco White, el editor en Londres del periódico *El Español*.[11] En agosto de 1812, fue apresado por Domingo Monteverde, y fue finalmente enviado junto con Francisco de Miranda a la prisión de La Carraca, en Cádiz, como uno de los mencionados monstruos origen "de todos los males de América." Después de ser liberado en 1815, gracias a la intervención del gobierno británico, llegó a Filadelfia donde publicó en 1817 su conocido libro *El triunfo de la libertad sobre el despotismo, En la confesión de un pecador arrepentido de sus errores políticos, y dedicado a desagraviar en esta parte a la religión ofendida con el sistema de la tiranía,* en la Imprenta de Thomas H. Palmer.[12]

Por todo ello, a Juan Germán Roscio se ha considerado como "la figura más distinguida del movimiento de independencia desde 1810,"[13] y como "el más conspicuo de los ideólogos del movimiento" de independencia;[14] es decir, el más destacado de los próceres de la independencia, el cual como todos los otros fue olvidado como tal.

Otros de los destacados próceres civiles de la independencia, también olvidado, fue el mencionado Francisco Isnardi (1750–1814), de origen italiano (Turín), quien después de haber vivido en Trinidad, pasó a las provincias de

---

10 Véase el texto en *Libro de Actas del Segundo Congreso de Venezuela 1811-1812*, Academia Nacional de la Historia, Caracas 1959, Tomo I, p. 82. Véanse los comentarios de Luis Ugalde s.j., *El pensamiento teológico-político de Juan Germán Roscio*, Universidad Católica Andrés Bello, bid & co. Editor, Caracas 2007, pp. 30, 39.

11 Andrés Bello y López Méndez entregaron a Blanco White la carta de Roscio de 28 de enero de 1811, la cual fue contestada por éste último el 11 de julio de 1811. Ambas cartas se publicaron en *El Español*, y reimpresas en José Félix Blanco and Ramón Azpúrua, *Documentos para la historia de la vida pública del Libertador*, Ediciones de la Presidencia de la República, Caracas 1978., Tomo III, pp. 14-19.

12 La segunda edición de 1821 fue hecha también en Filadelfia en la Imprenta de M. Carey e hijos.

13 Véase Ramón Díaz Sánchez, "Estudio Preliminar", *Libro de Actas del Segundo Congreso de Venezuela 1811-1812, op. cit.* Tomo I, p. 61.

14 Véase Manuel Pérez Vila, "Estudio Preliminar," *El Congreso Nacional de 1811 y el Acta de la Independencia*, Edición del Senado, Caracas 1990, p. 6.

Venezuela donde por sus amplios conocimientos de física, astronomía y medicina, por encargo del entonces Gobernador del golfo de Cumaná, Vicente de Emparan, elaboró el mapa de la costa de dicho golfo. Ello produjo sospechas y acusado de trabajar para los ingleses, fue perseguido por las autoridades coloniales de Venezuela, confiscándoseles sus bienes. Luego de ser absuelto en Madrid, regresó a Margarita en 1809, donde ejerció la medicina, pasando luego a Caracas donde entabló amistad con Andrés Bello. Para 1810 trabajaba como cirujano del cuerpo de artillería, y junto con Bello se encargó de la redacción de la *Gaceta de Caracas*. Participó activamente en los eventos que siguieron a la revolución del 19 de abril de 1810, habiendo sido, entre 1811 y 1812, el editor de los más importantes periódicos republicanos como *El Mercurio Venezolano,* la propia *Gaceta de Caracas* y *El Publicista de Venezuela*. Si bien no fue diputado, tuvo la importantísima posición de Secretario del Congreso General durante todo su funcionamiento, a quien el Congreso General encomendó, junto con Roscio, la redacción del *Acta de la Independencia* del 5 de julio de 1811.[15] Igualmente fue co–redactor de importante *Manifiesto* al Mundo del Congreso General. Isnardi fue también uno de los "ocho monstruos" patriotas encarcelados por Monteverde, habiendo sido también enviado a prisión a Cádiz, donde falleció en 1814.

Además, en ese proceso fundacional estuvo Francisco Javier Ustáriz, (1772–1814) también distinguido jurista, quien igualmente fue incorporado en 1810 a la *Junta Suprema* como "representante del pueblo." También fue electo diputado al Congreso General por el partido de San Sebastián, habiendo sido, junto con Roscio, uno de los principales redactores de la *Constitución Federal* de 1811, y de la Constitución de la Provincia de Caracas de enero de 1811.

El otro distinguido jurista prócer de la independencia fue Miguel José Sanz (1756–1814), quien también tuvo una destacada actuación en la Capitanía General durante el periodo colonial. Fue relator de la Audiencia de Caracas, decano del Colegio de Abogados de Caracas, y uno de los promotores de la Academia de Derecho Público y Español que se instaló en 1790. En 1793, fue uno de los miembros del Real Consulado de Caracas, y asesor jurídico del mismo; y entre 1800 y 1802 redactó las Ordenanzas para el gobierno y policía de Santiago de León de Caracas. Por diferencias con miembros del Cabildo fue expulsado en 1809 a Puerto Rico, regresando meses después de la rebelión civil de abril de 1810. Junto con José Domingo Díaz, fue redactor entre 1810 y 1811 del *Semanario de Caracas*. Amigo de Francisco de Miranda, Sanz ocupó brevemente la Secretaría del Congreso de 1811, cargó que abandonó para ocupar la Secretaría de Estado, Guerra y Marina. Como tal, firmó la orden del Ejecutivo para la publicación del *Acta de la Independencia*. También actuó como Presidente de la Sección Legislativa de la provincia de Caracas, y debió sin duda haber sido uno de los propulsores de la adop-

---

15 Véase *Libro de Actas del Segundo Congreso de Venezuela 1811-1812, cit.,* Tomo I, p. 201; Luis Ugalde s.j., *El pensamiento teológico-político de Juan Germán Roscio*, bid & co. editor, Caracas 2007, p. 30.

ción de la *Declaración de Derechos del Pueblo* de 1811. Tras la Capitulación de 1812 fue encerrado en los calabozos de Puerto Cabello.

Todos estos jurístas, además, se habían nutrido de las ideas que derivaban del proceso revolucionario e independentista de norteamérica, que como hemos dicho, a su vez habían penetrado a través del trabajo de traducción efectuado por varios venezolanos, como Joseph Manuel Villavicencio respecto de la Constitución de los Estrados Unidos de America;[16] y Manuel García de Sena, respecto de la traducción de las obras de Thomas Paine, el gran ideólogo de la revolución Norteamericana, y los textos constitucionales más importantea adoptados por las Colonias independientes (1776–1790).[17]

A todos estos politicos y juristas se une en su condición de prócer fundamental de la Independencia, Francisco de Miranda (1750–1816), el hombre más universal de su tiempo, y quien una vez que regresó a Caracas a finales de 1810, no sólo se incorporó al Congreso como diputado, sino que participó activamente en las discusiones de la Junta Patriotica, habiendo sido el más importante suministrador de ideas y escritos, que eran parte de su Archivo, para la configuración del nuevo Estado. Tuvo un rol protagonico en todos los sentidos, habiendo sido llamado a hacerse cargo de la República como Generalísimo, luego de la invasión del territorio de la provincia por los ejércitros españoles al mando de Monteverde. La pérdida del Castillo de Puerto Cabello comandado por Simón Bolívar, y con ello, el arsenal de la República, lo obligó a negociar un armisticio con Monteverde en julio de 1812. Después de haber sorteado durante varias décadas persecuciones, juicios y amenazas de prisión, terminó siendo vilmente apresado por sus subalternos y entregado a Monteverde a los pocos días de la firma de la capitulación de San Mateo, falleciendo prisionero en Cádiz en 1816.

Al grupo de los próceres se une también Andrés Bello, el más destacado humanista de América, quien al contrario de Miranda, más bien abandonó Caracas al formar parte de la misión de Comisionados enviados a Londres por la Junta Suprema de Caracas, como Secretario de la delegación, de donde nunca más volvió a Venezuela. Bello había ocupado en la administración colonial la importante posición de Oficial Mayor de la Capitanía General y redactor de la *Gaceta de Caracas*. Después de coincidir unos meses con Miranda en Londres en 1810, heredó toda la red de contactos que éste había tejido en Inglaterra en pro de la independencia americana.

16 *Constitución de los Estados Unidos de América*, editado en Filadelfia en la imprenta Smith & M'Kennie, 1810.

17 Una moderna edición de esta obra es *La Independencia de la Costa Firme, justificada por Thomas Paine treinta años ha*. Traducido del inglés al español por don Manuel García de Sena. Con prólogo de Pedro Grases, Comité de Orígenes de la Emancipación, núm. 5. Instituto Panamericano de Geografía e Historia, Caracas, 1949.

IV. LAS FUENTES DE INSPIRACIÓN

Todos esos próceres de la indepedencia, en una forma u otra, se habían nutrido de las ideas que derivaron del proceso revolucionario francés y de la revolución de independencia de los Estados Unidos de Norteamérica, las cuales penetraron en la Capitanía General no sólo a partir de 1810 con los papeles del Archivo de Miranda, sino incluso con anterioridad por el trabajo que venían realizado varios venezolanos. Es así, por ejemplo, que ya en 1810, al comenzar la revolución en Venezuela, Joseph Manuel Villavicencio, natural de la Provincia de Caracas, publicó la primera traducción de la *Constitución de los Estrados Unidos de América,*[18] la cual circuló profusamente en América Hispana, a pesar de la prohibición que la Inquisición había impuesto a ese tipo de publicaciones.

Además, las obras de Thomas Paine,[19] conocidas por la elite venezolana, también fueron traducidas y publicadas numerosas veces desde 1810 distribuyéndose copiosamente por Hispano América, destacándose la traducción realizada por Manuel García de Sena (hermano de Ramón García de Sena, de importante actuación en el proceso de independencia), quien desde 1803 había fijado su residencia en Filadelfia. Esa traducción de denominó como: *La Independencia de la Costa Firme justificada por Thomas Paine treinta años ha. Extracto de sus obras,*[20] y fue publicada en 1811 en la imprenta que T. y J. Palmer. Este libro contenía la primera traducción al castellano del famoso panfleto de Paine *"Common Sense"* (Philadelphia, 1776), de dos de sus principales disertaciones: *"Dissertations on the Principles of Government,"* y además, de la Declaración de Independencia (4 de julio de 1776), de los artículos de la Confederación (1778), del texto de la Constitución de los Estados Unidos y Perpetua Unión (8 de julio de 1778) y de sus primeras Doce Enmiendas (1791, 1798, 1804); del texto de las Constituciones de Massachusetts (1780), de New Jersey (1776), de Virginia (1776), y de Pennsylvania (1790); así como la relación de la Constitución de Connecticut.[21]

Posteriormente, García de la Sena también publicó en 1812, en la misma casa de T. and J. Palmer en Filadelfia, la traducción al castellano de la tercera

18 *Constitución de los Estados Unidos de América*, editado en Filadelfia en la imprenta Smith & M'Kennie, 1810.

19 Veáse sobre el significado de la obra de Paine en la Independencia de los Estados Unidos, por ejemplo, Joseph Lewis, *Thomas Paine. Author of the declaration of Independence,* Freethouht Press, New York 1947.

20 Una reimpresión de esta obra se realizó por el Ministerio de Relaciones Exteriores de Venezuela en 1987, como Edición conmemorativa del Bicentenario de la Constitución de los Estados Unidos de América, Caracas 1987.

21 Una moderna edición de esta obra es *La Independencia de la Costa Firme, justificada por Thomas Paine treinta años ha.* Traducido del inglés al español por don Manuel García de Sena. Con prólogo de Pedro Grases, Comité de Orígenes de la Emancipación, núm. 5. Instituto Panamericano de Geografía e Historia, Caracas, 1949.

edición (1808) del libro de John M'Culloch, *Concise History of the United States, from the Discovery of America, till 1807*, con el título *Historia Concisa de los Estados Unidos desde el descubrimiento de la América hasta el año 1807.*

En 1811, por tanto, todos esos trabajos y documentos eran piezas esenciales para explicar en la América hispana el significado y alcance de la revolución norteamericana, proceso en el cual los trabajos de Paine tuvieron una importancia destacada, moldeando e influenciando en la redacción de los documentos constitucionales de la independencia. Por ello, entre los primeros actos del gobierno de Domingo Monteverde en 1812, fue la incautación de los ejemplares de la referida traducción de Manuel García de Sena.

Esta traducción de García de Sena, como él mismo lo expresó, tenían el propósito de "ilustrar principalmente a sus conciudadanos sobre la legitimidad de la Independencia y sobre el beneficio que de ella debe desprenderse, tomando como base la situación social, política y económica de los Estados Unidos." Sus obras, como se dijo, tuvieron una enorme repercusión en los tiempos de la Independencia Venezuela y en América Latina en general,[22] circulando de mano en mano. Incluso, en la *Gazeta de Caracas,* que se inició en 1808 con la introducción de la imprenta en la Provincia, en los números de los días 14 y 17 de enero de 1812 se publicó parte del libro de García de Sena contentivo de la traducción de la obra de Paine.[23]

En la *Gaceta de Caracas*, además, a partir de noviembre de 1810 comenzaron a aparecer una serie de editoriales bajo el nombre de William Burke, nombre que en definitiva resultó ser un pseudónimo utilizado fundamentalmente bajo la dirección de Francisco de Miranda para difundir algunos papeles y escritos que formaban parte de su Archivo personal, con escritos por ejemplo de James Mill que se referían a las ideas constitucionales de entonces, especialmente las originadas en el sistema norteamericano.[24] Todos esos editoriales, publicados entre noviembre de 1810 y marzo de 1812, fueron incluso recogidos en un libro en dos tomos con el título de *Derechos de la*

---

22 Véase en general, Pedro Grases, *Libros y Libertad,* Caracas 1974; y "Traducción de interés político cultural en la época de la Independencia de Venezuela," en *El Movimiento Emancipador de Hispano América, Actas y Ponencias,* Academia Nacional de la Historia, Caracas 1961, Tomo II, pp. 105 y ss.; Ernesto de la Torre Villas y Jorge Mario Laguardia, *Desarrollo Histórico del Constitucionalismo Hispanoamericano,* UNAM, México 1976, pp. 38–39.

23 Véase Pedro Grases "Manual García de Sena y la Independencia de Hispanoamérica" en la edición del libro de García de Sena que realizó el Ministerio de Relaciones Interiores, Caracas 1987, p. 39.

24 Véase los comentarios sobre los trabajos atribuidos a "William Burke," en Allan R. Brewer-Carías, "Introducción General" al libro *Documentos Constitucionales de la Independencia/ Constitutional Documents of the Independence 1811*, Colección Textos Legislativos Nº 52, Editorial Jurídica Venezolana, Caracas 2012, pp. 59-299.

América del Sur y México,[25] publicados por la propia *Gaceta de Caracas* A finales de 1811.

En cuanto a la influencia francesa, debe recordarse que el texto traducido por Picornell y Gomilla de la Declaración de los Derechos del Hombre y del Ciudadano en la versión de la Constitución francesa de 1793, era el que había sido motor fundamental de la conspiración de Gual y España de 1797.[26]

Fue precisamente a través de todas esas traducciones de Picornell, de Villavicencio y de García de Sena, que los textos producto de las Revoluciones Americana y Francesa penetraron en Venezuela e influenciaron directamente en los redactores de las Constituciones Provinciales en Venezuela y la Constitución de 1811.

V. LOS DOCUMENTOS CONSTITUCIONALES

Con todo ese arsenal de ideas, los próceres fundadores de la República participaron en la rebelión independentista del 19 de abril de 1810; conformaron el nuevo gobierno de Caracas en sustitución de lo que había sido el gobierno de la Capitanía General y de la Provincia de Caracas; organizaron y participaron en la elección de los diputados al Congreso General de las provincias de dicha Capitanía a partir de junio de 1810; declararon solemnemente la Independencia el 5 de julio de 1811; redactaron la Constitución Federal de los Estados de Venezuela de 21 de diciembre de 1811[27] y la Constitución de la Provincia de Caracas de 31 de enero de 1812;[28] estos últimos textos, modelos acabados de lo que podían ser textos constitucionales de un nuevo Estado republicano de comienzos del siglo XIX, influidos por todos los principios del constitucionalismo moderno.

Esas Constituciones fueron sancionadas por el Congreso General de la Confederación de Venezuela, destacándose la *Constitución federal* de 21 de diciembre de 1811, con la cual se integró el nuevo Estado nacional con siete

25 Véase en la edición de la Academia de la Historia, William Burke, *Derechos de la América del Sur y México,* 2 Vols., Caracas 1959. Quizás por ello, José M. Portillo Valdés, señaló que "William Burke" más bien habría sido, al menos por los escritos publicados en Caracas, una "pluma colectiva" usada por James Mill, Francisco de Miranda y Juan Germán Roscio. Véase José M. Portillo Valdés, *Crisis Atlántica: Autonomía e Independencia en la crisis de la Monarquía Española*, Marcial Pons 2006, p. 272, nota 60. En contra véase Karen Racine, *Francisco de Miranda: A Transatlantic Life in the Age of Revolution*, SRBooks, Wilmington, 2003, p. 318.

26. Véase las referencias en el libro de Pedro Grases, *La conspiración de Gual y España y el ideario de la Independencia*, Caracas 1978.

27 Véase en Allan R. Brewer-Carías, *Las Constituciones de Venezuela*, Academia de Ciencias Políticas y Sociales, Caracas 2008, Tomo I; *Historia Constitucional de Venezuela*, Editorial Alfa, Caracas 2008, Tomo I.

28 Véase sobre esta Constitución provincial, Allan R. Brewer-Carías, *La Constitución de la Provincia de Caracas de 31 de enero de 1812*, Academia de Ciencias Políticas y Sociales, Caracas 2012.

Estados provinciales (Caracas, Barcelona, Cumaná, Margarita, Barinas, Trujillo, Mérida) que habían resultado de la transformación de las antiguas Provincias que habían formado la antigua Capitanía General de Venezuela. A dicha Constitución le siguió la Constitución provincial de enero de 1812 sancionada por la "Sección Legislativa de la Provincia de Caracas del mismo Congreso General de Venezuela," es decir, por los diputados electos en la Provincia que integraban dicho Congreso General, en enero de 1812.

La elaboración de ambos textos constitucionales Federal y Provincial de Caracas, se realizó en paralelo en las sesiones del Congreso General, lo que se evidencia, por ejemplo, del encargo hecho en la sesión del 16 de marzo de 1811, recién instalado el propio Congreso, a los diputados Francisco Javier Uztáriz, Juan Germán Roscio y Gabriel de Ponte, Diputados los tres por la Provincia de Caracas por los partidos capitulares de San Sebastián de los Reyes, Calabozo y la ciudad de Caracas, como comisionados para redactar la Constitución Federal de Venezuela[29]; y del anuncio efectuado en la sesión del Congreso General diez días después, el 28 de marzo de 1811, cuando se informó además, que se había encomendado a los mismos mencionados diputados Francisco Javier Uztáriz y Juan Germán Roscio la elaboración de "la Constitución provincial de Caracas, con el objeto de que sirviese de modelo a las demás provincias del Estado y se administrasen los negocios uniformemente."[30].

Por ello, en la sesión del Congreso General del 19 de julio de 1811 se dejó constancia de que era un mismo grupo de diputados los "encargados de trabajar la Constitución Federal y la Constitución particular de la provincia de Caracas."[31] Además, en la sesión del Congreso General del 20 de julio de 1811, el mismo Ustáriz decía que el Congreso le había encomendado junto con Roscio y de Ponte, "para que formase la Constitución federal de los Estados Unidos de Venezuela."[32]

En cumplimiento de tales encargos, Ustáriz comenzó a presentar pliegos del proyecto de Constitución en la sesión del Congreso General del 21 de agosto de 1811,[33] dejándose constancia en la sesión del Congreso del 26 de julio de 1811, por ejemplo, de la presentación de un importante "Proyecto para la Confederación y Gobiernos provinciales de Venezuela,"[34] donde se

---

29 En la despedida de la Sección Legislativa de la Provincia de Caracas al concluir sus sesiones y presentar la Constitución provincial 19 de febrero de 1812. Véase *Textos Oficiales de la Primera República de Venezuela*, Biblioteca de la Academia de Ciencias Políticas y Sociales, Caracas 1982, Tomo II, p. 216.

30 *Idem*, Tomo II, p. 216.

31 *Idem*, Tomo II, p. 109.

32 Véase Ramón Díaz Sánchez, "Estudio Preliminar", *Libro de Actas del Segundo Congreso de Venezuela 1811-1812*, Academia Nacional de la Historia, Caracas 1959, Tomo I, p. 230.

33 *Idem*, Tomo I, p. 317.

34 Véase el texto en *El pensamiento constitucional hispanoamericano hasta 1830*, Biblioteca de la Academia nacional de la Historia, Caracas 1961, Tomo V, pp. 41-44.

formulaba un ensayo de distribución de las competencias que debían corresponder al nivel del Estado federal, y al nivel de los Gobiernos provinciales. [35]

Se trató, por tanto, de un proceso constituyente tanto nacional como provincial que se desarrolló en paralelo en el seno del mismo cuerpo de diputados, por una parte, para la conformación de un Estado federal en todo el ámbito territorial de lo que había sido la antigua Capitanía General de Venezuela, con la participación de todos los diputados del Congreso de todas las provincias; y por la otra, para la conformación del marco constitucional de gobierno para una de las provincias de dicha Federación, la de Caracas, incluso, como se dijo, para que el texto sirviera de modelo para la elaboración de las otras Constituciones provinciales.

Otro grupo de diputados que también debe mencionarse dentro de los próceres de la independencia, son aquellos que si bien no participaron en los hechos de la Revolución de 19 de abril de 1810, fundamentalmente porque no eran vecinos de Caracas, o como fue el caso de Francisco de Miranda, no estaban en ese entonces en Caracas, sin embargo sí estuvieron presentes en todos los hechos y actos políticos posteriores antes mencionados, como fueron además, los siguientes diputados, todos por otros partidos de la Provincia de Caracas: Felipe Fermín Paúl, por San Sebastián de los Reyes; Fernando de Peñalver, Luis José de Cazorla y Juan Rodríguez del Toro, por Valencia; Juan José de Maya, por San Felipe; Gabriel Pérez de Págola, por Ospino; José Ángel Álamo, por Barquisimeto; y José Vicente de Unda, por Guanare. Otros distinguidos civiles y abogados, además, tuvieron participación activa en el gobierno, particularmente en el Poder Ejecutivo plural, donde estuvieron Juan de Escalona, Cristóbal Mendoza y Baltasar Padrón, o como Secretarios de Estado, como fue el caso del mismo Miguel José Sanz.

A todos les correspondió desarrollar un intenso trabajo para el diseño y construcción constitucional del nuevo Estado, inspirado en las mejores ideas constitucionales de la época; proceso que como se dijo terminó en la elaboración de la primera Constitución republicana del mundo moderno después de la Constitución de los Estados Unidos de América de 1787, y a la Constitución de la Monarquía Francesa de 1791,[36] como fue la Constitución Federal para las Provincias de Venezuela de 21 de diciembre de 1811.

35 Véase *Textos Oficiales de la Primera República de Venezuela, cit.,* Tomo II, pp. 111-113.

36 El texto la declaración francesa de derechos del hombre y del ciudadano se conocía en Venezuela por la publicación que quedó de la Conspiración de Gual y España, *Derechos del Hombre y del Ciudadano con Varias Máximas Republicanas y un Discurso Preliminar dirigido a los Americanos*, con la traducción que Juan Bautista Picornell y Gomilla hizo de la declaración Francesa de 1793, texto que además, fue publicado de nuevo en Caracas en 1811, en la Imprenta de J. Baillio, libro considerado por Pedro Grases como "digno candidato a 'primer libro venezolano'." Véase en Pedro Grases, "Estudio sobre los 'Derechos del Hombre y del Ciudadano'," en el libro *Derechos del Hombre y del Ciudadano* (Estudio Preliminar por Pablo Ruggeri Parra y Estudio histórico-crítico por Pedro Grases), Academia Nacional de la Historia, Caracas 1959. Véase además, en Allan R.

VI. LA GUERRA: LA LEY DE LA CONQUISTA Y LA LEY MARCIAL

Pero lamentablemente, todo ello fue destruido en pocos meses, por fuerza de la guerra y sobre todo, por fuerza de la incomprensión de los nuevos líderes producto de la misma, lo que produjo que Venezuela, muy pronto, entrara en un proceso histórico que fue marcado por el síndrome del "olvido de los próceres,"[37] producto de la fuerza bruta del militarismo que a partir de 1812 se apoderó del país y de su historia, arraigándose en el suelo de la República. El primer síntoma de ello fue la sustitución del régimen constitucional de 1811, sucesivamente, primero por la "ley de la conquista" impuesta por el invasor español Domingo Monteverde, y segundo por la "ley marcial" impuesta por Simón Bolívar; proceso que comenzó a manifestarse, precisamente, a partir del momento en el cual el país que encontraba preparándose para celebrar el primer aniversario formal de la independencia, a comienzos de julio de 1812.

A partir de entonces, el país entró en una guerra que se prolongó por casi una década, en medio de la cual no sólo desapareció el constitucionalismo, recibiendo el país la mayor expedición militar jamás enviada antes por España a América (Morillo, 1814) sino que al final de la misma, en 1821, incluso el país mismo llegó a desaparecer como Estado, quedando el territorio de lo que había sido la federación de Venezuela como un "departamento" más de otro nuevo Estado creado contra toda lógica histórica por Simón Bolívar, como fue la República de Colombia, establecida con la Constitución de Cúcuta de ese año, luego de que Simón Bolívar hubiera propuesto al Congreso de Angostura la sanción de la Ley de Unión de los Pueblos de Colombia en 1819.[38]

Ese entierro de la obra de los próceres de la independencia que construyeron la República mediante sus ejecutorias civiles entre el 19 de abril de 1810 con la constitución de la Junta Suprema de Caracas y marzo de 1812 con la instalación del Congreso en la ciudad federal de Valencia, en todo caso, como siempre acaece en la historia, se produjo por la conjunción de varios hechos, en este caso, sin embargo, todos ellos de carácter estrictamente militar. Esos hechos fueron: *primero*, la invasión del territorio nacional en febrero de 1812 por una fuerza militar extranjera comandada por Domingo Monteverde, dirigida desde Puerto Rico, donde la Regencia de España y luego, las

Brewer-Carías, *Las Declaraciones De Derechos Del Pueblo y del Hombre de 1811* (Bicentenario de la Declaración de "Derechos del Pueblo" de 1º de julio de 1811 y de la "Declaración de Derechos del Hombre" contenida en la Constitución Federal de los Estados de Venezuela de 21 de diciembre de 1811), con Prólogo de Román José Duque Corredor, Academia de Ciencias Políticas y Sociales, Caracas 2011.

37 Véase Giovanni Meza Dorta, *El olvido de los próceres*, Editorial Jurídica Venezolana, Caracas 2012.

38 Véase los textos en Allan R. Brewer-Carías, *Las Constituciones de Venezuela*, Academia de Ciencias Políticas y Sociales, Caracas 2008, Tomo I.

propias Cortes de Cádiz, había situado el cuartel general español para la pacificación de las provincias de Venezuela; *segundo*, el fracaso militar ocurrido en el novel ejército venezolano, específicamente, como consecuencia de la pérdida del arsenal de la República, al caer el Castillo de Puerto Cabello en manos realistas, en los primeros días del mes de julio de 1812, el cual estaba al mando del coronel Simón Bolívar, quien hubo de abandonar la plaza con los pocos oficiales que le quedaron leales; *tercero*, la consecuente Capitulación del ejército republicano que estaba comandado por Francisco de Miranda, a quien el Congreso le había otorgado plenos poderes para enfrentar la invasión militar de la provincia, y que se materializó el 25 de julio de 1812 en la firma de un Armisticio entre los enviados de Miranda y Monteverde, mediante el cual se le aseguró la ocupación militar española de las provincias; *cuatro*, la decisión militar, injustificada, inicua y desleal, adoptada en la noche del 30 de julio de 1812 por un grupo de oficiales del ejército republicano al mando del mismo Simón Bolívar, e inducidos por oficiales traidores que ya habían negociado con Monteverde, de apresar a su superior, el general Francisco de Miranda, acusándolo de traidor, y quien luego de salvarse de ser fusilado in situ como pretendía Bolívar, fuera entregado inmisericordemente a Monteverde, para no recobrar más nunca su libertad; *quinto*, la violación sistemática del tratado militar que se había suscrito, por parte de Monteverde, quien persiguió a todos los que habían participado en la creación de la República, estableciendo en la provincia una dictadura militar y sometiendo al país, no a la Constitución de Cádiz recién sancionada, sino a la "ley de la conquista," lo que se prolongó hasta 1814 en medio de la más espantosas represión militar; *sexto*, por la nueva invasión del territorio venezolano en 1814 por la que sería históricamente la mayor fuerza militar que hubiese enviado jamás la Corona española a América al mando del mariscal Morillo, con quien Bolívar llegaría a firmar un Armisticio para regularizar la guerra; *séptimo*, la también invasión militar del territorio de Venezuela desde la Nueva Granada en 1813, esta vez un ejército autorizado por el Congreso de Nueva Granada, al mando de Simón Bolívar, y los contundentes triunfos del ejército republicano de liberación que llevaron a proclamar a Bolívar como El Libertador, quien por la fuerza militar ocupó intermitentemente los territorios de las provincias de Venezuela hasta 1819; y *octavo*, la ausencia de régimen constitucional alguno en los territorios de Venezuela desde 1813 hasta 1819, por el sometimiento efectivo de los mismos por los ejércitos republicanos, no a la Constitución de 1811, la cual lamentablemente nunca más se puso en vigencia como tal, sino que más bien fue estigmatizada, imponiéndose en su lugar la "ley marcial," lo que se extendió hasta 1819 cuando Bolívar buscó, aún cuando efímeramente, reconstituir el Estado venezolano con una nueva Constitución (Angostura).

En particular, de todos esos hechos, deben destacarse los de orden "constitucional" que se produjeron, de entrada, como consecuencia de la ocupación militar de las Provincias por el ejército español, luego de la Capitulación de julio de 1812. Monteverde y sus nuevas autoridades, una vez que desconocieron la Constitución federal republicana de diciembre de 1811, de hecho obviaron poner en vigencia régimen constitucional alguno.

La pretendida publicación de la recién sancionada Constitución de Cádiz, que era a lo que debían proceder, en efecto, llevó al nuevo Capitán General de Venezuela, Fernando Mijares, quien recién había sido nombrado para un cargo que nunca llegó a ejercer efectivamente pues el mismo fue asumido y usurpado por Monteverde; a enviarle a éste, el 13 de agosto de 1812, unos días después de la detención de Miranda, unos ejemplares del texto constitucional monárquico con las correspondientes órdenes y disposiciones que habían dado las Cortes para su publicación y observancia.[39] Sin embargo, Monteverde retrasó de hecho la jura de la Constitución, aclarándole incluso posteriormente a la Audiencia que si se había diferido su publicación no había sido por descuido, ni omisión ni capricho, sino por "circunstancias muy graves," que impedían su aplicación en Provincias como las de Venezuela, "humeando todavía el fuego de la rebelión más atroz y escandalosa," considerando a quienes la habitaban como "una sociedad de bandoleros, alevosos y traidores," indicando que si publicaba la Constitución no respondería "por la seguridad y tranquilidad del país."[40]

Es decir, como Monteverde no estimaba a "la provincia de Venezuela merecedora todavía de que participase de los efectos de tan benigno código"[41] solo llegó a publicar y jurar la Constitución de Cádiz "a la manera militar," el 21 de noviembre de 1812, y luego, en Caracas, el 3 de diciembre de 1812, asumiendo sin embargo un poder omnímodo contrario al texto constitucional gaditano mismo.[42] Monteverde además, desconoció la exhortación que habían hecho las propias Cortes de Cádiz, en octubre de 1810, sobre la necesidad de que en las provincias de Ultramar donde se hubiesen manifestado conmociones (sólo era el caso de Caracas), si se producía el "reconocimiento a la legítima autoridad soberana" establecida en España, debía haber "un general olvido de cuanto hubiese ocurrido indebidamente"[43]. Nada de ello ocurrió en las Provincias de Venezuela, donde la situación con posterioridad a la firma de la Capitulación de julio de 1812 fue de orden fáctico, pues el derrumbamiento del gobierno constitucional fue seguido en paralelo, por el desmembramiento de las antiguas instituciones coloniales, bajo la autoridad militar.

39 Véase José de Austria, *Bosquejo de la Historia Militar de Venezuela,* Biblioteca de la Academia Nacional de la Historia, Tomo I, Caracas 1960, p. 364.

40 Véase carta de Monteverde a la Audiencia de 29 de octubre de 1812. Citada en Alí Enrique López y Robinzon Meza, "Las Cortes españolas y la Constitución de Cádiz en la Independencia de Venezuela (1810-1823)," en José Antonio Escudero (Dir.), *Cortes y Constitución de Cádiz. 200 Años,* Espasa Libros, Madrid 2011, Tomo III, pp. 613, 623.

41 Véase José de Austria, *Bosquejo de la Historia militar...*, op. cit., Tomo I, p. 370.

42 Véase Manuel Hernández González, "La Fiesta Patriótica. La Jura de la Constitución de Cádiz en los territorios no ocupados (Canarias y América) 1812-1814," en Alberto Ramos Santana y Alberto Romero Ferrer (eds), *1808-1812: Los emblemas de la libertad,* Universidad de Cádiz, Cádiz 2009, pp. 104 ss.

43 Véase el Decreto V, 15-10-10, en Eduardo Roca Roca, *América en el Ordenamiento Jurídico de las Cortes de Cádiz,* Granada 1986, p. 199.

A esa inundación militar inicial de la República, invadida por los ejércitos españoles, siguió la también invasión militar republicana de los territorios de las Provincias, desde la Nueva Granada, la cual tampoco restableció el orden constitucional republicano.

En efecto, desde que Simón Bolívar llegó a Cartagena de Indias a finales de diciembre de 1812, gracias al salvoconducto que le había suministrado Monteverde, en retribución "a los servicios prestados" a la Corona, en su primera alocución pública que fue el llamado Manifiesto de Cartagena, calificó la construcción institucional de la República reflejada en la Constitución federal de diciembre de 1811, como propia de una "república aérea" atribuyéndole a dicha concepción y a sus autores la caída misma de la República, lo que, posteriormente originaría en la Nueva Granada el despectivo calificativo de la "patria boba" para referirse a ese período de nuestra historia.[44]

Simón Bolívar, en efecto, diría a los seis meses de haber detenido y entregado a Miranda al invasor Monteverde, quizás cuando buscaba explicar su conducta, que:

"los códigos que consultaban nuestros magistrados no eran los que podían enseñarles la ciencia práctica del Gobierno, sino los que han formado ciertos buenos visionarios que, imaginándose *repúblicas aéreas*, han procurado alcanzar la perfección política, presuponiendo la perfectibilidad del linaje humano. Por manera que tuvimos filósofos por Jefes, filantropía por legislación, dialéctica por táctica, y sofistas por soldados."[45]

No es de extrañar con semejante apreciación, que Bolívar pensase que como las circunstancias de los tiempos y los hombres que rodeaban al gobierno en ese momento eran "calamitosos y turbulentos, [el gobierno] debe mostrarse terrible, y armarse de una firmeza igual a los peligros, sin atender a leyes, y constituciones, ínterin no se restablece la felicidad y la paz."[46] Por ello concluía afirmando tajantemente que "entre las causas que han producido la caída de Venezuela, debe colocarse en primer lugar la naturaleza de su constitución que, repito, era tan contraria a sus intereses, como favorable a los de sus contrarios."[47]

---

44 Véase, por ejemplo, por lo que se refiere a la Nueva Granada, el empleo del término en el libro *La Patria Boba*, que contiene los trabajos de J.A. Vargas Jurado (*Tiempos Coloniales*), José María Caballero (*Días de la Independencia)*, y J.A. de Torres y Peña (Santa Fé Cautiva), Bogotá 1902. El trabajo de Caballero fue publicado con los títulos *Diario de la Independencia*, Biblioteca de Historia Nacional, Bogotá 1946, y *Diario de la Patria Boba*, Ediciones Incunables, Bogotá 1986. Véase también, José María Espinosa, *Recuerdos de un Abanderado, Memorias de la Patria Boba 1810-1819*, Bogotá 1876.

45 Véase Simón Bolívar, "Manifiesto de Cartagena," en *Escritos Fundamentales*, Caracas, 1982 y en *Itinerario Documental de Simón Bolívar. Escritos selectos*, Ediciones de la Presidencia de la República, Caracas 1970, pp. 30 ss. y 115 ss.

46 *Idem.*

47 *Idem.*

Debe mencionarse, sin embargo, que apenas iniciada su "Campaña Admirable" desde Nueva Granada para la recuperación del territorio de la República, una vez liberada la provincia de Mérida en mayo de 1813, Bolívar proclamó, desde allí, "el establecimiento de la Constitución venezolana, que regía los Estados antes de la irrupción de los bandidos que hemos expulsado;" y que al mes siguiente, desde Trujillo, al tomar conciencia del sesgo social de la guerra que se estaba ya librando, el 15 de junio de 1813, en su proclama de guerra a muerte, Bolívar también anunció que su misión era "restablecer los Gobiernos que formaban la Confederación de Venezuela" indicando que los Estados ya liberados (Mérida y Trujillo) se encontraban ya "regidos nuevamente por sus antiguas Constituciones y Magistrados."[48]

Sin embargo, esa intención duró poco, no sólo por el contenido del mismo decreto de Guerra a Muerte donde se ordenó pasar por las armas ("contad con la muerte") a todo aquél, español o americano que "aún siendo indiferente" no obrara "activamente en obsequio de la libertad de Venezuela,"[49] sino por su declaración y proclamación desde Caracas, al año siguiente, el 17 de junio de 1814, de la *ley marcial*, entendiendo por tal "la cesación de toda otra autoridad que no sea la militar," con orden de alistamiento general, anunciando para quienes contravinieran la orden que "serán juzgados y sentenciados como traidores a la patria, tres horas después de comprobarse el delito."

A partir de entonces, la ley militar rigió completamente en el bando republicano en los territorios de Venezuela, sumándose sí a la "ley de la conquista" que ya había impuesto Monteverde desde que había ocupado el territorio de la República, violado la Capitulación que había suscrito con Miranda, y había recibido a éste preso entregado por sus propios subalternos. Ello le permitió a Monteverde, en representación que dirigió a la Audiencia de Caracas el 30 de diciembre de 1812, a afirmar que si bien Coro, Maracaibo y Guayana, que habían sido las provincias de la Capitanía que no habían participado en la conformación del Estado federal de 1811, "merecen estar bajo la protección de la Constitución de la Monarquía," es decir, de la de Cádiz que había pretendido jurar en Caracas bajo rito militar, en cambio afirmaba que "Caracas y demás que componían su Capitanía General, no deben por ahora participar de su beneficio hasta dar pruebas de haber detestado su maldad, y bajo este concepto deben ser tratadas por la ley de la conquista; es decir, por la dureza y obras según las circunstancias; pues de otro modo, todo lo adquirido se perderá."[50]

48 "Discurso a la Municipalidad de Mérida, 31 de mayo de 1813, en Hermánn Petzold Pernía, *Bolívar y la ordenación de los Poderes Públicos en los Estados Emancipados*, Caracas 1986, p. 32.

49 "Decreto de guerra a muerte," de 13 de junio de 1813 (versión facsimilar) en Hermánn Petzold Pernía," *Bolívar y la ordenación de los Poderes Públicos en los Estados Emancipados*, Caracas 1986, p. 33.

50 "Representación dirigida a la Regencia el 17 de enero de 1813,", en J.F. Blanco y R. Azpúrua, *Documentos para la historia de la vida pública del Libertador*, Ediciones de la Presidencia de la República, Caracas 1978., Tomo IV, pp. 623–625.

Así quedaron los territorios del Estado de Venezuela sumidos bajo la ley militar, la ley marcial o la ley de la conquista, barriéndose con todo lo que fuera civilidad, contribuyendo desde entonces, con el militarismo resultante, con el desplazamiento, secuestro y sustitución de los próceres de la independencia, quienes fueron apresados y entregados a los españoles, como Francisco de Miranda, o fueron perseguidos y detenidos por éstos (Roscio, Iznardi, Ustáriz) a raíz de los acontecimientos de la noche del 30 de julio de 1812,

Con el abandono del constitucionalismo inicial de la República, primero por el invasor español, y luego por los republicanos que salieron a su defensa, pero que lamentablemente lo despreciaron por provenir de "filósofos" y "sofistas," se inició el proceso que condujo a que los verdaderos próceres de la independencia fueran olvidados, pero no por ingratitud de los venezolanos, sino porque históricamente, en definitiva, fueron secuestrados por el militarismo que en desdeño al civilismo republicano culparon a los próceres de la independencia por el fracaso de la propia República de 1811–1812. De ello resultó que además, fueran posteriormente suplantados por los nuevos héroes militares, a quienes incluso la historia comenzó a atribuir la propia independencia de Venezuela, cuando lo que los militares hicieron, con Bolívar a la cabeza fue, mediante una extraordinaria campaña militar, liberar a un país que ya era independiente y que estaba ocupado militarmente por fuerzas enemigas.

Ese proceso de secuestro y suplantación de los próceres y de los hacedores de la institucionalidad republicana, y el olvido subsiguiente en el cual cayeron, en todo caso, fue inducido, no tanto por los militares que liberaron el territorio, sino por quienes escribieron la historia, que fueron los que hicieron pensar que los próceres habían sido los héroes militares libertadores, atribuyéndoles el rol de "próceres de la independencia" que no tuvieron. Y a los secuestrados por la historia les ocurrió lo que por ejemplo le pasa, a medida que transcurre el tiempo, inexorablemente, a toda persona privada de su libertad por secuestro o prisión, o que ha sido extrañada de su país, y es que en el mediano plazo y a la larga, inevitablemente cae en el olvido.

Solo ese efecto del tiempo, combinado con la suplantación histórica, explica, por ejemplo, que una vez que Francisco de Miranda fuera apresado por sus subalternos, y fuera entregado al invasor español, al desaparecer en vida de la escena por su prisión en La Guaira, Puerto Cabello, Puerto Rico y Cádiz hasta 1816 cuando murió, hubiera caído rápidamente en el olvido al ser enterrado en vida por el pensamiento, la escritura y la acción de los héroes militares, incluyendo entre ellos a Bolívar quien pasó 16 años sin siquiera nombrarlo.[51] En ello, sin duda, jugaron papel preponderante los apologistas de los nuevos líderes que salieron de las cenizas de las guerras posteriores.

---

51 Después de 1812, en sus escritos, Bolívar solo llegó a mencionar a Miranda, incidentalmente, en una nota de respuesta a una carta de presentación de Leandro Miranda que en 1828 le había enviado Pedro Antonio Leleux, Secretario que había sido de Miranda.

VII. LOS PRÓCERES OLVIDADOS

Pero nunca es tarde para volver la mirada hacia el pasado y hacia nuestros orígenes como país, y así tratar de identificar realmente quienes fueron los verdaderos próceres de la independencia de Venezuela, lo que nos permite no sólo buscar rescatarlos del olvido, poniendo en su respectivo lugar en la historia a aquellos a quienes se los puso a suplantarlos indebidamente; sino para entender el origen mismo de nuestras instituciones constitucionales.

Para ello lo que debe quedar en claro, en todo caso, es que en Venezuela, contrariamente a lo que se piensa y se celebra, la independencia fue un proceso político y civil, obra del antes mencionado grupo de destacadísimos pensadores e intelectuales que la concibieron, diseñaron y ejecutaron durante un período de menos de dos años que se desarrolló entre abril de 1810 y enero de 1812, logrando la configuración de un nuevo Estado Constitucional en lo que antes habían sido antiguas colonias españolas, inspirado en los principios fundamentales del constitucionalismo moderno que recién se habían derivado de las Revoluciones Americana y Francesa de finales del Siglo XVIII, y que entonces estaban en proceso de consolidación. La independencia, por tanto, no fue obra de militares, quienes a partir de 1813 libraron importantes batallas para buscar la liberación del territorio de la nueva y recién nacida República, después de que había sido invadido por el ejército español en febrero de 1812.

Por ello las importantes batallas militares desarrolladas a partir de 1813 al mando de Simón Bolívar, no fueron realmente batallas por la independencia del país que ya antes se había consolidado, sino por la liberación de su territorio invadido. La República nació a partir del 19 de abril de 1810, y se consolidó constitucionalmente con la declaración de Independencia del 5 de julio de 1811 y la sanción de la Constitución Federal para los Estados de Venezuela de 21 de diciembre de 1811. La República, en consecuencia no nació ni con la Constitución de Angostura de 1819, ni mucho menos con la Constitución de Cúcuta de 1821 con la cual, más bien, desapareció como Estado al integrarse su territorio a la naciente República Colombia. Tampoco nació la República con la Constitución de 1830, con la cual en realidad, lo que ocurrió fue la reconfiguración del Estado de Venezuela.

Entre todas esas Constituciones, sin duda, la Constitución Federal de los Estados de Venezuela de 21 de diciembre de 1811, en el marco de la cual se dictó la Constitución provincial de Caracas, obra ambos de aquellos destacados juristas próceres de la independencia, tuvo la importancia histórica de que fue la tercera Constitución de ámbito nacional que se sancionó en el mundo moderno.

La Constitución de la Provincia de Caracas de 31 de enero de 1812, tiene también la importancia de ser parte del segundo grupo de Constituciones provinciales que se sancionaban en la historia del constitucionalismo moderno, después de las que se habían adoptado a partir de 1776 en las trece antiguas Colonias inglesas en Norteamérica y que luego formaron los Estados

Unidos de América, y que fueron las Constituciones o Formas de Gobierno de New Hampshire, Virginia, South Carolina, New Jersey Rhode Island, Connecticut, Maryland, Virginia, Delaware, New York y Massachusetts.[52] Venezuela fue, así, el segundo país en la historia del constitucionalismo moderno en haber adoptado la forma federal de gobierno a los efectos de unir como un nuevo Estado, lo que antes habían sido antiguas Provincias coloniales, y adoptar también Constituciones provinciales.

Esos textos como se dijo, fueron producto de la imbricación de Legislaturas en un mismo Cuerpo de representantes, la del Congreso General y la de la Sección Legislativa de la Provincia de Caracas, lo que explica que en la sesión del Congreso General del 31 de enero 1812 se diera cuenta formalmente de que la Constitución provincial de Caracas iba a firmarse ese mismo día;[53] hecho del cual además se dio anuncio en la sesión del mismo Congreso General del día siguiente, del 1 de febrero de 1812.[54]

La concepción y conducción del proceso constituyente venezolano, que en ese momento era a la vez el inicio del proceso constituyente de toda la América hispana fue, por tanto, insistimos, obra, no de militares, sino de esos destacados e ilustrados diputados y funcionarios, juristas y políticos que lo integraban,[55] casi todos formados a finales del siglo XVIII en la Universidad

52 El texto de casi todas estas Constituciones se conocía en Caracas a partir de 1810 por la traducción que hizo Manuel García de Sena, en la obra *La Independencia de la Costa Firme, justificada por Thomas Paine treinta años ha,* editada en Filadelfia en 1810. Véase la edición, con prólogo de Pedro Grases, del Comité de Orígenes de la Emancipación, núm. 5. Instituto Panamericano de Geografía e Historia, Caracas, 1949. El texto de la Constitución de los Estados Unidos de América también se conocía por la traducción contenida en dicho libro, y por la que hizo en Joseph Manuel Villavicencio, *Constitución de los Estados Unidos de América,* editado en Filadelfia en la imprenta Smith & M'Kennie, 1810. Además, amplios estudios sobre el sistema norteamericano americano, su constitución y la federación salieron publicados entre 1810 y 1811 bajo el nombre de William Burke en la *Gaceta de Caracas,* y recogidos todos y publicados en 1811, por la misma imprenta como William Burke, *Derechos de la América del Sur y México,* 2 vols., Caracas 1811.

53 Véase *Libro de Actas del Segundo Congreso de Venezuela 1811-1812,* Academia Nacional de la Historia, Caracas 1959, Tomo II, p. 307.

54 Véase *Libro de Actas del Segundo Congreso de Venezuela 1811-1812, cit.,* Tomo II, p. 309. Como se dijo, con posterioridad, el 19 de febrero de 1812 luego de haberse promulgado la Constitución de la Provincia de Caracas, la Sección Legislativa para la Provincia del Congreso General dirigió una "despedida a los habitantes de Caracas al terminar sus sesiones y presentar la Constitución," (firmada por los diputados Felipe Fermín Paúl, Martín Tovar, Lino de Clemente, Francisco Xavier Ustáriz, José Ángel Alamo, Nicolás de Castro, Juan Toro, Tomás Millano." Véase en *Textos Oficiales de la Primera República de Venezuela, cit.,* Tomo II, p. 216.

55 Véase la lista y nombres de todos los diputados en Manuel Pérez Vila "Estudio Preliminar," *El Congreso Nacional de 1811 y el Acta de la Independencia,* Edición del Senado, Caracas 1990, pp. 7-8; Juan Garrido, *El Congreso Constituyente de Venezuela,* Universidad Monteávila, Caracas 2010, pp. 76-79.

de Caracas, y muchos de ellos con experiencia en funciones de gobierno, antes de la Revolución de abril de 1810, en las instancias de administración y gobierno coloniales de la Capitanía General de Venezuela.

Es lamentable, por ello, que todos esos próceres de nuestra independencia hayan caído en el olvido, lo que se debió, sin embargo, lamentablemente a la necesidad de buscar un culpable en los acontecimientos políticos, tan arraigado en la idiosincrasia venezolana.

Para ello, aquellos próceres, fueron estigmatizados de todos los males por ser los culpable o responsables de la caída de la primera República, por haber diseñado una "República aérea," cuando dicha caída sólo se debió a una conjunción de factores devastadores, entre otros, la invasión del territorio por Monteverde en febrero de 1812; los efectos del terremoto del 23 de marzo de 1812 que destruyó físicamente la provincia de Caracas hasta los Andes; las deserciones políticas y militares que afectaron las filas republicana tempranamente, y la pérdida del Castillo de Puerto cabello, donde estaba el arsenal de la nueva República, a manos de Simón Bolívar.

Además, al ser dichos próceres, los "responsables" de todos los males de la naciente República, ello fue así tanto para los mismos republicanos según lo comenzó a difundir Simón Bolívar a fines del mismo año 1812, como para los españoles, para quienes además fueron "los monstruos, origen y raíz primitiva de todos los males de América." De todo ello, era obvio que terminarían rápidamente secuestrados por quienes desde las trincheras militares hicieron la guerra para la recuperación del territorio de la República, y por quienes desde ese ángulo contaron la historia.

Por eso, incluso, la celebración del día de la independencia en Venezuela aún en nuestros días no es un acto que sea puramente civil, como en cambio lo fue la sanción misma y firma del Acta en el seno del Congreso General el 5 de julio de 1811; sino que es un acto esencialmente militar; y la independencia en si misma, lejos de identificarse con los actos civiles desarrollados en los orígenes de la república entre 1810 y 1812, se confunde con las guerras de liberación del territorio, ya independiente, de la ocupación española que culminaron con la batalla de Carabobo en 1821, que se engloban bajo la denominación de las guerras de independencia.

Ciertamente, en esos años se libraron verdaderas "guerras de independencia" incluso por el mismo Ejército y bajo el mismo liderazgo de Bolívar, pero ello fue en la Nueva Granada, en Ecuador, en el Perú y en Bolivia. No en Venezuela, que era territorio independiente desde 1810–1811, donde las guerras que a partir de 1813 lideró Bolívar fueron guerras de liberación de un Estado ya independiente, invadido por los españoles. Estado independiente en el cual, precisamente se inició el constitucionalismo moderno o liberal de la América Hispana en 1810–1811.

ÍNDICE GENERAL

CAPÍTULO QUINTO

CRÓNICA DE UN DESENCUENTRO: LAS PROVINCIAS DE VENEZUELA Y LAS CORTES DE CÁDIZ (1810–1812)......... 231

CAPÍTULO SEXTO

LA CONSTITUCIÓN DE CÁDIZ DE 1812 Y LOS PRINCIPIOS DEL CONSTITUCIONALISMO MODERNO: SU VIGENCIA EN EUROPA Y EN AMÉRICA 267

CAPÍTULO SÉPTIMO:

EL DESARROLLO DEL CONSTITUCIONALISMO EN VENEZUELA DESPUÉS DE CARACAS (1811): ANGOSTURA (1819), CÚCUTA (1821) Y VALENCIA (1830) 291

CAPÍTULO OCTAVO

LAS CAUSAS DE LA INDEPENDENCIA DE VENEZUELA EXPLICADAS EN LONDRES EN 1812, CUANDO LA CONSTITUCIÓN DE CÁDIZ COMENZABA A CONOCERSE Y LA REPUBLICA COMENZABA A DERRUMBARSE 329

CAPÍTULO NOVENO

LA INDEPENDENCIA DE VENEZUELA Y EL INICIO DEL CONSTITUCIONALISMO HISPANO AMERICANO EN 1810–1811, COMO OBRA DE CIVILES, Y EL DESARROLLO DEL MILITARISMO A PARTIR DE 1812, EN AUSENCIA DE RÉGIMEN CONSTITUCIONAL 401

www.ingramcontent.com/pod-product-compliance
Lightning Source LLC
Chambersburg PA
CBHW022345280326
41935CB00007B/83